孙 机 著

汉代物质文化资料图说

（修定本）

中华书局

图书在版编目(CIP)数据

汉代物质文化资料图说/孙机著.—修定本. —北京:中华书局,
2020.11
ISBN 978-7-101-14647-9

Ⅰ.汉… Ⅱ.孙… Ⅲ.物质文化-文史资料-中国-汉代
Ⅳ.K871.41

中国版本图书馆 CIP 数据核字(2020)第 122334 号

书　　名　汉代物质文化资料图说(修定本)
著　　者　孙　机
责任编辑　傅　可
出版发行　中华书局
　　　　　(北京市丰台区太平桥西里 38 号　100073)
　　　　　http://www.zhbc.com.cn
　　　　　E-mail:zhbc@zhbc.com.cn
印　　刷　北京市白帆印务有限公司
版　　次　2020 年 11 月北京第 1 版
　　　　　2020 年 11 月北京第 1 次印刷
规　　格　开本/787×1092 毫米　1/16
　　　　　印张 42¾　插页 2　字数 700 千字
印　　数　1-6000 册
国际书号　ISBN 978-7-101-14647-9
定　　价　158.00 元

目　录

3

一、农业 I

起土、碎土农具

农事始于耕田。我国以牛、犁耕田虽出现于春秋时期,但直到西汉,牛耕仍未完全代替耒耕。《淮南子·主术》:"一人跖耒而耕,不过十亩。"《盐铁论·未通篇》:"民蹠耒而耕。"又《国病篇》:"秉耒抱臿,躬耕身织者寡。"《取下篇》:"垂拱持案食者,不知蹠耒躬耕者之勤也。"这些书中凡言及耕作时,提到的农具多是耒、臿,很少说到犁,可见耒、臿在西汉时仍是极为习见的起土农具。

原始木耒本应是装有踏脚横木的尖头直棒。我国早在商和西周时,耒的发展已经超越了这个阶段。甲骨、金文中的耒字所表现的已经是一件弯柄的掘土农具𦥑(〔耤〕,《前》6·17·61),𣏟(《耒殷》,《三代》6·3)。《说文·耒部》也说:"耒,耕曲木也。"为了避免在名称上与原始耒相混淆,这里以耒作为此类起土农具的统称,而将已发现的实物分作臿、𣏟、耜三种来叙述。

臿是铲土的农具,它在汉代还有好些别名。《方言》卷五:"燕之东北……谓之𣪘。""赵、魏之间谓之柔。"《释名·释用器》:锸"或曰销"。𣪘、柔、销音近,实即后世所说的锹。《史记·秦始皇帝本纪》正义:"臿,锹也。"王祯《农书》卷一三也说:"盖古谓臿,今谓锹,一器二名,宜通用。"臿类农具一般是直柄的,其前部的板名叶。《释用器》,锸"其板曰叶,象木叶也"。全木制的臿曾在长沙咸家湖西汉曹嬅墓的填土中发现过一件,臿叶前端已破裂[1]。为了加固这一部分,遂装上金属臿口;已发现的最早的实例是湖北黄陂盘龙城出土的商代铜臿口[2]。西周时的铜臿口在湖北圻春、江西奉新、河南三门峡等地也发现过。江西九江出土过春秋时的铁臿口[3]。战国以降,铁臿口在各地更屡被发现。此物汉代名鐅。《说文·金部》:"鐅,河内谓臿头金也。"江东亦"呼锹刃为鐅",见《方言》卷五郭注。居延简中有"今余鐅二百五"的记事(498·9)。长沙马王堆3号墓填土中所出西汉带柄铁鐅木臿,保存状况极为完好；全长139.5厘米，耒柄和耒叶是用一整块化香树材制成的（图1-5）；此耒的铁鐅作凹字形，这是汉代铁鐅的主要式样（图1-1、2、8~10）*。中原地区出土的鐅作一字形者也常见（图1-7）。云南等地出土的成都铁官所属之作坊生产的凹形鐅，前端附有舌状突刃，形制比较独特（图1-11）。

对于有粘性的壤土来说，使用双齿即两刃的耒要更省力一些。这种耒汉代名枱。《说文·木部》："枱，两刃耒也。从木，丫象形。"1979年在湖北江陵纪南城战国井中出土过一件完整的铁口枱。在山东肥城、江苏铜山等地发现的东汉画像石上可以看到执枱者的形像（图1-3、4）。长沙西汉墓所出木制农具模型中，既有耒，也有枱（图1-6）。至于曲柄的枱，则可以称为耜。耜也是双刃的。《考工记·匠人》郑注："今之耜，歧头两金。"同时，《国语·周语》韦注说："耜柄曰耒。"而《礼记·月令》郑注又说："耒，耜之上曲也。"所以耜应为曲柄，其状当与武氏祠画像石中"神农氏"所执之农具相同（图1-16）。

挖掘硬土的农具有钁。《淮南子·精神》："今夫繇者揭钁、耜，负笼土。"又《齐俗》："脩干戚而笑钁插。"高注皆云："钁，斫也。"《说文·金部》则说："钁，大锄也。"出土物中有在木叶上装铁口的钁（图1-12），也有长20—26厘米左右的全铁钁（图1-13）；以及二齿钁（图1-14）和三齿钁（图1-15）。此外《释名·释道》还说："齐鲁间谓四齿杷为欋。"欋当为钁字别体。但出土物中未见汉代的四齿钁。福建崇安汉城曾出五齿铁农具，颇厚重，似为五齿钁[④]。它们的用途大致相当现代的镐头、铁锗之类。

用耜、钁等农具翻地后必须及时碎土，以防土块干结变硬。《论语·微子》："长沮、桀溺耦而耕，……耰而不辍。"《国语·齐语》："深耕而疾耰之，以待时雨。"《庄子·则阳篇》："深其耕而熟耰之。"这些记载都很强调耰这道工序。耰的用具也叫耰，《说文》载此字从木作櫌，当系木制。《吕氏春秋·简选篇》高注："櫌，椎。"《淮南子·氾论》高注进一步把它解释为"椓块椎"，即捶碎土块所用的木榔头。新疆尼雅曾出土其实物（图1-17）。

但《说文》和晋·吕忱《字林》（《庄子·则阳篇》释文引）还都说櫌是"摩田器"。摩田指碎土平田。《氾胜之书》："复耕，平摩之。"可是用木榔头无法进行平摩。山东滕县黄家岭画像石中有横杆状的摩田器，套牛牵挽（图1-18）。为了与前述之櫌相区别，可称之为橤。不过，它应是和犁配套使用的，以耜、钁翻地后宜用木榔头状的櫌。

在犁耕逐步推广后，耜仍然是得力的小农具。汉代出现的区种法，用耜挖坑点种，一区"方深各六寸，间相去九寸，一亩三千七百区"，"区种粟二十粒"。粪种合土，负水浇稼。及秋"亩收百斛"[⑤]，产量相当可观。

*插图的出处及说明见书后所附《图版目录》。

图版1

臿　　　　　　　　　　　　　　　　　　　耒

1-1　　　　1-2　　　　　1-3　　　　　　1-4

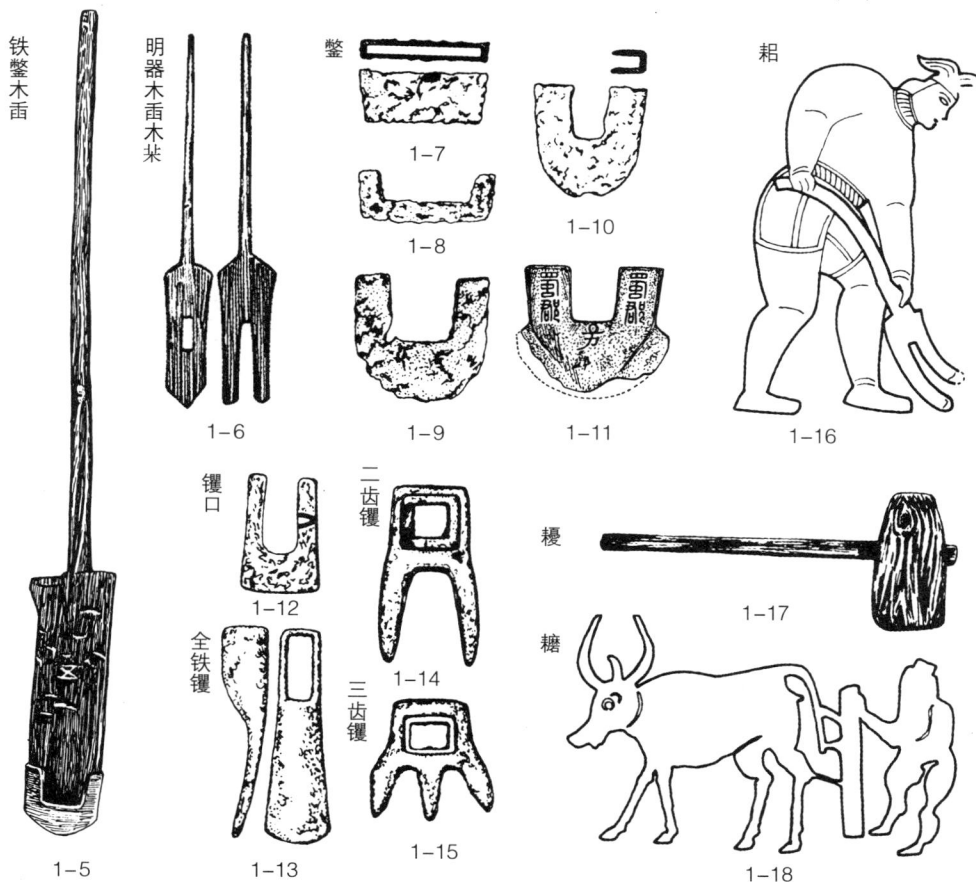

铁鐅木臿　明器木臿木耒　　　鐅　　　　　　　　　　　　　　耜

1-5　　　1-6　　　1-7　　　　　　　　　1-16
　　　　　　　　　　1-8　　　1-10

　　　　　　　　　　1-9　　　1-11

　　　　　镵口　　二齿镵　　　　　　　耰

　　　　　1-12　　1-14　　　　　1-17

　　　　　全铁镵　　　　　　　糖

　　　　　1-13　　三齿镵

　　　　　　　　　1-15　　　　　1-18

注释

①　长沙市文化局文物组：《长沙成家湖西汉曹𡢃墓》，《文物》1979年第3期。

②　湖北省博物馆：《盘龙城商代二里冈期的青铜器》，《文物》1976年第2期。

③　中国科学院考古研究所湖北发掘队：《湖北圻春毛家嘴西周木构建筑》，《考古》1962年第1期。江西省博物馆等：《近年江西出土的商代青铜器》，《文物》1977年第9期。中国科学院考古研究所：《上村岭虢国墓地》第19页，科学出版社，1959年。九江大王岭出土春秋铁臿口为江西省博物馆藏品，见《中国古代农业考古资料索引·第二编》，《农业考古》1981年第2期。

④　福建省博物馆：《崇安城村汉城探掘简报》，《文物》1985年第11期。

⑤　《齐民要术·种谷》。

二、农业 Ⅱ

犁

犁是从耒演变出来的。耒柄有一定的曲度，可以在柄上系绳，曳绳发土；这就改变了耕作的方式，从而为由耒耕向犁耕的发展创造了条件。犁耕是将耒耒那种一跖一发的间歇性动作改变为连续性的，使劳动效率得到大幅度提高。早在春秋时我国已开始用牛拉犁。战国时出现了一种V字形铁铧冠，当时是套装在木铧上使用的。汉代有铁制的舌形大铧和小铧（图2-6）。但各地继续大量出土V字形铧冠（图2-7）。有的铧冠装在铁铧上，更为坚固耐用，入土也较深（图2-8）。可是它们仍然只能在地面划开一道沟，不能翻土。要起垄做亩，最后还得靠臿类农具来完成。

先秦时代，亩是"广一步，长百步"（《韩诗外传》卷四）的一长条。西汉时，亩制虽增大，但赵过推行的"一亩三甽"的代田（《汉书·食货志》），仍是指在一步之间做三条沟，起两条垄。用上述各种犁从两侧发土，正是起垄的第一道工序；所以这些犁均属作条犁。

到了西汉末年，一种更进步的耕作理论被提出来了。《氾胜之书》说："春地气通，可耕坚硬强地黑垆土，辄平摩其块以生草。草生复耕之。天有小雨，复耕和之，勿令有块以待时。"在这里，不仅要求反复耕摩和土，而且要求在地中生草后再耕，这就包含了压绿肥的用意。但用作条犁却不能胜任此种要求。为了达到这个目的，西汉时发明了犁壁（犁镜，镑土），在山东安丘、河南鹤壁、中牟、陕西西安及陇县、礼泉等地均有实物出土[①]。由犁壁和犁铧构成的弯曲面能将耕起的土垡破碎并翻转过去。汉代犁壁的形制有向一侧翻土的鞍形壁和向两侧翻土的菱形壁两类（图2-10、11）。这是我国步犁在结构上的重大改进。用翻转犁耕过以后，再加劳摩，可使土壤松软，田面平整，形成了与垄作法不同的平作法。以往谈到西汉农业的成就时，往往举出代田法。其实这种分畎"岁代处"的方法，还是在浅耕垄作的基础上，分垄休闲，等待地力的自然恢复，并未能完全摆脱二圃制的樊篱。根据带犁壁的翻转犁和《氾胜之书》所代表的进步的耕作理论，可知至西汉后期，农业技术所达到的水平已远较代田法先进。不过犁壁出土的地区有限，而且在汉画像石中出现得也不多，说明其使用尚未普及。

画像石中所见之犁，多数是二牛抬杠式的长辕犁，装有向上斜伸的长而直的单辕，辕端装衡，左右驾二牛（图2-5）。由于各地区发展不平衡的缘故，有些画像石上的犁底（犁床）和犁梢没有明确分开，是由一根曲木下接犁铧，多少还保留着耒柄的形状（图2-3~5）。也有些犁上看不到用于调节入土深浅的犁评等装置（图2-2）。不过总的说来，汉犁已装配有犁底、犁辕、犁衡、犁梢、犁箭、犁评等部件（图2-1），作为畜力犁的主体构件已经具备。

至东汉，在山东滕县、陕西绥德等地的画像石上，出现了一牛牵挽的犁，甘肃武威汉墓中也出过一牛之犁的模型（图2-2、3）。驾一牛的犁似宜用双辕，可是汉代并没有这种犁。在嘉峪关魏晋墓砖画中，套一牛之犁有用单长辕系在牛身一侧牵挽的，很不方便。这个问题贾思勰在《齐民要术·耕田》中已经提出："长辕〔犁〕耕平地尚可，于山涧之间则不任用，且回转至难，费力，未若齐人蔚犁之柔便也。"嘉峪关单长辕犁不能解决回转的困难，故比它"柔便"的蔚犁应指一种短辕犁。上述武威所出用一牛牵曳的犁，其辕不能及于牛肩，似可视为短辕犁。又《说文·木部》："桲，一曰犁上曲木犁辕。"曲辕犁一般也较短，亦可说明汉代已有短辕犁。短辕犁系驾时须用带套绳的犁盘。山东枣庄出土的一块画像石上，刻出一牛一马同挽一犁的情景，犁盘被表现得很清楚[②]（图2-4）。

除合用牛、马者外，还有单用马耕田的。居延简中有"延寿遒大初三年中父以负马田敦煌"的记事（513.23，303.39）。《盐铁论·未通篇》说："农夫以马耕载。"同书《散不足篇》又说："故〔马〕行则服辄，止则就犁。"但仅用马曳的犁在图像中尚未见到。

此外，汉代还有一种巨型犁铧（图2-9）。《说文·金部》："钤镈，大犁也。"所指或即此物。辽宁辽阳三道壕所出者，长40.2厘米，后宽40.6厘米；山东滕县长城村所出者，长44厘米，后宽47厘米；石家庄东岗头村所出者，长41厘米，后宽46厘米，重12.5公斤；福建崇安所出者，残重15公斤[③]。它们可能是由数牛牵挽的开沟犁，即王祯《农书》所称"浚犁"。但在土质松软的田中，也可以用它窜垡、活地。

图版2

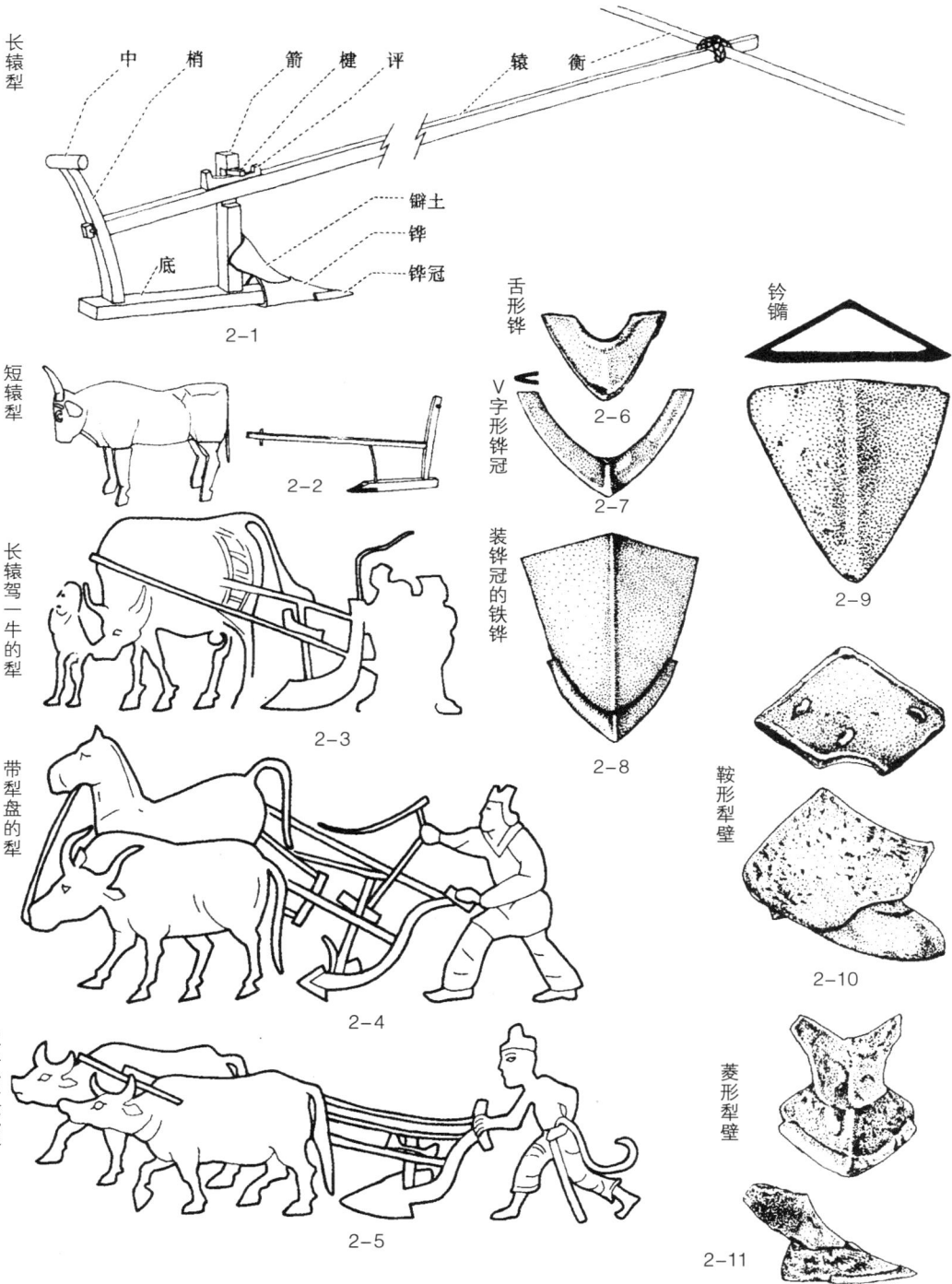

长辕犁　中　梢　箭　楗　评　辕　衡

铧土
铧
铧冠
底
2-1

短辕犁
2-2

长辕驾一牛的犁
2-3

带犁盘的犁
2-4

二牛抬杠式犁
2-5

舌形铧
2-6

V字形铧冠
2-7

装铧冠的铁铧
2-8

铃镶
2-9

鞍形犁壁
2-10

菱形犁壁
2-11

注释

① 山东安丘出土犁壁为中国国家博物馆藏品。河南鹤壁所出者，见张振新：《汉代的牛耕》，《文物》1977年第8期。中牟所出者，见《人民日报》1962年3月21日报道。陕西西安、陇县、礼泉等地出土者，见陕西省博物馆等：《陕西省发现的汉代铁铧和镵土》，《文物》1966年第1期。

② 石晶：《枣庄发现汉农耕画像石》，《中国文物报》1998年4月8日。过去曾认为犁盘迟至元代才出现，见荆三林、李趁有：《唐宋以来中国垦耕工具的演变及其作用》，中国科学技术史学会第二次年会论文。今知此说不确。

③ 东北博物馆：《辽阳三道壕西汉村落遗址》，《考古学报》1957年第1期。庄冬明：《滕县长城村发现汉代铁农具十余件》，《文物参考资料》1958年第3期。福建省文管会：《福建崇安城村汉城遗址试掘》，《考古》1960年第10期。参看张传玺：《西汉大铁犁研究》，《北京大学学报》（哲社版）1985年第1期。

三、农业 Ⅲ

播种、中耕农具

耕耱之后进行播种的方法有撒播、点播与条播三种。四川德阳出土画像砖上的农夫手执圆形器在撒播籽粒（图3-1）。四川新都出土的画像砖上，播种者一手执"点种棒"在农田中插洞，另一手在点播谷种（图3-2）。至于条播，起初大约是用小犁铧破土开沟，再随沟撒籽。西汉时把这两道工序统一了起来，发明了耧。山西平陆枣园村新莽时期的墓葬壁画中，有用驾一牛的三脚耧进行播种的图像（图3-3）。《齐民要术·耕田篇》引崔寔《政论》说："武帝以赵过为搜粟都尉，教民耕殖。其法三犁共一牛，若今三脚耧矣。"可见其发明的时间当不迟于武帝时。中国国家博物馆根据平陆壁画并参考了王祯《农书》附图及南阳地区旧式耧车，作出了汉耧的复原模型（图3-5）。耧亦名耩。《说文·木部》："耩，穜楼也。"段注："穜者，今之种字。楼者，今之耧字。"用它播种时，将种籽盛在漏斗形的种楼中，下接空心耧脚，扶耧者"且行且摇，种乃自下"（王祯《农书》）。它能同时完成开沟、播种，而且行距一致，下种均匀，使条播的速度和质量都得到提高。已知的耧播图像虽然只有上述一例，但东汉的铁制耧铧在辽阳三道濠、北京清河、陕西富平及渭南、河南渑池等地均曾发现[①]（图3-4）。河南南阳还发现了西汉耧铧范[②]。居延地区瓦因托尼西汉屯垦遗址中出土了一件硬木制的耧腿[③]，其尖端原应装铁耧铧，但已遗失（图3-6）。这些发现说明耧播法在汉代已得到一定程度的推广。

播下的种籽出苗后，杂草亦生；耨田即中耕除草成为急务。用于耨田的农具主要是锄。《氾胜之书》中一再提到"早锄"，"复锄"，"有草锄之，不厌数多"。锄又作鉏。《说文·金部》："鉏，立薅斫也。"《盐铁论·申韩篇》："犀铫利鉏，五谷之利而闲草之害也。"它是一种站着锄草的农具，故应装有长柄。《释名·释用器》："锄，助也，去秽助苗长也。齐人谓其柄曰橿，橿然正直也。"可知它的柄是直的，与曲柄之末有别。山东滕县黄家岭画像石中，有三个执长柄锄耘草的农夫④。山东泰安出土的画像石中，将执锄立薅的形像表现得更为清楚（图3-14）。其所用之锄，柄长而直，锄头呈板状，两肩削杀。这类锄头为全铁制，实物在洛阳烧沟、陕西永寿等地均曾出土（图3-7）。烧沟所出者，刃宽9厘米，通长15厘米；永寿所出者，刃宽8.9厘米，通长13.5厘米；形体均较小，与泰安画像石中的锄的比例相近。西汉时的锄头还有作斜肩梯形的，则系沿袭战国旧制（图3-8）。除了这几类全铁制的锄头外，还有在木锄叶上装铁口的。可是锄的铁口和臿的铁鐅不易区别。有一种弧底外侈的凹字形铁口（图3-9），曾在成都青杠坡东汉墓所出执锄俑残片上见过它装在木叶、木柄上的原形（图3-10），可以确知这种铁口本是锄的部件。另一类弧底、两端不外侈的凹字形铁口，如湖北大冶铜绿山老窿中所出之例，还装在原来的木叶上；自叶上穿銎的位置看，它的柄也是横装的（图11-8）。这应是一把权作敛矿石之用的锄。

立薅用锄，伛薅则用耨。《释名·释用器》："耨，似锄，伛薅禾也。"则耨是伛身除草所用之器。《吕氏春秋·任地篇》说："耨柄尺，此其度也。"耨柄仅长1尺，当然不能用于立薅。内蒙和林格尔汉墓壁画中有执耨伛身除草者，其所用之耨，有平口的和带齿的两种（图3-13）。至于河南洛阳、陕西临潼等地所出铁曲柄锄，锄头近半圆形，曲柄后端有銎（图3-12）。其銎中装短柄者，仍应名耨。装长柄者，如四川乐山柿子湾、重庆涪陵北岩寺等东汉崖墓中所见之例，则应名为锄⑤。

中耕农具中比耨再小些的是镈。《释名·释用器》："镈亦锄田器，……迫地去草也。"根据钱币学家的研究成果，早期空首布的形制仿自农具之镈。所以河北满城、河南洛阳烧沟及巩县铁生沟等地所出器形与空首布相近的铁器应为镈（图3-11）。但镈与钱属于同类，钱、划音同，划亦作铲，故此器又可名为铲。《齐民要术·耕田篇》引刘宋·何承天《纂文》谓："养苗之道，锄不如耨，耨不如铲。"他大概认为耘草的农具愈小，农活愈细致；可见铲和镈都是小型农具。但长沙浏城桥1号墓所出铜镈形器，尚存木柄，它的刃是纵装的。发掘报告说它"其实应是用于斫削的小斧"。这是由于装柄的方式不同，刃部或纵或横，用途亦随之而有别。清·王筠在《说文句读》中已指出："斤之刃横，斧之刃纵。"他又说，斤的使用方法与锄、镬相似；则镈的刃亦应横装。但带柄的完整实例尚未发现。

水稻的中耕方式与旱田作物有所不同。东汉时已知插秧。崔寔《四民月令》说："五月，可别稻及蓝，尽夏至后二十日止。"别稻就是插秧。秧苗插到田里，可在较短的时间分蘖封垅，覆盖田面，从而抑制杂草的生长。虽然如此，但当"稻苗长七八寸，陈草复起"时，仍须薅秧。四川新都出土的画像砖上，二农夫均挂杖支撑身体，双脚

图版3

撒播
3—1

点播
3—2

耧播
3—3

耧铧
3—4

梯形锄
3—8

削肩锄
3—7

铁锄口
3—9

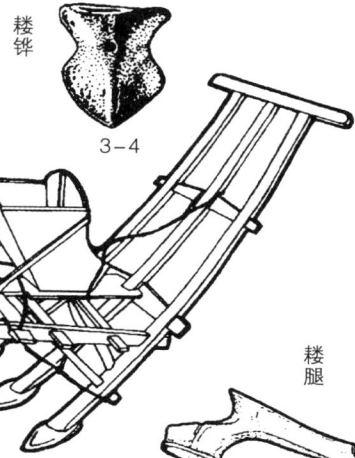
三足耧复原模型
3—5

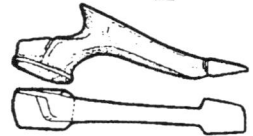
耧腿
3—6

镈
3—11

执锄俑残片
3—10

耨
3—12

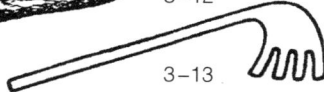
3—13

锄草
3—14

薆草
3—15

交替着将杂草踩进泥内（图3-15）。此法在汉代名登。《说文·癶部》："登，以足蹋夷草。从癶，从殳。"段注："从癶，谓以足蹋夷也。从殳，杀之省也。"现代则名之为"薅足秧"，四川农村中还有使用的。

注释

① 黄展岳：《近年出土的战国两汉铁器》，《考古学报》1957年第3期。苏天钧：《略谈北京出土的辽代以前的文物》，《文物》1959年第9期。富平出土者见本书第二篇注①3等。渭南出土者见郭德发：《渭南市田市镇出土汉代铁器》，《考古与文物》1986年第3期。

② 山东省博物馆：《山东省莱芜县西汉农具铁范》，《文物》1977年第7期。

③ 陈公柔、徐苹芳：《瓦因托尼出土虏食简的整理与研究》，《文史》第13辑，1982年。

④ 蒋英炬：《略论山东画像石的农耕图像》，《农业考古》1981年第2期。

⑤ 曾庸：《汉代的铁制工具》，《文物》1959年第1期。四川省文物管理委员会：《四川涪陵东汉崖墓清理简报》，《考古》1984年第12期。

四、农业 Ⅳ

灌溉设施，收获农具

在地表水丰足的地区，农田灌溉可用地表水；否则，就须凿井利用地下水。中原地区目前已知之最早的古井，是在河南汤阴白营龙山文化早期地层中发现的，此井用46层木框垒叠成井筒，木框四角交叉扣接，平面呈井字形[①]。河北容城午方发现的龙山晚期水井，其底部也还保留着用10层井字形木框叠成的井筒[②]。战国时代出现了用圆形陶井圈叠筑的井筒。《周易·井》："六四，井甃，无咎。"唐·陆德明《经典释文》引汉·马融曰："甃，为瓦里，下达上也。"则陶井圈即井甃。不过战国时的陶甃径小圈高，西汉时则径大圈低。井圈每层称为一节[③]。安徽寿县发现的西汉井，井筒由14节陶甃垒成，陶甃与外壁生土间的11厘米空隙中填砂，以涵贮地下水。每节陶甃的上下口沿均有五道凹槽，使之互相啮合，以防泥砂渗入[④]。上海金山戚家墩发现的西汉井，由九节陶甃垒成，每圈井甃当中都有四个对穿圆孔，是供进水用的（图4-7）。辽阳三道壕第5居址发现的西汉井，共垒甃20节，是已知之用甃的节数最多的例子[⑤]。北京地区的西汉井，还有用三块弧形陶甃板拼合成井筒的[⑥]。再往后，随着条砖使用范围的扩大，陶井就逐步让位给砖井。河南泌阳板桥发现的东汉砖井，用52层弧形子母砖砌成[⑦]。砌井的砖也可以叫作甃。唐·李鼎祚《周易集解》引吴·虞翻曰："以瓦甓垒井称甃。"甓就是砖。《庄子·秋水篇》晋·李颐集解更直接说："甃，如阑，以砖为之。"河南遂平小寨村发现的东汉井即用小砖砌成[⑧]。汉代的井筒除圆形外，还有五角、六角或八角形的，井口以上的井垣（井榦）大都呈井字形，还保存着用木框井时所形成的传统。但也有在井口上装方形石井栏的。山东安丘出土的东汉石井栏，外表面饰以浅浮雕花纹，口沿处因长期使用，已被绳索磨出多条痕迹[⑨]。

汉井不仅供汲水饮用，有些还用于灌溉。居延汉简所记："第十三隧长贤，卅井水五十步，阔二丈五，立泉二尺五，上可治田，度给吏卒☐"（127·6），直接证明了这一点。这里指的是一种大口井；然而小口井从其密集程度上看，也有用于灌田的可能，如北京复兴门外蔡公庄到宣武门豁口一带，有的地方在六平方米以内就有四眼井；安徽寿县在一处不到140米的狭长地带中竟有九眼井⑩。河南泌阳和洛阳的东汉砖井旁有的附有陶管或砖砌的水道，此类设施显然与灌溉有关。东汉的明器水井，有些附有水槽模型（图4-8），也可能是为了向水渠引水用的。

水位高的浅井可以从井中舀水（图4-6），但从水面较深的井中大量提水则须使用机具。我国在春秋时已发明桔槔。至汉代，桔槔的使用还很普遍，画像石中常见到它的形像（图4-3），《淮南子·氾论》中仍认为用桔槔灌溉比抱瓶汲水"民逸而利多"。另一种提水机具是战国时发明的辘轳。辘轳亦作楑栌或辚栌。《苍颉篇》："辚栌，三辅举水具也"（《玄应音义》卷一五引）。《广韵·入声一屋》："辚栌，圆转木也。"则当时的辘轳是一种滑轮。它在关中地区已较普遍。陶明器和画像石中的辘轳，有轮形（图4-2）与细腰形（图4-1）两种。桔槔的汲绠短，只宜浅井；辘轳的汲绠则不受限制。

陶辘轳井上有的塑出汲水之容器。常见的有尖底瓶和小罐（图4-4、5）。前者即汲瓶。《仪礼·士丧礼》郑注："瓶以汲水。"后者即汲缶。《左传·襄公九年》杜注："缶，汲器。"缶之大者为瓮。《说文·井部》："丼，八家为一井，象构韩形。、，瓮象也。"柳条结成的柳斗（笆斗）更耐磕碰，汉代亦用此器汲水。北京市东南郊五环路与六环路之间的工业园79号地块一汉墓出土的明器陶井，井台上正放置一陶柳斗⑪。

除了井灌这类小型的灌溉设施外，汉代还兴建了不少大型水利工程。《史记·河渠书》说，武帝时修龙首渠，"自征引洛水至商颜山（今铁镰山）下。岸善崩，乃凿井，深者四十余丈。往往为井，井下相通行水，水穨以绝商颜，东至山岭十余里间。井渠之生由此始"。用设有竖井的暗渠通水，可避免因渠岸陡深易于塌方之弊，是当时一项先进的水工技术。据近年在蒲城永丰龙首渠遗址调查中所见，此渠分为两段，在由河城塬到温汤的第一段中共发现竖井七个。已经钻探过的7号井深达27.8米，可见其工程的规模⑫。在泾河上游发现的白渠渠首，也有七个立井，下通暗渠（图4-12）。将水引出之后，再经过水门、沟洫等配套设施，最后流入农田。即如蔡邕《京兆樊惠渠颂》所说："折湍流，款旷陂，会于新渠；流水门，通窨淩，洒之于畎亩。清流浸润，泥潦浮游，曩之卤田，化为甘壤"（《北堂书钞》卷三九引）；从而使农作物的产量得到大幅度提高。在今新疆地区，也修筑过类似的水利工程。如《汉书·西域传》颜注引孟康说："大井六，通渠也。下泉流涌出，在白龙堆土山下。"这里的通渠有可能

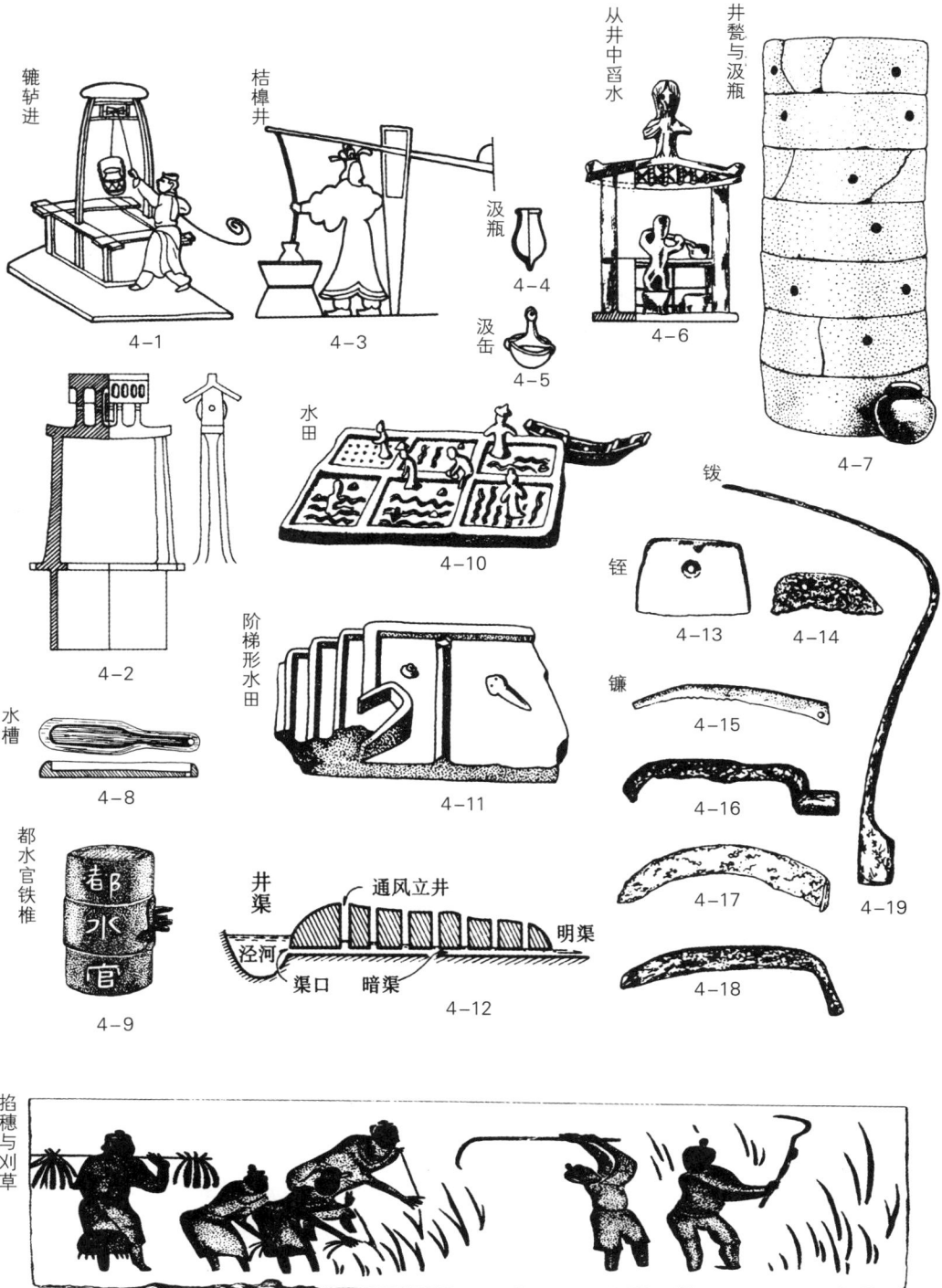

图版4

辘轳进

4-1

桔槔井

4-3

汲瓶

4-4

汲缶

4-5

从井中舀水

井甃与汲瓶

4-6

4-7

4-2

水田

4-10

阶梯形水田

4-11

水槽

4-8

都水官铁椎

4-9

井渠

通风立井

泾河　　　　明渠

渠口　暗渠

4-12

铍

铚

4-13

4-14

镰

4-15

4-16

4-17

4-18

4-19

掐穗与刈草

4-20

15

是用于引出地下水，但尚未经考古资料证实。此外，在安徽寿县安丰塘发现了东汉时的水堰遗址，出土铸有"都水官"三字的铁椎（图4-9），表明这一工程可能是由当时寿春所属的九江郡组织修建的。山东苍山在黄河故道和迦河之间的城子村所出西汉陶罐上刻有"治河赏"三字，应是对治河有功者的奖品[13]。但这件小平底罐口径18、腹径26.4、高18.2厘米，器型不大，制作亦不甚精，似非高层官府颁赐之物，故此次"治河"工程或不排除由县乡自行组织实施的可能。在长江和珠江流域，由于水源充足，广种水稻。广东佛山澜石圩东汉墓出土的陶水田模型，旁附小船，并有跳板与田相连（图4-10）。表明田在水边，可引地表水灌溉并用船运输。在川西丘陵地带，则出现了阶梯形水田。四川都江堰市崇义乡出土的石水田模型，高处的水田内有鱼和螺，田埂上设水口，顺地势的落差，将水引入层层梯田（图4-11）[14]。对灌溉技术的要求更高。

汉代用于收获的农具有铚、镰等。铚是从有孔石刀演变而来，用于掐禾穗，即现代的爪镰。《小尔雅·广物》："禾穗谓之颖，截颖谓之铚。"洛阳中州路汉河南县城的西汉房基中曾出土石铚（图4-13），旅大南山里汉墓出有铁铚（图4-14）。连秸收割的农具是镰，它在铁器中出现得较晚。战国遗址中还发现不少石、蚌制的镰刀，但汉代已通用铁镰。安徽寿县所出者带有锯齿（图4-15），还保留着自春秋以来吴、越、楚等地流行的青铜齿镰的痕迹。陕西宝鸡斗鸡台所出铁镰（图4-17），镰身弯曲成弧形，比战国时的矩形镰要适用些。广州出土的一件，镰身勾曲得更利害（图4-16），它可能就是《方言》中所说的刘钩。刘钩可简称为钩。《汉书·龚遂传》："诸持钼钩田器者皆为良民。"颜注："钩，镰也。"可证。西安洪庆村出土的一件，装柄的銎的角度已与近代旧式镰相近（图4-18）。此外，在四川地区还出土过东汉时的大弯镰，颇类现代之钐镰，汉代称为铍（图4-19），它是割草用的。《六韬·农器篇》："春铍草棘。"《说文·金部》："铍，两刃，有木柄，可以刈草。"使用铍的情况见于成都扬子山所出画像砖（图4-20）。在那里，整齐成行的水稻由两男一女用铚掐穗；他们前面的两人则用铍刈除已去穗的稻秸以沤肥。过去曾认为铍也是收割谷物的农具，这块砖上的图像否定了这种说法。

注释

① 安阳地区文管会：《河南汤阴白营龙山文化遗址》，《考古》1980年第3期。

② 河北省文物研究所：《河北容城县午方新石器时代遗址试掘》，《考古学集刊》第5集，1987年。

③ 《艺文类聚》卷九引晋·江逌《井赋》："穿重壤之十仞兮，构玉甃之百节。"

④ 吴兴汉：《寿县东门外发现西汉水井及西晋墓》，《文物》1963年第7期。

⑤ 见本书第二篇注③1。

⑥ 苏天钧：《十年来北京市所发现的重要古代墓葬和遗址》，《考古》1959年第3期。北京市文管处：《北京地区的古瓦井》，《文物》1972年第2期。

⑦ 河南省文化局文物工作队：《河南泌阳板桥古墓葬及古井的发掘》，《考古学报》1958年第4期。

⑧ 河南省文物研究所：《河南遂平县小寨汉代村落遗址水井群》，《考古与文物》1986年第5期。

⑨ 辛保健、贾德民：《山东安丘市发现东汉石井栏》，《考古》1999年第10期。

⑩ 见注④、⑥所揭文。

⑪ 洛阳出土的陶尖底汲瓶见《文物》2005年第9期。辽阳出土的陶汲缶见《汉代文物大展》第20页，台北故宫博物院。陶柳斗见《中国文物报》2004年6月23日。

⑫ 张瑞苓、高强：《陕西蒲城永丰发现汉龙首渠遗迹》，《文物》1981年第1期。

⑬ 金爱民：《山东苍山县城子村发现一件"治河赏"陶罐》，《考古》1999年第10期。

⑭ 罗二虎：《汉代模型明器中的水田类型》，《考古》2003年第4期。

五、农业 V

粮食加工用具

收获后的粮食尚须进行去秕、脱壳、磨粉等加工步骤。最古老的脱壳用具是木杵地臼。《易·系辞》："断木为杵，掘地为臼。"湖北宜都红花套大溪文化遗址曾发现保存状况较好的地臼遗址及木杵痕迹[1]。这种设备至汉代仍偶有沿用者，如《汉书·陈咸传》中还提到用"地臼木杵"。但在多数场合下已用石臼。在洛阳烧沟、洛阳西郊、安徽定远、江苏泰州等地均曾发现汉代的石臼[2]（图5-1）。与石臼配套的杵还是木制的。《汉书·楚元王传》："杵臼雅舂。"颜注："为木杵而手舂。"但用杵臼舂谷，须"高肱举杵"（同上《传》颜注引晋灼），费力多而效率低。东汉·桓谭《新论·离事篇》说："宓牺之制杵臼，万民以济。及后世加巧，因延力借身重以践碓，而利十倍杵舂。"碓将用手举杵改为用足踏杠杆以举碓，工效得到提高。因为是用足踏，所以这种碓又名践碓（图5-8）。其发明的时间大约在西汉。

比碓效率更高的脱壳器是砻。《说文·石部》："砻，䃺也。"明·徐光启《农政全书》："砻，䃺谷器，所以去谷壳也。……编竹作围，内贮泥土，状如小磨，仍以竹木排为密齿，破谷不致损米。"江苏泗洪重岗西汉画像石中有砻（图5-2）。砻身分上下两扇，上部隆起，一侧装拐木和撑架，由一人执拐木在原地前推后曳，垄扇即可旋动。但砻的分量轻，只适于水稻脱壳，小麦磨粉还须用石磨。我国的石磨最早出现于秦代。至西汉时，在满城、西安、洛阳、济南、辽阳、南京、江都、扬州等地都发现了石磨或其明器模型[3]（图5-3）。说明当时已将磨推广至南北各地，应与饼食风气流行，对面粉的需求量增加的情况有关[4]。汉代文献中常将磨称作䃺或䃺。《说文·石部》："䃺，石硙也。"段注："䃺，今字省作磨。"但在长沙阿弥岭7号西汉墓所出滑石明器磨上刻有"磨"字[5]，说明汉人已用此字。

图版5

臼

5-1

碓
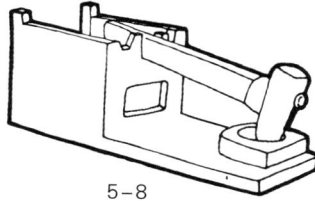
5-8

飏扇

5-9

砻
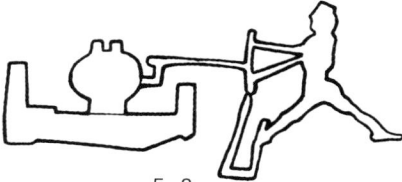
5-2

持飏扇者

5-10

扇车
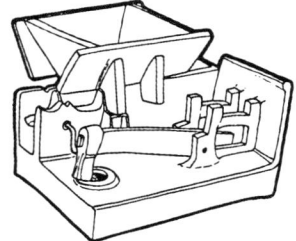
5-11

磨

5-3

磨齿

5-4　　5-5

碓与扇车

5-12

干磨

5-6

碓房

5-13

湿磨
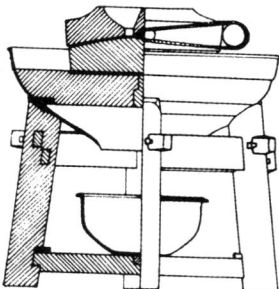
5-7

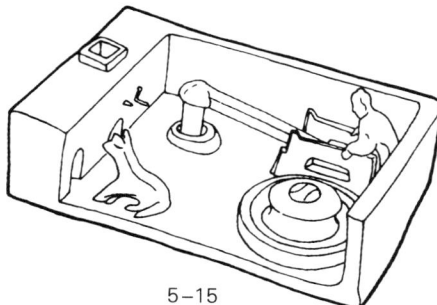
5-15

5-14

汉代石磨有磨粉用的和磨浆用的两种。一般石磨多用于磨粉。其上扇磨面上有两个孔，常作半月形，向下缩小成椭圆孔，谷物从孔中流入磨齿间。上扇石磨边上有方榫眼，以备推磨时插入磨棍。上下两磨扇之间则装短铁轴，与近代旧式石磨的形制相仿（图5-6）。磨浆的磨见于满城汉墓，出土时放在铜漏斗内。根据复原图，它应由木架支撑，漏斗下置器以容纳磨成之米浆或豆浆（图5-7）。这种磨可称为湿磨。

汉磨的演进主要表现在磨齿的变化上。秦栎阳石磨的磨齿为依同心圆排列的凹窝，西汉早期的磨齿也属此型。但洛阳烧沟58号西汉晚期墓出土的磨已凿出斜线磨齿[⑥]。安徽寿县茶庵东汉墓出土石磨的磨齿分两型，一型是辐射状沟槽，另一型是纵横叠错的斜齿（图5-4、5）。后一型出粉率较高，从而沿用至今。

以上各类粮食加工用具大都以人力操作。但满城石磨出土时，其南侧有马骨架一具，有可能是用于推磨的牲畜[⑦]。东汉·许劭"以马磨自给"（《后汉书·许劭传》章怀注引《蜀志》），则这时已有以马磨为职业者。桓谭《新论》说，碓还有"役水而舂"的。孔融《肉刑论》中也说："水碓之巧，胜于斲木掘地。"但有关水碓的遗物尚未发现。至于碾，东汉·服虔在《通俗文》中曾提到"石碨辗谷曰碾"（《御览》卷七六二引），然而直到隋代才有明器碨碾出土[⑧]。汉碾的实例也尚有待发现。

谷物被舂碓后，还须簸去糠秕以取得精米。这道工序最简单的方法是用箕簸（图5-5）。效率稍高些的则是用飏扇。在四川彭县出土的画像砖上，有一人在碓旁执圆筐倾倒已舂之谷，另一人则用大型飏扇风谷（图5-9）。四川双流牧马山汉墓出土的执飏扇俑拿的正是此物（图5-10）。以前曾误认为他拿的是铡刀，经与彭县画像砖比较，可以确认无疑。最值得注意的是在河南济源涧沟西汉晚期墓和洛阳东关东汉墓中发现的陶扇车（图5-11、12）。《急就篇》："碓磑扇隤舂簸扬。"颜注："扇，扇车也。"本来解释得很清楚；但由于以前未见过汉唐扇车，所以研究者或认为迟至北宋始有此物。济源和洛阳出土的实例则证明它在汉代已不甚罕见[⑨]。美国奈尔逊美术馆所藏汉代陶碓房中，设有一磨、一碓、一扇车，其布置很有代表性（图5-15）。河南陕县出土的陶碓房中虽无扇车，却将踏碓和簸飏的情况，表现得颇为生动（图5-13、14）。

原粮经过精加工，折耗率相当大。《诗·大雅·召旻》郑笺："米之率：糳十，粺九，繫八，侍御七。"孔疏："其术在《九章·粟米之法》，彼云：'粟率五十，糳米三十，粺二十七，繫二十四，御二十一。'言粟五升为糳米三升。以下则米渐细，故数益少"[⑩]。所以平民日常多食粗粝，即"脱粟饭"，"才脱粟而已，不精繫也"[⑪]。

注释

① 任式楠：《略论大溪文化》，载《中国考古学研究》，文物出版社，1986年。

② 烧沟出土者，见《洛阳烧沟汉墓》，第206页，科学出版社，1959年。洛阳西郊出土者，见《洛阳西郊汉墓发掘报告》，《考古学报》1963年第2期。定远出土者，见《定远县坝王庄古画像石墓》，《文物》1959年第12期。泰州出土者，见《江苏泰州新庄汉墓》，《考古》1962年第10期。

③ 秦代的石磨如陕西临潼郑庄秦石料加工场遗址出土者，见秦俑坑考古队：《临潼郑庄秦石料加工场遗址调查简报》，《考古与文物》1981年第1期。汉代的石磨如满城出土者，见《满城汉墓发掘纪要》，《考古》1972年第1期。西安出土者见王仲殊：《汉代考古学概说》第35页，中华书局，1984年。洛阳出土者，见《一九五五年春洛阳汉河南县城东区发掘报告》，《考古学报》，1956年第4期。济南出土者，见《中国历史图册》第4册，第80页，天津人民美术出版社，1979年。辽阳出土者，见本书第二篇注③1。南京出土者，见《南京栖霞山及其附近汉墓清理简报》，《考古》1959年第1期。江都出土者，见《江都凤凰河西汉木椁墓的清理》，《考古》1956年第1期。扬州出土者，见《扬州东风砖瓦厂汉代木椁墓群》，《考古》1980年第5期。

④ "饼"字最早见于《墨子·耕柱篇》。至西汉时，食面饼的风气已在社会流行。《史记·高祖本纪》正义引《括地志》说刘邦之父汉太上皇"平生所好皆屠贩少年，酤酒卖饼，斗鸡蹴鞠，以此为欢。"《汉书·宣帝纪》说宣帝微时，每买饼"所从买之处辄大售"。皆可为证。

⑤ 湖南省博物馆：《长沙树木岭战国墓阿弥岭西汉墓》，《考古》1984年第9期。

⑥ 烧沟出土者，见《洛阳烧沟汉墓》，第206页。

⑦ 中国社会科学院考古研究所、河北省文物管理处：《满城汉墓发掘报告》，第24页。文物出版社，1980年。

⑧ 考古研究所安阳发掘队：《安阳隋张盛墓发掘记》，《考古》1959年第10期。

⑨ 李迪、陆思贤：《中国古代科学中的世界之最》（内蒙古人民出版社，1980年）称："风车1556年才在欧洲出现，比我国晚了一千七百年左右。"牛津《技术史》（第2卷，第1编，第3章）也说："转动式簸谷机是后来才引进到西方世界的（16—17世纪），但是据说中国很早就已经知道这种机械了"（中译本，上海科技教育出版社，2004年）。

⑩ 云梦出土秦简《仓律》称："〔粟一〕石六斗大半斗，舂之为粝米一石。粝米一石为糳米九斗；九斗为毇米八斗。"其粟、粝、糳、毇之比为100∶60∶54∶48。而依《九章算术》之说，其粟、粝、粺（即毇，《说文·米部》："粺，毇也"）、糳、御之比为100∶60∶54∶48∶42。则《九章》所称之粺实为糳，而其所称之糳实为粺（毇）。《说文·毇部》云："粝米一斛，舂为九斗曰糳。"上述60∶54之出米率正与一斛出九斗之比例相合。又同部所云："毇，粝米一斛，舂为八斗也。"亦正与60∶48之比例相合。段玉裁注改糳下之九斗为八斗，毇下之八斗为九斗。不确。

⑪ 《汉书·公孙弘传》颜注。

六、农业 VI

作物品种

汉代的农作物品种繁多。粮食作物以所谓五谷或九谷为主。五谷依《礼记·月令》所记，是麻、黍、稷、麦、豆；与《汉书·食货志》、《周礼·疾医》郑注的说法相同。但郑玄在《周礼·职方氏》的注里，却又说五种谷是黍、稷、菽、麦、稻，这又和《素问·金匮真言论》、《淮南子·修务》高注的说法相同。两种说法的不同点在于后一说以稻取代了前说中的麻。先秦时，北方的水稻尚少。西周铜簋的铭文中常称"用盛稻粱"；《论语·阳货》记孔子的话说："食夫稻，衣夫锦，于女安乎？"可见当时对稻的珍视。汉代在江南各地已广泛种植水稻。江陵凤凰山汉墓所出简牍中记有粢米、白稻米、精米、稻燲米、稻粺米等各种稻米的名称，反映出它是当地重要的主食。洛阳、陕县等地所出陶仓上也常标出其中盛的是"稻"或"白米"，西安出土的陶罐上还有标出"粳米"的[①]，可见这时北方的稻已渐多。麻则指大麻，大麻雄雌异株，枲是雄株，不产籽；苴或芓是雌株，产籽。麻籽虽甘润宜人，然而产量低，出油率也不高。所以就逐渐从重要谷物的序列中被排除了。至于九谷，说法亦不一。《周礼·大宰》郑众注以为是黍、稷、秫、稻、麻、大小豆、大小麦，郑玄注则以为九谷中无秫、大麦，而有粱、苽。苽是菰草的籽，古称雕胡米，口感香滑。安徽六安一汉墓中曾出土苽米。但菰野生于沼泽浅水中，籽粒的成熟期不一致，须分次采收，而且产量很低。宋以后已从口粮中消失。黍、稷、粱、粟、秫，指的是或粘或不粘的各种谷子。出土时，谷物多已炭化或仅存朽痕，但在随葬的仓囷模型的题字上却得到比较全面的反映。图6-1~9所举九件陶仓上标出的谷物名称，虽然不等于古文献中的九谷，却大体可以代表汉代最主要的粮食品种。除了16世纪以来引入的美洲作物外，我国传统的主要谷物汉代已经具备。不过说粮食不易保存至今，也并非没有例外。20世纪70年代在湖北江陵凤凰山167号汉墓陶仓里发现的稻穗，出土时色泽鲜黄，穗、颖、茎和叶的外形完好，籽粒饱

图版6

主要粮食作物

    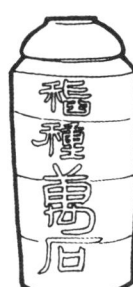

6-2　6-2　6-3　6-4　6-5

6-6　6-7　6-8　6-9

枣

6-10

柿核
6-11

菱角
6-12

甜瓜籽
6-13

杏核
6-14

粉皮冬瓜籽
6-15

梅核
6-16

杨梅

6-17

荔枝
6-18

橄榄核
6-19

姜
6-20

李核
6-21

花椒
6-22

葵菜籽

6-23

蔓菁
6-24

粳稻

6-25

梨

6-26

栗

6-27

23

满（图6-25）。经鉴定为粳稻，可能是一季晚稻。它的农艺性状如穗长、千粒重、谷粒形状等同现代粳稻相似，只是每穗的粒数只及现代品种的一半。表明汉代水稻的单位面积产量，可能只及现代的一半左右。

汉代是否已种植高粱，曾引起过争论。但山西万荣荆村、陕西长武碾子坡、江苏新沂三里墩等地发现过新石器时代、先周和西周的高粱[②]。辽阳三道壕西汉村落遗址和广州先烈路龙生岗4013号东汉墓都出过汉代的高粱[③]。洛阳烧沟汉墓所出书有"粱万石"之陶仓内的炭化谷粒，经河北农学院鉴定，确认为高粱[④]。因此尽管汉代文献中对高粱的记载不甚明确，但这时的农作物中已有高粱，却无可置疑。

蔬菜方面：汉代仍以葵（冬葵）为主。《灵枢·五味篇》所举的"五菜"，《急就篇》所举的13种菜，均以葵居首。长沙马王堆1号墓中曾出葵籽（图6-23）。居延简中关于"治园"的记事称，某亭共种12畦菜，其中葵就占了七畦（506.10A）。另外五畦种的是葱和韭，它们也是汉代习见之菜。此外江苏邗江西汉墓曾出菠菜籽[⑤]；过去根据《唐会要》卷二〇〇、《北户录》卷二、《封氏闻见记》卷七等处的记载，认为唐贞观年间菠菜始传入中国，实际上汉代已有此菜。在马王堆和邗江还出土过芥菜籽和蘘菜籽[⑥]。在广西贵县出土过黄瓜籽[⑦]，以前曾认为《齐民要术》中"种越瓜、胡瓜法"中的胡瓜，是关于黄瓜之最早的记载，考古发现则将它在我国栽培的时间上溯至汉。在甘肃泾川水泉寺东汉墓出土的陶灶面上有堆塑的萝卜。新疆民丰尼雅遗址中则出过不少干蔓菁（图6-24）。洛阳五女冢267号新莽墓出土陶仓10件，腹壁上均写出所贮作物之名，与"粱粟""黍""麻"等并列的有一仓"无清"，即芜菁籽亦即蔓菁籽[⑧]。今日虽多视蔓菁为蔬类，但古代亦可充主食。《后汉书·桓帝纪》载，永兴二年（154年）起蝗灾时，诏令"所伤郡国种芜菁以助人食"。

果类方面，首先应当提出的是桃。桃为我国原产，河北藁城商代遗址中出过桃核，《诗经》《尔雅》等古籍中对之亦不乏记述。汉时如《西京杂记》所说："汉武初修上林苑，群臣各献果，有秦桃、细核桃、金城桃、绮叶桃、紫文桃。"品类更趋繁盛。他如：枣（图6-10）、栗（图6-27）、菱角（图6-12）、梨（图6-26）、柿（图6-11）、梅（图6-16）、杏（图6-14）、李（图6-21）、甜瓜（图6-13）、杨梅（图6-17）等也是我国原产的种类，汉代均有实物出土。且已培育出若干著名的优良品种，如"安平好枣、中山好栗、魏郡好杏"、"真定好梨"（《艺文类聚》卷八六引何晏《九州论》）等。被当时视为"超众果而独贵"（《艺文类聚》卷八七引王逸《荔支赋》）的荔枝，曾在广西出土（图6-18），合浦堂排2号汉墓中的一口铜锅盛满了稻谷和荔枝[⑨]。《西京杂记》说汉初南越王尉佗自南海将鲛鱼和荔枝献给汉高祖刘邦。汉武帝时曾在陕西韩城芝川镇起扶荔宫,试种荔枝。它是我国特有的果树,至19世纪时国外才有种植的。此外,在广州"秦汉船场"遗址、广州西村增埗2060号西汉墓和广西贵县罗泊湾西汉墓中均出橄榄(图6-19);广州西村皇帝岗2050号西汉墓出土乌榄,证明这种果木西汉时在岭南已经很多。以前认为橄榄是在武帝通西域以后才传入我国的,显然不确。至于西瓜,过去曾发表过出土其瓜籽的报导。但江苏邗江胡场5号西汉墓出土的所谓西瓜籽,原存扬州博物馆,今已成粉末,既未作科学鉴定,也未留下清晰的照片。广西贵县罗泊湾西汉墓出土的瓜籽,经南京农业大学叶静渊等鉴定,乃是粉皮冬瓜籽⑩。故无法证明西汉时已有西瓜。

调味品方面:花椒在战国时已屡次发现。汉代的花椒亦曾在满城、江陵、广州、贵县等地出土(图6-22)。在长沙马王堆汉墓中还出土了茱萸、姜和桂皮⑪。姜在湖北江陵凤凰山168号、广西贵县罗泊湾1号等西汉墓中也曾出土(图6-20)⑫。桂皮即肉桂,《檀弓》《内则》皆姜、桂并言。《吕氏春秋·本味篇》:"和之美者,阳朴之姜,招摇之桂。"桂也是我国的特产。西传后,在波斯语中称肉桂为 dār-čīnī,阿拉伯语中称为dar-sīnī,意义均为"中国树皮",可证其来源所自。这些调味品和用我国特产的大豆制作的豉、酱、酱油(即湖南沅陵虎溪山西汉沅陵侯吴阳墓出土《美食方》中所称"菽酱汁")等相配合,遂使我国的菜肴最迟从汉代以来就逐渐形成了独特的风味。

注释

① 程学华:《西安市东郊汉墓中发现的带字陶仓》,《考古》1963年第4期。陕西省考古研究所:《陕西卷烟材料厂汉墓发掘简报》,《考古与文物》1997年第1期。

② 万荣所出者,见C. W. Bishop, The Neolithic Age in Northern China, Antiquity, Vol. VII. No. 28, 1933。长武所出者,见李毓芳:《浅谈我国高粱的栽培时代·附记》,《农业考古》1986年第1期。新沂所出者,见南京博物院:《江苏新沂县三里墩古文化遗址第二次发掘简介》,《考古》1960年第7期。

③ 辽阳所出者,见本书第二篇注③1。广州所出者,见《广州汉墓》卷上,第357页,文物出版社,1981年。

④ 陈文华:《农业考古》第54页,文物出版社,2002年。

⑤ 扬州市博物馆:《扬州西汉"妾莫书"木椁墓》,《文物》1980年第12期。

⑥⑪ 湖南省博物馆、中国科学院考古研究所:《长沙马王堆一号汉墓》,文物出版社,1973年。蕹菜籽见上页注④。

⑦ 广西壮族自治区文物工作队:《广西贵县罗泊湾一号墓发掘简报》,《文物》1978年第9期。

⑧ 刘玉林：《甘肃泾川发现一座东汉早期墓》，《考古》1983年第9期。王炳华：《新疆农业考古概述》，《农业考古》1983年第1期。洛阳市第二文物工作队：《洛阳五女冢267号新莽墓发掘简报》，《文物》1996年第7期。

⑨ 蒋廷瑜：《广西汉代农业考古概述》，《农业考古》1981年第2期。

⑩ 近年对杭州水田畈新石器时代遗址中出土的所谓西瓜子重新鉴定后，证明是葫芦或瓟瓜的种子（见《考古》1987年第3期），从而引起对所谓汉代已有西瓜之说的进一步探讨。见叶静渊、俞为洁：《汉墓出土"西瓜子"再研究》，载《东南文化》1991年第1期。

⑫ 湖北省文物考古研究所：《江陵凤凰山一六八号汉墓》，《考古学报》1993年第4期。又见上页注②所揭文。

七、渔猎

在汉代，由于农业和畜牧业的发达，狩猎在生产领域中已退居次要地位，但仍不失为取得生活资料的一种补充手段。至于统治阶级的驰骋田猎，只不过是作为体育和娱乐活动而已。特别是皇家之大规模的春蒐秋狝，有时使得"上乏国家之用，下夺农桑之业"（《汉书·东方朔传》），"妨碍农业，残夭民命"（《孔丛子·连丛子·上》引《谏格虎赋》），那就完全是正常的生产活动以外的事情了。

野生动物中，小的如雉、兔，大的如熊、虎，都是汉代人猎捕的对象。汉代政府奖励捕获猛兽，《汉律》："捕虎一，购钱三千；其豹半之"（《尔雅·释兽》郭注引）。"能捕豺、貀，购钱百"（《说文·豸部》貀下引）。从画像石中看，狩猎时使用的方法很多，武器如戈、矛、弓、弩等都出现过。此外狩猎时常講鹰继犬，《西京赋》之"迅羽轻足"，《后汉书·袁术传》之"飞鹰走狗"，皆指所携鹰、犬（图7-1）。且汉代已知使用猎豹。湖北江陵凤凰山168号西汉墓所出七豹大扁壶（图82-1），有的豹颈上画出项圈。江苏徐州狮子山西汉楚王墓出土的石豹，颈上亦刻出饰以海贝的项圈，表明它们是已被驯养的、可用于狩猎的猎豹[1]（图7-2）。当时专用的猎具，也发现过若干种：满城汉墓曾出钝头猎镞，顶端包有铅基合金，或是猎贵重皮毛兽所用者（图7-9）。居延金关遗址出土过一种圆形捕兽器，周围缚有尖木，能顺之以入而不能逆之以出（图7-8）。斯坦因在玉门关附近的15号烽隧遗址中发现过完全相同的器物[2]。它或即《周礼·雍氏》所说"春令为阱、擭"的擭之类。《尚书·费誓》孔疏引王肃曰："擭，所以捕禽兽机槛之属。"擭又名削格（《庄子·胠箧篇》）、峭格（《吴都赋》）。削、峭义通。格者，《说文》谓"木长貌"；削谓刮削之；正与此器的构造相合。不过汉代最常用的猎具还是罟。《周礼·兽人》："兽人掌罟田兽。"是将罟作为狩猎所用网具的总称。细分起来，则当如《尔雅·释器》所说："鸟罟谓之罗，兔罟谓之罝，麋罟谓之罞，彘罟谓之羉。"它们既然各有专名，形状亦应各具特点，只因缺乏形象资料，不能尽知其详。在画像石中出现过捕兔用的长柄网（图7-1），而所谓捕兔之罝则未言有柄。《文选·西京赋》："结罝百里。"薛注："罝，网也。"可证罝是大型的网，无须装柄。在画像石中见到的长柄网应名毕。《说文·华部》："毕，田网也。从田，从华，象形。"毕字金文作 （投簋），即象其形。《礼记·月令》郑注："小而柄长谓之毕。"说得也很明确。画像石上的毕不仅用于捕兔，也用于捕雉。对于这种情况，《国语·齐语》韦注："毕，掩雉、兔之网也。"已有清楚的解释。

雉即野鸡，它有在地面上奔跑的习性。《说文·鸟部》："鶾，长尾雉，走且鸣。"故可用毕掩捕。高飞之鸟则须弋射。《汉书·司马相如传》颜注："以缴系矰仰射高鸟谓之弋射。"缴即"系箭线"（《文选·鹪鹩赋》李注），结缴的"短矢"则名矰（《周礼·司弓矢》郑注，《史记·留侯世家》索隐引《周礼》马注）。使用这种猎具，便于将射中的飞禽收回。为了避免受伤的鸟带箭曳缴而逃，又在缴的下端拴上礔石。《说文·石部》："礔，以石着弋缴也。"礔又作磻。《史记·楚世家》集解引徐广曰："以石傅弋缴曰磻，音波。"辉县琉璃阁出土的战国狩猎纹铜壶的图像中，其缴线末端坠有圆形物，应即礔。但不晚于春秋末、战国初，又发明了弋射用的绕缴装置，它有点像一枚纺锭。在湖南长沙浏城桥1号墓、湖北随县擂鼓墩1号墓、襄阳蔡坡12号墓、江陵溪峨山2号及7号墓中均曾出土[③]。在江苏邗江胡场5号汉墓中也出过绕缴轴（图7-10）。它的使用情况见于成都出土的汉画像砖（图7-12）。此物应名觓觚。《说文·角部》："觓，弋射收缴具也。""觚，弋射收缴具。"段注："按两字同义，盖其物名觓觚。"其说是。

渔具中最简单的是鱼钩（图7-3）。钩本名钓。《广雅·释器》："钓，钩也。"《鬼谷子·摩篇》："如操钓而临深渊。"《淮南子·说山》："操钓上山，揭斧入渊。"后世则通称鱼钩。鱼钩上有逆刺，名鑯。《淮南子·说林》："无鑯之钩，不可以得鱼。"《玉篇》："鑯，钩逆铓也。"当然，鱼钩还要系上缗（《说文·糸部》："缗，钓鱼缴也"）、装上竿（《诗·竹竿》："籊籊竹竿，以钓于淇"），才便于垂钓。但用钩钓鱼，效率较低。《淮南子·原道》："临江而钓，旷日而不能盈罗，……不能与网罟争得也。"所以捕鱼主要用网。居延金关遗址曾出汉代鱼网（图7-7）、网坠和织网用的竹梭（图7-6）。鱼网和竹梭不易保存，很少发现；陶网坠则曾在许多地点出土（图7-4），反映出鱼网的使用相当普遍。《淮南子·说林》称："钩者静之，网者动之，罩者抑之，罾者举之。"这里以静、动、抑、举代表以上四种鱼具之操作方法的特点。垂钓与撒网同今日常见者区别不大。罾的形状据《汉书·陈胜传》颜注说："形如仰繖盖，四维而举之。"《风俗通义》说："罾者，树四木而张网于水，车挽之上下"（《初学记》卷二二引）。它应是一种装有绞车的抬网。但汉代的罾在形象材料中似尚未

图版7

狩猎

猎豹

7-2

7-1

钓钩

7-3

网坠

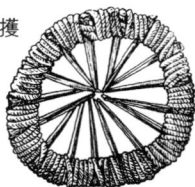

7-4

渔监印

7-5

攫

7-8

弋射

7-12

织网梭

鱼网

猎镞

舨艁

7-9

7-10

7-6

猎

捕鱼

7-13

7-7

7-11

发现。至于《说林》中提到的罩，即《尔雅·释器》"翼谓之汕，籗谓之罩"的籗。《诗·南有嘉鱼》正义引李巡曰："籗（籗为籗之或体），编细竹以为罩捕鱼也。"则籗是扣鱼竹笼。翼据郭璞注说是"今之撩罟"，应为捞鱼的抄网。籗与翼的使用状况，在沂南画像石中可以看到（图7-13）。

此外，汉代遗物中还发现过鱼叉（图7-11）。《周礼·鳖人》："以时籍鱼、鳖、龟、蜃。"先郑注："籍，谓以杈刺泥中搏取之。"籍字《国语·鲁语》作矠，说："矠鱼鳖以为夏槁。"韦注："矠，掫也，掫刺鱼鳖以为槁储也。"依《鳖人》之说，叉捕的对象主要是"互物"和"貍物"，即生有甲壳的和藏在泥里的水族。但《文选·西征赋》："挺叉来往。"李注："叉，取鱼叉也。"可见此法亦用于叉鱼。

汉代在"有水池及鱼利多"的郡县置水官，其职掌之一是"收渔税"[4]。湖南长沙出土的"上沅渔监"印，应即郡水官下属之管理渔政的官吏之印（图7-5）。

注释

① 孙机：《猎豹》，《收藏家》1998年第1期。

② 斯坦因：《从罗布沙漠到敦煌》（中译本）第300页，广西师范大学出版社，2000年。

③ 浏城桥所出者，见《长沙浏城桥一号墓》，《考古学报》1972年第1期。擂鼓墩所出者，见《湖北随县曾侯乙墓发掘简报》，《文物》1979年第7期。蔡坡所出者，见《襄阳蔡坡12号墓出土吴王夫差剑等文物》，《文物》1976年第11期。溪峨山所出者，见《江陵溪峨山楚墓》，《考古》1984年第6期。

④ 《续汉书·百官志》。

八、手工工具

　　这里所收的手工工具主要是木工工具,当然,有些木工工具也可兼作他用;所以除了如陶瓷、冶金、纺织等部门的专用工具外,汉代一般通用的手工工具亦略见于此。

　　木工工具中第一种应举出的是斧。《释名·释用器》:"斧,甫也。甫,始也。凡将制器,始用斧伐木,已,乃制之也。"远在石器时代已普遍使用石斧。根据江苏溧阳洋渚良渚文化遗址中出土的木柄石斧,斧头是竖装在横木柄上的[①]。长沙浏城桥出土的春秋木柄铜斧和江陵楚墓出土的木柄铁斧,装柄的方法也是如此[②];只不过在金属斧头和横柄之间再以竖直的楔木连接,和古乐浪遗址所出木柄铁斧的结构完全相同(图8-8)。据《诗·破斧》毛传:"隋(椭)銎曰斧。"图8-6所举广东徐闻出土之例与此描述相合,可见这类器物名斧。清·程瑶田《考工创物小记》说:"斧之安柲也,横其刃,而于其首为銎,上下相通,柲直插銎中,不为内也。"亦指此种斧。斧的銎皆在顶端(图8-7),所以装柄时仍可沿用自新石器时代以来的传统方法。甲骨文斧字作
𝌀(籀文67),字从斤,也表明至此时它仍装曲柄。

　　汉代还有一种在器体中部横穿方銎的斧状工具(图8-4、5),它的柄可以直接横插进去。《考工记·车人》郑注中提到一种"关头斧",贾疏说它"以柄关孔",即指此类器物而言。居延简中作"贯头斧"(E. P. T59:340B),用意更为显豁。其正式的名称为斨。《说文·斤部》:"斨,方銎斧也。"《释名·释用器》:"斨,戕也,所伐皆戕毁也。"它的功效较前者为高。

　　按照《释名》的说法,用斧伐木之后,则用斤"平灭斧迹"。《国语·齐语》:"恶金以铸钼、夷、斤、欘。"韦注:"斤形似钼而小。"斤亦作釿,东周的空首布上常铸出釿字,则釿形类布。从而可见斤的刃是横装的,与钼(锄)、布(镈)相同。因知斤即后世所称之锛,它正是平木的工具(图8-9、10)。

　　但以斤平木,仍难作到十分平整。《释名》说:"釿有高下之迹,以此锄弥其上

而平之也。"考古报告中常将锸称为刮刀，广西西汉墓中曾出木柄铁锸（图8-19），汉代用这种工具将板材的表面进一步刮平③。广州南越王墓出土的长条形锸，两端有鸭嘴状扁刃，可用于凹槽或孔洞的刮削（图8-20）。在平木这道工序中，有时还可以用锪。《说文·金部》："锪，一曰大凿平木也。"《玉篇》《广韵》并作："锪，平木器。"《集韵》作："一曰大凿，一曰平木刬。"河北定县东汉墓所出平口铁铲，当即锪（图8-18）。

为了使板材更加光滑，在用斤锛和锸刮之后，还要加以磨砻。《尚书大传》："桷，天子斵其材而砻之，加密石焉。"王符《潜夫论·浮侈篇》也说富人制棺，"削除铲靡（磨），不见际会"。洛阳汉墓出土的砺石（图8-11），既可用于木材表面加工，也可用于磨砺刃具。

用斧—斤—锸的序列进行加工，原料只能是直径较小的圆木。对于大木说来，则须先解成板材。汉代虽已有夹背锯、刀形手锯和弧形锯（图8-24、28），但均不能胜任这一要求。四川绵竹西汉木板墓中所出木板有明显的撕裂痕迹，应是打进成排的楔子硬劈开的。所以直到晋代，仍推重"直理易破"的木材④。裂劈大木所用的铁楔名镵。《说文·金部》："镵，破木镵也。……一曰，琢石也。"各地所出汉代铁镵，小型的可用于解木；大铁镵如《淮南子·本经》所称，是用来"镵山石"的（图8-30）。湖北大冶铜绿山、山西运城洞沟等采矿遗址中出土的铁镵（图11-5、12），则是采矿石用的。

在木材上开卯的工具有凿（图8-13）。狭刃凿应名錾（图8-15、16）。《说文·金部》："錾，小凿也。"开圆孔的弧口凿则名劂（图8-17）。《汉书·扬雄传》："般倕弃其剞劂兮。"颜注引应劭曰："劂，曲凿也。"但凿刃微曲而口部平直者，似仍应称为凿（图8-14）。凿和椎是配合使用的。汉代铁椎的种类较多（图8-1~3），其用途不限于攻木。有些大铁椎甚至用作武器（图34-1）。

为求得器物形制规整，还须使用规矩绳墨。汉画像石中常出现持规、矩的伏羲、女娲像（图8-12）。安徽寿县朱家集楚墓曾出土战国铜矩，两边等长。中国国家博物馆所藏汉代铜矩，两边不等长，分别为22.5和37.6厘米（图8-22），与画像石中的矩形一致⑤。汉代的墨斗未曾发现。但广州"秦汉船场"遗址曾出小扁铅块（图8-21）。《西京杂记》谓扬雄"怀铅提椠"，葛龚谓曹褒"寝怀铅笔"⑥，似汉代曾用铅书写。上述扁铅块应是加工木材时划线所用。营造大型木构建筑时，取正定平，还要先进行测量。《淮南子·齐俗》中曾提到测量仪器"浣准"，其实例尚未发现。不过各地所出汉代的铜、铅、木坠（图8-31~33），应即《考工记·匠人》所称"置槷以县"的测量法中

图版8

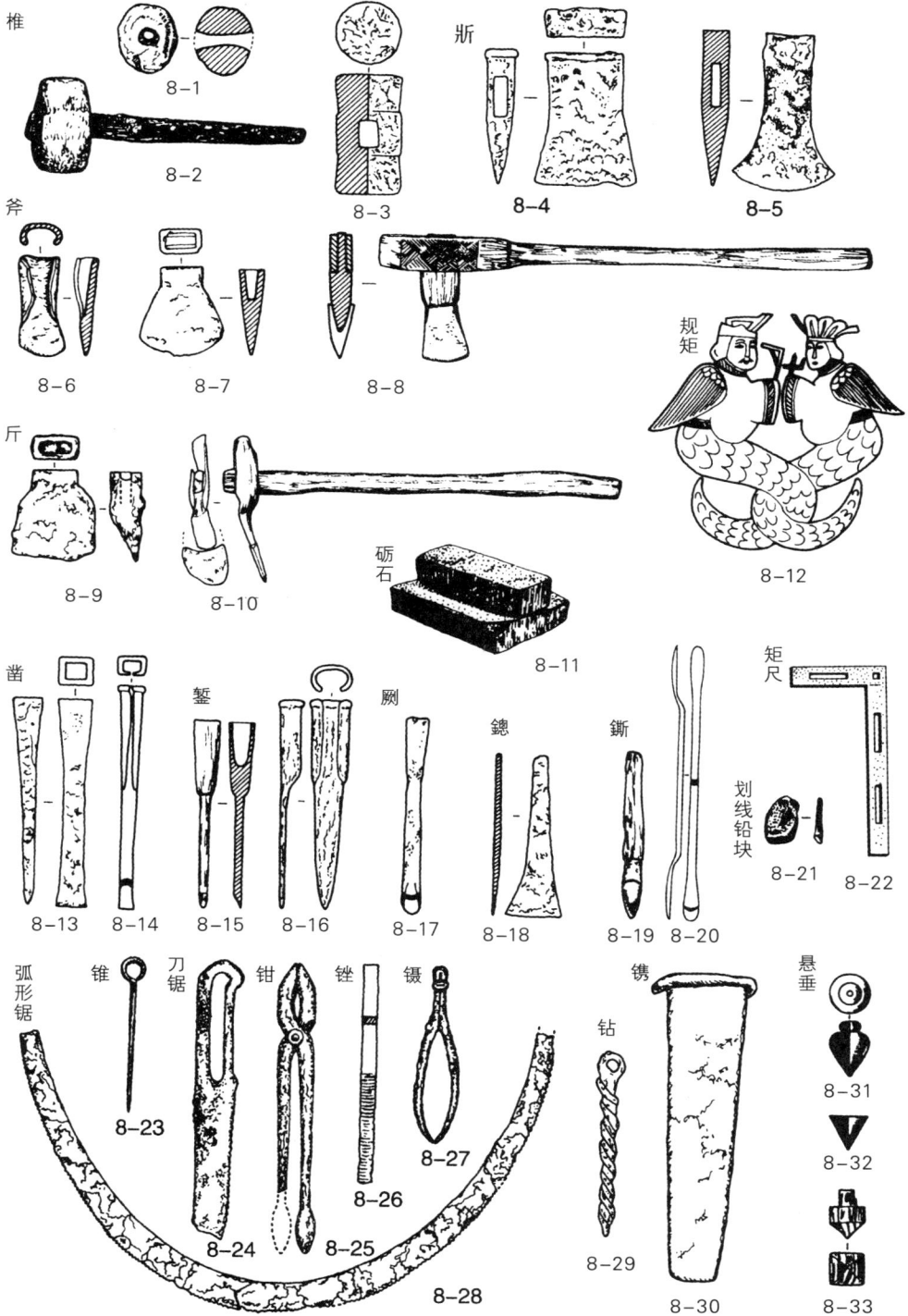

椎

8-1

8-2

8-3

斯

8-4

8-5

斧

8-6

8-7

8-8

规矩

8-12

斤

8-9

8-10

砺石

8-11

凿

8-13

8-14

錾

8-15

8-16

剗

8-17

鏓

8-18

鐁

8-19 8-20

矩尺

划线铅块

8-21

8-22

弧形锯

锥

8-23

刀锯

8-24 8-25

钳

锉

8-26

镊

8-27

钻

8-29

镌

8-30

悬垂

8-31

8-32

8-33

8-28

使用的悬垂，即《营造法式》中之所谓"绳坠"。

其他如锥（图8-23）、锉（图8-26）、锯（图8-27）等工具，汉代亦常见。在西安汉未央宫遗址还出土了一件螺旋形铁钻，构造相当先进（图8-29）。可惜这种类型的工具在以后的长时期中未能充分利用。双股相交，用以箝持物件的钳最早见于陕西凤翔战国秦墓，其两股互相卡接，可开合自如[7]。汉代的钳则在两股中间装关掾，实物见于湖北荆门瓦岗山2号西汉墓及陕西兴平窦马村西汉窖藏[8]（图8-25）。以后在河北易县高陌村37号及定县北陵头村43号等东汉墓中也发现过铁钳，但都是在早期盗洞的扰土中发现的[9]。不过居延简已记有"大钳一，小钳一"（67.2），可知钳在汉代已是较常用的工具。

注释

① 肖梦龙：《试论石斧石锛的安柄与使用》，《农业考古》1982年第2期。

② 长沙出土者，见《长沙浏城桥一号墓》，《考古学报》1972年第1期。江陵出土者，为荆州地区博物馆展品。

③ 孙机：《我国古代的平木工具》，《文物》1987年第10期。

④ 汉代尚无框架锯。白云翔：《先秦两汉铁器的考古学研究》（第172-173页，科学出版社，2005）认为华阴京师仓遗址出土的81T9③：8号锯条状铁件，"可能系架锯残片"。据该书所附图片测算，此铁件残长5.5厘米、宽1.5厘米、厚3.36厘米。宽度偏小而厚度偏大；并且其齿牙也太大，齿距0.7厘米、齿高0.4厘米。所以它是不是锯条难以确认，更不要说是框架锯上的锯条了。而用楔开木则须顺其纹理。《诗·小雅·小弁》："析薪扡矣。"毛传："析薪者随其理。"晋·陆玑《毛诗草木鸟兽虫鱼疏》中记述树木时，也常特意指出其木材的纹理是否平直，因为直理的木材易于开解。当时如有框架锯则无须强调这一点。

⑤ 刘东端：《矩和矩尺》，《文史》第10辑，1980年。

⑥ 《文选》卷三八，任昉：《为范始兴作求立太宰碑表》李注引。

⑦ 李自智：《记陕西凤翔出土的战国铜钳》，《考古与文物》1986年第3期。

⑧ 崔仁义：《荆门市瓦岗山西汉墓》，《江汉考古》1986年第1期。陕西省考古研究所：《陕西兴平县出土的古代嵌金铜犀尊》，《文物》1965年第7期。

⑨ 河北省文化局文物工作队：《1964—1965年燕下都墓葬发掘报告》，《考古》1965年第11期。定县博物馆：《河北定县43号汉墓发掘简报》，《文物》1973年第11期。

九、计量器

计量与生产和生活密切相关。然而在古代,并不是所有的计量方法都能被认为是科学的。在这里,关键问题是基元的规定是否合理,是否具有准确性、恒定性和复现性。另外,还要看它的进位制度是否方便适用。

基本计量单位的制定,古文献中称之为"起度"(《周礼·典瑞》、《隋书·律历志》)。原始的起度一般以人体作标准,不够准确[①]。汉代采用积黍和律管两种计算方法[②]。黍是何种作物,训诂家颇有异说。根据新莽始建国铜斗上的"嘉黍"图,可知汉代的黍即现代北方的黍子(学名为Panicum miliaceum L.)[③]。《汉书·律历志》认为:"黍者,自然之物,有常不变者也,故于此寓法。"但黍粒大小不一,且起度时又有纵累、横累、斜累诸歧说,所以此法尚欠严密。《史记·封禅书》中提到"合时、月、正、日,同律、度、量、衡。"可见不迟于司马迁时,我国已发明了以律管为计量基准的方法。

律管指乐律的定音管。它的底部是封闭的,如其管径不变,则频率与管长的4倍成反比[④]。管愈长音愈低,管愈短音愈高。在管径不变的条件下,如所发之音的绝对音度已确定,则管的长度也随之而定。因此,汉代用黄钟(五音之宫)律管作为标准。以汉尺九寸作为黄钟律管之长,以九方分为其面幂。即管长为20.79厘米,管径为0.782厘米。这样的一根律管中能容黍1200粒,即一龠。《说苑·辨物篇》:"千二百黍为一龠。"黍的总重则为12铢。从而把乐律、长度、容积和重量的相互关系确定了下来。这就是所谓"同律、度、量、衡"[⑤]。

刘歆时制作的铜嘉量(图9-13),是当时的标准量器。此器当中为一大圆柱体,近下端处有底,底上为斛量,底下为斗量。左耳为升。右耳上部为合,下部为龠。龠铭称:"律嘉量龠,方寸而圆其外,庞旁九豪,冥百六十二分,深五分,积八百一十分。容如黄钟。"同样的铭文在陕西咸阳出土的铜龠上也有(图9-10)。清楚地说明了它们和黄钟律管的关系。但实测值嘉量龠为10.65毫升,咸阳龠为9.898毫升,与律管值9.985毫升均微有出入。现存单件铜斛（图9-14，容20400毫升）、铜斗（图9-7，容1970毫升）、铜升（图9-8，容198毫升）。图9-15为江苏铜山小龟山出土的"楚私官"铜升（容200毫升）。铜合（图9-9，容20毫升）与嘉量值（斛＝20097.5、斗＝2012.5、升＝191.825、合＝21.125毫升）及律管值（斛＝19970、斗＝1997、升＝199.7、合＝19.97毫升）亦微有出入。除工艺精度的原因外，刘歆的圆周率（π＝3.1547）过大，也影响其计算结果。但这些量器的误差都远低于云梦秦律所定的5%的范围。以约200毫升为一升，本系先秦旧制。视田齐1升为204.6毫升（子禾子釜）、战国秦1升为201毫升（商鞅方升），可知。不过由于原粮春米后容量有折耗，"粟五升为粝米三升"，因而依这一比例又形成了大斛、小斛两种单位。故宫博物院所藏河平二年"万年县官铜斗"，容量为1200毫升，即小斛的一斗，大斛的六升。这种斗汉代又称桶。《说文·木部》："桶，木方受六升。"居延简中则称之为"大石"、"小石"（148.41，275.21），二者的容量比亦为5：3。不过根据河西地区出土汉简所记，汉代有两种大石、一种小石。代国玺认为："小石为统一的；两个大石分别用来量禾黍类原粮与麦类原粮。量粟之大石与小石之比为5：3，而量麦之大石与小石之比为3：2"[⑥]。"十斗为一石"（《说苑·辨物篇》），本系西汉恒语，王莽时始改石为斛。不过在衡制中4钧也叫1石，可是二者的用意完全不同[⑦]。

篇以下的容量单位有撮，河南陕县隋墓中所出新莽铜撮，容2.07毫升（图9-11）。再小的单位则为分，传世二分量器，容1.2毫升，柄上刻文："一分容黍粟六十四枚"（图9-12）。而《汉书·律历志》颜注引孟康曰："六十四黍为圭。"可见分就是圭。万国鼎《秦汉度量衡亩考》用山西农学院提供的黑黍测出，其千粒重为8.49克，64粒应为0.54336克。用黑、红、黄、蚂蚱眼等四种黍平均，千粒重为7.35克，64粒为0.47克。又按此平均值求出，其20毫升重15克；则64粒的容积为0.635毫升。减去现代品种进步的因素，汉代64粒黍的容积约为0.6毫升，与二分量器之积相合。汉代量制自合以上，采用十进位制：10合＝一升；10升＝一斗；10斗＝一斛。自合以下，进位制不整齐：一合＝二篇；一篇＝五撮；一撮＝四圭（分）[⑧]。因为合以下的小量，古代多用于量药物，其容值或系参据常用之剂量而定。如武威医简中许多药的用量都是"饮一刀圭"[⑨]，刀圭指刁斗状的1圭量之容量。可佐证上说。

根据对嘉量的实测结果，其1尺为23.08864厘米。《汉书·律历志》称："度者，分、寸、尺、丈、引也，所以度长短也。……其法用铜，高一寸，广二寸，而分、寸、尺、丈存焉。"甘肃定西出土的新莽铜丈（图9-1），已折断，但其高（指厚度）为2.31厘米，广（指宽度）为4.62厘米。依《律历志》所记制度推算，则王莽时实用之尺的长度为

图版9

丈

尺

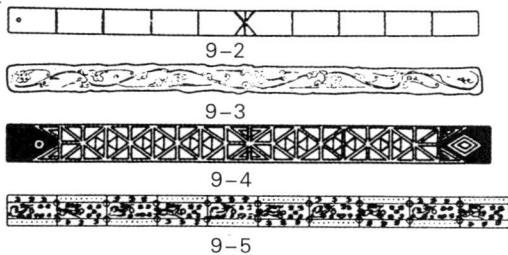

9-2

9-3

9-4

9-5

卡尺

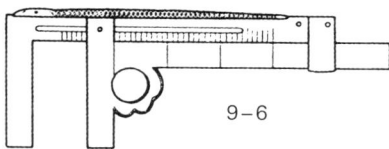

9-6

斗

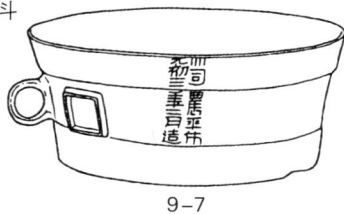

9-7

升 斛 合

斗 籥

嘉量

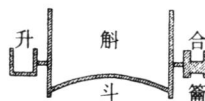

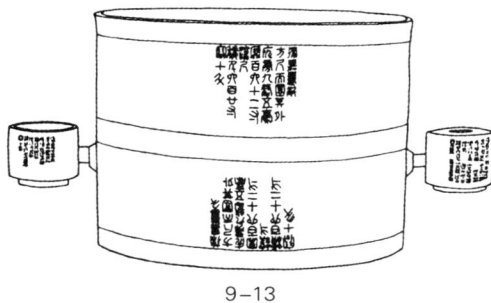

9-13

升

9-8

合

9-9

斛

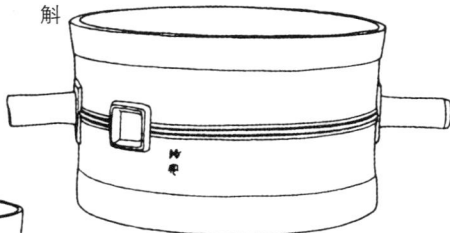

9-14

籥

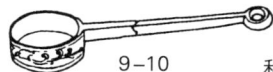

9-10

撮

9-11

私量

9-15

累

9-16

9-17

9-18

分

9-12

衡

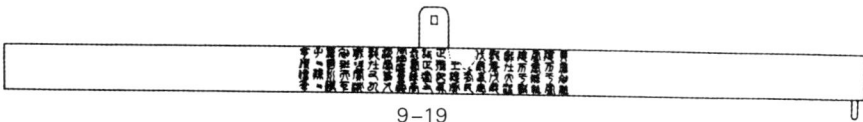

9-19

称钱衡

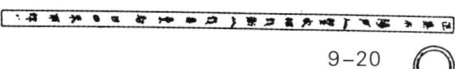

9-20

铜石权

9-22

环权

9-21

9-1

37

23.1厘米。西汉尺如贵县罗泊湾木尺长23厘米（图9-2），满城错金铁尺长23.2厘米（图9-3）。东汉尺的长度稍增，长沙子弹库铜尺长23.46厘米（图9-4），安徽亳县元宝坑残牙尺，复原后长23.5厘米（图9-5）；浙江绍兴漓渚出土的残铜尺，复原后长度更达24.08厘米。但总的说来，终两汉之世，尺度的变化不大。尺以上的单位为丈、引。"十尺为丈，十丈为引"（《汉书·律历志》）。尺以下的单位为寸、分、氂、豪。"十毫为氂"（《汉书·律历志》颜注引孟康曰），"十氂为分"（《陔余丛考》卷二二引《孙子算术》），"十分为寸，十寸为尺"（《汉书·律历志》）。氂、豪后世通作釐（厘）、毫。上述之分指一黍之长，与作为容量的分不同。分以下的单位尚有"十毫为发，十发为氂（《说文·禾部》则称'十发为程'），十釐为分"之说（见贾谊《新书·六术篇》），唯尚无实例可资印证。

汉代还发明了卡尺。中国国家博物馆所藏新莽铜卡尺，由固定尺与活动尺两部分组成（图9-6）。拉动活动尺，用卡爪夹住工件，可以度量圆柱体的外径；用活动尺的前端伸入凹槽，可以测量深度。清末在山东、陕西等地曾出土新莽卡尺，载吴大澂《权衡度量实验考》与柯昌济《金文分域编》。此外还有若干件传世品。但由于以上诸例多已不存，故有人对其真伪表示怀疑。至1992年，在江苏邗江姚湾东汉早期墓中出土了一件残卡尺，构造与图9-6所举者基本一致，从而证明了国家博物馆藏品的可信性[10]。不过也有人认为它是游标卡尺；则属误解。因为此卡尺之主副尺的分格长度等距，所以副尺不能起游标的作用，不能提高读数精度，与17世纪时西方发明的游标卡尺不同。但就基本构造而言，却无疑是后者的先驱。

《汉书·律历志》说："权与物钧而生衡。"意味着其所指的衡器是等臂式天平。甘肃定西所出铜衡，悬权与称物的挂钮正在臂的两端（图9-19）。由于《律历志》以刘歆《钟律书》为底本，所以其中所反映的多为王莽时的情况。那里说的权是环形的，有铢、两、斤、钧、石五种。24铢=一两，16两=一斤，30斤=一钧，四钧=一石。存世新莽铜环权有石权（图9-22）及二钧、九斤、六斤、三斤、一斤、半斤、四两等多种。广州出土的一套小环权（图9-21），最轻的一枚只有2.45克，仅约合四铢，与《律历志》中的记载接近。但分量特轻的环权多为称量货币所用。江陵凤凰山168号西汉墓中，竹"称钱衡"杆与重16铢的铜环权伴出（图9-20），衡杆上有墨书铭文，说明它是校量四铢钱用的。汉文帝时对私人开放铸钱业，以致"市肆异用，钱文大乱"，"或用轻钱，百加若干；或用重钱，平称不受"（《汉书·食货志》）。称钱衡正是这种情况下的产物[11]。

除环权外，一般汉权仍沿袭秦制，多为带钮的半球形，应名累或锤[12]。西汉时的累常用铜制作,如"武库一斤"铜累重252克(图9-18);铭"官累,重斤十两"者,重403.4克(图9-17),每斤合248.3克。汉代衡器尚无公认的标准器。如根据自然物进行推算,现代黍64粒之平均值为0.47克;减去品种进步因素,汉黍64粒约重0.42克。1200粒汉黍(即12铢)约重7.875克。则1汉斤约合252克。不过这仅仅是一个参考值。另外应当注意的是,铁累往往因锈蚀而减轻,如西汉的"十五斤"铁累(图9-16),每斤只合238.3克。东汉时铜累罕见,但如"光和大司农"铜累,每斤合249.7克,与西汉时基本相同。东汉铁累则不然,如成都所出"汶江市平"一斤铁累,仅重200.5克,陕西长武出土的一斤铁累仅重207.4克,差值均较大[13]。所以根据锈蚀程度不同的铁累而对东汉衡制作出判断,往往就难以成为定论了。

注释

① 《史记·夏本纪》说禹以"身为度"。《大戴礼·主言篇》说:"布指知寸,布手知尺,舒肘知寻。"《说文·尺部》说:"周制:寸、尺、咫、寻、常、仞诸度量,皆以人之体为法。"

② 用黍之法,见《淮南子·天文》、《说苑·辨物篇》,皆汉时人之说。

③ 国家计量总局、中国历史博物馆、故宫博物院:《中国古代度量衡图集》第128图,文物出版社,1984年。

④ 一根乐管的发声,是由于管内空气柱振动时,在管的开端形成波节,闭端形成波腹。所以理论上闭管空气柱基波的波长等于管长的四倍。而频率是和波长成反比的。如管的口径不变,则频率与管长的四倍成反比。

⑤ 《尚书·舜典》中说舜"同律、度、量、衡",就是说舜已把计量单位和声律相联系。但当时显然不可能对乐律和度量衡的关系理解到这种深度。《尚书》几经窜乱,这些话当是后人所增。《管子·君臣篇》说:"衡石一称,斗斛一量,丈尺一绹制。"二十六年始皇诏:"法度量则不壹歉疑者,皆明壹之。"均未言及乐律。秦金人铭说:"皇帝二十六年,初兼天下,改诸侯为郡县,一法律,同度量"(《汉书·陈胜项籍传》颜注引《三辅黄图》);可见"法度量则"之法是指法律。只有《考工记·桌氏》说量器"声中黄钟之宫",但此说之出,适可证其成书较晚。

⑥ 代国玺:《试论西北汉简所见大小石的几个问题》,《考古》2019年第3期。

⑦ 高自强:《汉代大小斛(石)问题》,《考古》1962年第2期。陈梦家:《汉简缀述·关于大小石、斛》。中华书局,1980年。杨哲峰:《两汉之际的"十斗"与"石"、"斛"》,《文物》2001年第3期。

⑧ 以一圭容黍64粒计算,一撮应容黍256粒,一龠应容黍1280粒。与一龠容黍1200粒之说小有不合。

⑨ 甘肃省博物馆、武威县文化馆:《武威汉代医简》第13、45号简。文物出版社,1975年。祝玉

隆：《中药度量衡的演进》，《上海中医药杂志》1958年第5期。

⑩ 李建广：《东汉铜卡尺》，《文物天地》1994年第6期。

⑪ 《关于凤凰山一六八号汉墓座谈纪要》，《文物》1975年第9期。华泉、钟志诚：《关于凤凰山一六八号汉墓天平衡杆文字的释读问题》，《文物》1977年第1期。黄盛璋：《关于江陵凤凰山168号墓的几个问题》，《考古》1977年第1期。

⑫ 汉代的半球形权在铭文中常自名为累。云梦秦简《效律》中也将衡上的砝码称为羸（累）。《尔雅·释乐》郭注谓埒"大如鹅子，锐上平底，形如称锤"。则半球形的累亦名锤，而权则呈环形。《考工记·玉人》："驵琮五寸，宗后以为权。"郑注："驵读为组，以组系之，因名焉。"琮接近环形，所以可用以代权。此类权依楚盱子环权铭文，本应名环。环形权在铭文中自名为权者，见于新莽石权。而半球形权的铭文中，尚未见自名为权之例。商承祚《秦权使用及辨伪》认为："汉制之权为环形"，"其不作环形而为锤状的，不可谓其必无，但须慎重研究其真伪"（《学术研究》〔广州〕，1965年第3期）。此文虽言汉权之作锤形者不必尽伪，然而却倾向于否定；与实际情况不合。

⑬ 汶江铁累见注③所揭书第214图。长武铁累见丘光明：《我国古代权衡器简论》，《文物》1984年第10期。

一〇、窑业

砖瓦、陶器、瓷器都是在窑中烧成的,供铸造用的陶范,也要入窑烘烧。汉代北方地区最常见的窑型是馒头窑。这种窑多为半地下式,窑道是一个长方坑,有土阶连接地面。窑道内为窑门,多用砖砌成拱门之形。门内为火膛,平面作梯形或半圆形,是烧火的地方。火膛之内为窑室,窑室的地面一般比火膛高出半米左右,故又名窑床,其平面呈马蹄形、椭圆形或长方形,而以呈长方形者为多。窑床往往用砖砌,四壁则用砖或土坯砌成,向上高出地面并收缩成拱顶。在窑床后壁下部开排烟孔。战国时,排烟孔只有一个,位于中央,窑内烟火多由窑室中部进入烟囱,这样就造成了窑内中部温度比两侧高的不均匀现象。汉代一般将排烟孔增为三个,分别位于后壁下部的当中和两侧,因而火焰也向窑室两侧流动,使温度不均匀的情况有所改善。排烟孔内砌有烟道,当中的烟道垂直,两侧则向内弯曲而与当中连通,再向上延伸为窑后部高起的烟囱。由于发掘中所见汉窑的顶部多已坍塌,所以有的研究者认为此类馒头窑只有烟道,没有独立的烟囱。此说不确。因为长安张家坡西周陶窑已在顶部发现残长0.9米的烟囱[①];汉窑不会比西周窑更原始,故亦应设置烟囱。基于烟囱产生的抽力,火膛中的火焰喷向窑顶后遂倒向窑底,流经坯体,进入排烟孔,再从烟道和烟囱排出窑外。这就是所谓半倒焰式窑,汉代的砖窑、陶窑和烘范窑多系此式(图10-1)。这种窑的抽力不大,升温慢,烧成时间长,产量也低。但如将进窑的空气量控制得宜,使火焰中保持4%左右的一氧化碳,则能形成还原气氛,烧出灰陶或青砖。为了提高效率,有时两座馒头窑连在一起,共用一条窑道。如洛阳东周王城内发现的西汉后期之7A号与7B号窑即属此类连体窑(图10-2)。此窑之火膛中发现柴灰,应以木柴为燃料。有些用于烘范的馒头窑中曾出煤饼(图10-11)。煤饼的火焰短,窑温低。但也有直接烧煤的,河南偃师东汉瓦窑址的火膛中发现了厚达0.6米的煤渣堆积[②]。据分析这里的煤并未加工成煤饼,故窑温应较上述烘范窑高,已能生产砖瓦。不过用煤烧窑当时尚不多见。

在南方地区另有一种龙窑，这种窑的历史可以上溯至商代。福建浦城猫耳弄山发现的商代龙窑，长约7.6米，宽1.6米，窑底坡度5—10度。它是从升焰窑发展来的，因为这种窑就像一座倾斜放置的升焰窑。其下端为火膛，上端为排烟口，窑身呈长条形沿山坡向斜上方延伸，故名龙窑。龙窑的窑身一般较长，广东博罗梅花墩春秋早期龙窑，长度已达12米③。汉代龙窑的长度与之大体相近，江苏无锡马迹山牛塘东汉龙窑长18.5米。浙江上虞帐子山发现的两座东汉龙窑，前段均已破坏，长度不详④。其中1号窑上口宽2.16—2.21米，底宽1.97—2.02米。由于汉代的龙窑尚未发明在窑顶开投柴孔之法，故窑身不能太长。这种结构的龙窑只能自窑头的火门投柴燃火，距窑尾较远。为了增加自然抽力，所以倾斜度较大。1号窑的倾斜度前段为28度，后段为21度，前后段相接处有明显的折腰现象。窑底用粘土抹成，底面铺砂2层，窑具底部插于砂中。窑壁也用粘土筑成，壁面有一层窑汗，前段较厚，乌黑发亮；后段窑汗逐渐减薄。近窑尾处发现的几件器物，胎色淡红，质地疏松，有严重的生烧现象，说明这里的温度较低。窑顶原为粘土块砌成的拱顶，已塌毁，估计原来的高度在1米以上（图10—3）。帐子山2号东汉龙窑的结构与1号窑大致相同，只是窑底的倾斜度不同，前段为31度，后段为14度，折腰现象更为明显。说明这种窑在汉代尚未完全定型。在上虞县除帐子山外，小仙坛和畚箕岙等地也有汉代龙窑的窑址。此外，这种窑在浙江的宁波、永嘉、余姚及江苏宜兴等地亦相继发现。

与馒头窑不同，龙窑是不设烟囱的。它只在窑尾设出烟坑排烟。为防止火焰流失过快，还在出烟坑前筑挡火墙，并通过控制挡火墙上的排烟孔的大小，以调节窑内火焰的流速。上虞一带的古代龙窑皆烧松柴，这种燃料的挥发成分多，火焰长。而且由于汉代龙窑前段的坡度大，抽力强，故升温较快。又由于后段的坡度小，抽力减弱，延长了火焰停留的时间，利于保温。因此龙窑的窑温可达1250℃—1300℃左右，这就为瓷器的烧成准备了条件。

真正的瓷器在东汉时出现，这是我国陶瓷史上的一件大事。但瓷器的烧成，除了要有适宜的窑型和较高的窑温外，还必须对原料进行精细的选择和淘炼。我国商、周时已有原始瓷器，但在胎质、烧成温度、吸水率等方面均未达到真正的瓷器的标准。就胎质而言，关键问题是Al_2O_3和Fe_2O_3的含量。其中Al_2O_3以及SiO_2的含量愈高，则烧结温度也愈高。而Fe_2O_3以及TiO_2和碱土金属及碱金属的氧化物则起助熔作用；含这类成分较高的胚胎，烧成温度是超不过1050℃的，因为到了1100℃时，其表面就开始熔融，到了1200℃以上就完全烧流了。据分析，陶胎中Al_2O_3的含量为14—15%左右，Fe_2O_3为6%左右。原始瓷中Al_2O_3的含量为17%左右，Fe_2O_3为3%左右。真正的瓷

图版10

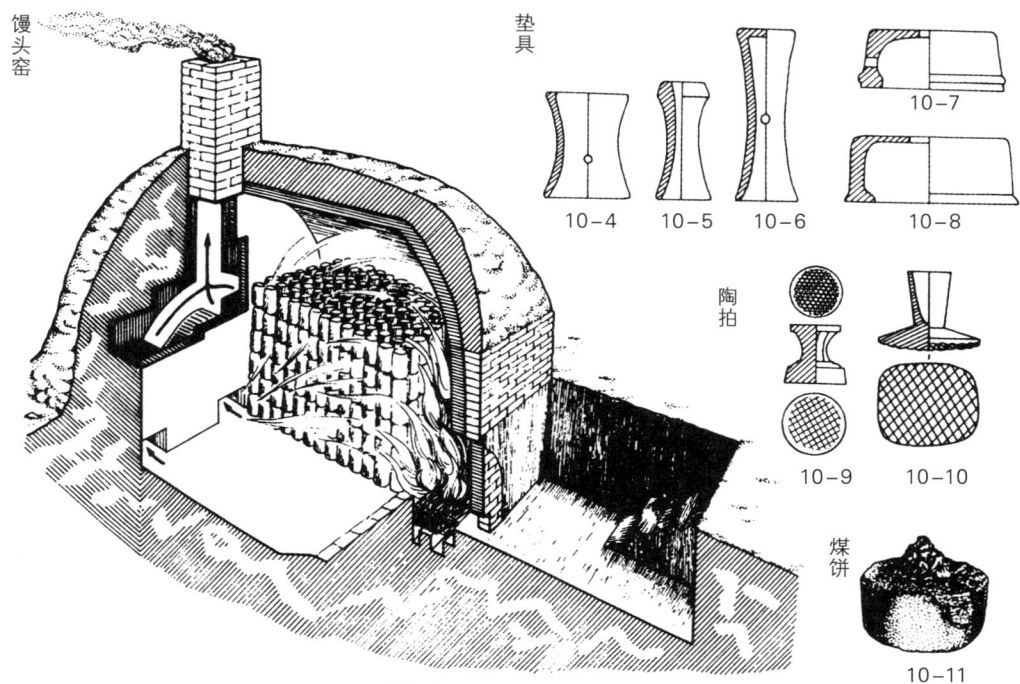

馒头窑

垫具

10—4　10—5　10—6

10—7

10—8

陶拍

10—9　10—10

煤饼

10—11

10—1

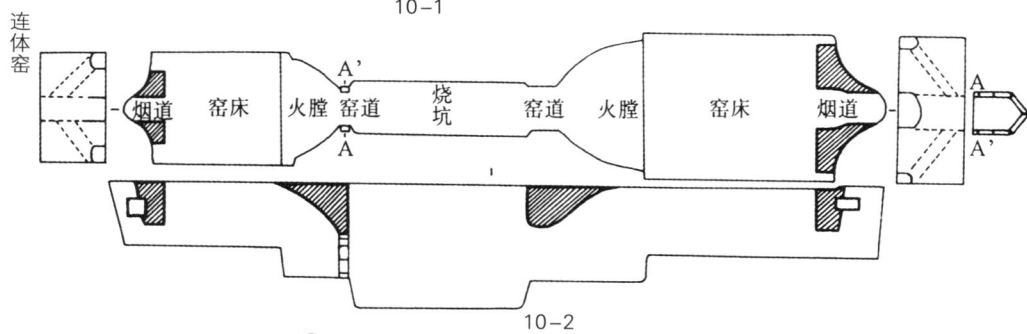

连体窑

烟道　窑床　火膛　窑道　烧坑　窑道　火膛　窑床　烟道

10—2

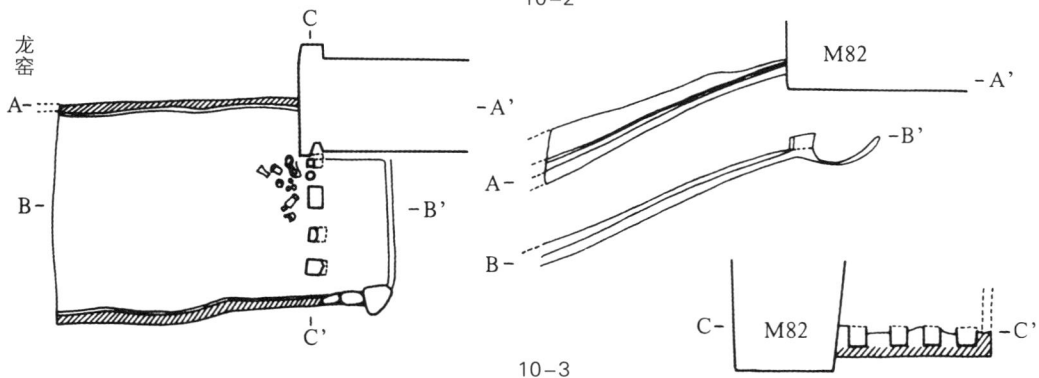

龙窑

M82

10—3

器其Al_2O_3的含量应在17%以上，Fe_2O_3在3%以下[5]。胎质的成分如达到后者的标准；再经1200℃左右的温度焙烧，则坯体能够烧结，生成较多的莫来石结晶，从而减少孔隙度，增加硬度，使器物具有不吸水性或弱吸水性。同时，所敷之釉料也将充分玻化，而成为真正的瓷器。

据李家治对上虞小仙坛窑址出土的东汉青釉斜方格印纹罍残片的分析结果表明：其中的Fe_2O_3和TiO_2的含量很低，分别为1.64%和0.97%，Al_2O_3的含量为17.47%。烧成温度为1310℃±20℃，烧结程度良好，显气孔率和吸水率分别为0.62%和0.28%。抗弯强度达710公斤/厘米^2。釉为石灰釉，呈青色，透明光亮，厚薄均匀。胎釉结合好，无剥落现象，亦无纹片。此标本中除TiO_2的含量稍高，使瓷胎呈灰白色外，其余均符合近代瓷的标准[6]。

小仙坛青瓷罍在东汉时并非个别的特例，除了上述各窑址出土的大量标本外，于若干纪年明确可考的汉墓中也有所发现。如河南信阳擂鼓台永元十一年（99年）墓、江苏丹阳瓜渚永元十三年（101年）墓、安徽亳县董园村延熹七年（164年）墓、浙江奉化白杜熹平四年（175年）墓、河南洛阳烧沟147号初平元年（190年）墓等处均出过这类瓷器，证明窑址中所出的确为汉器[7]。其器形有碗、盘、缶、壶、罍、瓶、耳杯、五联罐等。其制法多数为轮制。帐子山东汉窑址中曾出土陶车上用的相当精致的瓷质轴顶碗，用它可使装在轴承上的轮盘转动自如，说明这时的轮制技术已具有相当高的水平。大型器物则分段用泥条迭筑，接合后再以陶轮修整。装饰方法以刻划、拍印为主，窑址中曾出土各式陶拍（图10-9、10）。其施釉方法在东汉中期以前多为刷釉，东汉晚期创造了浸釉法，使釉层加厚而且均匀。青瓷的釉是用含氧化铁的瓷土和石灰石配制的，其中铁是着色元素，氧化钙是助熔剂。釉内氧化铁含量的多少，对呈色有相当影响。如釉内含铁量达8%，烧成后则色黑如漆。如含铁量为3%，烧成后亦多呈较深的艾色。小仙坛青瓷片釉层中之Fe_2O_3的含量为1.84%，是比较适当的。不过除釉的含铁量外，对窑氛的控制也是呈色的关键。在弱还原焰中烧成，釉色青中带黄。在强还原焰中烧成，则釉色发暗。只有窑氛适宜，才能烧成纯正的淡青色。如通风过量，窑中形成氧化焰，氧化亚铁就有转为三价高铁离子的可能，釉色随之而呈黄、茶黄或黄褐色，美丽的青色就不会出现了。在冷却过程中，速度也不能太慢，慢了就容易发生二次氧化，也使釉色泛黄。汉代龙窑不仅已能较好地维持还原气氛；而且其窑壁较薄，能够较迅速地冷却，对保持色调的纯正也是有利的。

此外，与烧制工艺相配合，汉代在龙窑中还创制了各种窑具，包括垫具和间隔具两类。垫具中常见的有筒形及覆钵形两种（图10-4~8）。用它将坯体垫高，使之高于窑底，处于火候适宜的烧成带上。战国时代的绍兴富盛龙窑中尚未使用垫具，器坯直接置于窑底，因而一部分产品底部严重生烧。发明垫具后则解决了这个问题。间隔具如三足支具的出现，使器坯可以叠烧，能够更充分地利用窑内的空间，提高产量。汉代陶瓷匠师的这些重大发明创造，不仅是空前的，也为以后陶瓷业的长足发展奠定了基础。

注释

① 刘可栋：《试论我国古代的馒头窑》，载《中国古陶瓷论文集》，文物出版社，1982年。

② 中国社会科学院考古研究所洛阳汉魏城队：《汉魏洛阳城发现的东汉烧煤瓦窑遗址》，《考古》1997年第2期。

③ 广东省文物考古研究所、博罗县博物馆：《广东博罗县园洲梅花墩窑址的发掘》，《考古》1998年第7期。

④ 无锡市博物馆：《无锡马迹山牛塘东汉窑址发掘简报》，《东南文化》1998年第3期。朱伯谦：《试论我国古代的龙窑》，《文物》1984年第3期。

⑤⑥ 李家治：《我国瓷器出现时期的研究》，《硅酸盐学报》1978年第3期。

⑦ 信阳出土者，见傅振伦：《中国伟大的发明一瓷器》，三联书店，1955年。丹阳出土者，见《文物考古资料汇编》1975年。亳县出土者，见《文物》1978年第8期。奉化出土者，见《浙江省文物考古所学刊》1981年。

一一、制盐，采矿

　　被称为"食肴之将"的盐（《汉书·食货志》），依其来源之不同，可分为池盐、海盐、井盐、岩盐四种，它们在汉代均已得到开发利用。岩盐又名石盐，见《史记·货殖列传》正义，即《神农本草经》所称之戎盐、胡盐。池盐主要指河东安邑盐池（今山西运城解池）所产之盐。由于这里的卤水中含硝量大，盐味苦，故又名苦盐（《周礼·盐人》）或盬盐（《说文·盐部》）。《水经注·涑水》说，河东盐池"土自成盐，即所谓盐鹾也，而味苦，号曰盐田。盐盬之名，始资是矣"。它还有一个特点，即不经煎煮，径以日光曝晒而成；而这时的海盐却是煮成的。《史记·吴王濞列传》说他"煮海水为盐"。《汉书·食货志》也说东郭咸阳是"齐之大煮盐"。煮盐的用具名牢盆。《史记·平准书》索隐引乐产曰："牢乃盆名。"其说是[①]。《隶续》所收汉代铁盆铭文，一件标明"三百五十升"，另一件标明"二十五石"。四川蒲江五星镇出土的汉代大铁盆，口径131厘米、腹深57厘米、壁厚3.5厘米，铭文亦作"廿五石"[②]。这种大型铁盆，疑即牢盆。又河南南阳瓦房庄出土的一件汉代铁釜，直径达二米左右；山东掖县出土的汉代铁釜，口径66厘米、腹深40厘米、壁厚2.6厘米；似均是供煮盐所用者[③]。井盐则是从盐井中汲卤水煮成的，当时是巴蜀的特产。《华阳国志·蜀志》说："汉孝宣帝地节三年，穿临邛蒲江盐井二十所，增置盐、铁官。"又说："江阳郡汉安县有盐井。"同书《巴志》说："巴西郡南充国县有盐井。"左思《蜀都赋》则说成都一带"家有盐泉之井"。虽云赋不厌侈，但其说亦应有一定的根据。因为在成都东汉墓中，多次出土盐井画像砖。画面上皆模印出一处盐井，井上建有高大的井架。架分两层，每层对立两人用辘轳曳绳汲取卤水。井架上层之一侧装卤水槽；并架设笕管，越岭穿谷，将卤水经水槽输往远处的盐灶。画面上盐井的井口可容二缶，白广美认为此井之口径"至少大于五尺"[④]；而且其汲绳也不太长，故应属大口浅井。《论衡·别通篇》所谓："西州盐井，源泉深也。"殆设想之词，并非据实直录。盐井之由大口浅井改进为小口深井，要到北宋时才实现，汉代的开采技术还未发展到这一步。其煮盐之灶上并

图版11

盐井

11-1

矿井遗迹
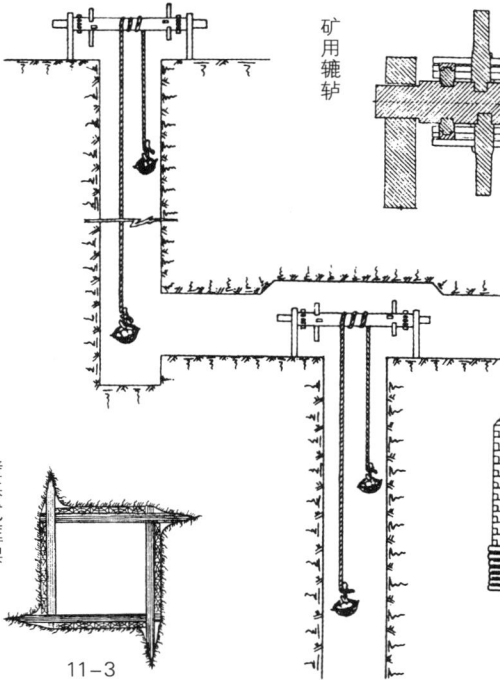
11-2

四棱铁镴

11-5

戽斗
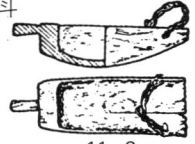
11-6

木柄铁凿

11-7

木叶铁口锄
11-8

斧形凿

11-9

铁锄

11-10

汲桶

11-11

圆铁镴
11-12

铁椎
11-13

分段提升示意图

矿用辘轳
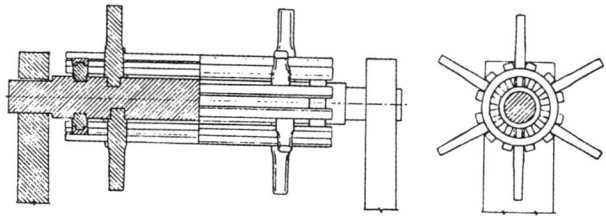
11-14

壁基式框架

11-3

11-4

井巷
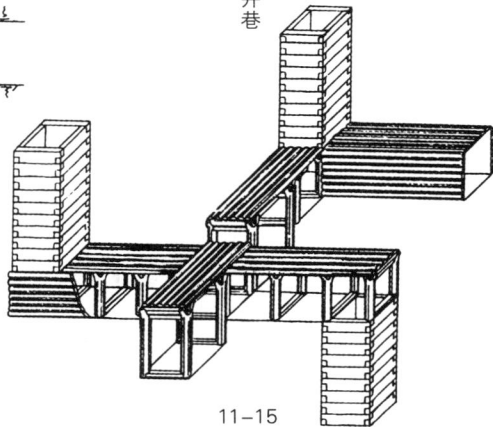
11-15

列五口大锅,从比例看,似较上述牢盆略小。灶前有一人在添柴续火,近处有二人负柴走来(图11-1)。上世纪50年代中闻宥介绍这种画像砖时,误以灶门处之柴为输送天然气的管道⑤;其说迭经引述,影响颇大。其实画面上表现的是柴灶,全无使用天然气的痕迹。四川地区之自流井背斜构造虽然蕴藏着丰富的天然气,但西汉末扬雄在其《蜀都赋》中尚一无反映,西晋初左思的《蜀都赋》中才提到火井;以后西晋·张华的《博物志》、东晋·常璩的《华阳国志》中,就都有比较明确的记载了。可见四川天然气的正式开发是在晋代。东汉末虽有可能已发现天然气露头,但尚未在煮井盐时大规模使用。

与较浅的盐井不同,采矿的矿井这时已相当深。湖北大冶铜绿山发现的矿冶遗址中,其战国—西汉时期的立井,深度有达80-98米的(图11-2)。这里的立井每开挖到一定深度便向两边掘出平巷,在平巷的中部或一端下掘盲井直达采矿场。立井采用精细加工的方木或圆木构成"密集式垛盘"支护,其四角用榫头搭扣,加工整齐,尺寸划一,架设起来稳固持久,可同现代木构井架媲美。立井井底有3米深的水窝,类似现代的井底水仓。遗址中的斜井多呈阶梯式向下延伸,既用于探矿和采矿,还可作为平巷间的联络通道。立井、平巷和斜井组成了比较完整的地下开采系统(图11-15)。斜井的支架为了防止滑移、错动,采用了壁基式框架结构(图11-3)。破碎带和围岩蚀变带内的巷道,则采用封闭式支架(完全棚子)。证明这时对井巷掘进中出现的地压现象已有相当认识。

由于铜绿山之汉代井筒一般的深度均不下50米,开采的矿石已不能用手直接提拉出井。据出土物推定,这时是用配有木钩和绳索的木辘轳提升矿石。辘轳轴长250厘米,在轴外应装有辐条式的木棍和车辋式的一圈木条(图11-14)。初出时,曾以为这种辘轳上带有制动装置,进一步的研究否定了这种看法⑥。并且由于这时已出现分阶段开采,一段提升遂改变为分段提升(图11-4)。随着开采范围的扩大、井巷数量的增加,又出现了一段提升和分段提升相结合的联合提升,形成了较为复杂的矿井提升系统。

矿井的通风方法主要是依靠自然通风。有的井底遗留有20-30厘米厚的竹材灰烬。据推测这是一种通风的办法:通过加热井内空气造成负压,以引导新鲜空气来补充。矿井中的排水设施除水仓外还有排水木槽,将地下水引入排水井。出土的戽斗、木桶等物⑦(图11-6、11),可将积水由井下提升至地面。

在铜绿山之战国—西汉时的立井和平巷中,发现了各种采矿工具,有铁制的椎、四棱镢、凿和锄等(图11-5、7~10)。铁椎重六公斤。一件铁凿在空銎中直装木柄,柄端缠四道篾箍，显然是为了防止开裂而设。也有的木柄上因受冲击力而使木质纤维外翻，反映出这时下井采矿是一种高强度的繁重劳动。但值得注意的是，在如此巨大的矿场之众多的井巷中，始终未发现过人体遗骸，可见开采中未发生过落顶等重大事故。这从另一个侧面说明了当时已经有一定的技术水平，劳动组织也是比较严密的[⑧]。

铜绿山铜矿区之孔雀石矿脉最厚处可达10米。孔雀石（$CuCO_3 \cdot Cu[OH]_2$）是一种氧化铜矿石，它在较低的温度下就能炼出铜来。另一种较常见的铜矿石是黄铜矿（$CuFeS_2$），它的冶炼比前者困难。因为须先将黄铜矿石粉碎并加以焙烧，以除去其中大部分的硫，并使硫化物中的铁变为可以在下一步熔炼中造渣的氧化物形态，手续较复杂。安徽贵池徽家冲东周铜器窖藏中出土的薄铜板，经检验其含硫量达0.12%，被认为是用硫化铜矿石炼成的[⑨]。但其矿石的来源不详。在山西运城洞沟发现的一处铜矿遗址，矿洞之间的崖壁上有光和二年（179年）、中平二年（185年）及甘露年间（256—260年）的题名，证明其开采的时代为东汉至三国[⑩]。这里的矿脉是黄铜矿。矿洞按矿脉的走向开凿、形状不规则，深度一般不超过20米，未发现支护设施。矿洞中出土的铁镬、铁锥（图11-12、13）等，形制与铜绿山所出者相似，唯数量较少；其整个采矿场的规模应远逊铜绿山。但在矿洞附近的台地上发现红烧土凹槽，应是焙烧矿石所用。说明东汉时已经基本掌握了开发利用黄铜矿的技术，这是矿冶水平提高的一项标志。

至于铁矿，据文献记载，汉代已在49处产铁的地区设铁官，河南巩县铁生沟和江苏徐州利国驿发现的汉代铁矿遗址均有相当规模[⑪]。两地均发现方形和圆形的竖井。铁生沟的竖井通到矿床的中央和旁侧，再在井下开挖巷道。这里的斜井则用以开采缓倾斜的矿床，并依矿脉的走向掘进。其开采方法也是比较合理的。

注释

① 《史记·平准书》："大农上盐铁丞孔仅、咸阳言：'山海，天地之藏也，皆宜属少府，陛下不私，以属大农佐赋。愿募民自给费，因官器作煮盐，官与牢盆。'"集解："如淳曰：'牢，廪食也。古者名廪为牢也。盆者，煮盐之盆。'"索隐："予牢盆。按苏林云：'牢，价值也。今代人言雇手牢盆（《汉书·食货志》注引苏说无盆字）。'晋灼曰：'苏说是。'乐产（产一作彦）曰：'牢乃盆名。'其说异。"可见对"牢盆"的解释本有歧说。但既言"自给费"，则官府不会再发给廪食。视《盐铁论·刺权篇》所称："大农盐铁丞咸阳、孔仅等上请：'愿募民自给费，因县官器，煮盐予用，以杜浮伪之路。'"则"牢盆"即"县官器"。其牢盆之"牢"，应与"同牢"之"牢"

49

谊同。故乐说可信。《通志·食货略》"盐铁茶"条的注中也说："牢盆，煮盐之器也。"古人对存世之遗物也是这样理解的。《隶续》著录之东汉永平七年"三百五十升铁盆"，就被定为"大盐盆"。其后清·陈祥裔《蜀都碎事》卷四及道光《夔州府志》卷三四亦称此盆为"铁盐盆"或"盐铁盆"。汉代以铁盆煮盐，应是常制。但王利器《释牢盆》（载《晓传书斋集》，华东师大出版社，1997年）谓牢盆乃"哀牢人煮盐之盆"。可是当时煮盐多在濒海之齐、吴等地，如所用铁盆须从西南边徼运来，未免太不合理；故其说难以信据。

② 龙腾、夏晖：《四川蒲江发现汉代盐铁盆》，《文物》2002年第9期。

③ 河南省博物馆、石景山钢铁公司炼铁厂、《中国冶金史》编写组：《河南汉代冶铁技术初探》，《考古学报》1978年第1期。林仙庭、崔天勇：《山东半岛出土的几件古盐业用器》，《考古》1992年第12期。

④ 白广美：《中国古代盐井考》，《自然科学史研究》第4卷第2期，1985年。

⑤ 闻宥：《四川汉代画像选集》，群联出版社，1955年。

⑥ 铜绿山考古发掘队：《湖北铜绿山春秋战国古矿井遗址发掘简报》，《文物》1975年第2期。夏鼐、殷玮璋：《湖北铜绿山古铜矿》，《考古学报》1982年第1期。

⑦ 《广韵·上声十姥》："㿻斗，舟中潵水器也。"

⑧ 铜绿山考古发掘队：《湖北铜绿山春秋战国古矿井遗址发掘简报》，《文物》1975年第2期。夏鼐、殷玮璋：《湖北铜绿山古铜矿》，《考古学报》1982年第1期。

⑨ 安徽省博物馆：《安徽贵池发现东周青铜器》，《文物》1980年第8期。张敬国、李仲达、华觉明：《贵池东周铜锭的分析研究》，《自然科学史研究》第4卷第2期，1985年。

⑩ 安志敏、陈存洗：《山西运城洞沟的东汉铜矿和题记》，《考古》1962年第10期。

⑪ 河南省文化局文物工作队：《巩县铁生沟》，文物出版社，1962年。南京博物院：《利国驿古代炼铁炉的调查及清理》，《文物》1960年第4期。

一二、冶铸 I

冶铁

就目前所知，我国自矿石冶炼而成的铁器最早见于河南三门峡市上村岭西周虢国墓，如2001号虢季墓出土的玉柄铁短剑和铜内铁援戈，2009号虢仲墓出土的铜骹铁叶矛等。它们与世界各地早期铁器的情况相同，都是用固态还原的块炼铁制成的，但其中的铁短剑和铁矛叶已在加热锻造的过程中增碳硬化，成为块炼渗碳钢；表明这时对铁制品的性能已有所认识。但2009号墓中与人工冶炼的铁器同时出土的铜内铁援戈、铜銎铁锛、铜柄铁削之铁质部分，却是用陨铁制成的。反映出我国至西周末还处在用铁的早期阶段[①]。春秋时发明了铸铁工艺。及至战国时代，块炼渗碳钢、铸铁、韧性铸铁均已非罕见之物，这就为冶铁手工业在汉代的大发展打下了基础。

在汉代，由于铁器的广泛使用，冶铁业对国防、民生均举足轻重，武帝时遂收归国营，设铁官管理。据《汉书·地理志》记载，全国共有铁官49处，各辖若干冶铁作坊。近50年来，已发现此类遗址30多处，其面积多在10000平方米以上，有的甚至达十几万平方米。地处中原的河南省，是发现汉代冶铁遗址最多的地区。汉代的铁官有六处设在河南境内，而且规模都比较大。已经发掘的巩县铁生沟（出土铁器上有"河三"铭文，应为河南郡铁官之第3号作坊）、郑州古荥镇（出土铁器上有"河一"铭文，应为河南郡铁官之第1号作坊）、南阳瓦房庄（出土铁器上有"阳一"铭文，应为南阳郡铁官之第1号作坊）等大型冶铁遗址，对从选矿到出成品的各道工序大抵均有所反映[②]。

矿石入炉前，要经过破碎和筛选。铁生沟和古荥镇出土了击碎矿石用的石杵、铁锤和石砧，大小匀整的矿石颗粒（图12-1），以及筛落的大量矿粉。筛选出的矿石与木炭一同装进炼炉。如使用简易的"固态还复炉"，只需较低温度就能将铁矿石还原，炼成海绵状的块炼铁。这种铁质地疏松，含碳量低，含硅酸盐夹杂物较多。出炉后须反复加热锻打渗碳，挤出夹杂物，才能成为钢铁。应当指出的是，在上述大型冶铁作坊遗址中，并未发现过冶块炼铁的设备。但直到西汉中期以前，锻件尚多以块炼铁为原料，可见至此时它仍保有一定的生产量。锻铁所用铁砧、长柄小铁铲及长柄短嘴的铁钳等工具，在出土物和画像石中均能见到（图12-3~5、9~10）。此种长柄钳应名铁。《说文·金部》："铁，可以持冶器铸熔者。"汉代铁砧为正立方形，无论河北满城陵山2号西汉墓或河南阳瓦房庄冶铁遗址之东汉地层中所出者均呈此状（图12-5）。后来改用炒钢作为锻件的原料时，这些工具仍被沿用。

上述大型冶铁作坊中之所以缺乏有关冶块炼铁的遗物，是由于它们以冶炼铸铁作为其工艺流程的基础环节。下一步要生产的韧性铸铁、脱碳钢和炒钢，都以铸铁作原料。我国在春秋中期已经冶炼出液态的铸铁，陕西凤翔三畤原秦景公墓中已出铁器20多件，有铲、盂、环、削等物，多数系铸铁制成[3]。这是世界冶金史上的一件大事，因为在15世纪以前，铸铁并未在中国文明影响以外的地区大量使用。当小批量冶炼铸铁时，可以使用坩埚，北京清河、内蒙古呼和浩特、河南洛阳均曾出土汉代的坩埚（图12-13）。根据对坩埚附着物的分析，有的坩埚甚至能炼出铸态钢，不过大部分还是用于炼铁[4]。但由于用坩埚难以满足大量生产的要求，因而西汉时又出现了炼铁的竖炉。性能优异、体型巨大的竖炉，是汉代冶铁业发展规模的标志。

以古荥镇发现的炼铁竖炉为例，其横截面呈椭圆形，这种炉型既增大了炉缸面积，又克服了风力吹不到中心的困难。这里的竖炉是用含 SiO_2 较高的黄土夯筑成的。铁生沟虽已开始用铝土筑炉，但对其优越性尚认识不足，未用于筑炉的关键部位。也有些汉代炼炉用掺有大量石英砂烧成的耐火砖砌筑（图12-2）。古荥镇1号竖炉炉缸长轴约4米，短轴约2.8米，面积约8.5平方米，复原高度为4.5米，有效容积约50立方米。炉料从炉顶装填，并以石灰石作熔剂，日产铸铁可达0.5-1吨。在近两千年前，这是很杰出的技术成就了（图12-12）。

研究者据遗迹推定，古荥镇1号竖炉应有四个风口，用四个皮囊鼓风。汉代的鼓风囊亦名冶囊或炉囊[5]，其形像见于山东滕县宏道院画像石（图12-9），已经王振铎复原[6]。它是一个内部装撑环、两端装挡板的皮囊，前挡板上有进气口，后挡板上的排气口外连接着通向炼炉的风管。囊顶装有活动吊杆。使用时须不断推拉，即《管子·揆度篇》所称之"摇炉囊"。在宏道院画像石上，除有人在囊前压囊鼓风外，还有一人卧在囊下以备将囊推回原位，操作起来是很费力的。

图版12

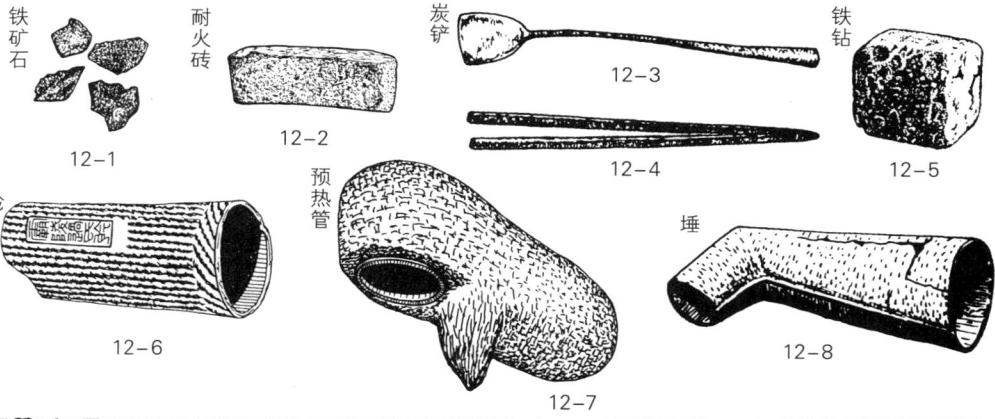

铁矿石
12-1

耐火砖
12-2

炭铲
12-3

铁钻
12-5

12-4

硲
12-6

预热管
12-7

埵
12-8

锻冶图

12-9

12-10

草拌泥
热风
陶鼓风管

耐火砖
炉衬
炉腔

冷风进风口

出风口

炉座空腔

12-11

竖炉

炉衬
加料平台
外墙

橐
风口
铁口
炉衬
加料平台
外墙
橐
风口
铁口

12-12

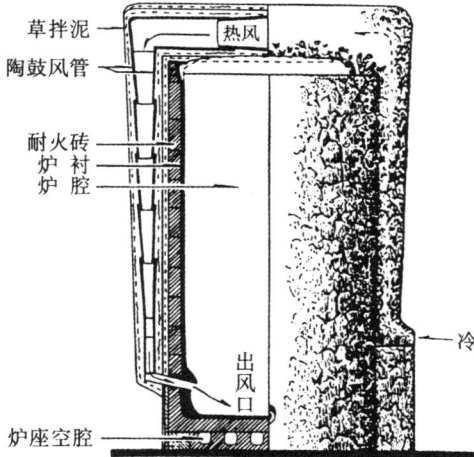

坩埚
12-13

水排模型

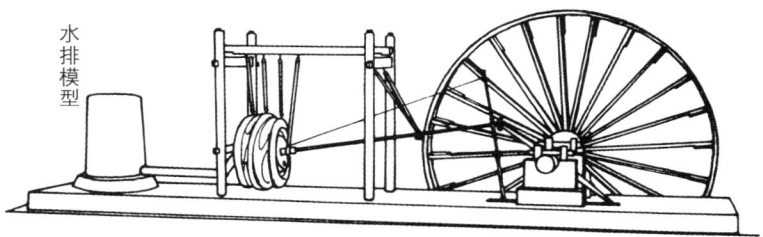

12-14

连接鼓风囊和炼炉的陶风管，在古荥镇和铁生沟两处作坊遗址中均大量出土。风管两端粗细不同，其外壁常敷有草拌泥，用以加固和减少漏风，出土时表面多已烧烤成玻璃状。此物在汉代名䣛。中国国家博物馆所藏清代陕西出土的陶风管，押印"霸陵过氏䣛"五字，可证（图12-6）。另外，陕西澄城坡头村西汉铸钱遗址曾出铁埵；埵即风管末端的风口（图12-8）。《淮南子·本经》："鼓橐吹埵，以销铜铁。"高注："埵，铜橐口铁筒，埵入火中吹火也。"不过此埵未装在炼炉上，而是向烘范窑中鼓风用的[7]。

汉代炼铁竖炉与现代炼铁高炉在冶炼原理上基本相同，但它在我国的出现比欧洲要早1000多年。竖炉在汉代冶铁遗址中已经常见，河南的新安、鹤壁、巩县、临汝、西平、南召，江苏的徐州、泗洪，北京的清河以及新疆民丰、洛浦等地都曾发现其残迹[8]。在《汉书·五行志》中，还记有成帝河平二年（前26年）沛郡铁官炼铁时一次事故的情况，"铁不下，隆隆如雷声，又如鼓音"，结果发生爆炸，"地陷数尺"，炉子炸毁，"一炉中销铁散如流星"。"铁不下"可能是发生了"悬料"事故，而炉子不超过一定高度不致悬料，从而说明这座竖炉具有相当大的规模。

南阳瓦房庄冶铁遗址则属于另一种类型，此作坊设在当时的宛城之内，远离矿区，所以主要是用别处运来的铁锭和废铁作原料，熔化后再铸造器物。这里发现的汉代熔铁炉，复原高度约3-4米，炉内径约1.5米（图12-11）。根据遗址中出土的大量风管的受热情况，熔炉上应已采用原始的"换热式"预热鼓风装置，甚至有可能利用了熔炉的余热。这里发现的弯头向下的风管，内胎陶质，外敷草拌泥，下侧泥料已烧熔下滴。据测定，烧流温度为1250°—1280℃。所以它可能是架设在炉顶上，作为预热管道使用的（图12-7）。热风的使用在冶铁史上是一次飞跃，它把炉温提高到一个新水平。如果把这项技术应用到炼铁炉上，更将产生显著的效果。

除此以外，汉代也通过改进鼓风设备的方法以加强风压，提高炉温。《三国志·魏书·韩暨传》中说旧时有马排，"用马百匹"，可见规模已经不小。"暨乃因长流为水排，计其利益，三倍于前"，则水排的效率更为可观。水排在东汉初年已经发明。《后汉书·杜诗传》说：建武七年（31年），南阳太守杜诗"造作水排，铸为农器，用力少而见功多，百姓便之"。章怀注："冶铸者为排吹炭，令激水以鼓也。"排即鞴字之假，亦作鞲、鞴或囊，《集韵·去声十六怪》："鞴、鞴、囊，吹火韦囊也。或作鞲。"可见它就是鼓风囊。苏轼《志林》卷四"筒井用水鞴法"条说："《后汉书》有'水鞴'。"他对水鞴的解释虽有误，但对文字的通假关系是理解的。近来有的学者认为："'囊'为鼓风器，'排'为包括鼓风器在内的整套鼓风装置"[9]。对囊、排作这种区分,似不确。汉代的水排未见实物遗存或图像材料。中国国家博物馆曾提出一种复原的设想,并制成模型(图12-14),可资参考。

注释

① 河南省文物考古研究所、三门峡文物工作队:《三门峡虢国墓》第1卷,第559-573页,文物出版社,1999年。

② 见本书第一一篇注③所揭文。

③ 韩伟:《秦公大墓发掘记》,《人民画报》1987年第5期。

④ 何堂坤、林育炼、叶万松、余扶危:《洛阳坩埚附着钢的初步研究》,《自然科学史研究》第4卷第1期,1985年。

⑤ 《御览》卷九〇五引《淮南子注》。

⑥ 王振铎:《汉代冶铁鼓风机的复原》,《文物》1959年第5期。

⑦ 陕西省文管会、澄城县文化馆联合发掘队:《陕西坡头村西汉铸钱遗址发掘简报》,《考古》1982年第1期。

⑧ 北京钢铁学院《中国冶金简史》编写小组:《中国冶金简史》第100页。科学出版社,1978年。

⑨ 《考古学报》1978年第1期,第10页,注②。

一三、冶铸 Ⅱ

铸铁的热处理，炼钢

铸铁性脆，机械性能差。战国初期发明了经过热处理使白口铁中的部分碳化铁成为石墨析出，从而获得韧性铸铁的方法。这种工艺在汉代臻于成熟，其技术水平在当时的世界上遥遥领先，使我国成为最早使用韧性铸铁的国家。

在通过退火改善白口铁的性能时，如继续提高温度，延长时间，当条件适合，就会使白口铁件韧性化。这里有两种情况：一种是在氧化气氛下对铸件进行脱碳处理，即将白口铁在较高温度下于氧化填料中长时间退火（900℃左右，3—5天），从而得到白心韧性铸铁。它的基体为珠光体，其中的石墨一般呈团絮状，因此减少了对基体的切割作用，具有较高的硬度和强度，但延伸率较小。河南南阳瓦房庄出土的西汉铁锛、铁凿等，就是这种材质。另一种是在中性或弱氧化性气氛中，对铸铁进行石墨化热处理，即将白口铁缓慢加热到870℃，保温后再缓慢冷却，从而得到黑心韧性铸铁。它的基体为铁素体，或铁素体—珠光体，其强度虽不如白心韧性铸铁，但具有耐冲击和韧性好的特点。两相比较，黑心韧性铸铁的性质更优[①]。自西汉中期以后，黑心韧性铸铁件已在较大的区域内发现，山东枣庄及河南巩县、南阳、渑池等地出土的汉代铁器中均有其例，其中尤以农具为多。而且有迹象表明，韧性铸铁件是整批地在窑中退火的。巩县铁生沟出土的汉代地坑式加热炉，经研究证明是一座退火窑。此窑的窑壁分内外两层，两层之间留有八厘米的空腔（底部亦如此），从而使温度分布均匀，提高了热效率。根据周壁烧色测定，炉内温度近900℃，正是脱碳退火的温度范围。此窑的容积约为1立方米，若进行铁铲的退火，每窑可容2000件左右（图13-1、2）。脱碳一炉约需三天，生产效率是颇高的[②]。优质农具的批量生产，是汉代农业获得巨大发展的重要因素之一。这种工艺在古文献中虽未见正面的记述，但如《盐铁论·水旱篇》所称："铁不销炼，坚柔不和。"似即就此而发。

图版13

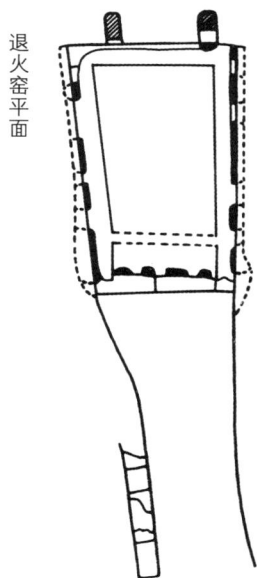

退火窑平面

13-1

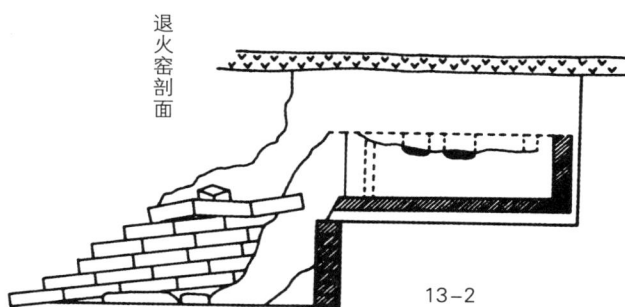

退火窑剖面

13-2

辟炼钢

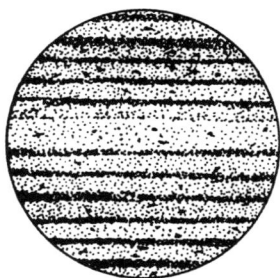

13-4

徐州五十涑剑与其铭文

炒钢炉

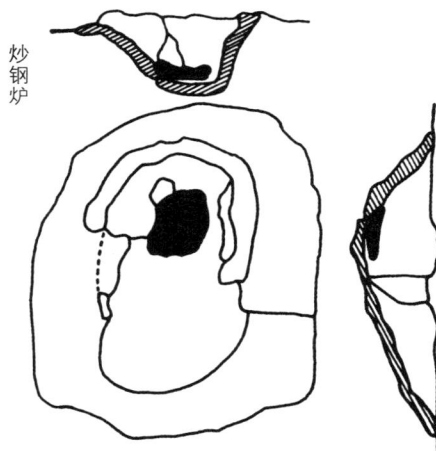

13-3

东史马剪与其金相图

13-5

铁生沟镬与其金相图

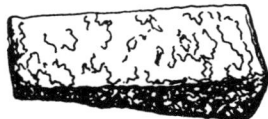

13-6

南阳刀（炒钢刀）与其金相图

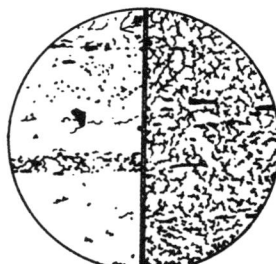

13-7

此外，有些铸铁件在石墨化热处理中，生成了团块状以至球状的石墨，从而使它们的强度更为增加，机械性能更为改善。现代称这类铸铁为球墨铸铁，甚至部分地用它代替铸钢。汉代冶铁工匠已能制得有典型球状石墨的优质铸铁，如巩县铁生沟冶铁遗址出土的临5号西汉铁钁，经检验，其中有发育良好的球状石墨。它的球化率相当于现行球墨铸铁国家标准的一等A级，为规整的等轴多边形，具有贝状结构和年轮组织，与现代镁球铁及各种稀土球铁中的石墨的结构是一致的③（图13-6）。而现代球铁于1947年才研制成功，所以两千年前的汉代球铁的发现，曾使世界冶金史学界感到震惊和意外。其实这一杰出成就的取得，是和我国自战国以来长足发展的钢铁热处理技术分不开的。研究者已经证实，这些铸件中的球墨是在高温退火中形成的。所以它应当被称为球墨韧性铸铁，仍然是汉代韧性铸铁家族中的一员。通过对古代铁器的普查表明，古代韧性铸铁中出现球墨的比率只有1.5%左右，所以在汉代它还不是一种成熟的工艺，而只是在生产韧性铸铁时的意外收获。

铸铁韧化技术的发展，并导致了铸铁脱碳钢的发明。上面提到的白心韧性铸铁，就是通过脱碳制得的。如果脱碳较完全，全部消除白口组织，基体成为钢，就是铸铁脱碳钢。郑州东史马出土的东汉铁簧剪，保存较好，至今仍具弹性。从器形看，它似是锻件。经金相检验，它的整个断面都是含碳量为1%的碳钢，但在断面较厚的部分，却发现有微小的石墨析出（图13-5），证明它是将白口铁坯脱碳成钢后，再开磨出刃，加热弯曲而成的④。

铸铁脱碳技术再向前发展一步，遂直接在高温下炒炼生铁料，使之氧化脱碳，成为熟铁或钢。这样就脱离了铸铁热处理的范畴，转变为生铁炒钢的新技术。它的出现，被誉为继发明铸铁后我国冶铁史上的又一里程碑。炒钢时，先将生铁料在空气中加热至半熔融状，再不断吹风搅拌，使铁料中的碳氧化。通过对温度和搅拌过程的控制，就可以制得所要求的熟铁料或钢料。巩县铁生沟和南阳瓦房庄都发现了汉代用于炒钢的缶式炉（图13-3）。徐州狮子山楚王墓出土的铁器中有五件炒钢制品，证明西汉前期我国已发明了这种技术⑤。南阳东郊出土的一件东汉铁刀，经检验，也是以炒钢为原料再经锻打而成（图13-7）。

以铸铁制钢的关键是脱碳，而以块炼铁制钢的关键则是渗碳。春秋、战国时的钢剑，就是用块炼铁锻打渗碳而成的。满城西汉刘胜墓所出钢剑（刘胜佩剑），原料与前代相同，只是锻打的次数增多，使碳的扩散更为充分。这种技术至东汉时又有所发展。江苏徐州驼龙山出土的钢剑，有错金铭文："建初二年（77年）蜀郡西工官王愔造五十涑□□□孙剑□。"山东苍山卞庄出土的环首钢刀，也有错金铭文："永初六年（112年）五月丙午造卅湅大刀，吉羊，宜子孙。"对这两件兵器分析鉴定的结果表明，它们不是用块炼铁作原料，而是用炒钢作原料；徐州钢剑还是用含碳量不同的原料组合在一起，再经多次加热叠打而成（图13-4）。在它们的断面上都观察到分层现象，苍山钢刀约30层，徐州钢剑约60层，与铭文中的湅数基本一致[⑥]。因此湅数可能是指叠打后的层数。反复加热锻打，会使钢的组织致密、成分均匀，夹杂物减少、细化，从而使质量有所提高。但在锻打的过程中，锻件的含碳量会不断发生变化，须由匠师适当掌握。所以湅数与钢的质量并不是简单的正比关系。并由于原料的改变，这时的关键问题已不在于渗碳或脱碳，而主要是使成品整体纯净，各部位均保持合理的含碳量，实际上是一种匀碳制钢法。其所采用的折叠锻打工艺，亦即铭文中所称之"湅"。此"湅"字应是"澩"字之假。《说文·支部》："澩，辟澩铁也。"《文选·七命》："万辟千灌。"李注："辟谓叠之。"朱骏声《说文通训定声》中说澩是"取精铁折叠锻之"，正是此义。不过汉代铜器的铭文中也常记有湅数，然而其字当是炼、鍊之假。汉《冀州从事郭君碑》"服职锻湅"（《隶续》卷一九），可证。《说文·火部》：炼，铄治金也。"义为熔炼。因知钢件与铜器的铭文中虽然都称自己经过多少"湅"，却分别指"澩"（折叠锻打）和"炼"（熔融精炼）这两种不同的工艺。故汉代锻成的这种钢应名"辟炼钢"，唯研究者多称之为"百炼钢"。"百炼"初见于曹操的《内戒令》（《御览》卷三四五引）。其所谓百炼，有类《太平经》卷七二"万锻之乃成莫邪"之万锻，系泛指加工精熟，并不包含准确的数量概念，与上述"卅湅""五十湅"之具有工艺规格上的一定含义者不同。《论衡·率性篇》说"山中恒铁"只要经过良工"炼一数至"，就能"成为铦利"；与"万锻""百炼"的数字差得太远。国内发现的汉代刀剑铭文中亦无称百炼者。至于日本天理市栎本町东大寺山北高冢出土的"中平"刀，铭文中虽自称是"百湅清刚"，但此铭字体稚拙，与习见之汉代金文迥不相侔[⑦]。这把刀很可能出自东渡的中国工匠之手。其所称"百湅"，似犹太平元年镜铭之"百湅正铜"，宝鼎元年镜铭之"百湅清铜"；试与黄龙元年镜铭之"三湅"、黄初三年镜铭之"五栜（湅）"相较，则前二例造语之夸张，便不难一目了然（以上镜铭均见梅原末治《汉三国六朝纪年铭镜图说》）。钢的锻打与铜的精炼在工艺上虽有区别，但同样可以附和使用者的喜好而借用"百湅"一词。故这种锻钢法不宜用固定的数量词加以限制；称为"辟炼"，着重突出其工艺特点，似乎更符合实际情况。

注释

① 华觉明：《汉魏高强度铸铁的探讨》，《自然科学史研究》第1卷第1期，1982年。

② 赵青云、李京华、韩汝玢、丘亮辉、柯俊：《巩县铁生沟汉代冶铸遗址再探讨》，《考古学报》1985年第2期。

③ 李众：《中国封建社会前期钢铁冶炼技术发展的探讨》，《考古学报》1975年第2期。李蜀庆等：《关于汉代铁器中球状石墨的基体组织成因的研究》，《重庆大学学报》1983年第1期。关洪野、华觉明：《汉魏铸铁中球状石墨形貌及组织的研究》，载《中国冶铸史论集》，文物出版社，1986年。

④ 韩汝玢、于晓兴：《郑州东史马东汉剪刀与铸铁脱碳钢》，《中原文物》特刊，1983年。

⑤ 北京科技大学冶金与材料史研究所、徐州汉兵马俑博物馆：《徐州狮子山西汉楚王陵出土铁器的实验研究》，《文物》1999年第7期。

⑥ 苍山刀的分析鉴定见注③1，徐州剑的分析鉴定见韩汝玢、柯俊：《中国古代的百炼钢》，《自然科学史研究》第3卷第4期，1984年。

⑦ 梅原末治：《奈良县栎本东大寺山古坟出土の汉中平纪年の铁刀》，《考古学杂志》第48卷第2号，1962年。

一四、冶铸 Ⅲ

铸造

　　最早的铜器是用冷锻法直接锻打成形，或在单面石型板上锻成。继而发明了双面的石范和泥范。商代已大量使用泥范进行铸造。为了提高范的强度，泥范制成后还要烘烧，所以也称为陶范。

　　先秦时，用陶范铸造铜器的工艺已达到很高的水平。这时制范选料已相当讲究，泥料已有面料、背料和芯料的区别。分范合铸的形式已多种多样。合金的配比、浇口的安排、芯撑的使用、铸型的预热、铸后的增硬、铸件的表面处理等方面，都形成了一套比较成熟的技术。此外，如金属范铸造法、叠铸法和失蜡法也都出现了。这时不仅能铸造复杂、精致、多层纹饰的铸件，而且能铸造大型的薄壁铸件。这些工艺成就为汉代的铸造业奠定了基础。

　　不过，先秦时是以铸造青铜器为主。到了汉代，铁器在生产中的地位已非铜器所能望其项背，漆器和瓷器在日用品中的比重也扶摇直上，社会风俗的好尚产生了很大变化。这时的铜器多为素面，少数高规格的铜器则注重鎏金和镶嵌。铸造工艺的重点已转移到铸铁工具、农具、车马具以及铸钱等方面，相应地发展起一系列为这些项目服务的技术，从而使汉代的铸造工艺具有新的特色。

　　在陶范铸造方面，这时不仅分工加细，而且面料已用淘洗、沉淀后的墡泥；背料中掺粗砂与芯料中掺瘠料（麦秸、谷糠等）的比例也更适度。据对古荥镇出土物的观察得知，这时已先将背料制成范块，表面打出夯窝，再将面料涂敷其上，范面抹得十分平整光洁，然后放入中置铸模的模框内压实。取出阴干后，刷上防粘的滑石粉，即可合范。然后在范外糊草拌泥，并入窑预热。汉代的烘范窑已发现不少例（图10–1）。对于烘烤所要求的温度，这时已能正确掌握，从而减少了残次品。又由于陶范的冷却缓慢，有利于铸成含有片状石墨的灰口铁。这种铁比白口铁的脆性小，其中的片状石墨虽对基体的强度产生不利影响，但同时却又能起到吸震和自润滑的作用。南阳瓦房庄出土之铸铁釜的浇口，经检验为高磷灰口铁，说明当时已知用这种流动性好的铸铁来浇铸薄壁器物。又铁生沟出土的T18:15铁一字形鐅范的范芯及渑池汉魏窖藏中的铁范，经检验亦均为灰口铁。铁范直接承受高温铁水的冲刷和激冷激热的冲击，所以要求具有良好的热稳定性，灰口铁正是如此。铁范如用白口铁制作，在高温铁水的作用下，其中的渗碳体将会分解，从而引起膨胀，使铁范变形。战国时的兴隆铁范多数尚用白口铁铸成；汉代的铁范则大都用灰口铁，说明这时的冶铁匠师对不同类型的铸铁的性能的认识已更加深入[①]。在古荥镇冶铁遗址中，出土了大量铸造铁范的陶范及其残片，却未发现铸成的铁范，它们可能已作为产品运销外地[②]。铸造铁范要求有较高的技术，小作坊或难以胜任，故由古荥镇这类大型作坊集中生产，再分散供应小型作坊，这是一种比较经济而有效的协作方式。

以陶范铸铁范的整个程序，在南阳瓦房庄出土的一系列标本中得到清楚的反映（图14-1）。铁范不仅可以重复使用，并可以生产出较规整的铸件，减少加工余量，降低成本[③]。但更重要的是，采用铁范可以使铸件较快地冷却，利于得到白口组织。因为只有白口铁才能经过退火处理变成韧性铸铁，而韧性铸铁则是当时制造农具和手工工具理想的材料。所以，铁范是生产韧性铸铁的工艺流程中的一个环节上之必需的设备；也只有与这时铁器生产的全过程相联系，它的意义才能被充分认识。在世界其他地区还不能生产铸铁的时代中，汉代这一整套铸造法对那些地区说来，是超越了几个技术发展阶段的先进事物。

汉代铸造业的另一项成就，是叠铸法的提高和推广。所谓叠铸法，是将多枚范片叠合起来组装成套，从共用的浇口中灌注金属液，一次得到多数铸件的方法。这种方法效率高，节省造型材料和金属液，成本低，适合于小型铸件的大量生产。战国时齐国已用叠铸法铸造刀币，临淄出土的铸"齐法化"的铜范盒，中心有用以形成陶范上的直浇口的圆柱，因而它是供翻制陶范进行叠铸用的。西汉时仍沿用这种工艺，"半两"和西汉"五铢"的铜范盒均曾发现。王莽改铸新币时，也使用叠铸法。陕西省博物馆藏有铸"大泉五十""大布黄千""货泉""货布""布泉"的铜范盒。使用这类范盒翻出的陶范进行叠铸的情况，在西安郭家村新莽烘范窑中反映得很清楚。此窑所出大量"大泉五十"陶范中，有五套完整的（图14-4）。均垒成椭圆柱体，高39厘米，外包以草拌泥，内由陶范23合（46件范片）组成，每合铸币八枚；每套一次可铸184枚。这是已知之用一套叠铸范所铸钱币的最高枚数[④]。据韩士元研究的结果：从

图版14

陶范铸造铁范—铁范铸造成品

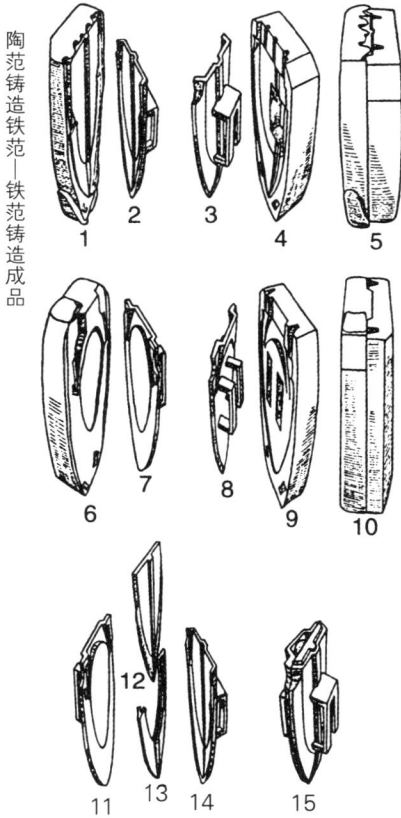

1、4.铸造铁范之上范的陶范　2、3.铁上范的内外两面
5.铸铁上范的陶范合范　6、9.铸造铁范之下范的陶范　7、8.铁下范的内、外两面　10.铸铁下范的陶范合范　11、14.铁范的上范与下范　12.范芯　15.铁范合范　13.铸出的犁铧

14—1

制造金属范盒

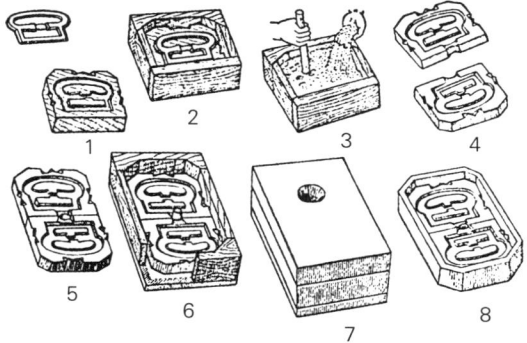

1.革带扣和制出的木模板　2.放入范箱　3.捣实泥　4.制出两片泥塑
5.拼合泥塑挖出浇口　6.插入浇口木芯　7.合范浇注　8.铸出金属范盒

14—2

叠铸范的结构和铸件

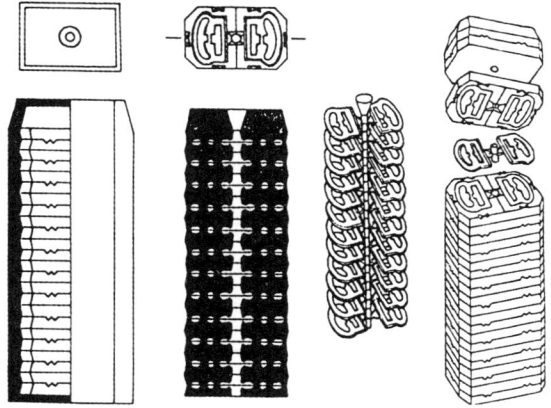

14—3

陶钱范

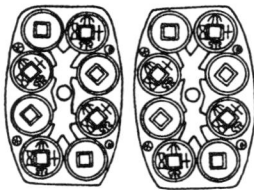

14—4

捆扎合范

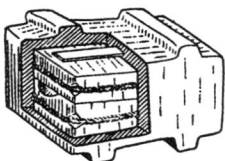

14—5

铁卡合范

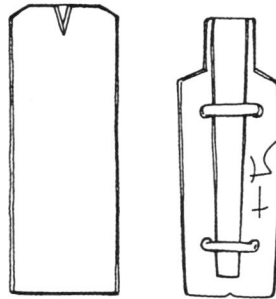

14—6

对开式钱范

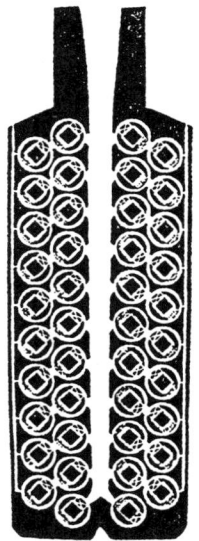

14—7

木模、泥范到制成金属范盒再翻制出叠铸范、铸成钱币，共要经过四次收缩（泥范干燥、金属凝固各二次）。因此，须预先计算出收缩量，放大木模尺寸，才能最后铸出合格的成品⑤。

不过汉代也常用对开式钱范铸钱。内蒙古宁城出土的"大泉五十"对开式陶范，每合一次可铸币64枚⑥。陕西澄城出土的用铁卡具将铜质面范和砖刻背范卡合在一起进行铸造的"五铢"范，一次可铸钱42枚，也是一种对开式钱范⑦（图14-6、7）。这里采用金属面范，既可提高铸范的精度和表面光洁度，同时尺寸也更加稳定。采用砖刻背范，又加强了透气性和压溃性，减少了气孔和变形等弊病。用铁卡具固定合范也比较牢固。河南登封阳城出土的铸造铁工具的陶范，合范时将铸范用细绳或藤条捆扎，并在加固泥中埋入木片⑧（图14-5）。但无论用卡具卡合或用绳捆扎，其外均仍须敷加固泥，才便于烘烤、浇铸。

至东汉时，叠铸技术已高度成熟。河南温县招贤村东汉烘范窑中出土的叠铸范数量最多，保存得最完整，研究得也最充分。此外，山东临淄发现了东汉时铸钱和六角轴承用的叠铸范。南阳瓦房庄发现了东汉时铸车䡇用的多堆式叠铸范，两套范共用一个直浇道，技术更为进步⑨。

据对温县叠铸范的研究得知，这里的陶范都是用金属范盒翻制的，范腔清晰，结构谨严，每层合范之间都有定位榫，接触面光滑平整，且用心轴或辅以定位线组装，合拢后既严密又不易错动（图14-2）。浇铸时由一个垂直的总浇口将各层空腔串连起来，一般为六至10层，最多的如革带扣有14层，每层六件，一次可铸84件。一种小型的带扣范，每层二件，12层，一次铸24件（图14-3）。由于浇铸前已将叠铸范预热至600℃左右，再缓慢冷却至200℃—300℃，浇铸时铁水温度约1300℃左右，故可避免冷隔现象，铸出很薄的铸件。温县叠铸范的总浇口的直径有的只有8—10毫米，有些分浇道出口处的厚度只有二毫米。范壳也很薄，最小的底厚仅三毫米。现代的铸造工作者看到这些出土实物时，也都感到惊奇，而对汉代高超的叠铸技术赞叹不已。

铸造器形复杂的精密铸件时，汉代也有可能使用失蜡法。即在蜡模外敷以造型材料，制成整体铸型，再加热将蜡融化泄出，形成空腔铸范，即可进行浇铸。汉代遗物中如满城西汉刘胜墓所出错金博山炉，炉盖上的山峦蜿蜒起伏且有镂孔，又有各种动物及猎人出没其间，其纵切面的变化很不规则，难以出模，似是用失蜡法铸造的（图92-6）。又云南滇池地区当时也用失蜡法铸造青铜贮贝器之类的物品。有人认为汉代的玺印亦多用失蜡法铸出，但此说尚有待进一步证实[10]。

注释

① 见本书第一三篇注②所揭文。

② 《中国冶金史》编写组：《从古荥遗址看汉代生铁冶炼技术》，《文物》1978年第2期。

③ 河南省文化局文物工作队：《从南阳宛城遗址出土汉代犁铧模和铸范看犁铧的铸造工艺过程》，《文物》1965年第7期。

④ 陕西省博物馆：《西安北郊新莽钱范窑址清理简报》，《文物》1959年第11期。或谓汉"半两"圆盘形钱范也用于叠铸，一次可铸钱897枚；但圆盘形钱范看来是单个浇铸的，故此说不确。参看汤文兴：《我国古代几种货币的铸造技术》，《中原文物》1983年第2期。华觉明：《中国古代的叠铸技术》，载《中国冶铸史论集》。

⑤ 韩士元：《新莽时代的铸币工艺探讨》，《考古》1965年第5期。

⑥ 昭乌达盟文物工作站、宁城县文化馆：《辽宁宁城县黑城古城王莽钱范作坊遗址的发现》，《文物》1977年第12期。

⑦ 见本书第一二篇注⑦所揭文。

⑧ 李京华：《古代烘范工艺》，《科技史文集》第13辑，1985年。

⑨ 河南省博物馆、《中国冶金史》编写组：《汉代叠铸》，文物出版社，1978年。

⑩ 华觉明：《失蜡法在中国的起源和发展》，载《中国冶铸史论集》。

一五、纺织 I

蚕，桑，麻，纺织机具

汉代纺织品的原料主要是丝和麻。我国是世界上最早饲养家蚕和生产丝织品的国家。新石器时代晚期的良渚文化遗址中已发现丝织物残片。到了汉代，由于养蚕和缫丝技术的改进，已能生产出质地优良的蚕丝。汉代的养蚕业在以齐郡和陈留郡为中心的黄河中下游地区最盛，所饲之蚕应多为一化性三眠蚕。《齐民要术·种桑柘篇》中提到的"四卧再生蚕"，即二化性四眠蚕，是当时南方饲育的新品种，汉代似尚不多见。秦汉大贵族的墓中有以铜蚕或金蚕随葬者，如《三辅故事》就说始皇陵中有"金蚕三十箔"（《长安志》卷一五引）。四川盐亭曾出土一枚纯金蚕；鎏金铜蚕在陕西石泉出过，另外还有不少传世品（图15-1、2）。这时所植之桑主要有两种：即植株较高大的荆桑（又名檿桑），和植株较低矮的鲁桑（又名地桑、椹桑、女桑）。鲁桑便于采摘，它的叶子"圆厚而多津"（王祯《农书》卷五），适于饲养稚蚕。至蚕大眠以后，则宜加饲荆桑叶，这样缫出来的丝才会坚韧而有光泽[①]。所以这两种桑叶在饲蚕过程中起着互为补充、相辅相成的作用。四川德阳黄浒镇出土的东汉"桑圃"画像砖，表现的是整齐成排的鲁桑幼株[②]（图15-4）。而山东嘉祥武氏祠画像石中"秋胡妻"一节出现的桑树，却似乎是荆桑了。

在麻类作物中，当时主要种植大麻和苎麻。大麻原产中亚，远古时已传入我国。《史记·周本纪》说周人的始祖弃在儿时已"好种树麻、菽"，可见它是我国极古老的作物之一。但大麻的纤维不如苎麻细美。苎麻原产我国，浙江余姚河姆渡遗址中曾出苎麻绳，吴兴钱山漾遗址中曾出苎麻布[③]。它的纤维长，质量轻，拉力强，染色容易而褪色困难，是良好的纺织原料。苎麻絮甚至可以作为丝絮的代用品，故《汉书·楚元王传》称之为"纻絮"。江陵凤凰山168号西汉墓棺内所出者，已用石灰等碱性物质脱

图版15

金属蚕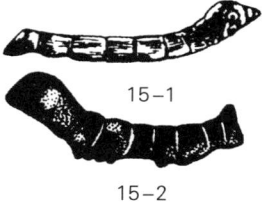

15-1

15-2

桑圃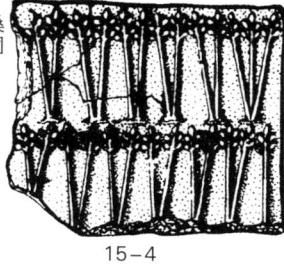

15-4

纺专

15-6

筟车

15-7

纩絮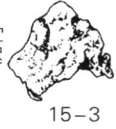

15-3

纺锭

15-5

杼

15-8

15-9

调丝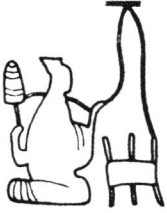

15-10

络纬

15-11

15-12

整经

15-13

单综织机复原图

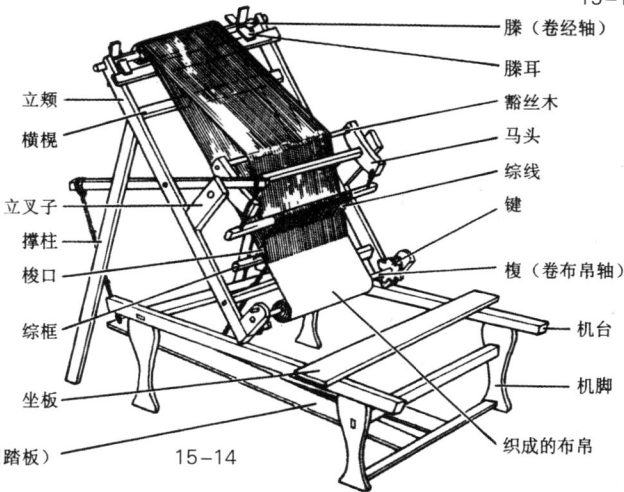

滕（卷经轴）

滕耳

豁丝木

马头

综线

键

榎（卷布帛轴）

机台

机脚

织成的布帛

立頬

横榥

立叉子

撑柱

梭口

综框

坐板

躡（踏板）

15-14

织机

15-15

15-16

15-17

15-18

多综滑框式织机复原图

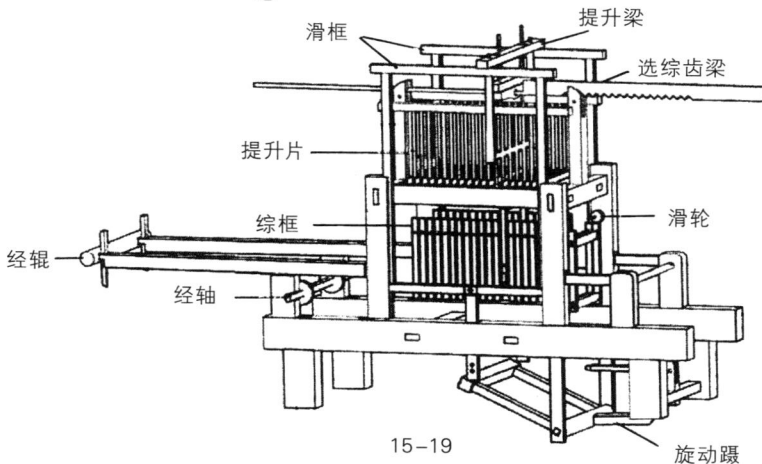

滑框

提升梁

选综齿梁

提升片

综框

滑轮

经辊

经轴

15-19

旋动躡

胶，发掘简报说它"呈黄白色，类似丝绵，拉力强度大"（图15-3）。可见其质地之优良。不过，汉代文献中所说的麻概指大麻。大麻纤维切短后形成的絮名缊，也可以填在衣中御寒。《论语·子罕》"衣敝缊袍"，集解引孔注："缊，枲著也。"不过缊袍乃贫者之服④。汉代说的纻则指苎麻织物。南北朝以后，苎麻栽培区逐渐向华南迁移，但在这之前黄河流域种的也很多。直到西晋，左思在描写邺城的《魏都赋》中，还说那里的田野上生长着"黝黝桑柘，油油麻纻（苎）"。

麻纤维须捻合成线，始克上机织布。捻麻线的工序叫绩或缉，所用的工具一般是纺专。《诗·斯干》："乃生女子，……载弄之瓦。"毛传："瓦，纺塼也。"塼本作专。《说文·寸部》："专，纺专。"此物即通称之纺轮或纺坠，各地出土的数量很多。贵州清镇、湖南长沙及资兴等地汉墓中出土的陶纺轮，有的还保存着原来的铁轴杆，形制较完整（图15-6）。绩麻时，将它提吊起来，捻动轴杆下端，纺轮遂在不断的旋转中将纤维牵伸并加捻。顶端的钩子用于定捻，可使已加捻的线缕不致松散。绩到一定长度时，则将线缠在轴杆上。甲骨文中专字作 𠬝（《前》6·5·4），其上部表示被轴杆带动的纤维，中部代表缠在杆上的线团，底部的圆形代表纺轮；左侧的一只手代表加于纺专上的动力，也正与以左手捻动轴杆的习惯相合。

丝与麻类不同。在自然界中丝属于超长纤维，其长度可达1000米。煮茧缫丝时只要将几个茧的丝头（绪）并在一起，于卷绕过程中便可抱合成一根丝线。绕丝的工具名樀。《说文·木部》："樀，络丝柎也。"段注："若今络丝架子。"樀上的丝还要转络到篗（王祯《农书》作籰，即篗子）上，这道工序叫调丝或网丝。汉代的篗是将4或6根竹箸用短辐交互连结而成，中贯以轴；以指拨辐，篗就随之旋转缠络。新疆吐鲁番阿斯塔那晋墓曾出土木制篗子⑤。山东滕县龙阳店东汉画像石上有一人手举篗柄（即㞢，《说文·木部》："㞢，篗柄也"），正自画面右侧的樀向篗上调丝（图15-10）。丝上篗后，便可络纬、牵经。汉代络纬用筟车。筟是缠纬的短竹管（《说文·竹部》："筟，筳也"，"筳，繀车笭也"），将筟与绳轮相连接的装置就是筟车（图15-7）。手摇绳轮带动筟管旋转，从而可把篗上的丝分缠于筟。当1根筟缠满丝线之后，就可以取下装入杼内，以备织作了（图15-8、9）。这道工序叫繀。《说文·糸部》："繀，箸丝于筟车也。"故筟车又名繀车。它主要用于卷绕，也可以同时进行并丝。东汉画像石上的络纬图，有的只自一篗络丝，也有的自二篗络丝；后者即同时并丝之例（图15-11、12）。在络纬和并丝的过程中，丝线有时稍被扭转。若干汉代丝织物的经纬线之所以出现弱捻，或即于此种情况下形成。特别应当指出的是，纺麻线的纺车也正是在繀车的启发下产生的，二者的主要区别为纺车以纺锭代替了筟管。筟管两端等粗，夹持在缫车的两根立柱之中。而纺锭的一头是尖的，伸出于夹持装置之外，后部有槽，以承绳弦；当旋转时其尖端可以带动麻纤维，使之捻合成线。甘肃武威磨嘴子22号东汉墓中曾出土木纺锭（图15-5），但完整的麻纺车之形象迄未发现。至于整经，乃是自许多篗子上将丝线排列整齐并牵绕于经轴上，这也是织造前的重要准备工作。汉代整经用构。《埤苍》："构，织具，所以理丝经"（《集韵·去声二十二稕》引）。此物又名经梳，《广雅·释器》："经梳谓之构。"后世则多称之为经耙。江西贵溪仙岩东周崖墓中曾出木质经梳，为长方形木板，面上有一排小竹钉[⑥]。江苏邳县白山故子村1号东汉墓所出画像石上有整经图，一人正在经梳前进行整理，梳面上的突起物似即竹钉，图中后部则悬挂着一排篗子（图15-13）。准备工作完成后，便可上机织作。汉代的普通织机是一种斜织机，东汉画像石上刻出的织机图，据赵丰统计已有18石[⑦]。虽刻画之繁简不同，但以若干较清晰者互相补充印证，则可以对它有一个大体上的认识（图15-15~18）。夏鼐所作复原图，将其结构表现得很清楚（图15-14）。兹结合复原图，标明其各部件的名称，并对汉代普通织机的操作状况略作介绍。

对于一台织机来说，送出经丝、形成梭口、引入纬丝、打入织口和卷取织物是它的五大运动。汉代的斜织机上装卷经轴，轴上缠有经丝，织造时通过经轴的转动逐渐将经丝退解送出。汉代名此轴为滕。《说文·木部》："滕，机持经者也。"滕亦名胜，见《淮南子·氾论》。其两端有滕耳，用于制动；使退解下的经丝与织造所需的长度相适应，以保持经丝的张力。滕位于机架顶部。机架在王逸《机妇赋》中名"大匡"，系由两侧的"立颊"和"横栿"构成，并在背后用"撑柱"支起，使经面与机台呈50°—60°的倾角。这样，织工坐着操作，仍可以清楚地看到开口后经面是否平整，经线有无断头。机架在立颊的中部装"立叉子"，其顶端装"马头"。马头在《机妇赋》中称为"骥首"，但不知道这个名字在汉代是否通用。附带说明，织机上的若干部件，如立颊、立叉子及下面即将提到的"豁丝木"等，因为尚不知汉代的叫法，姑暂用元代《梓人遗制》中的名称。豁丝木又名分经木，是连接在两个马头之间的一根圆木，经线被它分为面经和底经，并形成一个梭口。同时，将底经分别穿入综眼中，综框则上连马头，由织工通过踩蹑（踏脚板）使马头前后俯仰而控制综之提降。当蹑被踩下综随之提起时，会形成另一个梭口；蹑被放开综随之降下时，又恢复了原来的梭口。如此反复提综降综，上下层经丝交替换位，遂不断形成新的梭口。织工则在每一新的梭口出现时投梭引纬，于是经、纬丝便可以交织起来。汉代织机用脚踩蹑提综乃是一项重大的发明，欧洲要到6世纪才出现这种装置，到13世纪才广泛应用，在此之前他们一般使用垂直的立式织机，远不如汉代的斜织机方便。在我国，立式织机后来只用于编席子和地毯。汉代引纬多用杼，在画像石上出现过它的形像。杼腹中装有缠纬丝的筟管；而其底边平齐如砍刀，还可用于打纬。可是这时另有樀。《通俗文》："所以行纬谓之樀"（《御览》卷八二五引）。安徽南陵麻桥东吴墓所出木梭，形似枣核，不能兼作打纬之用[8]。故可知至东汉晚期，杼和樀（梭）已分化为二物。此外，在《列女传·鲁季敬姜传》中还提到梱，梱即用于打纬之筘，但其实物与图像均未发现。在汉代的普通织机上通常大约还是用杼打纬。当纬丝已经打紧，遂在卷布帛轴的带动下引离织口，作为成品被卷到轴上。此轴在汉代名榺。《说文·木部》："榺，机持缯者。"缯在这里则代表织成的织物。在这个过程中，织机的五大运动都有相应的机件来完成，并在织工的操控下使之有效地连续运行。

不过，汉的普通织机上只装一片综，只能织平纹织物；具有复杂花纹的罗、绮、锦、绒等织物须由提花机织造。孙毓棠根据《机妇赋》所描写的高级织机之"高楼双峙"、"纤缴俱垂"等情况，认为它已建有花楼，并已使用衢线、衢脚。这一推断看来是合理的。又据《三国志·魏志·杜夔传》裴注引傅玄《傅子》所记马钧将"旧绫机五十综者五十蹑，六十综者六十蹑"，皆改为"十二蹑"的记载看来，则汉代无疑已有多综多蹑纹织机。在整理江陵马山1号楚墓出土的舞人动物纹锦时，发现有一处明显的错综，竟无例外地在同一处反复出现，说明是织工在结花本时出了差错。如果认为汉代的提花织物只是在普通织机上用纹杆编排经线织成的，则不仅与《机妇赋》和《傅子》的记事不合，也无法解释远在战国时代的织锦上已经出现的上述现象。有幸的是，2013年在四川成都市天回镇老官山2号西汉墓中出土了四台多综提花织机模型。复原后，根据传动方式的不同，可分为滑框式、连杆式两类。滑框式提花机上装有19片综，皆由旋动蹑和选综齿梁带动。织作时，一名织工踏蹑，升起装有提综钩的滑框。另一名织工拉动机顶上的选综齿梁，共同对准应提起的综框，合作完成一个提花开口（图15-19）。连杆式提花机则在踏下旋动蹑之后，以中轴带动连杆勾起由选综齿梁选出的综框，传动机制则与前一类相近[9]。这两类织机上的旋动蹑与选综齿梁互相配合，构造巧妙合理。两名织工使用上述设备，按照设计程序依次完成提花开口和平纹开口，可织出花纹繁复的经锦，是已知之当时世界上最先进的纹织机。过去由于未发现这方面的实物资料，研究者对汉代是否有提花机曾长期持保留态度，甚至连夏鼐先生都认为汉锦是手工挑花织成的[10]。老官山出土物的重要性就此可以想见。

注释

① 缪启愉：《东鲁王氏农书译注》（上海古籍出版社，1994年）第59页说："《士农必用》（金元间书）记载荆桑宜饲大蚕，鲁桑宜饲小蚕（稚蚕），这跟现在一般的叶质安排相反。一般说，早生桑和薄叶桑宜饲小蚕，有利于小蚕的提早发育和充实体质，荆桑具此条件；中、晚生桑和叶肉厚的宜饲大蚕，有利于大蚕丝腺的成长和丝液的形成，鲁桑具此条件。现在一般的饲叶安排，也是荆小鲁大。"此古今之不同也。

② 重庆市博物馆：《四川汉画像砖选集》（文物出版社，1957年）第12页及刘志远等：《四川汉代画像砖与汉代社会》（文物出版社，1983年）第42页所收《桑园》画像砖，在闻宥：《四川汉代画像选集》、布目顺郎：《养蚕の起源と古代绢》（雄山阁，1979年）、陈显双：《四川彭山义和公社出土汉代画像砖简介》（《考古》1983年第10期）等处皆认为画面上表现的是"桐树"。按此砖上之树的叶子多呈掌状，与桑叶的形状不同，故应从后说。

③ 河姆渡出土者，见河姆渡遗址考古队：《浙江河姆渡遗址第二期发掘的主要收获》，《文物》1980年第5期。对出土纤维的分析结果见陈维稷等：《中国纺织科学技术史》第8页，科学出版社，1984年。钱山漾出土者，见浙江省文管会：《吴兴钱山漾遗址第一、二次发掘报告》，《考古学报》1960年第2期。参看汪济英、牟永抗：《关于吴兴钱山漾遗址的发掘》，《考古》1980年第4期。

④ 《后汉书·崔寔传》说他"出为五原太守。五原土宜麻枲，而俗不知纺绩，民冬月无衣。……寔至官，斥卖储峙，为作纺绩、织纴、练缊之具以教之，民得以免寒苦"。既然当地宜种麻枲，可见其冬衣内的填充物亦是麻缊。

⑤ 见注③2，第167页。

⑥ 江西省历史博物馆、贵溪县文化馆：《江西贵溪崖墓发掘简报》，《文物》1980年第11期。

⑦ 赵丰：《汉代踏板织机的复原研究》，《文物》1996年第5期。

⑧ 安徽省文物工作队：《安徽南陵县麻桥东吴墓》，《考古》1984年第11期。

⑨ 成都市文物考古研究所等：《成都市天回镇老官山汉墓》，《考古》2014年第7期。赵丰：《成都老官山汉代提花织机的研究的复原》，"丝路之绸：起源、传播、交流"学术报告会，杭州，2015年10月11日。罗群：《成都老官山汉墓出土织机复原研究》，《文物保护与考古科学》第29卷5期，2017年。

⑩ 梁加农：《夏鼐的丝绸史考古研究》，《考古》2000年第4期。

一六、纺织 II

素，缣，纱，縠，罗，绮

汉代将丝织品统称为帛或缯。《说文·帛部》："帛，缯也。"《急就篇》颜注："缯者，帛之总名，谓以丝织者也。"其中洁白的平纹丝织品名素。《说文·素部》："素，白致缯也。"素也称为纨，故纨素常合成一词，如《文选·怨歌行》谓："新裂齐纨素，皎洁如霜雪。"它相当于魏晋以后所说的绢。但在汉代，绢特指未漂湅的泛黄色之帛。《说文·糸部》："绢，缯如麦稍。"《急就篇》："烝栗、绢、绀、缙、红、燃。"也把绢和各种颜色的帛列在一起，如绀是"帛深青扬赤色"，缙是"帛赤色"，红是"帛赤白色"等等（均见《说文·糸部》）。所以《急就篇》此句下之颜注说："绢，生曰缯，似缣而疏者也。"虽然无误，却有点文不对题[①]。马王堆1号西汉墓出土的素，疏密程度很不相同，较粗的每厘米有经丝55—75根；纬丝均稀于经丝，一般约相当经密的二分之一左右。较密的如442号香囊的缘边，经密为164根／厘米，比前一类多出一倍以上[②]。再如满城1号西汉墓中玉柙衬垫物内所出残素，经密达200根／厘米，纬密达90根／厘米，为已知之汉素的最精致者[③]，可能就是当时负有盛名之"细密坚如冰"的"冰纨"（见《汉书·地理志》）了。

冰纨虽然致密，但较细薄。一种比它更结实的平纹丝织品名缣[④]。《说文·糸部》："缣，并丝缯也。"《释名·释采帛》："缣，兼也；其丝细致，数兼于绢。染兼五色，细致不漏水也。"《急就篇》颜注："缣之言兼也，并丝而织，甚致密也。"满城1号西汉墓之玉柙的左袴筒内曾出缣片，这是一种双纬平纹织物，经密75根／厘米，纬密30×2根／厘米[⑤]。由于经丝浮长，表面呈现纬向畦纹（图16-1）。其特征与文献中对缣的描述正合。不过楼兰曾出土书有"河内修若（?）东乡杨平缣一匹"之缣，为1：1平纹，织法与通常所说的绢相同，只是显得更厚[⑥]。可见汉代说的缣也不一定都用双纬，粗而密的绢亦可称缣。

图版16

缣
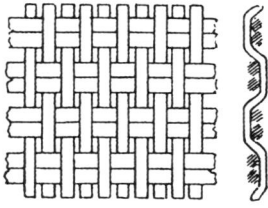

16-1

罗
二经纹罗
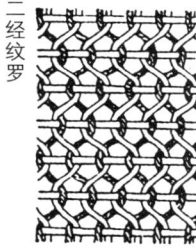

16-3

花罗的结构
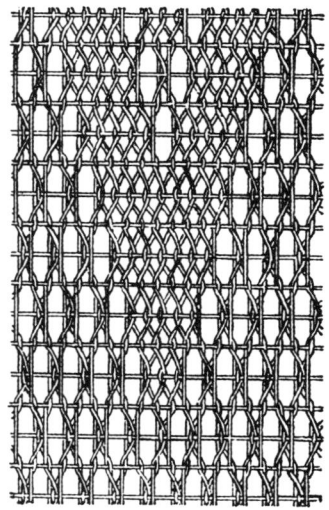

16-6

纱
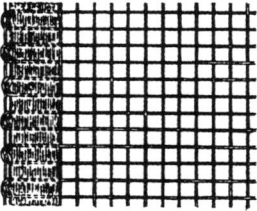

16-2

四经纹罗

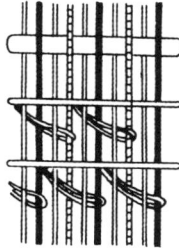

16-5

16-4

类似经斜纹　　经畦纹

绮

16-7　　　　　16-8

杯纹绮

16-9

对凤杯纹绮

16-10

纹绮结构
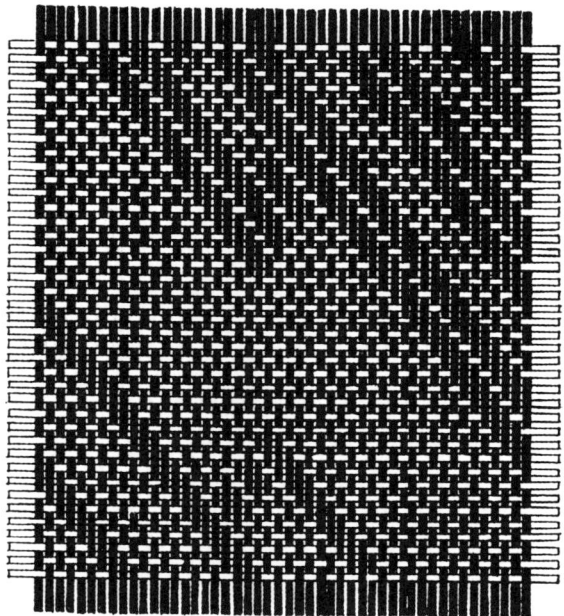

16-11

　　纱是轻薄而带孔的丝织品，先秦时称为沙（《周礼·内司服》）。汉代则常以纱与縠为类。《文选·七启》："纱縠之裳。"《汉书·江充传》："充衣纱縠禅衣。"颜注："纱縠，纺丝而织之。轻者为纱，皱者为縠。"纱也是平纹组织，但由于经纬都很稀疏，所以出现细细的孔眼。马王堆1号西汉墓所出素纱禅衣之纱，经密和纬密均为62根/厘米，算是比较密的。此衣身长128厘米，袖长190厘米，然而连同领子和袖口镶边在内，总重49克，还合不到1市两⑦。甘肃武威磨嘴子48号西汉墓所出素色孔纱还要稀一些，其经密为31根/厘米，纬密为29根/厘米，幅边处经丝加密至85根/厘米；最外边的二根，且在纬丝回梭时相纠，以增加幅边的牢度⑧（图16-2）。至于诺颜乌拉匈奴墓出土的MP937、MP1729号纱，经密只有23.5根/厘米，纬密只有20根/厘米，更加稀薄⑨；或即《释采帛》中所说"纺粗丝织之曰疏。疏，寥也，寥寥然也"之疏。不过《江充传》颜注说纱和縠均为"纺丝而织之"，即织前都要先将丝线加捻，这话却不尽准确。因为只有织縠时必须先加捻，织纱则不一定非有这道工序不可。縠的起源很早，远在商代，于河北藁城台西38号墓出土的铜觚上已发现縠类丝织物的印痕。它在结构上也是稀疏的平纹组织，所以也被称作"方空縠"（见《后汉书·章帝纪》）。但縠的表面起绉。《释名·释采帛》："縠，粟也。其形戚戚，视之如粟也。"其所以起绉，则是由于织縠之丝经过加捻的缘故。在额济纳河沿岸的汉代亭障遗址中发现的縠，经丝未加捻，只将纬丝加以强度的S捻。而马王堆3号西汉墓出土的浅绛色縠，经纬丝均为S捻，捻度为2000—2400捻/米⑩。这样，经煮涑定形，表面遂出现凹凸的绉纹。特别值得注意的是马王堆1号西汉墓中出土的縠，其纬丝为强捻，均为Z向；经丝为弱捻，呈Z、S向交错的不规则排列，因而幅面出现不整齐的波纹。后世的绉发展了这种技术，将经纬丝均加强捻，且将经丝以不同的捻向相间排列，所以呈现出的波纹更加美观。

　　罗也是有孔的丝织品，但和方孔的纱不同，它的孔呈椒眼状，是用绞经法织出来的，交结点远比纱坚牢。汉罗的基本结构有二种。一种是二经绞罗组织，即将绞经轮流同左侧或右侧的地经交替扭织（图16-3）。诺颜乌拉出土的MP1093号标本，就是全部用这种方法织成的素罗。另一种是四经绞罗组织，织此种罗的织机上须装一片平织综和两片绞经综。织时，先用绞综将偶数经线的经绞拉至奇数经线的左侧并向上提；过梭后再提后综（即平织综）。第二根纬线过梭后，原绞综不动，而用另一绞综将有奇数经线的绞经拉至偶数经线的左侧并向上提；过梭后，又提起后综。这样，绞经和地经依次左右扭绞而互相纠结，便形成了大孔眼的四经绞罗组织（图16-4、5）。如用四经绞罗组织织地纹，而以二经绞罗组织织出花纹；则花纹部分的经线排列得比较紧密，在孔眼疏朗的地子上，地亮花实，显得很醒目（图16-6）。马王堆1、3号西汉墓、满城1号西汉墓、武威磨嘴子62号新莽墓、新疆民丰尼雅及山西阳高等地之东汉墓中，均曾出土用这种织法织成的菱纹花罗[11]。

　　在古文献中，罗也被称作绮。《楚辞·招魂》王注、《汉书·外戚传》颜注都说："罗，绮也。"罗和绮又常连称，如《西京赋》之"似不任乎罗绮"，古乐府《相逢行》之"大妇织绮罗"。马王堆1号墓所出手套和香囊，有的本是用罗缝制的，但在遣策中却说是绮，可见当时把罗和绮看作相同或相近的丝织品，这大概是因为它们都比较薄。《七启》所谓"振轻绮之飘飘然"，也正着眼于此。但实际上罗和绮的织法完全不同。绮并不织出孔眼，它是在平纹地上用斜纹起花的，故其花纹多含菱形。《释名·释采帛》说："绮，欹也。其文欹斜，不顺经纬之纵横也。有杯文，形似杯也。有长命，其彩色相间，皆横终幅，此之谓也。言长命者，服之使人命长，本造者之意也。有棋文，方文如棋也。"它的织法有二种，一种类似经斜纹组织，即地纹为一上一下的平纹，起花部分改变为三上一下的斜纹组织，相邻的二根经线和纬线的组织点连续倾斜排列而构成花纹（图16-7）。马王堆1号西汉墓出土的菱形绮就是这种织法（图16-11）。它的花纹以一个大菱形居中，两侧各套合一个小菱形，如带有双耳的耳杯，即文献中所说的"杯文绮"（图16-9）。另一种织法仍以三上一下的经斜纹起花，但与它相邻的左右两根经线却仍是一上一下的平纹组织。也就是在两根经斜纹的浮线之间隔一根经平纹线，可以说是一种斜纹和平纹的混合组织（图16-8）。这种织法能增加织物的牢度，却不影响花纹的外观。不过，现代丝织品中很少使用这种织法。上世纪30年代法人普菲斯特（R. Pfister）研究帕尔米拉出土的汉绮时，才注意到这一特点，并称之为"汉式组织"。新疆民丰尼雅出土的汉绮就是这种织法[12]。它的花纹在大的菱形内部填充树叶纹，而菱形之间的空隙复缀以心形树叶纹，比单纯的杯文之构图要复杂些。帕尔米拉出土的汉绮，在杯纹中填以对龙纹（图113-12）；而马王堆1号墓所出者，则在杯纹中填以对凤纹（图16-10）。两地虽相距遥远，但绮上的图案却有珠联璧合之妙。斯坦因在新疆发现的汉绮，其杯纹有的已分解为连续的曲折线，颇为别致[13]，与《释采帛》所说长命绮"彩色相间，皆横终幅"相合。然其意匠原出杯纹，所以它大概就是《东宫旧事》中所说的"长命杯文绮"（《御览》卷八一六引）。至于《释采帛》中所举之"棋文绮"，其花纹应由斜方格组成，黑海北岸刻赤出土的斜格纹汉绮或与之相近[14]。

注释

① 周密：《齐东野语》卷四"避讳"："梁武帝小名阿练，子孙皆呼练为白绢。"此说本《颜氏家训·风操篇》。可证至南北朝时，绢仍指黄色之帛；所以在避讳时，才称经过漂白的练为白绢。

② 湖南省博物馆、中国科学院考古研究所：《长沙马王堆一号汉墓》上集，第47页。文物出版社，1973年。

③ 中国社会科学院考古研究所、河北省文物管理处：《满城汉墓发掘报告》上册，第154页。文物出版社，1980年。

④ 缣的本色也发黄。《淮南子·齐俗》说："缣之性黄，染之以丹则赤。"

⑤ 见注①所揭书第155页。

⑥ 赵丰、于志勇主编：《沙漠王子遗宝》图55。香港艺纱堂，2000年。

⑦ 见注②所揭书第69页所载329-6号素纱禅衣。

⑧ 甘肃省博物馆：《武威磨嘴子三座汉墓发掘简报》，《文物》1972年第12期。

⑨ 夏鼐：《我国古代蚕、桑、丝、绸的历史》，《考古》1972年第2期。

⑩ 见本书第一五篇注②2所揭书，第295页。

⑪ 马王堆出土者见注②所揭书，及上海纺织科学研究院、上海市丝绸工业公司文物研究组：《长沙马王堆一号汉墓出土纺织品的研究》（文物出版社，1980年）、湖南省博物馆、中国科学院考古研究所：《长沙马王堆二、三号汉墓发掘简报》，《文物》1974年第7期。满城出土者，见注③所揭书。武威出土者，见第注⑧所揭文。民丰出土者，见本书第一五篇注②2所揭书，第300页。阳高出土者，见林巳奈夫：《汉代の文物》图版3—11，京都，1976年。

⑫ 夏鼐：《新疆新发现的古代丝织品——绮、锦和刺绣》，《考古学报》1963年第1期。

⑬ 黄能馥：《印染织绣工艺美术的光辉传统（上）》插图43，《中国美术全集·印染织绣卷·上》，文物出版社，1985年。

⑭ 夏鼐：《新疆新发现的古代丝织品——绮、锦和刺绣》，《考古学报》1963年第1期。

一七、纺织 III

锦（1）

汉代的锦一般是用经线起花的平纹重经组织，而且它是用染成各种颜色的丝线织成，所以色彩绚丽，是汉代丝织品最高水平的代表。虽然，有些锦的花经和地经色调相近，甚至被称为隐花锦，如马王堆1号墓出土的孔雀纹锦；但与罗和绮等织而后染（即所谓生织）的单色织物仍是不同的。锦的织造难度大，相当昂贵。《释名·释采帛》说："锦，金也。作之用功重，其价如金，故其制字从帛与金也。"汉锦最主要的产地是陈留郡的襄邑（今豫东睢县一带），所以《说文·帛部》径说："锦，襄邑织文也。"《论衡·程材篇》也说："齐郡世刺绣，恒女无不能；襄邑俗织锦，钝妇无不巧。"齐也是汉代丝织业的重要基地，"号为冠带衣履天下"（《汉书·地理志》），但在织锦方面却并不擅长。东汉人在《急就篇》末续出的句中说："齐国给献素缯帛。"可见至此时齐仍不以锦闻。襄邑则不然。《陈留风俗传》说："襄邑南有涣水，北有睢水。传曰：'涣睢之间文章。'故有黼黻藻锦、日月华虫，以奉天子宗庙御服焉"（《御览》卷八一五引）。董巴《舆服志》说："乘舆刺绣，公卿以下皆织成，陈留襄邑献之"（《后汉书·明帝纪》章怀注引）。后来左思于《魏都赋》中还在称赞"锦绣襄邑"，可见这里的织锦业至魏晋时仍未衰替。至于蜀，西汉时仅以产布著称，蜀锦要到东汉后期才开始兴盛。

常见的汉锦为二色锦或三色锦。二色锦用两种颜色的经线，三色锦则用三色经线。这些经线是分层的，两根或三根颜色不同但层位上下对应的经线穿过同一筘齿，成为一个单位，叫做一副。汉锦的经线很稠密，每厘米约120—160根（合40—60副）。纬密只有经密的1/5弱，约为23—30根／厘米。织二色锦时，在一副经线中用一根作表经（花经），另一根作里经（地经）。为了构图的需要，同一根经线有时可作表经，有时可作里经。但作表经者都以长浮线遮住里经的经组织点，使它不呈现于幅面。为了使色彩更加丰富，还用分区的方法，将幅面分成若干区，各区可以使用颜色不同的两种经线。纬线则依照作用的不同，分为交织纬（明纬、地纬）与夹纬（花纬）。夏鼐所作二色经锦的结构图和切面图，极为明晰（图17-1）。图中将交织纬和夹纬画成粗细不同的线，是为了便于识别之故；实际上它们的粗细是相同的。图中奇数的纬线都是交织纬。结构图的左下角处将表经剥去，可以看出交织纬和各副经线交织成平纹的情况。平纹的交织点多，易于平整；且平纹均为单独组织点，易于使花经的浮线与接结点配合。图中偶数的纬线都是夹纬，夹在表经和里经之间，在结构上不起交织的作用，只是为了便于提花，使里经绕过它而与表经互换位置。这样，在起花部位，表经的基本组织点是三上一下，在花、地交界处则以二上二下组织修饰轮廓。故汉锦以四纬为一个组织单元，这就避免了因经浮线过长而影响织物的牢度。

织三色锦时，基本上和织二色锦相同，也只有一层表经，而以其他两层作为里经。所以，三色锦也只有表、里两层经线，仍为"经二重组织"。但作为表经的经线，因与地纬隔着两根里经，不像二色锦只隔着一根，所以显得松懈一些，有时甚至遮盖不住它下面的里经或纬线。这里仍以夏鼐所作之图为例（图17-2）。应当说明的是，不论二色锦或三色锦，都是用提压经线改换表经的颜色以显花，织纹没有变化；如果将织成之锦再加浸染，那么其图案花纹就不容易看出了。

汉锦中之特殊的品种为绒圈锦。它的经线以4根为一副，包括一根底经、两根地经和一根较粗的起绒经。它是用经线显花的不完全的经三重组织。其底经有规律地按一上三下排列，作为地部基础组织，地经和起绒经则须用提花束综来控制。而且与一般的锦不同，它是四枚斜纹组织（图17-3）。在织出的幅面上，高绒圈、低绒圈和经浮线构成疏朗错落、层次分明的花纹，立体效果很强。由于绒圈使用经线的量大，送经的速度快，所以在织造这种锦时，须装备张力不同的两个经轴。而且除织地纬外，还需要一种织入绒圈内起填充成圈作用的起绒纬；织后必须打紧，却又要使它能抽得出来，既形成绒圈，又不损伤经丝。这就不仅要有周密的设计，还需要娴熟的技巧。

绒圈锦当即《急就篇》"锦绣缦纻离云爵"句中之纻，颜注："纻，谓刺也。"王应麟补注："绢帛纻起如刺也。"马王堆1号墓的遣策中则称之为缋。起绒织法过去曾被认为是由西方传来的，但马王堆1、3号西汉墓、满城1号西汉墓、武威磨嘴子62号新莽墓及诺颜乌拉14号匈奴墓中均曾出土，从而彻底否定了这种说法[①]。不过汉代的绒圈锦没有开毛，后世的漳绒之类则以细铜丝充起绒纬，织过几寸之

图版17

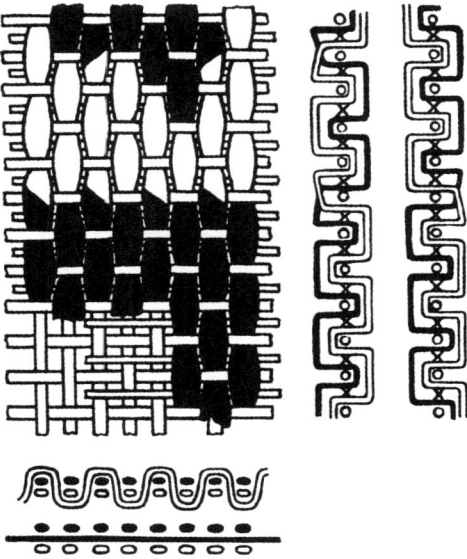

二色经锦

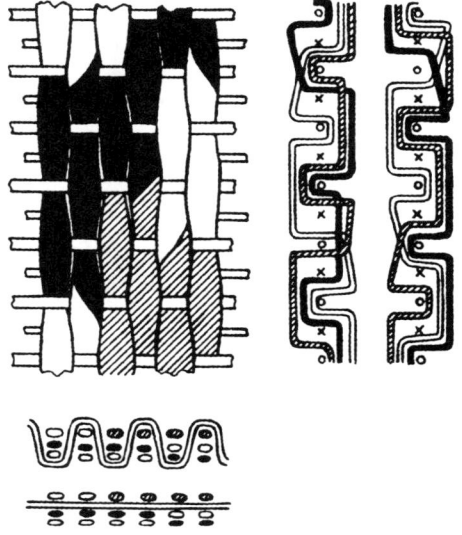

三色经锦

17-1

17-2

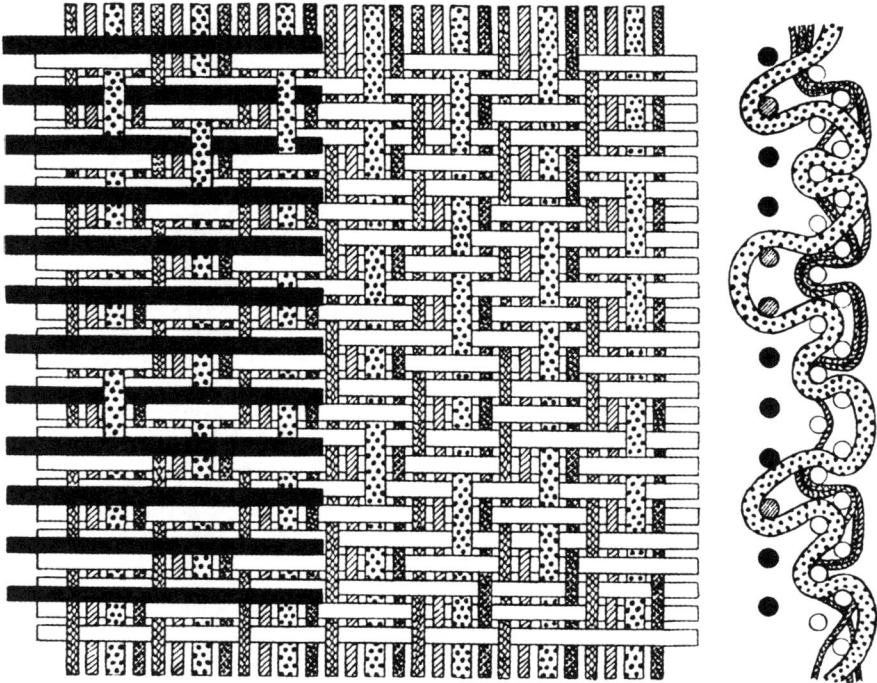

绒圈锦

17-3

后即开割起毛，从而使竖起来的短丝能闪出丝绒特有之柔曼的光泽，织造技术较汉代又有所发展。

注释

① 马王堆所出者，见本书第一六篇注②所揭书、注⑪3所揭文。满城所出者，见本书第一六篇注③所揭书。武威所出者，见本书第一六篇注⑧所揭文。诺颜乌拉所出者，见梅原末治：《蒙古ノイン·ウラ发现の遗物》，京都，1960年。

一八、纺织 Ⅳ

锦（2）

西汉前期与西汉晚期至东汉的锦皆以经线显花，从织造技术上说，后期与前期相较，虽已取得相当大的进步，可是并没有产生根本性的突破。至于两个时期中锦的风格之不同，主要表现于图案设计与色彩搭配上的区别。

马王堆1号西汉前期墓出土的锦，如矩纹锦是以七个单元图形的纵列以横向布满全幅，暗褐色地，红棕色花纹（图18-1）；其构图与长沙左家塘44号战国墓所出之锦很接近。马王堆1号墓之绣枕两侧所用茱萸锦，以带短梗的茱萸纹与菱纹和空心点子组成图案，整个幅面上呈直线条形的重复循环，紫褐色地，朱红色花纹。此墓所出星蒂锦，以八芒星与柿蒂纹及零碎的点子组成图案，因丝线已褪色，花纹不易辨认。同出的孔雀锦则以八芒星与孔雀纹为主纹，衬以横列相间的水波纹，密如网目，布满幅面（图18-2）。由于其所用之地经与花经的颜色接近，故图案亦若隐若现。此墓中作瑟衣和竿衣用的越闺锦，以不规则的斑块组成兽形，栗色地，红色花纹。它的意匠和色调与马王堆3号墓所出斿豹锦颇近似，唯后者的构图稍整齐些，地色也稍深。再如江陵凤凰山168号西汉墓出土的锦，其纹饰亦与马王堆1、3号墓所出者大体相同。由此不难看出，西汉锦的图案多以分散的小图形与点子、线条相结合，上下交错排列，满布在整个幅面上，有时甚至稍嫌琐碎。在色彩方面，这时追求一种雍雅含蓄的效果，虽然花纹多用鲜明的朱红色，但分布在深沉的红棕、暗褐地子上，并不显得很突出。甚至这时最高级的绒圈锦，也是在褐色地上起朱红色的小块矩形几何图案（图18-4）。总之，如以上述诸例的纹饰与江陵马山1号楚墓所出战国锦相较[1]，会感觉西汉前期尚未出现显著的变化。

至西汉晚期与东汉时，织锦工艺却面目一新。中原地区这一时期的墓葬中虽很少出土锦，但在当时的边远地区，如新疆的罗布淖尔及民丰、内蒙的扎赉诺尔、蒙古的诺颜乌拉等地却屡有发现。令人惊奇的是，在有些相距遥远的地方，所出之锦竟十分肖似。如民丰尼雅遗址出土的"万世如意"锦，与罗布淖尔、扎赍诺尔及贝加尔湖南的伊尔莫瓦巴德等地出土之锦几乎完全相同。尼雅出土的"延年益寿大宜子孙"锦，也在罗布淖尔及叶尼塞河畔的奥格拉赫提等地发现②。说明这些锦样受到普遍欢迎，广泛行销各地。

　　归纳起来说，西汉晚期与东汉的锦在纹饰方面有以下几个不同于西汉前期的特点。首先，这时锦的图案不再以散点的方式排列小块几何纹为主，它已经成功地把当时出现在漆器、釉陶和画像砖上的云气禽兽纹搬到锦上来。在这种图案中，云气流动起伏，禽兽腾跃奔驰，最能代表汉代工艺美术的时代特色。它在当时被称为"云虡"纹，具体解释详见本书第一〇四篇。在云气之主干的两侧，凸出的部分往往附以如意头形的云朵，而凹进的部分往往附以叉刺形的茱萸纹；它的形状虽然有点像茱萸的叶子，但实际上表现的大约还是飘扬散乱的云霭。而奇禽瑞兽如天禄、辟邪、虎豹、鸿鹄乃至不可名状的神怪，则出没穿插于其间，它的作风和各种汉代工艺品上的这类图案是一致的。与西汉前期的越闺锦、斿豹锦相较，云虡纹锦中的动物的轮廓要整齐清楚得多，这与当时在花纹边缘处采用二上二下的组织加以修饰的技法有关。其次，在色彩的搭配方面，西汉晚期与东汉的锦也有独到之处。这时常以棕红、赭红为地，配以明亮的浅黄、浅驼色花纹，在幅面上融合为一片温暖的色调。在这些暖色里，又夹以不同强度的粉青、翠绿等冷色，造成微妙的对比关系。有些锦还以接近白色的纹路为花纹勾边，使图案在地色中清晰地浮现出来，一扫西汉前期锦的朦胧之感。以不同颜色的经线在锦面分区排列的技法，也在西汉晚期广泛应用。如尼雅出土的"万世如意"锦，虽然共有五色：棕红、白、紫棕、淡蓝、茶绿，但是每一区中却不超过三色；除棕红、白两色外，第三色分别为紫棕、淡蓝、茶绿等。罗布淖尔出土的"韩仁"锦，连同幅边共宽45.7厘米，分为21区。每区中除棕红、黄二色外，第三色自左至右交替出现：绿、棕、蓝、绿、棕、蓝、棕、绿、蓝、绿、蓝、棕、绿、蓝、棕、绿、蓝、棕、绿、蓝、绿，各区并有宽窄变化，使色调的搭配得到调剂，因而看上去感觉层次丰富，显得五色缤纷③。但分区换色有时破坏了图案的完整性。约在东汉中晚期，色经不再分区。这时用增加经密的方法，各色经线均覆盖整个幅面，从而使织物的图案更加统一而协调，是汉锦之最高水平的代表。不过此类实例颇罕见。再次，汉锦中常织出文字。如诺颜乌拉出土锦中之"新神灵广成寿万年"、"仙境"，罗布淖尔出土锦中之"长乐明光"、"韩仁绣文衣，右（佑）子孙无亟"、"望四海贵富寿为国庆"等④。特别是1995年尼雅出土的五星锦，为五重平纹经锦，经密每厘米220根，纬密每厘米48根，

图版18

矩纹锦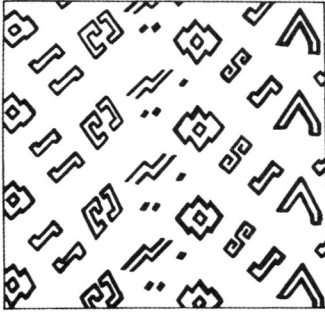

18-1

孔雀锦

18-2

豹首锦

18-3

绒圈锦

18-4

五星锦

18-5

相当厚实。且不分色区，在深蓝色的地子上织出代表日、月的红、白两图形，其间云气
禽兽起伏升腾，浑浑灏灏。锦面上现存"五星出东方利中国"八字铭文（图18-5）。但同
墓出土的锦裤残片上其下还有"诛（？）南羌"三字铭文，据研究二者有可能是同一块织
物，则此锦之织造应与用兵南羌的背景有关⑤。在装饰图案中将吉语文字组织进去，
本是汉代习用的手法，瓦当、铜镜中不乏其例。锦上织出文字，遂使其纹饰的主题更
加深化，也更耐人寻味。

上述西汉晚期以后的锦纹，在《急就篇》中已见端倪。如"乘风县钟华洞乐，豹
首落莫兔双鹤，飞龙凤凰相追逐，春草鸡翘凫翁濯"句中提到的豹首落莫纹，在民丰
出土的另一块锦中可得到印证（图18-3）；双鹤纹在诺颜乌拉出土锦中有类似的构
图。至于飞龙、凤凰等在锦纹中常见，就不须一一指认了。

当然，西汉晚期以后的锦也并不尽统一于一种风格，如民丰东汉墓出土的"阳"
字菱纹锦，就与云虡纹全异其趣。其幅面上的菱纹以白线条作为界线，每九个斜方格
组成一组菱形图案。四角的四格为暗红色，每两个暗红色的格子中间夹着一个由暗
红和绀青色线交织成的格子。菱形图案之中心的一个格子则用绀青和白色线交织而
成。靠近幅边处又织出一行白色"阳"字纹⑥。这种锦的图案虽较整齐拘谨，但颜色
搭配的效果很好；与西汉早期锦的韵味有所不同。

注释

① 湖北省荆州地区博物馆：《江陵马山一号楚墓》，文物出版社，1985年。

② 见本书第一六篇注⑫所揭文。

③ 吴淑生、田自秉：《中国染织史》第80页。上海人民出版社，1986年。

④ 见注③所揭书，及新疆维吾尔自治区社会科学院考古研究所：《新疆古代民族文物》图版
202。文物出版社，1985年。

⑤ 锦裤铭文中"诛（？）南羌"之"诛"，仅余左边的言字旁。瑞士阿贝格基金会所藏汉锦标本上
有"绮（奇）伟并出，中国大昌。四夷服，诛南羌。乐安定，与天毋疆"的铭文，所以不排除锦
裤铭亦为"诛南羌"三字。铭文中的"五星"则指太阳系内的五大行星。我国古代占星术对它
们在恒星背景上运动的位置非常注意，五星同见于东方被视作祥瑞的天象。《汉书·天文志》
说："五星分天之中，积于东方，中国大利。"西汉宣帝时，赵充国用兵羌地，宣帝所赐玺书中
也提到："今五星出东方，中国大利，蛮夷大败"（《汉书·赵充国传》）。有一种意见认为五星
锦"可能正是这一军事行动的见证"。按此说不确。因为这块锦属东汉织物，它的年代不会早
到西汉前期之赵充国时。其实东汉与羌人作战的规模超过西汉，东汉政府中主管羌人事务的

多任护羌校尉，如傅育、马贤、赵冲、泠征都在战场上被杀。所耗军费，据有记载可查者，永初元年至永宁元年，14年中用去240亿；永和四年至汉安元年，七年中又用去80亿。接着又有延熹二年至建宁二年的不断用兵，以及中平元年的羌人大叛乱（见《后汉书·庞参传》，又《虞诩传》《段颎传》《董卓传》《西羌传》）。所以自安帝以后，并、凉地区"伤败踵系，羽书日闻"，动荡的时局和当时某些人的求战心理，才是产生这条铭文的土壤。

⑥　见本书第一六篇注⑫所揭文。

一九、纺织 V

刺绣，染色，印花

刺绣在商代已经出现，有一个商代铜觯上粘附着菱纹挑绣的印痕。宝鸡茹家庄1号西周墓中发现了压在泥土中的绣痕；这是一种索绣，即在织物正面依花纹的线条绣出人字形的辫索[1]。春秋时虽在《诗·终南》中留下了"黼衣绣裳"之句，但实物尚未发现。至战国时，这方面的例子就相当多了。除长沙和巴泽雷克的凤纹绣外，江陵马山1号楚墓也出土了大量绣品，其花纹多为龙凤纹，针法均为索绣[2]。

绣在汉代仍然是很珍贵的。贾谊《新书·匈奴篇》说："匈奴之来者，家长已上固必衣绣，少者必衣锦。"《盐铁论·散不足篇》说："今富者缛绣罗纨，中者素绨锦冰。"均可证绣的价值在锦之上，这是因为刺绣较织锦更为费工的缘故。马王堆1号西汉墓中出土的绣品很丰富，共有40件。其中最多的是"信期绣""长寿绣""乘云绣"三种，均为涡旋状纹样，间或夹杂有螭头状图形，是自蟠螭纹向云气纹转变的一种过渡形态（图19-8）。类似的纹样在各地出土的绣品中时常发现（图19-2~5）。这类涡旋纹由各种卷绕的弧线构成，它们的弧度或互相平行，或开张，或收敛，但必须流利洒脱，才能表现出美感，因此在技术上有相当高的要求。从出土的标本看来，针脚大多整齐匀称，很少出现呆滞歪扭之处。马王堆1号墓出土的一件以黄绢作坯料的长寿绣，为了使花头的尖端更细，还采用了类似接针的绣法。这里的绣品上有时保留着用细线条起稿的痕迹，而技艺高明的绣工在飞针走线之际，时常对底样作出适度修正，更可见其熟练的程度。汉绣仍以开口索绣和闭口索绣为基本针法，但马王堆1号墓中装饰内棺用的铺绒绣，却是以直针平绣。这种针法在诺颜乌拉出土的汉绣中也发现过。此外如十字绣等针法亦有其例，但较少见（图19-1）。诺颜乌拉汉绣中最重要的标本是第12号墓出土的龙纹绣，其上之龙扬尾奋爪，作转身回顾状。这条龙也用辫索绣成，针法细腻，盘旋密集，不露余白；而且辫索的走向安排得很合理，既明确地表

图版19

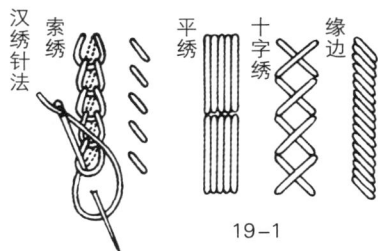

汉绣针法　索绣　平绣　十字绣　缘边

19—1

套版印花

印花敷彩纱

19—6

19—7

花纹单元

19—2

19—3

长寿绣

19—8

19—4

龙纹绣

19—9

19—5

现出龙躯各部分的结构，又给人以紧凑饱满的整体感（图19-9）。环绕此龙还绣出许多小颗粒，这种针法汉代名绕。《说文·系部》："绕，绣文如聚细米也。"接近于现代的打结子。再晚一些如新疆民丰东汉墓和河北怀安五鹿充墓出土的刺绣也是索绣[③]。后一处保留有一块绣有人物纹的残片，可见刺绣的题材又有所扩大。

刺绣与提花织品所用丝线，均须经过浸染或涂染。汉代染色以用植物染料为主，涂染时亦可用矿物颜料。马王堆1、3号西汉墓所出丝织品的颜色共有36种之多。经取样化验，知其所用之植物性染料有茜草、栀子和靛蓝等。至于此二墓之朱红罗与印花敷彩纱上检出的朱砂和绢云母，则都是涂染用的矿物颜料了。茜草、栀子、靛蓝是染红、黄、蓝三原色的，当然，称之为原色只是笼统的说法，其色度并不纯正，其他间色则可通过套染取得。茜草原产我国北部，是一种多年生蔓草，其黄赤色的根含有茜素，为古代染红色的重要染料。它以铝盐（明矾）为媒染剂，可染出红色；以铁盐（铁矾）为媒染剂，可染出紫色。茜草在周代的用量已经很大，到了汉代，仍在大规模种植。《史记·货殖列传》称，种"卮、茜千石"，"亦比千乘之家"。但汉代又传入一种可染红色的红花。红花为菊科红花属，又名红蓝，这是因为它的叶似蓝草而花可染红之故。此花原产埃及，在汉代由西域经匈奴人的媒介而传入内地。红花中含红花素，在微酸浴中染色，依用量的增减可得大红（古称真红）、莲红、桃红、水红等色，色泽很美丽。红花汁又可和胡粉合成胭脂（参见本书第六六篇）。在古文献中胭脂亦写作焉支、燕支、燕脂、臙脂、烟支或稣赦，词无定字，因为它本是匈奴语的对音。用茜草染成的红色叫绛（接近现代的土耳其红），不如真红鲜艳。而且以红花染色"历久不渝"（《植物名实图考》卷一四），茜草染色的牢度则较低。古诗："休洗红，洗多红色淡。不惜故缝衣，记得初按茜。"说的就是茜草所染之衣逐渐褪色的情形。染黄色的栀子原产于我国南部和西南一带，它的果实中含有藏红花酸。用它染成的黄色微泛红光，使用不同的量和缩延浸染时间，可染出不同色度。《汉官仪》说："染园出卮、茜，供染御服。"则汉代高级的黄色衣物也是用栀子染的。马王堆1号汉墓中的一部分用栀子染成的黄色丝织品，虽然经历了二千多年，但出土时外观依然颜色鲜明[④]。染蓝色的靛蓝在我国使用的历史更久。能提取靛蓝的植物有好些种，如爵床科的马蓝、豆科的木蓝、蓼科的蓼蓝、十字花科的菘蓝等，古代均泛称之为蓝草。在宋代以前，我国制靛主要用马蓝。《尔雅·释草》："葴，马蓝。"郭注："今大叶冬蓝也。"不过我国古代起初尚不知制靛，是用鲜蓝草直接揉汁浸染，再经空气氧化呈蓝，即《礼记·月令》所谓"艾蓝以染"。至战国时已能制靛，故《荀子·劝学篇》说："青取之于蓝而青于蓝。"《史记·三王世家》也说："青采出于蓝，而质青于蓝。"即认为用蓝草制成靛蓝后可以染出更青亮的颜色来。靛蓝是一种还原染料。染色时先将靛蓝以还原剂（发酵剂）作用成隐色酸，再溶解在碱液中使之成为靛白。将纺织品在靛白中浸染后，取出置通风处氧化，则重新转为不溶性靛蓝。如此反复进行数次，可以染出牢度很高的鲜明的深蓝色。马王堆1号墓出土的一块青罗，经检测证明就是这样染成的，可见靛蓝染色工艺至汉代也已相当成熟了[5]。

此外，黑色也是汉代衣物中常用之色，这时官吏均着"皂衣"（《汉书·萧望之传》颜注引如淳说）。甚至帝王在日常生活中亦着黑色服装，汉文帝"身衣弋绨"（《汉书·文帝纪》），赵王彭祖"衣皂布衣"（《史记·五宗世家》）。故黑色染料的用量很大。汉代染黑色是用含单宁酸的植物染料与铁盐相作用，使之在纺织品上生成单宁酸铁的黑色色淀而成。这时采用的含单宁酸植物主要是皂斗，即栎属树木的果实。《诗·鸨羽》陆玑疏，栎"子为皂斗，其壳为汁可以染皂"。《吕氏春秋·恃君篇》高注："橡，皂斗也。"《周礼·大司徒》先郑注："皂物，柞、栗之属。"然而用这些植物只能把纺织品染成浓淡不同的黄色，必须再加铁盐，才能生成单宁酸铁。这时所用的铁盐主要是涅。《论语·阳货篇》孔安国传："涅，可以染皂者。"《淮南子·俶真》高注："涅，矾石也。"矾石又名皂矾，即硫酸亚铁。而为了使染液中有足够的铁离子，以使单宁酸和铁达到充分反应的目的，东汉时又在矾石之外再加"铁落"（见《周易参同契》）。过去曾认为铁落是氧化铁，但氧化铁不溶于水，也无媒染作用。进一步的研究认识到铁落应是将铁片浸于米泔水或醋中生成的醋酸铁或乳酸铁，染皂时加入这种溶液，效果很好。这样染出的黑色性质稳定，有较高的日晒和水洗牢度[6]。至于先秦文献中经常提到的染紫色之紫草、染绿色之绿草（即今之荩草），汉代可能仍继续使用。但用它们以及用皂斗染色的标本，均尚有待发现。

以上介绍的植物染料，可以单独使用，也可配伍套染。马王堆1号墓出土之蓝绿、藏青、藏青黑等色的丝织品，经剥色测试，均系以靛蓝打底，再加套黄、浅棕和深棕色而成[7]。汉代还曾以印染之法为纺织品加花。广州象岗南越王墓曾出土青铜印花凸版，但此墓中随葬的丝织品均已炭化，保存情况不佳。而马王堆1号墓出土的两种印花纱却保存得比较完整。其中一种是"金银色印花纱"，图案的单元呈菱形，与南越王墓所出铜版的图案极相近。据分析，其印花工序分三步：第一步用银白色印出定位纹，第二步在其中套印以银灰色曲线构成的主体纹，第三步套印金色小圆点（图19-6）。另一种是"印花敷彩纱"，它使用了型版印花和彩绘两种方法。图案的单元也呈菱形，以四方连续布满幅面（图19-7）。印、绘的整个工序分七道：先用型版印出暗灰色枝蔓，再用红色的朱砂、白色的绢云母和写字的墨分六道加以绘制。成品线条流畅，层次分明。武威磨嘴子22号西汉晚期墓出土的苇筹，表面装裱印花绢，在深绛色地子上套印深蓝、米黄、白三色构成的旋涡状云纹。印花定位准确，线条亦流畅，但它是用矿物颜料调合粘着剂直接押印上的，故水洗牢度不高[8]（图87-7）。

注释

① 李也贞、张宏源、卢连成、赵承泽：《有关西周丝织和刺绣的重要发现》，《文物》1976年第4期。

② 见本书第一八篇注①所揭书。

③ 马衡：《汉代五鹿充墓出土的刺绣残片》，《文物参考资料》1958年第9期。

④⑤⑥　见本书第一五篇注③2所揭书，第260、262、265页。

⑦ 见本书第一六篇幅注⑪2所揭书，第88页。

⑧ 黄能馥、陈娟娟：《中国丝绸科技艺术七千年》第60-61页，中国纺织出版社，2002年。

二〇、纺织 Ⅵ

布，纻布，叠布，褐，罽，绤

汉代说的布指平纹的麻纺织品，是平民日常制装所用衣料。麻一般指大麻。大麻雄雌异株。雄麻名枲，纤维的品质优良，可以织成较好的麻布。雌株名苴，纤维差些，织成的苴布"其色粗恶"（《左传·襄公十七年》正义引马融）。居丧时常服苴衣，以寄哀思。大麻布有一定的规格。《汉书·食货志》说周代的"九府圜法"中，"布帛广二尺二寸为幅，长四丈为匹"。不过《睡虎地秦简·金布律》中却规定布"幅广二尺五寸"，但证以敦煌所出汉"任城国亢父缣"上的题记所标"幅广二尺二寸，长四丈"（《流沙坠简·考释》四三），则汉代布帛仍以2.2尺为标准幅宽①。一幅布中的经线以80根为一个计算单位，称为一升。《仪礼·丧服》郑注："布八十缕为升。"升亦写作緵、稯。《汉书·王莽传》颜注引孟康曰："緵，八十缕也。"《说文·禾部》："布之八十缕为稯。"七至九緵为粗布。最粗的七緵布一幅中有经线560根，经密约合11.5根／厘米，是刑徒和奴隶穿的。《史记·孝景本纪》："令徒隶衣七緵布。"十至十二緵则为细布，而以十緵布为其常制。《晏子春秋·内篇杂下第六》："夫十总之布，一豆之食，足于中免矣"（《说苑·臣术篇》作"足矣"）。总即緵。《说文·糸部》绌下引《汉律》："布谓之总。"又《汉书·王莽传》说："自公卿以下，一月之禄十緵布二匹。"十緵布一幅中应有经线800根。马王堆1号墓出土的N29-2号大麻布通幅经线总数为810根，即较好的十緵布（图20-1）。更细的布则多为用苎麻线织的纻布。纻布一般只称为纻，它比大麻布精美，故《淮南子·说林》称："布之新不如纻。"马王堆1号墓出土的N27-2号纻布，经密32.4根／厘米，约为二十一緵布。N26-10号纻布，经密37.1根／厘米，约为二十三緵布。这些纻布的精细度不仅超过了长沙五里牌406号战国墓出土的十七升纻（经密为28根／厘米），而且也比现代的细苎麻布（经密亦为28根／厘米）还要细。古文献中提到的最细之布为三十升。《论语·子罕篇》集解引孔安国曰，麻冕"古者绩麻三十升布以为之"。《诗·葛覃》孔疏引《论语》郑注说同。清·江永怀疑是否能织成这么细的布。他说："古布幅阔二尺二寸，……若容三十升之缕二千四百，则今尺一分之地几容一十八缕，此必不能为者也。"（《周礼·弁师》孙诒让正义引）但从马王堆1号墓出土的二十三缕布看来，缕数增加到三十，也不是没有可能的。并且，此墓出土的纻布曾经上浆和碾轧加工，类似近代的轧光布。这样加工过的布在汉代称为钖，钖亦作锡。《释名·释丧制》："钖，易也。治其麻，使滑易也。"《淮南子·修务》之"衣阿锡"，司马相如《子虚赋》之"被阿锡"，均应指此类纻布而言。

由于苎麻纤维质地细致，多制成轻薄柔韧的织物。扬雄《蜀都赋》中曾提到"箘中黄润"，即司马相如《凡将篇》"黄润纤美宜制禅"（《文选》左思《蜀都赋》李注引）句中所称者。黄润是西南地区产的高级纻布。宋·周去非《岭外代答》说广西左右江一带用苎麻织的花练，"一端长四丈余，而重止数十钱，卷而入之小竹筒，尚有余地"，可见其情况之一般。吴越则产著名的越布。左思《吴都赋》："蕉葛升越，弱于罗纨。"段玉裁《经韵楼集》卷一二说："越者，何也？纻布也。其字古作越，今作绒。《广韵》曰：'绒，纻布也。'《集韵》：'绒，一曰纻布。'"其说是。苎纤维经漂洗、日晒，呈色甚白。《孟子·滕文公篇》："江汉以濯之，秋阳以暴之，皜皜乎不可尚已。"正是以此为喻。故越布又名白越。东汉的阴后、马后、邓后均曾以白越作为赏赐之物（《后汉书·皇后纪》）。但其实例尚未发现。

在汉代，我国的若干地区中还已生产棉布。新疆罗布淖尔西汉末至东汉时的楼兰遗址中发现过棉布残片。民丰东汉墓中也出土蓝白印花布、白布裤及手帕等棉织品（20-6、7）。印花布的经密为18根／厘米，纬密为13根／厘米。根据吐鲁番出土的高昌文书及《梁书·高昌传》等文献，新疆地区一直称棉花为白叠（也写作白氎、白褺或帛叠，其布称为叠布、氎布或緤布）。B.劳费尔说：白叠的古音bak-dip中，bak这个音素可能代表中古波斯语的pambak（棉花），dip相当于中古波斯语的dib或dep（锦），故白叠一词或由波斯语pambak-dib转译而来[②]。因此，新疆的棉花可能是从西亚方面传来的非洲棉。在地理大发现以前，旧大陆作为经济作物加以栽培的棉花主要有原产非洲的非洲棉和原产印度的亚洲棉两大类。非洲棉俗称"小棉"，棉铃小，棉绒粗，产量低；但生长期短，成熟早，适合新疆的气候特点，所以在汉代已于新疆种植。另外，《后汉书·西南夷传》说哀牢夷地区也产"帛叠"。不过，在有关的古文献中多称南方的棉花为"古贝"，称其布为"斑布"（《南史·海南诸国·林邑传》，《慧琳音义》卷七〇）。古代云南一带读贝若趴[③]，故古贝可能是马来语Kapas

图版20

布

20-1

罽

20-2

千金绦

20-3

编绦法

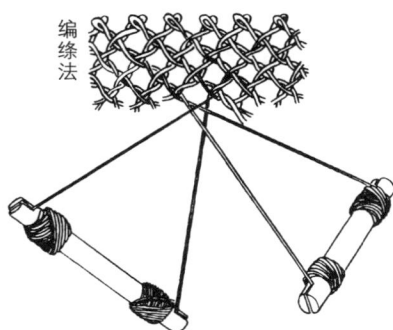

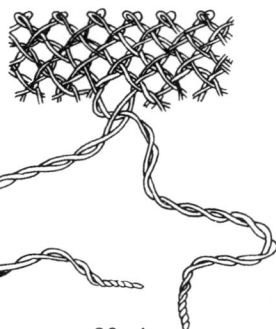

20-4

叠布

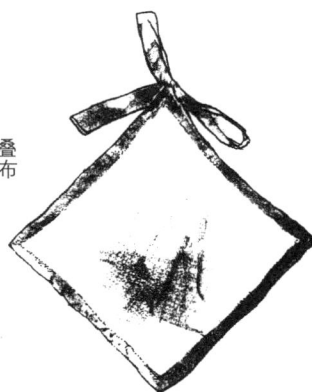

20-6

千金绦结构

20-5

印花叠布

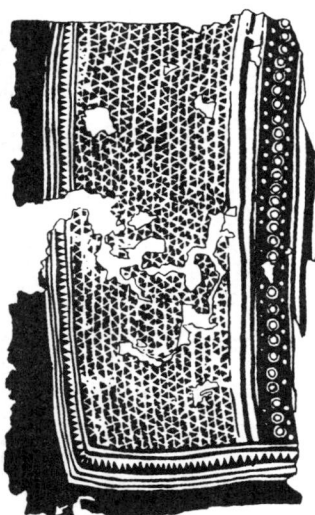

20-7

的对音；有人认为是梵语Karpasa的对音，也有可能④。总之，这里的棉花大约是从南海传来的亚洲棉。西汉时，在内地人的眼光中，棉布还是比较粗的织物。《汉书·货殖传》中提到"荅布、皮革千石。"颜注引孟康曰："荅布，白叠也。"仍沿用《史记》的提法，将它与皮革并列为一类。东汉初，马援往见公孙述，"交拜礼毕，就馆，更为援制荅布单衣、交让冠，会百官于宗庙，立旧交之位"（《御览》卷七七八引《东观汉记》）。可见这时已有质量较好的棉布。至东汉晚期，有些高级棉布在内地更受到珍视。曹丕说："夫珍玩所生，皆中国及西域，他方物比不如也。代郡黄布为细，乐浪练为精，江东太末布为白，皆不如白叠布为鲜洁也"（《御览》卷八〇二引）。这里说的白叠布已非西汉的荅布之可比了。

汉代在内地不流行穿毛织品。毛织之褐被认为是贫苦人穿的。《淮南子·览冥》高注："褐，毛布。如今之马衣也。"《后汉书·赵典传》章怀注："褐，织毛布之衣，贫者所服。"但少数民族从事游牧，多穿毛织品，因而毛织工艺比较发达。民丰东汉墓出土的蓝色毛褐，属一上二下斜纹，经密13根／厘米，纬密16根／厘米，表面已相当平整。这里还出土有毛织的罽，其中之龟甲四瓣花纹罽，为平纹纬线起花织物，经密21根（三股）／厘米，纬密26根（二股）／厘米（图20-2）。由于龟甲纹在内地较流行，这块罽的花纹应受到内地影响，所以不应是由中亚或西亚传入的，而当为新疆本地的产品。罽与褐不同，它是高级纺织品，汉代人对它很重视。《汉书·高帝纪》所载禁止商人穿的衣料中就有罽。

汉代的绦品种也很多，古文献中所称组、纂、绲等似均属绦类。它是一种编织物。江陵马山1号楚墓中曾出纬编绦。已发现的汉绦则都是经编织物，其中以马王堆1号墓所出"千金绦"为最绚丽。其宽度有0.9与2.7厘米两种，绦面编出红色线条、黑色波折纹和"千金"字样（图20-3）。它只有经线，没有纬线；即用一组左经线和一组右经线以45°斜向往返编织，利用双层结构的原理，编出花纹和文字⑤（图20-5）。此墓还出有花纹较简单的及素面的绦。满城1号西汉墓所出素绦编成网状组织，抻拉时网眼能变成菱形。其编法与千金绦大体相似，但编时尚须扭绞或穿股，以便形成网眼（图20-4）。至于江陵马山1号战国墓出土的以纬线起花的窄条织物，是在织机上用抛梭法织出的，不是编成的，大约应称为绲带（《后汉书·南匈奴传》李注："绲，织成带也"），而不宜称为绦。但在已经鉴定的汉代织物中，目前尚未发现过机织的绲带。

注释

① 汉代布帛的幅宽规定为2.2尺，约合50.6厘米，这一尺度已为出土实物所证实。马王堆1号墓出土的丝织品，大多数的幅宽为48—51厘米。甘肃古玉门关出土的一块素帛，幅边尚存，计宽50.43厘米（A. Stein, Serindia, pp. 701~704）。1959年在新疆民丰尼雅出土的万世如意锦，幅宽为47厘米左右。均符合此制。

② B. 劳佛尔著、林筠因译：《中国伊朗编》，商务印书馆，1964年。

③ 李家瑞：《古代云南用贝币的大概情形》，《历史研究》1956年第9期。

④ 沙比提：《从考古发掘资料看新疆古代的棉花种植和纺织》，《文物》1973年第10期。

⑤ 见本书第一六篇注②所揭书，第160页。

二一、漆器

漆树原产我国。三烯漆酚含量高的优质生漆更是我国的特产。早在距今七千余年的浙江余姚河姆渡遗址中已经出土了那件著名的漆碗。在商代墓葬中出土了雕花髹漆的大型棺椁，也有镶嵌绿松石或贴金薄的容器。西周时出现了"蜃器"，有镶蚌泡的，也有镶蚌片的。战国时出现了镟制的薄木胎和用木片卷制的胎。麻木胎更是这时的重要发明，它不仅精巧，且不易变形。为了加固，有时在其器口、底缘等处装金属箍，称为釦器。四川成都羊子山172号战国墓出土者在铜釦上错银，安徽舒城秦桥战国墓出土者且在铜釦上错金[①]。从商代到春秋，漆器上的图案大都与铜器相近，战国漆绘却是一派新风格，极为活泼，"细入微芒"，"落笔却一挥而就"[②]。

到了西汉，光泽悦目且轻便耐用的漆器更被看重。青铜器固然仍受到珍视，但作为食具，其化学稳定性远不如漆器，而性能堪与之相抗衡的瓷器要到东汉才真正烧成并逐步推广。所以西汉大墓中往往陪葬许多漆器，动辄上百。宫廷中使用漆器的数量尤其惊人。乐浪汉墓出土的一件漆盘，底部刻文云："常乐。大官。始建国元年正月受，第千四百五十，至四千"[③]。此盘是新莽常乐室中的器皿，于公元9年由少府所属"掌御饮食"的太官（亦作大官、泰官，皆同音相假）领取。这批漆盘共4000件，本件编号为第1450。根据出土物铭文，可知尚有另一批为3000件，未留下数字的则不知凡几。江苏盐城三羊墩1号西汉墓出土漆盘底心花纹正中书"大官"二字，底部边缘书"上林"二字（图21-5），说明此器是从上林苑中流出的。卫宏《汉官旧仪》卷上说："太官尚食，用黄金釦器。中官、私官尚食，用白银釦器。"则皇帝使用的漆器装金釦，皇后的装银釦。汉代装黄金釦的漆器仅见于广州南越王墓，但已出土的白银釦器不在少数，如安徽阜阳西汉汝阴侯墓的银釦漆盘、银釦三足漆卮，安徽天长西汉墓的银釦五子奁，江苏海州西汉墓的银釦漆盒等[④]。它们有的还贴上用金薄剪出的图形（图21-8、9），在器盖上镶嵌柿蒂状金属饰片，用玛瑙、水晶或琉璃珠作盖钮，再施以多色彩绘，极绚烂华丽之能事。中私官所掌者，当与之相去不远。《汉书·贡禹

图版21

漆盘底心的三兽纹

21-1

21-3

21-2

21-4

大官漆盘

21-5

漆耳杯底部铭文

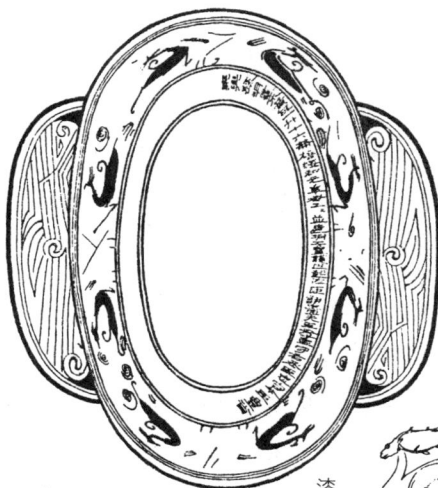

21-6

漆盒上的云气纹

21-7

漆器上所贴金花

21-8

21-9

漆画

21-10

21-11

漆盘底部的铭文

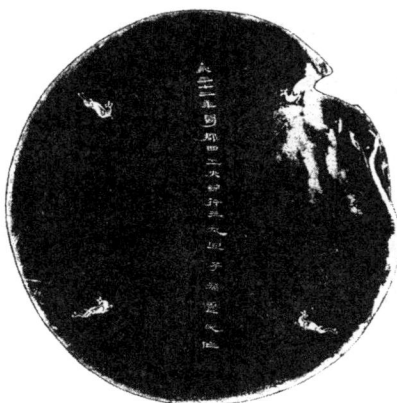

21-12

彩绘人物故事

21-13

传》说："臣禹尝从之东宫（指长乐宫），见赐杯案，尽文画金银饰。"正是这种情况的写照。

汉代漆器中不仅有一批精品，更重要的是，其总体水平在战国时已达到的高度上又前进了一步。战国时出现的麻布胎漆器这时大量增加，称为"纻器"。《盐铁论·散不足篇》中提到的"野王纻器"，指野王（今河南沁阳）出产的麻布胎漆器。而木胎漆器的定名则不同，如蒙古诺颜乌拉5号墓所出建平五年（前4年）、贵州清镇17号墓所出元始三年（公元3年）、乐浪汉墓所出元始四年（公元4年）木胎漆耳杯，铭文中均自名"木黄耳桮"，可见"纻"字与"木"字在铭文中的用法是区别得很清楚的⑤。后世多称漆器的麻布胎为"夹纻"，而在汉代，这一名称的含意却并非如此。如平壤石岩里王盱墓出土的建武二十八年（公元52年）"侠纻量二升二合羹桮"、平壤贞柏里200号墓出土的永平十一年（公元68年）"侠纻量一升八合杯"、平壤梧野里21号墓出土的永平十四年（公元71年）"侠纻〔容〕一升八合杯"，及王盱墓出土的永平十二年（公元69年）"续纻"漆盘与"夹纻"三足漆盘，均为木胎贴麻布⑥。王盱墓出土之建武二十一年（公元45年）木胎贴麻布耳杯的铭文中还说自己是"木侠纻杯"，在"侠纻"之前还加上"木"字⑦。侠通夹。《说文·羽部》翣字下段注："汉人多用侠为夹。""在左右曰夹"（《仪礼·既夕礼》郑注）。则汉代的"夹纻"是指木胎两面夹贴麻布之意，与出土物的情况正合。《说文·糸部》："纻，或从绪省。"故夹纻胎亦可称为绪。云梦大坟头1号墓出土夹纻胎漆杯20个，木牍上记为"绪梧廿"。江陵凤凰山167号墓出土夹纻漆盘，木简记为"绪卑虒一□"。

木胎贴麻布后，尚须上漆灰。王盱墓出土的漆盘底部朱书"夹纻行三丸"（图21-12）。丸是"垸"字之假，这两个字均为元部匣母，读音相同。《考工记·轮人》郑注言制车毂时，须"丸漆之，干而以后摩平之"。可证垸漆之"垸"汉代习用"丸"字。故《集韵·换韵》说："垸亦作丸。"《说文·土部》："垸，以桼和灰而鬃也。"《玄应音义》卷一八引《通俗文》："烧骨以桼曰垸。"又《说文·土部》垸字下桂馥义证："垸，字或作骱。"说明汉代行丸时曾以骨灰作掺合料。明·黄成《髹饰录》说："垸漆，一名灰漆。用角灰、磁屑为上，骨灰、蛤灰次之，砖灰、坯屑为下。"与后世精致的工艺相比，汉代漆灰的质量已不算低。不过后世上漆灰时，须依粗、中、细的顺序刮三道。王盱墓漆盘铭所称"行三丸"，是否也是这种作法，尚不得而知。

刮漆灰、磨平之后还要再涂漆，即《髹饰录》所称"糙漆"，汉代谓之麲。《说文·桼部》："麲，桼垸已，复桼之。"完成这道工序，就可以在上面加装饰花纹了。汉代漆工或将麲字写作"饱"。马王堆1号墓、3号墓和凤凰山8号墓出土的漆器均有烙以"成市饱"戳记的，表明它们是蜀郡成都所制⑧。成都是汉代最负盛名的漆器产地，故《盐铁论·散不足篇》中提到"金错蜀杯"时，不禁流露出艳羡的口吻。与之相仿的提法是"蜀汉钿器"，可见毗邻蜀郡的广汉郡雒县也是汉代漆器的重要产地。古乐浪、贵州清镇、江苏邗江、河南杞县、湖南永州均曾出土标明"广汉郡工官"所造漆器⑨。据铭文和印记能查知之漆器产地还有渔阳（渔阳郡渔阳县）、高乐（勃海郡高乐县）、莒（城阳国莒县）、郑（河南郡新郑县）、东阳（广陵郡东阳县）、蕃禺（南海郡番禺县）、布山（郁林郡布山县）等处⑩。汉代漆器在地下保存至今者实属凤毛麟角，故以上诸例显然远不足以反映其分布地区的全貌，但覆盖范围已达全国的东南西北。由于漆器广泛流通，带蜀郡铭记之例在北方的诺颜乌拉，东方的乐浪，华北的邯郸，西南的贵州以及湖北江陵、湖南长沙等地均曾发现。这种情况从花纹上也看得出来。汉代漆盘常在盘心饰以位于旋涡中的三兽纹。此构图在山东临淄郎家庄春秋晚期墓出土的漆盘上已见端倪，战国、秦代漆器中的实例虽不多，但仍少量出现⑪。汉代则大流行，相距遥远之地点的出土物上的三兽图案有时竟非常相似。如长沙徐家湾401号墓漆盘与山西万安汉墓漆盘、贵州清镇汉墓漆盘与乐浪王光墓漆盘、江苏邗江杨寿乡宝女墩汉墓漆盘与平壤石岩里201号墓漆盘，盘心所绘者均如出一辙⑫（图21-1~4）。耳杯上画的双鸟纹，在诺颜乌拉汉代匈奴墓、乐浪汉墓、武威汉墓、天长汉墓、江苏泗阳泗水王墓、清镇汉墓、长沙汉墓等处也都能看到大同小异的例子⑬。在大流通的背景下，必然伴随着技术上的互相促进和艺术上的互相借鉴，同时也反映出人们对漆器的需求和喜爱。由于喜爱遂加意保护，从而其使用的时间之久竟超出了一般想像。在平壤石岩里194号墓中，西汉始元二年（前85年）和新莽始建国五年（公元13年）的漆耳杯共存，表明前一件在使用者手中历时至少已近百年⑭。

　　至公元2世纪初，汉廷不再向工官征调漆器之前，最精美的漆器多出自国家管理的漆器作坊⑮。这类作坊又分两种：中央工官管理的和地方工官管理的。在中央工官中，制造漆器的有少府所属考工室、右工室，简称考工、右工。漆器铭文中还有供工，《汉书·百官公卿表》失载，仅于《汉书·刘辅传》中一见，可能亦属少府管辖。中央工官所制供皇帝用的漆器，铭文中特标明"乘舆"二字，以下列出工匠和主事官员的名字。如武威磨嘴子62号墓出土的绥和元年（前8年）漆耳杯，铭文云："乘舆。髹汧画木黄耳一升十六籥棓。绥和元年，考工工并造。汧工丰。护臣彭、佐臣诩、啬夫臣孝主。守右丞臣忠、守令臣丰省"（图21-6）。再如平壤梧野里发现的初始元年（公元8年）漆盘，铭文云："乘舆。髹汧蜀画绀黄金涂钿槃，容一斗。初始元年，供工工服造。守令史臣并、掾臣庆主。右丞臣参、令臣就省"⑯。其中制器的工匠只记一或二人，官员则列出多人，且前面都带一个"臣"字，以示恭谨。地方工官生产之漆器上的铭文，体例与中央工官产品上所见者不同。如贵州清镇15号墓出土的元始三年（公元3年）漆耳杯，铭文云："元始三年，广汉郡工官造。乘舆。髤汧画木黄耳桮，容一升十六籥。素工昌、髤工立、上工阶、铜耳黄涂工常、画工方、汧工平、清工匡、造工忠造。护工卒史恽、守长音、丞冯、掾林、守令史谭主。"乐浪汉墓出土的元始四年（公元4年）漆盘，铭文云："元始四年，蜀郡西工造。乘舆。髤汧画纻黄釦饭槃，容一斗。髤工石、上工谭、铜釦黄涂工丰、画工张、汧工戎、清工平、造工宗造。护工卒史章、长良、丞凤、掾隆、令史襃主"[17]。明显的区别是：后一类铭文中的"乘舆"二字不放在开头，而且官员的衔名前不加"臣"字，或缘其产品不直接进奉之故。在地方工官中，生产漆器的只有蜀和广汉，其经费由国库支付。《汉书·贡禹传》说："蜀、广汉主金银器，岁各用五百万。"如淳注："蜀郡成都、广汉皆有工官，工官主作漆器物者也。"可证。但这些工官并非少府之属官，"不入三工之数"，身分与中央工官有别[18]。另一个特点是：地方工官所造漆器的铭文中，将各工种之工匠的名字列举得更为明细。

汉代漆器铭文中所记诸工种，久已引起注意，不过各家的释文与解说颇不相同。比如对最常见且极关键的"髤""汧"二字，分歧就很大。其实出土漆器上的"汧"字右旁之"丹"与睡虎地秦简及武威医简中的"丹"字字形相同。江西南昌西汉海昏侯墓出土漆盾铭文更径书"私府䰍丹画盾一合"，直接证明了这一点[19]。但梅原末治将此字释"汨"，却未作进一步的解说。沿用其释文者则看法各殊，如王仲殊认为汨指在漆器上精心刮摩；后德俊认为指阴干的工序。邓之诚释"汩"，无说。陈默溪等释"羽"，以为是"羽觞"之名称的由来。何豪亮释"旬"，认为是锥画工。周世荣释"渭（湄）"，认为湄即罩漆，与《髤饰录》中的"罩明"类似[20]。也有学者将"汧"释为"洀"，如关野贞、唐兰等均主此说。原田淑人又认为东京大学所藏东汉龙虎纹镜铭中"詷刻容真"之"詷刻"即"彫刻"，故"洀人"之"洀"即彫。可是汉代漆器铭文中提到施工者中有"汧人"的不在少数，而这些漆器上却全无彫刻的痕迹。何况唐兰将此字释洀之最主要的依据是云梦大坟头1号墓出土水牍上的䒷字，然而此字并不能肯定为从水从舟，故其说并无确证[21]。所以"汧"字仍应释"汧"，训涂红漆。至于"髤"字，梅原末治与朱德熙等释"䰍"。髤和䰍虽可相通假，但这并不是髤字的本义。《说文·桼部》："髤，桼也。"则髤就是桼（漆）。《睡虎地秦简·工律》："公甲兵各以其官名刻久之，其不可刻久者，以丹若髤书之。"这个髤字也只能释为漆。但此字亦训涂漆。《桼部》："桼，木汁可以髤物。"漆液在空气中自然氧化后呈黑色，即《诗·鄘风·定之方中》集传所说："漆，木有液黏黑。"古人甚至认为"黑莫过漆"（《北齐书·上党王涣传》，

《广弘明集》卷六）。所以髹字所训涂漆，起初仅指涂黑漆。江苏邗江宝女墩新莽墓出土漆盘的铭文中说："髹漆、画工顺，汨工姨绾"[22]，指明髹的是漆。这和《汉书·孝成赵皇后传》中"其中庭彤朱而殿上髹漆（颜注：'髹字或作髤，音义亦同'）"之造语完全相同。盘上与殿上所涂之漆均未另作说明，则只能是黑漆。将髹字解释为涂漆而不限何色的用法，大约出现在东汉以后。而与出土遣册所记随葬品的名称联系起来看，则更清楚。如马王堆1号墓遣册中记有"髹汨幸食杯五十"，指的是出土物中内红外黑，内底书"君幸食"的50件素面耳杯。大坟头木牍上记有"髹汨画大桮十"，指的是出土物中内红外黑、并加彩绘的10件大耳杯。所以"髹"就是涂黑漆，"汨"就是涂红漆。"髹汨"所反映的正是我国漆工艺之悠古的传统。《韩非子·十过篇》说："禹作为漆器，墨染其外而朱画其内。"所谓"墨"指的就是本色黑漆。《说苑·反质篇》："舜释天下而禹受之，作为祭器，漆其外而朱画其内。"可证。内红外黑的漆器在春秋时已经出现，战国秦汉时寝成定制[23]。至于所谓"画"，则指加彩绘。如平壤石岩里194号墓所出始元二年漆耳杯的铭文中，除官员衔名外，只说："髹工当、汨工将夫、画工完造。"列出的正是髹、汨、画这三个主要的工种。晚出之器进而将它们纳入器物的名称中，如清镇出土的元始三年漆耳杯，自名"髹汨画木黄耳桮"。除以上三者外，"木"指胎质，"黄耳"指装有鎏金铜杯耳。同地出土的元始四年漆盘，自名"髹汨画纻黄釦饭槃"，因为用的是麻布胎、装鎏金铜釦，所以名称稍有改变，用意则一仍旧贯。

髹、汨、画、黄涂以外的工种，如素工为制胎之工，诸家对此略无异议。上工可能是刮漆灰之工，清工是刮漆灰后再上表层漆之工，造工则总其成。不过不少研究者倾向于将铭文中各工种出现的先后，视为漆器制作的工艺流程，或未必然。因为在不同的漆器上，各工种排列的次序不尽一致。况且在同一件漆器上，官员衔名的排列乃以职位的高低为序。同样，在漆器作坊中，工匠的级别也不会全然划一，不仅不同工种间的待遇会有差别，还可能存在着个人资历的因素。如果把列名的顺序和施工的顺序固着在一起，解释起来有时将遇到困难。

私人的漆器作坊自汉初起一直存在。湖北云梦睡虎地、江苏邗江胡场等地西汉墓出土漆器上所见针刻文字，如"宦里大女子鹜"、"门里"、"大女子乙"、"工冬"、"工克"等，都是私人作坊的标记[24]。江苏连云港西汉霍贺墓和侍其繇墓所出之有"桥氏"、"中氏"标记的漆奁，工艺亦精。中氏的制品用彩漆绘出人物图像，相当生动[25]。由于工官对漆器生产之直接经营的退出，促成私人作坊对这一领域的占领，他们的作品遂日益崭露头角。如河北怀安出土漆奁上所绘鹿纹，意致醋畅（图21-10）。

古乐浪彩箧冢出土漆匣、漆案上的奇禽异兽，毛鬣飞动，用笔痛快流丽，无疑出自艺林高手（图21-11）。同出之著名的篮胎漆箧，彩绘孝子传，人物互致殷勤，仪态优雅，似闻其謦欬笑语，是东汉漆器的代表作之一[26]（图21-13）。后来安徽马鞍山吴·朱然墓、江西南昌火车站东晋墓之绘出热闹的历史故事的漆器，应继承了这一传统[27]。此中流露出的民间艺术趣味，与西汉时因工官产品起主导作用，漆器纹饰多以精确细密为尚，即便是旋腾的云气也刻画得规规矩矩的做法，已大不相同（图21-7）。

东汉时，由工官监制、私人作坊承制，已经成为漆器生产的正常渠道。乐浪王盱墓出土的一件漆盘，铭文云："永平十二年，蜀郡西工。挟纻，行三丸。治千二百。卢氏作。宜子孙，牢。"这批漆盘共1200件，生产规模不算小，却标明"卢氏作"。宋治民认为它们是"蜀郡西工官监制而为卢氏作坊所承制"，诚然[28]。其实早在西汉末，"乘舆"之器便有市造者[29]。制度的宽松使私人作坊的发展空间扩大，它们能生产出以上精品，也就不难理解了。

注释

① 四川省文物管理委员会：《成都羊子山一七二号墓发掘报告》，《考古学报》1956年第4期。安徽省文物工作队：《安徽省文物考古工作新收获》，载《文物考古工作三十年》，文物出版社，1979年。

② 王世襄：《中国古代漆工艺》，载《中国美术全集·工艺美术编·漆器卷》，文物出版社，1989年。

③ 梅原末治：《支那汉代纪年铭漆器图说》图版35，京都，1943年。

④ 安徽省文物工作队等：《阜阳双古堆西汉汝阴侯墓发掘简报》，《文物》1978年第8期。安徽省文物考古研究所等：《安徽省天长县三角圩战国西汉墓出土文物》，《文物》1993年第9期。南京博物院：《江苏连云港海州网疃庄汉木椁墓》，《考古》1962年第6期。

⑤ 诺颜乌拉出土者，见梅原末治：《蒙古ノイン·ウラ发见の遗物》图版61，东京，1960年。清镇出土者，见贵州省博物馆：《贵州清镇平坝汉墓发掘报告》，《考古学报》1959年第1期。乐浪出土者，见注③所揭梅原书图版22。

⑥ 见注③所揭梅原书图版40～41，43～45。原田淑人、田泽金吾《乐浪》第6章，注②。东京，1930年。

⑦ 见注③所揭梅原书图版39。

⑧ 俞伟超：《马王堆一号汉墓出土器制地诸问题》，载《先秦两汉考古学论集》，文物出版社，1985年。

⑨ 乐浪出土者，见小泉显夫、泽俊一：《乐浪彩箧冢》，汉城，1934年。清镇出土者，见注⑤所揭

贵州省博物馆文。邗江出土者,见扬州博物馆等:《江苏邗江县杨寿乡宝女墩新莽墓》,《文物》1991年第10期。杞县出土者,见开封市文物管理处:《河南杞县许村岗一号汉墓发掘简报》,《考古》2000年第1期。永州出土者,见湖南省文物考古研究所等:《湖南永州市鹞子岭二号西汉墓》,《考古》2001年第4期。

⑩ 带"渔阳"铭记的漆器出土于湖南长沙望城坡古坟垸西汉墓,见《中国漆器全集》卷3,图14、15,福建美术出版社,1998年。带"高乐"铭记的漆器出土于广州黄花岗西汉墓,见广州市文物管理委员会:《广州黄花岗003号西汉木椁墓发掘简报》,《考古通讯》1958年第4期。带"莒市"铭记的漆器出土于山东临沂银雀山,见蒋英矩:《临沂银雀山西汉墓漆器铭文考释》,《考古》1975年第6期。带"郑"字铭记的漆器出土于湖北云梦睡虎地35号西汉墓,见陈振裕:《湖北出土战国秦汉漆器文字初探》,载《楚文化与漆器研究》,科学出版社,2003年。带"东阳"铭记的漆器出土于江苏仪征团山西汉墓,见南京博物院等:《仪征张集团山西汉墓》,《考古学报》1992年第4期。带"蕃禺"铭记的漆器出土于广州西村石头岗西汉墓,见麦英豪:《秦始皇统一岭南地区的历史作用》,《考古》1975年第4期。带"布山"铭记的漆器出土于广西贵县罗泊湾西汉墓,见广西壮族自治区博物馆:《广西贵县罗泊湾汉墓》页70,文物出版社,1988年。

⑪ 临淄出土者,见山东省博物馆:《临淄郎家庄一号东周殉人墓》,《考古学报》1977年第1期。战国、秦代墓出土者,如江陵马山1号战国墓之漆奁盖,云梦睡虎地12号、13号秦墓之漆圆盒、漆奁上所绘之例。江陵出土漆器,见湖北省江陵地区博物馆:《江陵马山一号楚墓》,文物出版社,1985年。云梦出土诸例,见孝感地区考古训练班:《湖北云梦睡虎地十一座秦墓发掘简报》,《文物》1976年第9期。

⑫ 江苏盐城西汉墓出土的一件漆盘,盘内底所绘旋涡三兽之中央有"大官"二字,文字与花纹组合在一起,并非制成以后添写,说明这种图案在宫廷进御的漆器上亦通用。见江苏省文物管理委员会等:《江苏盐城三羊墩汉墓清理报告》,《考古》1964年第8期。

⑬ 诸例除已见于注③④⑤中所揭之有关文献外,武威出土者,见甘肃省博物馆:《武威磨嘴子三座汉墓发掘简报》,《文物》1972年第12期。泗阳出土者,为南京博物院藏品。长沙出土者,见中国科学院考古研究所:《长沙发掘报告》,科学出版社,1957年。

⑭ 町田章:《古代東アジアの装飾墓·汉代纪年铭漆器聚成》,京都,1987年。

⑮ 《后汉书·和熹邓皇后纪》载邓太后于元兴元年(公元105年)为撙节费用,"悉斥卖上林鹰犬,其蜀汉釦器、九带佩刀,并不复调"。王仲殊称:"在朝鲜平壤地区发现的大量有纪年铭文的漆器中,年代最晚的为永元十四年(公元102年),这一事实正与上述《后汉书·和熹邓皇后纪》的记载相符。"见所著:《汉代考古学概说》第51页。中华书局,1984年。

⑯ 武威出土者,见注⑬所揭甘肃省博物馆文。乐浪出土者,见注③所揭梅原书图版32。

⑰ 清镇出土者,见注⑤所揭贵州省博物馆文。乐浪出土者,见第94页注①所揭梅原书图版19。

⑱ 《汉书·贡禹传》颜师古注。

⑲ 睡虎地秦简《为吏之道》"朱珠丹青"之"丹"字作月。武威医简"丹沙"之"丹"作月，漆器铭文中汧字所从之"丹"也有这样写的。又青字，《说文》云"从生、丹"。医简中"曾青"之青字所从之"丹"，亦作月。参见聂菲：《海昏侯墓漆器铭文及相关问题探讨》，《南方文物》2018年第2期。

⑳ 梅原说见注③所揭书。王说见注⑮所揭王书第49页。后说见所著《湖北科学技术史稿》页172～180，湖北科学技术出版社，1991年。又见《"洰"及"洰工"初论》，《文物》1993年第12期。邓说见《骨董琐记全编》页289～290，三联书店，1957年。陈默溪等之说见注⑤所揭贵州省博物馆文。何说见《〈中国漆器全集〉读后记》，《文物》2003年第4期。周说见《汉代漆器铭文"洰工"考》，《考古》2004年第1期。

㉑ 关野说见《乐浪郡时代の遗蹟》（朝鲜总督府古蹟调查特别报告书第4册）1926年。唐说见《文史》第10辑，1980年。原田说见《史学杂志》38编6号（1927年）。

㉒ 见注⑨所揭扬州博物馆文。

㉓ 湖北当阳赵巷4号春秋墓出土之漆豆、漆簋、漆瓒（见《文物》1990年第10期），河南光山春秋黄君孟墓出土之漆豆（见《考古》1984年第4期），湖北江陵雨台山与四川荣经曾家沟战国早期墓出土之漆器（见《考古》1980年第5期，1984年第12期），均为内红外黑。这种做法以后就更常见了。

㉔ 见注⑩所揭陈振裕文，及扬州博物馆等：《扬州邗江县胡场汉墓》，《文物》1980年第3期。

㉕ 南京博物院等：《海州西汉霍贺墓清理简报》，《考古》1974年第3期。南波：《江苏连云港市海州西汉侍其繇墓》，《考古》1975年第3期。

㉖ 见注⑨所揭小泉显夫、泽俊一书。

㉗ 安徽省文物考古研究所：《安徽马鞍山东吴朱然墓发掘简报》，《文物》1986年第3期。江西省文物考古研究所等：《南昌火车站东晋墓葬群发掘简报》，《文物》2001年第2期。

㉘ 王盱墓出土者，见注③所揭书图版43。宋说见《汉代手工业》第76页，巴蜀书社，1992年。

㉙ 端方《陶斋吉金录》卷六所载"南陵铜钟"，铭文云："南陵大泉第五十八，乘舆御水铜钟，容一石，重卅四斤半。建平四年（前3年）十一月，长安市造。"

二二、钱币 I

战国后期，秦国铸造的圆形铜币中已有半两钱。秦统一后，遂用这种钱作为全国通用的标准货币。《史记·平准书》和《汉书·食货志》都说它"重如其文"，钱币史上多称之为十二铢半两。12铢约合8克。但上海博物馆藏"咸阳亭""半两"铜累重7.55克①。秦半两钱的重量应不超过此值。根据出土物所反映的实际情况看，无论战国半两或秦半两，大小都很不一致，"重如其文"的绝无仅有。陕西凤翔高庄战国墓出土的半两，最大的径3.2厘米，重6.75克，合10.1铢；最小的径1.15厘米，重0.2克，只合0.3铢。总的说来，战国半两一般重六铢以上，以重八铢左右的居多②。宋·洪迈《泉志》"秦半两"条引敦素曰："常得此钱，径寸三分，重八铢。"所指或即这种钱。秦统一后的半两，重量又有所减轻，平均重四至五铢左右。西汉初，各类半两钱仍继续流通（图22-1）。但由于这时经济极其凋敝，患"秦钱重难用，更令民铸荚钱"（《汉书·食货志》）。荚钱径长多在2.2厘米以下，重量在2克（即三铢）以下，面文却还是"半两"（图22-2）。因为放任民间自铸，有些标本更小，如山东章丘出土的荚钱石范，钱径仅0.6厘米。钱越轻小，物价越昂贵，"不轨逐利之民，畜积余赢以稽市，物痛腾跃，米至石万钱，马至匹百金"（同上）。至文帝时，"为钱多而益轻，乃更铸四铢钱，其文为半两"（同上），钱币史上称之为四铢半两。据湖北江陵凤凰山、山东临沂银雀山、四川成都洪家包、河南新安铁门镇等地西汉墓所出的标本实测，其直径约为2.3厘米，重量在2.5—2.8克（合3.7—4.2铢）之间。其造型亦较规矩，不像战国半两之略呈椭圆形，且常带铸口铜茬；也比秦半两更整齐（图22-3）。其钱文之字画虽不如秦钱高挺，书体虽比秦钱拘谨，但相当清晰。四铢半两之"两"字当中的两个入字上部之竖画缩短，在秦钱中仅偶尔见到的连山式写法此时已较普遍，且有径作一横者。在秦半两中，只个别例子有外郭，四铢半两之有郭者增多③。这时虽允许自由铸造，但须以政府规定的"法钱"为标准，违者"其罪黥"。所以这种钱比较稳定，连同其他条件的出现，遂遏制了物价的涨风，成为文景之治得以实现的条件之一。同时为了保持钱币的法定重量，使用中还要称量核验。江陵凤凰山168号西汉墓出土的"称钱衡"（图9—20），证实了这种作法。

至于《汉书·高后纪》所记吕后二年"行八铢钱"一事，不见于《汉书·食货志》。这是一次失败的币制改革，当时政府尚未拥有整顿货币的经济实力，在荚钱泛滥的市场上投入八铢半两，势必引起轻重失衡，刺激非法的销铜改铸，造成混乱。所以至吕后六年遂仍用荚钱。据《汉书·高后纪》颜注引应劭说，吕后八铢"本秦钱"。如是，则吕后时并未另铸新的八铢钱[④]。虽然此说未被古钱学者普遍接受，但具有被认为是吕后八铢特征的半两钱，近年曾在始皇陵西侧赵背户村刑徒墓出土[⑤]，所以应劭的意见不可忽视。

在西汉前期，除半两钱外，有些地区还同时使用其他杂币。如山东地区出土的四铢方钱，辽东地区出土的一化圆钱，江苏涟水西汉墓出土的小刀币（图22-6）等均是其例。即便对于四铢半两说来，也因受到荚钱的干扰，被"盗摩钱质而取铅"（同上），即被磨取铜屑，从而出现了不少减重钱。在材质上，也有铜中掺铁或全以铁铸的。如湖南衡阳凤凰山8、6、58与82号西汉墓中均出铜铁合金半两。铁半两除见于衡阳凤凰山外，在长沙砂子塘、魏家大堆及宜昌前坪等地的西汉墓中也曾发现[⑥]（图22-4）。由于劣币对良币会产生驱逐作用，故取消杂劣币、统一币制，在西汉政府平定"七国之乱"经济上日趋富足之后，乃成为其当务之急。

因此，景帝中元六年（前144年）遂颁布"定铸钱、伪黄金弃市律"，禁止民间私铸，只许郡国铸钱，使西汉政府初步控制了货币的铸造权。这是武帝时进行大规模币制改革的先声。

但是，西汉前期开放铸钱业的政策行之已久，禁的结果反而会如贾谊所说："令禁铸钱，则钱必重；重则其利深，盗铸如云而起"（《汉书·食货志》）。于是武帝于即位之初，在建元元年（前140年）"行三铢钱"（《汉书·武帝纪》）。三铢钱破除了自秦以来钱文皆书"半两"那种名不符实的积习。当其初行时，如临沂银雀山1号墓所出及青岛市博物馆所藏者，重为二克，正合三铢，作到了"重如其文"（图22-5）。可是质量较好的荚钱亦近三铢。发行三铢钱，实际上成了对荚钱的再承认，故难以振兴币制，挽起颓风。如衡阳公行山65号西汉墓所出者，仅重0.2—0.5克，反映出三铢钱也被私铸者减重[⑦]。在这种情况下，"有司言三铢钱轻，轻钱易作奸诈"（《汉书·食货志》）。因而于建元"五年春，罢三铢钱，行半两钱"（《汉书·武帝纪》）。这次发行的半两钱仍重四铢，但有轮郭，钱币史上称之为"有郭四铢"（图22-11）。

武帝元光二年（前133年）以后，汉匈连年战争，兵费激增，府库空虚。"民亦盗

图版22

十二铢半两
22-1

榆荚半两
22-2

文帝四铢半两
22-3

铁半两
22-4

错刀
22-14

三铢
22-5

金饼
22-7

武帝四铢半两
22-11

刀币
22-6

22-8

赤仄五铢
22-12

三官五铢
22-13

契刀
22-15

马蹄金
22-9

麟趾金
22-10

大泉五十
22-16

22-17

22-18

22-19

22-20

22-21

铁大泉五十
22-22

壮泉四十
22-23

中泉三十
22-24

幼泉二十
22-25

幺泉一十
22-26

小泉直一
22-27

铸，不可胜数。钱益多而轻，物益少而贵"（《汉书·食货志》）。于是又进行币制改革。元狩五年（前118年）开始铸五铢钱，其面文为"五铢"，重如其文。这时的五铢钱是地方政府铸造的，即所谓"郡国五铢"，规格不尽一致，所以仍难防止"奸铸"，"犯法者众，吏不能尽诛"（同上）。元鼎二年（前115年）开始铸"赤仄"五铢。赤仄之名见于《汉书·食货志》，而《史记·平准书》、《高祖功臣侯年表》及《汉书·百官公卿表》皆作赤侧。赤通拣。《周礼·赤发氏》郑注："赤发，犹言拣拔也。"《说文·手部》："拣，裂也。"《广雅·释诂》："裂，裁也。"则赤侧即裁削钱的边侧令其光洁整齐之意。满城1号墓墓主刘胜葬于元鼎四年（前113年），此墓后室所出五铢钱以赤铜为质，在一些钱的边缘上，保留有明显的车削痕迹，刀纹均匀，椭圆度很小，而且特别厚重，重量均在四克以上，应即赤仄钱[8]（图22-12）。《汉书·食货志》颜注引应劭曰："（赤仄即）所谓'子绀钱'也。"《汉书音义》"子绀钱"作"紫绀钱"。由于其铜质较纯，故呈紫赤色。它在当时按照"一当五"与郡国五铢兑换。但比价如此悬殊，兑换中不免产生弊病，"民巧法用之，不便"。元鼎四年（前113年）汉武帝乃废销各种旧钱，专令上林三官在上林苑铸造新五铢钱，称三官钱。它是由水衡都尉的属官锺官、辨铜、技巧三令丞负责。其中锺官主铸造，辨铜主检验成色，技巧主刻范。但存世封泥中既有"锺官火丞"，又有"技巧火丞"；钱范上既有刻出"官一"、"官二"铭记的，也有刻出"巧一""巧二"铭记的[9]。三官铸钱历时既久，其间机构容有变化，分工也容有交叉，不排除曾有过锺官也参加刻范、技巧也参加鼓铸的事例。但自元鼎四年以后，铸币权操于中央，"天下非三官钱不得行"（《汉书·食货志》），却基本符合实际情况[10]。

根据发掘陕西户县西汉锺官铸钱遗址之所见，三官五铢的形制较为统一，其轮郭较深，"铢"字之"金"旁的上部呈三角形，与赤仄五铢之或呈带翼箭镞形者不同（图22-13）。三官钱重3.5克左右。按一汉斤合250克计算，一铢为0.65克，五铢为3.25克；三官钱的实际重量超过所标出的面值。故"民之铸钱益少，计其费不能相当"（《汉书·食货志》），颜注："言无利。"从而基本上杜绝了私铸。自这时直到王莽居摄，三官五铢在一百多年中保持稳定，成为西汉发展经济的重要支柱。

除铜钱外，汉代兼用黄金。秦始皇时，"一中国之币为二等"（《史记·平准书》），黄金为上币，铜钱为下币。汉代仍沿用此制，只是将黄金的单位由镒改为斤。《平准书》说："一黄金一斤。"《汉书·食货志》说："黄金方寸，而重一斤。"则一单位黄金的标准体积为一立方汉寸，重量为一汉斤。其外形则有圆饼形和蹄形两种。圆形金饼在战国晚期已经使用，汉代遗物中亦常见。金饼分大小两种，大形的一般重250克左右，即1汉斤；小形的一般重15—16克，相当前者的1/16，即1汉两（图22-7、8）。蹄形的则是所谓麟趾金与马蹄金。《汉书·武帝纪》：太始二年（前95年），"三月诏曰：'有司议曰，往者朕郊见上帝，西登陇首，获白麟以馈宗庙，渥洼水出天马，泰山见黄金，宜改故名。'今更黄金为麟趾、袅蹄，以协瑞焉。"其所指无疑是出土物中之口小底大、内部中空的蹄形金。问题是在蹄形金中如何区别麟趾与马蹄。由于其底面有椭圆形与圆形两种，研究者多认为椭圆的是马蹄金，圆形的是麟趾金。然而河北定县八角廊40号西汉墓中出土的掐丝贴花镶玻璃面之蹄形金，较大者近似马蹄，较小者近似鹿蹄；《尔雅·释兽》说麟为"麇身"，则前者当是马蹄金，后者当是麟趾金。虽然从制作的精美程度看，它们应为象征祥瑞的工艺品，不是通用的金币，但其造型却应采取马蹄金与麟趾金之典型的形制。值得注意的是，二者的底面均呈椭圆形，与上述区分法并不一致，而且文献中对麟蹄的描述，也有"马蹄"（《左传·哀公十四年》孔疏引《京房易传》）、"鹿蹄"（《牟子》）、"圜蹄"（《汉书·武帝纪》颜注）诸异说。麒麟本为神兽，画像中所见者，有时似马（如陕北王得元墓画像石），有时似鹿（如江苏睢宁九女墩画像石），故难以确定其形。不过山西太原东太堡西汉墓出土的圆形金饼上有"令止"刻文，杭州老和山出土的圆形冥币泥饼上有"令""令之金一斤"等刻文。"令之"应即"麟趾"的俗写[11]。据此相推，圆底的蹄形金似为麟趾金，椭底的似为马蹄金（图22-9、10）。本书亦暂依此项标准区分之。但由于未见有关马蹄金的铭刻，所以此种区分法还不能认为是最后的定论。

饼形金和蹄形金均发现有切割成小块，或刻出记重之文者，所以曾一概被认为是称量货币，而不是作为流通手段的黄金铸币[12]。对于已被分割的金饼之碎块与各枚间的重量有时相差颇大的蹄形金说来，性质可能是这样的。但圆形金饼的重量较一致，而且文献中常以若干"金"或"饼"为其计算单位。如《汉书·惠帝纪》："视作斥上者，将军四十金，二千石二十金，六百石以上六金，五百石以下至佐史二金。"《史记·孝文本纪》："尝欲作露台，召匠计之，直百金。"《汉书·薛宣传》中提到"十金法"，颜注："依当时律条，赃直十金，则至重罪。"又如《后汉书·乐羊子妻传》之"金一饼"，《庐江七贤传》之"金十饼"（《艺文类聚》卷八三引），《献帝纪》之"二十余饼金"（《后汉书·董卓传》李注引）等，都反映出汉代似曾将一枚金饼作为一枚铸币来看待。

西汉末年，王莽居摄。当时土地兼并剧烈，社会危机严重。居摄二年（公元7年），王莽在五铢钱以外，另铸值五千的错刀、值五百的契刀（图22-14、15）和值五十的大泉（图22-16）。发行这些大币面的铜钱，完全是对人民财富的公开掠夺。新朝建立后，王莽于始建国元年（公元9年）废止错刀、契刀、五铢钱，另发行值一的小泉代替五铢钱。第二年，又实行了包含二十八品的宝货制，其中在大泉和小泉间增铸壮泉、中泉、幼泉、幺泉等，合称泉货六品（图22-23~27）。但"百姓愦乱，其货不行"（《汉书·食货志》）。即以大泉而论，在洛阳西郊一批汉墓的出土物中，也可以看到它迅速变小、变轻的贬值现象（图22-17~21），甚至还出现过铁质的大泉五十，就更为滥恶了（图22-22）。

注释

① 国家计量总局、中国历史博物馆、故宫博物院主编：《中国古代度量衡图集》图195。文物出版社，1984年。

②③ 吴镇烽：《半两钱及其相关的问题》，载《中国钱币论文集》，中国金融出版社，1985年。

④ 参看王家祐：《"半两"钱年代问题》，《考古》1962年第10期。王献唐：《中国古代货币通考》中册，第691—701页，齐鲁书社，1979年。张南：《吕后八铢"本秦钱"新解》，《安徽大学学报》（哲社版）1986年第4期。

⑤ 始皇陵秦俑坑考古发掘队：《秦始皇陵西侧赵背户村秦刑徒墓》，《文物》1982年第3期。

⑥⑦ 周世荣：《长沙衡阳出土西汉货币研究》，《中国钱币论文集》。

⑧ 蒋若是：《郡国、赤仄与三官五铢之考古学验证》，《文物》1989年第4期。

⑨ 姜宝莲、秦建明：《汉锺官铸钱遗址》，第241、245页，科学出版社，2004年。

⑩ 《洛阳烧沟汉墓》（科学出版社，1959年）一书中，将三官钱划为其所分之第二型。并指出："从第二型到新莽钱出现，中间并无其他异样钱出现，故第二型里面不仅包括宣帝、元帝的五铢，就是成帝、哀帝、平帝的五铢，想来也是有的"（第225页）。证明元鼎四年以后，西汉一直通用三官钱。

⑪ 赵人俊：《汉代随葬冥币陶麟趾金的文字》，《文物》1960年第7期。安志敏：《金版与金饼——楚、汉金币及其有关问题》，《考古学报》1973年第2期。

⑫ 张维持、胡晓曼：《试论金版与金饼的几个问题》，《文物》1985年第12期。

二三、钱币　II

在中国钱币史上，新莽一朝币制变更之频繁是空前的，短短13年中就改革了至少四次，尤以始建国二年（公元10年）之第三次改革中规定的"宝货制"为最滥。所谓宝货，包括五物六名二十八品：有泉货六品、贝货五品、龟宝四品和布货十品等。其中泉货本书上一篇已经谈到；贝货与龟宝由于未发现实物，亦不具论，这里只对布货十品略作介绍。它们是一种平首平肩、长身方足的布钱，式样与战国楚币"旆钱当釿"（或释"殊布当釿"）相当接近。十枚相权，即：小布一百、幺布二百、幼布三百、序布四百（《汉书·食货志》误为厚布）、差布五百、中布六百、壮布七百、弟布八百、次布九百、大布黄千（图23-2~11）。小布重15铢，依次递增一铢，至大布则重24铢。小布与重1铢的小泉的重量比是15∶1，兑换率却是1∶100。大布与小泉的重量比是24∶1，兑换率更达1∶1000。这种极端混乱的币制引起了人民的强烈抵制，"民私以五铢钱市买。莽患之，下诏：'敢非井田、挟五铢钱者为惑众，投诸四裔以御魑魅。'于是农商失业，食货俱废，民涕泣于市道。坐卖买田宅奴婢铸钱抵罪者，自公卿大夫至庶人，不可称数"（《汉书·食货志》）。形势严重到这种程度，迫使王莽不得不在同年停废宝货制，仍行小泉直一与大泉五十。

不过在这里还应对一种国宝金匮钱略作说明。此钱只在西安汉城一带出土数枚。它的上半部为一方孔圆钱，铸出"国宝金匮"四字，下半部为一正方体，铸出"直万"二字（图23-1）。有些研究者认为它不是钱，或指为符节，或指为王莽藏金之柜上的专用之物[①]。但符节须有合符标记，而藏物之器缄封所用的检，式样更和它大相径庭。且钱文"直万"，与小泉"直一"的文例正同，符节说或金柜专用物说对此均难以解释。所以它仍应是钱。研究者还曾以值五千的错刀为例，认为值五千者尚错金，值万者不应只用铜铸[②]。其实错刀仅见于居摄时所进行的第一次币制改革中，后来并未形成制度。而值万的国宝金匮钱则可能是与十布相配合的。其实测重量为41.7克，约合62铢，在莽钱中堪称特重之品，与其面值亦差可相称[③]。由于十布行使不及一年旋即停废，故国宝金匮钱也可能并未正式流通，所以不曾在长安以外的地区发现。中国国家博物馆所藏标本，钱缘流铜参差不齐，显然在出型后尚未经打磨加工，可为旁证。汉代一斤之金饼值万钱，此钱与一枚金饼等值。王莽时金禁甚严，铸此钱的目的或为用以代替金饼。

王莽的第三次货币改革失败后，以小泉直一与大泉五十这两种货币并行者凡四年。但百事兴废无常的王莽，在天凤元年（公元14年）又进行了第四次改革，改用货布与货泉（图23-12、14）。开始，大泉五十尚继续流通，但贬值为"与新货泉俱枚直一"。至地皇元年（公元20年），乃"毋得复挟大钱"（《汉书·食货志》），专用上述二品了。货布重25铢，值货泉25枚。货泉则重五铢。安阳曾出土一大批货泉，对其中铸造较精的一千余枚进行实测的结果，平均重3.27克，与五铢之值相当接近④。因此，行货泉实际上是变相地、不彻底地恢复五铢钱。所以说它不彻底，是因为货布与货泉间仍存在着不合理的比值。这时，新莽政权已近末日，天下蝗旱，农民起义接连爆发，货泉亦逐步减重（图23-15~24）。为了挽救濒临崩溃的经济，于地皇二年左右，王莽还铸造过一种"布泉"（图23-13）。这种钱史书失载，但在洛阳烧沟、洛阳西郊、陕县刘家渠、江苏昌梨水库、广州、西安等地的汉代墓葬和窖藏中均曾出土。在西安还征集到一枚布泉的铜范母⑤。各地出土的布泉大小一致，直径均为2.6厘米，多数重3.5克，与武帝三官五铢相同，而且不曾见过与其相权的母钱，说明王莽最后曾企图回到五铢钱的旧制上去。然而历史已经不允许这个失尽人心的统治者再事更张了，地皇四年（公元23年），新莽覆亡。

新莽的币制改革是完全失败的，但这时的钱币却相当精美。前期的错刀自钱范观察，铸造时只在刀身上铸出"平五千"三字，圜首部分的"一刀"两字是在铸成的钱坯上，逐一刻槽、填金、锤打、错磨而成。所以每一枚都可以视为一件小型工艺品⑥。六泉的钱文用玉箸篆，书法雄健。初出时，郭宽肉厚，整齐笃实，颇为讲究。十布的书法已有悬针篆意，货泉与布泉则纯用悬针篆，笔划流畅纤劲，布局匀称得体。一般来说，质量俱佳。后来宇文邕改革币制时，曾模仿莽钱铸造北周布泉，书体虽有异，但大体上保持着新莽布泉的格式，时间虽然过去了几个世纪，但莽钱在人们心目中还有一定地位。然而这些精致的铜钱却代表着一个短命王朝的混乱的币制，真是钱币史上少见的奇特事例。

东汉之初，物资匮乏，"洛阳斗粟万钱"（任昉《述异记》，《御览》卷八四〇引）。刘玄虽于更始二年（公元24年）铸过五铢钱，但这主要是表示政权易姓，数量并不会太多。《后汉书·光武纪》说："王莽乱后，货币杂用布帛金粟。"所以若干莽钱，

图版23

国宝金匮
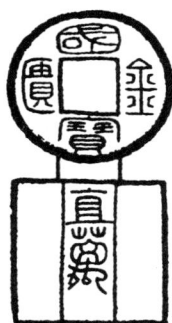
23-1

十布

23-2

23-3

23-4

23-5

23-11

23-10

23-9

23-8

23-7

23-6

货泉

23-14

23-15

23-16

货布

23-12

四出五铢

建武五铢

23-26

钱串

23-31

23-20

23-19

23-18

23-17

23-25

23-21

23-22

23-23

23-24

已凿之钱
23-27

布泉

23-13

磨郭

23-28

綖环

23-29

剪轮钱范
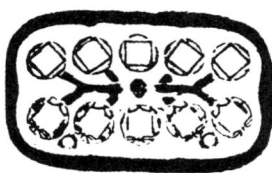
23-30

113

尤其是货泉仍在流通。刘秀迷信谶纬，其旧居在南阳郡蔡阳县白水乡（《水经注·沔水》），遂将货泉之"泉"字解释为"白水"，"货"字为"真人"，即《东京赋》所谓"龙飞白水"，用它作为受命的象征（《后汉书·光武纪·论》）。尽管此说有附会成分，不过当时无力通盘整顿币制，也是实情。故《金石契》著录的"建武二年货泉范"虽可能是赝品，但不能据此进而否定东汉初年继续使用货泉的事实⑦。因为在洛阳西郊的汉墓中，至东汉中期尚有大量私铸小货泉出现，这当然只有在货泉继续通行的情况下才会发生⑧。东汉中期尚且如此，东汉初自不例外。到了建武十二年灭公孙述后，"兵革既息，天下少事"（《后汉书·光武纪》），国力逐渐恢复。至建武十六年（公元40年），始重铸五铢钱，是为建武五铢（图23-26）。

建武五铢钱径2.5厘米，重3.4-3.5克。钱文中"五"字像两个对置的马蹄形，与西汉五铢"五"字两交笔仅略缓曲者不同，更绝没有呈直线相交叉的。其"朱"字头多呈圆折，而且其"金"字头接近等边三角形。建武以后，东汉中期之五铢钱文也都与之相近。至灵帝时，还出现了一种较易鉴别的钱：四出五铢，其钱幕自穿之四角各引一线直达外郭（图23-25）。此外，献帝时也铸过五铢钱，径小，字、郭隐约，被称为"无文钱"。

一般说来，东汉五铢的特征比较明确。如果以西汉五铢与之相较，更可以看出相当明显的差别。除了钱文上的相异之处外，西汉五铢的轮郭较深，东汉的轮郭较浅。西汉五铢一般重3.5克，东汉时除建武五铢尚与之接近外，多以三克为标准重量。西汉五铢铜色紫红，东汉早期略带红色；自东汉中期开始，铜色黄而发白，与西汉五铢全异其趣。不过总的说来，自武帝以迄桓灵，五铢钱径绝大部分都保持在2.5-2.6厘米之间，表明它还是比较稳定的。五铢钱的出现，为中国古代铜币在形状、尺寸、重量等方面，树立了标准的规格。汉以后，如蜀汉的犍为五铢，萧梁的大样五铢，北魏的太和五铢、永安五铢，北齐的常平五铢，西魏的大统五铢，隋的开皇五铢等，皆以"五铢"相标榜，可见其影响之深远。

另一方面，如同马克思指出的，钱币"在不老实的所有者手中受到外科手术"（《马恩全集》第13卷，第100页），五铢钱中也出现过磨郭（图23-28）、綖环（图23-29）等情况。这类钱西汉时已有其例，东汉中期增多，东汉末期乃大量出现。磨郭亦称剪轮，实际上多系用凿将完整的钱凿去一部分（图23-27）。但其中有一部分钱的边缘整齐，它们的外郭并非被凿掉，而是本来就铸成这种样子的，传世品中有剪轮五铢的铜范母（图23-30）。这种钱绝大多数应为私铸，但是否也有官铸的，尚值得探讨⑨。此外，在湖南零陵的东汉墓中出过铁五铢，洛阳西郊东汉墓中还出过锡五铢，均为货币贬值的反映。至于咸阳坑下出土的一枚金五铢，铸型与三官五铢相同，由于金的比重大，所以重达九克。它是在典礼等特殊场合中用的，并非流行的通货⑩。

聚钱较多时，须贯穿成串。《史记·平准书》说武帝初年"京师之钱累巨万，贯朽而不可校"，即言其事。河南永城芒山镇柿园西汉梁共王墓墓道内的钱窖中出土铜钱约255万枚，多数穿成钱贯，每贯约1000枚，即《汉书·武帝纪》颜注引李斐所称："一贯千钱。"西安三兆镇西汉宣帝杜陵1号陪葬坑中陶俑身旁出土之钱，每串70～90枚不等。河南陕县后川3003号西汉墓所出者，每串仅八至九枚，应代表平日携带零用钱的情况。在河南陕县刘家渠、湖南资兴旧市等地的东汉墓中，还发现有用细藤条或麻绳将钱编联成长辫者⑪（图23-31）。《古诗为焦仲卿妻作》："赍钱三百万，皆用青丝穿。"则显得更加贵重。贯钱之绳名缗。《汉书·食货志》颜注引孟康曰："缗，钱贯也。"故成贯的钱亦可称为缗。《管子·国蓄篇》说："藏缗千万。"是其例。后世改缗为镪，殊失其义。

注释

① 朱活：《莽钱考辨》，载《古钱新探》，齐鲁书社，1984年。戴志强、谢世平：《"货泉"初探》，载《中国钱币论文集》。中国金融出版社，1985年。

②④　见注④2所揭文。

③ 洛阳西郊汉墓出土的大泉五十，多数径2.6厘米，平均重3.6克，每克约值小泉13.88枚。烧沟所出大布黄千，重12.1克，每克值小泉82.64枚。大布的面值比大泉增加20倍，每克约增值6倍。国宝金匮的面值比大布又增加10倍，每克应再增值3倍，则合小泉247.9枚。今知国宝金匮重41.7克，当合小泉10337枚，故与其面值适相称。

⑤ 袁林：《王莽布泉初探》，《中国钱币论文集》。蔡永华：《解放后西安附近发现的西汉、新莽钱范》，《考古》1978年第2期。

⑥ 见本书第二二篇注⑨所揭书第71、204页。

⑦ 唐石父：《"光武货泉"小议》，《中国钱币》创刊号，1984年。

⑧ 中国科学院考古研究所洛阳发掘队：《洛阳西郊汉墓发掘报告》，《考古学报》1963年第2期。

⑨ 吴荣曾：《两汉五铢钱研究中的几个问题》，载《文物与考古论集》，文物出版社，1986年。

⑩ 陈尊祥：《汉武帝上林三官五铢铜钱范的考证》，载《中国钱币论文集》。中国金融出版社，1985年。

⑪ 梁共王墓出土者，见河南商丘市文物管理委员会等：《芒砀山西汉梁王墓地》第121页。文物

出版社，2001年。杜陵出土者，见中国社会科学院考古研究所：《汉杜陵陵园遗址》第93页，科学出版社，1993年。陕县出土者，见中国社会科学院考古研究所：《陕县东周秦汉墓》第197页，科学出版社，1994年。陕县出土之编成长辫者见黄河水库考古工作队：《河南陕县刘家渠汉墓》，《考古学报》1965年第1期。资兴出土者，见湖南省博物馆：《湖南资兴东汉墓》，《考古学报》1984年第1期。唐·颜师古《匡谬正俗》卷五："《食货》云'藏缗'，谓绳贯钱，故总谓之缗耳。文云'算缗'，亦云以缗穿钱，故谓贯为缗也。而后之学者谓缗为钱，乃改为镪字，无义可据，殊为穿凿。"

二四、车 I

辁车，辒车，轩车，安车

我国是世界上最早用车的国家之一。距今约4200年的河南淮阳平凉台遗址与距今约3700年的河南偃师二里头遗址均曾在古地面上发现车辙印痕。可是直到商代才出土古车。从遗物看来，这时的车在结构上已经比较定型，已具有一定的成熟性。但从商代直到春秋末，我国古车只装独辀，战国时才出现双辕[①]。独辀车至少需驾两匹马；先秦之车且多以"乘"为单位，表明一般驾四匹马。双辕车则驾一匹马，虽也有驾三匹马的，然而少见。所以当双辕车初出时，它只是一种省便的形式，并不曾被视作先进的车型大力推广。只是由于自战国晚期以降，战场上的步、骑兵日益占据优势，车在战争中逐渐转变为以运输辎重为主。先秦时以战车数量作为衡量国力强弱的观念始悄然谢幕。到了西汉中期，作为交通运输工具的车，已基本上都是双辕的了。

将古车划分为独辀车与双辕车，虽然是一种区分的方法，但由于车型繁多，古文献中记载的名目，又因分类的标准不同而互相交叉。同一名称依不同的标准可以被归入不同的、有时是互相矛盾的类别之内，甚至令人产生无所适从之感[②]。因此，在介绍汉代的车型之前，有必要先认识一下古车的各种分类。

1. 大车—小车。《论语·为政篇》："是犹大车无輗，小车无軏。"将大车与小车对举。集解引包咸注："大车，牛车。小车，驷马车。"驷马车是一个庞然大物，何以称之为小车呢? 这是由于它的车箱与牛车比起来相对小些之故。先秦时，小车又名轻车、戎车，不仅用于贵族出行，而且用于车战，所以对它的制作技术非常重视。在《考工记》中对小车的制作列举出各种规定，文字详赡生动。而该书把大车只看作是"平地载任之车"，有的地方还采用对比的写法，表示大车的结构不如小车精巧。不过把小车解释为驷马车，仅是就先秦时的情况而言，汉代的小车并不驾四匹马。《释名·释车》说："小车，驾马轻小之车也。"武威雷台西晋墓出土的驾一马之铜车，铭文亦云：“冀张君小车、马”③。均可为证。

2. 安车—立车。《礼记·曲礼》郑注：“安车，坐乘，若今小车也。”《释车》：“安车，盖卑，坐乘，今吏所乘小车也。”这里虽然也用小车之名，但却以坐与立为分类的标准，与其相对的立车就是立乘的。《续汉书·舆服志》刘注引蔡邕曰：“立乘曰高车，坐乘曰安车。”《晋书·舆服志》也说：“坐乘者谓之安车，倚乘者谓之立车，亦谓之高车。”先秦之车多立乘。《慎子》：“行陆者立而至秦，有车也”（《御览》卷七六八引，又见《吕氏春秋·贵因篇》）。汉代则除兵车外，多为坐乘。

3. 轺车—衣车。轺车的定义以《释车》之说最可取：“轺，遥也。遥，远也。四向远望之车也。”即是一种四面敞露之车。它可以坐乘，如《说文·车部》和《汉书·食货志》颜注都说“轺，小车也”。而汉代的小车一般均为坐乘，已如上述。但它也可以立乘，如《汉书·平帝纪》：“立轺并马。”颜注引服虔曰：“轺，立乘小车也。”它可以驾马，如《国语·齐语》韦注、《史记·货殖列传》集解引徐广说，皆谓：“轺，马车也。”但它也可以驾牛，谢承《后汉书》：“许庆字子伯，家贫，为郡督邮，乘牛车。乡里号曰：‘轺车督邮’”（《御览》卷七七五引）。又《隋书·礼仪志》说萧梁时“二千石四品以上及列侯皆给轺车，驾牛”。不过无论坐乘、立乘，驾马或驾牛，这种车皆以敞露为特点。与其相对的衣车则是车箱掩闭之车。《后汉书·梁冀传》李注引《仓颉篇》：“軿，衣车也。”《说文·车部》：“辎，軿，衣车也。”《汉书·霍光传》颜注引孟康曰：“辒辌车如衣车，有窗牖。”《左传·定公九年》孔疏引贾逵曰：“葱灵，衣车也，有葱（窗）有灵（棂）。”辎、軿、辒辌、葱灵都有与车盖相连接的、将四面屏蔽起来的车箱，可证其制。

4. 戎车—猎车—辂车—役车。这是根据用途而定的类别。戎车就是战车，如先秦时之先驱、申驱、贰广、大殿（《左传·襄公二十三年》），汉代的武刚车（《汉书·卫青传》）、辒车（《后汉书·光武纪》）等。有些戎车与小车并无区别；另一些可能有特殊的构造，因无实例相发明，莫能详说。猎车则是狩猎时所用之车。《释车》：“猎车，所乘以畋猎也。”辂车亦作路车。《白虎通·车旗篇》：“路，大也，道也，正也。”故路车为“天子之车也”（《文选·东京赋》薛注）。但《释车》说：“路亦车也，谓之路，言行于道路也。”《荀子·哀公篇》杨注也说：路“亦车之通名”。兹从后说。在这里用它代表出行之车。役车则是柴车、栈车之类载人兼载物之车。《释车》：“役车，给役之车也。”

5. 马车—牛车—驼车。这是根据驾车之牲畜而定的类别。文献中还提到“羊车”（《释车》，《晋书·舆服志》），但它是不是驾羊的车，尚不易遽作判断。

图版24

轺车

24-1

朱左轓之车

24-2

轩车

24-3

安车

24-4

　　自以上情况不难看出，汉车的每一种名称往往只代表其结构或性质上的某一项特征，但它和根据另外的特征而定的其他名称之间，有时并不是互相排斥的。

　　下面介绍几种汉代常见的车型。其中最常见的首推轺车。如前所述，这是一种四面敞露之车。《隋书·礼仪志》也说："轺车，案《六韬》：'一名遥车。'盖言遥远四顾之车也。"在画像石上见到的这种车，大多数只驾1匹马。《史记·季布列传》索隐：轺车"谓轻车，一马车也"。武威磨嘴子48号西汉墓出土的彩绘铜饰木轺车，装双辕，也只驾1马（图24-1）。均与其说合。但轺车也可以驾两匹马。《文选·吴都赋》六臣注吕向曰："两马驾车曰轺。轺，轻车也。"自居延简所见，轺车既可驾一马（505.13，505.9，506.3），亦可驾二马（36.6、350.34），与文献所记相同。但无论驾几匹马，其车箱均敞露而且较小。《汉书·王莽传》说当时发现了一位身高一丈的巨人，名巨毋霸，"轺车不能载，三马不能胜。即日以大车四马，建虎旗，载霸诣阙"。这里以轺车与大车（此大车不是指驾牛的车，而是指驾四匹马的大型马车）为对文，可证。轺车因为车箱小，故车速快，所以又称之为轻车。《盐铁论·论儒篇》说："故轺车良马无以驰之。"亦用此意。

　　再说轓车。它比轺车增加一对车耳。车耳是装在车𫐄上部用以遮住车轮顶部的挡泥板，多呈长方形，外侧有垂下的边板。《汉书·景帝纪》："令长吏二千石车朱两轓，千石至六百石朱左轓。"颜注引应劭曰："车耳反出，所以为之藩屏，翳尘泥也。二千石双朱，其次乃偏其左，钣以簟为之，或用革。"河南荥阳苌村东汉墓壁画中绘出墓主人生平历官之经过。当他任"□陵令"时，所乘之车左轓为红色，右轓为黑色（图24-2）。《汉书·百官公卿表》说："县……万户以上为令，秩千石至六百石。"壁画中所见"朱左轓"之车与其身分正合。而当墓主人升迁至"巴郡太守"时，所乘之车就成为"朱两轓"的了④。又按《异经》说："仕宦不止，车生耳，长六尺，法六律。六，阳数也。今其上作簟文。所以缺后者，月满则亏也"（《御览》卷七七三引）。《续汉书·舆服志》说："轓长六尺，下屈，广八寸，上业广尺二寸，九文十二初。后谦一寸，若月初生，示不敢自满也。"两说正相符合。山东临淄西汉齐王墓4号陪葬坑中的4号车，其车耳下垂之板后部有半月形缺口，即所谓缺后⑤。又扬雄《太玄·积次四》也说："君子积善，至于车耳。测曰：至于蕃也。"足证轓、蕃指车耳。汉代对车耳相当重视，汉镜铭中有"作吏高迁车生耳"之语（罗振玉《古镜图录》卷中）。沂南东汉画像石墓中室西壁与北壁东段的横额上，刻出由10辆车组成的出行行列，其中第八辆为墓主所乘之主车，此车即有车耳。成都扬子山2号东汉墓所出车马过桥画像砖上亦有轓车的图像。

　　不过，辒除了可以解释为车耳外，还可以释作车屏。上引《景帝纪》颜注中另引如淳说，乃谓："辒音反，小车两屏也。"屏也称作藩。《说文·艸部》："藩，屏也。"而有屏之车常被称作轩车。《左传·闵公二年》服注、《续汉书·舆服志》刘注、《文选·东京赋》薛注都说"车有藩"者为轩。《后汉书·刘盆子传》更明确地说："（盆子）乘轩车大马，赤屏泥，绛襜、络。"李注："襜，帷也。车上施帷，以屏蔽者。"可证轩车施屏。辽宁辽阳北园东汉晚期墓壁画出行图中的一辆车，车箱两侧障以上连车盖之屏，应即轩车（图24-3）。

　　至于安车，如上所述，是特指坐乘之车。安车常驾四匹马。《汉书·陆贾传》说："贾常乘安车驷马。"江陵凤凰山168号西汉墓之遣策亦记有"案（安）车一乘，马四匹。"孝堂山石祠所刻出行图中驾四马的"大王车"，应为诸侯王所乘之安车（图24-4）。此车有"羽盖华蚤"，而且在车衡上立一鸟，与《续汉书·舆服志》所说"鸾雀立衡"之制正相符合。自图像中所见汉代之车，这一辆算是比较豪华的了。

注释

① 陕西凤翔八旗屯BM103号秦墓曾出双辕陶牛车。河南淮阳马鞍冢1号战国晚期车马坑曾出土双辕一马之车。

② 孙机：《始皇陵二号铜车马对车制研究的新启示》，《文物》1983年第7期。

③ 甘肃省博物馆：《武威雷台汉墓》，《考古学报》1974年第2期。此墓实为西晋墓，过去误定为东汉墓。参看孙机：《武威出土的铜奔马不是汉代文物》，《光明日报》2003年4月29日。

④ 郑州市文物考古研究所等：《河南荥阳苌村汉代壁画墓调查》，《文物》1996年第3期。

⑤ 山东省淄博市博物馆：《西汉齐王墓随葬器物坑》，《考古学报》1985年第2期。

二五、车 Ⅱ

辒车，辇车，牛车，驼车

上一篇介绍汉车的分类时曾提到衣车，衣车中最有代表性的车型则是辒车。潘祖荫旧藏的汉画像石上刻有一辆这种类型的车，榜题二字："辒车。"按汉代的辒字书作蕃，见《武班碑》（《隶辨》卷一），故此车即辒车。它的车箱很严密，其中往往乘坐妇女。《古列女传·齐孝孟姬传》说："妃后逾阈，必乘安车辒辌。"《后汉书·张敞传》也说："君母出门，则乘辒辌。"这种情况在画像石中也能得到证实。以沂南画像石为例，原报告中拓片第39幅为由三车、六骑及徒行前导组成的墓主夫人出行行列，夫人车居第二，正是一辆辒车。不过遇到特殊情况时，男子也可乘这种车。孙膑被庞涓"断其两足"，后齐威王以孙膑为师，他于是"居辒车中，坐为计谋"（《史记·孙子吴起列传》）。又《汉书·张良传》记张良对刘邦说："上虽疾，彊载辒车，卧而护之。"说明辒车确如《释名·释车》所说，可以"卧息其中"，不过看起来有些不够正规，所以显贵的男子在正式场合中一般不乘辒车。《汉书·成帝纪·赞》说："成帝善修容仪，升车正立，不内顾，不疾言，不亲指。临朝渊嘿，尊严若神，可谓穆穆天子之容者矣。"像他这样的人，就不会轻易乘坐辒车了。

辒车在车箱两侧开窗，名戾。《说文·户部》："戾，辒车旁推户也。""推户"指窗，"后户"则指车箱后方的门，即《周礼·巾车》郑注所谓"辒车后户"。它的车盖多呈椭圆形，顶部隆起，称为鳖甲。《释名·释丧制》说辒车的车盖名鳖甲，实际上此名称也通用于衣车。《礼记·曲礼》正义引何胤《礼记隐义》说："衣车如鳖而长也。"则其车盖就相当于鳖甲。不过汉画像石中出现的辒车常作侧视形，车盖的造型反映得不太具体。秦始皇陵出土的2号铜车也是一辆辒车，它的车盖就和鳖甲的形状极为肖似。2号铜车且为重舆，车箱分前、后两部分。山东福山东留公村出土的东汉画像石中之辒车，车箱也分割为前、后两部分，女主人坐于后舆，御者在前舆中执策驭马（图

图版25

重奥辎车

25-1

偏幰荤车

25-2

偏幰牛车

25-3

驼车

25-4

25-1)。汉代还有一种轺车，车型与辎车相似，只是在车箱后部没有后辕。《字林》说："轺车有衣蔽无后辕，其有后辕者谓之辎"（《宋书·礼志》引）。《释车》也说："辎、轺之形同，有邸曰辎，无邸曰轺。"内蒙和林格尔东汉墓壁画中榜题"夫人轺车"者，正是一辆没有后辕的轺车。

常为妇女所乘坐的另一种车是辇车。这种车的结构比辎、轺更简单，它的车箱上装有卷篷，与驾牛的大车相同，故《说文·车部》说："辇，大车驾马也。"除了驾马这一点外，辇车与牛车无别。武威雷台晋墓中出土铜辇车3辆，其驾车的马胸前分别刻出"冀张君夫人辇车马""守张掖长张君前夫人辇车马""守张掖长张君后夫人辇车马"等铭记，可见汉末至西晋时的贵夫人或乘辇车。此外，在东汉墓中还出过一些大型的辇车模型，如四川成都扬子山出土的陶辇车和贵州兴义出土的铜辇车，都将这种车的结构反映得很细致[①]。

牛车分篷车与敞车两种。篷车在车箱上装卷篷即车枸篓（《方言》卷九）。敞车则无篷。无论棚车或敞车，都被看作是"平地载任之车"（《考工记》）。居延简中记载的一辆牛车载粟25石。当时一石（容量之石）谷物约重18800克，合37.6市斤。25石合940市斤。泛言之，可谓载千斤。这里虽然没有将车况、路况和古今谷物千粒重的变化计入，仅仅是一项参考值，但也表明这种车多用于载物。《史记·平准书》说西汉初年"自天子不能具钧驷，而将相或乘牛车"。《史记·五宗世家》说景帝平七国之乱后，"诸侯贫者或乘牛车也"。都把牛车当作规格较低的车。东汉初年牛车的地位仍无变化。《后汉书·朱浮传》说："（光武时）自宗室诸王、外家后亲，皆奉遵绳墨，无党势之名。至或乘牛车，齐于编人。"章帝时，巨鹿太守谢夷吾"以行春乘柴车，从两吏。冀州刺史上其仪序失中，有损国典。左转下邳令"（《后汉书·谢夷吾传》）。柴车在这里指牛车，《后汉书·韩康传》之记事可以为证[②]。太守以乘牛车而得咎，可见当时牛车的规格之低。然而到了东汉晚期，情况则有所不同。《后汉书·宦者列传》说：左悺等四侯"其仆从皆乘牛车而从列骑"。这时提到牛车，口吻已由轻视改为重视，此为桓、灵间之事。实际上早在2世纪前期，士大夫已喜乘牛车。《后汉书》中有两件颇相类似的记事，可以反映出这种情况的一个侧面。《卓茂传》说："时尝出行，有人认其马。茂问曰：'子亡马几何时？'对曰：'月余日矣。'茂有马数年，心知其谬，嘿解与之，挽车去。""他日，马主别得亡者，乃诣府送马，叩头谢之。"这是西汉末年的事。《刘宽传》则说："宽尝行，有人失牛者，乃就宽车中认之，宽无所言，下驾步归。有顷，认者得牛而送还，叩头谢。"这是顺帝时的事。这时前一例中的驾车之马已为后一例中的牛取而代之了。所以《晋书·舆服志》说："古之贵者不乘牛车，……其后稍见贵之。自灵、献以来，天子至士庶遂以为常乘。"

社会上层人物出行时以牛车代马车，是车制上的重大变化。带篷牛车的车箱本与辎、辇相近，文献中所称辎、辇，有时其实是指牛车。如《后汉书·袁绍传》说袁绍青年时代交游广泛，"辎、辇、柴毂，填接街陌"。准以当时的风尚，这里说的辎、辇，应指牛车。不过这时的牛车已踵事增华，在里面安置了凭几等物，使乘车者可自由坐卧。雷台西晋墓中的铜辇车设有凭几。再晚一些，如南京赵士岗东晋南朝墓等处出土的陶牛车中，也都有凭几③。加以牛步徐缓，所以乘牛车的颠簸程度比马车小。况且以辎车为代表的马车，车身敞露，乘车者无论坐乘或立乘，都要保持端正的姿势。《论语·乡党篇》说："升车必正立执绥，车中不内顾，不疾言，不亲指。"贾谊《新书·容经篇》更对"坐车之容""立车之容""兵车之容"提出种种要求，认为"若夫立而跂，坐而蹁，体忘懈，志骄傲，趋视数顾，容色不比，动静不以度，妄咳唾，疾言嗟。气不顺，皆禁也"。上述汉成帝在车中的矜持之态，其实也是根据这种要求而做作出来的。乘牛车可以不讲究这一套，也是它受欢迎的原因之一。

东汉末年的牛车迅速发展出一种高级的车型。曹操《与杨太尉书论刑杨修》说："谨赠足下：……四望通幰七香车一乘，青牸牛二头"（《古文苑》卷一〇）。这辆牛车上已装通幰。《通俗文》说："张布曰幰"（《御览》卷七七六引）。《古今正字》说："车幰所以御热也，张幔网于车上为幰"（《慧琳音义》卷二引）。车幰又分二种：一种将整个车顶遮起，称通幰或通幔，即《晋书·舆服志》所谓："通幔者……举其幔通覆车上。"但通幰车的形象在汉代考古材料中尚未见过。另一种仅遮住车子的前部，称为偏幰。在徐州铜山洪楼汉画像石中，出现过一辆装偏幰的辇车（图25-2）。而在安徽灵璧九顶镇汉画像石中，还能看到装偏幰的牛车（图25-3）。

至于驾驼之驼车，在河南密县出土的东汉画像砖上见过一例（图25-4）。这也是目前已发现的汉代之唯一的一辆驼车。

注释

① 成都扬子山陶辇车为中国国家博物馆藏品。贵州兴义铜辇车，见贵州省博物馆考古组：《贵州兴义、兴仁汉墓》，《文物》1979年第5期。

② 《后汉书·韩康传》："（康）自乘柴车，冒晨先使者发。至亭，亭长以韩征君当过，方发人牛修道桥。及见康柴车幅巾，以为田叟也，使夺其牛。"可见柴车多驾牛。

③ 《南京附近六朝墓出土文物》，《文物参考资料》1955年第11期。

二六、车 III

斧车，鼓吹车，戏车

本篇介绍几种具有特殊用途的车。

在山东沂南、四川成都及德阳、辽宁辽阳等地东汉墓出土的画像砖石、壁画中都有斧车[①]（图26-1）。这种车在车箱中竖立大斧，是公卿以下、县令以上出行时用于前导之车。斧与钺为类，是权威的象征。《逸周书·世俘篇》："王秉黄钺。"朱右曾《集训校释》："秉钺，示当断制天下也。"所以在汉代皇帝的大驾卤簿中，以金钲车与黄钺车为后从之车。黄钺车未见实例，不过像辽阳棒台子屯东汉末期墓壁画中车上所装之斧极大，或与黄钺相近。但此车仍用于前导，故仍属斧车。

仪仗用车除斧车外还有鼓吹车。《汉书·韩延寿传》说他的仪仗中有"鼓车、歌车、功曹引车，皆驾四马，载棨戟"，这里将鼓者与歌者分载二车。也有合载于一车的，如孝堂山石祠之出行图中的鼓吹车就将车箱分为上下两层，上层击鼓，下层奏乐（图26-3）。这辆车虽只驾两匹马，但车体颇高，车上装的建鼓也很大。不过由于其鼓胴和车盖相连接，所以鼓顶上没有装饰品，就常例而言，还应设若干饰物。《隋书·礼仪志》说："鼓吹车上施层楼，四角金龙衔旒苏、羽葆。凡鼓吹，陆则楼车，……楼上有翔鹭、枫乌，或为鹄形。"沂南画像石中的建鼓上立一鹭，所以在《旧唐书·舆服志》中将鼓吹车称为白鹭车。

不过应当说明的是，在皇帝的卤簿中还有一种记里鼓车。《古今注》卷上认为这种车"起于西京"，但宋以前之记里鼓车的形象材料未曾发现过。王振铎复原此种车时，外形设计大体上参照了孝堂山石祠之鼓吹车。由于这一复原方案为世所习知，有些著作中遂把孝堂山石祠以及其他汉画像石中的鼓吹车都指为记里鼓车，则是一种误解。

图版26

斧车

26-1

戏车

鼓吹车

26-2

26-3

再说戏车，它和鼓吹车有类似之处，即都在车中置建鼓。但鼓吹车是仪仗中用的，戏车则是在歌舞百戏中用的，所以有的戏车上还立有高橦。《文选·西京赋》说："尔乃建戏车，树修旃。侲僮程材，上下翩翻。"《平乐观赋》也说："戏车高橦，驰骋百马。连翩九仭，离合上下"（《艺文类聚》卷六三引）。沂南画像石中的戏车将这些特点表现得很清楚。这辆车上有两根高橦，其中一根是将贯鼓之柱加高而成。两橦之顶部均设小平台，有艺人在表演倒立。车箱中除了御手外还有四名乐工：二人吹箫，一人击鼓，一人歌唱。这辆车除了驾车的三匹马被刻画成龙形外，都出之以写实的手法（图26-2）。而如徐州铜山洪楼所出东汉画像石中的立橦之车，因为整个画面上表现的是神话故事，其中且出现了河伯、雷神等神祇，那辆车应即《淮南子·览冥》中所说"服应龙，骖青虬"的"雷车"；所以就不能被认为是现实生活中的戏车了[②]。

此外，汉代文献中的"戏车"一词还有另一种含义。如《史记·卫绾列传》说："绾以戏车为郎。"集解引应劭曰："能左右超乘也。"如淳曰："栎机轊之类。"索隐："按应劭云：'能左右超乘。'按今亦有弄车之戏。栎音历，谓超逾之也。轊音卫，谓车轴头也。"这是指从左右两侧跃而登车。又如《汉书·韩延寿传》说："使骑士戏车弄马盗骖。"颜注引孟康曰："戏车，弄马之技也，驰盗解骖马，御者不见也。"两处所记之动作虽然不同，但都属于"弄车之戏"。而不是指上文所介绍的作为一种特殊车型的戏车。

注释

① 沂南斧车之图，见南京博物院、山东省文物管理处：《沂南古画像石墓发掘报告》拓片第37幅。成都与德阳的斧车图，见《重庆市博物馆藏四川汉代画像砖选集》第27、28图。辽阳斧车图，见李文信：《辽阳发现的三座壁画古墓》，《文物参考资料》1955年第5期。

② 徐州博物馆：《论徐州汉画像石》，《文物》1980年第2期。

二七、车 Ⅳ

轮、轴及其部件

车依靠轮子承重与行进，其重要性不言而喻。故《考工记》说："察车自轮始。"冯衍《车铭》也说："乘车必护轮，治国必爱民。车无轮安处，国无民谁与"（《艺文类聚》卷七一引）。可见古人早已有这种认识。轮主要由毂、辐、牙等部件构成。毂是车轮中心的圆木，它的周围凿出一圈榫眼以装辐。毂内的大孔名薮，亦名壶中（《考工记·轮人》先郑注），用以贯轴。在我国的古车上，轴是固定的，而行车时，轮、毂却要不停地转动。毂上承车箱的重量，又受到车辐转动时的张力，还要禁得住车轴的摩擦，是吃力很重的一个部件。毂孔两端的直径并不相等：靠车箱的一端较粗，名贤端；靠轴末的一端较细，名轵端（图27-10）。这种形制有助于限制车毂的内侵。

同时，由于车箱靠毂支撑，毂愈长，支撑面也愈大，行车时可更加安稳。西周时出现了长达半米多的长毂，又名畅毂。但这类毂在车子倾斜时受到轴的扭压力矩较大，毂口容易开裂。所以还在毂外套上铜辐加固。另外，装长毂又容易使两车之舝在相错时互相碰撞，即所谓毂击（《晏子春秋·内篇杂下》）[①]。因而战国时车毂开始缩短。不过长毂与短毂各有利弊，即《考工记·车人》所说："短毂则利，长毂则安。"尽管如此，汉代仍多用短毂。随着短毂的推广，以铜辐从外部对毂进行加固的方法，也被在毂中装釭，即从内部对毂进行加固的方法所代替。《说文·金部》说釭是"车毂中铁也"，可见它多以铁制，在普及用铁之前，此物似尚未广泛使用。装釭时，必须使它紧卡在毂孔里面。河北易县燕下都第23号址出土的铁釭，为圆筒形，两侧有突出的凸榫。汉代也有这种类型的釭，但凸榫已增为四枚（图27-7）。汉代还有一种六角形的釭，出土的数量远比前一种多。《说文·玉部》说："琮，瑞玉大八寸，似车釭。"琮往往是多角形的，汉代的釭亦应以六角形者为其常制。河南镇平出土的此型釭上有"真倱中"铭文。倱即《轮人》"望其毂，欲其辊"之辊。此铭系称述其内壁的匀整和光洁[②]。釭孔两端粗细不同，较粗的一端应向内，以适应毂孔的形状。出土之钉常有大小两种规格，则钉多以二件为一副，分别装于毂孔内外两侧（图27-8、9）。

汉代的车轴是一根长二米左右的圆木，中间较粗，两端渐细，以渐细的部分贯于毂内的钉中。为了减轻铁钉对车轴的磨损，战国时已开始在轴上装锏。满城1号西汉墓出土的管状铁锏，其中尚含车轴朽木，有的还残存有将锏固定的轴上所使用的铁钉（图27-11）。《释名·释车》："锏，间也，间钉、轴之间，使不相摩也。"把它的作用说得很清楚（图27-10：2）。不过，尽管钉、锏均以铁制，仍然是容易损耗的部件，敦煌简中出过《用钉锏费直簿》的标题简（T. XI. iii.5，流沙·器物40），就反映出这种情况。因此，汉代制钉、锏时对其质地是相当注意的。满城1号墓出土的一枚铁锏曾经金相考察，属珠光体基的灰口铸铁，具有较高的耐磨性和较小的摩擦阻力，所以它既能起到防护作用，又有利于运转[3]。春秋时已在轴上使用滑润油膏（《诗·泉水》，《左传·襄公三十年》、《哀公三年》）。在光滑的钉、锏中施用油膏，行车会更加轻快。故《吴子·治兵篇》说："膏锏有余，则车轻人。"这时且有专用的盛膏器名辌。《史记·荀卿列传》集解："辌者，车之盛膏器也。"《说文·木部》称此器为枸，似为木制。汉代还有专用的涂膏之铁工具名钻。《说文·金部》：钻"一曰膏车铁钻"。段注："以器纳辌濡膏而染毂中也。"其说是。

毂外为軎。軎装在轴通过毂以后露出的末端，是用来括约和保护轴头的。軎的内端有键孔，贯孔装辖。辖端又有孔，用以穿皮条，将它缚住使不脱（图27-3）。汉代的軎多为短圆筒形，长度一般为六厘米左右。有些还在辖孔周围铸出凸起的辖座；将辖插进去之后，则没入辖座中，并不外露（图27-4）。在满城1号墓、曲阜九龙山汉墓等西汉大墓中，曾出土通体错金银的车軎[4]。山东宁阳在文物普查中征集的错金银车軎，其精美的程度亦不在以上二例之下（图27-5、6）。

軎在水平方向上用以固轴阻毂，辐则在垂直方向上用以承毂接牙。牙又名辋，即车轮接地的轮圈。《轮人》郑注："牙以橿。"《广韵·下平声十阳》："橿，一名檍。"《诗·山有枢》孔疏引陆玑疏说这种树的木材"多曲少直"，并且具有韧性。车牙正是利用此类曲材，用火烤后揉出合适的弧度，再拼接而成，所以牙亦名揉。但一副轮牙用一根木材揉不出来，西周车的牙是合二木而成，汉车牙则合三木。《韩诗外传》卷五、《淮南子·道应》均记有伦扁制轮，"合三木而为一"的故事。山东嘉祥洪山汉画像石中的制轮图所表现的轮牙，每段亦接近圆周的1/3（图27-2）。为减轻行车时的震动，汉代的安车上有装"软轮"的（《御览》卷九一引《东观汉记》）。据《汉书·霍光传》说，这是以"韦絮荐轮"，即用皮革裹牙，并于其中填以丝絮而成。如果不填丝

图版27

画像石上之车（显示轮箄构造）

27-1

制车轮

27-2

軎与辖

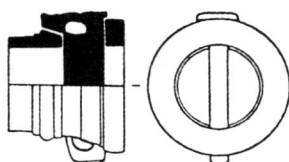

27-3

27-4

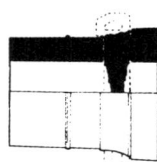

27-5

错金银铜軎纹饰展开图

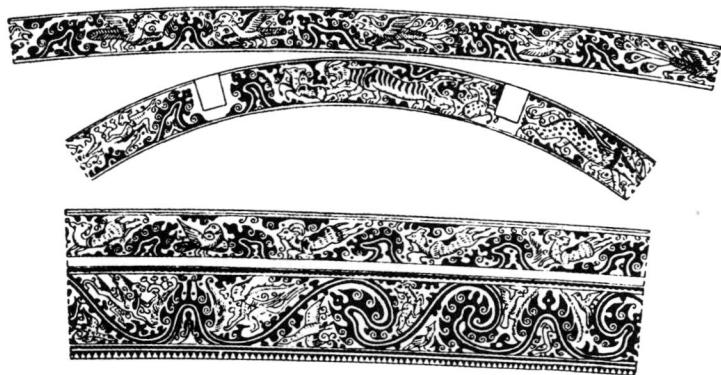

27-6

带凸榫的钉

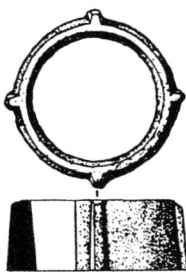

27-7

六角形钉（贤端用）

27-8

六角形钉（轵端用）

27-9

兽面形笠毂

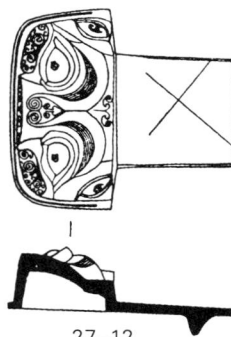

27-12

钉锏位置

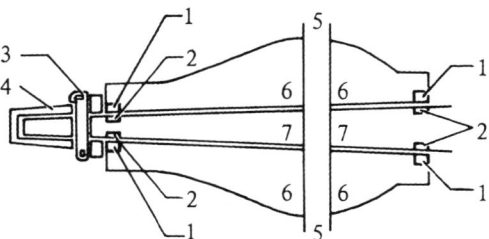

27-10

铜

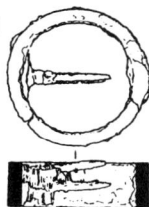

27-11

平板形笠毂

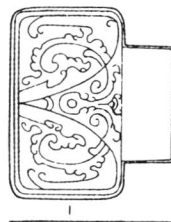

27-13

1.钉　2.锏　3.辖　4.軎　5.轮　6.毂　7.轴

絮而填蒲绒，则名蒲轮。《汉书·枚乘传》："乃以安车蒲轮征乘。"颜注："蒲轮，以蒲裹轮。"即指此物。

世界各地之早期车轮多用木板制作，无辐。萧统《文选·序》："若夫椎轮为大辂之始。"椎轮即伐木而成之轮，无辋无辐。但在汉代，除了殡葬下棺时棺底所装实心小轮外，未见过无辐之轮。战国车以装26辐的为最多。北京丰台大葆台1号西汉墓所出之车有装24辐者，江苏涟水三里墩西汉墓所出铜车模型也装24辐。不过中国古车的轮辐数与盖橑数常约略接近，根据铜盖弓帽遗存，推知汉车有的装橑达30根以上，所以也不排除汉车有装30辐的⑤。因为《老子·道经》、《考工记·辀人》、《大戴礼记·保傅篇》都说轮有30辐，始皇陵出土的铜车也装30辐，故汉代的辐数一般当在20—30根之间。但在古代世界上，辐数如此之多的车很少见。从古希腊到中世纪，欧洲的二轮车多装H形辐的车轮，辐数很少。那么，中国古车为什么要装这许多车辐呢？对此，史四维有一种解释。他认为《考工记·轮人》"望而眂其轮，欲其帱尔而下迤也"的含意是：当两个车轮以同样的速度快速转动时，从外侧望去，轮辐的影像会显出如同重叠地挂起两幅帘子而形成的那类波纹图形（即所谓"帱尔"）。这种图形现代称为莫阿干涉条纹，它们是向下弯曲的曲线（即所谓"下迤"）。观察这种条纹，是检查辐的安装是否正确的好方法，因为轮辐如有排列不当之处，便会在干涉条纹的形状上显示出来。而要使条纹看得清楚，则轮辐至少应有20—30根⑥。这一解释目前虽然尚无旁证，却是值得注意的。用它说明汉车何以装20至30辐，是不无可取之处的。

上文说辐是在垂直的方向上连接毂与牙，系就普通车而言，讲究的车尚不如此。这类车的辐之装入毂内的榫（名菑）和装入牙内的榫（名蚤）都是偏榫，各辐装好后均向内偏斜，从外侧看，整个轮子形成中凹的浅盆状。甘肃武威磨嘴子48号西汉墓出土的明器木车与江苏沛县古泗水地区出土画像石上所见之车的车轮均呈此型（图27-1）。这种装辐法即《轮人》所称"轮绠"，先郑注所称"轮箄"。清·江永《周礼疑义举要》卷六："谓之轮箄何也？轮牙稍偏于外，而辐股向内隆起也。"这样在行车时辐有内向的分力，使轮不易外脱。而且此种装置方式能增强车轮对侧向推力的反作用力，当疾驰急转时，纵使车身稍倾斜仍不易翻倒。所以这是一种符合力学原理的装置法。中凹轮在我国至迟发明于前4世纪，而欧洲要到15世纪才出现⑦。

此外，还应对装在毂与车箱（舆）之间的铜轴饰略作介绍。此物出现于西周，最初是一段带长方形掩板的套管，套在轴上，用楔予以固定；也可以将伏兔的一端插在套管内，使二者组合在一起[8]。将它装在车轴上，还可以阻止车轮向内滑动。其盖板的方向朝外，覆盖在轮内侧的毂上。《左传·宣公四年》说："（伯棼）又射，汏辀，以贯笠毂。"孔疏："服虔云：'笠毂，毂之盖如笠，所以蔽毂上，以御矢也。'"所状与此物正合。战国时的笠毂已将套管简化为方形插头，插入伏兔，用钉固定；掩板则由长方形改为椭圆形[9]。至汉代，由于多用一马驾车，轴的长度减短，毂与车箱靠得较近，因而笠毂也相应缩小。其形制虽与战国时相类，但多饰以兽面，有的兽面且凸起呈高浮雕状。也有平板形的，还有错金银、鎏金并镶嵌玛瑙、绿松石的（图27-12、13）。

注释

① 毂击又被称为辖击，见《战国策·齐策》。亦可简称为毄，见《周礼·野庐氏》。《说文·车部》："毄，车辖相击也。"段注："辖者键也，键在舝头，谓车舝相击也。"其说是。

② 此据《说文·车部》辒下引，今本《周礼》作"欲其眼"。郑注："眼，出大貌。"按镇平缸铭倱字作倱，右旁颇似艮字。郑所据本之辒字如作辒，其车旁半泐时，则易误为眼字。《御览》卷六一八引《七略》云："古文或误以见为典，以陶为阴，如此类多。"是汉代之古文写经，容有误字。

③ 《满城汉墓发掘报告》上册，第185页。

④ 山东省博物馆：《曲阜九龙山汉墓发掘简报》，《文物》1972年第5期。

⑤ 如满城2号西汉墓之2号车就有32枚盖弓帽。见注③所揭书第312页。

⑥⑦ A．W．史四维：《木轮形式和作用的演变》，载《中国科技史探索》，上海古籍出版社，1986年。

⑧ 张长寿、张孝光：《说伏兔与画辀》，《考古》1980年第4期。

⑨ 孙机：《中国古独辀马车的结构》，《文物》1985年第8期。

二八、车 V

车盖及其部件

汉代的马车上一般均张车盖，车盖可以遮阳避雨，而且高级马车还可以通过车盖的颜色和装饰显示其等级。商代的马车上未发现车盖，此物最早见于北京琉璃河1100号西周车马坑①。及至汉代，车盖的制作已经相当考究了。

车盖一般为伞形，其柄名杠。唐·慧苑《华严经音义》："杠谓盖竿也。"不过这只是笼统的说法。由于盖杠分为上下两节，严格说，杠仅指下节，此节又名桯（《考工记·轮人》，又先郑注）。两节之间由铜制的杠箍相衔接。先秦时，在某些场合中必须取下车盖，如《周礼·巾车》说："及葬，执盖从车。"《道右》说："王下，则执盖从。"汉代的车盖亦能取下，《淮南子·汜论》高注中就提到过"步盖"，此步盖与车盖应可通用。上述铜杠箍即其装卸时的连接之处。杠箍多呈竹节形，在河南郑州及洛阳、河北满城、山东曲阜、宁夏银川、广西西林、广东广州等地的西汉墓中多次出土②。一般为整体连通的直管，也有由上下两段插接在一起的（图28-13、14）。此物多为素面，但在乐浪与河北定县曾出过铜质错金银的实例；后者除金银纹饰外，还用黑漆填补空隙并嵌有圆形和菱形绿松石（图28-1），相当华丽③（图28-9~12）。

杠箍上面的那节盖杠之专名为达常。达常的顶端膨大，名部，也叫盖斗或保斗（图28-1）。《轮人》先郑注："部，盖斗也。"桓谭《新论》："北斗极天枢。枢，天轴也，犹盖有保斗矣。"环斗凿出榫眼以装辕即盖弓。房屋上的椽子名橑（《说文》："橑，椽也。"），盖弓的作用与椽相似，故亦以辕为名（图28-2）。它的中部和尾部常有小孔，以备穿绳将各条盖弓牵连起来。据《考工记》《大戴礼记·保傅篇》及《续汉书·舆服志》刘注引徐广说，盖弓应有28根，以象征二十八宿。但此说并未形成严格的制度。西汉时如长沙所出明器车装盖弓14根。东汉时，武威所出者装16根，湖北光化所出实物装19根。只是根据所存盖弓帽的数字推知，满城2号西汉墓中的3号车应

图版28

盖斗
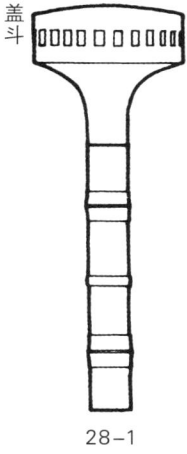
28-1

盖弓帽
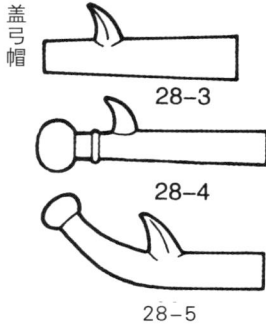
28-3

28-4

28-5

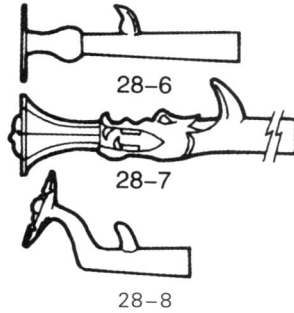
28-6

28-7

28-8

盖弓帽

28-15

28-16

28-17

28-18

28-19

28-20

28-21

28-22

盖弓
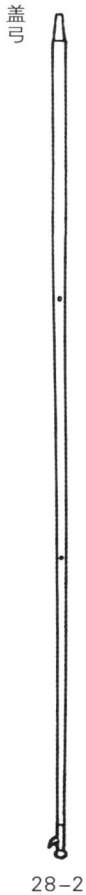
28-2

杠箍
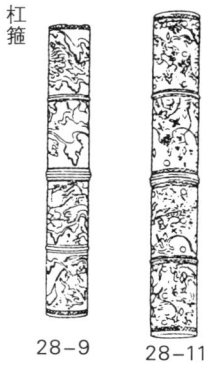
28-9   28-11

杠箍与其中之木杠（分上下两段）
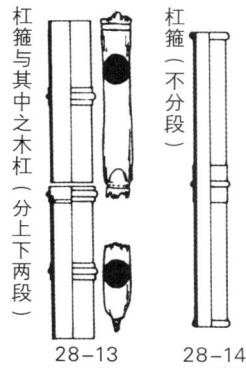
28-13

杠箍（不分段）

28-14

杠箍纹饰展开图
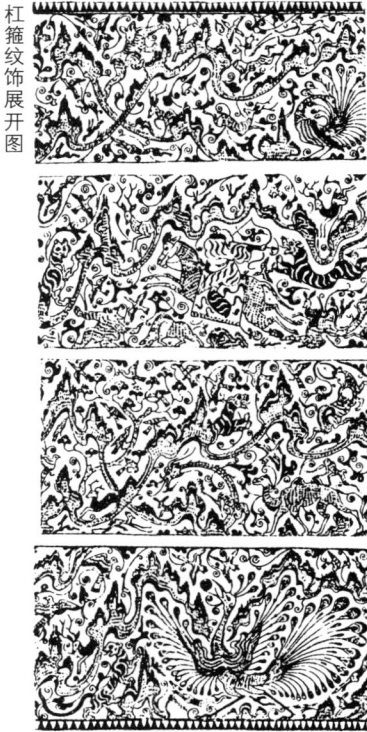
28-10

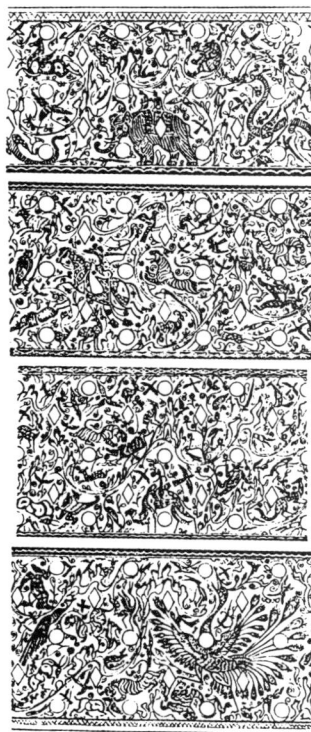
28-12

装盖弓28根，证明也有些车遵循此制④。

　　盖弓末端装盖弓帽，多为铜质。它的顶部普通作圆形（图28-3~6）。讲究的则作花瓣形，名金华，即《续汉志·舆服志》刘注引徐广说所谓"金华施橑末"（图28-7）。另在盖弓帽中部向上突起一个棘爪，名蚤，用来钩住盖帷的边缘以将它撑开。武威木车模型之盖帷的边上裹有竹圈，就是为了便于承蚤而设。金华与蚤合称华蚤（《续汉书·舆服志》）或金华爪（《独断》）。一般华蚤之花朵的方向与弓帽蚤的方向一致，也有的花朵自盖弓帽中部折而上昂，则名曲茎华蚤（图28-8）。《东京赋》："葩瑶曲茎。"李注："葩爪悉以金作华形，茎皆曲。"王融《三月三日曲水诗序》中也提到"重英曲瑶之饰"（《文选》卷四六引）。均指此种华蚤。华蚤顶端有如瓦当，式样繁多（图28-15~22）。

　　汉代官员之车盖的颜色，依官职大小而有别。二百石以下的官员用白布盖，三百石以上用黑布盖，千石以上用黑缯盖，王用青盖。皇帝则用羽盖，其制如《续汉书·舆服志》刘注引徐广说："翠羽盖，黄里，所谓黄屋车也。"但在特殊情况下，羽盖亦可用于赏赐。建武中，曾赐南匈奴单于"羽盖车一驷"（《后汉书·和帝纪》李注引《东观汉记》）。又光武帝时，祭遵有疾，奉诏"覆以御盖"（《御览》卷八七〇引《东观汉记》）。因而孝堂山石祠画像中之"大王车"，其车盖顶部所刻平行的短线条，或即表示羽盖上的毳缕之蒙茸状（图24-4）。

注释

①　中国社会科学院考古研究所、北京市文物工作队琉璃河考古队：《1981—1983年琉璃河西周燕国墓地发掘简报》，《考古》1984年第5期。

②　郑州出土者，见《郑州新通桥汉代空心砖墓》，《文物》1972年第10期。洛阳出土者，见《洛阳烧沟汉墓》第179页；《洛阳西汉壁画墓发掘报告》，《考古学报》1964年第2期。满城出土者，见《满城汉墓发掘报告》上册，第195、323页。曲阜出土者，见本书第二七篇注④所揭文。银川出土者，见《银川附近的汉墓和唐墓》，《文物》1978年第8期。西林出土者，见《广西西林县普驮铜鼓墓葬》，《文物》1978年第9期。广州出土者，见《广州汉墓》上册，第146页。

③　古乐浪出土者，见《周汉遗宝》图版50。定县者是三盘山122号西汉墓之3号车上所出，史树青：《我国古代的金错工艺》（《文物》1973年第6期）一文曾予引述。此外，还有流入伦敦的一件，见《欧洲所藏中国青铜器遗珠》图207。文物出版社，1995年。

④　《满城汉墓发掘报告》上册，第319页。

二九、车 Ⅵ

辕，轫，衡，轭，軏，銮，钖，衔，镳

虽然自独辀车向双辕车的过渡是在西汉时完成的，但西汉中期以前，驾4匹马的车仍多用独辀。在满城1号墓、曲阜九龙山2号墓、北京丰台大葆台1号墓均曾出这种车的实例。在长沙马王堆3号墓出土的帛画《仪仗图》中，也画出了四排驾四马的独辀车。及至西汉晚期，此类车已很少见。东汉初孝堂山石祠中的"大王车"虽驾四马，却用三根辕将服马分别夹在其中，与独辀车的结构已全然不同了。

无论独辀或双辕，其后部都装在车箱底下，与轴垂直相交。当它们伸出箱底前沿的轸木后，有一段较平直的部分名轨。轨前逐渐昂起，接近顶端处稍稍变细，名颈，衡就装在这里。颈外的顶端名軏，此处所装之铜包头，就叫铜軏。满城1号西汉墓出土的鎏金铜軏，作龙首形，口衔銮管以贯衡，是在独辀车上用的（用29-4）。定县43号东汉墓出土的一对龙首形铜軏，则是在双辕车上使用的了（图29-5）。

衡是用以缚轭驾马的横木。其两端装衡末，常作圆筒形，如满城2号墓所出之例（图29-6）。曲阜九龙山4号墓出土的衡末，通体鎏金，浮雕龙纹，一端作四出花瓣形，中有花蕊，极华贵[1]。独辀车于辀之两侧在衡上缚轭（图29-1），双辕车的轭则位于两辕之中（图29-2）。但在这两种车上，轭的作用并不完全相同。独辀车采用"轭—鞅式系驾法"，轭既要牵曳鞅绳拉车，又是车前部的支点；双辕车采用"胸带式系驾法"，轭只起支撑的作用[2]。所以春秋以前的轭制作得既讲究又坚固，轭上装铜首、轭箍和比较长的轭钩。汉代独辀车上的轭已无轭箍，轭钩也缩小成匙形，只包住轭肢的末端。此种现象是否意味着这时之独辀车的系驾法也已产生某些新的变化，因资料不足，莫知其详。双辕车的轭则更加简化，连铜轭首、轭钩也很少使用。然而由于这时有些车在辕之前部增设加固杆，所以其轭肢底端两侧常附以容纳此杆的圆銎。在车衡上，每个轭的两旁还要装軏，用以贯辔。汉代的铜軏一般呈U字形或环形。讲究

图版29

独辀车上的衡、轭装置

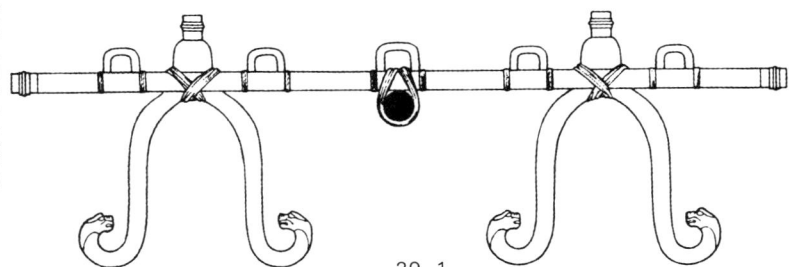

29-1

銮

29-3

双辕车上的衡、轭装置

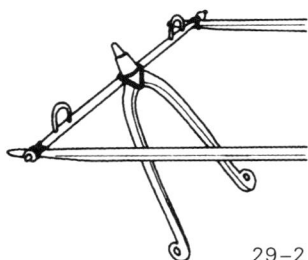

29-2

独辀车的轭

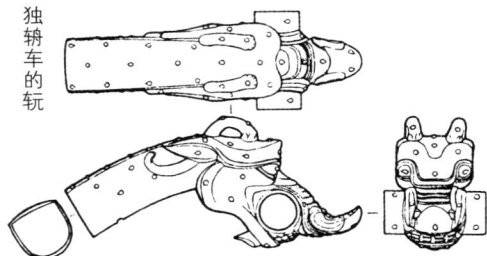

29-4

衡末

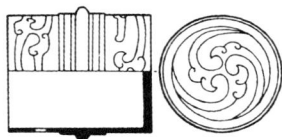

29-6

29-5

轪

29-7

衔镳

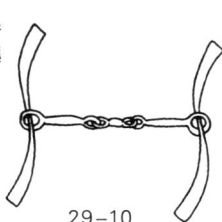

29-10

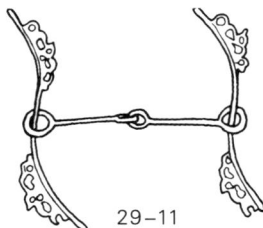

29-11

29-12

29-8

29-9

钖（当颅）

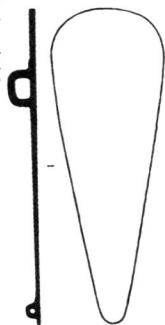

29-13

29-14

29-15

29-16

29-17

的鎏金铜轪，如铜山龟山2号、曲阜九龙山4号等西汉墓所出者，在U字形的弧顶上雕镂山峦、龙、兽等纹饰，与习见者不同（图29-7~9）。

除了上述实用的车具外，先秦时在轭首和轪顶上还装有一种仪饰性的銮。銮出现于西周，高级马车上装有八个之多。它是一种车铃，行车时鸣动作响。但汉代的驷马车上有"鸾雀立衡"之饰，可能已用此物代替銮。《古今注》卷上说："五辂衡上金爵者，朱雀也。口衔铃，铃谓銮，所谓和銮也。《礼记》云'行前朱鸟'，鸾也。前有鸾鸟，故谓之鸾。鸾口衔铃，故谓之銮铃。今或为銮，或为鸾，事一而义异也。"不过在驾一马的车上，如辽宁辽阳北园东汉末期墓壁画中所见者，仍于车衡中部装有扁球形之銮[3]。但这种例子不多，其实物只在陕西神木中沟发现过一件（图29-3）。

还有些饰件是装在马身上的。先秦马车上的这类饰件很多，如马冠、贝勒等。到了汉代，常见的只有铜钖。《诗·韩奕》："钩膺镂钖。"郑笺："眉上曰钖，刻金饰之；今当卢也。"钖亦作鍚。《急就篇》颜注"鍚，马面上饰也，以金铜为之，俗谓之当颅。"汉代的钖有作叶形的，满城西汉墓所出此式钖，用鎏银衬地，以阴线刻出鸟兽和图案化的流云纹，再加鎏金渲染。满城还出一种马面形钖，两耳上卷，马髦簇起，鼻梁镂空，复加细线雕。马面形钖的外轮廓在西汉时不断发展，长沙徐家湾401号西汉墓所出者，顶部与两侧均伸出鸟头，更富于装饰性。这类铜钖至东汉晚期在出土物中仍可见到（图29-13~17）。

此外，马嘴中勒有铜衔，即马嚼子。衔的两端有环，环外系辔，环中贯镳。镳起初用角制，故字亦作觼。满城2号西汉墓中仍出角形之象牙镳。但习见之铜镳多为桨叶形或S形，有的还附加镂空的卷云纹，式样很多（图29-10~12）。

注释

①　见本书第二七篇注④所揭文。

②　孙机：《中国古代马车的系驾法》，《自然科学史研究》第3卷第2期，1984年。

③　李文信：《辽阳北园画壁古墓记略》，《国立沈阳博物院筹备委员会汇刊》第1期，1947年。

三〇、车 Ⅶ

马车的组装与系驾法

本书自第二七至第二九篇，已将汉代马车上的主要部件分别加以说明。本篇则结合双辕马车综合复原示意图，介绍一下马车的整体组装和系驾方法。

当各种部件制作完成开始组装时，首先要将车轮套入轴中，并安害装辖使它不致脱出。再在与轴垂直的方向上固定车辕。辕上承车箱。由于辕高于轴，所以箱底两侧之轸木不能落到轴上，而须在轸、轴之间垫以伏兔。伏兔的轮廓有点像一只木屐，故又名屐。《释名·释车》："屐，似人屐也。又曰伏兔，在轴上，似之也。又曰蝢，蝢，伏也，伏于轴上也。"缚伏兔于轴的革带名鞃。长沙伍家岭203号墓出土木车模型的伏兔则是用绳子绑在轴上的。自两伏兔向毂的内侧横装笠毂。西周时，笠毂下部的椭圆形铜管套在轴上，可以阻止车毂内侵。及至汉代，由于具有倾斜度的锏、钏在毂、轴间配套组合，已能有效地防止车轮向内滑动。故笠毂较前缩小，已不再起遏毂阻轮的作用，于是就转化为单纯的饰物了。

在车箱底部四面的边框即轸间，装木梁名桄。居中之桄在靠近车轼的位置上挖圆窝，以备容纳盖柄底端。在桄以上，自各轸的内侧牵引涂漆的革带交叉编成箱底，名輑或革輑。《说文·车部》："輑，车藉交错也。"《急就篇》颜注则说："革輑，车藉交革也。"强调用革带编箱底。輑上再铺车席，以构成适于坐乘的软垫。车箱周围装栏干，名轮。车轮在后部留出缺口，名羍，以便上下。左右两侧的车轮较高，名輢。輢顶上装铜把手，作一字形，名较，用于扶持。《论语·乡党篇》皇侃疏："车箱上安一横木，以手隐凭之，谓之为较。"《说文·车部》："较，车輢上曲钩也。"此物起初以木制，汉代则多以铜制。满城1号墓所出铜较，且饰以错金银的云雷纹。武威磨嘴子48号墓所出木车模型，也在两輢上装小铜较。有些车在輢顶另向外侧横出车耳，名钣，亦即所谓车幡。

图版30

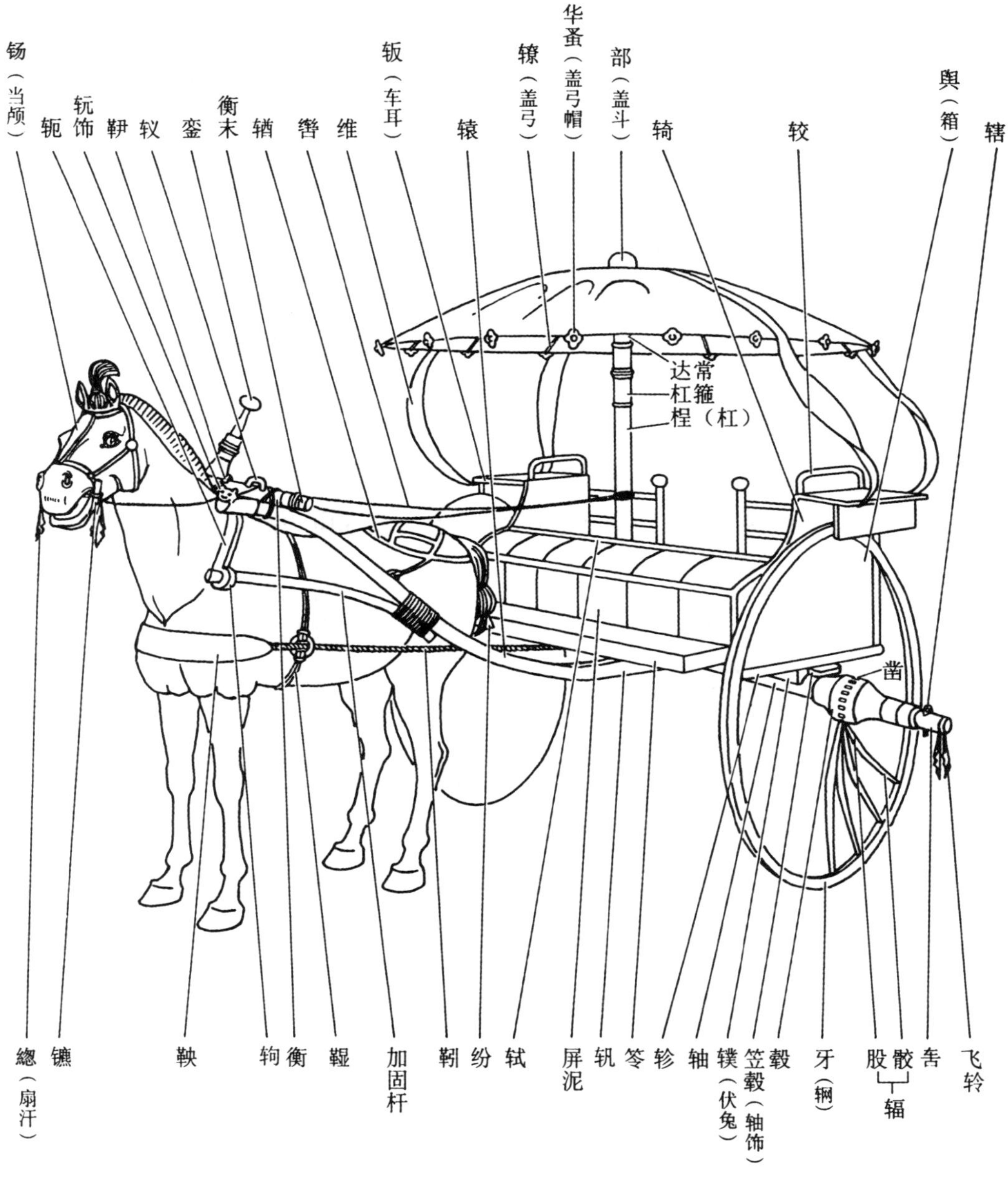

达常
杠
桯（杠）
箍

锡（当颅）
轭饰
軜
靷
軥
銮
末
辖
辔
维
辄（车耳）
辕
辕（盖弓）
华盖（盖弓帽）
部（盖斗）
轿
较
舆（箱）
辖

轵
轭
鞅
钩
衡
鞊
加固杆
靮
纷
轼
屏泥
轵
笭
轸
轴
镤（伏兔）
笠毂（轴饰）
牙（辋）
毂
股
骹
辐
轵
飞轮
軎

緫（扇汗）
镳

30-1 汉代马车各部位之名称

141

在车箱前部的轸上装有车轼。《释名·释车》：“轼，式也，所伏以式敬者也。”在车上行礼时，须伏轼以示敬。它原来只是前轸顶部的横木，但对于乘车者说来，轼的距离近些则凭伏时更为方便，所以后来又在车箱中部偏前之处横装另一条轼，而将车前轸向后斜接在这条轼上。汉代将这一部分用布帛蒙覆起来，名屏泥或屏星。《汉书·黄霸传》：“别驾主簿车，缇油屏泥于轼前。”《续汉书·舆服志》刘注引谢承《后汉书》：“州别驾从事车前旧有屏星，如刺史车曲翳仪式。”皆指此物而言。车箱之外，还在轸上横放竹编之笭。《释车》：“笭，横在车前，织竹作之，孔笭笭也。”

车辕伸出车箱后，一小段较平直，名軓。自軓而前，车辕向上昂起。辕端用名鞶的革带缚衡，衡中央用名靳的革带缚轭；轭叉在马颈上。这样，车箱由两轮和马颈支撑，遂可保持平衡。但由于这时的车辕是用直木揉成弧形的，所以无法利用粗硕的木材，强度难以保证。《汉书·苏建传》说：“长君（苏嘉）为奉车，从至雍棫阳宫，扶辇下除，触柱折辕。劾‘大不敬’，伏剑自刎。”为了避免发生此类意外事故，东汉的曲辕车上，常自辕中部至轭轵处增设加固杆。此杆在西汉时还没有见过。

马车上的木制部件，除少数采用榫卯结构外，一般均须缠筋施胶，即《考工记·轮人》所说：“施胶必厚，施筋必数。”孙诒让正义：“筋胶之被，则凡车木任力处皆有之，附缠之以为固。”然而仅将车胶合起来，浸水时会松脱。《盐铁论·大论篇》记载的一句汉代歇后语“胶车偶逢雨”，其含意就是“解”。所以这些部分还要再用革带缚结，即《考工记·舆人》郑注中说的：“无革鞔，不坚，易坼坏也。”然后更于其外涂漆，亦即所谓“鞔之以革而漆之”（《周礼·巾车》郑注）。经过这些道工序，才能组装成坚固实用的车。

下一步就可以套马拉车了。在车上套马的方法名系驾法。独辀车上采用“轭—靷式系驾法”。这种车至少须驾两匹服马，在这两匹马所负之轭的内轵（即靠近辀一侧的轵）上各系一条靷绳，亦即《左传·哀公三年》所称“两靷”。两靷的后端系在车箱前的环上，再用一条粗绳将此环与轴相连接。始皇陵出土的铜马车把这种系驾法反映得很清楚[①]。而双辕马车由于只驾一匹服马，所以将两条靷绳都直接系在轴上。最早的双辕车是否曾将靷系在其所驾之一匹马的轭之左右两轵上，因情况不明，难以作出准确的判断。但西汉空心砖模印之车，其靷已与轭轵分离，两靷连为一体，在绕过马胸的部位上加宽为鞅，亦名胸带。马拉车时由胸带承力，称为“胸带式系驾法”。胸带和腹带（鞶）、后鞦（䩞）组成整套鞁具。御者通过操纵手中的辔，便可以驱马挽车，行进自如。这种驾车的方法在当时的世界上是很先进的，欧洲直到公元8世纪才出现同样的系驾法。在此之前，那里长期采用的是相当不方便的“颈带式系驾法"②。

此外，马车上还有若干布帛制作的部件。其中最重要的是系车盖的4根带子，名四维。用它们从四面将车盖拴紧，可使之不致倾斜。再如垫在箱内的茵、盖在轼上的絼，也都是实用之物。至于系于轴头的飞轮、系于马尾的纷、系于衔环上的扇汗等，则均属装饰品（图30-1）。

注释

① 见本书第二四篇注②所揭文。
② 见本书第二九篇注②所揭文。

三一、辇，鹿车，舆，栫，担，负，戴，鞍具

汉代的人力车有辇和鹿车。《说文·车部》："辇，挽车也。从车、扶，扶在车前引之也。"先秦时，辇似乎尚未形成独特的车型。《左传·庄公十二年》说南宫万"以乘车辇其母"。杜注："驾人曰辇。"又《襄公十年》说秦堇父"辇重如役"。杜注："步挽重车以从师。"均可为证。但在四川乐山东汉崖墓石刻及江苏昌梨水库1号东汉墓画像石中出现的辇，均较畜力车为小，已另具特点（图31-1、2）。后一例之挽辇者除手握辕端外，肩部还曳绳套。《史记·刘敬列传》中"娄敬脱挽辂"之挽辂，应即此物。汉代男子服徭役时常挽辇运输。《盐铁论·未通篇》说："今五十已上至六十，与子孙服挽输，并给徭役。"即指这种情况而言。

图像中所见汉辇，都是人在前面拉，但文献中还曾提到人推之辇。《史记·货殖列传》说卓氏迁蜀，"独夫妻推辇，行诣迁处"。这个例子比较特殊。参以《管子·轻重甲》所说"夫妻服辇，轻至百里"，则"推辇"也许就是"服辇"。因为在汉代用手推的车为鹿车，它是一种独轮车，其形制与辇大不相同。《风俗通义》说："鹿车窄小，裁容一鹿也。……无牛马而能行者，独一人所致耳"（《御览》卷七七五引）。鹿车在敦煌卷子本句道兴《搜神记》引刘向《孝子图》中作"辘车"。清·瞿中溶《汉武梁祠画像考》说鹿车之鹿"当是鹿卢之谓，即辘轳也"[①]。这是将鹿车之独轮比作辘轳（滑轮），说固可通。但说鹿车"裁容一鹿"，亦并非望文生义之词。四川彭县出土东汉画像砖上之鹿车，只装载有一件羊尊，可谓"裁容一羊"[②]（图31—3）。羊尊常与鹿尊为类（图83-4、5）。如若此车改装鹿尊，就正和《风俗通义》之说相合了。根据山东武氏祠画像石、四川渠县蒲家湾汉阙雕刻以及成都等地出土的画像砖上所见到的情形，鹿车的车轮都装于车子前部，因而车的重心位于轮之着地点（支点）与推车人把手处（力点）中间（图31-3、4）。就杠杆原理而言，这是一种费力的方式。虽然如此，鹿车仍能装载约100公斤重之物，且能在比较狭窄的道路上通行，从而在运输活动中发挥了积极的作用。中国国家博物馆已将这种鹿车制出复原模型

图版31

辇

31-1

挽辇

31-2

鹿车

31-3

31-4

鹿车复原
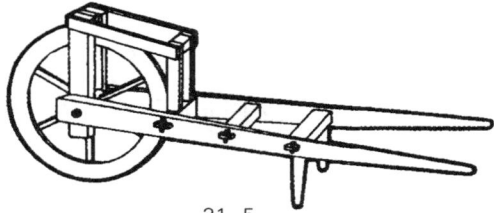

31-5

马珂
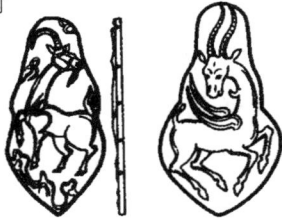

31-6

榐
31-7

舆

31-8

担

负箧笭

31-9

31-10

绳制脚扣

31-11

不设障泥的鞍

31-12

设障泥的鞍

31-13

戴壶

31-14

执箠荄者

31-15

145

（图31-5）。鹿车在我国发明于西汉时，而在欧洲则要到12世纪以后才出现类似的独轮车。

没有轮子，直接以人力抬或挑的是舆和担。《汉书·严助传》说："舆轿而隃领。"颜注引项昭曰："领，山领也。不通船车，运转皆担舆也。"用木板制成的舆名板舆（《文选·闲居赋》），它有点像一副担架。武氏祠画像石的"孝孙原谷"故事中曾出现此物，是原谷与其父抬他的祖父时用的（图31-8）。也有舆面不用木板而以竹篾编成的，名筊舆，见《史记·张耳列传》。外形与舆相类，但不抬人而抬物者，则名桐。《汉书·沟洫志》颜注引韦昭曰："桐，木器，如今舆床，人举以行也。"《左传·襄公九年》"陈畚桐"，杜注："桐，土舆也。"可见此器用于抬土。桐又作梮。《说文·木部》："梮，所以举食者。"则此器又用于抬食物。沂南画像石中有这种桐（图31-7）。担则和现代挑的担子差不多。《史记·平准书》："通西南夷道，作者数万人，千里负担馈粮。"山西平陆枣园新莽墓壁画中有担（图31-9）。担物所用之具名任。《孟子·滕文公上》："门人治任将归。"赵注："任，担也。"《礼记·祭义》："斑白者不以其任行乎道路。"郑注："任，所担持也。"居延简"☐戊取木荏六千三百卅一"（515.40）之木荏，于豪亮认为即担物所用的木扁担[③]。其说是。

以人力负物时，常用篝筶，它很像现代的背篓。《类篇·竹部》篝下说："一曰蜀人负物笼，上大下小而长，谓之篝筶。"四川新津出土的负物俑背的正是此物（图31-10）。此外，还有用头戴物的，孝堂山画像石中有戴盆者。汉代有"戴盆望天"的谚语（《汉书·司马迁传》，《后汉书·第五伦传》），足证这种情形较常见。又山东临沂金雀山13、14号西汉墓均出戴壶女俑（图31-14）。为了防止滑落，无论戴盆或戴壶，均须先在头顶加垫圈，此物名窭薮。《汉书·东方朔传》颜注："窭薮，戴器也。以盆盛物戴于头者，则以窭薮荐之。今卖白团饼人所用者是也。"窭薮亦名欜盇（《说文·皿部》）。它的形象在晋宁石寨山所出土贮贝器的刻纹中表现得很清楚（图31-15）。

至于骑乘，在汉代也很流行。这时不仅有大量骑兵，出行骑马者亦不罕见。《汉书·五行志》说成帝好为微行出游，"或皆骑，出入市里郊野，远至旁县"，可以为例。因而骑乘所用鞍具在汉代得到发展。咸阳杨家湾西汉早期墓陪葬坑所出陶战马之鞍，几乎没有鞍桥，还同皮荐差不多（图31-12）。到了西汉后期，在河北定州出土的错金银铜杠籦纹饰中的骑马者之鞍，鞍桥已加高，已接近所谓"高桥鞍"（见《初学记》卷二二引《魏百官名》）[④]。它的前后桥均直立，故又可称为"两桥垂直鞍"。在这具马鞍下部，还垂着很长的障泥，为迄今在考古材料中第一次看到的障泥（图31-

13）。但汉代尚未发明金属马镫。过去一般认为，金属马镫是4～6世纪之间在世界某地发明，然后迅速传播开来的[⑤]。此前只有革制脚扣。此类脚扣在云南晋宁石寨山13号西汉滇国墓出土的战争场面贮贝器盖上见到过，器中央一位骑马的战将，其双足之拇趾均伸入自鞍前垂下的绳扣中（图31-11）。虽然这种方法只适用于习惯跣足的民族，难以普遍推广，但对于马具的改进仍具有启发性。不过在中原地区，发明马镫的起因是为了上马时克服由于使用高桥鞍所带来的不便，故早期所用者是供上马用的单镫，如在湖南长沙金盆岭21号西晋墓所见之例。到了4世纪前期，南京象山7号墓所出陶马俑已配有双镫，这是世界上最早出现的双马镫[⑥]。汉代虽无马镫，但鞍具的装饰已颇华美。《西京杂记》卷二说："武帝时，……长安始盛饰鞍马，竞加雕镂。或一马之饰直百金，皆以南海白蜃为珂，紫金为华，以饰其上。"《杂记》为葛洪抄百家短书，左右采获而成，并非全无根据的向壁虚构者。比如书中所称马珂，在汉墓中已多次发现，云南晋宁石寨山7号墓、广西西林普驮铜鼓墓、古乐浪王根墓及河南杞县许村岗1号墓等处均曾出土上窄下宽的匕头形珂，有银的、铜鎏金的，还有铅锡合金的[⑦]（图31-6）。王根墓出土的银珂一式12件，每件上还镶有六颗红玛瑙。外轮廓与之极为相近的铜马珂曾在河南安阳孝民屯154号前燕墓出土，是装在鞦带上的[⑧]。汉代马珂的系佩方式当与之相近。

除了没有马镫以外，汉代的马也还未钉蹄铁。蹄铁在我国的使用，还是很久以后的事。

注释

① 刘仙洲：《我国独轮车的创始时期应上推到西汉晚年》；史树青：《有关汉代独轮车的几个问题》，均载《文物》1964年第6期。

② 四川省博物馆：《四川彭县等地新收集到一批画像砖》，《考古》1987年第6期。

③ 于豪亮：《于豪亮学术文存·居延汉简丛释·一九》，中华书局，1985年。

④ 杨泓：《中国古兵器论丛·骑兵和甲骑具装》，文物出版社，1980年。

⑤ 见A. B. Арциховский, Основы археолоɡии, стр. 19.莫斯科，1955年。参看A. D. H. Bivar, TheStirrup and its Origins, Oriental Art, NS., Vol.1, No.2, 1955. 增田精一《镫考》，《史学研究》81号，1971年。

⑥ 湖南省博物馆：《长沙两晋南朝隋墓发掘报告》，《考古学报》1959年第3期。南京市博物馆：《南京象山5号、6号、7号墓清理简报》，《文物》1972年第11期。

⑦ 晋宁出土者，见云南省博物馆：《云南晋宁石寨山古墓群发掘报告》，文物出版社，1959年。西

林出土者，见本书第二八篇注②7所揭文。乐浪出土者，见藤田亮策、梅原末治：《朝鲜古文化综鉴》第3卷，天理，1959年。杞县出土者，见开封市文物管理处：《河南杞县许村岗一号汉墓发掘简报》，《考古》2000年第1期。

⑧　中国社会科学院考古研究所安阳工作队：《安阳孝民屯晋墓发掘报告》；中国社会科学院考古研究所技术室：《安阳晋墓马具复原》，均载《考古》1983年第6期。

三二、船

《易·系辞》说："刳木为舟，剡木为楫。舟楫之利，以济不通。"表明我国古代的船主要是以楫拨水前进的。这种传统一直延续到汉代。汉代的楼船水军被称为楫濯士，意思就是划桨手[①]。《史记·佞幸列传》谓邓通"以濯船为黄头郎"。《汉书·百官表》记水衡都尉属官有楫濯令、丞。凡提到船的时候，均说到楫。

已经发现的西汉明器木船正反映出这种情况。江陵凤凰山、广州皇帝岗和长沙伍家岭出土的明器木船，都是平底的内河航船，船面较平，两端微微上翘[②]。皇帝岗木船操棹与操舵的俑都踞坐在木板上（图32-8）。凤凰山木船上没有俑，却装有支棹的木橛，即《方言》卷九说的："所以隐棹谓之篡。"郭注："摇橹小橛也。"这两艘船各设四棹一舵。伍家岭木船则设16棹一舵，这里的棹较长，操棹的水手大约要站着划船，才便于用力。这些棹从两舷侧的护板中伸出来，其船型大约就是当时所称之"露桡"[③]（图32-4）。但汉代大船所用之櫂尚不止此数。江陵凤凰山出上述木船之墓中的遣册记有"大舟皆（?）廿三桨"。由于桨常成对安排，故此舟可能设11对桨、一舵。《越绝书》所记大型战船"大翼"以50人击棹，可能设有25对桨。至于西方用数百名奴隶划桨的船，在中国古代未曾出现。

但中国古代却发明了行船时作用重大的舵。《淮南子·说林》："毁舟为杕。"高诱注："杕，舟尾柁。"《玉篇》："杕，船尾小梢也。"可见西汉时已有雏型的舵。凤凰山和皇帝岗木船上的舵，均与棹的形状区别不大，它们未置于船尾中部，却偏在一侧，用它控制航向尚不甚便利，反映出当时的舵大约还停留在杕的阶段。伍家岭木船上的舵比棹长得多，舵叶作刀形，背厚刃薄（图32-6）。它架在该船第二舱之遮栏后壁的凹缺处，正在船尾当中，大概就是《释名》说的："其尾曰柁。柁，拕也，在后见拕曳也；且弼正船，使顺流不使他戾也。"至东汉，如广州先烈路汉墓出土陶船上的舵，就更为进步了。此舵的板叶宽大，障水有力，舵下端与船底取齐，水浅时不须提舵，且装在船尾专设的舵楼中（图32-1）。广东德庆汉墓所出陶船，在舵楼后壁开舵孔，舵孔两侧有托架（图32-3）。虽然其舵与托架上所承之物出土时均不存，但从结构看，此船之舵可能已装有原始的舵杆与舵衡，当较先烈路陶船之舵更为先进，很可能已是转轴舵。总之，在两汉时代，从在船尾一侧使用的原始桨状舵，一直发展到船上设有较正式的舵楼，其过程大致有迹可寻。而西方直到1200年前后，才在尼德兰地区出现装于船尾的舵，远较我国为迟。早期的北欧船仅在般尾右舷处设舵桨，更早的希腊、罗马之载货的"圆船"，则在船尾两侧各设一支大桨以定向。他们在这方面的技术水平长期与我国西汉时相当。

先烈路陶船在船首悬矴。《三国志·吴志·董袭传》："以栟闾大绁，系石为矴。"此矴正视呈十字形，侧视呈Y字形，实物应是将一块条状石固定在木杆上，石块两旁夹装木钩，沉入水下，已能较好地扣底抓沙。形制大体相同的矴在我国长期沿用，北宋的《宣和奉使高丽图经》中仍说这时的船"下垂碇石，在旁夹以二木钩"。由于矴（碇）以木石混合组装，故字亦作椗。

先烈路陶船在两侧船舷上铺走道，即《淮南子·说林》"譬犹客之乘舟，中流遗其剑，遽刻其舟楶"之楶，高注："楶，船舷板也。"楶是供篙手撑篙用的。《说林》："以篙测江。"许慎注："谓刺船竹，长二丈，以铁为镞者也。"撑篙行船称作交。《释名·释船》："所用斥旁岸曰交，一人前，一人还，相交错也。"在宋摹顾恺之《洛神赋图卷》中的大舫船上，两名篙手的动作正是如此。铺楶的船多撑篙。研究者曾以为先烈路陶船上设有六个桨架，其实是六组矛和盾，这艘船不用桨划行，因而无需设桨架。根据此船上塑出的人物之身高的比例推算，船长约14—15米，载量约50石，相当于《释名》所称"五百斛以上"之船，在当时是一艘中等以上的船④。但先烈路陶船的四个舱均以席作篷顶，德庆陶船的舱室却模拟瓦顶，其主舱是起脊的四注顶，规格应更高些。

汉代规格最高的船是楼船。汉武帝在昆明池训练水军，"治楼船高十余丈，旌旗加其上，甚壮。"广州西村增埗汉墓曾出明器木楼船，上下三层，10楫一舵，唯残损过甚，已无法复原⑤。《后汉书·公孙述传》说他"又造十层赤楼帛兰船"，想必更加高大华丽，惜亦无图像或遗物可资印证。

汉代的大海船已能通航中南半岛，甚至抵达印度洋⑥。远洋航行"不识东西，唯望日月星宿而进"（晋·法显《佛国记》）。《汉书·艺文志·数术略》中著录有《海中星占验》《海中五星杂事》等书达136卷，应与天文导航有关。但清·沈钦韩《汉书疏证》说："海中混茫，比平地难验。著'海中'者，言其术精。算法亦有《海岛算经》。"则"海中"只被认为是"精密"的形象化的修辞用语。但古代航海以星辰定位时曾用

图版32

设舵楼的船

32-1

帆船

32-2

舵孔两侧设有托架的陶船

32-3

露桡

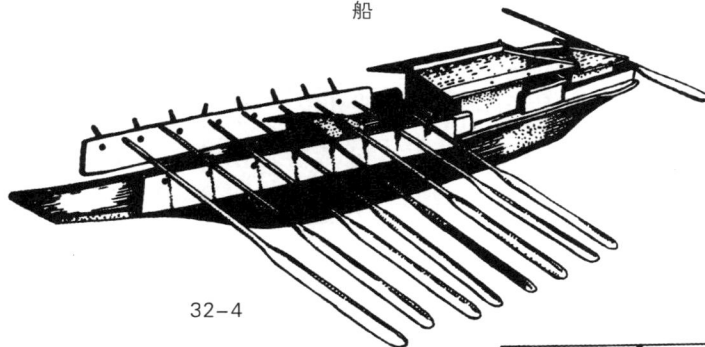

32-4

艒

32-5

棹

舵

32-6

在船尾设舵桨的露桡

艇

32-7

32-8

牵星法观测所选定的天体之"指"（角度单位）数，即该天体之地平高度。已知被测之天体在子午线上的地平高度，则可以求出观测点之地理纬度。这是十分重要的航海技术，过去曾认为是阿拉伯人发明的。然而唐《开元占经》引用的汉代著作《巫咸占》中，已有金星和月亮纬度相去最远是五指（9.4度）的记载。每指合今1.9度，与《郑和航海图》上的数值一致⑦。从而表明，我国汉代的海船已使用牵星法进行天文定位，如果不是在远洋航行中积累起相当丰富的经验，是达不到这种水平的。远航须藉助风力，《释名》中已经提到"随风张幔"的帆和挂帆用的桅。李尤《舟楫铭》："相风视波，穷究川野。"也表明已用风力行舟。马融《广成颂》："方舻艎，连舼舟。张云帆，施霓帱。靡飓风，陵迅流。"更是不晚于2世纪时我国已有帆船的确证。但长时期以来未见过汉代帆船的图形，直到2001年熊建华发表了关于帆船纹铜镜的论文，举出两件东汉帆船的资料，才对这个问题作了回答⑧（图32-2）。不过这两面镜子上的船纹均较简略，尚不足以反映汉代帆船所达到的水平。《三国志·吴志·吴主五子传》裴注引《吴书》："（孙）和之长沙，行过芜湖，有鹊巢于帆樯。"樯即桅竿⑨，其上既能筑鸟巢，不会很矮。长沙走马楼出土的三国吴简，有"大樯一枚长七丈"的记载。据王子今计算，七丈合16.75米⑩，相当高大，或与马融所称之"云帆"上所使用者为近。

　　汉代的中小型船舶，有载量为30石的舠，《释名》说它是一种"短而广"的船。广州红花岗东汉墓所出陶船（图32-5），或即舠。更小的船如艇，"其形径挺，一人二人所乘行者也"。武氏祠画像石中出现的小板船（图32-7），或与之相当。

注释

① 《汉书·刘屈氂传》："又发辑濯士，以予大鸿胪商丘成。"《后汉书·岑彭传》："又发桂阳、零陵、长沙委输棹卒，凡六万余人。"章怀注："棹卒，持棹行船也。《东观记》作'濯'。"

② 《汉书·武帝纪》颜注引李斐曰："舳，船后持柁处也。舻，船前头刺棹处也。"

③ 《后汉书·岑彭传》李注："桡，小楫也。""露桡谓露楫在外，人在船中。"

④ 此据林巳奈夫说，见《汉代の文物》第368页。

⑤ 关于楼船之记事，见《汉书·食货志》。出土之明器楼船，见《广州汉墓》上册，第246页。

⑥ 见《汉书·地理志》，《后汉书·马援传》。参看沈福伟：《两汉三国时期的印度洋航业》，《文史》第26辑，1986年。

⑦ 此史实为北京天文台、广东师范学院等单位组成的"航海天文调查研究小组"所发现。转引自薄树人《中国古代在天体测量方面的成就》，载《中国古代科技成就》，中国青年出版社，1978年。

⑧ 熊建华：《帆船纹吕氏镜小考》（《考古》2001年第10期）中举出湖南省博物馆和北京故宫博物院所藏东汉多乳禽兽带纹镜各一面，构图基本相同。

⑨ 《文选·（王粲）从军诗》李善注引《埤苍》："帆柱曰樯。"《古文苑·（王粲）浮淮赋》章樵注："樯，船上桅竿。"

⑩ 王子今：《走马楼舟船属具简与中国帆船史的新认识》，《文物》2005年第1期。

三三、武备 I

戈，戟，矛，䂁，铩，铤，铍，铢

本篇介绍汉代的长兵器。在西汉前期，与战国时形制相仿的铜戈仍在使用，且不乏精品。如满城1号墓出土的两件铜戈，皆为曲援，直内，长胡三穿。其柲之顶端皆装鎏金鸟形篕，底端皆装鎏金筒形镈（图33-2）。镈銎近杏仁形，柲的断面亦应如此，这是为了使执戈者操柲时凭感觉即可知援的方向。镈中尚残存以圆木棒为芯、外裹细竹篾的柲。这种构造《考工记》称为庐，郑众注："庐读为纻，谓矛戟柄，竹櫕柲。"《说文·竹部》称之为笭，谓是"积竹矛戟矜也"。根据长沙浏城桥1号墓所出积竹柲之实例，柲身还要用丝线缠紧并髹漆。积竹柲强韧而有弹性，使用时不易折断。满城的两件铜戈中，有一件在戈身上还遍饰黑褐色斑块，当是用含硫物质涂蚀而成。江苏涟水三里墩西汉墓出土的此式戈，其镈作鸟头、兽爪、马蹄形，错金银并镶嵌绿松石（图33-1）。它的底部是平的，即《礼记·曲礼》郑注所称"平底曰镈"。《集韵·去声二十九换》："镈，柲下铜，平底曰镈。"更着意指出镈是装在戈柲上的。山东临淄西汉齐王墓陪葬坑所出此式戈，装金质帽、篕和金镈，更可见其受重视的程度[①]。但此式戈所装之柲并不太长，临淄这一件复原后通长1.86米，与西汉空心砖上押印的冠服人物所执之戈的长度相近（图33-26），可能主要是在仪卫中使用的。

另一类铜戈战国晚期虽已滥觞，但当时较罕见。这种戈形体较大，援与内均向上扬起，而且援、内、胡三部分均有锋。其实例曾在上述齐王墓陪葬坑中发现（图33-4），在空心砖的图像中也有所反映（图33-27）。从援和内所形成的轮廓看，它有些像雄鸡昂首翘尾、引颈长鸣之状。《考工记·冶氏》郑注："戈，今句孑戟也，或谓之鸡鸣，或谓之拥颈。"《方言》卷九："三刃枝，南楚、宛、郢谓之匽戟。"郭注："所谓雄戟也。"匽字取义于雄。清·钱绎《方言笺疏》说："《释鸟》：'鸥、凤，其雌皇。'

图版33

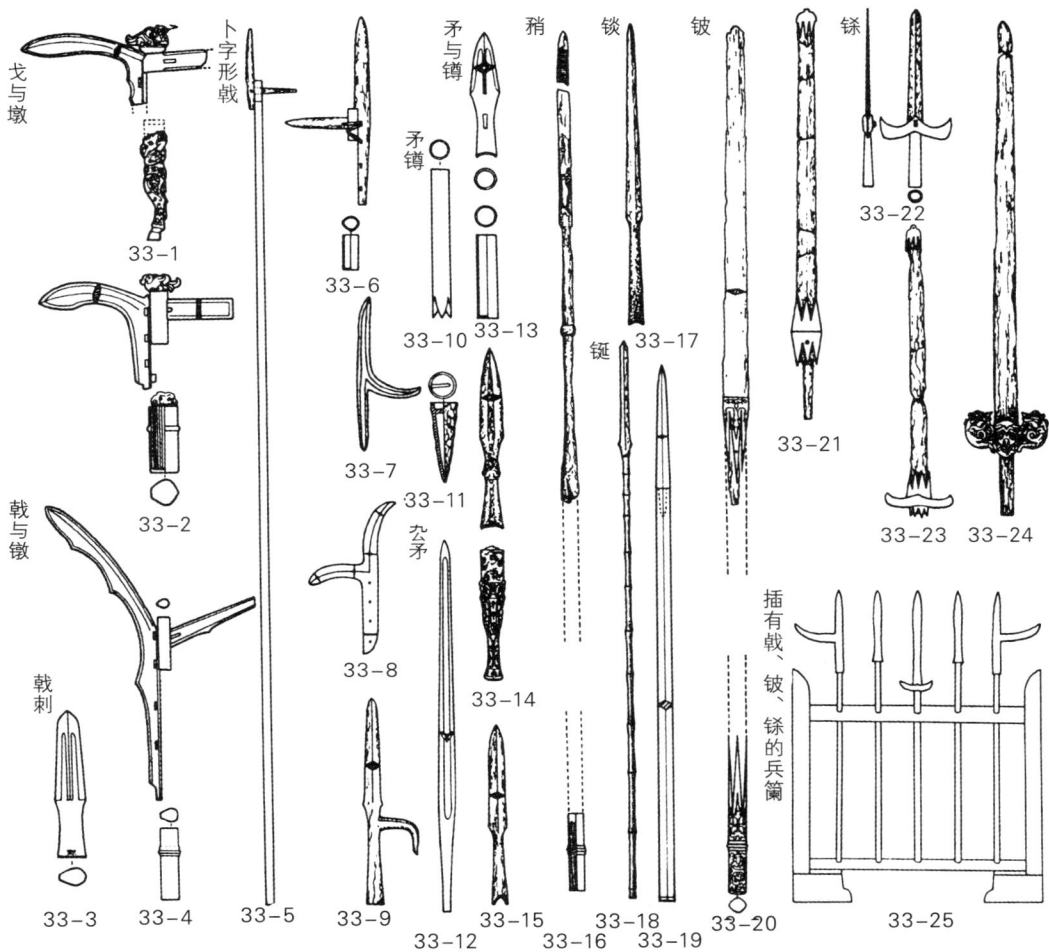

戈与墩
卜字形戟
33-1
33-2

戟与墩
戟刺
33-3 33-4 33-5

33-6
矛与镈
矛镈
33-10 33-13
33-7
33-11
33-14
公矛
33-8
33-9 33-12 33-15 33-16
33-18 33-19
33-17
铤
33-20

稍 锬 铍
33-21
铩
33-22
33-23 33-24

插有戟、铍、铩的兵籣
33-25

执戈

33-26

33-27

执戟

33-28

执铍

33-29

戟之雄者谓之匽，犹凤之雄者谓之鹠矣。"其说是。上述之戈的援、内、胡皆有刃，与"三刃枝"的描述相符，所以它就是鸡鸣戟即雄戟。雄戟之名可能来源于雄鸡。所谓拥颈，或指鸡鸣时颈毛上拥之状。但此物本为戈，何以又名戟？这是因为汉时戈、戟互训，区别不甚严格之故。《论语·季氏》集解引孔安国注、《孟子·万章》赵注、《楚辞·国殇》王注皆谓："戈，戟也。"《说文·戈部》则说："戈，平头戟也。"《方言》卷九："凡戟而无刃（当指刺而言），……吴、扬之间谓之戈；东齐、秦、晋之间谓其大者曰镘胡，其曲者谓之钩釨曼胡。"郭注："即今鸡鸣句孑戟也。"而且此式戈的胡长而有弨。《子虚赋》："建干将之雄戟。"张揖注："雄戟，胡中有弨者。"各家的说法殊途同归，故上述定名可以成立。

但是，典型的戟又是怎样的呢？这在《考工记·冶氏》中说得很清楚，即戟应有内、有胡、有援、有刺。刺曾在新郑"郑韩故城"兵器窖藏中出土，作矛头形，铭文中自名为"族（戟）束（刺）"[②]。它装在戟柲顶端，如《冶氏》郑注所说："着柲直前，如镈者也。"这样装配起来的戟即所谓"戈矛连体戟"。山西长治分水岭14号墓出土的此式戟，铭文中自名为"棘戟"[③]。棘训刺。《方言》卷三："凡草木刺人，……自关而西谓之刺，江湘之间谓之棘。"故棘戟即装刺之戟。此式戟的完整实例在汉代遗物中尚未发现，但宜昌葛洲坝4号西汉早期墓出土铜戟刺1件，銎作杏仁形，当即戈矛连体戟上的刺（图33-3）。至于曾侯乙墓出土的多戈戟，虽然自名为戟，但它只是春秋后期至战国前期在我国南方地区流行的一种戟，既不能用以概括先秦戟制，更不能据以鉴别汉代之戟。

汉代士兵最常用的戟则是一种卜字形铁戟（图33-5～9）。这种戟只有前伸的直刺和旁出的横枝，《释名·释兵》谓戟"旁有枝格也"，即指此式戟而言。枝相当于旧式戟上的援，而内则被取消了。为了加固戟柲，又加装青铜柲帽。柲在戟的侧面通过胡上的穿被缚紧，顶端又被铜帽卡住，所以不易脱落。江苏盱眙东阳西汉墓所出者，木柲尚存，全长2.49米，步兵使用时似嫌稍长。杨泓认为它就是青海大通上孙家寨汉简中所称"马戟"，当是骑兵用的[④]。那么，像满城1号墓所出长度不足二米的此式戟，大约是步兵用的。此式戟在战国后期已经出现，最早见于河北易县燕下都44号墓，而其先型则可追溯至山东胶县西庵西周晚期车马坑中出土的那种直锋戟[⑤]。汉代的卜字形戟也有铜制的（图33-7、8），在空心砖上也能见到可能是铜卜字形戟的图像（图33-28）。至于西安汉城武库遗址出土的一件铁戟，虽有向下弯的旁枝，但戟身却更像矛（图33-9），应是此式戟中的特例了。

矛在西汉早期，其形制尚与战国时相类。如临淄齐王墓陪葬坑所出者：铜制，矛叶断面呈空心菱形，骹中部饰一半环形钮。其铜䥏为圆筒形。通长约为2.1米（图33-13）。满城1号墓所出者：矛身为铁制，呈扁平的柳叶形，骹中部有一圈饰以鸟头的铜箍。这件矛的䥏为铜制，下似蹄足，中饰兽头，细部用错金勾勒，制作颇精，通长约为1.96米（图33-14）。应当指出的是，矛䥏之銎皆为圆形，这是因为矛矜亦为圆形。矛为"刺兵"，不像执戈时需要通过断面为杏仁形的戈秘来感知援锋的方向。《考工记》说："句兵椑，刺兵抟。"即指这种情况而言。所以，区别戈、戟之镦与矛䥏，最主要的根据应是其銎的形状。并且，我国古代士兵集合时，有将矛䥏插在地上的习俗，如《尚书·牧誓》说"称尔戈"，"立尔矛"。陕西凤翔西村战国早期的1号车马坑出土的矛䥏，下端就呈尖锋状⑥。汉代矛䥏下端多呈三锋状或圆锥状（图33-10、11），即《礼记·曲礼》郑注所说"锐底曰䥏"，《释兵》所说矛"下头曰䥏，䥏入地也"。就所见出土实物，凡是下端带尖的䥏皆为圆銎，因知这种䥏绝不用于戈、戟，而应专属于矛。同时，虽为平底，但以圆銎容矜者，也应称之为䥏。至东汉，铁矛多为叶形，中部起脊，骹部卷成圆筒（图33-15）。这时不再用铜箍固骹，也较少见到矛䥏了。

汉代最长的大矛名矟。《释兵》："矛长丈八尺曰矟，马上所持，言其矟矟便杀也。"《通俗文》也说："矛长丈八者，谓之矟"（《艺文类聚》卷六〇引）。汉尺丈八，已合4米多。出土物中只在秦兵马俑坑T19见过长6.7米的矛，已达到《考工记·庐人》所说"过三其身，弗能用也"的程度，故它的实际用途尚可研究。汉矛之尚存柄距者，最长的大约是满城1号墓所出带鎏金铜䥏的铁矛，通长约2.9米，它可能就是矟（图33-16）。四川金堂焦山东汉崖墓出土的一件长84厘米的铁矛头，可能是矟头。浙江长兴出土的铁矛头长57.5厘米，或即是铩⑦（图33-17）。《说文·金部》："铩，长矛也。"汉代另有短矜矛。湖南资兴出土的铁矜短矛，铁矜锻作竹节形，连矛头通长1.57米（图33-18）。《史记·匈奴列传》索隐引《埤苍》："铤，小矛也，铁矜。"《汉书·司马相如传》颜注："铤，铁把短矛也。"当即此物。但《释名·释兵》说："铤，延也，达也，去此至彼之言也。"指的似乎是另一种投掷用的短矛。《后汉书·马融传》："飞铤电激。"将投掷的特点表达得更清楚。这种铤未言装铁矜。山东临沂金雀山西汉墓出土的木矜短矛，长仅117.5厘米，适宜投掷，或即上述后一种铤（图33-19）。在林莽地带，短铤大有用武之地。《汉书·晁错传》说："崔苇竹萧，草木蒙茏，枝叶茂接，此矛铤之地也，长戟二不当一。"将它的特点说得很形象。先秦时还有一种矛的矛头之截面呈三叶形，实物曾出土于山西长治分水岭269号墓，在两广和济南等地也曾发现。至西汉时，这种矛在山西朔县平朔煤矿生活区8M89号墓中也出过一例⑧（图33-12），应即

《诗·小戎》所说的"厹矛"，毛传："厹，三隅矛也。"厹通仇。《战国策·西周策》中之"厹由"，在《韩非子·说林下》中作"仇由"，《史记·樗里子列传》中作"仇犹"。故《释兵》"仇矛，头有三叉"之"仇矛"，亦即此物。其所谓"三叉"，实指矛头上的三叶而言。

　　与矛相近的武器还有铍和铩。战国时，燕、赵等国的遗物中有不少铜铍，起初不知其装柄之法。直到始皇陵兵马俑坑中出土了带柄的长铍，才对它有了进一步的认识。云梦简《秦律杂抄》说："铍、戟、矛有室者，拔以斗，未有伤殿（也），论比剑。"《方言》卷九郭注："今江东呼大矛为铍。"《汉书·高惠高后文功臣表》颜注："长钛，长刃兵也，为刀而剑形。《史记》作'长铍'，铍亦刀耳。"因知铍为矛类，有长刃，正与出土物之状相合。临淄齐王墓陪葬坑与山东巨野西汉墓皆出铁铍（图33-20、21）。河南密县所出画像砖中亦有执铍者（图33-29）。在当时，它是一种具有相当威力的武器。临淄出土的铍通长2.9米，与满城的稍不相上下。如果在铍头下部装上有如剑格的镡，则为铩。《说文·金部》："铩，铍有镡也。"出土与传世之铩（图33-22~24），其构造的特点正是如此。马王堆3号墓的遣册中记有"执短铩"者与"操长铩"者，则铩的柄有长、短两种，与出土之铍有长短两种的情况相似。但当时好像特别重视长铩。《过秦论》所称："勾戟长铩。"《淮南子·兵略》所称："修铩短铍。"均着意于长铩。在一些画像石的兵籣上也能看到长铩。江苏徐州白集画像石中的一例，将长铩插在兵籣正中，反映出对它的重视（图33-25）。张衡在《西京赋》中说："植铩悬瞂，用戒不虞。"描写的是宫殿中插在兵籣上的铩。而在《东京赋》中他又说："郎将司阶，虎戟交铩。"描写的则是虎贲中郎将执戟、铩夹阶侍卫的情况。可见铩是禁军习用的武器。

注释

① 涟水戈，见南京博物院：《江苏涟水三里墩西汉墓》，《考古》1973年第2期。临淄戈，见本书第二四篇注⑤所揭文。

② 郝本性：《新郑"郑韩故城"发现一批战国铜兵器》，《文物》1972年第10期。

③ 《陕西、江苏、热河、安徽、山西五省出土重要文物展览图录》图版61，文物出版社，1958年。

④ 杨泓：《中国古兵器论丛·中国古代的戟》，文物出版社，1986年。

⑤ 河北省文物管理处：《河北易县燕下都44号墓发掘报告》，《考古》1975年第4期。山东省昌潍地区文物管理组：《胶县西庵遗址调查试掘简报》，《文物》1977年第4期。

⑥　李自智、尚志儒：《陕西凤翔西村战国秦墓发掘简报》，《考古与文物》1986年第1期。

⑦　夏星南：《浙江长兴县出土一件有刻度的铜弩机》，《考古》1983年第1期。

⑧　长治出土者，见山西省文物工作委员会晋东南工作组等：《长治分水岭269、270号东周墓》，《考古学报》1974年第2期。两广出土者，见黄展岳：《论两广出土的先秦青铜器》，《考古学报》1986年第4期。济南发现者，见于中航：《"元年闰"矛》，《文物》1987年第11期。朔县出土者，见平朔考古队：《山西朔县秦汉墓发掘简报》，《文物》1987年第6期。

三四、武备 II

钺，长斧，长椎，棁，殳，棓，钺戟，钩镶

本篇所讨论的武器，主要是介于长兵戟、矛和短兵刀、剑之间的类型，如钺、长斧、长椎等。它们虽然装柄，但均不太长，用途因而亦与长兵有别。另外，形制特殊的钺戟与钩镶，也在这里略作介绍。

在这类武器中，格外被重视的是钺。钺是"大斧"（《尚书·顾命》孔疏引郑玄说），相当笨重，似乎在格斗中并不灵便。但在先秦时代，它是权力和地位的象征，尊严无比[①]。《尚书·牧誓》说："（武）王左杖黄钺。"河北平山中山王墓出土的"中山侯钺"的铭文中说："天子建邦"，作此"以敬（警）氒（厥）众"[②]。天子赐钺，则表示授以征讨杀伐之权。即《虢季子白盘》所谓："锡用戉（钺），用征緣（蛮）方。"《礼记·王制》所谓："赐用钺，然后杀。"延至汉代，此风仍未尽替[③]。大驾卤簿中的黄钺车，沂南画像石之出行图中的斧车及作战图中军将车前执钺斧的仪卫（图34-4），均含有这种象征意义。另外，钺，包括比钺小些的斧，又是刑具。《国语·鲁语》："大刑用甲兵，其次用斧钺。"《释名·释兵》："斧以斩断，见者皆戚惧也。"孝堂山画像石的战争场面中，于对立两钺的兵器架上悬人头（图34-5），即表示用它行刑之意。斧钺不仅用于断头，而且用于腰斩。《墨子·鲁问篇》："斧钺钩要（腰），直兵当心。"腰斩时以椹质承斧钺。《公羊传·昭公二十五年》何休注："铁锧，要（腰）斩之罪。"所以汉代记述中的"斧质"，总是和腰斩相联系的。《汉书·英布传》说的"伏斧质淮南市"，《王诉传》说的"诉已解衣伏质"，均是此意。不过斧除了在仪仗与行刑中使用外，也用于战斗，画像石中出现过执战斧的武士（图34-2）。汉代称战斧为长斧，此名称见《墨子·备城门篇》、居延简（127·24，506·1，EJT37·1540）及银雀山竹书《库法篇》。北京丰台画像石中所见者，武士执盾与长斧（图34-3）。其斧与《六韬·军用篇》所谓"大柯斧，刃长八寸，重八斤，柄长五尺以上"者，颇为近似。

图版34

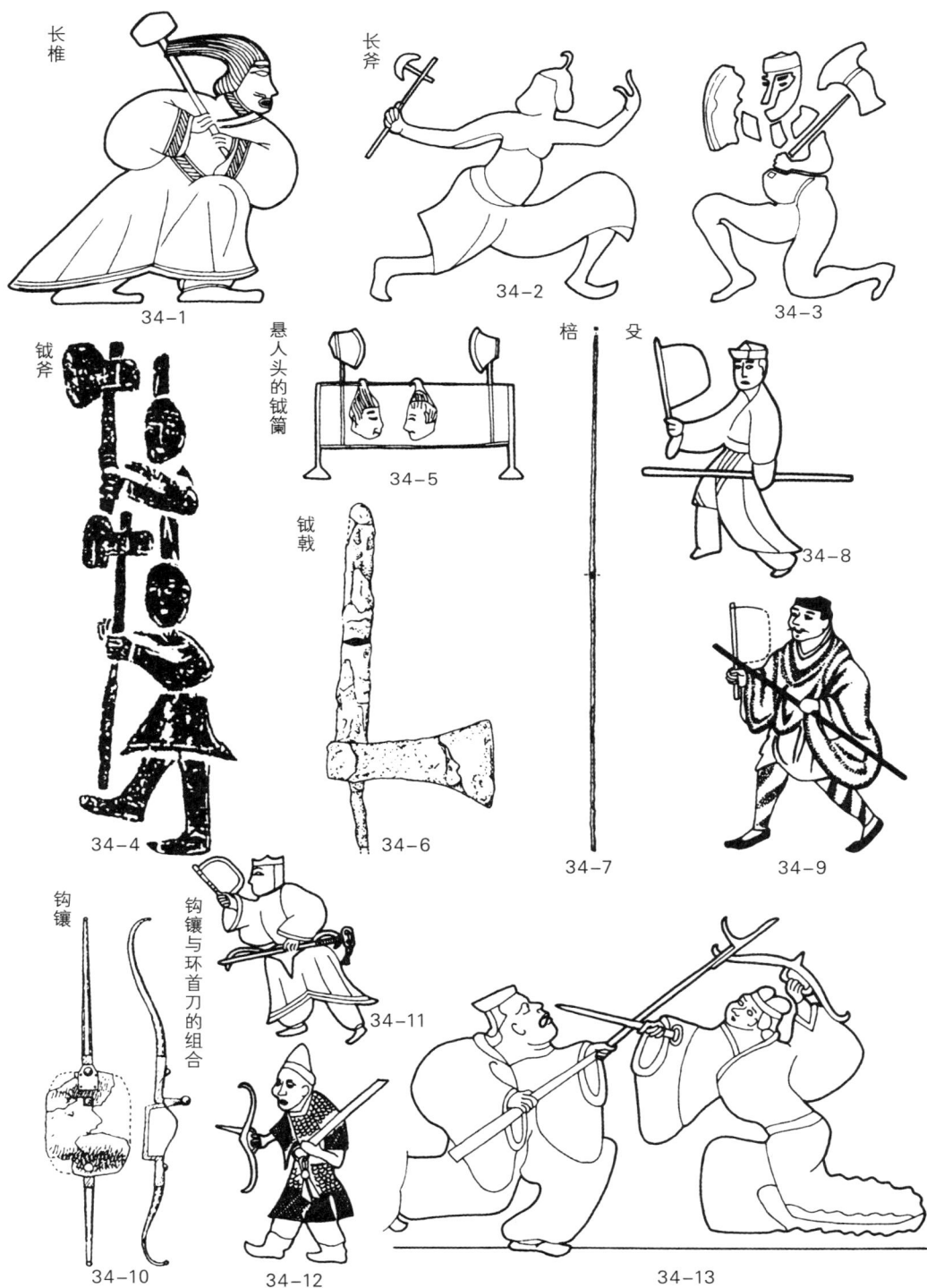

长椎

34－1

长斧

34－2

34－3

钺斧

34－4

悬人头的钺簴

34－5

钺戟

34－6

棓　殳

34－7

34－8

34－9

钩镶

34－10

钩镶与环首刀的组合

34－11

34－12

34－13

椎在汉代也是一种武器。《吕氏春秋·简选篇》说："钼耰白梃，可以胜人之长铫利兵。"高诱注："耰，椎也。"耰是捶碎土块用的木榔头（图1-17），当为农民起义军临时取用。贾谊《过秦论》说："钼耰棘矜，不铦于钩戟长铩。"指的正是这种情况。但金属制的长椎，却可作为突然袭击的重武器。长椎之名除见于《墨子·备城门篇》与居延简外，亦见于敦煌简（《流沙》器物四、银雀山竹书《库法篇》），文献中多简称为椎。《史记·魏公子列传》说朱亥袖40斤（约10公斤）铁椎，椎杀晋鄙。《留侯世家》说张良得力士，为铁椎重120斤（约30公斤），以狙击秦始皇于博浪沙中。《汉书·淮南王传》说淮南王刘长自袖金椎以椎辟阳侯。前两例均指明为铁椎，即《急就篇》所说的"铁锤"，颜注："铁锤以铁为锤，若今之称锤。亦可以击人，故从兵器之例。张良所用击秦副车，即此物也。"安徽阜阳双古堆西汉汝阴侯墓中，铁椎与漆鞘铁剑同出，则此椎应是作为武器用的。但自画像石中所见，作武器用的椎（图34-1）和工具之椎（图7-1~3），外形上区别不大，而与秤锤的形制相去颇远，颜说殊不确。与刘长自袖之椎的作用相仿之物还有挩。北京丰台大葆台西汉墓出土的错银八棱铜挩，长48.5厘米，两端为银头，柄缠緱[4]。《淮南子·主术》中曾提到"袖挩"。《急就篇》颜注："挩，小棓也，今俗呼为袖挩，言可藏于怀袖之中也。"此物与其所状相合。

汉代的殳是杖类武器。先秦的殳有带锋刃的和不带锋刃的两种，均见于湖北随县曾侯乙墓。但汉殳大抵皆无刃。《诗·伯兮》毛传："殳长丈二而无刃。"《周礼·司戈盾》郑注："殳如杖，长寻有四尺。"都应代表汉代人的看法。其实秦代的殳已然如此。《睡虎地秦简·法律答问》说："邦客与主人斗，以兵刃、殳梃、拳指伤人，挈以布。"又说："何谓梃？木可以伐者为梃。"殳与梃为类，可见它没有刃。所以《广雅·释器》径谓："殳，杖也。"汉画像石与壁画中所见之伍佰常执殳（图34-8、9）。《释名·释兵》："殳，殊也。……有所撞挃于车上，使殊离也。"《说文·殳部》："殳，以杖殊人也。"段注："殊，断也。以杖殊人者，谓以杖隔远之。"可见它也在警戒时用以隔断行人。殳有用积竹制成的。《殳部》："殳以积竹。"它也可以用木制。《文选·西京赋》薛注：殳"或以木为之"。与殳相类者有棓。《说文·木部》棓下段注："棓、棒，正、俗字。"则棓即木棒。此物也有铁制的，满城汉墓出土一圆铁棒，长204厘米，下径2.1厘米，上径1.4厘米。下部略粗，上部较细，顶端一小段作方柱形。《满城汉墓发掘报告》中将它定名为殳。可是文献中未言汉代有铁殳。从其顶端作方柱形的形制看，它很可能就是《六韬·军用篇》所说的"方首铁棓"（图34-7）。

钺戟在河南浚县、郑州等地均曾发现，是钺上装刺而成（图34-6）。古文献中未见过对这种武器的描述。钺戟之名是李京华所定，兹从之[5]。铁钺戟在古乐浪遗物中也发现过，梅原末治等称之为"鍼铧"，其用意与李说相近⑥。钺戟应装木柄，因未发现有关的资料，长度不详。

钩镶在汉代较为常见，河南洛阳及鹤壁、四川成渝路沿线、河北定县中山穆王刘畅墓等处均曾出土⑦（图34-10）。定县所出的铁钩镶上且有错金花纹，可见对它的重视。这是一种钩、推两用兵器，钩镶中部装小盾牌，用以抵御敌刃；而钩则可勾束敌方武器，以利己刃杀出。《释名·释兵》："钩镶，两头曰钩，中央曰镶，或推镶，或钩引，用之之宜也。"所以钩镶常和环首刀配合使用（图34-11~13）。其中徐州铜山小李村画像石中所见之例，使用钩镶者一手将对方的长兵勾住，另一手则挥刀砍去，使那持戟的对手完全陷于被动的地位。有意思的是，执钩镶与刀者和持戟者格斗的画面又见于陕西绥德四十里铺画像石，其构图与铜山小李村画像石几乎全同⑧。绥德与铜山相距遥远，竟出现了这种不谋而合的情况，故可知此类场面在当时的现实生活中是并不罕见的。

注释

① 杨锡璋、杨宝成：《商代的青铜钺》，载《中国考古学研究》，文物出版社，1986年。

② 河北省文管处：《河北省平山县战国中山王墓出土文物展览简介》，1979年。

③ 《后汉书·郭躬传》："永平中，奉车都尉窦固出击匈奴，骑都尉秦彭为副。彭在别屯，而辄以法斩人。……帝曰：'军征，校尉一统于督，彭既无斧钺，可得专杀人乎？'"

④ 北京市古墓发掘办公室：《大葆台西汉木椁墓发掘简报》，《文物》1977年第6期。文中称此物为"铜错银八棱棍"，杨泓始正其名为桄。

⑤ 李京华：《汉代的铁钩镶与铁钺戟》，《文物》1965年第2期。

⑥ 梅原末治、藤田亮策：《朝鲜古文化综鉴》（京都，1948年）卷2，第52—53页。

⑦ 洛阳出土者，见洛阳博物馆：《洛阳涧西七里河东汉墓发掘简报》，《考古》1975年第2期。鹤壁出土者，见注①所揭文。成渝路沿线出土者，见《全国基本建设工程中出土文物展览图录》图版213。中国古典艺术出版社，1955年。定县出土者，有错金纹饰，见定县博物馆：《河北定县43号汉墓发掘简报》，《文物》1973年第11期。

⑧ 吴兰：《绥德出土的两块画像石》，《文物天地》1987年第6期。

三五、武备 III

剑，刀，拍髀，匕首

剑是适用于近战的短兵器。西周、春秋时的铜剑还相当短，使用方法以直刺为主，被称为"直兵"（《晏子春秋》卷五），大约主要用于卫体防身。战国至秦，在铜剑之外又兼用铁剑，而且剑身加长：长的铜剑达91.3厘米（始皇陵兵马俑坑出土）、铁剑则达100.4厘米（燕下都44号墓出土）。使用时除直刺外，又强调旁击即砍劈的方法。《墨子·节用中》："为刺则入，击则断，旁击而不折，此剑之利也。"这和以后《淮南子·修务》中的提法完全一致。那里说："夫怯夫操利剑，击则不断，刺则不能入。"均以刺、击为用剑的特点。这时我国的剑术，已能"持短入长，倏忽纵横"（《史记·司马相如列传》索隐引《吕氏春秋·剑伎》）。所以剑也成为步、骑兵普遍使用的武器。

西汉初，沿袭战国旧制，仍兼用铜、铁剑。但由于青铜的机械性能显然比不上钢铁，故铜剑在中原地区遂逐渐由用于实战转为用于仪饰。如满城1号汉墓出土的鎏金铜剑，显然不是为了实战的目的制作的。所以在洛阳、西安、长沙等地的西汉墓中，铜剑均迅速为铁剑所取代。只在广州地区，可能由于冶铁业相对落后等原因，直到东汉后期，墓葬中还出长约80厘米的铜剑[①]。

西汉时铁剑的材质多已锻冶成钢。如燕下都44号墓所出个别含碳量较低、尚不成其为钢的铁剑，在汉代已经很少见了。这时的钢剑系用块炼铁反复折叠锻打渗碳而成，满城1号汉墓出土的刘胜佩剑可以作为代表。此剑通长104.8厘米。徐州铜山出土的东汉建初二年（77年）"五十湅"钢剑，通长109厘米。《汉书·景十三王传》中说广川王去"作七尺五寸剑"，则约合172厘米，这样长的剑自非钢剑莫属。但对于出土物中若干成分未经鉴定的这类剑说来，仍只能泛称为铁剑了。

无论铜剑或铁剑，最高贵精致者均装玉剑具，被称为玉具剑。玉具共四件，即《汉书·匈奴传》颜注引孟康说所称"摽、首、镖、卫（璏）"。摽或作标（《淮南子·本

图版35

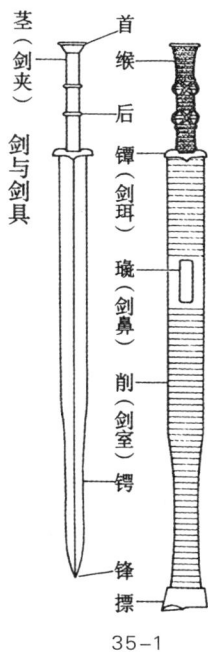

茎（剑夹）
首緌
后
镡（剑珥）
璲（剑鼻）
削（剑室）
锷
锋
镖
剑与剑具

35-1

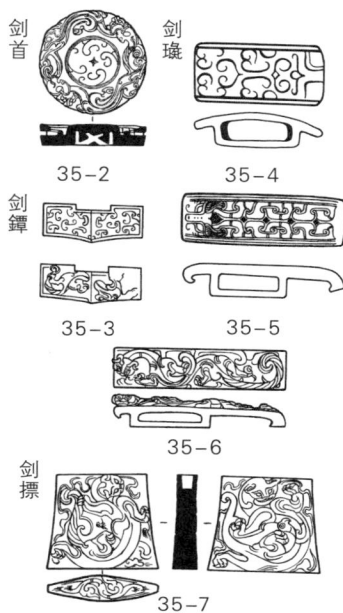

剑首
35-2

剑璲
35-4

剑镡
35-3

35-5

35-6

剑镖
35-7

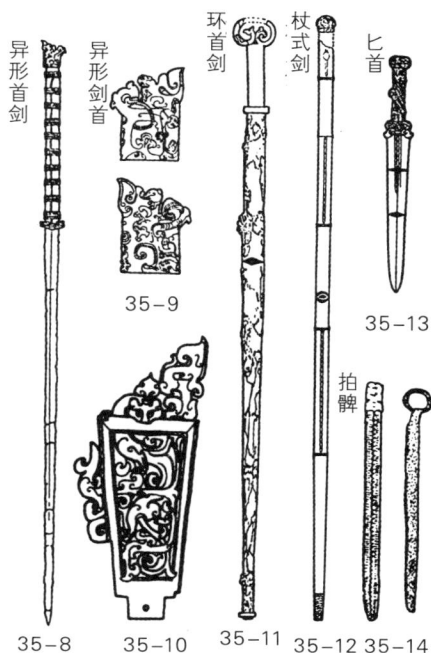

异形首剑
异形剑首
35-9

环首剑
杖式剑
匕首
35-13

35-8
35-10
35-11
拍髀
35-12　35-14

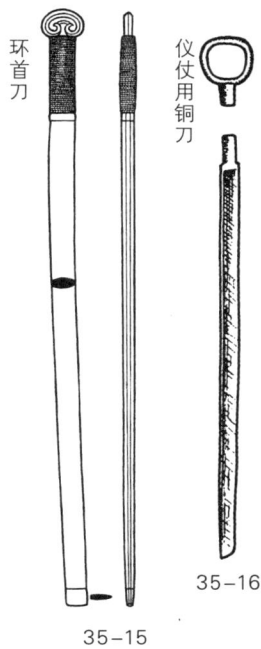

环首刀
仪仗用铜刀
35-16

35-15

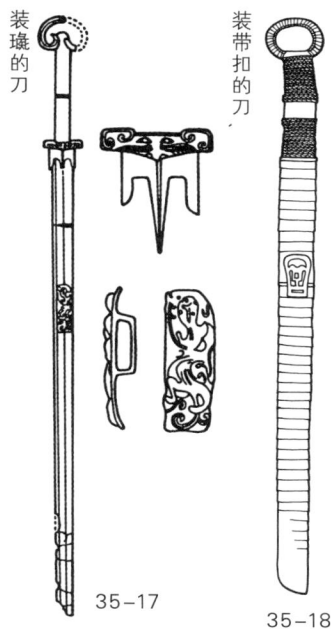

装璲的刀
装带扣的刀
35-17
35-18

佩异形首剑
35-19

佩刀之虎纹刀室
35-21

用带扣佩刀
35-20

佩拍髀
35-22

经》）、镖（《说文·金部》）。《淮南子·修务》高注："摽，刀削（鞘）末铜也。"按以票为声符的字常有末义。《说文·木部》："標，木杪末也。"《荀子·赋篇》杨注："剽，末也。"摽则指鞘末的包尾。它本用铜制作，玉具剑则代之以玉。玉剑摽一般呈梯形，底边平直（图35-7）。也有些摽的底边出现折线，好像将梯形摽割去一角（图35-1）。始皇陵2号铜车上的御者，其所佩铜剑之摽即作此形。满城1号墓钢剑之玉摽也琢成此形。其所以如此，或是为了当佩剑者跪坐时，无内下角的摽可使剑末与坐席约略取平之故。首则指剑柄顶端。《释名·释兵》：剑"其末曰锋"。锋在下为末，那么，上面的剑柄顶端自当为首。玉剑首常作圆饼形，中部突起，多于此处刻涡纹或卷云纹（图35-2）。镡即通称之剑格。《考工记·桃氏》先郑注："茎谓剑夹，人所握，镡以上也。"《庄子·说剑篇》释文引司马彪云："夹，把也。"既然人所握的剑把位于镡以上，那么镡应当处于剑把和剑身之间。这和《急就篇》颜注："镡，剑刃之本，入把者也。"《仓颉篇》："镡，剑口"（《礼部韵略·二十一侵》引）。《汉书·匈奴传》颜注："镡，剑口旁横出者也。"说的是同样的意思，均应指剑格而言。汉代的玉剑镡有一字形的，也有接近吴越式铜剑之蝠形镡的（图35-3）。璏亦作衛。《汉书·匈奴传》颜注："衛，剑鼻也。……衛字本作璏，其音同耳。"《说文·玉部》："璏，剑鼻玉也。"鼻是器物上供贯带组以悬系之处。《广雅·释器》："钮谓之鼻。"璏即附于鞘中部用以穿剑带之钮。画像石上所见形制简单的璏，只是一段扁长的管状物。出土之玉璏其顶面常在两端出檐，有的且向内翻卷，式样很多（图35-4～6）。

另外，在山东巨野红土山西汉墓出土的铁剑上，装有一种异形玉剑首（图35-8、9）。它与常见的圆饼形剑首造型迥然不同：长方形，顶部有复杂的曲线，竖接于剑柄之端。而且这把剑的柄部特别长，达38.8厘米。其上用片金和丝缑缠裹，丝缑已朽失，然尚余片金10箍。和这种剑首相似的标本还在西安红庙坡龙首原西汉建筑遗址中发现过，整体亦近长方形，但随所饰之鸟形而变化。共出二件，同范，均长27.5厘米，铜质鎏金，镶嵌琉璃和绿松石[2]。徐州狮子山西汉楚王墓出土的异形玉剑首，高达21.5厘米，通体抛光，有玻璃光泽。其梯形边框中透雕云纹，一螭虎穿游云内，探首边框之外（图35-10）。直到东汉后期，在安徽亳县董园村曹氏墓画像石中的武士所佩之剑，还有装这种剑首的[3]（图35-19）。

再如满城汉墓出土的杖式剑，外观若杖，通体呈竹节形，茎、身无明显分界，但内藏铁刃，即尹湾《兵车器集簿》所称"剑杖"，当是随身携带的防护之具（图35-12）。河南南阳杨官寺东汉墓出土的剑，装有刀上习见的环首，或缘此时环首刀广泛流行而受其影响之故（图35-11）。

从西汉中期开始，刀在战场上已逐渐代替了剑的地位，这种情况是适应骑兵在马上挥砍的需要而形成的。刀背可以制作得比剑脊厚实，更不易折断。并且，作为武器用的这种刀，从一开始就以铁制的为主。洛阳烧沟汉墓群中出土的少量铜刀，体型均轻薄，刀身最厚处仅0.35厘米，当系仪仗中所用（图35-16）。江南个别地区与广州一带的铜刀虽沿用的时间较长，但出土的数量亦不多。同时，由于刀的用法主要是击即砍，如《释名·释兵》所说："刀，到也，以斩伐。到其所，乃击之也。"与剑相较，它在刺、击两法中只强调击，所以刀上一般不装镡。汉代的剑镡虽小，不足以卫手，但在直刺时，仍可使手可有所凭依；而对于横砍的刀说来，镡或可以不设。汉刀的刀身较直，刀首几乎无例外地均呈环形。环中有的饰以禽兽。刀鞘下端多装铜摽，宽度皆与鞘取齐，不像剑摽之向外侈出（图35-15）。刀的长度大多在一米以上。山东苍山出土的永初六年（112年）"卅涷大刀"，长111.5厘米。长沙金盆岭3号东汉墓出土的刀，长达128.5厘米[④]。东汉时，已普遍用环首长刀装备军队。

刀也可以贯璏而佩，浙江绍兴漓渚东汉墓所出铜刀的鞘上附有铜璏（图35-17）。这口刀上还装有铜镡，是极其罕见的例子。江苏盱眙7号东汉墓所出铁刀的鞘上则装玛瑙璏[⑤]。但汉刀还有另一种系佩法，如满城1号西汉墓所出之铁刀，漆鞘除尾端稍残外，保存尚好；鞘外中上部突起长方形座，座上附有一枚金带扣（图35-18）。穿带扣佩刀的方法，在山东临沂白庄东汉画像石上表现得很清楚（图35-20）。可见从西汉到东汉，均曾使用过这种佩刀法。上述满城铁刀鞘饰以绦带纹，而山东滕县西户口画像石中佩刀者之刀鞘饰以斑条纹（图35-21）。后者似即《续汉书·舆服志》所称，佩刀"虎贲黄室虎文，其将白虎文"之虎纹刀室。

除长刀外，汉代还有一种短刀，长约20—40厘米。《洛阳烧沟汉墓》一书将其定名为"拍髀"。《释名·释兵》说："短刀曰拍髀，带时拍髀旁也。"它又名服刀。《汉书·西域传》："婼羌，山有铁，自作兵。兵有弓矢、服刀、剑、甲。"颜注："服刀，拍髀也。"因为这种刀长不过尺余，故又名尺刀。《汉书·李陵传》说："军吏持尺刀，抵山入陜谷。"可见它虽然短，却仍是武器。但它与文具中的书刀不易区别。只有像成都北门外与河南方城东关等东汉墓石门上所刻门吏，其腰间所佩短刀可确认为拍髀、尺刀之属（图35-22）。居延出土的长20余厘米的短刀，附皮革缝制的鞘（图35-14），或亦是尺刀。而河南陕县刘家渠汉墓也出土同类型的革鞘，故这里出土的短刀中也应有作为武器用的[⑥]。总之，在出土物中拍髀和书刀颇易混同，只能依伴出之物与佩带者的身分等情况来求证了。

与拍髀、尺刀等短刀相对应的短剑名匕首。《史记·吴太伯世家》索隐引刘氏曰："匕首，短剑也。"又引《通俗文》："其头类匕，故曰匕首也。"满城1号汉墓出土有铜、铁匕首（图35-13）。其铜匕首的镡部作兽面形，茎部饰扭索纹与涡纹，首部似算珠形，饰以曲尺纹，顶部当中有一圆孔。这些特征与春秋战国时期我国北方青铜短剑中的"花格剑"接近，特别和河北平山三汲古城8101号中山国墓出土的顶部带孔之蟠蛇纹茎短剑更为相似[7]。满城汉墓上述匕首，或曾受到这类短剑的影响。

注释

① 《广州汉墓》上册，第446、450页。文物出版社，1981年。

② 《中国美术全集·工艺美术编5·青铜器下》图215。

③ 亳县博物馆：《安徽亳县发现一批汉代字砖和石刻》，《文物资料丛刊》第2集，1978年。

④ 湖南省博物馆：《湖南省出土文物图录》图版99。湖南人民出版社，1964年。

⑤ 南京博物院：《江苏盱眙东阳汉墓》，《考古》1979年第5期。

⑥ 黄河水库考古工作队：《河南陕县刘家渠汉墓》插图42：12，《考古学报》1965年第1期。

⑦ 河北省文物研究所：《河北平山三汲古城调查与墓葬发掘》插图33：2，《考古学集刊》第5集，1987年。

三六、武备 Ⅳ

弓，箭，镞，箙，楗丸，盾，籣锜

我国古代的射远武器中，最主要的是弓箭。原始的弓应是"弦木为弧"的单体弓。至商代，据墓葬中的弓体灰痕，结合甲、金文中有关弓的象形文字加以考察，可知商弓是用两层材料粘成的合体弓。至战国时，已发展为复合弓。《考工记·弓人》说，制弓要用干、角、筋、胶、丝、漆等"六材"，可见我国这时的制弓技术已相当进步①。在整个古代和中世纪，从结构上说，世界制弓技术均未曾超越过这个阶段。汉代的弓与战国弓在形制上没有多大变化。这时仍存在少量单体弓，如长沙马王堆3号汉墓所出之例（图36-1）。但绝大多数为复合弓，在居延、邗江、乐浪及新疆民丰等地均曾发现其残件②。这时的弓一般都用多层竹（木）材叠合，并在内侧粘贴牛角，外侧粘贴牛筋，再缠丝涂漆。

《释名·释兵》说："弓，穹也，张之穹隆然也。其末曰箫，言箫梢也。又谓之弭，以骨为之，滑弭弭也。中央曰弣。弣，抚也，人所抚持也。箫、弣之间曰渊。渊，宛也，言宛曲也。"这是对弓体各部定名之较全面的说明。箫是弓的两个末梢，一般要在这里装弭，故《礼记·曲礼》郑注："箫，弭头也。"弭是套在箫端供挂弦用的带缺刻的帽状物，多以骨、角制作，也有铜制的，如临淄齐王墓陪葬坑所出者（图36-2），安徽阜阳双古堆西汉汝阴侯墓且出错金银铜弭③。其上之挂弦的凹缺名弳。《说文·弓部》："弳，弓弩耑，弦所尻也。"弭要求表面光滑，以便解弦弛弓。但也有将弦缚结在弓上的。《尔雅·释器》："弓有缘者谓之弓，无缘者谓之弭。"杜注："缘者，缴缠之。"《左传·僖公二十三年》正义引孙炎曰："缘谓缴束而漆之。不缘谓不以缴束，骨饰两头者也。"可见不装弭、直接缚弦的方法名缘。汉代的弓弦较粗，有用皮条制作的，见于临淄齐王墓陪葬坑；有用丝绳绞合而成的，见于马王堆3号墓。后者之弦径约0.5厘米，差不多像筷子一样粗。弣则是弓中央的弓把。弓把和弓梢之间的两个弧形部分名渊，亦名肩，这个部位上往往涂有醒目的颜色，与其他部位的色调不同。

汉代重视强弓劲弩，但弓仅用手开，强度小于弩。当时计算弩力的单位用石，而计算弓力则用斤。《后汉书》所记盖延、祭肜等骁将所用强弓为300斤，合2.5石，比常用之四石弩的强度小得多。虽然如此，张弓仍然是很吃力的。我国古代用"右巨指钩弦"（《仪礼·大射仪》），故特制一种挽弓时戴在拇指上的扳指，名决，又名韘④。《说文·韦部》："韘，射决也，所以拘弦。以象、骨、韦，系着右巨指。"在山东巨野和广州等地的西汉墓中曾出土玉韘⑤（图36-5）。除拇指外，食指、中指、无名指上有时可韬以用皮革制作的指套，名极，见《仪礼·大射仪》，但在出土物中尚未见到实例。

箭原名矢。矢（$\frac{?}{?}$，甲3117）是一个象形字，已见于甲骨文。箭则是由制箭杆的箭竹得名。《方言》卷九郭注："箭者，竹名，因以为号。"北魏·阳承庆《字统》："大身大叶曰竹，小身大叶曰箭。箭竹主为矢，因谓矢为箭。"（《御览》卷三四九引）这个名称是从汉代开始广泛使用的。现存最完整的汉箭出土于居延甲渠候官遗址，系西汉昭帝始元六年（前81年）所制。全长67厘米，装三棱铜镞，竹杆，有三条尾羽，镞和羽均缠丝涂漆以与杆相固着（图36-3）。杆末有缺口，名栝。《说文·木部》：栝"一曰矢栝，檃弦处。"张弓搭箭后，须将弦纳入栝中，以便发射时承力。栝下装箭羽。甲渠候官遗址出土的这支箭，羽长9.5厘米，等于箭杆长的1/6弱，比《考工记·矢人》规定的1/5要短些。箭羽的长短直接影响到箭的飞行：羽太长，飞行速度慢；太短，稳定性差。但影响箭羽长短的因素除杆长外，还关系到箭镞的重量，而各式箭镞的重量又颇不相同，所以难以将杆、羽之长设出固定的比例。

西汉时仍用铜镞，但比秦镞的含锡量大，硬度有所提高。据检验：秦俑坑之镞含铜85.14％，含锡11.39％；而满城汉墓出土的镞，含铜74.74％，含锡22.1％。为了防止由于锡多而带来的脆性，汉代铜镞常用铁铤⑥。从镞型上看，一种式样最古老的中脊起棱的双翼铜镞，见于辽阳三道壕遗址，它大概就是《方言》卷九所说，箭镞"四镰或曰拘肠"之四镰镞（图36-6）。《仪礼·乡饮酒礼》郑注："侧边曰廉。"《广雅·释言》："廉，棱也。"则廉（镰）可以指一条棱线，也可以指一个窄边。上述箭镞之双翼与中脊前后的棱，正构成四镰。拘肠在《广雅·释器》中作钩肠，应指翼下端的逆刺。西安汉城武库遗址出土的铜三翼镞，逆刺尤明显，或可称为拘肠⑦（图36-7）。福建崇安汉城出土的铜三翼镞，翼上开二孔，或即是《方言》所称："其小而长，中穿二孔者，谓之钾鏴"（图36-8）。铁制的三翼镞因系模铸成型，锋利程度不如铜镞。所以西汉时精工制作的有翼镞皆为铜质，但中含铁铤；这样既可增加强度，又可节省铜材。武库所出之镞，有一种装有很长的铁铤，应即《方言》所称："其三镰长尺六者，谓之飞蚉"

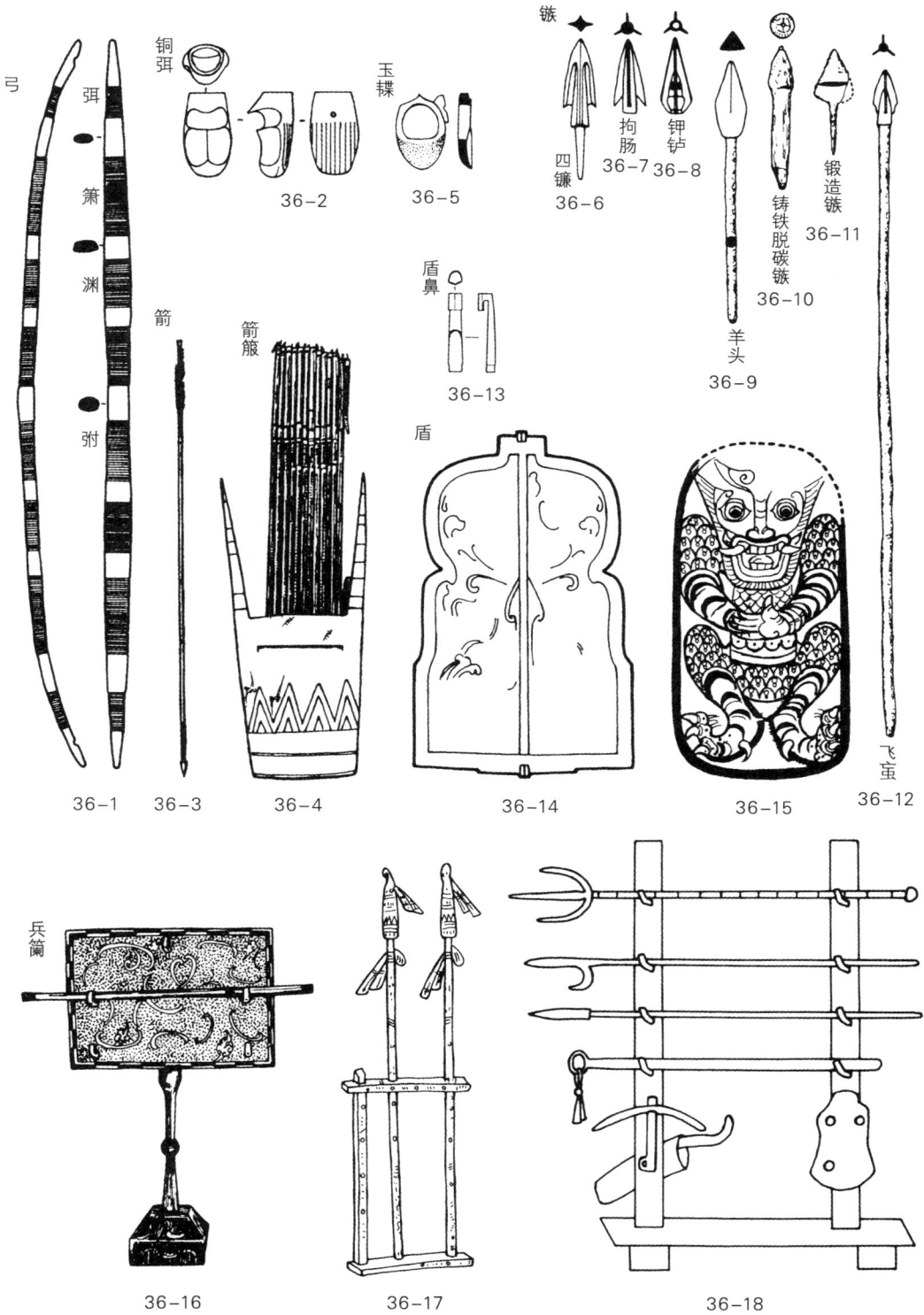

图版36

弓
36-1

弭
萧
渊
弣

铜弭
36-2

玉䪕
36-5

箭
36-3

箭簸
36-4

镞

四
镰
36-6

拘
肠
36-7

钾
铲
36-8

羊头
36-9

铸铁脱
碳镞
36-10

锻造镞
36-11

飞虿
36-12

盾鼻
36-13

盾
36-14

36-15

兵簫
36-16

36-17

36-18

（图36-12）。这种铜镞有的标本身长3厘米，铁铤长34厘米，通长37厘米，正合1.6汉尺。山东巨野西汉墓出土的此种镞，其铜镞身、铁铤和铤尾的铜帽是分制的。出土时，有些尚衔接完好，通长约34厘米，仍与1.6汉尺相近⑧。装这种镞的箭亦名飞䖟箭。《东观汉纪》"光武作飞䖟箭以攻赤眉"者即是（《文选·闲居赋》李注引）。在汉代，这是杀伤力最强的箭。汉简中常发现关于"䖟矢铜镞"之有关记事，故又可知飞䖟箭与先秦时之镞矢属于同类。《考工记·矢人》："镞矢参分，……一在前，二在后。"郑众注："一在前，谓箭槀中铁茎，居叁分杀一以前。"郑玄在《周礼·司弓矢》的注中，也说这种箭"前尤重，中深而不可远也"。但由于汉代人常在强弩上使用它，上述巨野西汉墓中的飞䖟箭就是和弩机一同出土的，所以射程问题可以通过增强弩的发射力而得到解决。

　　镞是消耗量很大的作战物资，由于有翼镞造型复杂，不易用铁制，所以不得不长期使用昂贵的铜材。而要用高质量的铁镞代替铜镞，关键是必须为铁镞找到适合用锻打法大量生产的镞型。一种三角锥状的三棱镞，大约就是《方言》所称"三镰者谓之羊头"的羊头镞，它们的镞身有的正视之颇似羊头。这种镞有全铁制的，也有铜身铁铤的（图36-9）。然而据居延所出《永元兵物簿》中记载的"陷坚羊头铜镞箭"的名称看来，它仍以铜制者为优。在满城1号墓与西安汉城武库出土了不少体呈圆柱形、前端呈四棱形的西汉铁镞。经金相考察，这些镞是铸造成型后，再闷火脱碳而成⑨（图36-10）。但因其毛坯为生铁铸件，不可能太规整；大量箭镞同时闷火，脱碳程度亦难一致。所以它的锋利和强固程度尚不足以取代青铜镞。故居延简中凡是记明质地的镞，都是铜镞；这一地区出土的箭镞实物，也都是铜质的。直到东汉后期，在四川新繁与安徽亳县的墓葬中出土了呈锐角三角形的扁平铁镞，名镝（《通俗文》），既适合锻造，又比较锋利（图36-11）。这才使铜镞终于为铁镞所完全取代。

　　盛箭之器名箙。《周礼·司弓矢》郑注："箙，盛矢器，以兽皮为之。"马王堆3号墓所出木箙（图36-4），当是明器。此箙两侧突起两尖角，正视若叉，所以《通俗文》说："箭箙谓之步叉"（《续汉书·舆服志》刘昭注引）。这一名称在《埤苍》（《集韵·平声十三佳》引）、《广雅》中皆作韄靫，故《释名·释兵》依声训法用"以箭叉于其中"来解释叉，或不尽准确。圆筒形的盛箭器则名椟丸，此名称见居延简（87·12，523·15），亦作犊丸（尹湾汉简《武库永始四年〔前13年〕兵车器集簿》）、鞬丸（《仪礼·士冠礼》郑注）、鼙䪐（《广雅·释器》）。《后汉书·南匈奴传》李注引《方言》："藏弓为鞬，藏箭为犊丸。"《左传·昭公二十五年》杜注："椟丸是箭筒。"沂南画像石之马厩中悬有弓鞬与椟丸（图54-9）。弓鞬之实物未见。椟丸之实物曾在乐浪汉墓出土，为高72厘米之圆形漆筒，外贴银箔，其中尚存箭镞[10]。过去根据《士冠礼》郑注所说："今时藏弓矢者，谓之韣丸也。"曾以为椟丸除装箭外兼可装弓。据出土物观察，椟丸是不能装弓的。

至于盾，则是蔽身的防护之具，它又有干、橹、瞂等异名。西汉时常见的盾与战国盾区别不大。临淄齐王墓陪葬坑所出者（图36-14）与长沙五里牌406号战国墓所出者形制基本相同[11]。临淄所出盾高69厘米，厚约0.5厘米，胎已朽，从厚度看应是革盾。五里牌所出盾也是革盾。马王堆3号墓遣册中曾提到"执革盾"，可见西汉时常用革盾。临淄盾髹黑褐色漆，朱绘卷云纹。应即罗泊湾1号西汉墓出土《从器志》中所称"丹画盾"[12]。盾的中部隆起有棱，名盾瓦。《左传·昭公二十六年》："射之中楯瓦。"杜注："瓦，楯脊。"脊的背面竖嵌木条，其两端套有铜盾鼻（图36-13）。盾鼻头部折屈若钩，用它向外钩住盾面，可使木条附着得更紧，从而也使盾得以加固。盾背中部装把手，名柲。《说文·盾部》："柲，盾握也。"彩绘漆革盾之用色繁复者，又名韅盾。《国语·齐语》韦注："韅盾缀革，有文如缋也。"

革盾之外，汉代还有木盾。《释名·释兵》："以木作之曰木盾。"咸阳杨家湾大墓陪葬坑出土的步兵俑所执之盾，有的呈两半扇相拼合再以绳络结之状，或即《释兵》所说："以韇编版者，谓之木络盾。"铁盾见于沂南画像石，其中刻出一具饰以兽面之盾，榜题："铁楯。"此盾较瘦长，它的形制为以后北朝的长盾所取法。广州龙生岗4013号墓出土的东汉漆盾呈椭圆形，略残，原物之长径仅40厘米许（图36-15），与东汉晚期的画像镜上之骑马人物所执者相近。《释名·释兵》："狭而短者曰子盾，车上所持者也。子，小称也。"车上、马上所持之盾当无大殊，故这种小盾即子盾。在河南唐河、成都曾家包等地所出东汉画像中，也能看到这种盾[13]。其形制为以后南朝的圆盾所取法。

各种兵器平时放在木架上，这种架名簴锜。《文选·西京赋》："武库禁兵，设在簴锜。"李注引《魏都赋》刘逵注："受他兵曰簴，受弩曰锜。"弩锜曾见于诸城前凉台画像石，作方框形，只挂有一张弩[14]。在别处的画像石上，弩常与其他兵器同架杂陈。尹湾《兵车器集簿》中两次出现"兵簴"，并且还提到"弩簴"，可见簴和锜的区别并不严格。兵簴上的武器有横置者，也有竖置者（图36-17、18）。兵簴有的很高大，也有的很小巧。马王堆3号墓出土的一件，高仅87.5厘米。在八角形的木柱上装有绘云气纹的方板，板上分三层，装五个托钩，横置一明器角剑（图36-16），制作得相当精致。

注释

① 林巳奈夫：《中围殷周时代の武器》第7章，京都，1972年。杨泓：《中国古兵器论丛·弓和弩》。

② 乐浪出土者，见梅原末治、藤田亮策：《朝鲜古文化综鉴》第2册，第11图，天理，1948年。余见注①2。

③ 安徽省文物工作队等：《阜阳双古堆西汉汝阴侯墓发掘简报》，《文物》1978年第8期。

④ 西方的所谓地中海式射法与我国古代的射法不同。前者将右手的食指、中指和无名指弯过来拉弦张弓，发箭时将镞置于弓弣左侧。后者将右手的食指、中指压在钩弦的拇指上张弓（所以鞢也套在拇指上），发箭时将镞置于弓弣右侧。

⑤ 玉鞢早在商、周时已经出现，安阳妇好墓与洛阳中州路2717号墓均曾出土。其用法之示意图，见夏鼐：《商代玉器的分类、定名和用途》插图13：4。《考古》1983年第5期。

⑥ 杨泓：《汉代兵器综论》，《中国历史博物馆馆刊》总12期，1989年。

⑦ 在我国，三翼镞始见于春秋前期，如陕县上村岭虢国墓所出之例。但由于这种类型的镞在南俄、东欧等地亦有发现，故研究者或称之为斯基泰式镞（M. Rostovtzeff, Iranians and Greeks in SouthRussia, P. 204；鸟居龙藏：《スキタイ族三翼式镞に就いて》，《人类学杂志》37卷9号）。林巳奈夫则认为，上村岭的三翼镞是在商周之双翼镞的基础上发展出来的（《中国殷周时代の武器》第365页）。其说是。三翼镞至战国和汉代虽又有所改进，但其根源仍植于我国固有的传统之中。

⑧ 山东省菏泽地区汉墓发掘小组：《巨野红土山西汉墓》，《考古学报》1983年第4期。

⑨ 北京钢铁学院金相实验室：《满城汉墓部分金属器的金相分析报告》，《满城汉墓发掘报告》上册附录。

⑩ 商代已有圆筒形的椟丸，殷墟西区M43车马坑中曾出土革制者。长沙浏城桥1号楚墓曾出土漆绘竹椟丸。乐浪汉墓所出椟丸，见《朝鲜古文化综鉴》第3册，第20图。

⑪ 中国科学院考古研究所：《长沙发掘报告》，科学出版社，1957年。

⑫ 广西壮族自治区博物馆：《广西贵县罗泊湾汉墓》第80页，文物出版社，1988年。

⑬ 东汉镜图纹中之盾，见沈从文：《中国古代服饰研究》图25，商务印书馆香港分馆，1981年。唐河画像石，见周到、李京华：《唐河针织厂汉画像石墓的发掘》，《文物》1973年第6期。成都画像石，见成都市文物管理处：《四川成都曾家包东汉画像砖石墓》，《文物》1981年第10期。

⑭ 山东省博物馆、山东省文物考古研究所：《山东汉画像石选集》第548图，齐鲁书社，1982年。

三七、武备 V

弩，礮

　　"弩生于弓"，"横弓着臂，施机设枢"（《吴越春秋》），乃成为弩。在臂和机的作用下，弩可以延时发射，从而将张弦装箭和释弦放箭分解为两个单独的动作。这样，无须在张弦的同时瞄准，命中率得以提高。而且与弓不同的是，弩在一人的臂力之外，还可以参用其他动力张弦，所以射程也比弓远。

　　原始木弩可能在远古时已经出现，但其杀伤力较小，只有装备金属弩机后，它才成为一件强有力的武器。铜弩机出现于战国早期，曲阜鲁城3号、52号墓所出者，是已知之最早的实例。过去曾以为弩起源于楚，乃是由于当时出土弩的地点尚少之故。至战国中期，在洛阳、长沙等地发现的弩，结构已趋于定型。中国国家博物馆所藏战国晚期的"司马孙礼"铜弩机且有铜郭，与《墨子·备高临》"连弩机郭用铜"之说合；这样，更增加了弩机受力的强度。汉代的弩机皆有铜郭（机匣），内装弩机，合称"铜镜郭"（EPT59·11），后多简称为弩机。其部件有望山[①]（照门）、与望山相连的弩牙（机钩）、悬刀（扳机）、钩心（又名牛，即棘爪）和两个贯穿各部件的轴孔，与使之组合成为整体的键（图37-8）。上弦装箭时，手拉望山，牙即上升，钩心随着被带起，其下齿卡住悬刀的缺口，遂使弩机呈闭锁状态。这样就可以用牙扣住弓弦，将箭置于弩臂上的箭道内[②]，使箭栝顶在两牙之间的弦上。发射时，扳动悬刀，牙即下缩，箭乃随弦的回弹而射出（图37-9）。为了准确命中，须由箭栝通过箭镞瞄准目标，使三点成为一线；并根据望山调整箭镞的俯仰，以找到最适当的发射角（图37-1）。即《礼记·缁衣》郑注："虞人之射禽，弩已张，从机间视括与所射，参相得，乃后释弦发矢。""参相得"即《吴越春秋》"夫射之道，从分望敌，合以参连"之"参连"，是弩射的要领之一。战国时，对弩的瞄准已有相当严格的要求。《吕氏春秋·察微篇》说："夫弩机差以米则不发。"但当时尚未出现带刻度的望山，至汉代，这种类似现代瞄准器上之标尺的望山就屡被发现了（图37-5）。《汉书·艺文志》著录的《望远连弩射法具》可能就是讲使用望山上带有刻度之连弩的专书，惜已佚失不存。

自战国至汉，弩臂都在前端留出承弓的浅槽，将弩弓（卷）固定于臂前，与宋以后在臂上打眼穿弓的方式不同（图37-4）。但在发射时，弩弓和弩臂的接合必须稳妥而牢固，所以又在弩臂前部贯一短横木，此物或即居延简所记"弩一张……木关"（128·1）之弩关。关训门闩，与此横木的形状和作用均相合。自弩关贴紧弩臂用绳索缚住弩弓的两弣。这种缚弩法被称为"徽弩"。《文选·解嘲》李注引应劭曰："徽音以绳徽弩之徽"（今本讹作"束以绳徽弩之徽"。兹据宋祁引萧该音义改正）。弣指弓把中部，《释兵》：弓"中央曰弣，……人所抚持也。"此处与弩臂垂直相交，受力较大，故易伤损，居延简中常见弩弓"伤弭（弣）"（49·12，145·38）的记载。自战国晚期至东汉，弩弓与臂的这种缚结方式以及二者之长度的比例，均无多大变化。长沙扫把塘138号楚墓所出之弩，弓已干缩，复原长度约为125厘米，臂长为51.8厘米。乐浪147号东汉王根墓所出之弩，弓长130厘米，臂长54.1厘米。两者的弓、臂长之比，均约为2.4∶1。画像石中所见者，比例虽不尽精准，但亦与之大体相近[③]。

还有一种被称作"承弓器"的铜件常与弩机及车马器同出，皆为两件一组。满城1号汉墓所出者，有错金银的、还有鎏金并镶嵌玛瑙和绿松石的。它的后部为长方形扁筒，末端开口，前端向内洼曲，形成弧形凹槽，复向上伸出一长颈高昂的兽头（图37-7）。此物的使用方法长期不明，一度曾根据洛阳中州路战国车马坑中承弓器出于弩臂前端左右两侧的现象，认为它装在弩臂上[④]。然而在整理修复始皇陵1号铜马车时，发现承弓器焊接于车前轸，是固定在车上的，始知中州路车马坑出土物的复原方式不确，它的作用不是承弓而是张弩。战车上须用强弩。孙诒让《周礼正义》卷六一云："车战野战，进退驰骤，非强弩则矢不及远。"强弩坚劲，步战时尚可用蹶张，腰引诸法彀卷，在车上却难以施行。所以便将弓弣卡在此物的凹槽中，再向斜上方用力拉弦，使之钩在牙上。之后，沿兽头颈部的抛物线向前一推，则退弩、擎臂、扣扳机、发箭的几个动作就可连续完成。按《文选·东京赋》云："璊弩重旃。"李注："置弩于璊曰璊弩。"《续汉书·舆服志》：轻车"建……轙辂弩服。"刘注引徐广曰："置弩于轼上。"璊、轙字通（高步瀛《文选李注义疏》卷三），而1号铜马车上装弩的位置正在轼前。故此种装置在车上的弩即璊弩。所谓承弓器应即"轙辂"之"辂"。辂与絷相通假（《穀梁传·昭公二十年》："卫谓之辂。"释文："辂本作絷"），而絷训拘（《庄子·秋水篇》释文引司马注）或拘执（《左传·成公九年》杜注），正与其功用相合。居延简中所称"承弩"（《合校》10·37），可能即指此物而言。

图版37

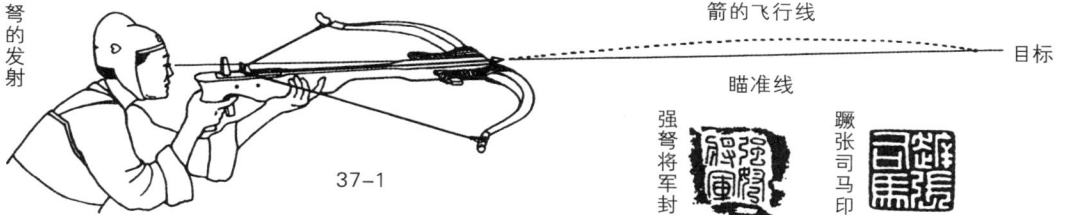

弩的发射

箭的飞行线

目标

瞄准线

37-1

强弩将军封泥

37-2

躐张司马印

37-3

弩臂

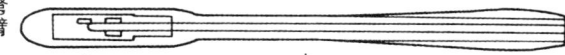

37-4

弩机

郭

悬刀

望山

牙

钩心

键

37-8

有刻度的望山

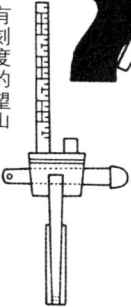

37-5

弩柎饰

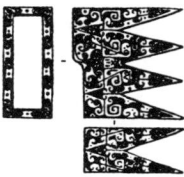

37-6

承弩器

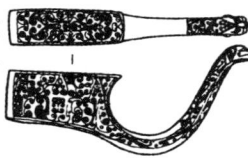

37-7

弩机的作用

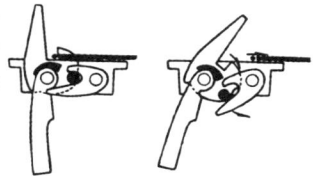

37-9

擘张弩

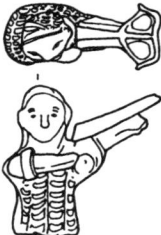

37-10

躐张弩

37-11

腰引弩

37-12

弩柎

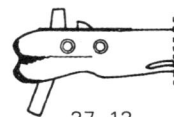

37-13

37-14

37-15

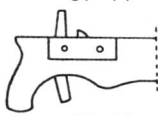

37-16

礟

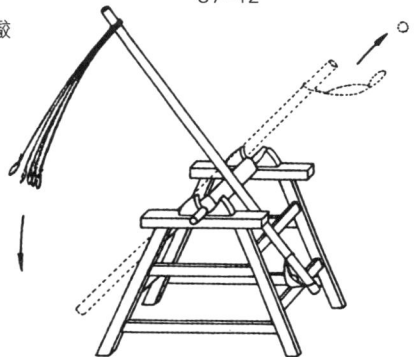

37-17

　　早期的弩多为射程较短的擘张弩，如《孙膑兵法·势备篇》所说："发于肩膺之间，杀人百步之外。"有效射程仅80米左右。但战国晚期韩国步卒已知"蹎劲弩"（《战国策·韩策》），则这时已有用足踏之力张弦的蹶（趯）张弩。又《史记·苏秦列传》说："韩卒超足而射。"正义："超足，齐足也。夫欲放弩皆坐，举足踏弩，两手引揍机，然始发之。"根据这里描写的情况，其所用之弩应为腰引弩，但未见到战国图像中的实例。在汉代，擘张弩（图37-10）、蹶张弩（图37-11）、腰引弩（图37-12）均已常见。使用腰引弩时，射手自腰部以绳钩弦张弓。其绳名絷。《说文·糸部》："絷，一曰弩要（腰）钩带。"其钩在汉简中名为"扢弦铁钩"（《流沙·器物》52）、"把弦铁钩"（《敦煌汉简》2231）、"铁钆弦"（《尹湾汉简·兵车器集簿》）。图37-12中前一人自右侧弓弭向腰间引出的斜线和挂在腰间的钩，或即代表此二物。腰引弩的强度远胜擘张、蹶张之弩。此外，如《后汉书·陈球传》所记"弦大木为弓，羽矛为矢，引机发之，远射千余步"之弩，则应属于床弩的类型，即《论衡·儒增篇》中提到的"车张"弩。《六韬·军用篇》也提到"绞车连弩"。过去对《六韬》成书的时代说法不一。1972年在山东临沂银雀山西汉墓出土《六韬》残简54枚，证明今本之部分内容在西汉时已经写定。而且尹湾《武库兵车器集簿》中也记有"连弩床一具"，故床弩的发明应不晚于西汉。但实物资料尚未发现。

　　此外，与战国弩相较，汉弩栅部的形制有显著改进。战国弩围绕悬刀装阑。河北易县燕下都44号墓所出铜弩机之铁阑，锈蚀后乃与悬刀的下端粘连在一起[⑤]。长沙扫把塘148号墓出土之弩，弩臂后部的栅与阑尚存，其结构比较清楚[⑥]。这时的栅是阑端的短柱；而且由于弩臂较平直，栅被组合在阑中，并不突出。汉弩则在臂末向下延伸出独立的栅，广东广州与江苏盱眙汉墓出土之弩的栅，已类似近代的枪柄形，颇便于握持（图37-15、16）。但是汉弩也有在臂后端只装金属饰件，而未在栅下作出柄形物的（图37-6、13、14）。

　　汉弩以石作为计算强度的单位，引满一石之弩，需相当于提起一石（约30公斤）重物之力。自汉简与汉长安未央宫出土骨签中所见，汉弩有一、二、三、四、五、六、七、八、九、十、十一、十二、十三、十四、十五、二十、二二、三十、四十石诸种。其中"三石具弩射百二十步"（515·46），约合165米；四石弩"射百六步"（《敦煌汉简》829），约合220米；四石四十三斤之弩"射百八十五步"（《合校》36·10），约合255米。鉴于《淮南子·说山》称："矢之于十步贯兕甲，于三百步不能入于鲁缟。"由此引出了"强弩之末"的成语（《汉书·韩安国传》，《三国志·蜀书·诸葛亮传》，《周书·杨宽传》），可见这个说法被广泛接受。因知常用之弩的有效射程约为二百余步，即不超过300米；同时也说明四石弩大约是实战中最有代表性的弩种⑦。皇家警卫部队所用之弩的威力要更强些，未央宫骨签所记弩力以六石为多，射程约330米。十石弩通称大黄弩，即居延简所记"大黄力十石"（82·15，52·17），射程在550米以上。骨签中记载的弩有射"四百二步"者，合555米，正是这种弩⑧。但骨签中还出现了"大黄廿石"乃至"大黄卅石"等惊人的数字。张40石之弩需用提起1200公斤重物之力，所以这种弩可能是单弓床弩。一枚弩砮之力竟达40石，颇超出想象，但无可置疑。因为汉代兵籍中要求对弩进行核对登记："此籍（指兵籍）随即下所在亭，各实弩力石、射步数，令可知"（《合校》7·7A）。汉简中多次看到校验弩力的记录，在石下还记明斤数和两数，相当严格，断非虚文。

汉代文献中亟口称道的大黄弩，其得名之原因据《史记·李将军列传》集解引韦昭说，认为大黄是"角弩"，"色黄而体大"。这种弩亦名"黄间"。《文选·射雉赋》"捧黄间以密毂"，李善注："黄间，弩名也。张衡云：'黄间机张。'一名黄肩。"汉弩又有名"白间"者，见班固《西都赋》。有名"紫间"者，陆机《七导》："捭紫间之神机，审必中而后射"（《御览》卷三四八引）。有名"赤黑肩"者，见《积古斋钟鼎款识》卷一〇载《汉右中郎将曹悦弩机铭》。有名"紫赤间"者，见北京师范学院历史系文物室藏建武十年弩机之铭。宋杰《建武十年弩机之铭文考释》认为"间"指弩牙，并引《南都赋》李善注引郑氏曰，"黄间，弩渊中黄牙"为证⑨。案李善所引郑说见《史记·李将军列传》集解引郑德曰："黄肩弩，渊中黄朱之。"则"黄牙"实为"黄朱"，与弩牙无关。黄间、白间、紫间诸弩，皆缘其弩弓之渊部（肩部）之色而定名。渊以外各部分通常为赤色。汉·应劭《风俗通义》卷九记应彬与杜宣饮酒，"时北壁上有悬赤弩，照于杯，形如蛇"。这就是著名的"杯弓蛇影"的故事。居延简中亦言"六石赤具弩"（E. P. T65·124），可相印证。

汉代大量用弩。西汉未央宫遗址出土的几万片骨签，都是向朝廷进弩的档案资料。据尹湾汉简记载，西汉时一处武库中藏弩537,707具，藏弩矢达11,458,427支之多⑩。表明对这种武器的极端重视。李广与胡人战，虞诩与羌人战，均得力于弩。两军会战时，如一方能将弩手集中使用，可发挥强大的攻击力，甚至使敌方的骑兵也败在阵前。史书记载此类战例，常用"千弩俱发，应弦而倒"（《汉书·李广传》）、"强弩雷发，所中必倒"（《三国志·魏书·袁绍传》裴注引《英雄记》）等句子来描述其战况。防守时，居高凭险，彀弩持满，以逸待劳，尤足制敌。西汉·李沮与东汉·陈俊的官号都是"强弩将军"，其所部可能均以用弩的步兵为主。汉代将军得置幕府，属官有校尉、司马等。传世西汉"强弩将军"封泥（图37-2）、"蹶张司马"印（图37-3），及东汉的"强弩都尉""强弩司马""强弩应机司马"（《秦汉南北朝官印征存》692、779、783）等印为数不少，反映出这一兵种当时是相当活跃的。又《汉书·地理志》南郡有"发弩官"，颜注："主教放弩也。"当是训练弩手的教官。汉代封泥中有"南郡发弩"（《封泥汇编》64），正是此官所遗之物。又三晋官玺有"增城发弩"、"榆平发弩"等印（《古玺汇编》0115，0116），则战国时已设此官。云梦简《秦律杂抄》中还载有对"发弩啬夫"武艺不精（"射不中"）的惩处条例。

至于重型的射远武器，汉代主要用抛石机（图37-17）。此物又名炮或礮。魏明帝《善哉行》："发炮若雷。"晋·潘岳《闲居赋》："礮石雷骇。"炮、礮皆受义于抛。礮又名䃉。《说文·石部》："䃉，一曰建大木置石其上，发以机，以捣敌。"它是在大木架上装梢杆，杆的后端系着许多绳索，前端用绳连结着一个盛石弹的皮窝。发射时，由许多人猛曳绳索，石弹就被抛出。约在西汉时成书的《范蠡兵法》，一处说："飞石重十二斤（2.7公斤），为机发行二百步（约280米）"（《汉书·甘延寿传》张晏注引）；另一处说："飞石重二十斤（4.5公斤），为机发行三百步（约420米）"（《文选·闲居赋》李注引）。两处的数字虽有出入，但总可以反映出当时这种武器之性能的一个大致的轮廓。

注释

① 河北易县燕下都遗址出土的一件弩机之望山上刻有"山"字，是此部件名望山的直接证明。见徐占勇：《对一批燕下都弩机散件的初步分析》，《文物春秋》2002年第6期。

② 居延简中有关于"箭道"的记载，见256·1，甲1387。

③ 杨泓：《中国古兵器论丛》第222页。文物出版社，1985年。

④ 洛阳博物馆：《洛阳中州路战国车马坑》，《考古》1974年第3期。

⑤ 见本书第三三篇注⑤1所揭文。

⑥ 高至喜：《记长沙、常德出土弩机的战国墓——兼谈有关弩机、弓矢的几个问题》，《文物》1964年第6期。

⑦ 《尹文子·大道上》："（齐）宣王好射，说人之谓己能用强也，其实所用不过三石。"说明宣王之弩的强度下常用者一等。但其弩也不会太弱，否则亦未免与"好射""用强"之名声过分悬殊。此事例正反证出四石弩是最具代表性的。

⑧ 中国社会科学院考古研究所：《汉长安未央宫》卷上，第96页，中国大百科全书出版社，1996年。

⑨ 《文史》第34辑，1992年。

⑩ 李均明：《尹湾汉墓出土"武库永始四年兵车器集簿"初探》（载《尹湾汉墓简牍综论》，科学出版社，1999年）。起先以为这是东海郡武库所藏武器的目录，但由于数量太大，所以又有人认为乃是长安武库的目录。见李成珪：《前汉长安武库收藏目录之发现》，载《长沙三国吴简暨百年来简帛发现与研究国际学术研讨会论文集》，中华书局，2005年。

三八、武备 VI

甲，胄

金属胄在我国出现得较早，商代已有铜胄，但用金属制甲则较晚。我国的甲起初是用皮革制造的，安阳侯家庄1004号墓中发现过整片的皮甲的痕迹。西周与春秋时曾用铜制甲，见于山东胶县西庵西周晚期车马坑及湖北当阳曹家岗5号春秋晚期墓。至战国晚期，铁甲在文献记载和考古发掘中均已出现。《吕氏春秋·贵卒篇》记有"铁甲"。燕下都13、21、22号遗址中曾出多数铁甲片[①]。为了与皮甲相区别，铁甲也被称为铠。《周礼·司甲》郑注："古用革谓之甲，今用金谓之铠。"

秦代铁甲之实物未见，只在著名的始皇陵兵马俑坑中发现了众多甲士俑。从形制上看，陶俑所披之甲有的仿皮甲，有的仿金属甲。并由于兵马俑坑中出土的武器除个别铁镞外，均为铜质。所以陶俑身上所模拟之金属甲片是不是代表铁甲，亦不易遽定。但其结构与编缀法，却无疑成为汉代铁甲的重要借鉴。

汉代的铁甲又名玄甲。《汉书·霍去病传》："元狩六年（霍）薨，上悼之，发属国玄甲，军阵自长安至茂陵。"《史记·卫将军骠骑列传》正义："玄甲，铁甲也。"虽然属国玄甲系由元狩二年归附的匈奴部众组成，但并不是只有属国所领武骑才披玄甲。《东观汉记》："祭遵薨，……乃赠将军，给侯印绶，遣校尉发骑士四百人，被玄甲兜鍪，兵车军阵送葬"（《御览》卷三五六引）。可证。咸阳杨家湾西汉大墓陪葬坑所出陶甲士俑，所代表的或即送葬的军阵。应当说明的是，除了这类特殊的场合外，汉代人也以"玄甲耀日，朱旗绛天"之类词句描写其军容之壮观（班固《封燕然山铭》），可见铁甲是汉代军队最精良的防护装具。整领的铁甲，在临淄齐王墓陪葬坑、广州南越王墓、阜阳双古堆1号西汉墓、满城1号西汉墓、洛阳西郊3023号西汉墓、呼和浩特二十家子古城窖藏、西安汉城武库遗址等处均曾出土[②]。至于零星甲片，各地发现的亦为数不少。于汉代的一些边防要地，如临戎城（今内蒙巴彦高勒市北）中的冶铁遗

图版38

两当甲

带披膊和腹甲的甲

38-1

38-2

鱼鳞甲

贴金银的鱼鳞铁甲

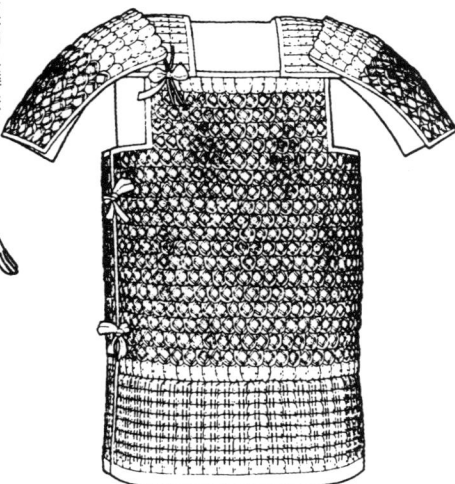

胄

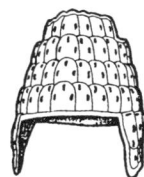

胄顶

38-5

38-6

38-3

38-4

38-7

38-8

甲片的编联

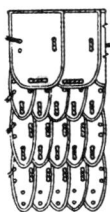

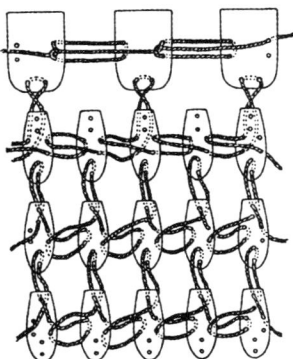

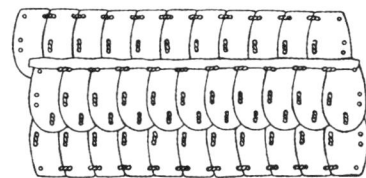

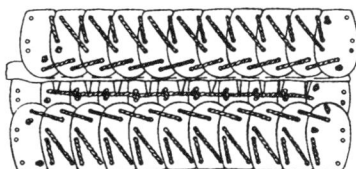

38-9

38-10

址，在地面上尚时有发现③，反映出铁甲当时已广泛使用。有些甲片经过金相鉴定：广州南越王墓出土的铁甲片为炒钢制品，满城汉墓与呼和浩特二十家子出土的铁甲片为块炼渗碳钢制品，徐州狮子山楚王墓出土的铁甲片以铸铁脱碳钢为原料，经冷锻成型。其上之孔眼均为冲压而成。这些铁甲片的含碳量不高，具有较好的延展性和强度，利于防护④。临淄齐王墓陪葬坑出土的铁甲之部分甲片的中部还贴有方形金薄和银薄（图38-4）。

根据出土实物，汉代的铁甲片可分大、中、小三型。大型甲片作圆角长条形，长约25厘来，有类一枚简札，故古文献中称之为甲札。用此型甲片编成的甲则称为札甲。小型甲片下缘平直，近匙头形，长度一般不超过3厘米。用它编成的甲，甲片排列紧密，有如鱼鳞，故称鱼鳞甲。中型甲片则介于两者之间。甲片在边缘上钻孔，常以二孔为一组，多的达10组20孔，少的仅三组六孔，常以麻绳或皮条串孔编缀，某些特别讲究美观的甲亦用丝带编缀⑤。编甲的方法杨泓总结为："大致是先横编后纵联，横编时是从中心一片向左、右编缀，纵联时则由上向下，所以铠甲片一般是上排压下排，前片压后片"⑥。根据部位的不同，其具体编法常见的有三种。第一种以满城1号墓与洛阳3023号墓出土甲的身部为例：编甲时将绳子左右上下往复串联，使甲片在横向组合的同时并与上排结成一体（图38-9）。这种编法比较复杂。为了在战时较易补缀受损之处，编甲的绳子分作小段，每段的接扣都留在甲的内侧。修理时可以小段为单位挽扣接绳，对甲片进行更换或复位。第二种以满城出土甲之肩部为例：是先将甲片各自单独编成横排，编成三排后再行叠边编联（图38-10）。编联时第三排倒置，第二排压在其余两排之上。编成后，两肩上的甲片均作自前向后依次叠压之顺序。第三种用于编缀垂缘等处。此法也是先编出单个的横排，再将各横排纵向串绳交叉贯络吊接，编成后既不易松脱，又能伸缩自如。广州甲与临淄甲的若干甲片，在缀合前还以丝带穿过其上的孔眼而于正面编出互相套合的菱形图案。虽纯属装饰，但在咸阳杨家湾出土的甲士俑上也曾发现，说明是当时流行的作法。最后，编成的甲还要包边、贴里。满城1号墓之甲除衬有一层丝织物外，贴着甲片还有一层皮革。满城甲与临淄所出贴金、银薄的甲均用锦包边⑦。

汉代披甲之武士的形象，以杨家湾陪葬坑所出陶俑反映得最为具体。由于其时代属于西汉前期，所以这里的俑大都披着用甲札编成的甲。简单的类型仅护住胸、背，名两当甲（图38-1）。复杂一些的增加披膊和垂于腰下的腹甲（图38-2）。最复杂的一种在腰以上用鱼鳞甲，腰以下垂腹甲，腹甲用甲札以活络法编成（图38-3）。这种俑形体高大，穿着华丽，应代表俑群中之指挥官。杨家湾出土俑之披鱼鳞甲者只此一例，说明此时鱼鳞甲尚不多见。出土的西汉鱼鳞甲之已复原者凡3领，都是在诸侯王一级的墓葬里出土的。满城所出者用甲片2859片，临淄所出贴金、银薄之甲用甲片2244片、素面甲用甲片2142片。这些甲片都比较小，编成后极为严密。而札甲由于甲片大，用的数量也少。始皇陵兵马俑坑之甲士俑中，用甲片最多的战车御手之甲，每领也不过323片；广州南越王墓之札甲，亦仅用709片，质量显然不如鱼鳞甲。至东汉时，在山东沂南、滕县东北崖头等地出土之画像石上刻画的武库中，都只表现出精细的鱼鳞甲[8]。而且在一些刻画披甲战士的图像中还可看到，除身甲外，保护颈部的盆领和保护下身的腿裙等部分，在东汉甲上也已出现，遂使其结构更加完备。

虽然铁甲在汉代得到长足发展，但仍有用皮甲之例。长沙侯家塘西汉墓与乐浪东汉王根墓中均出皮甲。在居延简中也常提到"革甲鞮瞀"（14.2，182.6）。不仅有革甲，居延简中还有草甲，如简文中出现的"皮䩅、草䩅"（495.1，506.1）、"皮瞀、草䩅"（EPT48.129）等例。瞀指鞮瞀，即《汉书·韩延寿传》所称"被甲鞮鍪"，为皮革作的胄。革通䩅，甲声，详见本书第八二篇；草䩅就是草甲，但未见实例，不知其编结法与防护能力如何。《昌言·政损益篇》曾说："以革甲当强弩，亦必丧师亡国。"而居延塞防线上却用此种草甲，不知是否因为匈奴缺少强弩，抑或别有它故。

与甲相比，汉胄之实例较少。杨家湾的甲士俑均未戴胄。阜阳双古堆1号西汉墓所出甲片中，有一组用于编铁胄者，唯尚未复原。目前已复原的只有临淄齐王墓陪葬坑中出土的一顶，此胄由80片铁胄片组成，与燕下都44号墓所出以89片铁胄片编成的胄之编法相近，但式样较后者简化（图38-5）。使用时，其中尚须衬垫絮类。居延简称"铁鞮瞀二，中无絮，今已装"（《合校》3·28），可以为证。革胄即鞮鍪之完整的实例亦未发现，只在成都东北郊西汉墓出过革胄顶上的铜饰（图38-6）。同样的铜胄饰在成都圣灯1号战国墓也曾出土，或者代表当地的地方特点[9]。此外，则只能在东汉壁画中看到戴胄的武士。和林格尔东汉墓壁画中的胄似是革胄（图38-8），而辽阳北园东汉墓壁画中的胄或代表铁制的兜鍪（图38-7）。这两处之胄均于顶上装缨饰，显得颇为威武。

注释

① 河北省文化局文物工作队：《河北易县燕下都故城勘察和试掘》，《考古学报》1965年第1期。

② 临淄甲，见《西汉齐王铁甲胄的复原》，《考古》1987年第11期。广州甲，见《广州西汉南越王墓出土铁甲的复原》，《考古》1987年第9期。阜阳甲，见本书第三六篇注③所揭文。满城甲，见

《满城汉墓发掘报告·附录二·铁铠甲的复原》。洛阳甲，见《洛阳西郊汉墓发掘报告》，《考古学报》1963年第2期。呼和浩特甲，见《呼和浩特二十家子古城出土的西汉铁甲》，《考古》1975年第4期。西安甲，见《汉长安城武库遗址发掘的初步收获》，《考古》1978年第4期。

③ 侯仁之、俞伟超：《乌兰布和沙漠的考古发现和地理环境的变迁》，《考古》1973年第2期。

④ 陈建立、韩汝玢：《汉诸侯王陵墓出土铁器的比较》，《文物保护与考古科学》12卷1期，2000年5月。

⑤ 见注②2所揭文。

⑥ 杨泓：《中国古兵器论丛·中国古代的甲胄》。

⑦ 见注②1、4所揭文。

⑧ 沂南者，见《沂南古画像石墓发掘报告》，拓片第11幅。滕县者，见傅惜华：《汉代画像全集》初集，第110图，中法大学汉学研究所，1950—1951年。

⑨ 成都市文物管理处：《成都市金牛区发现两座战国墓葬》，《文物》1985年第5期。

三九、旌旗，符节，金鼓，骑吹

旌旗的用途不限于军事，但在军事上以旗鼓指挥进退，故《尔雅》次"旌旐"于"讲武"之后，《释名》则将"九旗"收入《释兵篇》中，似表示二者有所关联，而前者又不能完全为后者所包容。故本书亦将本篇列在《武备》后面。九旗的具体解释见《周礼·司常》，然而那里说的是先秦时的旗制，与汉制有所不同。且诸旗多依帛色、纹章相区别，而在出土的图像材料中，这些情况却不易分辨，难以指证。所以这里只就图像中能看得清楚的几种略作介绍。

旗是旗帜的通称。旗竿名干。旗的正幅名縿。旗上部附缀的长飘带名斿，斿又称为旒。《说文·㫃部》："游，旌旗之流也。"《国语·齐语》韦注："正幅为縿，傍属为旒。"旗下部附缀的锯齿状边饰名重牙或燕尾。《礼记·明堂位》郑注："殷又刻缯为重牙，以饰其侧。"《释名·释兵》："以杂色缀其边为燕尾，将帅所建。"辽宁辽阳北园汉墓壁画中所绘立于楼顶之旗，即仲长统《昌言》所称"今为宫室者，崇台数十层，长阶十百仞，延袤临浮云，上树九丈旗"之类（《艺文类聚》卷六一引），此旗对上述各部分均有所表现（图39-1）。其次，在汉代文献中经常被提到的还有旌。旌是长条形的旗，故古人或拟之以虹蜺。《文选·高唐赋》："蜺为旌。"又《上林赋》："拖蜺旌。"李注："张揖曰：'析羽毛染以五采、缀以缕为旌，有似虹蜺之气也。'"它的另一特征是干首有旄。《尔雅·释天》："注旄首曰旌。"《说文·㫃部》："游车载旌，析羽注旌首也。"准此两项特征以求，则成都扬子山1号汉墓出土画像砖上一骑士所持者，应即是旌（图39-11）。另外，旝也应是一种长条形旗。《说文·㫃部》谓旝"所以进士众。"《诗·无羊》："旐维旟矣，室家溱溱。"毛传："旐旟所以聚众也。"金文中常见数人聚于长条旗下之字形，旝应属其类。武氏祠画像石中所见形制朴素的长条形旗，或是简化了的旝。《释兵》："旝，誉也。军吏所建，急疾趋事，则有称誉也。"所状亦相近。

画像石上还曾见到骑马持幢者（图39-7）。《汉书·韩延寿传》颜注："幢，旌幢也。"则幢也被看作是旌旗的一种。《急就篇》颜注："形如车盖者谓之幢。"故幢又可称为幢盖。《文选·马汧督诔·序》："圣朝畴咨，进以显秩，殊以幢盖之制。"李注："幢盖，将军刺史之仪也。"至南北朝时，统兵官有的称为"幢主"，殆由此得名。还有一种小型的幢，将帅持以指挥，名麾。《韩延寿传》颜注："幢，麾也。"它又名翿。《广雅·释器》："幢谓之翿。"《周礼·乡师》先郑注："翿，羽葆幢也。……（匠人执翿）以指麾挽枢之役，正其行列进退。"用麾指挥军队的作法，或由此发展而来。武氏祠画像石中，一榜题"齐将"者所持之物即麾（图39-3）。

与麾形相近而呈上下三重的，则是节。《汉书·高帝纪》颜注："节以毛为之，上下相重，取象竹节，因以为名。将命者，持之以为信。"《后汉书·光武帝纪》章怀注："节所以为信也。以竹为之，柄长八尺，以氂牛尾为其眊三重。冯衍《与田邑书》曰：'今以一节之任，建三军之威；岂特宠其八尺之竹、氂牛之尾哉？'"则节是在竹竿上装三重用氂牛尾毛所制的眊而成。武氏祠画像石中一榜题"汉使者"的人物所持者，是汉节之忠实的写照（图39-2）。节是执行王命的凭信。《周礼·掌节》孙诒让正义："王使传命于四方，虑人不信，又各以其节辅助之，亦所以绝矫诬而昭明信也。"其说是。

但要发兵作战，仅用节尚不足取信，还须用虎符。《汉书·文帝纪》：二年九月"初与郡守为铜虎符。"颜注引应劭曰："铜虎符，第一至第五。国家当发兵，遣使者至郡合符。符合乃听受之。"这时很重视虎符，如《后汉书·杜诗传》所说："符策合会，取为大信。"汉代的虎符以右半留京师，左半发至郡国。传世的泗水虎符，背文为："与泗水王为虎符。"腹侧文为："泗水左一。"字皆错银。这是西汉时颁发到泗水国的虎符（图39-5）。西汉虎符一般长约六厘米，东汉虎符加大，长度多在7.5厘米以上。

战事以外的征调，则无须用虎符。《杜诗传》称："旧制：发兵皆以虎符，其余征调，竹使符而已。"依应劭说，竹使符是用长五寸的竹片制成，其实物迄未发现。但汉代通过关津所用的"符传"，形制当与竹使符相近。尤其是边郡所用者，更具有军事性质。如居延发现的金关出入关符券（65·7），书有："始元七年（前80年）闰月甲辰，居延与金关为出入六寸符券，齿百，从第一至千。左居官，右移金关。符合以从事。第八"（图38-6）。所谓"符合"，乃是符契相合，即《易林·大畜之未济》所称："符左契右，相与合齿。"金关出入关符券上有编号，总数为1000，每枚各写明顺序号，已见者除上举第8号外，尚有7、18、19、32、68、959号等。其刻齿即符文所称"齿百"，这是指剖符前于刻齿处书一"百"字，检验时，符契的刻痕与字迹均相合，始被承认①。不过它大约主要供军用，吏民出入关用传，官员出入则用棨信。居延出土的"张掖都尉棨信"，为正面有墨书文字的红色帛幡，长21、宽16厘米（图39-4）。此物《说文》称

图版39

旗

39-1

節

39-2

麾

39-3

榮信

39-4

虎符

39-5

符券

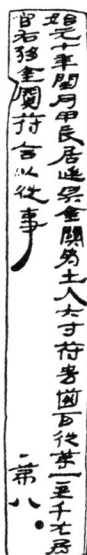

39-6

幢　　　　　　　　　幡　　　　弩斿幡　　　　　钲　旌

39-7　　39-8　　　　　39-9　　　　　39-10　　　39-11

竽　排箫　　　　筎　　　角　鞬鼓

39-12　　39-13　　　39-14　　　39-15　　　　　　39-16

为"緕"，《糸部》："緕……—曰微帜信也，有齿。"微帜也就是幡。《广雅·释器》："微、帜，幡也。"它又名信幡。《古今注》："信幡，古之徽号也，所以题表官号，以为符信，故谓为信幡也"②。《东观汉记》说梁讽征匈奴，降者甚多，"讽辄为信幡，遣诣大营，前后万余人，相属于道"（《北堂书钞》卷一二○引），所用亦是此物。微幡上的齿与符契上的齿所指不同，徐州青山泉画像石中有骑吏持信幡，下部垂齿状物（图39-8），应即幡上之齿。亦即尹湾《兵车器集簿》所称之"幡胡锯齿"。另有一种幡张于弩上，即居延简所称"弩靳（旂）幡"（57·11）。扬之水举出四川彭州汉墓画像石与河北安平逯家庄汉墓壁画中之图像以证之（图39-9），甚确③。

作战时，以金鼓指挥进退，即《尉缭子·勒卒令篇》所称："鼓之则进，重鼓则击。金之则止，重金则退。"鼓不易保存，未能详说。金则指钲，其状类铙。山东临淄西汉齐王墓3号陪葬坑出土一钲④。《历代钟鼎彝器款识》卷一九著录有西汉的"平周钲"。新莽钲除河南襄城盛庄出土的天凤四年"颍川钲"外⑤，《贞松堂集古遗文》卷一五尚著录一件"侯骑钲"。东汉钲未获实例，只在四川成都青杠坡3号东汉墓出土的画像砖上有骑马击钲者（图39-10）。不过这里表现的并非战争场面，其器也有可能是铙，但钲的用法亦可据而仿佛之。

至于军乐，汉代一般称为鼓吹⑥。所用乐器除鼓以外，主要有铙、笳、箫等，因此鼓吹有时又称为"铙吹"（《洛阳伽蓝记》卷三）、"鸣笳"（《魏文帝集·与朝歌令吴质书》）或"箫唱"（《御览》卷五八一引《江表传》）。鼓吹乐工如乘车，这种车则称为鼓吹车，多用于卤簿中，详见本书第二六篇。如骑马，则又称为骑吹。《宋书·乐志》："列于殿庭者为鼓吹，今之从行鼓吹为骑吹，二曲异也。"骑吹除充卤簿外，亦用于军阵。但古文献中此二名称的区分不太严格，有时亦将骑吹笼统地称为鼓吹。鼓吹中的打击乐器以鼓为主。鼓吹车上的鼓名楗鼓或建鼓，是有趺的大型鼓，骑吹中所用的鼓则为鼙鼓。《急就篇》颜注："鼙，骑鼓也。其形似鞀而庳薄。"这是一种小型鼓，如成都扬子山1号、青杠坡3号等汉墓出土的骑吹画像砖中所见者。其顶部亦植羽葆，与建鼓的造型略相近，唯只由一名鼓手击鼓。四川新都出土的骑吹画像砖上，有一具装在骆驼背上的鼓，左右有两名鼓手敲击，极罕见。此鼓较上述鼙鼓为大，大约就是《说文·鼓部》所称"八尺而两面，以鼓军事"的鼖鼓了（图39-16）。铙在青杠坡画像砖上出现过，但不多见。笳出现的次数也不多，然而在鼓吹中的地位却极重要。《乐府诗集》卷一六说："鼓吹未知其始也，汉班壹雄朔野而有之矣。鸣笳以和箫声，非八音也。"文献中描述军乐之盛况，也常用"鼓吹乱作，胡笳长鸣"一类的话（《晋书·夏统传》）。可见笳声在鼓吹中是很突出的。《说文》无笳字而收葭字，葭是嫩苇，它的叶子可以卷起来吹。晋·傅玄《笳赋》说："葭叶为声。"晋·孙楚《笳赋》说："衔长葭以汎吹，嘄啾啾之哀声。"可见笳之得名起源于吹葭。定型的笳作管状，装有用苇叶或苇茎作的簧，青杠坡画像砖上的吹笳者吹的就仿佛是一支管（图39-14）。它大约起源于胡地，故又名胡笳。它的构造与后起的筚篥大体相同，所以至隋唐时，笳就逐渐为筚篥所取代。由于笳音清亮激越，在鼓吹中往往用排箫为它伴奏（图39-13）。南北朝时，一部鼓吹中排箫与笳的比例为13∶2至9∶1，可见箫音远较笳音为低。汉代有时尚配以竽，它的作用大约与箫相似（图39-12）。

　　此外，汉代还有横吹。《乐府诗集》卷二一说："横吹曲，其始亦谓之鼓吹，马上奏之，盖军中之乐也。……其后分为二部：有箫、笳者为鼓吹。……有鼓、角者为横吹。"吹角的形像见于孝堂山画像石（图39-15）。至南北朝时，横吹极盛，角也愈变愈长，成为所谓"长鸣角"，并多以竹木或金属制作。但汉代的角大约还是用兽角加工而成，尚保持着较原始的形制。

注释

① 敦煌县文化馆：《敦煌酥油土汉代烽燧遗址出土的木简》，载《汉简研究文集》，甘肃人民出版社，1984年。

② 李学勤：《谈"张掖都尉棨信"》，《文物》1978年第1期。

③ 扬之水：《幡与牙旗》，《中国历史文物》2002年第1期。

④ 山东省淄博市博物馆：《西汉齐王墓随葬器物坑》，《考古学报》1985年第2期。

⑤ 姚垒：《襄城县出土新莽天凤四年铜钲》，《中原文物》1981年第2期。

⑥ 杨泓：《中国古兵器论丛·汉魏六朝的军乐——"鼓吹"和"横吹"》，文物出版社，1986年。

四〇、塞防设施

　　《汉书·匈奴传》说："中国四方皆有关梁障塞。"但当时的主要威胁来自匈奴，故汉代人所称之"塞"，概指西北方的边塞。这时继续修缮加固了秦长城。元朔二年（前127年），卫青收复河南地（泛指今乌加河以南，包括伊盟和河套地区），"复缮故秦时蒙恬所为塞，因河而为固"（同上传）。这段长城起自内蒙古集宁东南，大体上沿北纬41°循阴山南麓而西，直达乌兰布和沙漠边沿。此后于太初三年（前102年）又在阴山以北筑长城，"遣光禄勋徐自为筑五原（今包头地区）塞外列城，西北至庐朐（在今阿尔泰山南麓）"（《汉书·武帝纪》）。由于它位于秦长城以北，故侯应与汉元帝的谈话中称之为"外城"（《汉书·匈奴传》）。这段长城起自内蒙古达尔罕茂明安联合旗，大体上沿北纬42°延伸，西达额济纳旗的苏古诺尔湖东北。同时，汉武帝又"使强弩都尉路博德筑居延泽上"（《史记·匈奴列传》）。居延一线是防御匈奴的战略要地，这里的塞防工事向东与五原外城连接，向西南沿弱水和疏勒河抵敦煌境内的玉门关。总起来看，汉长城横亘蒙古高原，东"至浿水（清川江）为界"（《史记·朝鲜列传》）。在辽宁东部发现的东端长城沿鸭绿江延伸至长甸河口以北，与《史记》的记载正合[①]。这条巨大的防御工程体系，如《汉书·赵充国传》所说："北边自敦煌至辽东，万一千五百余里，乘塞列燧，有吏士数千人。"是汉代最重要的防线。其后长城自玉门关继续向西延伸，经大方盘城，在T15（D28）处折向西南抵贼娃子泉。然后自贼娃子泉西岸向西偏南延伸至甘新边境的马迷兔，止于一风蚀台地边。更向西尚继以烽台，"自敦煌西至盐泽（今罗布淖尔），往往起亭"（《汉书·西域传》）。汉代经营西域，一般先"列亭障"，之后再连以长城。最西部的烽台遗存已经过了库尔勒、轮台，位于库车西北盐水沟的台地上。此遗址今名尕哈烽台，夯筑，残高约16米。平面呈长方形，由基底向上逐渐收缩呈四棱台状（图40-9）。这些烽隧所守望的防线上尚未及修筑塞墙，它们至今仍静静地屹立在大漠龙沙之间的骄阳里。

　　在汉代文献中，"长城"是上述塞防的总称。具体的一段塞城则称为某塞，如

图版40

夹芦苇层的夯土长城 40-1

渠答

40-2

40-3

烽火品约简

40-4

苇束 转射

40-5

40-6

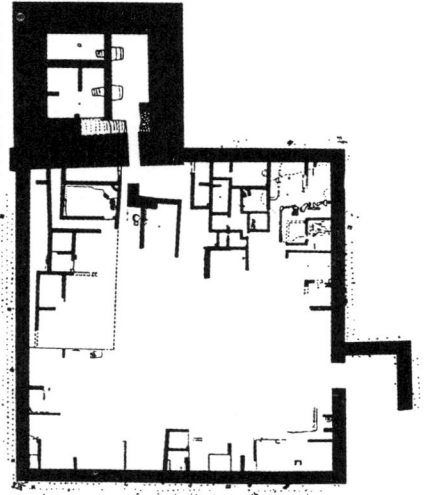

甲渠候官障遗址平面图

40-7

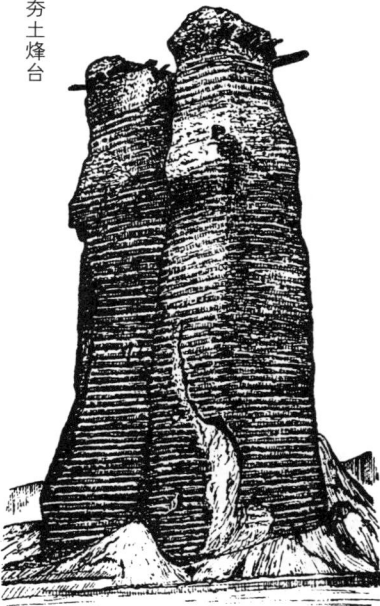

夯土烽台

40-9

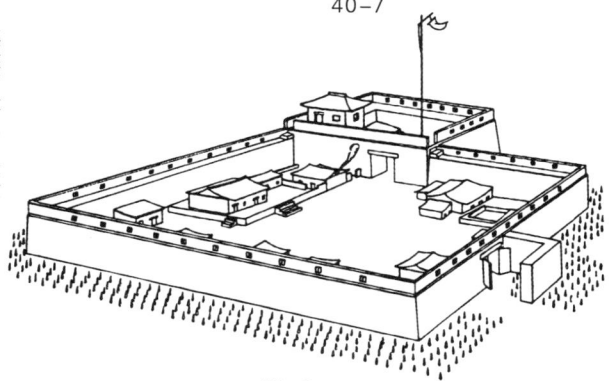

甲渠候官障复原示意图

40-8

40-11

左下图之X号烽台近景

40-10

山谷间的石砌（Ⅷ、Ⅺ、Ⅹ号）烽台

《史记·韩长孺列传》说："单于入汉长城武州塞。"塞上的险要处筑小城屯守，名障。《汉书·李陵传》颜注："障者，塞上险要之处，往往修筑，别置候望之人，所以自障蔽而伺敌也。"障城一般设在长城内侧，规模不大，但有的都尉府就驻于障城。都尉是边郡太守以下的武职，又称部都尉（《汉书·咸宣传》），以区别于不专司边防事务的农都尉、属国都尉等。一部都尉约守塞四五百汉里。如张掖郡的居延、肩水两都尉分驻额济纳旗的班登博勒格（K688）和大湾（A35）两地，都是塞上的重要据点。在都尉的防区中，依汉律每百里设一候官（相当县令），如居延都尉所属有殄北、居延、遮虏、甲渠、卅井等候官。候官之下设候长（相当乡啬夫），候长之下设隧长（相当亭长），隧长率隧卒守隧[②]。以甲渠塞为例，据考古调查，其防区长约50公里，每两隧相距约1000—1300米。隧字在汉简中或作㸂，《史》《汉》中隧、燧两字并用。《说文·𨸏部》："㸂，塞上亭，守㷭火者也。"其字从𨸏。《说文》："𨸏，两阜之间也。"㸂字下段注："云'塞上亭，守烽火者'，谓边塞之上，守望烽火之亭。故其字从𨸏，在陒隘之间也。"𨸏部字有的或可省而从阜，因知此字当以作隧为正。隧即烽火台，相当于一个哨所。地势险要之处，各隧距离不能均等。但如内蒙古昭乌达盟汉长城沿线之所见，即便是山地，每一隧与其前后两隧也都能彼此呼应，得以迅速地传递警报[③]。

汉长城绵延万里，沿线地理条件时有变化，修筑方法亦随之而各异。《汉书·匈奴传》述侯应语："起塞以来，百有余年。非皆以土垣也，或因山岩石，木柴僵落，谿谷水门，稍稍平之。卒徒筑治，功费久远，不可胜计。"他的说法与实际情况是符合的。河西一带因缺乏适宜版筑的黄土，乃以红柳、芦苇为骨架，用砂石分层叠筑成塞墙。由于当地的地下水含盐分高，渗入苇墙后使之固结，增强了抵御风蚀的能力，现存最高者达3.75米[④]（图40-1）。居延一带因土质条件不同，有版筑的，还有用石块砌出内外墙面、当中填以砾石的。在内蒙古巴盟潮格旗北部的一段长城，全用青灰色石板交错叠砌而成，墙面整齐，有数十里一气相连的，很是壮观[⑤]。这一带还有以石片砌墙面，内包夯土的，即《后汉书·王霸传》所说的"堆石布土"，但这类城墙的保存情况一般较差。各地长城的基宽不等，窄的只有2-3米，宽的可达6-7米，甚至近10米。据保存较好的石城墙的高度推测，汉长城的一般高度当在2.5-3米左右。敦煌本《沙州都督府图经》说："古长城高八尺，其（基）阔一丈，上阔四尺。"亦与此数值差近。

障的修筑法亦因地制宜。如上述潮格旗石砌长城之南0.5公里的朝鲁库伦障也是一座石城，方形，每面长约125米，墙基宽5.5米，顶宽2.6米，高2.7米。障墙的四角有向外突出的类似"马面"的建筑。这一特点与内蒙古巴彦淖尔市阴山西部哈隆格乃山谷南口的Ⅰ号石障，即著名的鸡鹿塞相一致。不过鸡鹿塞比朝鲁库伦障小些，每面之长为68.5米，然而更高峻，墙基宽5.3米，顶宽3.7米，残高一般在7米左右，最高处为8米⑥。这可能与其扼阴山交通要冲之位置有关。甘露三年（前53年）呼韩邪单于入朝，归途"出朔方鸡鹿塞"，即取道于此。

但是一些土筑的障也不大。如额济纳旗纳林河西岸的破城子EP（A8）地点，为居延都尉所属甲渠候官治所。经过1931年、1973—1974年两度发掘，遗址的情况已基本清楚⑦（图40-7、8）。这座障在其西北角附有小方堡，每面长23.3米，土坯墙厚4—4.5米，残高4.6米。南面的障墙范围较大，为47.5×45.5平方米，夯土墙厚1.8～2米，残高0.9米左右，稍有收分。墙面抹草泥白灰，有的地方达14层之多，足见其使用时间之久。东墙辟障门，已焚毁，残存排叉柱，则其上或有门楼即谯橹。门外残存瓮城之曲壁。此类小方堡与其所依附的障，在若干著作中被分别称为坞和障。按《史记·匈奴列传》正义："障，山中小城。"《说文·𨸏部》："隖，小障也。"《国语·晋语》韦注："小障为坞。"则障和坞是两类城堡，虽然在后世二名的区分不严格，但对汉代边塞设施说来，不宜将一座城堡的两部分分别称为坞与障，因为坞指亭隧，与障的等级不同。甲渠候官之障上的小方堡，犹如院落中的望楼，便于制高与坚守而已。小方堡有登堡墙的蹬道，有堆垒整齐的羊头石，可以说明它的用途。障周围3米以内的地面埋设4排尖木桩，完整者高33厘米，间距70厘米左右，即《汉书·晁错传》所称"中周虎落"，颜注："外藩也，若今时竹落。"汉简中称为彊落（239.22，EJ.613，E.P.T59.15）。虎落上部的堆积中，出土长方形木框多件（图40-6）。其规格大体一致，高约41厘米，中心竖装圆轴，轴中部开一内高外低的长方形斜孔，宽2～3厘米，孔下安装小木橛作为把手。持把手转动圆轴，斜孔可以照准左右110°之内的目标。它们原应嵌砌在围墙顶部，用于射击或窥探敌情。此物应当是出土简中所称"转射"（E.P.T48.18A，E.J.T37.1552）或转楣（258.16，285.18，578.1），亦即银雀山简《守法篇》之"专（转）牖"，《墨子·备城门篇》之"转射机"。从简文看，转射多用于发弩。如谓"转射二所，深目中不辟除；一所转射孔小，不承长辟（臂）"（89.21）。是说转射的射孔太小，无法容纳弩臂前端。又说深目中没有清除干净，也妨碍发射。深目常与转射并提，应是其配套设施。初师宾认为："深目当指坞壁垣堞上的视孔、垛眼。"其说近是⑧。但作为深目的视孔中尚应安装其他构件。简文说："第七隧……坞上深目一不事用"（82.1）。如果只是一个孔洞，就没有"不事用"的问题了。《淮南子·泰族》说："人欲知高下而不能，教之用管准则说；欲知轻重而无以，予之权衡则喜；欲知远近而不能，教之以金目则快。"高注："金目，深目。所以望远近，射准也。"可见深目当兼有瞄准和测距的功用。可惜在出土物中未发现完整的标本，莫能详究。

障以下为亭隧。在内地，亭是负责治安的基层单位；在塞防线上，隧是警戒、设防的基层单位。故隧亦可称为亭。亭隧中应有供吏卒驻防的坞和作为烽台的堠。《通俗文》："营居曰坞"（《玄应音义》卷一一引）。故汉简中有时将隧长称为坞长（15.18）。堠一般是方台。居延简说："堠高四丈，上堞高五尺"（E. P. T52.27）。则其通高约合10.35米，与现存敦煌烽台最高者为9米的数字相近。若据山险，更可顺地势修筑。如鸡鹿塞遗址附近谷口两侧，每当曲折之处，皆有石砌的烽台，用以防守哈隆格乃谷底的通道（图40-10、11）。这类隧址，有的周围也筑有石墙，但多已坍毁。遗址经过发掘，设置情况较清楚的隧，可以甲渠塞第四隧为例。此隧位于甲渠候官障南5公里许，与障相距3隧。此隧之堠为方形，夯筑，基础7.7×8平方米、残高3.4米。堠与坞相连，坞东西长21米，南北最宽处15.2米，被隔墙分成两个院落，当即简文中所称"外坞"、"内坞"（68.63）。坞墙最厚处2.35米。坞内有房屋五间。坞墙周围也发现残毁的转射与虎落[9]。

守隧的任务是很艰巨的，"斥候望烽燧不得卧，将吏被介胄而睡"（《汉书·贾谊传》）。不仅如此，在甲渠候官障内出土的《候史广德坐罪行罚檄》中，还举出了一系列亭隧戍务失职的事项，如"天田不画""枪柱廿不坚""悬索缓""羊头石少二百"、"表小敝""烽少一""承苣少卅七""小积薪少二"（E. P. T57.108）等等。其所谓天田，据《汉书·晁错传》颜注引苏林说，是"以沙布其表，旦视其迹以知匈奴来入"。天田要经常"耕画""锄治"（《流沙》戍役30），使之松软平整，入侵或逃亡之人如"阑越天田"，视其行迹即可察知。天田或在清晨察看，称"日蚤迹"，或在中午察看，称"日中迹"（E. P. T22.167），有"迹卒"司其事（E. P. T58.17）。在天田上发现的情况登记于《日迹簿》（45.24，139.5，E. P. S4. T2.4，E. P. T53.68），须逐级上报。亭隧附近还要埋设木柱，即枪柱；柱上紧缚绳索，即悬索，用以拦截示警。羊头石指大小如羊头的石块，可在坞上抛下击敌，即《晁错传》所说的"具蔺石，布渠答"之蔺石。渠答则是"铁蒺藜"（同传颜注引苏林说），它的作用与虎落相仿。河北海兴香坊乡战国秦汉古战场出土之带刺的铁球，疑是其早期形制[10]。居延一带未发现铁蒺藜，但出土了不少木蒺藜，有的削出四尖，中心穿孔，可以绳连成长串，此物在《六韬·军用篇》中已有所记载。兵家对渠答很重视。《尉缭子·攻权篇》说："城险未设，渠答未张，则虽有城无守矣。"在内蒙古呼和浩特美岱汉城、辽宁朝阳袁台子汉代遗址、西安汉城与陕西勉县均发现铁蒺藜（图40-2、3）。在成都青龙乡新莽墓与贵州赫章汉代遗址则发现铜蒺藜[11]。

表、烽、苣、积薪等物是发布信号用的。表以缯或布制作，色赤与白。赤白色表示重要军务。边塞所发"奔命书"即盛以"赤白囊",见《汉书·丙吉传》。烽在《说文·火部》中作燧,谓是:"燧䗖,候表也,边有警则举火。"可见它也被看作是表的一种。汉简中此字多写作"蓬",它是不用于点燃的。桔槔则指烽竿,简文中谓此物高3丈,约合6.9米[12],以便远处瞭望。竿上所悬之物,有"草蓬"(E. J. T37.1537)、"布蓬"(506.1)、"赤白缯蓬"(284.24)等。它和表都是白昼悬挂的信号。苣用于点燃苣火,在敦煌各隧址中发现过不少。甲渠第四隧出土的两件茇茇草苣(图40-5),各长82厘米,直径8厘米。积薪在敦煌与居延亦曾多次发现,有"大积薪"和"小积薪"(214.8,264.32),即《墨子·旗帜篇》所称之"樵薪有积,蘸苇有积"。敦煌D. D24(TX1Xa)隧址发现的积薪,以长苣把垒积成垛,共24层,每层厚16厘米,重约1.5吨,当是大积薪[13]。这套信号用于反映敌情,其行使有严格规定。已出土的居延都尉府《塞上烽火品约》册(图40-4),及肩水都尉府和中部都尉府的烽火品约零简中,都列出了很具体的条文。一到傍晚("日且入时"),只要"见匈奴人在塞外",就须"举一苣火"。漫长的塞防线上时刻保持着高度警惕。夜色如墨,塞上传烽,诚如陆游诗所状:"月黑望愈明,雨急灭复见。初疑云罅星,又似山际电"(《剑南诗稿》卷八)。其情景撼人心魄。如匈奴千人以上攻打亭障,则要"燔积薪",情况严重时,"燔三积薪"。将数堆柴草同时点燃,烟焰升腾,照耀夜空,这就是敌人大举入侵的紧急信号了。

注释

① 常学:《辽宁发现燕秦汉长城东段遗迹》,《中国科技史料》1991年第3期。

② 陈梦家:《汉简缀述·汉简所见居延边塞与防御组织》,中华书局,1980年。

③ 昭乌达盟文物工作站:《昭乌达盟汉代长城遗址调查报告》,《文物》1985年第4期。

④ 吴礽骧:《河西汉塞》,《文物》1990年第12期。

⑤ 盖山林、陆思贤:《内蒙古境内战国秦汉长城遗迹》,《中国考古学会第一次年会论文集》,文物出版社,1980年。

⑥ 见本书第三八篇注③所揭文。

⑦⑨ 甘肃居延考古队:《居延汉代遗址的发掘和新出土的简册文物》,《文物》1978年第1期。

⑧ 初师宾:《汉边塞守御器备考略》,《汉简研究文集》,甘肃人民出版社,1984年。田昭林认为出土之转射中间的孔窄小,怀疑弩臂放不进去(《文物》1993年第6期),但放箭时只将箭镞对准目标便可,而且弩上用的赠矢较短,尾羽不宽,故不难从孔中通过。转射上的孔如果太大,就失掉防护的功用了。

⑩　《中国文物报》1998年6月24日。

⑪　呼和浩特发现者，见内蒙古自治区文物工作队：《1959年呼和浩特郊区美岱古城发掘简报》，
　　《文物》1961年第9期。朝阳发现者，见高青山：《朝阳袁台子汉代遗址发掘报告》，《辽海文物
　　学刊》1987年第1期。西安发现者，见王仲殊：《汉代考古学概说》第66页，中华书局，1984年。
　　勉县发现者，为陕西省博物馆藏品。成都发现者，见李加峰：《成都青龙乡汉代砖室墓清理》，
　　《文物》1997年第4期。赫章发现者，见熊水富：《试论可乐墓葬与遗址的关系》，《贵州民族
　　研究》1983年第1期。

⑫　沙畹：《斯坦因在新疆沙漠发现的汉文文书》简694，牛津，1913年。

⑬　初师宾：《居延烽火考述》，《汉简研究文集》。

四一、建筑Ⅰ

版筑，构架，柱式

汉代建筑是以夯土与木框架的混合结构为主。版筑法在龙山时代已经出现，至汉代，这种建筑技术已经成熟。黄土加压，破坏了其自然结构所保持的毛细现象，形成密度较大的夯土，既具有一定的防潮性，又达到较高的强度。东周时，版筑墙普遍用壁柱和壁带加固，这样，如用它作为承重墙时也较有保证。并由于以版筑法筑墙可就地取材，比较方便，所以此法在汉代仍被广泛采用。

版筑施工，须先立挡土板。《左传·庄公二十九年》郑注："树板榦而兴作。"榦指在两侧挡土的长板。《尚书·费誓》马融传："桢、榦皆筑具，桢在前，榦在两傍"（《史记·鲁周公世家》集解引）。可见除了两侧的榦以外，还有在前端挡土的桢。在汉代，桢又名牏。《说文·片部》："牏，筑墙短版也。"榦又名栽。《说文·木部》："栽，筑墙长版也。"为防止挡土板移动，须在板外立桩，并绕过桩用绳将板缚紧。此绳名缩。《诗·緜》正义引孙炎曰："绳束版谓之缩。"将桢、榦等物缚植完毕，即可填土打夯（图41-6）。打夯的动作名筑。《说文·木部》："築，捣也。"进而，打夯的工具亦名筑。《史记·秦始皇帝本纪》正义："築，墙杵也。"《吕氏春秋·不屈篇》："今之城者，或操大築乎城上，或负畚而赴乎城下。"其所谓筑，即指夯杵。此物多以木制。《楚辞·离世》王注："築，木杵也。"咸阳杨家湾4号西汉墓西墓道内发现过一件木夯杵的残迹，形如腰鼓，长约60厘米，直径20厘米[①]。在兴平茂陵与巩县铁生沟曾分别出土西汉与东汉的石夯头（图41-3）。咸阳长陵与徐州子房山西汉墓且出铁夯头[②]（图41-1）。它仍被称为筑，"築，杵头铁沓也"（《文选·芜城赋》李注引《三苍解诂》），即指此物。夯完以后，砍断缩绳，拆去墙板，这道工序称为斩板。《礼记·檀弓》郑注："斩板，谓断其缩也。"日后，当压在夯层之间的各段缩绳朽失了，就形成今天在夯土墙上见到的绳眼。河北易县燕下都南城垣的绳眼中还发现过禾草绳的残迹。而夯筑高墙时，为施工之便，须搭脚手架，这就要在夯层中安置插竿。施工既毕，拆去脚手架，压在夯土中的插竿还能起加固的作用。插竿朽失后，则留下插竿洞。在福建崇安汉城、江苏赣榆汉城及汉魏雒阳城的城墙上，都能看到清楚的插竿洞（图52-4）。在墙的横断面上，剥到分层处，则能看到夯杵留下的夯窝。山西洪洞汉代城墙上的夯窝，直径小的仅5厘米，而在洛阳汉河南县城上所见之夯窝，直径则有达10厘米的③。此外，汉代也有用土坯砌墙之法。《说文·凷部》："凷，絫墼也。"这里说的墼指未烧的土坯。《急就篇》颜注："墼者抑泥土为之，令其坚激也。"但土坯墙的牢度不如版筑，所以常作为隔断墙使用。

汉代大型建筑物的夯土墙在墙基内立柱，并布置成互相对应的柱网。夯筑后柱子的三面包于墙内，一面露出，称为壁柱。也有先将墙夯实，再刨槽立柱的。壁柱间用横向的壁带连结，二者相插接的部位则用金属箍套加固。这种箍套名金钉④。《汉书·外戚传·孝成赵皇后传》称，赵皇后之妹赵昭仪所居昭阳舍，"壁带往往为黄金钉"。颜注："壁带，壁之横木，露出如带者也。于壁带之中，往往以金为钉，若车钉之形也。"西安汉杜陵寝殿遗址出土的金钉为铜质鎏金，作长方扁管形，中辟三角形透孔（图41-11）。

修整墙壁时，还用灰浆抹面，即《急就篇》所称："泥涂垩墍。"颜注："泥涂，作泥以涂饰之及塞隙穴也。垩，白土也。"墍如《释名·释宫》所说："墍犹煟。煟，细泽貌也。"即精细的涂饰。在《急就篇》中，涂指涂泥，墍指涂垩。各地所见汉代遗址中之屋壁，多抹以草拌泥（即墐。《礼记·内则》郑注："墐涂，涂有穰草也"）或白灰浆。我国早在原始社会晚期已知用石灰。《周礼·掌蜃》中将涂过石灰的墙壁称为白盛。《尔雅·释宫》则径称："墙谓之垩。"涂灰之墙在汉代更加普遍。《释名·释宫室》："垩，亚也。亚，次也。先泥之，次以白灰饰之也。"饰白灰在居延简中称为"涂墍"（214.5）或"盖墍"（104.24），可见远在边地，也知用此法。汉代所谓垩概指石灰石烧成的石灰。而用蚌壳烧成的蜃灰，往往更加洁白光亮。茂陵建筑遗址中曾发现一处抹蜃灰的残壁，其色泽显然与石灰有别⑤。抹灰的工具有泥刀（图41-2）和镘、杇。《说文·金部》："镘，铁杇也。""槾，镘或从木。"出土物中正有铁镘（图41-4）和木杇（图41-5）。

夯土墙承重时主要以壁柱受力，壁柱所依托的土结构起支撑作用。屋顶荷载则分散到由柱、梁组成的木构架上。汉代的木构架主要分为四式，即穿斗式、抬梁式、干栏式与井榦式⑥。前两式在大量明器陶屋山面的刻划中，反映得相当清楚。其中穿斗式构架是一种檩—柱结构体系。屋顶荷载由椽传给檩，再由檩直接传给柱，所以

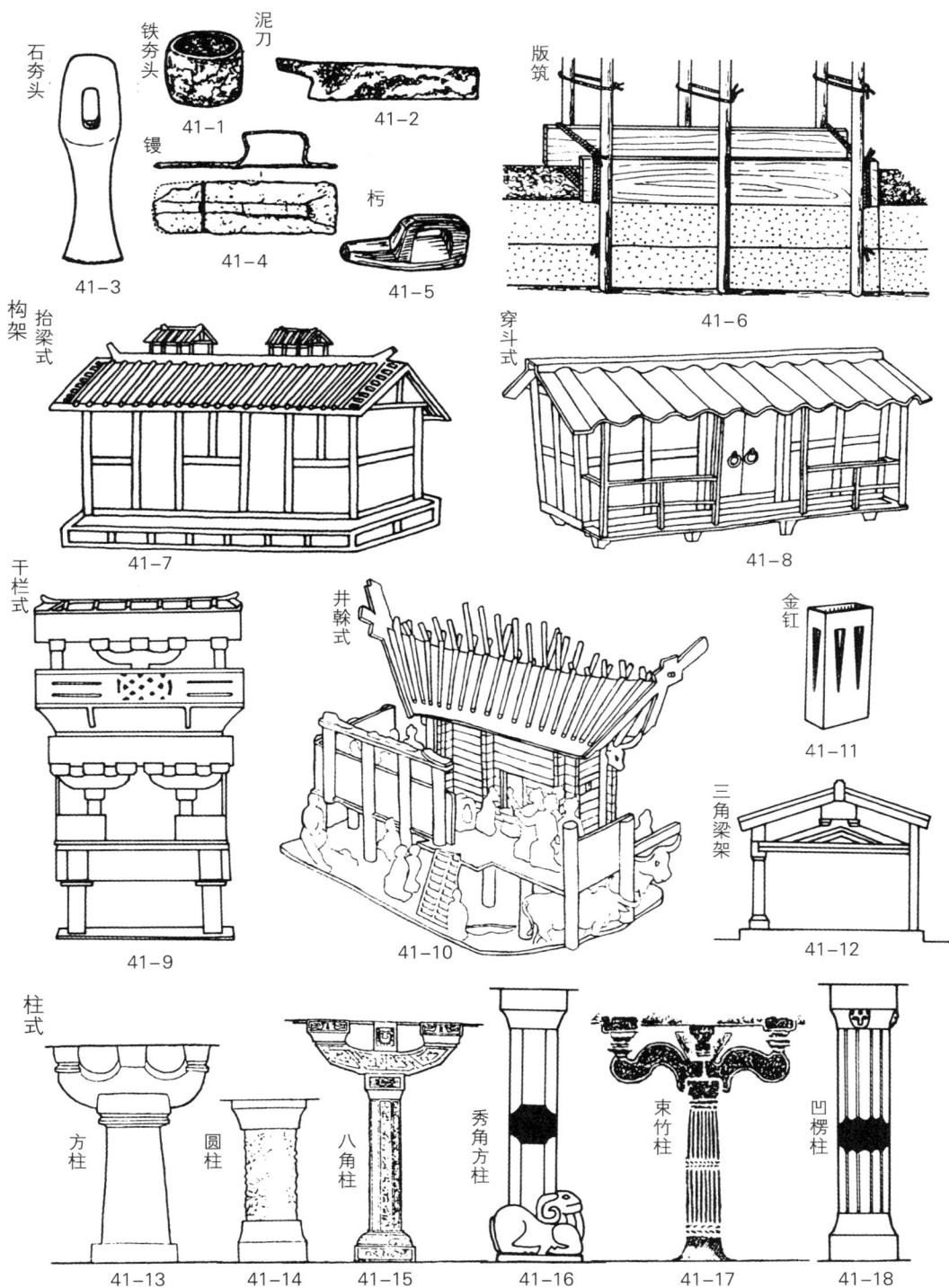

图版41

石夯头
41-3

铁夯头
泥刀
41-1
41-2

镘
杇
41-4
41-5

版筑
41-6

构架
抬梁式
41-7

穿斗式
41-8

干栏式
41-9

井榦式
41-10

金钉
41-11

三角梁架
41-12

柱式
方柱
41-13

圆柱
41-14

八角柱
41-15

秀角方柱
41-16

束竹柱
41-17

凹楞柱
41-18

一般说来每条檩下均有柱。柱间再以穿过柱身的穿插枋相联系。由于柱间距就是檩间距，所以柱子较密，柱径较小，是一种比较简易的结构（图41-8）。抬梁式构架是用两根立柱承大梁，梁上立短柱，其上再置梁；层叠至最上的平梁，则在中央立脊瓜柱或用平梁叉手承脊檩。这是一种梁—柱结构体系。采用抬梁式构架，室内少柱或无柱，可以获得较大的活动空间（图41-7）。另外，在山东金乡东汉"朱鲔"石室的山面上，还可以看到一种对抬梁式构架加以改进的形式。这里的大梁上用人字形三角梁架直接承托脊檩，而不用短柱和短梁一层层地叠上去。人字梁架和水平横梁相结合，横梁成为下弦处的拉杆，于是构成了性能稳定的屋架（图41-12）。汉代人把人字架看作是两根斜柱，称为梧。《汉书音义》："邪柱为梧"（《文选·长门赋》李注引）。《释名·释宫室》："梧在梁上，两头相触梧也。"意思很清楚。可惜以后当屋架跨度进一步增大时，三角形构架没有得到继续发展，被普遍采用的仍是穿斗式、抬梁式等矩形构架。其中抬梁式构架由于可以根据设计需要加以处理，变化的余地较大，所以使用得更为广泛。干栏式构架的特点是用立柱将房屋下部架空，其上部用穿斗式或抬梁式均可（图41-9）。潮湿多雨的地区采用此式构架者较多。井榦式构架则是将长木两头开凹榫，组合成为木框，再叠合成壁体；其转角处的木料相交出头，与"井上四交之榦"的形状相似（《汉书·枚乘传》颜注引晋灼），故名。但此式构架耗材量较大，故应用不广。汉武帝时，建章宫中有井榦楼。其他实例则多见于云南出土的滇国铜器中（图41-10）。

穿斗、抬梁、干栏等构架均落到柱子上。汉代木柱之完整的实例很少，只能通过仿木的石构件加以考察。但其柱高与柱径的比例与木柱不尽一致，常显得更为粗壮。在沂南画像石墓中，可以看到柱下的方础和覆盆形楯，同类型的础和楯在陕北米脂东汉牛文明墓的画像石中也有[⑦]，但在明器陶屋上却不多见。汉代的柱式以圆柱为主（图41-14），它如方柱（图41-13）、委角方柱（图41-16）、八角柱（图41-15）、束竹柱（图41-17）和凹楞柱（图41-18）等均有实例。束竹柱见于四川乐山柿子湾崖墓、山东安丘画像石墓和汉琅琊相刘君表柱，是一种比较讲究的柱式。《水经注·阴沟水》说："（司马士会）碑南二百许步有两石柱，高丈余，半下为束竹交文，作制乃工。"其手法即沿袭汉制。凹楞柱则是将束竹纹的凸棱作反方向下剜而成。过去曾认为这种柱式是南北朝时受到西方的影响才产生的，实际上它在汉代已经出现了。

注释

①　陕西省文管会、陕西省博物馆、咸阳市博物馆：《咸阳杨家湾汉墓发掘简报》，《文物》1977年第10期。

②　兴平出土者，见《陕西兴平县茂陵勘查》，《考古》1964年第2期。巩县出土者，见《巩县铁生沟》图版16。咸阳出土者，见《长陵建制及其有关问题》，《考古与文物》1984年第2期。徐州出土者，见《江苏徐州子房山西汉墓清理简报》，《文物资料丛刊》第4集，1981年。

③　中国科学院自然科学史研究所：《中国古代建筑技术史》第47页，科学出版社，1985年。

④　杨鸿勋：《凤翔出土春秋秦宫铜构——金釭》，载《建筑考古学论文集》，文物出版社，1987年。

⑤　见注②1所揭文。

⑥　郭黛姮、徐伯安：《中国古代木构建筑》，载《建筑史论文集》第3辑，清华大学建筑工程系，1979年。

⑦　陕西省博物馆、陕西省文管会：《米脂汉画像石墓发掘简报》，《文物》1972年第3期。

四二、建筑 II

屋顶，斗拱，藻井

我国古代建筑很重视屋顶的美，《诗·斯干》已用"如鸟斯革，如翚斯飞"来形容舒展的屋面。到了汉代，我国古代屋顶的几种基本形式如悬山、庑殿、歇山、攒尖等均已出现。此外，还有盝顶（图42-6）和囤顶（图42-3）。其中最常见的是悬山顶（图42-1）和庑殿顶（图42-4）。悬山顶用于一般房舍，庑殿顶用于规格较高的建筑物。与后代不同的是，这时的屋顶常在中间作一次跌落，类似小重檐。因为当时尚未形成凹曲形的"反宇"式屋面，对于进深较大的殿堂说来，屋顶中间作一次分段处理，下段的坡度可稍缓和，从而不致使屋顶太高，造成檐口低垂，遮阳过多。分段的悬山顶和庑殿顶在陶屋和石阙中均有其例（图42-1、5）。后世之凹曲屋面，实际上就是对这种建筑意匠的发展和完善。这时，歇山顶的结构尚未成熟，实例较少。在广州出土的陶屋上见到的歇山顶，则是由中央的悬山顶和周围的单庑顶组合而成，两者之间有一阶明显的跌落（图42-2）。至于攒尖顶，在汉代更为少见，许多方形的屋顶也往往设短脊。这大概是因为当时还没有使用勒栱柱的作法，四面的椽子集中到一点有困难。西汉时，如宜昌前坪35号墓出土的陶囷，虽类似攒尖顶，但在结尖处还加罩一层小方顶（图42-7），说明下层之顶心尚欠严密。东汉时，在广州大元岗4019号墓与陕西勉县老道寺4号墓所出之井亭与陶楼上，才看到真正的攒尖顶（图42-8）。但其结尖处仍略近长方形，还残留着短脊的痕迹。

在建筑史上，汉代又是斗栱走向成熟的时代。最早的斗栱应是为了加大出檐深度，以保护夯筑的墙和台基，以及改进木构架中梁、枋、柱之节点间的搭接状况等要求而产生的。起初，它们分别由自擎檐柱演变成的斜撑（再进一步即为插栱）和装在柱头上的栌斗来解决。栌斗见于西周早期的矢令簋；插栱则要到战国时代才在中山王墓出土的铜龙凤案座上看到。栌斗用于加大柱头的支承面，稍后，又出现了作用

图版42

悬山顶
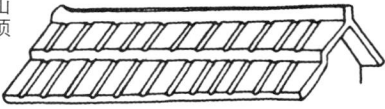
42-1

歇山顶
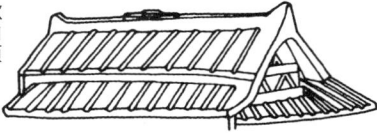
42-2

囤顶

42-3

庑殿顶

42-4

分段的 庑殿顶

42-5

盝顶
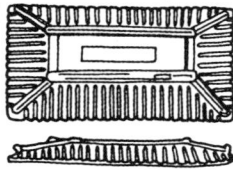
42-6

攒尖顶

42-7

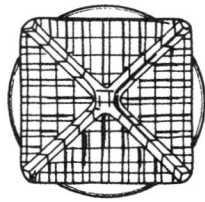
42-8

斗拱 平叠拱
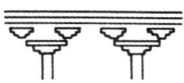
42-9

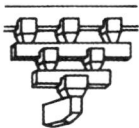
42-10

42-11

栾式拱

42-12

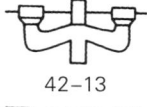
42-13

挑拱
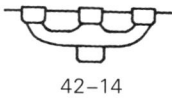
42-14

重拱
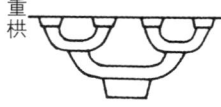
42-15

交手拱
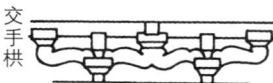
42-16

42-17

柱上的插拱
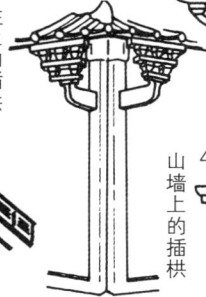
42-18

多层重拱

42-19

山墙上的插拱
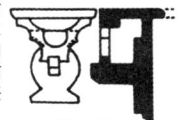
42-20

藻井

42-21

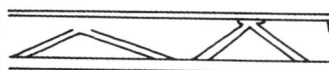
42-22

人字拱
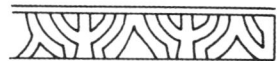
42-24

42-25

42-23

42-26

与之相同的替木。将替木状的横木置于栌斗上，再在其两端装散斗，就形成"一斗二升"的横栱。横栱的支承面更大，同时也增强了木结构中水平构件之间的联系。这些步骤，在汉代以前都已经完成了。

由于汉代的斗栱正处在急剧发展的过程中，所以形制多变。其中的平叠栱应代表早期的式样[①]。它是在栌斗上用承散斗的短横木层层叠架而成。有一斗二升的（图42-9），也有一斗三升的（图42-10），在多层平叠栱中，还有将这两种斗栱混合使用的（图42-11）。早期平叠栱所用之斗多为平盘式，不开槽口，其自身以及它和柱的结合均不紧密，经受不住较大的水平推力。所以后来多用栾形栱。《释名·释宫室》："栾，挛也。其体上曲，挛拳然也。"栾是一种两端翘起略似弓形的悬挑构件。它所装的斗大都开槽口，下部的欹多有颛，整朵斗栱通过榫卯拼逗结合在一起，性能比平叠栱大为改善。在汉代，一斗二升式栾形栱的使用非常广泛（图42-12）。但它的两个升距离栌斗不能太远，否则栱身将因弯矩过大被压坏，从而在沂南汉墓前室石柱与四川雅安高颐石阙的斗栱上，就出现了于一斗二升的栱身中间增设小蜀柱的作法（图42-13）。这样，遂导致一斗三升式斗栱的产生（图42-14）。它不仅可以更加扩大斗栱的支承面，而且顶部的部分荷载还可以通过其中间的齐心斗直接下传，成为轴心压力，传到耐压的立柱上去。由于这种结构合理，所以在以后长时期中成为斗栱之最基本的单元。栾形栱可以左右牵合为交手栱（图42-16），也可以上下重叠为重栱（图42-15）。《西京赋》："结重栾以相承。"描述的就是这类重栱。江苏铜山檀山集画像石中出现的一根施重栱的大柱，最上一层的散斗达八个之多（图42-19）。虽然，这里的刻画容有夸张的成分，但如何晏《景福殿赋》中描写的"栾栱夭蛲而交结"的情况，则大型建筑物所施重栱也必然是相当繁复的。不过由于各地技术水平与风格好尚不同，各式斗栱在遗物中往往同时并存；直到汉末，还能看到使用古老的平叠栱之例。

以上说的是装在柱头上的斗栱。房屋转角处则多用插栱挑起抹角栱以承檐。河北望都东关汉墓出土的陶楼，在转角处立柱二根，每根柱都在正面装插栱（图42-18）。陕西勉县老道寺东汉墓出土的陶楼在一层平顶檐下的前、后及两山各出1朵插栱（图42-20）。也有在转角处施斜撑挑檐的，见于四川渠县蒲家湾无铭阙及河南灵宝张湾3号墓所出陶楼[②]。在这些例子上还透露出早期之斜撑的痕迹。

为了加强对檐檩的支撑和增进整个檐下的横向联系，又在柱间的横楣上装补间斗栱。四川出土画像砖中的楼阁上，常看到一斗二升或一斗三升的补间。在辽宁辽阳北园东汉晚期墓的壁画中，补间还有用人字栱的（图42-24），不过它的形状仍像两条笔直的斜撑。而在广州先烈路汉墓出土的陶屋上，人字栱的装饰性增加，变成反凹的曲线形（图42-25）。唐代流行的翘脚人字栱之造型，于此已见其端倪。

不过，柱头、转角、补间等三种斗栱在汉代虽然都有所发展，但却仍未达到成熟的地步。特别是由于各朵斗栱之间及斗栱与梁架间缺少结构上的联系，以致这时的斗栱只是建筑物檐下的承托构件，而未能与梁、檩等木结构纵横搭接、互相依扶，组成一个整体的空间网架。即使从悬挑出檐的功能说来，由于汉代尚未出现真正的华栱，所以还不能连续出跳以进一步增加檐深。在画像石中虽偶尔看到从墙或柱中伸出的巨大挑栱（图42-17），但它并未和栌斗发生关系，尚未组织在实用的斗栱体系之中。

此外，汉代还有在横楣上装大叉手的作法，在江苏江都凤凰河20号墓所出木雕楼阁上有其例（图42-26）。王延寿《鲁灵光殿赋》："枝掌杈枒而斜据。"晋·张载注："枝掌，楣梁上木也，长三尺。"可知其名为枝掌。它的位置与形状虽与补间人字栱相近，但作用有所不同。这里的大叉手不仅上承檐檩，而且还在二柱间起支撑作用，有助于保持二柱的稳定。它既不同于人字栱，也和人字形三角梁架不同。它是汉代特有的一种建筑构件。

汉代殿堂建筑室内顶部有藻井，藻井中常饰以莲花。《鲁灵光殿赋》说："圆渊方井，反植荷蕖，发秀吐荣，菡萏披敷。"《景福殿赋》说："茄蔤倒植，吐彼芙蕖，缭以藻井，编以绰疏。"均指此而言。沂南、济南大观园、徐州青山泉等处汉墓，墓顶均砌出藻井，盖石下面均浮雕莲花纹，与文献所记相合（图42-21～23）。而且从沂南汉墓与四川乐山崖墓等处的结构看，这时的藻井至少已有"覆斗"和"斗四"两种形式了。

注释

① 刘叙杰：《汉代斗栱的类型与演变初探》，《文物资料丛刊》第2集，1978年。

② 渠县无铭阙，见陈明达：《汉代的石阙》，《文物》1961年第12期。灵宝陶楼，见河南省博物馆：《灵宝张湾汉墓》，《文物》1975年第11期。

四三、建筑 III

瓦，鸱尾，下水管

　　四千年前我国开始用瓦，陕北神木石峁古城已出土筒瓦，延安芦山峁遗址出土了筒瓦和板瓦。西周时用瓦渐多。汉代大建筑的屋顶均用瓦。瓦的基本形制仍不外上述两种，即筒（瓳、箇）瓦（又称牡瓦）（图43-1~3）和板（版、瓪）瓦（又称牝瓦）（图43-4），二者俯仰扣合，以覆屋面。制瓦时，一般先依内范用泥条盘筑成瓦筒，再切割为瓦片。板瓦的凹面下部平滑，上部常打印麻点纹或斜方格纹。筒瓦表面多为直绳纹，内部常印布纹。檐口部分的筒瓦常向外探出，以蔽护枋木和墙壁。西周中晚期，这部分筒瓦开始在底部施半圆形当[①]。至战国时期，瓦当演变为圆形，更利于束水吐霤。但直到汉代，在与其相邻的板瓦底端尚未作出垂唇或滴水。为了防止滑动，西周时已在瓦的外侧或内侧粘附瓦钉、瓦环，覆瓦时用绳将瓦与椽子相缚结。汉代则单独制作瓦钉，通过筒瓦之孔将它压进苫背的泥中，遂更加稳固且便于施工（图43-1）。

　　西汉初，制带当的筒瓦时，多将圆瓦筒先粘上底当，再切去一半。这种方法适用于制半当瓦，对于施圆当的瓦较为不便。至东汉时，则普遍把圆当直接粘在已制成的筒瓦上。西汉武帝时，轮制技术引入制瓦业，成品更为规整。

　　与上述制瓦技术相应，西汉初尚常见施半当的筒瓦，西安、洛阳、灵宝、临淄等地均曾出土。临淄天齐庙的"天赍"当（图43—12），因修葺时保存旧制，始终用半瓦当[②]。西汉中期以后圆当广泛流行（图43-2），半瓦当渐少见。

　　汉代瓦当的纹饰优美，有几何纹当、动物纹当和文字图案当三大类。几何纹当中比较定型而多见的是卷云纹当（图43-25），以及在卷云纹的基础上发展演变而成的各种图案花纹当（图43-24）。动物纹当中有四神当及飞龙、蟾兔、鸿雁等当，尤以汉长安城南郊礼制建筑遗址出土的四神当构图雄伟，气魄最大（图47-2）。至于文字当，虽然在西安好汉庙秦磁石门遗址等处，曾发现秦代的例子，但残片极少。若干标

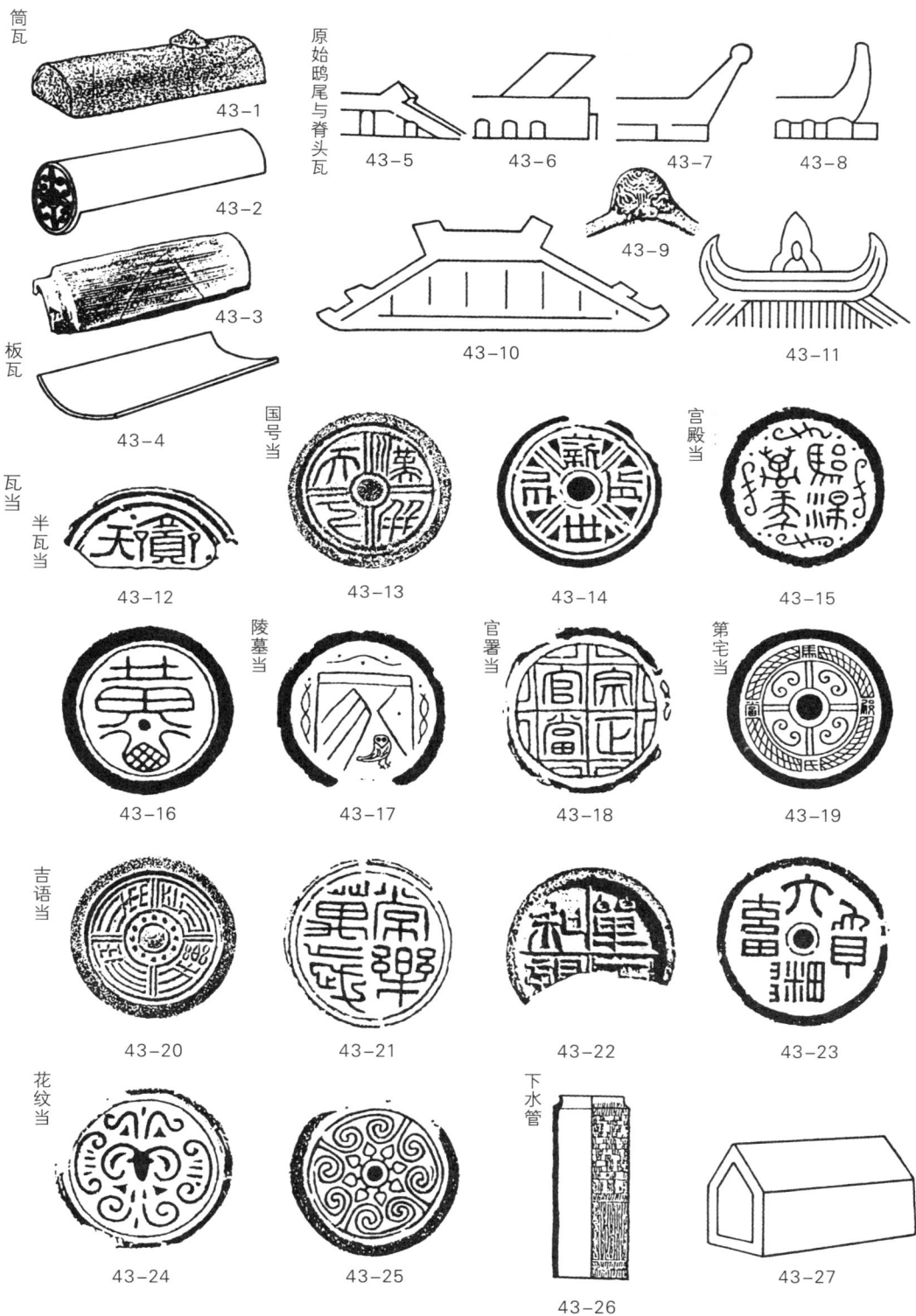

图版43

筒瓦

43-1

43-2

43-3

板瓦

43-4

原始鸱尾与脊头瓦

43-5

43-6

43-7

43-8

43-9

43-10

43-11

瓦当

半瓦当

43-12

国号当

43-13

43-14

宫殿当

43-15

43-16

陵墓当

43-17

官署当

43-18

第宅当

43-19

吉语当

43-20

43-21

43-22

43-23

花纹当

43-24

43-25

下水管

43-26

43-27

出秦宫殿名的瓦当，绝大多数都是汉代重修时所制者。故文字当的大量出现应被视为汉代工艺史上的重要成就。它们由于布局得宜，篆籀精妙，为鉴赏家所珍视。就其文字的内容而论，可分为六种。一. 国号当。当上标出国号，如"汉有天下"、"大汉万世"、"惟汉三年大并天下"、"汉并天下"（图43—13）、"薪（新）世所作"（图43-14）等。"惟汉三年"当出汉中汉王城，是刘邦都汉中为汉王时所作。二. 宫殿当。如"鼎湖延寿宫"、"披香殿当"、"骀盪万年"（图43-15）、"益延寿宫"、"黄山"（图43-16）、"甘泉"等。鼎湖宫在蓝田，黄山宫在右扶风，甘泉宫在池阳，都是汉代著名的宫苑。披香殿在未央宫，骀盪殿在建章宫，益延寿宫即甘泉宫中之益延寿观，也都是一些著名的殿宇。三. 官署当。如"宗正官当"（图43-18）、"都司空瓦"、"上林农官"、"次蜚官当"等。还有一种"官"字当，大约各官署都可通用。四. 第宅当。如"马氏殿当"（图43-19）等。一种在中心有"常安居"三字，周围有"长乐毋亟"四字的瓦当[3]，似亦是第宅所用者。五. 陵墓当。如"长陵东当"、"嵬氏冢舍"、"冢上大当"等。有一种"冢"字当，下角立一枭鸟，更流露出墓地的气氛（图43-17）。六. 吉语当。这种瓦当在文字当中最多。西安汉城所出"长乐未央"（图43-20）当，或与长乐宫、未央宫有关。但在长安以外也常见这种瓦当，如洛阳所出"芉乐万岁"当，则与上述二宫并无关系。一个引人注意的现象是：在汉宣帝杜陵陵园的门阙上，主要使用"长乐未央"当，而在孝宣王皇后陵陵园门阙上所施之当，则以"长生无极"当为主。在未央宫椒房殿与桂宫第2号建筑等后妃居住的宫殿遗址中出土的瓦当也多为"长生无极"当[4]。似乎"长生无极"当下"长乐未央"当一等，其中的原因尚莫能详说。王莽在始建国元年（公元9年）"改四门长乐宫曰常乐室"，"长安为常安"[5]。反映在瓦文上，如西安出土的"常生无极"当、福建崇安出土的"常乐万岁"当（图43-21）、南西伯利亚阿巴干城附近中国式宫殿址出土的"天子千秋万岁常乐未央"当（图113-16），都应是这时的制品。他如"单于和亲"（图43-22）、"六畜蕃息"（图43-23）等当，也各在特定的背景下表示出美好的祝愿。

　　大型建筑物正脊两角，最容易漏雨或损坏，所以常将此处用瓦叠垒加固（图43-5）。后来压角的瓦件逐渐增大，有的斜向上方高耸尖翘（图43-6~8），与南北朝时的鸱尾几乎没有差别。汉代文献中虽未出现"鸱尾"的名称，但这种瓦件可以被认为是原始的鸱尾。贴在正脊两端的脊头瓦（图43-9），与正脊当中相当于《营造法式》所称"火珠"之类脊饰，汉代也已出现（图43-11）。在垂脊末端也有凸起物（图43-10），它发展成为后世的脊兽。不过应予说明的是，汉代并无一整套鸱尾—脊兽构件。这种屋面装饰的正式产生，当在南北朝时[6]。此外文献中一再提到汉代大建筑的屋顶上有装铜凤凰之事；但就已有之形像资料中所见者，置于屋顶的凤鸟多属画面上的艺术装饰，尚不能证实为具体建筑物的真实写照。

汉代的下水管道有的很像是未切开的瓦筒（图43-26）。有些大型排水管作成平底尖顶的五角形（图43-27），埋在地下更为稳固而且耐压。

注释

① 陕西周原考古队：《扶风召陈西周建筑群基址发掘简报》，《文物》1981年第3期。罗西章：《周原出土的陶制建筑材料》，《考古与文物》1987年第2期。

② 参看赵超：《释"天赍"》，《考古》1983年第1期。

③ 华非：《中国古代瓦当》第183图，人民美术出版社，1983年。

④ 刘庆柱：《古代都城与帝陵考古学研究》第244、359页，科学出版社，2000年。

⑤ 《汉书·王莽传》。

⑥ 湖北沙市张家沟曾出土带脊兽的筒瓦，瓦内有"元光元年"纪年铭。或以为此瓦是西汉武帝时之物（程欣人：《汉武帝时代的脊兽》，《武汉晚报》1964年3月3日；丁安民：《我国现存最早的纪年脊兽》，《江汉考古》1984年第1期）；不确。此元光为刘宋时一度割据雍州、荆州等地的刘浑之年号，沙市地区当时正在刘浑的控制之下，而汉武帝时并无鸱尾—脊兽这一套屋顶装饰。

四四、建筑 IV

砖

砖的大量使用较瓦为晚。它最初多用于铺地。陕西扶风云塘张家村发现的西周砖，长36厘米，宽25厘米，厚2.5厘米，背面四角各有高二厘米的乳钉状陶榫，铺于地面时用以防止滑动①。《诗·陈风·防有鹊巢》云："中唐有甓。"中唐是庙内的正路，则诗中说的甓也是指铺地砖。洛阳东周城发现过战国薄砖，这种砖的破片有时会被误认为瓦，可见其制作之原始。战国晚期燕下都遗址出土的薄砖，质量较前有进步，形体大，且在一面有模印的纹饰，除用于铺地外还可包镶墙壁。但我国古代由于夯筑和木构架技术达到很高水平，因而对砌砖墙承重的要求并不迫切，这在一定程度上延缓了制砖业的发展。

不过早期的砖有两方面的功能是夯土所难以替代的：一是铺地面，二是修造墓室。夯土地面的防潮性差，即便烧成红烧土地面，也因施工环境所限，难以达到较高的火候，不如用砖铺地更为耐磨。所以到了战国时代，铺地砖的种类已经相当多了。至于墓室，用砖砌不仅比土坑严密，也比木椁耐久，所以在战国晚期已出现空心砖墓。当时的空心砖是将坯泥拍打成片，然后粘合成型的，砖壁较薄，接缝处亦欠牢固。

制砖技术在西汉时发展得很迅速。这时的空心砖已经从分片粘合法改进为用槽形模子制坯的一次成型法，制出的成品厚重结实，在边沿部位的碎片上也看不到粘合的接口。西汉的空心砖火力匀透，质地坚实，长度可达1.6米，制作的技术水平很高（图44-8）。用这种砖砌的墓室，于西汉早、中期在中原地区很常见。至西汉晚期，条砖已开始用于筑墓，但空心砖仍占有一定比重。如洛阳西汉卜千秋墓，主要墓室用空心砖，侧室和耳室则用条砖砌造。由于空心砖形体巨大，不便灵活搭配，因而都是根据固定部位所要求的形状和尺寸烧成的预制构件，上面常押印各种纹饰。卜千秋墓中

图版44

条砖
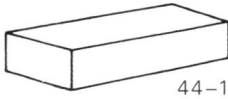
44-1

44-2

三角楣砖
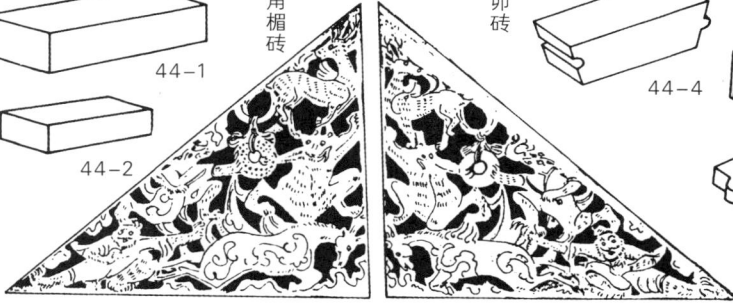
44-3

榫卯砖
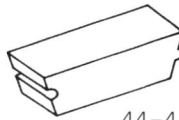
44-4

企口砖
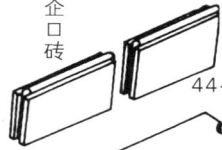
44-5

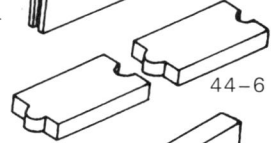
44-6

楔形砖
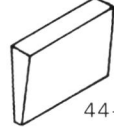
44-7

空心砖
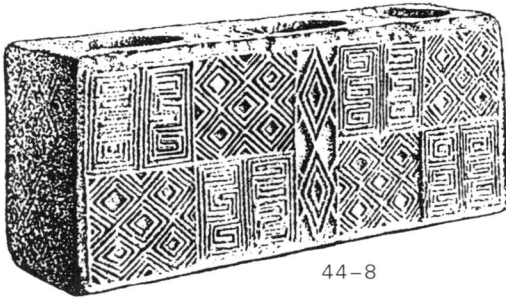
44-8

花纹砖
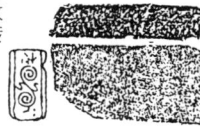
44-9

44-10

文字砖
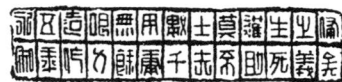
44-11

砖锭

44-12

阙形砖

44-14

铺地砖
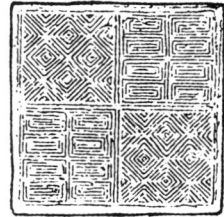
44-16

卵石纹方砖

44-13

44-17

画像砖
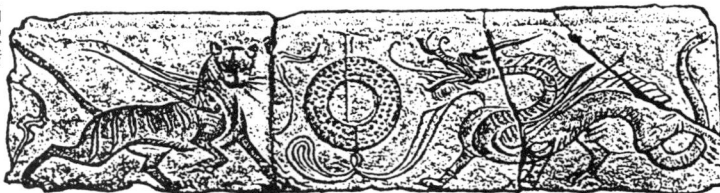
44-15

44-18

的空心砖达16种，多的一种有36块，少的一种只有一块②。一般在墓室的屋面上用长条形砖，山墙顶部用三角形砖（图44-3），门框用柱形砖。一种作双阙形，且在连接双阙的屏墙上塑出鹿头或羊头的大型空心砖，形制最为奇特（图44-14）。据潼关吊桥汉代杨氏墓与嘉峪关魏晋墓仍砌出的类似之物，它应是安装在墓门照墙上的③。此外，在地面建筑中，空心砖还可用于铺砌台阶或踏步，汉长安城南的礼制建筑中有其实例。

铺地砖至汉代已淘汰了战国时的带榫或带边框的各类异形砖，一般只用方砖和条砖。条砖多为素面，与砌墙的砖相同。用它铺地主要是解决如何排列才能使之结合紧密、不易松动的问题，具体情况见本书第四五篇。这里只介绍汉代的铺地方砖及其派生之物。

汉代的铺地方砖分两类：一类用于铺砌室外的散水或露道，另一类用于铺砌室内的地面。檐口下铺散水，可以防护雨水对墙基的冲刷。早在殷墟的建筑遗址中，就发现过用卵石砌筑的散水，以后在岐山西周遗址、凤翔战国遗址中也发现过。至于用卵石铺砌道路，直到汉代仍然流行。基于这种传统，汉代出现了卵石纹方砖，俗称馒馒顶砖，用它代替天然卵石，不但整体性好，也更加整齐美观（图44-13）。有意思的是，在山东曲阜鲁城还发现过汉代烧制的圜顶平底的弹丸状砖碇，它是用来代替单块的卵石排起来铺地的（图44-12）。采用这种既费工且并不牢固的作法，只能说明铺砌卵石的旧习是多么不易改变。

铺室内地面的方砖，常模印细密的几何纹，包括回纹、菱纹、平行线、四瓣纹以及小乳丁等，构图繁复（图44-16）。室内铺上这种砖，犹如满地黼黻，能产生强烈的装饰效果。《西都赋》描写的"玄墀砌钿，玉阶彤庭"等豪华的宫廷场景，其中大约也包含着花纹方砖所起的作用。自出土情况得知，这种砖有时也用于铺砌室外的走道，如广州"秦汉船场"7B层所见者。这里的菱纹方砖边长70厘米④。两广地区常用大方砖。广州南越国官署遗址出土的带孔铺地方砖，边长95厘米，厚19厘米，每块重600斤左右。广西北海东汉砖室墓铺地的方砖，边长最大者亦达45厘米，而长安未央宫前殿和椒房殿铺地方砖的边长只不过在30.5-36.6厘米之间⑤。还有一些方砖的花纹较粗疏，且常印有文字。目前还不清楚汉代文字方砖的铺砌法，鉴于其出土的数量不多，当时或未将这种砖满铺于一室之中。文字方砖也出于墓葬内，可能有些是为营墓而制作的（图44-17）。

与铺地方砖的外形约略相仿的还有一种画像砖，花纹常为凸起的浮雕，而且每块砖上自成一个独立的画面。这种砖多出土于河南、四川等地的墓葬中，流行于东汉晚期，少数出土于四川蜀汉墓。它的性质和墓葬中的壁画、画像石相同，多嵌砌于墓壁上。画像的内容除辟邪祈福者外（图44-15、18），也有一些反映出当时的生产和生活的情形（图4-20，图11-1）。

但无论空心砖或铺地方砖，都不能代表汉代制砖工艺的主流。汉代最主要的砖型应为条砖（图44-1、2）。陕西临潼刘庄战国晚期的秦墓已有用条砖砌成墓椁的，其中有些砖的长、宽、厚度，已出现较合理的比例[6]。但在汉以前，条砖的使用范围很小，只是到了汉代，条砖的生产规模才迅速扩大。辽阳三道壕西汉村落遗址中的砖窑，按当时的技术水平估算，每年约可生产条砖60万块[7]。当条砖在建筑活动中已得到比较广泛地应用时，就会使其规格逐渐定型。根据对汉代墓砖的统计资料，至西汉中期，条砖已形成大、小两种类型：大型条砖长约40厘米，宽约20厘米，厚约10厘米；小型条砖长约25厘米，宽约12厘米，厚约六厘米。它们的长、宽、厚之比都接近4：2：1，既为整倍数，又是等比级数，垒砌时便于组合搭配。此外还有一类薄砖，其长、宽比也是2：1，宽、厚比则为3：1或4：1。虽与前两种的比例不同，但垒砌时并无困难。条砖规格的定型化，是汉代制砖业的重要成就，从而为砌缝的合理化和墙体的整体化奠定了技术基础。

东汉时，在条砖上出现了模印的图案花纹。大多印于砖侧面，也有的印于顶端；多为一模印出，也有连模接印的。内容和风格与空心砖上的图案相近，显然是从空心砖那里延续下来的（图44-9、10）。这类砖均为墓砖，花纹均砌向墓室室内，有几何图案、动植物图案、人物画像等。与空心砖不同的是，条砖上有的印出文字，所以受到金石学家的重视，长期以来成为搜集、收藏的对象（图44-11）。砖文常为吉语，如"大吉""万年""宜钱""大富昌乐未央"等。还有将"大吉昌"三字合书为畗的[8]，可见在砖上押印吉语的作法已极其常见。也有纪年的砖文，如"永元九年甘溪造万岁富昌"、"永初三年八月孟氏作大壁岁乙酉"等。还有在砖上标出砌筑位置的，如"左行""右行""间角"等[9]。东汉后期的墓砖上常发现制砖工人于砖坯未干时刻划出的文字，字体有篆、隶、行、草以及简化字，别具一格。其中有的是即兴信手刻划。也有的刻出墓主姓氏，如陕西华阴刘崎墓的砖上有"刘公好壄"等字，安徽亳县曹氏宗族墓的砖上有"会稽曹君"等字[10]。

汉代条砖中还有一些特殊的类型，如榫卯砖（图44-4、6）、企口砖（图44-5）、楔形砖（图44-7）等。但以榫卯相啮合本是木作的结构形式，砖、石砌块所受之力主要是压力，并不适合采用这种形式。所以到了东汉后期，随着拱壳砌造技术的进步，除楔形砖外，其余各种异形砖遂逐渐被淘汰了。

注释

① 罗西章：《扶风云塘发现西周砖》，《考古与文物》1980年第2期。

② 《中国古代建筑技术史》第253~254页。

③ 陕西省文物管理委员会：《潼关吊桥汉代杨氏墓群发掘简记》，《文物》1961年第1期。甘肃省文物队等：《嘉峪关壁画墓发掘报告》，文物出版社，1985年。

④ 广州市文物管理处等：《广州秦汉造船工场遗址试掘》，《文物》1977年第4期。

⑤ 胡建：《南越国陶质建筑材料的地域特征》，《中国文物报》2006年11月10日。广西壮族自治区文物工作队：《广西北海市盘子岭东汉墓》，《考古》1998年第11期。中国社会科学院考古研究所：《汉长安城未央宫》上册，第204、227页，中国大百科全书出版社，1996年。

⑥ 《中国文物报》1988年6月3日。

⑦ 《中国古代建筑技术史》第253~254页。

⑧ 《洛阳烧沟汉墓》第91页。

⑨ 《广州汉墓》上册，第381页。吴玉贤：《浙江上虞蒿坝东汉永初三年墓》，《文物》1983年第6期。河南省文化局文物工作队：《河南省收集的古代花纹小砖和文字砖》，《文物》1965年第5期。

⑩ 刘崎墓所出划字砖，见《东汉司徒刘崎及其家族墓的清理》，《考古与文物》1986年第5期。曹氏墓所出者，见《亳县曹操宗族墓葬》及《读曹操宗族墓砖刻辞》二文，均载《文物》1978年第8期。

四五、建筑 V

砌墙，铺地，门，窗

条砖出现以后，即开始试用于砌墙。上述临潼秦墓的墓椁已是用条砖错缝砌成的。但在当时这是极为特殊的，甚至可以说是超前的现象。因为在始皇陵1号兵马俑坑中的砖墙，其砌法为垂直通缝且无粘合剂，仍相当原始。至汉代，砖墙的砌法才得到全面改进：内外砖之间互相联系，上下砖之间互相错缝，转角之处互相牵拉，加强了砖墙的整体性。在这个过程中所采用的各种搭接方式，要求砖块的各项尺度保持合理的比例关系，于是进一步促成了条砖的规格化和定型化，反过来又使砖墙的砌法更加成熟。但如发掘洛阳汉河南县城时之所见，这时许多民居还是半地下式，所以地面建筑的砖墙保存至今的实例很少，散见于河南洛阳与巩县、陕西西安等地的，一共不过寥寥数例。故分析汉代的砌墙法，主要是以砖室墓中反映出的情况为例。

砌砖墙时，首先要避免上下通缝。但在施工中充分认识这一点，也是经过实践经验的积累才获得的。在江苏邗江甘泉2号东汉墓中，墓壁虽以顺砖和丁砖相组合，而且墙厚达60厘米，但每块平砌的顺砖都和两块平砌的及四块侧砌的丁砖对应，以致砖缝上下贯通，整体性较差（图45-1）。与之相邻的1号墓，所用的砖规格不统一，通缝的现象也很严重。说明直到东汉初年，这里的砌砖技术仍较中原地区落后。因为在洛阳烧沟西汉后期的砖室墓中，已普遍采用顺砖错缝的砌法了（图45-2）。不过这些墓壁多为单砖墙，墙体较薄。为了增强其稳定性，有时将两层单砖墙并砌在一起，如汉长安城南礼制建筑中的圜水沟拥壁上部的作法，然而内外两层砖之间缺乏联系，问题仍未得到妥善解决。既要保持两层顺砖的厚度，又要避免出现此类缺陷，于是在河南陕县刘家渠东汉砖墓中，出现了全用丁砖平侧错缝垒砌的墓壁（图45-3），实际上等于是绕过了上述问题。

大约在东汉中期，中原地区砖墓的墓壁开始采用顺砖平砌与丁砖侧砌上下层相间的组合形式。即在顺砖错缝平砌的砖墙中，隔一层或数层加一层侧砌的丁砖。也有只在墙脚侧砌一道或两道丁砖的，如武威二十里滩汉墓所见之例。这种砌墙法即现代所称玉带墙或实滚墙，其墙厚常为两砖宽。河北定县北庄汉墓墓壁，从壁面看是二顺一丁的砌法（图45-5），但在两层顺砖后面加砌了一层暗丁，故墙厚为四砖宽，达96厘米，而且已形成良好的搭接关系。在此基础上再发展一步，遂出现了一层顺砖、一层丁砖错缝平砌的形式，如河南密县打虎亭东汉1号墓后室后壁之例（图45-8）。这种砌法比起实滚墙来，砖块间咬合得更为紧密，与现代所称"英国式砌墙法"并无二致。甘肃武威管家坡3号墓且用涂以黑白二色的条砖错缝平砌组成几何图案（图45-6）。

此外，还有编席式砌法，见于甘肃武威雷台与内蒙古托克托汉墓（图45-4）。一种空斗式砌法，见于洛阳烧沟汉墓封门砖墙（图45-7）。这种砌法可以节省工料，降低造价，但在汉代尚较少用。

汉代的砖墙虽有不用粘合材料干摆而成的，但多数用泥浆胶结。讲究的砖墙为磨砖对缝，如河南密县打虎亭1、2号墓，安徽亳县董园村1号墓等例。有的还再灌以石灰浆，如在河北望都2号墓所见者。大墓用于封门的砖墙，为了追求坚固性，甚至还有在两层砖之间灌铁的（图45-9），可以称之为砖墙铁壁了。

用条砖铺地，简单的排法有横排通缝（图45-19）、横直双行通缝（图45-20）、横排错缝（图45-22）、横直相间（图45-25）等数种。横排或直排通缝者，多用于铺甬道的地面。为了防止铺地砖松动，有在横排错缝的铺地砖中加十字阑条者，一种大人字纹排法可能是由此发展而来的（图45-23）。约在王莽时出现的人字纹排法，由于结构合理，施工方便，在东汉时已得到迅速推广，且被沿用至今（图45-21）。至于河北望都1号汉墓用扇形砖铺地，虽然对接紧密，纹路亦颇美观，但须专门制作（图45-24）。而用方砖铺地，多为横竖通缝（图45-26），有如方罫。间或也有排成错缝的。

汉代的门多为板门，有双扇（图48-5）、单扇（图45-17）和带轮子的拉门（图45-18）。门楣上装门簪，常为两枚（图48-7）。门扇中部装衔环的铺首（图48-3）。但画像砖、石中所刻画的铺首形体偏大，满城1号汉墓后室石门高178厘米，所装铜铺首通长22.5厘米，应与实际情况相近。门枢或用金属制作，枢与门扇连接处有金属角叶。伦敦不列颠博物院陈列有一件春秋时的青铜角叶，饰蟠螭纹，则此物先秦时已出现[①]。满城1号墓所出者为铜质鎏银，且有与转枢配套的铜臼座（图45-16）。陕西勉县老道寺1号东汉墓所出陶宅院，门扇上部的两个门枢装在门内顶部横额两端的圆孔中，只有下部的门枢安在臼座内。而且这两扇门之相合处呈斜面，关闭后互相遮挡，不留门缝，颇具匠心[②]。门底下有门限，此物在汉代名楣。《说文·木部》作楣，

图版45

砖墙砌法

通缝

45-1

丁砖平侧错缝

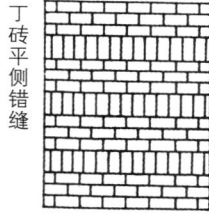

45-3

二顺一丁

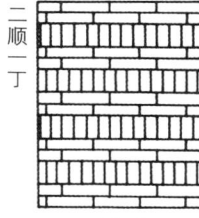

45-5

空斗

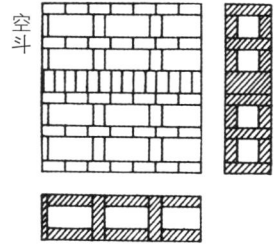

45-7

顺砖平砌错缝

45-2

席纹

45-4

花墙

45-6

顺砖丁砖错缝平砌

45-8

灌铁之墙

45-9

窗棂

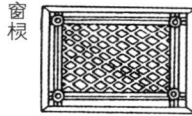

45-10

45-11

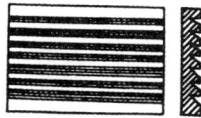

45-12

门臼

门转枢

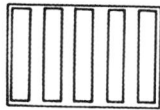

门

45-16

单扇门

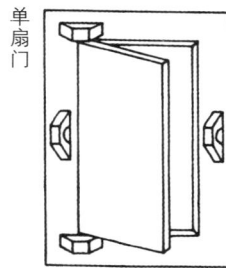

45-17

45-13

45-14

45-15

带轮拉门

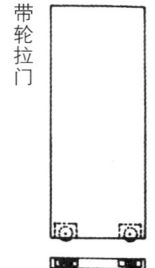

45-18

铺地砖砌法

横排通缝

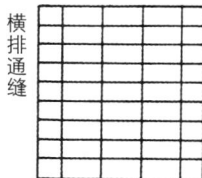

45-19

人字纹

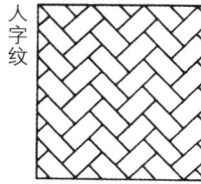

45-21

大人字纹

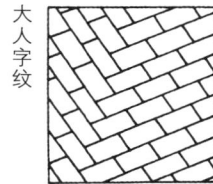

45-23

横直相间

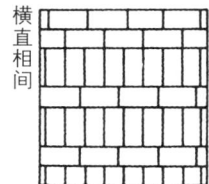

45-25

横直双行通缝

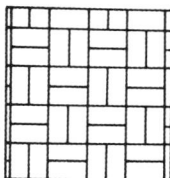

45-20

横排错缝

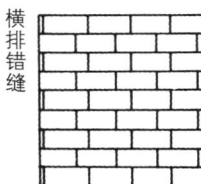

45-22

扇形

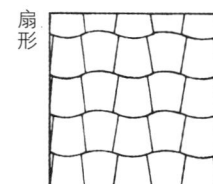

45-24

横竖通缝

45-26

云："楔，限也。"又《阜部》限字下谓："一曰门楔也。"楔读先结切，汉人多书作切。《汉书·外戚传》："切皆铜沓，黄金涂。"颜注："切，门限也。"门限的实物亦见于满城1号西汉墓后室石门。但汉代的陶屋与画像石中之门，多无门限，只在下门枕当中立阑。《礼记·玉藻》孔疏："阑谓门之中央所竖短木也。"《汉书·冯唐传》颜注引韦昭曰："门中橛为阑。"此字在《史记·冯唐列传》中作闑。《说文·木部》："梱，门橛也。"所指亦是此物，其状亦可于沂南画像石中见之③。闩门之物有关，《说文·门部》："关，以木横持门户也。"《汉书·杨恽传》："有奔马抵殿门，门关折，马死。"这是殿门之关。城门之关则用更笨重的大木制作。《吕氏春秋·慎大览》："孔子之劲，举国门之关，而不肯以力闻。"《后汉书·光武帝纪》李注引《汉官仪》："高祖命天下郡国选能引关、蹶张、材力武猛者，以为轻车、骑士、材官、楼船。"引关所举者应类于城门之关。包头乌拉前旗公庙子东汉墓所出陶屋，虽未见其关，但门两旁装有持关之栓孔即闭（图45-17）。上述勉县东汉墓所出陶仓下层之门有关，圆杠形，但无闭，而是插在边框中的。至于装轮的拉门，在广州三元里马鹏岗1134号西汉墓中见过一例。不过此门已嵌入门框的子口和门楣的凹槽中，不能滑动，轮子系示意性质，但可证汉代的门有这样一种形制。

汉代的窗子如出土陶屋上所见者，有的只是空洞。《说文·穴部》："窗，通孔也。"即指此种形式而言。而且当时尚未发明糊窗纸，冬季为御风寒，多将窗户堵塞。《诗·七月》："塞向墐户。""向"即"北出牖也"（《诗·七月》毛传）。汉代仍在一定程度上沿用此法，甚至雒阳南宫复道，冬季也要"完塞诸窗，望令致密"（《后汉书·冯鲂传》李注引《东观汉记》）。有些窗子上虽装直棂，也是固定的，不能开启。只在广州龙生岗4015号、大元岗4022号等东汉前期墓所出陶屋上出现过支摘窗④，当时尚不普遍。

普通窗子多装直棂（图45-11），讲究的窗子则装格子窗棂（图45-10、13）。以斜格贯连小圆环者，或即所谓琐文（图45-15）。《广雅·释诂》："琐，连也。"《汉书·元后传》颜注："青琐者，刻为连环文而青涂之也。"以斜格贯连菱形者，或即所谓绮寮（图45-14）。《西京赋》："交绮豁以疏寮。"《魏都赋》："暾日笼光于绮寮。"而《仓颉篇》说："寮，小空也"（《玄应音义》卷一引）。《释名·释采帛》说："绮，欹也。其文欹邪，不顺经纬之纵横也。"据古绮标本观察，绮的织纹为菱形（图16-9），正与这种窗格的构图相似。绮寮又名绮疏。《西京赋》薛注："疏，刻穿之也。"与寮的用意相同。在窗格上绮疏和琐文常并用。《后汉书·梁冀传》："窗牖皆有绮疏青琐。"谢朓《直中书省诗》谓窗格"玲珑结绮钱"，绮指绮疏，钱则指环形的琐文。这类格子窗也可简称为甗。《说文·疋部》："甗，门户青疏窗也。"至于湖北云梦痢痢墩1号东汉墓所出陶楼上用板条横嵌之百叶窗，在出土物中极为罕见（图45-12）。它的发现，为我国早期使用百叶窗的历史提供了新的资料。此外，如《汉武故事》说："武帝好神仙，起祠神屋，扉悉以白琉璃作之，光照洞彻"（《御览》卷八〇八引）。又《西京杂记》也说："昭阳殿窗户扇多是绿琉璃，皆通明，毛发不得藏焉。"二书所记，虽非尽可信据，但广州象岗南越王墓曾出土十几块浅蓝色平板玻璃⑤，则汉代宫廷中有过玻璃窗，亦非绝无可能。

注释

① 李学勤：《东周与秦代文明》第241页，文物出版社，1984年。

② 郭清华：《陕西勉县老道寺汉墓》，《考古》1985年第5期。

③ 曾昭燏等：《沂南古画像石墓发掘报告》图版104，文化部文物局，1956年。

④ 《广州汉墓》上册，第333、335页。

⑤ 见本书第三八篇注②2所揭文。

四六、建筑 Ⅵ

阙，阙门

我国古代高规格的建筑物在大门外之两侧设阙。《左传·庄公二十一年》说："郑伯享王于阙西辟。"同书《定公二年》说："夏五月壬辰，雉门及两观灾。"杜注："雉门，公宫之南门。两观，阙也。"则春秋时已有阙。阙通常是大门以外的两座夯土墩台，有的在台上有屋，登临可以远观，所以阙也可以称为观。《说文·门部》说："阙，门观也。"亦是此义。两阙之间一般并不连接，故《释名·释宫室》说："阙，阙也。在门两旁，中央阙然为道也。"中央缺开，留出通道，是为阙得名之由来。至于《古今注》所称："人臣将朝，至此则思其所阙多少，故谓之阙。"那就是后起的引申之义了。

先秦时，阙的使用范围相当严格。《公羊传·昭公二十五年》："子家驹曰：'设两观，乘大路，天子之礼也。'"至汉代，阙虽然仍是高贵的礼仪性建筑，如《白虎通义》说："门必有阙者何？阙者，所以饰门，别尊卑也。"但这时设阙之处已较前代为多，不仅宫殿、祠庙，连一般第宅前亦可建立。安徽宿县墓山孜所出汉·胡元壬祠后壁石，刻出带阙的楼阁图，楼下两侧室里有妇女在调丝和络纬，女主人于中室怀抱婴儿坐在织机后部，上层为男主人会见宾客（图46-10）。又如山东诸城前凉台汉·孙琮墓画像石中之带阙庭院，二道门内水潦流溢，一执帚者正在清扫[①]。这些画像石上的景物均毫无宫廷气象。不过为了区别等级，汉阙又分成三种：一般官僚可用一对单阙。诸侯、二千石以上用一对二出阙，由一主阙与一子阙构成（图46-5）。这是汉阙之典型的式样，所见的实例也最多。皇帝则用一对三出阙，由一主阙与二子阙构成。《汉书·霍光传》说霍光死后，"太夫人显改光时所自造茔制而侈大之，起三出阙。"这一点是作为霍氏僭逾不规的事例记载下来的，可证三出阙本为皇帝所专用。

汉代宫殿所建之阙，虽然没有留下具体的形像，其高度却可以根据文献作出推测。汉武帝作建章宫，这里有著名的凤阙。《史记·孝武本纪》说它"高二十余丈"，

图版46

基座呈阙形的桓表

单阙

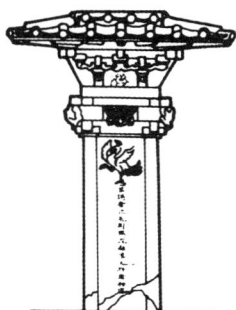

二出阙

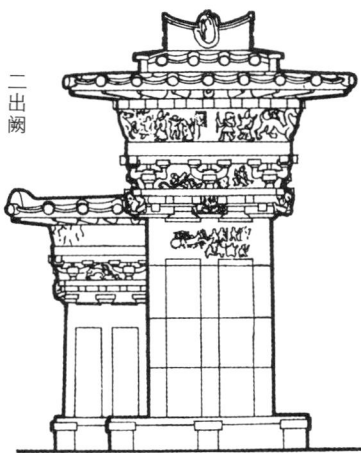

46-1　　　　46-2　　　　46-3　　　　46-4　　　　46-5

阙门

46-8

折风阙当

46-7

46-6

46-9

第宅之阙

46-10

据麦积山石窟壁画中所见，城阙的高度大抵与城楼相当。而《洛阳伽蓝记》载北魏洛阳城大夏门门楼，"去地二十丈"。以这两个数字相印证，凤阙高20丈（约合46米）也不是没有可能的。但《水经注·渭水》引《三辅黄图》则谓凤阙"高七丈五尺"，75北魏尺约合22.5米。《古诗十九首·青青陵上柏》描述东汉首都雒阳的南、北宫，谓"两宫遥相望，双阙百余尺"（《文选》卷二九），100汉尺约合23米，则汉代宫殿门阙的高度至少不在20米以下。又建章宫"阊阖门内东出有折风阙"（《御览》卷一七九引《关中记》）。西安出土的"折风阙当"，正是此阙之遗物（图46-7，52-3）。另外，据《德阳殿赋》"朱阙巖巖，嵯峨概云"（《艺文类聚》卷六二引），《吴都赋》"朱阙双立，驰道如砥"等描述，宫殿门阙大约要涂成红色。

土木结构的汉阙除凤阙尚残存夯土基址外，均已倾圮湮灭，故东汉时的石阙便成为今天进行研究的主要依据[②]。低的石阙只有三四米，高的也不过五六米，所以往往被看作是前者的模拟之作。但石材与土木的性质不同，石阙的细部虽然雕刻出仿木结构的柱、枋、斗栱等件，整体造型却自成一格。一些优异的实例，其稳定安详而又富于变化的轮廓线，绝不是仅仅将土墩木架之阙缩小了就能形成的。保存至今的石阙近30处，以四川梓潼李业阙的时代最早，建于建武十二年（36年），惜残毁过甚。其次是山东费县的南武阳阙之西阙，建于元和元年（84年）。在有确切年代可考的汉阙中，建于建安十四年（209年）的雅安高颐阙是最晚的一座。

石阙分单阙与二出阙两类。单阙中最矮的是山东平邑皇圣卿阙，高约2.5米。最高的是四川忠县㽏井沟无铭阙，高约5.7米。四川渠县诸阙皆无子阙，有的子阙系毁失，有的可能本来就是单阙。如渠县燕家村的沈府君阙，阙身外侧石纹粗糙，或原有子阙[③]。但即便依现状作为单阙看待，造型也极有风致。此阙阙身正面2柱，柱头上用栌斗承托3重枋，每层枋均向外挑出少许。此层之四角雕出角神。其上为檐部，雕出交手栱与斜撑。最上层为有一阶跌落的庑殿顶（图46-2）。忠县㽏井沟无铭阙未见子阙嵌接痕迹，确为单阙（图46-3）。它有明显的侧脚，而且在上下两层之间有腰檐，檐角微呈反字，表示它代表的本是两层的阙楼。二出的石阙，又分两种：如河南登封的太室、少室、启母三阙，阙身是一整堵石墙，只在上部分割出高低不同的主阙阙顶与子阙阙顶。而如山东嘉祥武氏阙、四川绵阳平杨府君阙、雅安高颐阙等二出阙，阙身平面皆作横置之凸字形，母阙之阙身宽而子阙之阙身窄，二者有明确的主从关系。高颐阙之西阙是汉代二出阙当中保存得最完整、雕刻得最精致的，其枋子、斗栱迄今仍棱角分明（图46-5）。此阙通高5.88米，阙身宽1.63米，但檐宽却为3.81米，屋檐伸出阙身以外1.12米，即相当于阙身宽度的2/3。檐下由自阙身向上层层挑出的斗栱、栏板相承接，在屋顶和阙身之间形成了一段舒展自如的过渡层，使深阔的屋檐看上去毫无滞重之感。这种效果的产生与屋顶的造型也是分不开的；此阙屋顶中部有较高的一阶跌落，两层屋瓦不相连接，宛若重檐。正脊短而高，两角上耸，当中雕出俊鹊衔绶，轮廓秀逸挺拔。用这样的一条正脊来提纲振领、冠冕全阙，遂使整个造型在安定中又透露出昂扬的气势。或以为二出石阙皆茔域之物，殆不尽然。安徽濉溪孜乡常庄出土的"太尉府门"画像中之阙，壁面垂直，略无收分，应代表石造建筑物④。山东沂水后城子出土的画像石中，也在府第门前刻有相同的二出阙⑤。说明这类石阙在若干府门前亦有使用者。

此外，在画像砖、石上还能看到若干种与阙相关的造型。有的在类似单阙的基座上树立交午柱，应即桓表，其形像见于沂南画像石，基座的式样则与皇圣卿阙相似（图46-1）。武氏祠画像石中的厅堂两侧之双层阙，阙身很细，仿佛是一根圆柱，腰檐以上，用一个踞坐的人像承托屋顶⑥。河南禹县所出画像砖上的单阙，四层重檐，底层特别高，刻画出壁柱和壁带，其墙壁或亦是夯筑而成（图46-4）。至于二出阙，最耐人寻味的一例亦见于沂南画像石，它比较矮，和一座庙宇的大门组合在一起。庙门两侧有门卒拥彗而立。门卒站的地方正当阙与门相连的拐角处，这里似乎就是古文献中所说的罘罳。《盐铁论·散不足篇》说："祠堂屏阁，垣阙罘罳。"《汉书·文帝纪》："未央宫东阙罘思灾。"颜注："罘思，谓连阙曲阁也，以覆重刻垣墉之处，其形罘思然。一曰屏也。"可见罘罳是阙与其所连接的主体建筑之间的屏墙。旧说以为罘罳是立在门前的屏，但汉代考古材料中未发现过这种形制，恐不确。

画像砖、石上另有一种用屋顶连接双阙使之成为一座独立的大门的。固然，阙本可以代表大门，如皇圣卿阙铭所说："皇圣卿冢之大门。"可以为证。但"中央阙然"的阙，毕竟与真正的大门不同，所以此种连阙为门的建筑物，应划作单独的一类。按《礼记·礼器》说："天子诸侯台门。"又《郊特牲》说："台门而旅树。"孔疏："两边起土为台，台上架屋曰台门。"阙身也是夯土墩台，所以这类大门显然是从台门发展出来的。不过台门之名在汉代已不流行。《续汉书·百官志》："北宫门苍龙司马，主东门。"刘注："案《雒阳宫门名》为'苍龙阙门'。"此门或亦是连阙而成，当时可能径称之为阙门。和林格尔汉墓壁画"宁城图"中，榜题"幕府南门"者，就是一座大阙门。阙门当中的门顶，有与阙的上层屋顶取平者（图46-8），也有与阙之腰檐取平者（图46-6），还有高度仅相当于主阙之半者（图46-9），式样颇不雷同。特别是四川重庆沙坪坝出土的一块画像砖上的阙门，门高仅及阙高的四分之一。门上再加两层楼，楼顶尚在阙檐之下，就更显得双阙之庄严巍峨了⑦。

注释

①　任日新：《山东诸城汉墓画像石》，《文物》1981年第10期。

②　参看本书第四二篇注②1所揭文。

③　丁祖春：《四川的汉晋石阙》，《考古与文物》1987年第6期。

④　《中国画像石全集》第4卷，第209图，山东美术出版社/河南美术出版社，2000年。

⑤　山东省博物馆、山东省文物考古研究所：《山东汉画像石选集》第451图，齐鲁书社，1982年。

⑥　见本书第三八篇注⑧2所揭书，初集，第189图。

⑦　吴曾德：《汉代画像石》，第33页，文物出版社，1984年。

四七、建筑 Ⅶ

高台建筑

从战国到西汉是高台建筑最流行的时期，这时之重要的宫殿台榭多采用这种形式。它以高大的夯土台为基础和核心，以木构架紧密依附夯土台而形成土木混合的结构体系（图47-4）。在燕下都、齐临淄、赵邯郸等列国的都城中，均曾发现过大型夯土台基。1975年发掘的秦咸阳宫1号殿址，也是建造在梯形的夯土台基上。西汉长安城未央宫前殿基址利用了原有的地形，其最高处达15米以上，更为高大。西汉时的这类遗址其保存情况尚好，研究工作也作得比较多的应推在汉长安城安门外大道以东，即今西安市西郊大土门村发现的元始四年（公元4年）所建"明堂辟雍"遗址。这是一座平面呈方形的大庭院，四面的围墙各长235米。每面围墙的正中辟一门，四隅有曲尺形配房。围墙外面有环形水沟，直径368米，即所谓"水旋丘如璧曰辟雍"（《诗·灵台》毛传）。庭院当中有一直径62米、高出院落地面30多厘米的圆形土台，台正中有平面呈亚字形的夯土台基。台基四面均有墙、柱遗迹，可以看出原建有大体对称的堂、室建筑物。前堂地面砌方砖，后室地面涂墋敷朱。整个中心建筑南北长42、东西长42.4米[①]（图47-3）。但遗憾的是，由于当中的大夯土台上部倾圮夷漫，已无建筑遗迹可寻，这就使中心建筑的复原遇到了困难。

尽管遗迹对这类建筑物的结构所提供的情况并不充分，但由于它的规模巨大，而且是西汉最重要的礼制建筑之一，所以我国古建筑学家仍对它进行了多方面的探讨，已发表复原方案的主要有王世仁、杨鸿勋两家[②]。王氏将中心建筑复原为3层。他认为下层为敞厅，其顶部为大平台。中层南北两面正中设突出的厅堂，有点像两座抱厦。大夯土台四隅外侧的小夯土台基上筑四个角室，各有单独的屋顶。三层是一座很大的方形建筑，庑殿顶，当中有一阶跌落，顶端设短脊，微向两端起翘。平台和檐下有由柱头大斗挑出的斗栱。四个角室有挑出的平坐。角室、大平台及三层廊下都有栏杆。门为板门，双扇，缀以铺首。窗上装直棂（图47—1）。

杨氏将中心建筑复原为两层。他认为当中大夯土台的周围应设单坡屋盖，其中为“室”。四面向前突出的“四堂”及左、右“个（夹）”另作屋盖，与室的屋盖共同组成重屋形式。大夯土台顶部四边向外扩大到与大台对角相接的四隅四小台，小台相互之间连以密梁架设的平顶。自下层通向二层平台的扶梯即穿过其中的一个夯土小台，出口开辟在小台之间的平顶上。二层平台当中有大方室，即太室。其檐柱布置为方形，外檐廊柱则布置为环形。太室中心立都柱。在复原图上，此都柱犹如后世之塔心柱，向上直承圆锥体屋盖。二层平台设平座栏杆。窗上装菱形窗格（图47–5）。至于中心建筑外围的宫墙、廊庑、配房、四门等，两家的复原方案相近，兹不详述。

对比以上两种复原图时不难发现，两家对中心建筑物之结构、外观与堂、室位置之安排的看法虽有很大出入，然而都反映出这座建筑物并不是真正的多层楼阁。它的顶层是由夯土台承托起来的，四面的突出部分也由夯土台联结为一个整体。依附于夯土台，它才显示出较大的体量，才呈现出有主有从的配置效果，同时也使其通风与采光得以解决。但也由于这种原因，所以许多木柱尚与夯土墙连为一体，成为加固土墙的壁柱。虽然在此遗址中，柱子的位置已互相对应，已经向构成柱网的方向迈进，可是主要的承重部位仍是夯土墩台。也就是说，这时的框架结构还不成熟，大面积的多层建筑还未能摆脱对夯土墩台的依赖。明堂这类礼制建筑的平面布局，汉代儒家的古文学派和今文学派之间虽有五室、四堂与九室、十二堂之争，但其中当设有“告朔布政”的青阳、明堂、总章、玄堂等四堂，则均无异议。然而王氏的复原方案只有南北两厅，无东西两厅，遂使青阳、总章二堂退居次要位置，恐不尽符合明堂制度的要求。在杨氏的方案中，大夯土台四隅最靠外的四个小夯土台，被封闭在室侧的“房”内，未能发挥作用，似有待进一步研究解决。至于顶层太室的结构，因无遗迹可据，这里就不加讨论了。

在汉长安城南，除明堂辟雍外，还发掘了王莽九庙建筑群。这群庙宇由12座形制相仿的建筑组成，其中心建筑也建造在夯土台上，平面亦为亚字形。如予复原，大约和明堂辟雍类似，都是具有纵横两轴、四面对称的建筑群体。九庙四门所用瓦当，东门为青龙当，西门为白虎当，南门为朱雀当，北门为玄武当，更充满了五行学说的色彩（图47–2）。但应当说明的是，在汉代，并不是只有礼制建筑才采用此类四面对称的平面，一般宫殿中亦有其例。如王延寿《鲁灵光殿赋》说：“于是详察其栋宇，观其结构。规矩应天，上宪觜陬。崛佹云起，嵚岑离娄。三间四表，八维九隅。”显然与明堂建筑“九室重隅”之制相近（《水经注·谷水》）。甚至建于东汉明帝时的雒阳

图版47

明堂辟雍复原方案之一

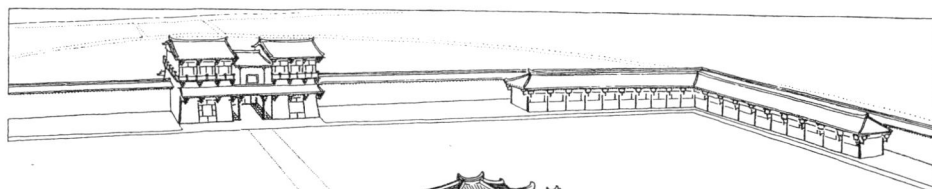

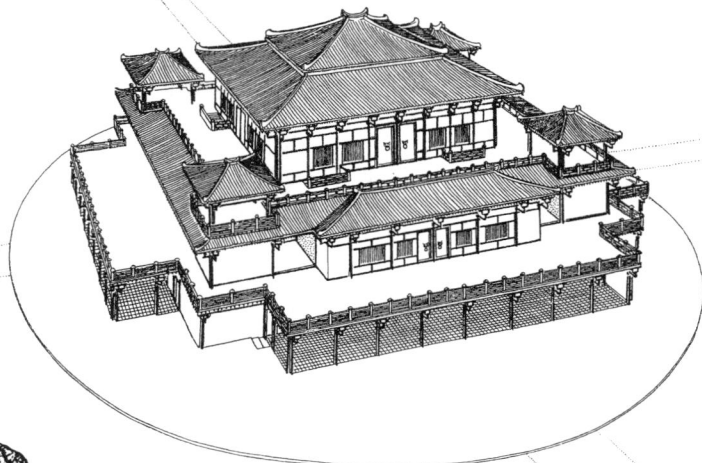

47-1

四神瓦当

47-2

明堂辟雍中心建筑遗址平面图

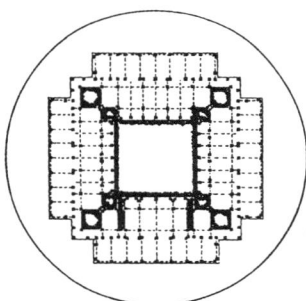

47-3

复原方案之一的剖面

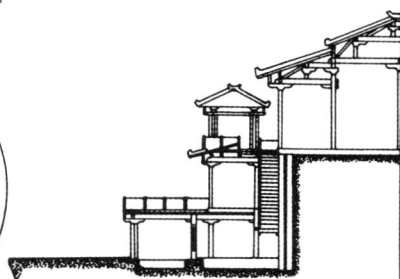

47-4

明堂辟雍复原方案之二

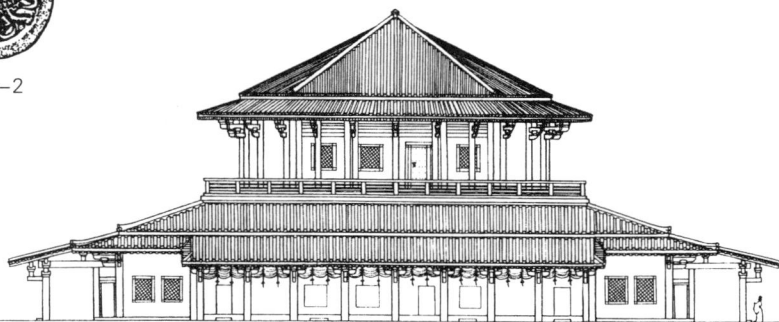

47-5

北宫德阳殿，据李尤《德阳殿赋》所称"入青阳而窥总章"的布局看，也与此类建筑有接近之处。

注释

① 唐金裕：《西安西郊汉代建筑遗址发掘报告》，《考古学报》1959年第2期。

② 王世仁：《汉长安城南郊礼制建筑（大土门村遗址）原状的推测》，《考古》1963年第9期。杨鸿勋：《建筑考古论文集·从遗址看西汉长安明堂（辟雍）形制》，文物出版社，1987年。

四八、建筑 Ⅷ

楼，台榭

从东汉开始，除了满足特殊的要求外，高台建筑逐渐减少，而木构楼阁显著增多，这是框架结构和施工技术发展的结果。平地起楼，免去了筑夯土台基的繁重工序，可大量节省人力物力。

西汉时，为技术水平所限，建筑高楼常采用井榦式。《汉书·郊祀志》说："立神明台井榦楼高五十丈。"颜注："井榦楼积木而高，为楼若井榦之形。井榦者，井上木栏也，其形或四角或八角。张衡《西京赋》云：'井榦叠而百层。'即为此楼也。"井榦式建筑是用大木实叠而成，所以外形缺乏变化，无论在建筑技术或造型艺术方面，均落后于东汉的构架式楼阁建筑。

建筑多层楼阁，要使上层的柱子得到稳固的支持，首先必须使下层构架更加强化，更加整体化。在画像砖上所见的阙楼，有的在下层柱头上置层叠的方木，甚至达五层之多，实际上等于在上下两层之间加了一层井榦结构，用它来稳固上层的基座。反映出早期多层建筑在解决上述问题时之不成熟性，而在东汉时的建筑实例和若干形象材料中见到的情况则有所不同。正如陈明达指出的：这时多在外围柱子的柱身中部加一条横方，无论它是用穿斗式或抬梁式，都能因此起到加强各个屋架间的联系的效果。沿房屋周边柱子上使用纵架或在大额方上加横架的作法，更使纵架或大额和柱、方组成了一个整体框架。在此框架上再放横向的梁架，显然要稳固得多[①]。这种改进明显地体现出整体构架的进一步强化。这是高层楼阁得以建立的技术基础之一。另一方面，在东汉时的重要建筑物上，斗栱的使用也较为普遍、多样。高层木构楼阁上的平坐和出檐皆由起悬挑作用的斗栱支承，斗栱已经是整座建筑物之有机的组成部分。在东汉陶楼上表现出来的逐层施柱、逐层收小减低、逐层或隔层出檐或装平坐等手法，则成为我国古代木构楼阁此后长期遵循的建筑形式。

东汉时楼的种类繁多。南阳樊氏"起庐舍，高楼连阁"（《水经注·沘水》引《续汉书》）；陈人彭氏"造起大舍，高楼临道"（《后汉书·黄昌传》）；外戚中官所造馆舍"凡有万数，楼阁连接，丹青素垩"（《后汉书·宦者传》）。这些大多为供居住用的楼。此外，城门上有谯楼（图51-6），市场中有市楼（图51-3），仓储有仓楼（图53-1），瞭望有望楼（图49-5），守御有碉楼（图48-3）。并且，根据"仙人好楼居"的说法，还有一些楼用于宗教活动。而当佛教在东汉后期逐渐流行以后，这种楼与自印度传来的窣堵波上的刹即相轮相结合，形成了我国最早的楼阁式佛塔。

楼居的习俗在南方较盛行。南方湿热，有建造干栏式房屋的传统，而架高的干栏实与楼阁相接近。干栏式房屋多以下层为畜栏，上层为居室，即明·邝露《赤雅》所说："人栖其上，牛、羊、犬、豕畜其下。"自干栏式房屋演变出来的陶楼，如广州汉墓所出者，也多以下层为饲养牲畜或舂簸粮食之处。有的陶楼的下层甚至是空的，和畜栏连通为一体，其中不设隔墙，却在四周的围墙上开了不少窦洞。但也有些陶楼的房间分割得周密一些，如广州东山象岗4016号东汉墓所出之例（图48-7）。这一组建筑的平面呈"H"形，主楼很高，分上下两层。下层除正门外，仅辟一通厕所之门，而与楼侧的舂米间及楼后的畜栏隔开。湖北云梦痾痾墩1号墓所出陶楼，主楼也分两层，下层并列三室，上层并列四室，都是作起居之用的。炊间、厕所、望楼、猪圈等则设在主楼后面。这组陶楼结构谨严，布局合理，楼层高低相间，错落有致[②]。至于四川新津、河南灵宝等地汉墓出土的陶楼，下层均无饲养禽畜的处所（图48-1、5）。大体说来，北方所出汉代陶楼，一般均不在楼内安排畜栏等设施。

北方地区如辽宁、河北、山东、河南等地的汉墓中常出塔式陶楼，低的为两三层，高的达九层[③]。其中一种在腰檐上置平坐，平坐上施勾栏。这样既可满足凭栏眺望的功能要求，并由于各层腰檐与平坐搭配方式的不同，或挑出，或收进，明暗虚实错综起伏，形成抑扬变化的节奏感，从而使建筑物的外观神采奕奕。另一种自顶层以下，各层只修腰檐而无平坐，如河南灵宝5号、辽宁旅大甘井子等东汉墓所出者。特别是河南洛宁故县4号东汉墓出土的一座异型陶楼，平面方形，五层。底层正面与前院相连，以上各层面积递减，最上一层结庑殿顶，正脊颇短，上立一鸟，正视几若攒尖（图48-6），整个陶楼的造型与北魏石窟中的塔柱及浮雕和壁画中的佛塔很相像。按我国的佛塔出现于东汉时，史籍中描述得比较具体的最早之塔是笮融于东汉末在徐州建造的。《三国志·吴书·刘繇传》说，笮融"大起浮图祠，以铜为人，黄金涂身，衣以锦采。垂铜槃九重，下为重楼阁道，可容三千余人"。这里提到的浮图祠就是佛塔。由于当时把塔当作礼佛的祠堂看待，如《玄应音义》卷六引《字苑》（指葛洪《要用字

图版48

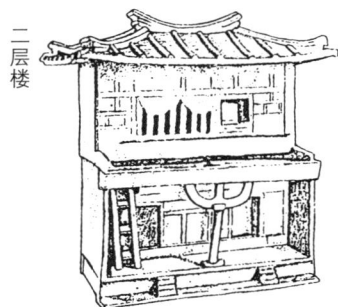

二层楼

48-1

48-4

楼顶立标

48-2

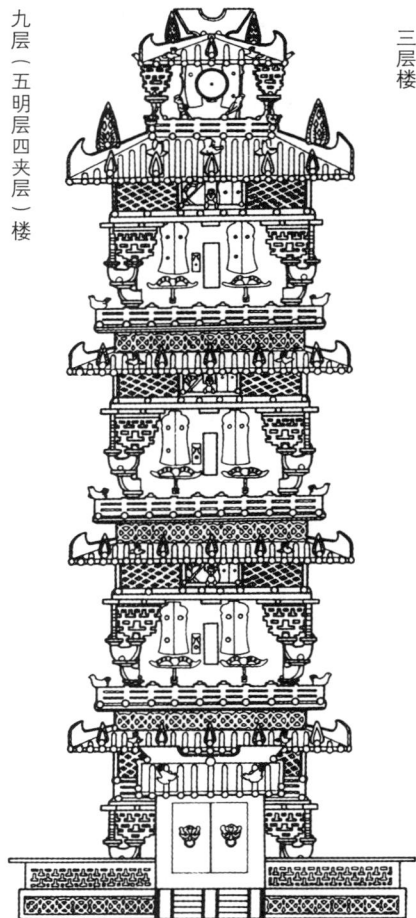

九层（五明层四夹层）楼

48-3

三层楼

48-5

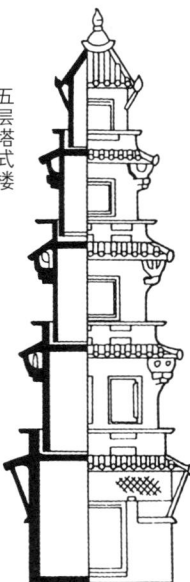

五层塔式楼

48-6

带碓房、畜栏的楼

48-7

苑》）说："塔，佛堂也。"所以在塔中供养佛像。这和中印度之本意为坟墓的窣堵波是颇不相同的[④]。笮融之塔的塔身或与洛宁陶楼为近。楼顶上装重层鎏金铜盘（即相轮）的作法，又与汉代木构楼观在屋顶上立标之制为近，其实例在河南南阳杨官寺、山东莒南大店等地出土的画像石上都能看到（图48-2）。更值得注意的是，2008年在湖北襄樊菜越一座三国墓中出土的陶楼院，由门屋、围墙和当中的二层楼组成。楼顶上耸立着由七重圆盘累起的高标，正相当于伞盖即塔刹，恰可当笮融之塔相比照[⑤]。

汉代还有不少碉楼。这是一种防御性的建筑物。《墨子·备高临篇》："高楼以射适（敌）。"《释名·释宫室》："楼言牖户诸射孔娄娄然也。"均已对楼的军事性质加以强调。其所谓楼，指的就是碉楼。汉代陶楼有的立于水塘之中，楼上四面均有武士扜弩注矢。河北阜城桑庄1号东汉墓出土一座高大的陶楼，通高216厘米，外部以腰檐平座分隔为五层，但当中还有四个夹层，共计九层。从明面看，每层均置盾、弩等武备，顶层并悬挂一面很大的圆形响器，两旁有人守望，俨如临敌，其军事性质极为明显[⑥]（图48-3）。《三国志·魏志·公孙瓒传》说他"为围堑十重，于堑里筑京，皆高五六丈，为楼其上"。公孙瓒所建之楼当亦属此类。又《公孙瓒传》裴注引《英雄记》："瓒诸将家家各作高楼，楼以千计。"可见东汉末年地方军阀建造碉楼已成风气。日本桃山时代各藩主纷纷建造天守阁的情况与此相仿，而天守阁的性质也正与这种碉楼相类。

汉代的台榭也是高建筑物。台和榭本来所指不同。《老子》："九层之台，起于累土。"《淮南子·本经》高诱注："积土高丈曰台。"则台是垒土而成。《尔雅·释宫》："有木者谓之榭。"又表示榭是构木而成。训诂家有的将台、榭区别得很清楚。《楚辞·招魂》王逸注："无木谓之台，有木谓之榭。"也有些说法对二者加以调和。《尔雅·释宫》邢昺疏："台上有木起屋者名榭。"但汉武帝修建的柏梁台，"高数十丈，悉以香柏"，这座香柏木构筑的高建筑物却被命名为台。加之"台榭皆高，可升之以观望"（《左传·襄公三十一年》孔疏），所以古人说的台和榭又有其不易截然区分的一面。汉长安城桂宫第2号建筑遗址中有一座夯土台，现存高度仍达12米。在高台北部和东部都发现了登台遗迹。发掘者认为此台属"观景台"一类[⑦]。登台眺望，则未央宫前殿、石渠阁、天禄阁等建筑物尽在眼中。而内蒙古巴彦淖尔盟凤凰山1号东汉墓壁画中则有一座高大的木结构平台，台上三男子正在射禽鸟，三女子立一旁观看[⑧]（图48-4）。古人喜登高射鸟。《齐书》谓："海鹄群翔，（桓）崇祖登楼射之，无不折翅"（《艺文类聚》卷六〇引），与壁画中所见者事正相类。唯桓氏登楼，画中诸人登的却是台榭。

注释

① 陈明达：《中国封建社会木结构建筑技术的发展》，《建筑历史研究》第1辑，1982年。

② 云梦县博物馆：《湖北云梦瘌痢墩一号墓清理简报》，《考古》1984年第7期。

③ 旅大市出土的一座三层彩绘陶楼，在二层的底部刻有"高楼"二字，见《文物》1982年第1期，第75页，反映出汉代人对高楼的重视。

④ 孙机：《关于中国早期高层佛塔造型的渊源问题》，《中国历史博物馆馆刊》第6期，1984年。

⑤ 襄樊市文物考古研究所：《湖北襄樊樊城菜越三国墓发掘报告》，《考古学报》2013年第3期。

⑥ 河北省文物研究所：《河北阜城桑庄东汉墓发掘报告》，《文物》1990年第1期。

⑦ 刘庆柱：《汉长安城桂宫遗址的考古发现与研究》，载《古代都城与帝陵考古学研究》，科学出版社，2000年。

⑧ 魏坚：《内蒙古中南部汉代墓葬》彩版6，中国大百科全书出版社，1998年。

四九、建筑 IX

院落

《汉书·晁错传》说："营邑立城，制里割宅，……先为筑室，家有一堂二内，门户之闭。"可见一间堂屋、两间内室，外有门，内有户，是汉代民居的基本形式。这和云梦秦简《封诊式·封守》中所称"一宇二内，各有户"的布局相类。河南陕县刘家渠8号东汉墓所出小型陶院落，平面呈长方形，前后二进平房。大门在前一栋房的右侧，穿房而过，进入当中的小院。院后部为正房，房内以"隔山"分成前、后两部分，应为一堂一室。院之左侧为矮墙，右侧为一面坡顶的侧屋，应是庖厨（图49-1）。《仪礼·公食大夫礼》中一再提到在"东房"中具馔。古诗："东厨具肴膳。"曹植《当来日大难》："乃置玉樽办东厨。"如院中之正房面南，则此侧屋即东厨。这一院落大约接近汉代一般民居的布局。梁孝王寝园中位于庭东侧的房址F9，其东北角有灶，并出较多的瓮、盆、罐等陶器残片，亦应为庖厨所在[1]。这种布局是沿袭先秦时室之东北隅曰宧，宧为"食所居"的习俗而来[2]。如果向历史长河的上游放眼远望，则河南偃师二里头1、2号宫殿遗址中，均已于其东庑内设东厨，可见这一传统何等悠远[3]。

如果将两进增为三进，那就成为日字形院落，沂南画像石中有其实例（图49-2）。这一院落中的前院有井，屋后有厕，两侧有廊，最后一排的堂屋当中立楹柱，这种作法与四川新津东汉墓所出陶屋相同[4]。院外东侧有两座小型的望楼。

大型院落如成都羊子山东汉墓出土画像砖上所见者，院墙为方形，一座大栅栏门开于南墙西侧。门内为前院，院中有鸡。二进以北为内院，绕以回廊。北堂三间，悬山顶，有插栱承托前檐。两楹为束竹柱，有方形础石。堂基颇高，廉隅分明。堂上主客对坐，堂下双鹤起舞。东侧南小院中有井、桌、炊具等，应为东厨。其北面之跨院较大，当中有一座很高的望楼，楼下系猛犬一只，仆役洒扫于其间。这处院落可以视为汉代一般官绅住宅的缩影（图49-5）。郑州南关西汉墓出土的空心砖与山东曲阜旧县

图版49

小院落

49—1

日字形院落

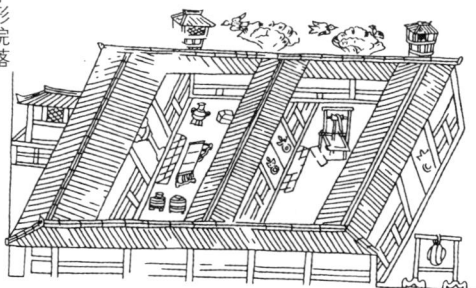

49—2

楼房四合院

49—3

49—3的平面图

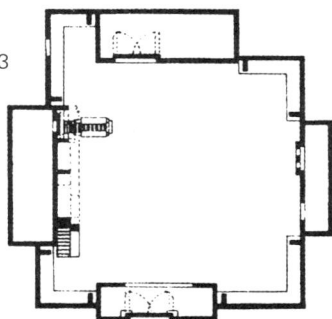

49—4

带望楼和跨院的院落

49—5

带望楼的大宅院

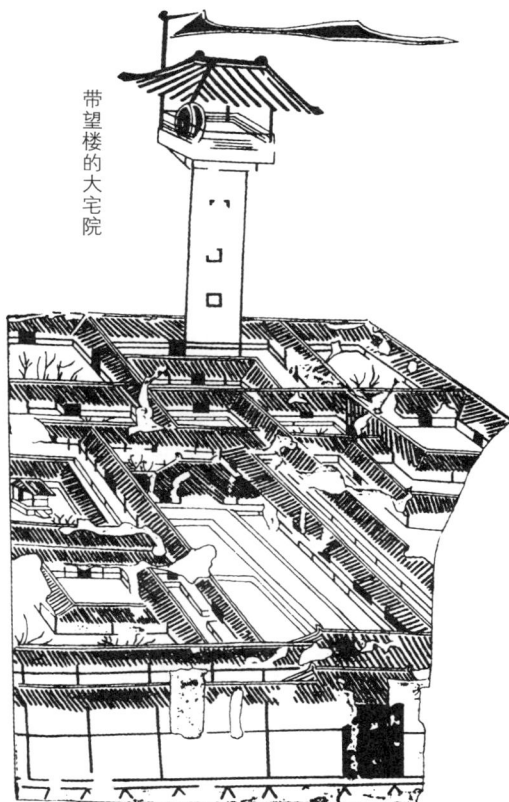

49—6

村所出画像石上的院落，或以双阙为门，或在大门两侧立阙，它们的规格似较成都羊子山所出者为高⑤。

上述各院落中的建筑物以平房为主，但也有以楼房为主的。陕西勉县老道寺1号东汉墓所出陶院落，其主体四合院的北、西两面皆为三层楼房。北楼为庑殿顶，有两重腰檐，当是主人起居活动的主要场所。此院东面为阔三间、高两层的仓楼，正面装扶手楼梯，在通向二层之进粮口处设小平台。底层之出粮口处设活动扶梯。东跨院中有畜圈、鸡埘等。最东端的一栋平房，估计是庖厨所在（图49-3、4）。河南淮阳于庄东汉墓所出陶院落，也是以楼房为主。房屋共三进。第二进顶上三楼并峙，下层则相通连。内院之主楼高大宏伟，而其西跨院内却是一片菜畦⑥。在一些大官僚的第宅中，这类跨院有的扩展成为园林。《后汉书·梁冀传》描写他"殚极土木"的情形时说："台阁周通，更相临望。飞梁石蹬，陵跨水道。"其间必有可观的景致。更不要说他在府邸之外，还有"十里九坂，以象二崤，深林绝涧，有若自然"的大型苑囿了。

至东汉晚期，强宗豪族跋扈地方，其宅院规模更大。河北安平东汉熹平五年（176年）墓的壁画中，表现出此种大宅之一角。图中栋宇森罗，院落毗连，墙垣环绕，望楼高耸。楼上置鼓悬旗，戒备森严（图49-6）。单就这种宅院的防御设施而言，已经接近于坞壁了。

注释

① 河南省文物考古研究所：《永城西汉梁国王陵与寝园》第55页，中州古籍出版社，1996年。

② 《说文·宀部》："宧，养也。室之东北隅，食所居。"《释名·释宫室》："东北隅曰宧。宧，养也，东北阳气始出，布养物也。"

③ 中国社会科学院考古研究所：《中国考古学·夏商卷》第66～67页，中国社会科学出版社，2003年。

④ 刘志远：《考古材料所见汉代的四川农业》，《文物》1976年第12期。

⑤ 周到、吕品、汤文兴：《河南汉代画像砖》第190、191图，上海人民美术出版社，1985年。山东省博物馆等：《山东汉画像石选集》第165图。

⑥ 周口地区文化局文物科、淮阳太昊陵文物保管所：《淮阳于庄汉墓发掘简报》，《中原文物》1983年第1期。

五〇、建筑 X

庄园

地方豪强的势力于西汉晚期已见坐大，在东汉王朝的扶植之下，大土地所有制得到巩固和发展。"连栋数百，膏田满野"的封建庄园在各地出现，成为东汉经济生活的主要特点（《后汉书·仲长统传》引《昌言·理乱篇》）。这类大庄园虽以经营农业为主，但畜牧养殖、果蔬桑麻、煮盐酿酒、百工技艺，无所不有。大批破产农民被迫投靠，沦为庄园的徒附和部曲。大庄园中自给自足，闭门成市，俨然独立王国。

内蒙古和林格尔东汉晚期大墓后室南壁壁画，展现出一处庄园的景色（图50-1）。图中北部有重叠的山峦，山间遍植果树，枝头团团粉色，表示繁花盛开。坡地上农夫在耕田。他们使用的是"二牛抬杠"式的长辕犁，犁的形制在此墓前室北耳室壁绘出的农耕图中画得更清楚些（图50-2）。这种犁装有犁箭，从其只用一人扶犁的情况看来，犁箭上应有调节犁铧入土深浅的犁评，耕作技术已较赵过推行的用2牛3人的耦犁进步。在农耕图中，地上散布着金灿灿的谷堆，运粮的牛车络绎于途。

庄园图中部有若干房舍及马厩、牛牢、羊圈。和林格尔地处边郡定襄，重视畜牧，所以这部分是图中的着力之笔。不但厩、牢之中马、牛肥壮，而且在此墓前室南耳室的东、西两壁上还画出牧马图与牧牛图（图50-3、4）。牧人都骑着骏马，足证所放牧之畜群相当庞大。《昌言·理乱篇》说豪门巨室经营畜牧的情况是"马牛羊豕，山谷不能受"，正可与此图相仿佛。至于羊，大概当时在经济生活中的重要性比马、牛等役畜差一些，故有所谓"匹马匹牛，居则以耕，出则以战，非如猪羊类也"（《晋书·食货志》）。此墓前室北耳室东壁所绘牧羊图中，放牧者持杖徒步而行。为了防止羊群逸散、抵御豺狼骚扰，还画出了三只黑色的牧羊犬。

牛牢之旁，围出一片菜田，有二人正在畦中锄草培土。屋宇、厩圈、菜田的四周筑墙。墙外的空地上，猪、鸡成群。鸡、猪是当时日常肉食品的主要来源。户养"二母

图版50

庄园

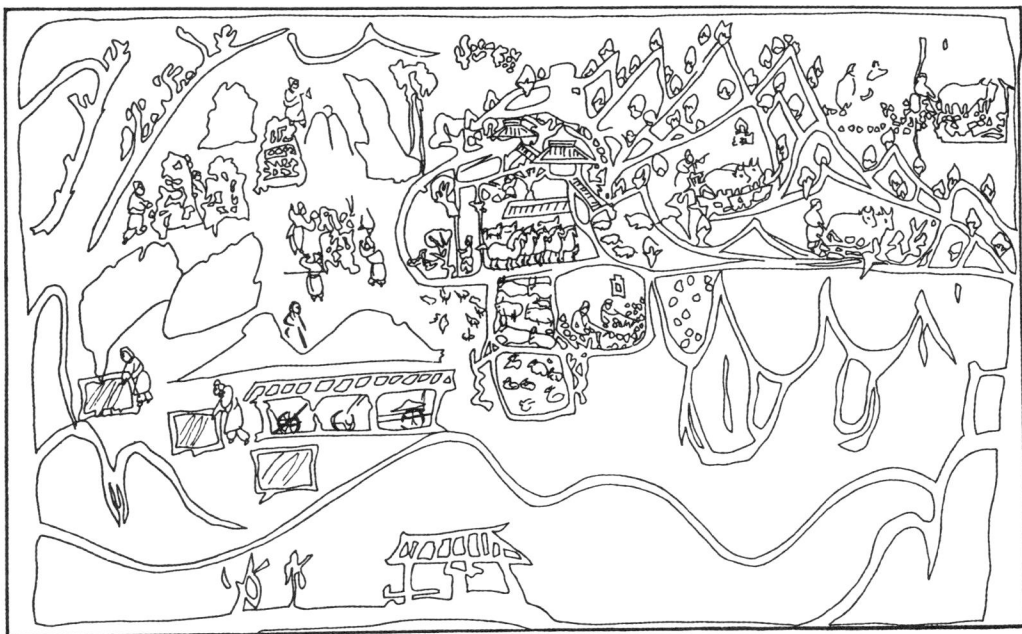

50-1

50-2

50-3

50-4

彘，五鸡"（《汉书·龚遂传》）或"一猪，雌鸡四头"（《齐民要术·序》），曾被地方官定为民户饲养数量的目标，大庄园中饲养的数量自然更大。围墙以西，是庄园中的桑林，树下有妇女手持桑钩、绳索等物采桑。桑林以北，有堆叠成丛之物，旁边也有妇女在操作。这部分画面漫漶，不易分辨。研究者或以为是蚕架之类，亦有可能[1]。桑林西南，画出三个沤麻的方池。《诗·东门之池》云："东门之池，可以沤麻。"刈获之麻必须沤渍脱胶，以便将麻皮剥下，进行纺绩。专门论述庄园经济的《四民月令》一书中，也很强调养蚕、缲丝、渍麻、织布、染色、缝衣等活动，可见丝麻纺织在庄园经营中也占有重要的地位。沤麻池以东建有车库，有几辆大车在里面闲置着。车库东南，水渠纵横，这里有面积很大的待耕之田原。

大庄园都拥有相当规模的武装力量，一部分依附农民被武装起来，成为庄园主的"部曲""家兵"。他们被驱使"缮五兵，习战射"（《四民月令》）。当局势动荡之际，庄园主则"聚宾客，招豪桀，作营堑"以自守（《后汉书·冯鲂传》），因而庄园中往往筑有防御工事。和林格尔汉墓壁画之牧羊图和谷仓图中都绘有坞壁，即其写照。关于这类建筑的具体情况，在本书第五一篇中再作介绍。

注释

[1]　内蒙古自治区博物馆文物工作队：《和林格尔汉墓壁画》第20页，文物出版社，1978年。

五一、建筑 XI

城，市，关，坞

从建筑的角度讲，在汉代，城的特征首先是有一个用城墙围起来的城圈。城圈之内，是人口和财富的集中之处，也是各级统治者的政治中心。城墙绝大多数为夯筑。在我国，夯土城早在河南龙山文化遗址中已经出现，历代都城的城墙直到元大都一直是夯筑的。城外一般有濠沟。如早商时代的湖北黄陂盘龙城，城外就有宽约10米的城濠，即古文献中所说的"池"。城和池从遥远的上古时代，就是互相结合在一起的。

为了增强防御能力，我国的筑城技术不断有所发展。先秦时，已在城墙顶上筑起女墙和雉堞，见《左传·宣公十二年》与《墨子·备城门篇》。《释名·释宫室》说："城上小垣曰睥睨，言于孔中睥睨非常事也。""亦曰女墙，言其卑小，比之于城，若女子之于丈夫也。"女墙又名堞，亦作壤。《说文·土部》："堞，城上女垣也。"不过古文献中也常以堞字指女墙上的垛口。如《备城门篇》说："五十步一堞。"可见这时女墙上的堞很分散。嘉峪关1号曹魏墓画砖中坞上之堞，与朝鲜平安南道顺川郡龙凤里高句丽墓壁画中的"辽东城"上之堞，均少而且稀[①]。和林格尔汉墓壁画中"宁城"之堞，虽然排列得比较整齐，但各堞之间仍有相当的距离（图51-7）。其后，则在城角与城门上起角楼和门楼。先秦时已将城之四角加高。《考工记·周人明堂》："王宫门阿之制五雉，宫隅之制七雉，城隅之制九雉。"雉是度量夯土城墙的基数，"五版（指夯筑时的挡土板，高约二尺）为堵，五堵为雉"（《诗·鸿雁》郑笺），因知城角远比他处为高。《诗·静女》："俟我于城隅。"毛传："城隅，以言高而不可逾。"《说苑·立节篇》说杞梁妻闻杞梁战死而哭，以致"城为之阤而隅为之崩"，也反映出城隅比其他部分更坚固、更高。进而则在城隅筑楼，即《备城门篇》所说："城四面四隅，皆为高磨椹，使重室高居其上候适（敌）。"长沙马王堆3号墓所出西汉初年长沙国南部驻军

图版51

坞

51-1

51-1
的剖面图

51-2

市

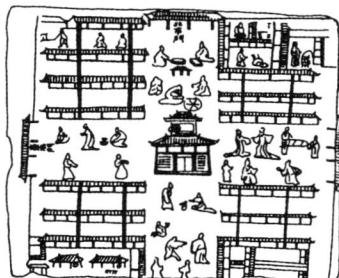

51-3

鄗字当

51-4

关字当

51-5

函谷关

51-6

城

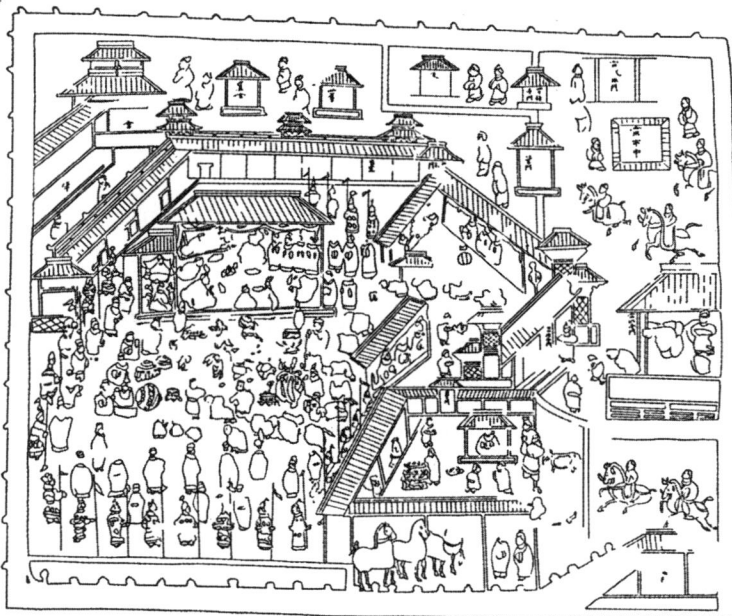

51-7

图,防区中心的三角形城堡就画出了城角楼(图75-3)。这种三角形城堡与《墨子·杂守篇》所说在外道要害之处修筑的"三隅"之亭相类,不过规模更大些[②]。此外,城门楼在西汉初也已出现。《汉书·陈胜传》中称之为谯门,颜注:"谯门,谓门上为高楼,以望者耳。"

筑城技术的下一步发展,是在城墙外壁增筑突出的敌台,即马面。在这里可以从侧面防御攻城之敌。此外还在城门口加筑瓮城。这两种设施的存在已为汉代的考古材料所证实。内蒙古乌兰布和沙漠北部哈隆格乃山谷南口的西汉鸡鹿塞石城,提供了早期马面的实例。瓮城也是在此城与其东南的保尔浩特古城(汉窳浑城)发现的[③]。虽然,《诗·出其东门》中已经提到过一种类似瓮城的所谓闉,毛传:"闉,曲城也。"孔疏:"闉是门外之城,即今之门外曲城是也。"但先秦时的实例未见。

元以前的城墙虽多为夯筑,但汉代也有石城与砖城。石城多见于阴山一带的长城沿线,系就地取材。砖城则见于四川广汉,这里发现的东汉雒城,其东南角已清理出城墙55.6米,残高0.3-0.8米,残宽2.5米,在夯土墙外侧,包砌以印有"雒城"等文字的砖[④]。过去曾认为《水经注·浊漳水》所记"饰表以砖"的邺城,是我国最早的砖城,实际上东汉时已经有这种建筑物了。

城内的宫殿、邸第、民居等,见本书各有关各篇,兹不赘。这里只对城中的市略作介绍。

长安有九市,东市约位于横门大街以东、厨城门大街以西、雍门大街以北、北城墙以南的范围内。西市约位于西城墙以东、横门大街以西、雍门大街以北、北城墙以南的范围内。文献中所见长安其他各市如柳市、直市、交门市、孝里市、交道亭市、槐市等,皆在郊区而不位于城中。诸市以东市最繁荣,西汉要犯弃市,多于此处受刑,如御史大夫晁错、丞相刘屈氂等。东市的面积也最大,达0.4875平方公里,而西市只有0.2475平方公里。东汉雒阳的市则以金市、南市、马市为最著。此外各郡国也有不少市。王符《潜夫论·浮奢篇》说:"天下百郡千县,市邑万数。"其中有的规模很大,临淄"市租千金,人众殷富"(《史记·齐悼惠王世家》);成都为"市廛所会,万商之渊"(《蜀都赋》)。成都出土的市场画像砖,表现了一处市场的全景,而且模印得比较清晰,它可能是成都某市[⑤](图51-3)。此市平面呈方形,围以阛墙。《古今注》:"阛,市垣也。"其四面居中各有一门,名阓。《说文·门部》:"阓,市外门也。"其布局正与今本《三辅黄图》所称"方市阓门"相合。门内的大路纵横相交,呈十字形,应即《魏都赋》"廓三市而开廛,藉平逵而九达"之逵。市中心建市楼,楼上悬鼓。《洛阳伽蓝记·龙华寺》说:旗亭"悬鼓击之以罢市"。汉制或亦如此。旗亭即市楼。《西京赋》薛注："旗亭，市楼也。立旗于上，故取名焉。"市楼立旗，应起源于先秦"见旍则知当市"之制（《周礼·司市》郑注）[6]。但彭县、新繁等地出土画像砖的市楼上，均未见所插之旗。唯广汉周村所出砖在市中之楼上印出"市楼"二字，故仍可确认无疑。砖上的市楼皆为二层，长安的市楼如《西京赋》所述，则为五层，均与《宫阙记》所称"市楼皆重屋"（《御览》卷一九一引）之制相合。西汉长安之东、西市有市令，其余各市有市长，见《汉书·百官表》。但长安诸市的治安关系到首都的稳定，故其令、丞皆归掌握武装力量的三辅都尉管辖（《玉海》卷一六引《三辅黄图》），故《西京赋》称："周制大胥，今也惟尉。"不过至东汉时，长安亦仅设市长，传世东汉"长安市长"印可证（《秦汉南北朝官印征存》818）。东汉雒阳马市还有市正（《御览》卷八六一引《东观汉记》），他大概是雒阳市长下属的分管一个市场的长吏。郡国除大市有市长外（《汉书·食货志》），一般有市掾（《曹全碑》碑阴，《金石萃编》卷一八，《后汉书·费长房传》）、市啬夫（《汉书·何武传》）、市吏（《汉书·尹翁归传》）等员。市楼即其治所。

市场上的货物须分类摆在列肆中进行交易。《汉书·食货志》："开市肆以通之。"颜注："肆，列也。"列肆中的房舍名廛。《礼记·王制》郑注："廛，市物邸舍。"列肆间的通道则称为隧。《西都赋》薛综注："隧，列肆道也。"言之极明。在成都出土的市场砖上，列肆被十字大路划分为四组，每组中均有好几条隧，实际情况自应更多。《西都赋》说："货别隧分。"《蜀都赋》说："列隧百重。"正是其繁盛的商业活动之写照。或以为隧指直通阛门的大路[7]，但这种大路不会有百条之多，故此说不确。

汉代的市中不仅经营商业，同时也兼营手工业。各地出土之陶器与漆器上多次出现市的戳记，如陶文中之"襄阳市"、"临菑市"、"马邑市"、"荧市"、"河市"、"曹市"、"谯市"、"陕市"、"代市"、"栎市"、"云市"、"杜市"等，漆器上的"成市"、"莒市"等[8]。又四川绵竹出土的"成都市平"铁累，大足出土的"汶江市平"铁累，均应是经市府核验过的衡器[9]。说明市府对市中的工商业行使管理职能。

都市筑城设防，国则在边界设关。《孟子·梁惠王篇》中有"郊关"，赵注："四境之郊皆有关。"《周礼·地官·序官》郑注亦云："关，界上之门。"但即使在先秦时，除边界外，关也设在其他冲要之处，如《左传·成公二年》的徐关，《襄公十七年》的阳关，就并不设在齐、鲁二国的边界上。关的作用是稽出入、备非常、征关税。即如《管子·问篇》所说："关者，诸侯之陬隧也，而外财之门户也，万人之道行也。"除所谓"边关"外（《史记·汲黯列传》），在大行政区划之间往往因险设关，如关中与山东地区之间的函谷、天井、壶口、五原等关，河西地区与西域之间的阳关、玉门关，江湘地区与岭南之间的横浦、阳山等关。出入关时要受到盘查，称"关讯"。《礼记·王制》："关执禁以讥。"东汉·黄宪《至关》："四民非关不由，非讥不入。"此外并须持符传，"无符传出入为阑"（《汉书·汲黯传》颜注引吕瓒说）。越塞阑关要受到惩罚。江陵张家山汉简《二年律令·津关令》说："阑出入塞之津关，黥为城旦春。越塞，斩左止（趾）为城旦。"货物则须纳税。《九章算术·均输篇》："今有人持米出三关，外关三而取一，中关五而取一，内关七而取一。"题目虽是拟作，但亦应与实际情况相去不远。可见关税是很重的。虽然《吕氏春秋·仲夏纪》就提出了"门闾无闭，关市无索"的理想，终两汉之世，也不断有人主张"通关去塞"；但并不曾真正实现。

在汉代之众多的关塞中，最重要同时也最著名的应推函谷关。汉代文献中凡单言关而不另加关名者概指函谷关。此关原设在今河南灵宝县北、弘农河西岸，扼当时东西交通必经之邃谷，地势十分险要。《西征记》说这里"道形如函也，其水山原壁立数十仞，谷中容一车"（《史记·高祖本纪》正义引）。原来秦之所谓关中，是因其地东有函谷、临晋，西有陇关，南有崤关、武关，北有萧关，四塞以为固。临晋关在今陕西大荔县朝邑镇东北，据黄河西岸，与东岸的蒲阪隔河相对。陇关在今陕西陇县西固关乡。崤关在今陕西商州西北牧护关。武关在今陕西丹凤县东南、商南县西北的武关镇附近。萧关在今宁夏固原东南。而汉之所谓关中或关内，主要以函谷关为标志，函谷关以东则称为关东[⑩]。秦以关中为王畿（《续汉书·百官志》刘注引刘劭《爵制》）。西汉前期实行"强干弱支"政策，徙豪民，置陵县，实关中，以致功臣后裔多注籍关中，从而使秦以来的上述传统观念更加强化。汉武帝元鼎三年（前114年），楼船将军杨仆耻为关外民，上书乞徙关。经武帝许可，函谷关东移至今河南新安县东，被称为新关，原来的关则称为旧关。一块传世的"咸（函）谷关东门"画像石，刻画出两座高大的三层谯楼、其下两层均施平座，副阶周匝，正脊上还饰以立凤，应为东汉之新关的形象（图51-6）。新关门址尚存，唯已为后世贴砌面砖。附近所出汉代"关"字瓦当，即新关谯楼之当（图51-5）。函谷关本为长安的门户，如《汉书·魏相传》说："函谷，京师之固。"《汉书·武帝纪》："（天汉二年，前99年）诏关都尉曰：'今豪杰多远交，依东方群盗，其谨察出入者。'"关都尉即函谷关都尉。《汉书·魏相传》："函谷京师之固，武库精兵所聚，故以丞相弟为关都尉。"西汉时任此职者，如非重臣亲属，即为干练的酷吏，因此关系三辅之安危。但新关移至涧河河谷，地形较旧关敞豁，已不称其"襟带咽喉"之誉。东汉·李尤《函谷关赋》称其处："上罗三关，下列九门。会万国之玉帛，徕百蛮之贡琛。冠盖纷其云合，车马动而雷奔。"已非一夫当关，万夫莫入的形势。何况东汉定都雒阳，此关更使人产生"关门反拒"之感（杜笃

《论都赋》，张衡《南都赋》）。故至魏正始元年（240年），此关遂废。

至于坞，在本书第四〇篇中曾提到过，但那里说的是指塞防线上的亭隧而言的坞。这里说的坞，则是随着东汉时期地方豪强势力的急剧膨胀而大量出现的一种小城堡。《后汉书·李章传》："时赵魏豪右往往屯聚。清河大姓赵纲遂于县界起坞壁、缮甲兵，为所在害。"《三国志·魏志·许褚传》："汉末，聚少年及宗族数千家，共坚壁以御寇。"其中最著名的是董卓的郿坞。《后汉书·董卓传》说郿坞"高厚七丈，号曰万岁坞，积谷为三十年储。"《三国志·魏志·董卓传》则说"郿坞高与长安城埒。"按长安城高约12米，不到汉代的七丈（16米）；但郿坞之高纵使仅与长安城埒，规模也已很可观了。此坞有积谷之备。董卓说："事成，雄据天下；不成，守此足以毕老。"陕西眉县出土之"郿"字瓦当，应即郿坞遗物（图51-4）。公孙瓒所修"楼橹千重"的易京（今河北雄县西北），其实也是一座特大型的坞壁。公孙瓒说："昔谓天下事可指麾而定，今日视之，非我所决。不如休兵，力田畜谷。……食尽此谷，足知天下之事矣"[11]。口吻与董卓何其相似！也正反映出这类坞壁积谷自保，在军事上以防御为主的性质。但也有些坞壁位于地形特殊的大山间，既能凭险固守，又可生产自给。袁术在少室山所建者，"可容十万众，一夫守隘，万人莫当"。田畴在徐无山所建者，聚宗族乡闾五千余家，与外界隔绝十余年之久[12]。它们的建筑形式因地而异。但迄今为止，无论何种形式的汉代坞址均尚未发现，只在广州东汉晚期墓中出了不少陶坞。平面皆为方形，四周绕以高大的墙垣，前后各有大门，门上出挑梁以承门楼。四隅各有方形角楼（图51-1、2）。内蒙古和林格尔东汉墓前室北耳室东壁壁画牧羊图中，有一座围以高墙、后部建望楼的院落，榜题"壁"字。甘肃嘉峪关1号魏墓的砖画中有一小城，城门上建谯楼，城墙上筑雉堞，榜题"坞"字[13]。这些坞壁的形制均与广州陶坞相近。唯汉末战乱之际，岭表艾安，所以像广州陶明器所代表的坞壁应较少经受战火考验，因而比北方的郿坞之类建筑大抵要简单一些。

注释

① 嘉峪关画砖，见《文物》1972年第12期，图版8：4。"辽东城"壁画，见《朝鲜平安南道顺川郡龙凤里辽东城冢调查报告》，《考古》1960年第1期。

② 1944年在青海海晏发现的龙夷城，其平面亦呈三角形。《水经注·河水》称王莽"置西海郡而筑五县焉，周海亭燧相望。"可见在所谓外道要害之处所筑之城，常采取这种形制。

③ 见本书第三八篇注③所揭文。

④ 赵殿增：《广汉县东汉"雒城"遗址》，《中国考古学年鉴》，1985年。

⑤ 刘志远、余德章、刘文杰：《四川汉代画像砖与汉代社会》第59页，文物出版社，1983年。

⑥ 俞伟超：《先秦两汉考古学论集·秦汉的"亭"、"市"陶文》。

⑦ 见注⑤2所揭书第63页。

⑧ 陶文中的"襄阳市"、"临菑市"、"荥市"、"河市"、"曹市"、"谯市"见上页注③所揭文。
"马邑市"见《山西朔县秦汉墓发掘简报》，《文物》1987年第6期。"陕市"见《河南陕县刘家渠汉墓》，《考古学报》1965年第1期。"代市"见《季木藏陶》第四册。"栎市"见《陕西临潼鱼池遗址调查简报》，《考古与文物》1983年第4期。"云市"见《淳化县出土秦、汉"市"、"亭"陶文陶器》，《考古与文物》1984年第3期。"杜市"见陈尊祥：《杜虎符真伪考辨》，《文博》1985年第6期。漆器上的"成市"见《先秦两汉考古学论集·马王堆一号汉墓出土漆器制地诸问题》。"莒市"见《汉代考古学概说》第47页。

⑨ 《中国古代度量衡图集》第211、212图。

⑩ 湖北江陵张家山汉简《二年律令·津关令》中屡屡强调"扞关、郧关、武关、函谷、临晋关"一线。可能此线以西是广义的关中地区，此线以东则泛称"关东"（参看王子今、刘华祝：《说张家山汉简〈二年律令·津关令〉所见五关》，《中国历史文物》2003年第1期）。但函谷关仍然是这条线上具有标志性的重要地点。

⑪ 《三国志·魏书·公孙瓒传》。

⑫ 《元和郡县图志》卷五引宋武《北征记》。《三国志·魏书·田畴传》。

⑬ 和林格尔汉墓壁画中之壁见内蒙古自治区博物馆文物工作队：《和林格尔汉墓壁画》第78页。文物出版社，1978年。嘉峪关画砖中之坞见《文物》1972年第12期，图版8。

五二、建筑 XII

国都

西汉及王莽的新朝建都长安，遗址在今西安市西北郊。

修筑长安城之前，汉高祖刘邦在萧何主持下先建成长乐、未央二宫和夹在二宫当中的武库。其时"天下匈匈，苦战数岁，成败未可知"。为了防卫，二宫都筑有很厚的宫城，宫城即当时的行政中枢。这种情况和秦之咸阳相似，考古工作者经过多年钻探、发掘，始终未找到咸阳城的基址，从而推测咸阳或只有宫城而无大城①。但汉长安与秦咸阳不同的是，至惠帝元年，已开始围绕二宫修筑长安城。筑城工程至惠帝三年进入高潮，惠帝五年竣工。此城的形状不太规整，因其南垣须将长乐、未央二宫包进去，城垣不能不顺应宫墙而曲折。并由于两千年前渭水之高水位线的海拔高程为370米左右，而长安城北垣则坐落在海拔380米的等高线附近，还要避让开流经城西、北面之渭水的支流沈水（今浐河），故北城垣的走向须依照河岸的地势来定②。《管子·立政篇》说："城廓不必中规矩。"长安城的平面正是如此。《三辅黄图》所称"城南为南斗形，城北为北斗形，至今人呼汉京城为'斗城'"之说，显系附会。长安城垣的总长度为25014.83米，约合62汉里，全部用取自龙首山的带赤色的黄土夯筑而成。《汉旧仪》称长安城"方六十三里"（《史记·吕后本纪》索隐引），与实际情况很接近。城墙的高度约在12米以上，基宽12-16米，里外均与地面成79°角向上斜收。城外绕以宽约八米，深约三米的城壕。城内面积合35平方公里强（图52-1）。

整个长安城的地势是南高北低，所以主要宫殿区在城南部。其中最重要的是位于城西南部的未央宫，这和战国时代列国宫城多位于都城之某一角隅的布局差可比附。自惠帝以后，皇帝皆居未央宫，而太后居长乐宫。未央宫城平面近方形，边长约2150—2250米，其中是一片巨大的建筑群，前殿、宣室、承明、温室四殿为未央宫主要的建筑。前殿遗址位于宫的正中，系利用原有的龙首山加修成台基，南北长约400

米，东西宽约200米。其顶面由南向北迭次升高，最高处高于地面15米以上。台基上纵向排列三个殿址，面积分别为3476、8280和4230平方米，可见其规模之壮观。当中最大的一座即宣室殿，为未央宫中"布政教"之正殿。三大殿均面南，但未央宫的正门却是殿背后的北门。北门又称金马门，门外有著名的北阙，谒见奏事主要从此门进出。这一布局颇引起后人的异议。《三辅旧事》曾为之解说，认为"开北阙以临渭，渭北则陵庙所在"。其实高祖七年未央宫已全部竣工，而太上逝于高祖十年，故建北阙时渭北并无汉家陵庙。未央宫以北门为正门，恐是因为由此门进宫，地势由低而高，仰瞻殿宇，正可显示出天子的尊严；而且未央宫以北为北阙甲第，贵族、官吏出入未央宫，自以经由北门为便。

长安城每面三门，四面共12门。东垣北门为宣平门（东都门），中门为清明门（城东门。因门内有藉田仓，又名藉田门），南门为霸城门（因门色青，又名青城门、青门）。南垣东门为覆盎门（端门。因其南有下杜城，又名杜门），中门为安门（鼎路门），西门为西安门。西垣南门为章城门（章门。门外有跨越渭水的便桥，故又名便门），中门为直城门（门上饰铜龙，又名龙楼门），北门为雍门（函里门，西城门）。北垣西门为横门（因门北有跨渭水的横桥故名。又名光门，武朔门）。门内大道两侧为东、西市，向南穿过雍门大街和直城门—霸城门大街，正朝向未央宫北阙。北阙内为宫内道路，直通西安门。横门—西安门一线可以被视为长安城的纵轴线。但未央宫前殿并不正对北阙而稍偏西，与后世宫城正殿多坐落在中轴线上的布局不同，可见西汉时对都城规划中之轴线的作用尚未充分予以强调。北垣中门为厨城门（因门内有长安厨），东门为洛城门（高门、鹳雀台门）。每座城门各有三个门道（图52-2）。其中西安门和霸城门特别雄伟，这两座城门的门道之间的距离为14米，因为它们分别是长安城纵轴线的南门与横轴线的东门，门内又是未央宫和长乐宫。其他城门之门道的间距只有四米。门道皆宽八米，减去两侧立柱所占地，实宽六米。在霸城门内发现的辙痕宽1.5米，可见每个门道可通行四辆车，三门道共容12辆车并行，即《西京赋》所谓："三途夷庭，方轨十二。"门内的道路也相应地分为三股：中央为驰道，宽20米；两侧为旁道，各宽12米。但驰道为皇帝专用，臣民不仅不能行于驰道，而且除了特定的"行道"可以横过外，一般不许穿越，犯者叫"绝驰道"，要受到法律惩处。

长安城西北部是当时的官府手工业区，今六村堡、相家巷一带曾发现规模很大的制陶、铸钱等作坊遗址。居民区主要位于城东北部，即宣平门大街和雍门大街以北地势较低的区域。居民区的闾里都以围墙封闭，里门设监门司督弹。入夜大街上实行宵禁，居民不得出里夜行。大权贵的第宅则不在里中。《魏王奏事》说："出不由里

图版52

长安城

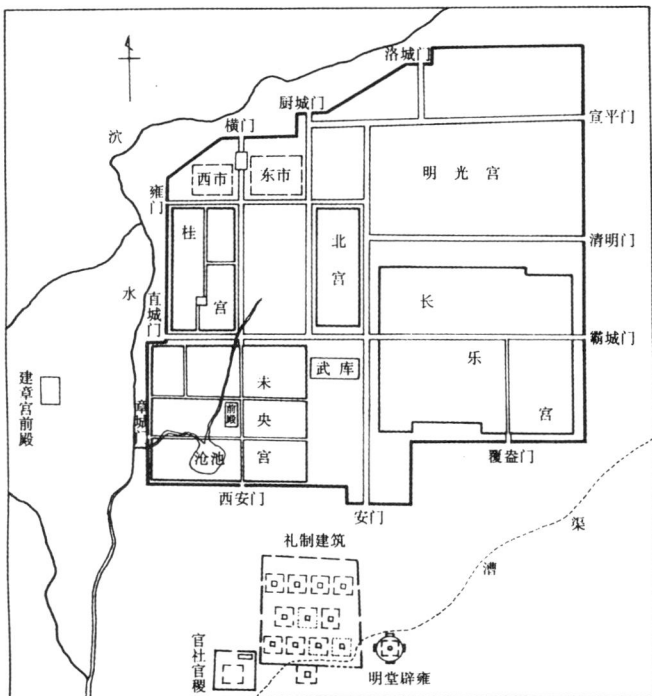

52-1

章城门及城壕

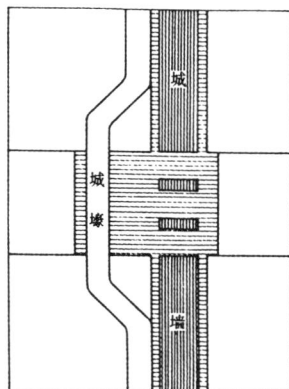

52-2

建章宫

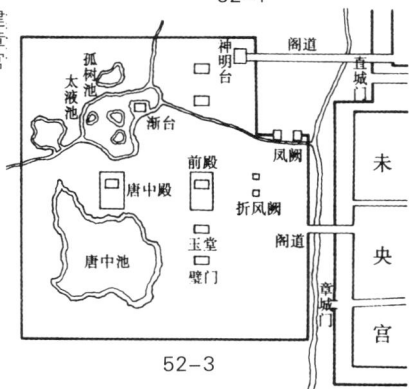

52-3

雒阳城北垣

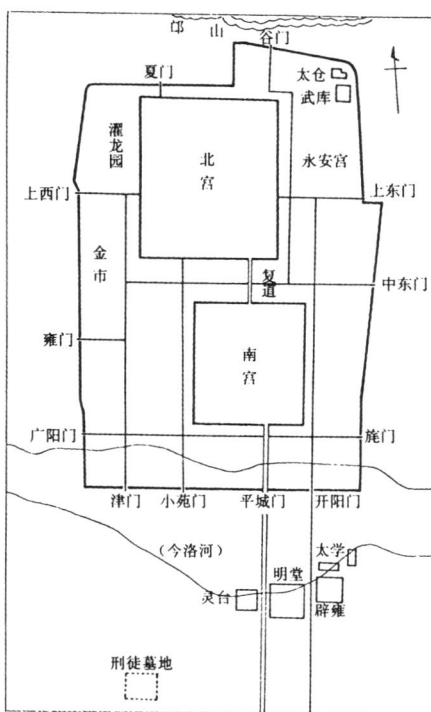

52-4

雒阳城

52-5

门，面大道者名曰第"（《初学记》卷二四引）。第宅以近北阙者为尊。《汉书·夏侯婴传》："乃赐婴北第第一。"又《王嘉传》说哀帝为宠臣董贤"治大第，开门乡北阙"，皆是其例。故《西京赋》说："北阙甲第，当道直启。"各地诸侯王在长安皆设有邸第。"汉法，诸侯各起邸第于京师"（《史记·吕太后本纪》正义）。西汉初年，长安城中已有"诸侯邸第百余"（《汉书·燕王泽传》）。吕后曾置酒齐邸（《史记·吕太后本纪》）。代王入京时，居代邸（《汉书·文帝纪》）。西北大学历史系古文物陈列室所藏汉代封泥"淮南邸印"，应即淮南王在京师的邸所钤。江苏徐州北洞山西汉楚王陵出土的"楚邸"铜印，则是楚王在京师的邸第之印[③]。王国之邸乃至高官的第宅均应靠近宫阙，即《管子·大匡篇》所云："仕者近宫。"此外，长安城中的东、西市，位于城西北角的横门大街两侧，市的周围则用圜墙加以封闭，每面辟市门两座，共8门，市内的道路纵横相交，呈井字形。较郡国诸市之圜墙仅辟4门，市内之路呈十字形者，显然规格更高。

长安城的人口据平帝元始二年（公元2年）统计，已达24万以上（《汉书·地理志》），是当时我国和东亚最大的城市。但宫殿、官署和邸第的面积约占这座都城的三分之二。再扣除官府手工业用地，以所剩有限的空间容纳"长安闾里一百六十"与其众多的人口，故平民的住处"室居栉比"，是相当之密集的。《吴越春秋》说："筑城以卫君。"长安城正是如此。在这里，贵贱天渊悬隔，无论严格的驰道或封闭的闾里，到处都突出地凌驾着皇帝的无上权威。

由于长安城内已高度开发，汉武帝乃"以城中为小"（《汉书·东方朔传》），而在城西的上林苑起建章宫。当时国力强盛，府库充实，所以建章宫的建筑规格很高。它不是一般意义上的离宫，这里曾一度成为皇帝理政之所在，其地位介乎唐朝的大明宫和清朝的圆明园之间。建章宫前殿之宏伟的程度甚至超过未央宫。《长门赋》说它"嵬以造天，其高临乎未央"；《西都赋》说它"层构厥高，临乎未央"；《西京赋》也说它"营宇之制，事兼（倍也）未央"；《三辅黄图》更径言此殿"下视未央"。可见它比未央宫前殿还高大。汉代建筑史上的诸多胜迹，有些就出现在建章宫中。东方朔说此宫"左凤阙，右神明，号称千门万户"。"神明"指神明台，从城内的桂宫经阁道"跨城而出，乃达建章也"（《三辅故事》）。具体说，到达的地点就是神明台。此台和其旁的井幹楼均"高五十丈"（《汉书·郊祀志》）。50汉丈合115米，高逾大雁塔51米。台上有"承露盘，有铜仙人舒掌捧铜盘玉杯，以承云表之露"（《三辅黄图》）。此盘"高二十丈"（《长安志》卷三），合46米，规模也很惊人。三国时，魏明帝于景初元年要从长安移走承露盘，"盘折，声闻数十里"，"铜人重不可致，留于霸城"（《三国志·魏志·明帝纪》裴注)。凤阙即建章宫北阙,它的高度在本书第四六篇中曾作讨论。这对阙下方上圆,故又名圆阙,顶部立铜凤凰。古歌辞称:"长安城西双圆阙,上有一双铜雀宿。一鸣五谷生,再鸣五谷熟"(《长安志》卷三引)。可见其为世所稔知。新莽政权倾覆之际,战争使长安遭到破坏,位于城外的建章宫逐渐沦为废墟。但在兵燹后的荒烟衰草中,凤阙犹得保全,翠柏乔松,不改故常,时人甚至誉之为"贞女楼"。东汉末繁钦在《建章凤阙赋》的序中说:"秦汉规模,廓然泯毁,惟建章凤阙,耸然独存。"根据《赋》中的描述,那时它仍相当完整,今天在西安市三桥镇双凤村此阙的故址处,尚能看到两座高大的夯土堆。建章宫内还有"高二十五丈"、合57.5米,椽头皆镶玉璧的璧门;"阶陛皆玉为之"的玉堂殿;陈列"四海夷狄器服珍宝"的奇华宫等许多建筑物。目前对建章宫遗址的发掘工作尚未正式启动,只能在上世纪60年代初所作勘探的基础上,了解其平面布局的大致轮廓(图52-3)。此外,如《三辅黄图》所说:"汉畿内千里,并京兆治之,内外宫馆一百四十五所。"《西都赋》也说:"宫馆所历,百有余区。"这里就难以缕述了。

回过来看,长安城的平面虽不规整,但如将城角各点连以直线,仍接近方形。其驰道与旁道之制接近《考工记》所谓"一道三涂";主要的宫殿在南、市场在北的安排又接近于所谓"面朝后市"。因而长安城的规划好像参照了《考工记》中的"匠人营国"之制。但惠帝元年动工修城时尚未弛挟书之禁,且《考工记》于武帝时始出,而武帝以前儒学不彰,故长安城的布局应无参考此书之可能。就发掘中所见,江陵纪南城已是一门三道,长安城的驰道也无非是沿袭战国迄秦代之旧制。至于市场在北,实为形势所限。张衡《西京赋》称长安城"览秦制,跨周法",则其规划系因地制宜,择善而从,固不必汲汲于《考工记》之说。

但是到了王莽时,托古改制的空气甚浓。王莽改未央宫前殿为"王路堂"。在未央宫南北中轴线的延长线之两侧,左建宗庙,右立社稷,确有模拟"匠人营国"之制的意图[④]。受到这种设计思想的影响,所以东汉都城雒阳的布局遂与西汉长安有所不同。

雒阳城在今洛阳市东郊,背依邙山,南临雒水,地势北高南低,与长安城正相反。其四面城墙的总长度为13000米,约合31汉里,恰为长安城之半。城内面积约9.5平方公里,还不及长安城的三分之一。城的平面近长方形,南北长度约合汉里九里,东西宽度约合汉里六里,故《元河南志》卷二称之为"九六城"。其城墙的基宽各面不一致,北垣最宽,约25—30米,西垣次之,东垣最薄,大约只有北垣之半。这可能是由于部分利用成周旧城的基础所致。虽然如此,但夯筑得却很结实,有的地段地面上残存部分犹高七米多(图52-4)。雒阳的城门也是12座。东垣北门为上东门,中门为中东门（东中门），南门为旄门（望京门）⑤。南垣最东一门为开阳门。次为平城门（平门），此门虽位于南垣中部偏东，但由于门内有大街直通南宫南门，故李尤《平城门铭》遂说："平城司午，厥位处中"（《续汉书·百官志》刘注引），因而被称为"正阳之门"，认为是"门之最尊者也"（《续汉书·五行志》）。这条大街向南径直穿过明堂与灵台之间，举行郊祀大典时，皇帝的车驾出入此门。因此，平城门与南宫南门，就具有都城正门和宫城正门的意义。王莽时，出未央宫南门与西安门虽然也可直达郊祀所在，但未央宫的正门居北，方向适相反，所以长安的西安门不能取得如雒阳的平城门那样的地位。南垣居中偏西之门为小苑门，最西一门为津门。由于古雒水即今洛河的河床于后世北移，东汉雒阳城的南垣已沦没，这几座城门的大致位置虽可在地图上推测出来，却已无遗迹可寻。西垣南门为广阳门，中门为雍门（西明门），北门为上西门。北垣只有两座城门，西为夏门，东为谷门。东、西、北三面的城门在考古工作中均已发现遗址，其东西两面的城门互相对直的情况，比西汉长安更为明显（图52-5）。雒阳的大街也分成并列的三道，但当中的御道已有条件地允许高级官员通行（《御览》卷一九五引陆机《洛阳记》），比西汉时稍稍放宽。

雒阳城内主要的宫殿区除上述南宫外，还有北宫。北宫中的德阳殿是东汉时最雄伟的宫殿，"周旋容万人"，据说在43里以外的偃师就能望见（《续汉书·礼仪志》刘注引蔡质《汉仪》）。南北两宫城间相距约1里，以复道连接⑥。两宫前后相续，南宫南垣约在广阳门—旄门一线之北。但北宫却偏西一些，这是由于两宫是在秦与西汉的旧址上营建之故。顾野王《舆地志》说"秦时已有南、北宫"（《括地志·洛州洛阳县》引），可证。不过总的看来，雒阳的宫殿区大体上已位于城之中部。在南宫的东南靠近旄门和开阳门还有太尉府等中央官署。在南宫的西北侧有金市。所以此城和"面朝后市，左祖右社"的布局更接近些。而且从平城门大街经南宫、再过复道进北宫的路线，也可以勉强看作是一条不成熟的中轴线⑦。"匠人营国"所记，本是一种理想的都城规划，历史上并无任何都城和它完全符合；但就雒阳与长安相较，雒阳与《考工记》的要求倒更接近一些。近年张鸣华提出新说，认为南宫亦在雒阳城北部，其南垣位于中东门一线⑧，尚待通过发掘加以验证。

在雒阳城南，位于平城门外大街西侧有灵台，这是当时的国家天文台，杰出的科学家张衡曾在这里进行天文观测。位于平城门外大街东侧的大建筑物是明堂。自明堂再向东越过开阳门外的大街，则为辟雍和太学。东汉太学始建于建武五年（29年），以后屡经扩建，至顺帝时，太学生多达三万余人。自嘉平四年（175年）至光和六年（183年），又于太学门前立石经46块，据传为蔡邕书写。但各经字体微异，可能当时挥毫者不止一人。东汉石经后几经迁播，大部损毁。北宋时，在太学遗址已有石经残石出土，近年更屡屡发现。本书第七三篇还将加以介绍。

注释

① 王学理：《秦都咸阳》第88—91页，陕西人民出版社，1985年。

② 董鸿闻等：《汉长安城遗址测绘研究获得新信息》，《考古与文物》2000年第5期。

③ 贾麦明：《介绍几枚汉代封泥》，《文物研究》总1期，1985年。徐州博物馆、南京大学历史系考古专业：《徐州北洞山西汉墓发掘简报》，《文物》1988年第2期。

④ 贺业钜：《考工记营国制度研究》第22页，中国建筑工业出版社，1985年。

⑤ 此门在《续汉书·百官志》中作"秏门"。中华书局标点本校勘记谓："《御览》一八三引李尤《旄城门铭》作'旄门'。沈家本谓门不当秏名，作'旄'是。"按秏训乱（《汉书·酷吏传》颜注）、训恶（《后汉书·窦皇后纪》李注引《韩诗章句》），确不宜名都城之门，故其说可从。

⑥ 《后汉书·光武纪》李注引蔡质《汉典职仪》："南宫至北宫，中央作大屋，复道。……两宫相去七里。"王仲殊：《中国都城概说》（《考古》1982年第5期）说："按雒阳城南北全长不过九里，两宫之间的距离不可能是七里。从遗迹的情形看，应是一里。"兹从王说。

⑦ 俞伟超：《先秦两汉考古学论集·中国古代都城规划的发展阶段性》。

⑧ 张鸣华：《东汉南宫考》，《中国史研究》2004年第2期。

五三、建筑 XIII

篇, 囷, 廩, 仓, 桥, 栈道

　　远古时代贮粮, 最简便的方法是装进地窖里。《说文·穴部》："窌, 窖也。窖, 地藏也。"窌、窖声近义同, 古多通用。《吕氏春秋·仲秋纪》高注："穿窌所以盛谷也。"《史记·货殖列传》："秦之败也, 豪杰皆争取金玉, 而任氏独窖仓粟。"这种粮窖在洛阳汉河南县城中发现过, 但仅余窖之底半部, 上半部已不存, 兹不具论[①]。如在地面搭木编竹以囤粮, 则名篅。《说文·竹部》："篅, 以判竹, 圜以盛谷者。"篅在《广雅》中作笓, 《释名》中作囤。广州汉墓出土的陶篅, 圆形, 下有4根立柱。篅盖模仿覆草之圆顶, 中有突起的攒尖, 周壁刻划线纹, 表示它是用竹席木柱构成的（图53-6）。江苏邗江甘泉乡姚湾村东汉早期墓出土的圆筒形陶篅, 下设方台, 器壁刻文："屯（囤）耑（篅）大吉利, 内谷。"但其周壁的质地在模型上未能显示。湖北荆州高台3号西汉墓所出式样相同的陶篅, 中部缠缚绳索, 表明篅壁确系用席类围搭而成[②]。如以土壁代替竹木建成圆形的粮仓, 则名囷。《九章算术·商功篇》提到"圆囷"。《说文·口部》："囷, 廩之圜者, 从禾在口中。"临潼上焦村7号秦墓出土的圆形陶囷, 在门的上部刻一"囷"字[③]。西安东郊汉墓中出土的圆形陶囷, 顶部书"白米囷"、"小麦囷"等文字, 证实其名称确为囷[④]。江陵凤凰山167号汉墓出土的第42号遣策说"囷一枚", 随葬器物中正有圆形陶囷一件（图53-3）。大囷亦名京, 见《管子·轻重丁》尹注。咸阳茂陵1号汉墓所出陶囷, 顶部墨书"小麦一京"、"大豆一京"等, 是其证[⑤]。《说文·口部》"方谓之京"之说, 或不尽然。

　　至于方形的, 应名廩、名仓。《荀子·荣辱篇》杨注："圆曰囷, 方曰廩。"《吕氏春秋·仲秋纪》高注又说："圆曰囷, 方曰仓。"既然廩和仓都是方形, 它们之间主要依用途相区别。《周礼·廩人》郑注："藏米曰廩。"《汉书·五行志》："刘向以为: 御廩, 夫人八妾所舂米之藏, 以奉宗庙者也。"可见廩用于储藏已舂之米, 而仓则用于储藏

图版53

仓
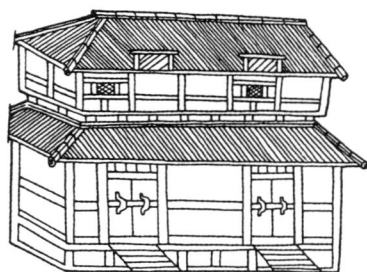
53-1

廪
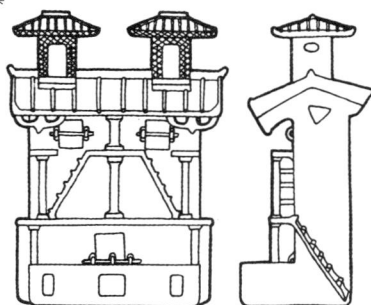
53-2

囷

53-3

华仓当

53-4

华仓复原图
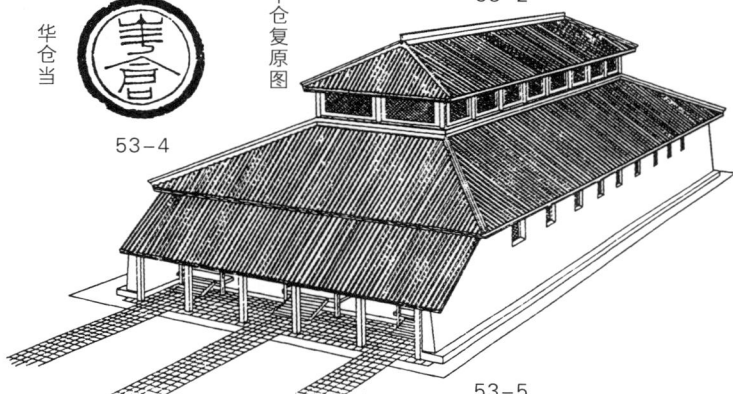
53-5

篇

53-6

栈道

53-7

拱桥

53-8

砖石桥

53-9

梁式木桥
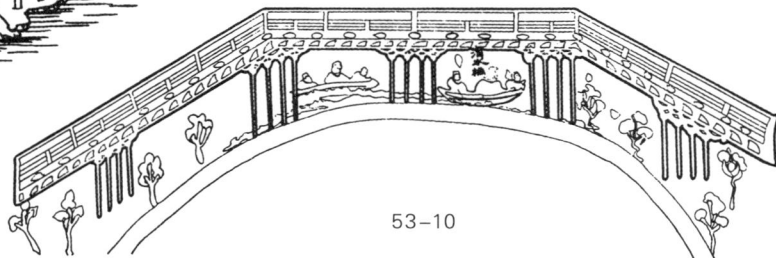
53-10

未春之谷。《说文·仓部》："仓，谷藏也。"《释名·释宫室》："仓，藏也，藏谷物也。"《文选·藉田赋》李注引《月令章句》，将仓与廪对举，谓："谷藏曰仓，米藏曰廪。"更可证二者所储之物不同。精米比原粮价昂，所以廪一般比仓小些，构筑得更讲究一些。《释名·释宫室》甚至说："廪，矜也，宝物可矜惜者，投之于其中也。"《说文·亩部》："亩，谷所振入。宗庙粢盛，苍黄亩而取之，故谓之亩。从入。回，象屋形，中有户牖。……廪，亩或从广、从禾。"小徐曰："户牖以防蒸热也。"这是因为米所要求的储藏条件较谷为高。《新唐书·食货志》说："粟藏九年，米藏五年。下湿之地，粟藏五年，米藏三年。"故必须注意通风。甲文亩字作 （《师友》1·170），屋顶上已有高窗，似即为通风而设。秋山进午认为廪就是房顶上装有高气窗的那种方仓[6]，其说可从。出土的陶廪一般只设两个气窗，如南阳王寨东汉墓所出者（图53—2）。但也有设三个气窗的，如天津武清东汉鲜于璜墓所出者。河南淮阳北关东汉陈王墓出土的石廪也设三个气窗，其壁面且刻有画像。此廪分三层，重约二吨，是已知之汉代明器仓廪中最精的一例[7]。陶、石廪多附斜坡楼梯，储米时应循梯登上上层平台，自上部的小门向廪内倒米。出米口则应是其下层的大门。各门均有挡门板，外加门关封闭。

谷仓比廪要大些。和林格尔汉墓壁画中有榜题"繁阳县仓"和"护乌桓校尉谷仓"的两座仓，都是重檐的大建筑。沂南画像石中有一座两层的仓房，面阔五间，上下两层之间设简单的平坐，门前有台阶，所以仓底应高出于地平面（图53-1）。在东汉雒阳城东北隅发现过太仓遗址，其中最大的一处夯筑房基，长约118米，宽约27米，但其地上部分的结构尚未能加以复原[8]。已经进行过复原研究的华仓遗址，发现于陕西华县硙峪。此仓周围建有仓城。其1号仓东西长62.3米，南北宽25米，建筑面积为1557.5平方米。东、西山墙基宽4.8米，复原后，檐高在9米以上。此仓分3室，据估算，仓内的容积约近10000立方米。其地面铺木板，据地板骨架孔洞测知，地板比仓内的夯土地面高出86厘米。陕西凤翔泙河东岸发现的西汉大型仓房，可能是遗址以东600米处之薪年宫的附属建筑。其仓底的夯筑地面上整齐有序地排列着柱础石，其中支承仓房地板的础石共602块，础石中心间距1—1.3米，其上立有不低于70厘米的圆木柱，将木地板架起[9]。这和清代官仓厫座中，"厫底必须铺板，板下空隙尺余，留为气洞，俾其有风透入，始免潮湿上蒸谷石，始可见贮"（乾隆三年孙楷奏折《为预筹贮积由》）的作法是相同的。华仓地板下的气洞与仓顶上的气窗形成对流，可以通风防湿。可见这座谷仓的构造相当科学（图53-5）。在勘察和发掘中，遗址内曾出土"华仓"（图53-4），"与华无极"、"京师仓当"等文字瓦当，证明此仓确为华仓，亦即《汉书·王莽传》所记京师仓。大型的国家粮仓有相当严格的管理制度。《睡虎地秦墓竹简·仓律》说："入禾仓，万石一积而比黎之为户，县啬夫若丞及仓、乡相杂以印之。"
居延屯戍遗址曾出土刻有"万石"字样的大型木质仓印，虽可与"万石一积"之记载
比附，但居延一带未发现大型粮仓；此印大约用来押印在积粮的表层，如擅取此粮，
则表层的印痕便被破坏。不过应当说明的是，汉代若干国家级的大粮仓不一定都建
造高大的仓房。河南荥阳的敖仓，如《史记·郦生列传》所说："夫敖仓，天下转输久
矣，臣闻其下乃有藏粟甚多。"根据调查所见，此处发现了为数众多的储粮窖。则郦
食其所谓"其下"的藏粟之处就是指地下的粮窖。再如洛阳的河南仓，也发掘出了70
余座战国后期至西汉前期的粮窖[⑩]。足证以窖储粮，在汉代仍是通用的省便之法。至
唐代，正仓仍用窖，转运仓才建仓屋[⑪]。比如含嘉仓具有中央正仓即太仓的性质，所以
在这里发掘出土了许多仓窖。但在汉代，这种区别尚未成立，敖仓位于"泝河入渭之
地"（《十七史商榷》卷八五)，本具有转运仓的性质，却也以窖储粮。

　　文献中还提到过藏粮的庾。对它的解释，或说是"水漕仓"，或说是"仓无屋
者"。但实际上仓、庾两名常可通用。如华仓就曾出土"京师庾当"。又《史记·平准
书》说："非遇水旱之灾，民则人给家足，都鄙廪庾皆满。"这里说的廪庾亦应指廪和
仓而言。所以在考古资料中，难以为庾找到其独特的形制。在河南，特别是焦作一
带的东汉墓中，常出土通称"仓楼"之大型陶屋，有二层、三层、四层乃至七层的[⑫]。
从结构看，其一、二层可供仓储；三层以上不便搬运，仍应为住房。这是一种仓住
混用型的建筑物。

　　至于桥，汉代有木桥和石桥。木桥多为梁式桥。今本《三辅黄图》说渭水桥由750
根木柱组成67个桥墩，共68跨。但和林格尔汉墓壁画中的渭水桥，仅绘出六跨，每跨
端点的连接处，各有由四根木柱组成的排架支承着（图53-10)，应非写实之作。在
山东与苏北地区出土的汉画像石上，常看到这类多跨梁式桥。它们的两个边跨倾斜，
中间诸跨离水面较高，以便行船。汉代砖石桥的外形与此相近，不过桥墩是砖石砌成
的，且将两个边跨填实（图53-9)。此外，汉代还有用砖石砌成的拱桥。建筑上砌弧
形拱即起券的方法在我国出现于西汉宣帝前后，至东汉时已将此法用于筑桥。山东
嘉祥与河南新野出土的画像砖上均有单孔裸桥（图53-8)。《水经注》卷一六引《朱
超石与兄书》说洛阳旅人桥"悉用大石，下员（圆）以通水，可受大舫过也"。此桥是西
晋太康三年（282年）建成的，距东汉末年仅半个世纪。东汉后期兴起的拱桥，此时
正处于迅速发展的阶段。至于浮桥，也是我国极古老的一种桥型。《诗·大明》已云：
"造舟为梁。"造舟即"浮梁"（《方言》卷九)。东汉初公孙述曾在今湖北宜昌以南
荆门山和虎牙山之间的长江江面上建浮桥（《后汉书·岑彭传》)。其后如魏时的洛水

浮桥（《三国志·魏志·蒋济传》裴注引《魏略》）、西晋时的富平津浮桥（《晋书·杜预传》）、十六国时的漳水紫陌浮桥（《水经注·浊漳水》）、东晋时的秦淮河朱雀大航（《建康实录》卷七）等，皆其著者。又我国西南大渡河、雅砻江流域，于战国时已由居住在这里的笮都族人民在峡谷间架设过竹索或藤索之桥，这种桥就叫"笮"。《华阳国志》卷三说：李冰在成都"造七桥，上应七星"，其中之夷里桥"亦曰笮桥"。刘琳注："笮桥在市桥西南一里左右。今其处建有钢索桥，桥下曾掘出古桥墩，当即笮桥所在"[13]。可见汉代确有此种桥。

最后再对汉代的栈道略作介绍。栈道又名阁道。《汉书·张良传》颜注："栈道，阁道也。"即《史记·高祖本纪》索隐引崔浩所说："险绝之处，傍凿山岩而施版梁为阁。"诸葛亮《与兄瑾书》说得更具体："其阁梁一头入山腹，其一头立柱于水中"（《水经注·沔水》引）。所以栈道实际上是造桥技术的发展，是依山崖修筑的规模巨大的梁式板桥。比如自关中穿越秦岭通往汉中的褒斜道，以及号称"栈道千里，无所不通"的巴蜀一带（《史记·货殖列传》），于古道沿线均曾发现栈道的壁孔、底孔等遗迹。研究者曾根据栈孔分布的情况，对常见的一种（即所谓标准式）栈道的结构作出复原示意图[14]（图53-7）。不过此图对栈道的伟岸表现得尚欠充分。褒、斜二谷底部较平缓，《史记·河渠书》谓"褒、斜少坂"，旅人可以通过，唯路径狭窄。之所以要修栈道，则是为了行车。褒谷中与栈道连接的石门，高、宽各约四米，门外的栈道理应再宽些，无疑能够满足行车的要求。《石门铭》中"穿窿高阁，有车辚辚"的记述，更证实了这一点。

注释

① 余扶危、叶万松：《我国古代地下储粮之研究》（中），《农业考古》1983年第1期。

② 李健广：《东汉铭文釉陶仓》，《中国文物报》1999年6月2日。湖北省荆州博物馆：《荆州高台秦汉墓》图版19，科学出版社，2000年。

③ 秦俑考古队：《临潼上焦村秦墓清理简报》，《考古与文物》1980年第2期。

④ 程学华：《西安市东郊汉墓中发现的带字陶仓》，《考古》1963年第4期。

⑤ 陕西茂陵博物馆、咸阳地区文管会：《陕西咸阳茂陵西汉空心砖墓》，《文物资料丛刊》第6集，1982年。

⑥ 秋山进午：《汉代の仓库について》，《东方学报》（京都）第46期，1974年。

⑦ 武清出土者，见天津市文物管理处考古队：《武清东汉鲜于璜墓》，《考古学报》1982年第3期。淮阳出土者，见《中国文物报》1988年12月16日。

⑧ 中国科学院考古研究所洛阳工作队：《汉魏洛阳城初步勘查》，《考古》1973年第4期。

⑨ 陕西省考古研究所等：《陕西凤翔县长青西汉汧河码头仓储建筑遗址》，《考古》2005年第7期。

⑩ 洛阳博物馆：《洛阳战国粮仓试掘纪略》，《文物》1981年第11期。

⑪ 张弓：《唐朝仓廪制度初探》，中华书局，1986年。

⑫ 张健民：《汉代民居建筑的缩影》，《中国文物报》2005年3月23日。

⑬ 刘琳：《华阳国志校注》第230—231页，巴蜀书社，1984年。

⑭ 陕西省考古研究所：《褒斜道石门附近栈道遗迹及题刻的调查》，《文物》1964年第11期。

　　蓝勇：《四川古代栈道研究》，《四川文物》1988年第1期。

五四、建筑 XIV

厕，溷，厩，圈，坿，塘

厕是居室之必需的附属设施。我国两广一带出土的陶楼院，将各种用途的房舍紧凑地组织在一起，有些像近代的"一颗印"建筑，所以其厕间亦位于楼内。北方则往往另筑厕所。如河南武陟杨庄94号东汉墓出土的陶楼，楼两侧各有一厕[1]。沂南画像石中的一处厕所，为架空的干栏式，上部是厕间，下部是粪池，四周围以栏干，栏外环以砖铺的道路，其构造与该画像石中所见日字形庭院后部之厕大体相同（图49-2）。这栋厕所外面立着大水缸，并置有作溺器用的虎子和盛粪使用的畚。《史记·万石君列传》集解引孟康曰："畚，行中受粪者也。东南人谓凿木空中如曹，谓之畚。"索隐引作："牏，行清中受粪函也。"其旁还有一位持帚的妇女在打扫（图54-5）。厕中不洁，须时加清除，故《说文·广部》说："厕，清也。"清亦作圊。《释名·释宫室》：厕"或曰圊，言至秽之处宜常修治，使洁清也"。一件更讲究的陶厕，出土于河南南阳杨官寺东汉墓。其平面近方形，后部为敞棚，悬山顶，设气窗。前半部用矮墙围起，正面有2门：左门通往棚后部之女厕，右门通往前院右上角之男厕。男厕与敞棚间界以带孔之墙，墙内为猪圈。男、女厕的粪池下部均与猪圈相通，从安排上看，这里虽可养猪，但以厕为主，仍应称之为厕[2]（图54-1）。故《汉书·武五子传》说："厕中豕群出。"陕西乾县东汉墓出土的陶厕，也和猪圈连在一起，圈之一角搭猪棚，圈外高台上有厕所，下部与猪圈相通。圈内一母猪、四乳猪。饲养者正在给猪喂食，生活气息很浓厚（图54-4）。将厕所和猪圈相通连，在汉代很普遍[3]，如上述沂南画像石中之专用的厕所，反而比较少见。汉代名猪圈为圂。《说文·口部》："圂，豕厕也。从口，象豕在口中也。"而带猪圈的厕所则名溷。《释名·释宫室》：厕"或曰溷"。《急就篇》颜注："厕、清、溷，其实一耳。"《晋书·左思传》："门庭藩溷，皆著笔纸。"其所谓溷，也是指这种厕所。厕上之屋，则名溷轩。《后汉书·李膺传》："羊元群罢北海郡，赃罪

图版54

厕

牛牢

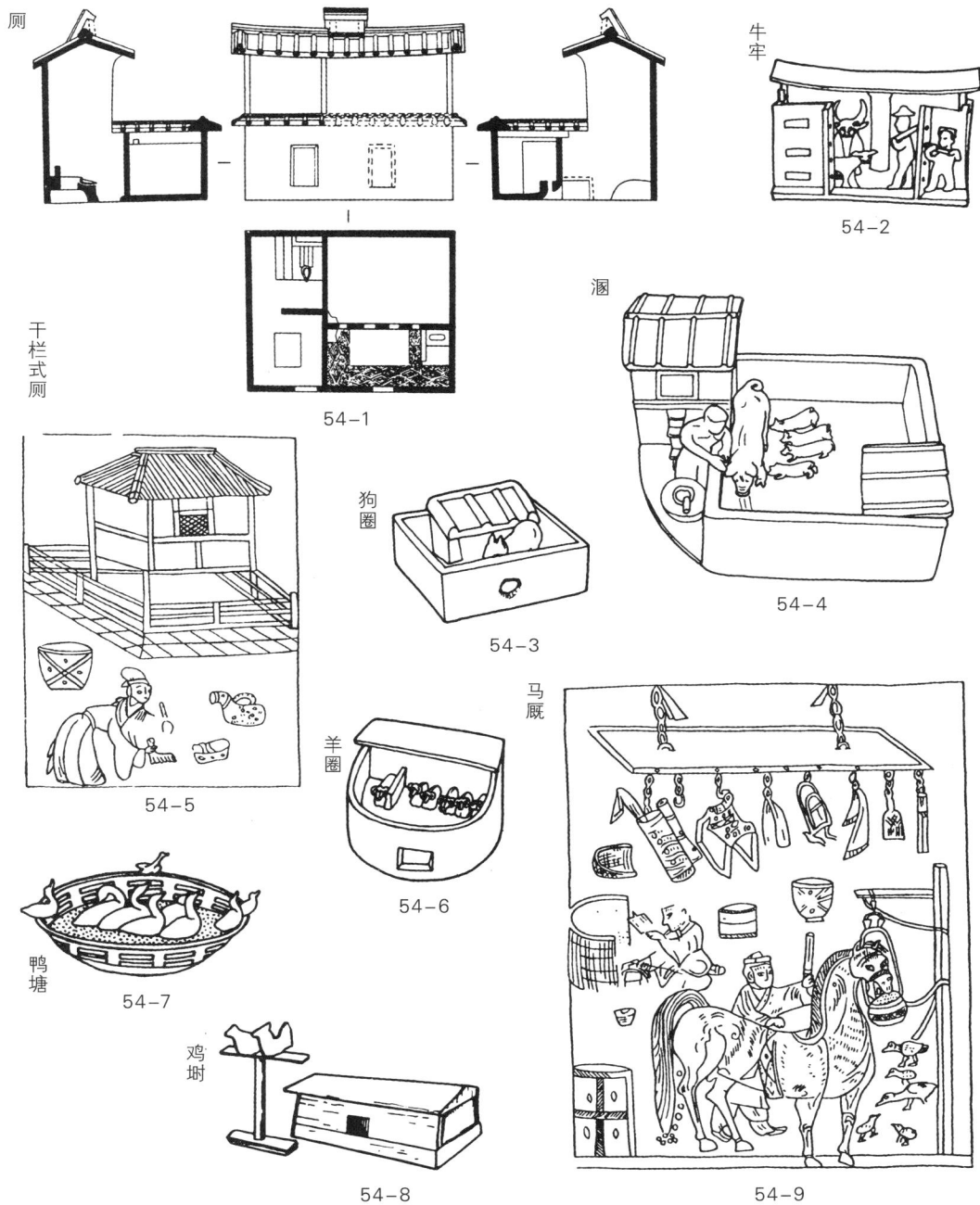

54-2

干栏式厕

54-1

溷

狗圈

54-3

54-4

马厩

羊圈

54-5

54-6

鸭塘

54-7

鸡埘

54-8

54-9

狼藉。郡舍溷轩有奇巧，载之以归。"这名贪官竟连厕所也要侵吞。但其溷轩与南阳杨官寺所出者有何区别，则难知其详。入厕后则用"厕筹"揩拭。甘肃敦煌马圈湾出土的部分汉代简牍上沾有粪便，应是废弃后曾充厕筹。此种做法在日本亦通行，有些地区自中世纪一直沿用到近代④。

除猪以外，饲养马、牛、羊的厩、牢、圈都不和厕所在一起。《说文·牛部》："牢，闲养牛、马圈也。"《管子·立政篇》："圈属。"尹注："羊、豕之类也。"则饲牛者名牢而饲羊者名圈。长沙东汉墓曾出陶牛牢，规模很小⑤。广州沙河顶东汉墓出土的一件陶牛牢较大些，前半部用栏杆围起，后部有带悬山顶的牛舍，牢中有五头牛及二牧竖（图54-2）。河南陕县刘家渠东汉墓曾出陶羊圈，规模也很小（图54-6），较大的羊圈只在和林格尔汉墓壁画中看到过。至于陶马厩则一直不曾发现。马宜放牧，西汉太仆牧师所属牧马之苑有36所，多在边郡；然而文献中与"苑马"（《史记·平准书》）并见的还有"厩马"（《汉书·贡禹传》、《后汉书·光武十王传》），可见内地养马，还是以厩养为主。汉印中有不少"厩长"和"厩丞"印，多冠以郡国之名，其所掌除少量供驾乘外，大部分恐是军马。《十钟山房印举》著录有"左马厩将"、"破奸军马丞"等印，辽阳三道壕西汉村落遗址中所出陶器印有"军厩"两字，均可为证。形象材料方面，和林格尔汉墓壁画庄园图中有马厩，画得较简略；沂南画像石中则将马厩内部的情况表现得相当清楚（图54-9）。这所马厩中有一匹用缰系在柳上的马。《说文·木部》："柳，马柱。"居延简中也提到"马柳"（31.6，31.9）。《三国志·蜀志·先主传》说刘备缚督邮，"解绶系其颈，著马柳"者，亦即此物。画像石中的柳上挂一筐。《说文·竹部》："筐，饲马器也。"马柳、马筐之名至南北朝时仍见行用。《高僧传·释道安传》："见里门有二马柳之间悬一马筐。"是其例。筐中刻画小圆点，可能代表秣。这时的秣多用谷子。《汉书·魏相传》颜注："秣，以粟米饲马也。"有时也迳称为"马谷"（《御览》卷八九四引《东观汉记》）。始皇陵马厩坑所出饲马的陶盆中曾发现谷子。马厩图中群鸡集于筐下，或是为了啄其遗粒。但饲马除用秣以外，更多的还是用粗料刍稿，刍是牧草，稿是禾秸，它们都要加以斫莝后再喂。《说文·艸部》："莝，斩刍。"《齐民要术·养牛、马、驴、骡篇》："剉草粗，虽足豆谷，亦不肥充；细剉无节，簸去土而食之者，令马肥，不啌，自然好矣。"马厩图中左侧一圉人正执铁在质上斩刍。《说文·金部》："铁，斫莝刀也。"因为当时还没有铡刀。《汉书·尹翁归传》："豪强有论罪，输掌畜官使斫莝。责以员程不得取代，不中程辄笞督，极者至以铁自刭而死。"可见这些沦为罪犯的豪强斫莝时用的也是此物。马厩图中的地面上还置有箕，是为了将斫好的草料敛入枥中使用的。此图中未出现枥。

《吕氏春秋·权勋篇》高注："皂，枥也。"《史记·邹阳列传》集解引《汉书音义》："皂，食牛马器，以木作如槽。"陕西兴平茂陵1号无名冢1号陪葬坑出土明器铁枥，江苏铜山小李村苗山东汉墓出土的画像石中也有枥，其状均与后世的马槽相似⑥。至于马厩图中以钩悬于承尘下的器物，则为巾、刷、鞍具与弓韣、楘丸之类。

　　陕县刘家渠东汉墓中还出土过陶狗圈（图54-3）。自先秦至汉，我国有食狗的习俗。《孟子·梁惠王篇》："鸡、豚、狗、彘之畜，无失其时，七十者可以食肉矣。"已将狗列为提供肉食的家畜。《史记·樊哙列传》说他"以屠狗为事"，《正义》："时人食狗亦与羊、豕同，故哙专屠以卖之。"食肉用犬为了育肥，须加圈养。《周礼·稿人》："掌豢祭祀之犬。"《墨子·天志上》："莫不犓牛、羊，豢犬、彘，絜为粢盛酒醴，以祭祀上帝鬼神。"以上两处说的虽是祭祀的牺牲用犬，但《礼记·乐记》郑注："以谷食犬、豕曰豢。"《说文·豕部》："豢，以谷圈养豕也。"则在圈养方面，肉用犬是和猪同样对待的。

　　饲鸡用的明器木舍曾在武威磨嘴子东汉墓出土，其前有木架，栖两鸡（图54-8）。这种木架名桀。《诗·君子于役》："鸡栖于桀。"毛传："鸡栖于杙为桀。"但此外还有不用桀的埘。《尔雅·释宫》："鸡栖于弋为榤，凿垣而栖为埘。"广州东山象岗东汉墓所出陶楼，后院左侧有埘，埘壁凿穴四眼，上两穴中各有一鸡，下两穴中各有一鸭⑦。至于专门养鸭的鸭栏，在湖南资兴东汉墓中出土一件，不过其中只象征性地塑出一只鸭⑧。鸭一般成群饲养。王褒《僮约》："后园纵养，雁鹜百余。"雁指野鹅，鹜指家鸭。这么多的鸭则宜塘养。汉代的陶鸭塘，传世品中有其实例（图54-7）。

注释

① 千平喜：《武陟出土的大型汉代陶楼》，《中原文物》1983年第1期。

② 参看张建林、范培松：《浅谈汉代的厕》，《文博》1987年第4期。

③ 参看张仲葛：《出土文物所见我国家猪品种的形成和发展》附图，《文物》1979年第1期。

④ 《北史·齐文宣帝纪》："虽以杨愔为宰辅，使进厕筹。"则此风至南北朝犹然。参看胡平生：《甘肃敦煌马圈湾简中关于西域史料的辨证·附录二》载《尽心集》，中国社会科学出版社，1996年。张建林：《日本古代厕所的发现和研究》，《文物天地》1998年第4期。

⑤ 高至喜：《湖南古代墓葬概况》，《文物》1960年第3期。

⑥ 兴平铁枥见《陕西茂陵一号无名冢一号从葬坑的发掘》，《文物》1982年第9期。苗山画像石见《徐州汉画像石》第92图。

⑦ 《广州汉墓》上册，第337页。

⑧ 湖南省博物馆：《湖南资兴东汉墓》，《考古学报》1984年第1期。

五五、家具 I

枰,榻,床,席,镇,凭几,衣杆

汉代的小坐具是枰,它比较矮,枰面为方形,四周不起沿。它和大小与之相近的食案之最重要的区别在于足的形状:食案之足接近细圆柱形,而枰足的截面呈矩尺形,足间呈壶门形,比食案更能承受重量。《释名·释床帐》:"枰,平也。以板作之,其体平正也。"枰上只可坐一人,故亦称独坐。《埤苍》:"枰,榻也,谓独坐板床也"(《玄应音义》卷四引)。《释床帐》也说:"小者曰独坐,主人无二,独所坐也。"河北望都1号东汉墓壁画中有独坐板枰的人像(图55-1)。不过枰除板制者外,亦有石制者。河北邢台北陈村西汉刘迁墓、定县八角廊西汉刘修墓中均出石枰,定县的石枰且装铜足[①]。《水经注·湘水》谓贾谊宅"有一脚石床,才容一人坐"。则其所记亦是石枰。比枰再大些的坐具为榻。《释床帐》:"长狭而卑曰榻,言其榻然近地也。"这里说榻狭而卑,是和床对比而言。服虔《通俗文》:"床三尺五曰榻,板独坐曰枰,八尺曰床"(《初学记》卷二五引)。以今制折合,则榻约长84厘米,床约长192厘米。河南郸城出土的西汉石榻,有"汉故博士常山大傅王君坐榻"刻铭,长87.5厘米,与《通俗文》所记长3.5汉尺之数字极接近(图55-3)。这种长度的榻当然不能卧,只能坐。《高士传》说管宁"常坐一木榻,积五十余年,未尝箕股,榻上当膝处皆穿"(《御览》卷七〇六引),可证。席以独坐为尊。《汉官仪》说:"尚书令、御史中丞、司隶(校尉),朝会各独席,故京师曰'三独坐'"(《艺文类聚》卷三九引)。榻也以独坐为尊。《世说新语·方正篇》刘注引《语林》:"(杜)预征吴还,独榻,不与宾客共也。"《排调篇》:"刘尊祖少为殷中军所知,称之于庾公。庾公引见,坐之独榻上。"这些史料的时代虽稍迟,但与汉制应无大异。二人共坐者,则称合榻。《三国志·吴志·鲁肃传》:"合榻对饮。"《诸葛融传》:"合榻促坐。"汉画像石上出现过二人坐一榻的图像,应即合榻。至于南北朝时多数人共坐之连榻,汉代似尚未出现。

图版55

枰

55—1

床

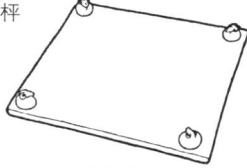

55—4

置镇之枰

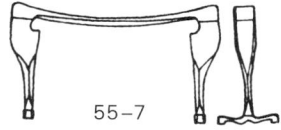

55—2

榻

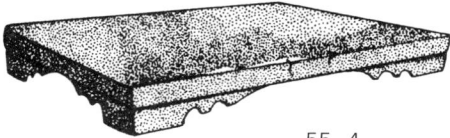

55—3

带屏辰的大床

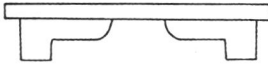

55—5

席

55—6

衣杆

55—11

屈膝凭几

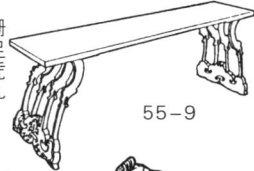

55—12

单足凭几

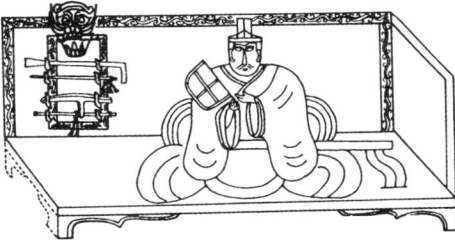

55—7

凭单足凭几者

55—8

栅足凭几

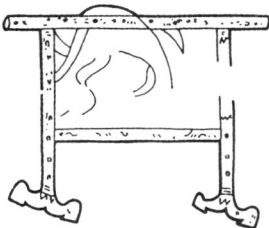

55—9

凭栅足凭几者

55—10

垂足坐几者

55—13

龟镇

55—14

豹镇

55—15

虎镇

55—16

床比枰、榻都大，兼供坐、卧。一般为木制。《御览》卷七〇六引《后汉书》："羊茂为东郡太守，夏日坐一榆木板床。"也有石制者，望都2号东汉墓所出石床，长159厘米，宽100厘米，高18厘米，差可容1人卧息（图55-4）。在汉代，床是比榻规格更高的家具。《风俗通义·愆礼篇》："南阳张伯大。邓子敬小伯大三年，以兄礼事之。伯卧床上，敬寝下小榻，言常恐，清旦朝拜。"可证。大床常在一侧设屏、背后设扆，合称"屏扆"。山东安邱画像石与辽阳棒台子屯东汉墓壁画中均有其例（图55-5）。

床、榻等家具及室内地面就坐之处皆铺席。一般多用草席，如蔺席及莞席。蔺即鸢尾科的马蔺，又名马兰。莞即香蒲科的香蒲。它们的叶子狭长且具韧性，古人用以编席。在汉代，蔺席较蒲席价廉。《范子计然》："六尺蔺席出河东，上价七十。蒲席出三辅，上价百"（《御览》卷七〇九引）。蒲席就是莞席。《尔雅·释草》郭注："今西方人呼蒲为莞蒲。"《说文·艸部》："莞，草也，可以作席。"可见莞、蒲是适于制席之草。汉代宫廷中亦铺蒲席。《汉书·史丹传》："顿首伏青蒲上。"颜注引服虔曰："青缘蒲席也。"马王堆1号墓所出遣册中记有"莞席二，其一青掾（缘），一锦掾（缘）。"墓中西边箱内的两条草席，以麻线束为经，蒲草为纬，编法与现代草席相近。其中一条包青绢缘，一条包锦缘，与简文及《史丹传》均相合（图55-6）。汉代重视坐席的层数，"戴凭重席"是著名的故事②。一般说来，显贵重席累茵，祭天时更须用"六綵绮席六重"（《艺文类聚》卷三八引《汉阳仪》）。居丧者与囚徒则不坐席。《说苑·杂言》："唯丧与狱坐于地。"竹席之粗者名籧篨（《说文·竹部》）③。《盐铁论·散不足篇》谓庶人"单蔺籧篨"，是说当时他们只能铺低档的草席和竹席。籧篨之粗糙的程度甚至使人难以府臥，《国语·晋语》就说："籧篨不可使俯。"质量好的竹席则名簟。《诗·斯干》："下莞上簟，乃安斯寝。"铺席时，粗的铺在底层，细的铺在上层（见《周礼·司几筵》），因知簟较莞席精美。但莞席性温，竹簟性凉，故张纯赋席云："席以冬设，簟为夏施"（《三国志·吴志·朱桓传》裴注引）。簟的编法与蒲席不同。《诗·载驱》毛传："簟，方文席也。"方文或指接近矩形的人字纹，马王堆1号墓与宁夏银川平吉堡西汉墓中所出人字纹编法的竹席当即是簟。马王堆之簟还编出了纵横相间的条纹，很美观。遣策中称之为"滑辝（簟）席"④。《尚书·顾命》伪孔传："篾，桃竹也。"桃竹又名桃枝。《竹谱》："桃枝皮赤，编之滑劲，可为席。"由于汉晋时我国南方与中原部分地区称簟为筵，如《方言》卷五说："簟，宋、魏之间谓之筵。"郭注："今江东通言筵。"故用桃竹篾编的簟又名桃筵。左思《吴都赋》："桃筵象簟，韬于筒中。"是极言其细。长沙桂花园东晋升平五年（361年）潘氏墓出土的衣物券中记有"故细筵一幡"。而《义熙起居注》则谓："倭国献貂皮、人参等，诏赐细筵、麝香"(《御览》卷九八一引)。细笙应即桃笙，晋廷以此物劳远人，足证是当时的名产，其状或与马王堆出土之簟差近。

床、榻、枰铺席后，为了避免起身落坐时折卷席角，还要在其四隅置镇。《楚辞·九歌》："白玉兮为镇。"王注："以白玉镇坐席也。"邹阳《酒赋》："安广坐，列雕屏，绡绮为席，犀璩为镇。"《西京杂记》卷一谓昭阳殿的白象牙簟"有四玉镇，皆达照，无瑕缺"。《洞冥记》卷二："金床象〔席〕，虎珀镇。"镇亦作瑱(《周礼·天府》郑注)。陈·姚察《汉书训纂》："瑱谓珠玉压座为饰也"(《华严经音义》卷上引)。山西阳高古城堡12号墓在漆枰四角绘四镇(图55-2)，同地17号墓则在石枰四角出四铜镇。虽然其中有的可能是博枰上的博镇，但目前尚未能将二者明确地区分开。出土物中未见玉镇，只在广西贺县西汉墓与贵州兴义东汉墓中出过石镇。至于各地所出铜镇，完整的一套皆为四枚，高约3.5-10厘米，底径6-9厘米，有鎏金的，也有错金银的。铜镇常作成动物形，有虎、豹、辟邪、羊、鹿、熊、龟、蛇等(图55-14~16)。为防止牵羁衣物起见，这些动物多做成蟠伏的姿势，其中颇不乏优美生动的作品。为了增加镇的重量，满城2号墓所出豹镇且在体内灌铅。铜镇一般重600-800克，约合2.5-3汉斤，很适于压席，实用和装饰的目的被巧妙地统一了起来⑤。汉以后此物仍偶或使用。刘宋·鲍照《代白纻歌舞辞》中说："象床瑶席镇犀渠。"唐·孙位《高逸图》中右起第二人所坐花毡之四角亦压有四枚镇。此图的时代虽晚，却把镇的使用情况表现得极为清楚。

汉代人在床、榻上的坐姿，应是屈膝降腰，将臀部压在脚跟上，如清·阎若璩《释地》所称："两膝着地，以尻着蹠而少安为坐。"接近于现代通称之跪。而当时说的跪，则是以膝着席后，直腰耸体，臀不着蹠之状。因此，坐久了会感到累，甚至产生如《韩非子·外储说左上》提到的"腓痛、足痹、转筋"等现象。故尔有时乃隐几而坐，膝纳于几下，肘伏于几上，这种几称作凭几。与庋物之几相较，凭几的几面较窄，一般在20厘米左右。西汉前期的凭几面常微向下凹曲，还接近战国时的式样。山东临沂金雀山1号西汉墓出土的此式凭几，几面两端雕成兔首状，颇为别致⑥。之后凭几与装栅足、平板面的庋物之几趋同，遗物中既有装四条栅足的，也有只装一条曲足的(图55-7、9)。这两类凭几的使用情况，在画像石上都能看到(图55-8、10)。满城1号西汉墓中的漆凭几，木质部分已朽失，但存有鎏金的铜几足，其上部装合页，使几足可以向内折叠。古乐浪出土的一件漆凭几，几足有上下两层，下层几足可撑开亦可折入，从而可以调节几的高度，结构很精巧⑦(图55-12)。在冬季，几上还加铺织物。《西京杂记》卷一："汉制，天子玉几，冬则加绨锦其上，谓之绨几。……公侯皆以竹木为几，冬则以细麑为橐以凭之，不得加绨锦。"但马王堆1号墓的遣册中已记有"素长寿绣机巾一"，长寿绣比绨锦更高贵，故可见《杂记》所记虽不尽子虚，然而当时也并不完全遵循。

汉代通行跪坐，箕踞和垂足坐往往引起人们的反感。江苏铜山耿集发现的一块画像石，刻出一执刀人垂足坐于凭几之上（图55—13）。这是一种无礼的姿势，在当时很不多见。北魏延和初，李顺出使北凉，国主沮渠蒙逊接见他时"箕坐隐几"，正是这类坐姿。此举使李顺大怒，认为蒙逊"偃蹇自大"，几乎要"握节而出"，取消这次会见（见《魏书·李顺传》）。可知在讲礼节的场合，这种坐姿是难以被接受的。

至于搭衣服的衣桁，见于沂南画像石（图55-11）。《礼记·内则》称之为椸枷，而内蒙古托克托东汉闵氏墓壁画中却在此物之上榜题"衣杆"二字[8]，这大概是当时的俗称了。

注释

① 河北省文物管理处：《河北邢台南郊西汉墓》，《考古》1980年第5期。河北省文物研究所：《河北定县40号汉墓发掘简报》，《文物》1981年第8期。

② 《东观汉记》："戴凭字次仲，为侍中。正旦朝贺，百僚毕会。帝令群臣能说经者更相难诘，义有不通辄夺其席以益通者，凭遂重坐五十余席。"（《御览》卷二一九引）李翰《蒙求》亦称："戴凭重席。"

③ 籧篨未经精细加工，故此名称亦用于代表粗陋。《淮南子·修务》："籧篨戚施，虽粉白黛绿，勿能为美。"

④ 宁夏回族自治区博物馆：《银川附近的汉墓和唐墓》，《文物》1978年第8期。唐兰：《长沙马王堆汉轪侯妻辛追墓出土随葬遣策考释》，《文史》第10辑，1980年。

⑤ 孙机：《汉镇艺术》，《文物》1983年第6期；《坐席镇与博镇》，《文物天地》1989年第6期。

⑥ 临沂文物组：《山东临沂金雀山一号墓发掘简报》，《考古学集刊》第1集，1981年。

⑦ 古文献中称可折曲的构造为屈膝。如《邺中记》说石虎有"金银钮屈膝屏风"；梁简文帝《乌栖曲》中亦有"织成屏风金屈膝"之句（《玉台新咏》卷九）。《太白阴经》和《通典·守拒法》都称折梯为"屈膝梯"。依其例，则这种足部可折入之几应名"屈膝凭几"。

⑧ 罗福颐：《内蒙古自治区托克托县新发现的汉墓壁画》，《文物参考资料》1956年第9期。

五六、家具 Ⅱ

案, 㮚, 阁, 几, 虡, 桌, 匮, 厨

由于汉代平民在室内皆席地而坐, 故家具陈设比较简单。其中最主要的是案。案中最多见的是食案。食案又分两种: 一种无足, 类似托盘, 应名㮚案。"举案齐眉"之案即指㮚案, 详见本书第七七篇。另一种是有足之案。这种案早在前24—前19世纪的山西襄汾陶寺大墓中已经发现①, 历夏、商、周、秦, 一直沿用下来。不过有些发掘报告或将案误称为俎。但俎用于切肉兼置物, 案则仅用于置物, 凡器面有细密的纹饰或髹漆, 不耐刀切者, 皆当为案。汉代的案多为长方形, 装柱状或蹄状案足, 长约1米, 宽约半米, 高约10-20厘米。通常为木制, 亦有铜制或陶制者。山东临沂银雀山10号西汉墓出土木案, 刻有"开阳(徐州东海郡开阳县)尉案"铭记, 表明此案或供办理公事之用②。辽阳三道壕27号石椁墓出土的陶案, 案面上的刻铭云, "永元十七年(105年)三月廿六日造作瓦案, 大吉, 常宜酒肉"③, 则分明是食案。食案上常置杯、盘等食具。《汉书·朱博传》称: "博食不重味, 案上不过三杯。"此言其自奉之俭约。重庆相国寺东汉墓出土的陶案上置八杯一盘, 河南灵宝东汉墓所出陶案上置一魁、一杯、一勺(图56-1)。广州先烈路沙河顶5054号东汉墓出土的铜案, 甚至将耳杯作为纹饰刻在案面上。北京丰台大葆台西汉墓所出彩绘漆案, 长约二米, 宽约一米, 装鎏金铜蹄足, 应是豪贵之家所用的大食案④。《三国志·吴志·步骘传》谓焦征羌"身享大案, 肴膳重沓", 其大案或与此案相近。沂南画像石中有上置10杯的八足大案, 亦应属于此类(图56-6)。还有与有足的案形制相近但体量相当小的一种书案。洛阳朱村东汉墓壁画中, 于墓主夫妇端坐的大床前设桯, 桯上置一小书案, 书案上置卮灯与砚(图56-8)。四川广汉东汉墓所出画像砖上也能见到这类书案⑤(图56-11)。汉·李尤《书案铭》说它可以"承卷奏记, 通达谒刺。尊上答下, 道合仁义"(《御览》卷七一〇引), 则奏事时乃用小书案承托文书一并呈上, 它的专名应为"奏案", 见

晋·陆云《与兄书》及《东宫旧事》⑥。河北望都东汉墓壁画与安徽马鞍山吴·朱然墓出土漆案的彩绘中，都能看到使用奏案的情况⑦。两处的持书案者身侧皆有榜题：望都的是"侍阁"，朱然墓的是"黄门令"，均与其奉案的身分相合。不过在古文献中，奏案、书案二名或通用。《后汉书·刘玄传》："韩夫人尤嗜酒，每侍饮，见常侍奏事辄怒，……抵破书案。"这位恃宠而骄的夫人摔破的自应是此种小奏案了。

有足的食案除案面呈长方形者外，还有一种案面呈圆形，其名为梡，即《说文·木部》所说："梡，圆案也。"沂南画像石中亦有置食器之梡案。广州沙河顶5054号东汉墓中的一件铜梡案，面径40厘米，高8.6厘米，上置大小铜耳杯六个，出土时梡上还有鸡骨与猪骨少许（图56-2）。而且无论方食案或梡案，都可以叠置起来庋存食物（图56-7），或即《礼记·内则》郑注所说"以板为之，庋食物"之阁。

汉代家具中容易与案相混的是几。几一般装曲足。《说文·几部》谓几字的篆文 ∏ 为"象形"，可证。几有两种：一种是《尚书·顾命》"凭玉几"之凭几，详本书第55篇；另一种是《释名·释床帐》所称"庋物"之几。这种几的面板为长方形，足为下施横桚的曲栅，考古报告中或称之为曲足案（图56-4）。但几和案本不相同。《广雅·释器》说："案谓之桤。"又说："梡、㮰、橛、房、杝、虡、桯、胏、俎，几也。"可见二者各有各的一套名称。案多用以"陈举食也"（《急就篇》颜注），庋物之几则多用以置文书、什物，在用途上也各有所司。不过汉代还有一种摆在床前的长几名桯，它也装栅状曲足，然而其上却常置酒食（图56-8），以致几和案的概念在这里互相交叉，界限变得不清楚了。故《说文·木部》遂径谓："案，几属。"进而，置文书之几亦被称为几案。至南北朝时，几案还成为律令文牍的代词。《世说新语·雅量篇》："公（王导）语主簿：'欲与主簿周旋，无为知人几案间事。'"《魏书·邢昕传》："既有才藻，兼长几案。"《北史·薛庆之传》："颇有学业，闲解几案。"均是其例。几案置书，有时也被称为书案。这从梁简文帝《书案铭》"刻香镂彩，纤银卷足"（《艺文类聚》卷六九引）的描述中，可知此处所称书案实类曲足之几。不过随着用语的演嬗，二者的关系变得有些模糊；然而返本溯源，它们原是两类家具。

在沂南画像石中，还出现过一种双层的高几，下层曲足，上层直足，两层几面上皆杂置㮚、盒等物（图56-5）。洛阳涧西七里河东汉墓出土过双层的直足陶几。这种几应名虡。《方言》卷五："几，其高者谓之虡。"又沂南画像石中的庋文书之几，在几面两端有竖立的边棱；此边棱如再加高并向外卷，便形成如烧沟1035号东汉墓所出几上之卷耳（图56-3）。烧沟之卷耳几出土时上置铁板一件，显然并非食案；且其足呈矩形，又与常见的曲栅状几足不同。这类构造的出现，也助长了几和案互相混淆的趋

图版56

案

56-1

椫

56-2

卷耳几

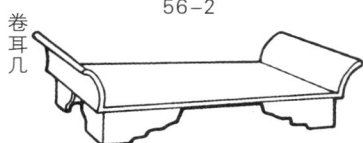

56-3

几

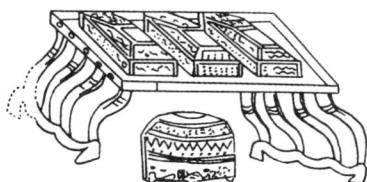

56-4

虞

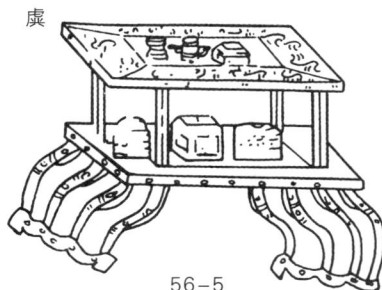

56-5

八足案

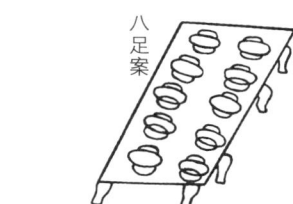

56-6

阁

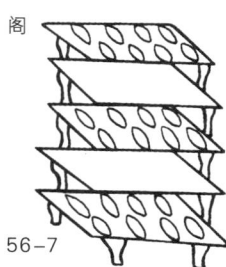

56-7

（右侧置书案）

桯

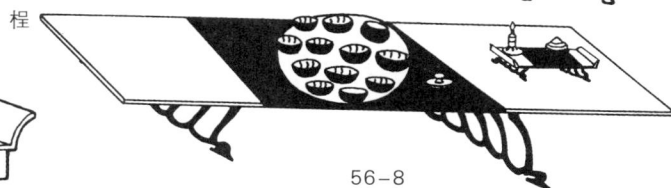

56-8

大匮

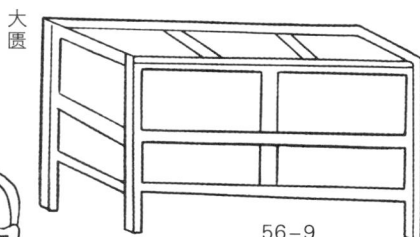

56-9

小匮

56-10

书案（与圆砚同置地上）

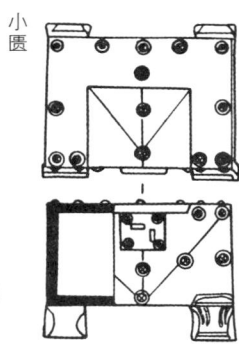

56-11

厨

56-12

桌

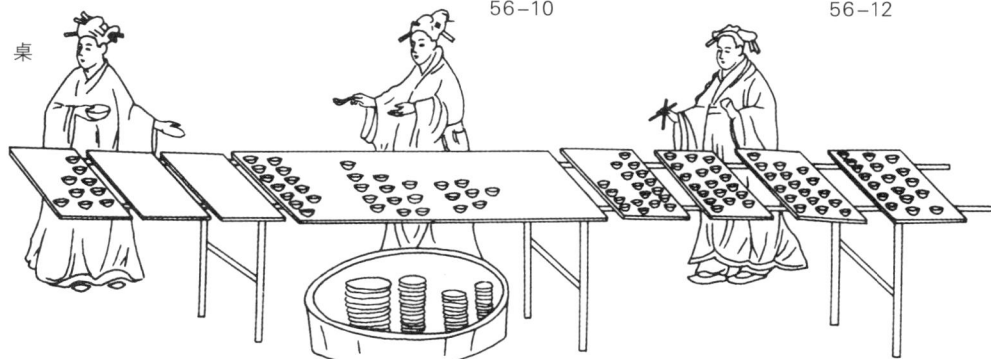

56-13

273

势。至于在沂南画像石中看到的一种在圆形底座上立柱贯长方板、顶上并装有圆盘的器具，由于在其当中的板上置有杯、盘、豆、箅等物，可见它也是一件家具[⑧]。此器在他处未见，不知其名，姑称之为圆台。

汉代并不流行垂足高坐，所以这时似不应有桌、椅等高家具。然而实际上，汉代虽然无椅，却已产生了雏形的桌。河南灵宝张湾2号东汉墓出土的一件绿釉陶家具模型，上置一圜底小罐，颇似小桌。而河南密县打虎亭1号东汉墓东耳室石刻画像中出现的大长方形家具，后面站立着从事操作的妇女，通过人体的比例不难推知它的高度，其腿间已装横枨，和后世之桌的形制极为接近。唯其台面尚是活板，未加固定，但和真正的桌子已相差无几[⑨]（图56-13）。汉代虽然尚处在席坐时代，但这类器物明显地具有向高家具发展的趋势，客观上奏响了垂足坐时代来临的序曲。

供贮藏用的家具有厨和匮。《论衡·感项篇》又《是应篇》谓燕太子丹质秦求归，秦王提出的条件中有："厨门木象生肉足，乃得归。"此所谓厨，当指贮物之厨。西周青铜方禹之座常在正面设两扇门，门上铸出守门之刖者[⑩]。此风或为后世之厨所沿袭，厨门上亦饰有刖者木像，故言"生肉足"。辽阳棒台子屯东汉墓壁画中有大厨，厨顶作屋顶形，一女子正开厨门取物，可见其中贮有陶壶（图56-12）。打虎亭1号墓北耳室的庖厨画像中也有同样的大厨。《广韵·上平声十虞》："幮，帐也，似厨形也。出陆该《字林》。"可知厨形似幄帐，正与上述壁画相合。日本奈良法隆寺所藏7世纪制作的玉虫厨子，厨顶仍作屋顶形，还沿袭着这一制度。与厨相较，匮则用以贮存较贵重之物。《楚辞·七谏》："玉与石其同匮兮。"《汉书·高帝纪》："与功臣剖符作誓，丹书铁契，金匮石室，藏之宗庙。"均可为证。沂南画像石、和林格尔汉墓壁画中有其图像；陕西西安、河南灵宝与陕县刘家渠汉墓且出陶匮（图56-9、10）。西安出土的陶匮中尚存五铢钱35枚[⑪]。这些陶匮之宽窄高低的比例颇匀称，直到唐代仍无多大变化。

注释

①　高炜：《陶寺龙山文化木器的初步研究》，《中国考古学研究》第2集，科学出版社，1986年。

②　银雀山汉墓发掘队：《临沂银雀山西汉墓发掘简报》，《文物》2000年第11期。

③　《东北文物工作队一九五四年工作简报》，《文物参考资料》1955年第3期。

④　见本书第三四篇注④所揭文。

⑤　《说文·木部》："桯，床前几。"河南密县打虎亭1号墓画像石中放在床前的桯（《文物》1972年第10期，第62页）就装栅状曲足，其上置酒食。洛阳朱村壁画，见洛阳市第二文物工作队：

《洛阳市朱村东汉壁画墓发掘简报》，《文物》1992年第12期。广汉画像砖，见《中国美术全集·绘画编·18·画像石画像砖》图220，上海人民美术出版社，1988年。

⑥　陆云：《与兄书》："按行曹公器物，有奏按五枚。"《晋东宫旧事》："皇太子妃初拜，有漆金渡足奏案一枚"（均见《御览》卷七一〇）。扬之水《两汉书事》（《中国典籍与文化》2004年第3期）认为"奏案"即此种小书案。兹从其说。

⑦　北京历史博物馆等：《望都汉墓壁画》，中国古典艺术出版社，1955年。《中国漆器全集·4·三国至元》图11，福建美术出版社，1998年。

⑧　《沂南古画像石墓发掘报告》图版77。

⑨　河南省文物研究所：《密县打虎亭汉墓》第139、144-145页，文物出版社，1993年。

⑩　周永珍：《西周时代的温器》图3：1、6，《考古与文物》1981年第4期。

⑪　陕西省考古研究所：《陕西卷烟材料厂汉墓发掘简报》，《考古与文物》1997年第1期。

五七、家具 III

承尘，屏风，帷幔，幄帐，步障，璧翣

汉代尚未在室内设平棊、平阇之类天花，为防止梁尘沾衣，遂在床顶上悬承尘。《释名·释床帐》："承尘，施于上，以承尘土也。"承尘又名帟。《礼记·檀弓》郑注："帟，幕之小者，所以承尘。"《周礼·幕人》先郑注："帟，平帐也。"则承尘原是平张于床顶上的小幕。东汉时，如成都出土的传经画像砖上所见者，讲学的经师所坐高床上之承尘已绷在带格子的木框上，具有向平棊过渡的趋势了（图57-1）。因此，这时的承尘是室内之相对固定的设备，平日不常移动。《后汉书·雷义传》记雷义拒绝受金，但"金主伺义不在，默投金于承尘上。后葺理屋宇，乃得之"，可以为证。

平张于室内用以防尘的是承尘，竖立于室内用以挡风的则是屏风。屏风是一件独立的家具，与附属于床的屏扆不同。《史记·孟尝君列传》中曾提到屏风，则战国时已有此物。汉代更为流行。马王堆1号墓遣册中记有"木五菜（彩）画并（屏）风一，长五尺，高三尺。"出土的明器屏风屏板方整，髹漆彩绘，下装横出的屏足（图57-4）。洛阳涧西七里河东汉墓出土的陶屏风，也是直立的板屏[1]。李尤《屏风铭》强调屏风"立必端直，处必廉方"（《艺文类聚》卷六九引），正是指这种形制而言。汉代也有多扇屏风，如广州象岗南越王墓所出者。此屏风正面横宽三米，等分三间，正中为屏门，可向后开启。左右各有宽一米的侧屏，可作90°的开合，张开后构成左、中、右三面连接的围屏。围屏之两转角处的顶部各装一枚鎏金铜朱雀。还有三件双面兽首形铜饰装在两侧屏和屏门顶上。围屏底部装蛇形托座、蟠龙托座与衔蛇、握蛇的仙灵托座。五件顶饰与两下角的蟠龙托座上均设插管，原应插入雉尾[2]（图57-2）。其制作甚精，规格极高，但这类屏风在汉代尚颇罕见。

由于汉代建筑堂前开敞，仅置屏风尚不足以御风寒，于是又在楹柱之后的横楣上挂帷幔。在汉画像砖、石与壁画中，堂前的帷幔常分段褰卷起来，并将系帷的组

图版57

承尘

57-1

多扇屏风
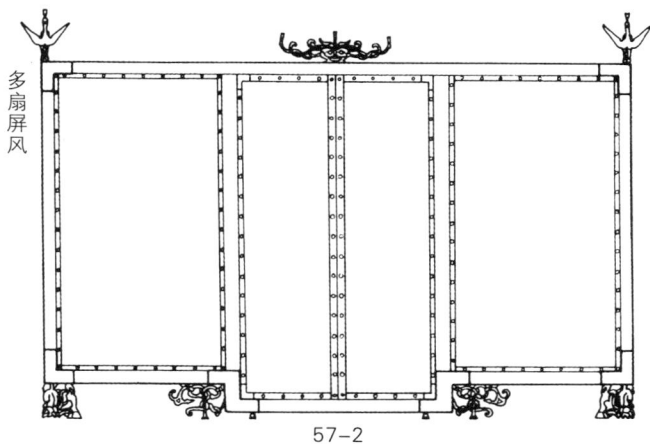
57-2

幄帐
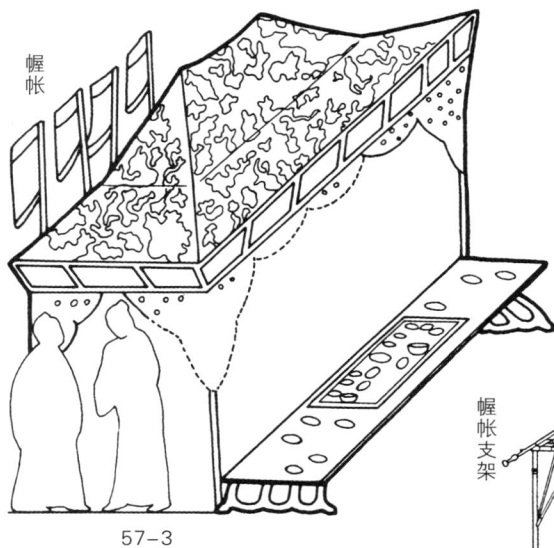
57-3

板屏
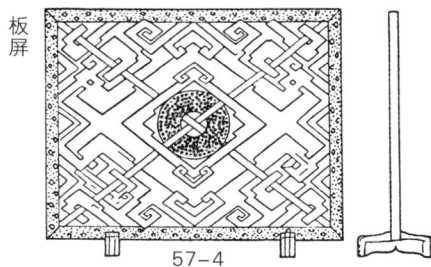
57-4

幄帐支架
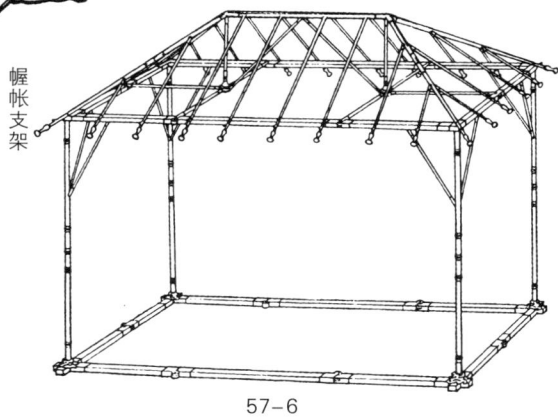
57-6

步障

帐镶
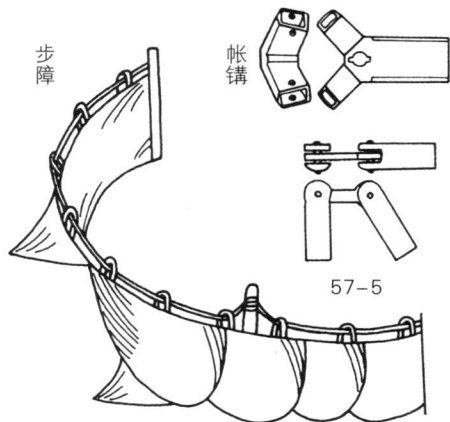
57-5

57-7

壁襼
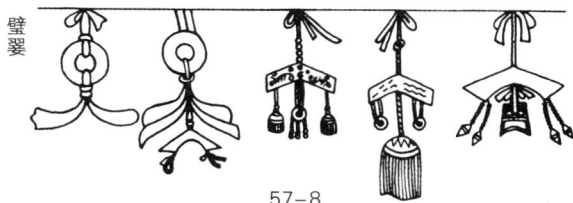
57-8

绶之末端垂露于下，作为装饰③。在讲究的殿堂上，且于帷内设幄。幄是帐的一种，其顶若屋顶，与在野外使用的圆顶大帐不同。《周礼·幕人》郑注："四合象宫室曰幄。"《释床帐》："幄，屋也。以帛衣板施之，形如屋也。"《汉书·王莽传》："未央宫置酒，内者令为傅太后张幄。"这是在殿堂内设宴时覆于坐床上的幄。河南密县打虎亭2号东汉墓壁画中绘出一庑殿顶、红地黑花的大幄，幄背后插旗四面，主人坐于幄内的床上，床前设曲足长桯，桯上置椷案，案内放满了杯、盘等食具（图57-3）。幄外宾客分两列就坐，当中在表演百戏助兴，正是举行大宴会的情景。因知《王莽传》所记之幄，或与此图相近。幄之四角树帐竿支承幄顶，山东长清岗辛战国墓曾出施彩绘的漆帐竿④。《宋书·后废帝纪》言彼五六岁时，"好缘漆帐竿，去地丈余"，亦即此物。但除了帐竿外，还要有梁、枋、檩、椽和地栿等物才能组合成完整的屋形框架，这些木质构件统称帐构。《说文·木部》构下说："杜林以为椽桷字。"又《淮南子·氾论》："筑土构木。"高注："构，架也。"诸说与帐构的性质正合。在几条帐构的交会点上常装多口铜插管，以加强连接部位的牢度（图57-5）。《攈古录》所载魏景初元年的此种铜件，铭文中称之为"上广构铜"、"上边构铜"与"下构铜"。综合其上所记帐构之尺寸：长皆一丈，广皆六尺，高或8.5尺（高度只在《宁寿鉴古》所录一器上有记载）。《宋书》所言帐竿高丈余，其帐应更大。而"帐构铜"亦被称为"帐镈"，见《西京杂记》卷六、《宋书·礼志》及《刘义恭传》、《南齐书·崔祖思传》等处，汉代亦应有此名称⑤。

汉代的帐镈在满城1号西汉墓曾出土两套。其中一套表面鎏金，垂柱柱头和立柱底座均饰有图案花纹。修整复原后，可装配成一座庑殿顶幄帐的支架（图57-6）。另一套为素面，部分鎏银，可装配成一座四角攒尖顶幄帐的框架。此外，在河北定县43号汉墓中，也发现过零散的帐镈。应当说明的是，装此种铜件之帐并不都是幄帐，如上述景初帐构铜件在铭文中就说明是在"平帐"上用的。平帐或即文献中所称斗帐。《释床帐》："小帐曰斗帐，形如覆斗也。"汉斗皆为平底，覆斗之状正与平帐相近。幄帐比斗帐的等级高，所以汉代祭天时要用"紫幄"（《汉书·礼乐志》），祭汉高祖时要用"绣幄帐"（《汉旧仪》）。斗帐则平时家居亦可使用，如《古诗为焦仲卿妻作》中的刘兰芝，就使用"红罗覆斗帐"。但在汉代的考古材料中尚未发现有关斗帐的实例。

还有一种用于围隔的步障，见于沂南画像石，它是在地面立柱，柱头牵拉绳索，下挂帷幔（图57-7）。步障在庭院以至郊野均可使用，比较方便，至魏晋南北朝时颇为流行。然而溯其渊源，则东汉时已经有了。

此外，在南北朝时的幄帐上部四角或垂有羽葆流苏等物。这种作法在汉代也已见端倪。《汉书·西域传·赞》："兴造甲乙之帐，落以随珠和璧。"后来沈约在《咏帐诗》中的"甲帐垂和璧"之句，即用此事。目前虽然尚未掌握这方面的具体例证；但甲帐上的珠璧，估计亦应悬于帐角。在汉代大建筑的室内陈设中，这种装饰是用得较多的。它不仅悬于帐角，也悬于壁带等处。《西都赋》说昭阳殿中："裛以藻绣，络以纶连。随侯明月，错落其间。金釭衔璧，是为列钱。翡翠火齐，流耀含英。悬黎垂棘，夜光在焉。"《汉书·外戚传》则说此殿"壁带往往为黄金釭，函蓝田璧，明珠翠羽饰之"。李尤《德阳殿赋》也提到"连璧组之润漫，杂虬文之蜿蜒"（《艺文类聚》卷六二引）。仲长统《昌言》中把这种装饰手法的使用范围说得更广泛："今为宫室者，……起台榭则高数十百尺，壁带加珠玉之物。"《礼记·明堂位》"璧翣"，郑注："周又画缯为翣，戴以璧，垂五采羽于其下，树于簨（钟虡横木）之角上。"在汉代的漆器彩绘与画像石中，常常见到以环、珩、羽葆等物组成的室内装饰，应即汉之璧翣[6]（图57-8）。

注释

① 洛阳博物馆：《洛阳涧西七里河东汉墓发掘简报》，《考古》1975年第2期。

② 广州市文物管理委员会等：《西汉南越王墓·附录11·南越王墓出土屏风的复原》，文物出版社，1991年。

③ 《周礼·幕人》郑注："绶，组绶，所以系帷也。"

④ 山东省博物馆、长清县文化馆：《山东长清岗辛战国墓》，《考古》1980年第4期。

⑤ 参看马衡：《凡将斋金石丛稿》第50页，中华书局，1977年。易水：《帐和帐构》，《文物》1980年第4期。卢兆荫：《略论两汉魏晋的帷帐》，《考古》1984年第5期。

⑥ 参看安志敏：《长沙发现的西汉帛画试探》，《考古》1973年第1期。杨鸿勋：《凤翔出土春秋秦宫铜构—金釭》，《考古》1976年第2期。孙机：《几种汉代的图案纹饰》，《文物》1982年第3期。

五八、服饰 Ⅰ

笠，帽，冠，帻，冕，爵弁

汉代男子看重首服，虽偶有露髻者（图58-1），但不多见。在农夫穿的所谓野服中常戴笠。《礼记·郊特牲》说："草笠而至，尊野服也。"笠起于远古，武氏祠画像石中的夏禹，就作戴笠持耜的农夫装束，汉代的陶俑中也有戴笠的（图58-2）。不过笠仅用于御暑或御雨（《诗·都人士》毛传又郑笺），御寒则须用帽。帽在远古时也已经出现。《尚书大传·略说》："周公对成王云：'古人冒而句领。'"《淮南子·氾论》："古者有鍪而绻领，以王天下者矣。"高注："古者，盖三皇以前也。鍪，头着兜鍪帽，言未知制冠时也。"由于汉代推崇冠冕，所以不大看得起帽。《说文·冃部》："冃，小儿及蛮夷头衣也。"这是因为汉代劳动者所戴的帽，如山西平陆枣园新莽墓壁画中的扶耧人（图3-3）及河南灵宝张湾3号东汉墓中的持臿俑所戴者（图58-3），都是一种尖顶帽，与画像石中所见匈奴帽的式样类似，故《说文》有这种说法。

冠是适应束发的发型而产生的。它原是加在髻上的发罩，所以《白虎通·衣裳篇》称之为"卷持发"之具，《释名·释首饰》称之为"贯韬发"之具。《说文·冖部》也说冠的作用是"所以絭发"。它本是和发髻结合在一起的，其用意着重于礼仪，和着重于实用的帽不同。所以《淮南子·人间》说：冠"寒不能暖，风不能障，暴不能蔽"。《晏子春秋·内篇谏下》说："冠足以修敬。"《礼记·冠义》也说："冠者礼之始也。"我国古代士以上阶层的男子20岁行冠礼而为成人，行冠礼是他们一生中的头一件大事，所以《仪礼》一开篇就是《士冠礼》。冠多以缁布、缟素、漆纚等织物制作。《续汉书·舆服志》说汉初有一种竹皮冠，又名长冠，俗称鹊尾冠。这种冠"以竹为里"，形制较特殊。马王堆1号墓出土之"冠人"俑所戴的冠，形如鹊尾，与长冠相近。但考虑到他们的身分，则当是"宫殿门吏、仆射"所戴的"制似长冠，下促"之却非冠了（《续汉书·舆服志》）（图58-4）。其冠缨在额下与一横木条相联结。此木条应名

图版58

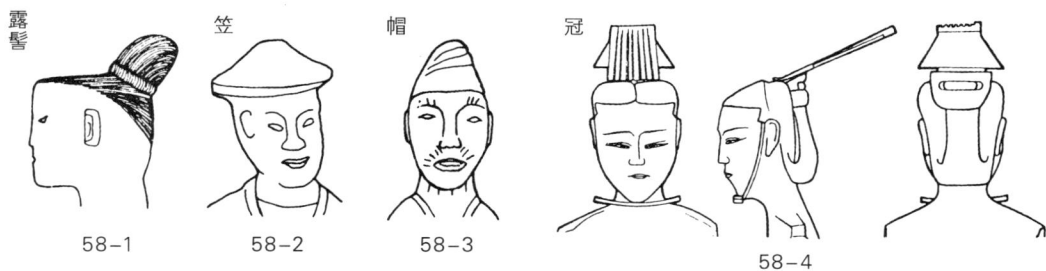

露髻　58-1

笠　58-2

帽　58-3

冠　58-4

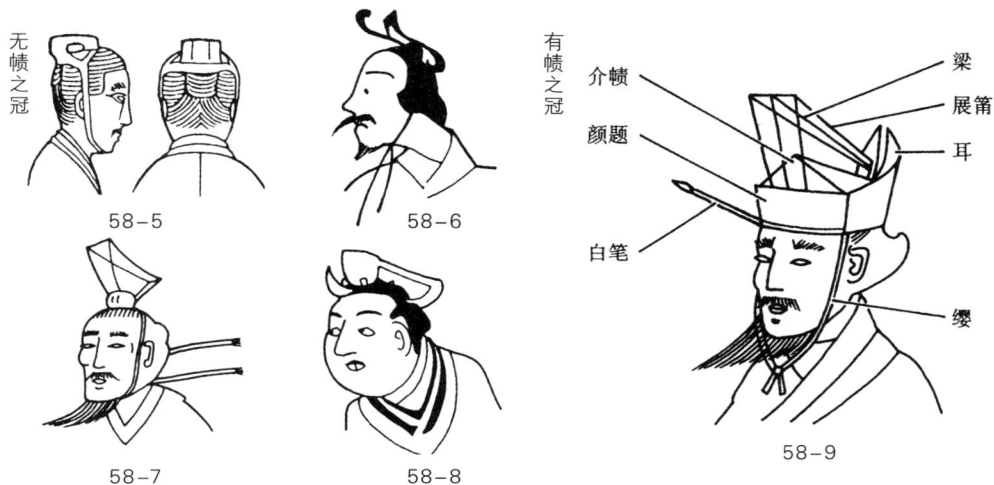

无帻之冠　58-5

58-6

58-7

58-8

有帻之冠

介帻　梁

颜题　展筩

白笔　耳

緌

58-9

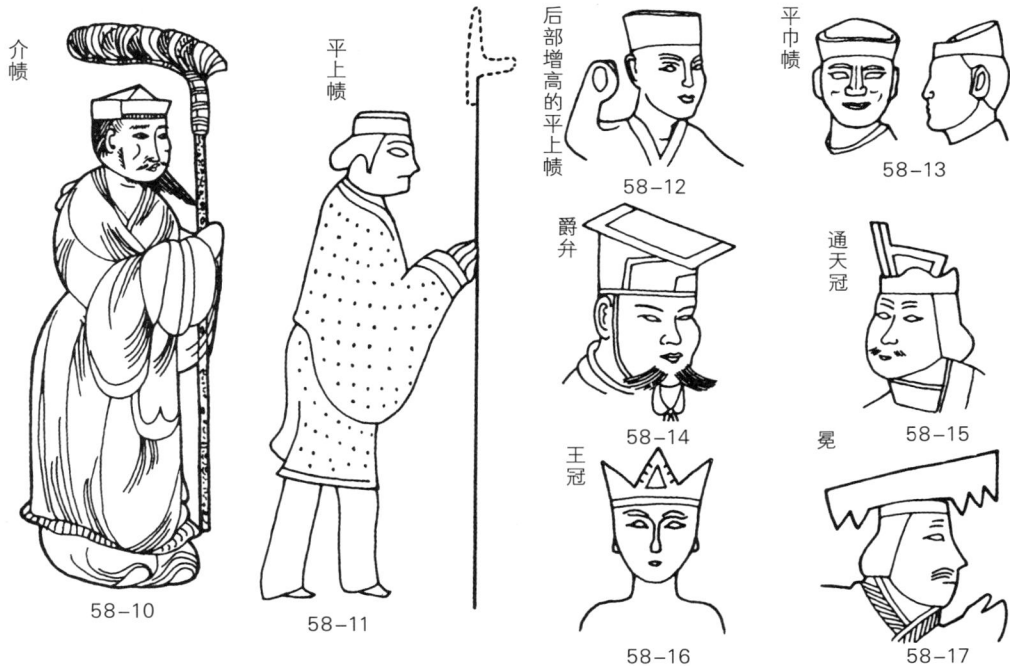

介帻　58-10

平上帻　58-11

后部增高的平上帻　58-12

平巾帻　58-13

爵弁　58-14

通天冠　58-15

王冠　58-16

冕　58-17

枚。《周礼·秋官·叙官·衔枚氏》郑注："枚状如箸，横衔之，为缨结于项。"冠人俑的枚正缨结于项，行军时为禁止语言喧嚣，则将枚衔在口中。但汉代的冠制较复杂，文献中记载的冠名，尚难尽与实例相对应。不过就式样而论，西汉的无帻之冠和东汉有帻之冠是很不相同的两大类，须首先加以区别。《续汉书·舆服志》说："古者有冠无帻，其戴也，加首有颊，所以安物。"其所谓"古"，已将西汉包括在内。西汉之玉雕、空心砖和壁画中的戴冠者，冠下均不加帻，而用连着冠缨的颊予以固定（图33-26~28，58-5、6）。《仪礼·士冠礼》郑注："缁布冠无笄者，着颊围发际，结项中，隔为四缀，以固冠也。"颊在冠下，呈带状，于上举诸例中可以看到，特别是始皇陵兵马俑坑中的戴冠俑，将颊表现得很清楚①。这些冠只罩住发髻，确乎不能障风取暖。对于西汉及其前之冠的这些特点，东汉人自然是很清楚的，所以他们刻绘的历史人物，常戴无帻之冠（图58-7、8）；而表现当时的人物，则皆戴有帻之冠。

何谓帻？《急就篇》颜注："帻者，韬发之巾，所以整媚发也。常在冠下，或单着之。"它起初只是包发的头巾，后来演变成便帽状。身分低的人不能戴冠，只能戴巾帻。《释名·释首饰》："二十成人：士冠，庶人巾。"蔡邕《独断》卷下："帻，古者卑贱执事不冠者之所服。"有时帻还以其不同的颜色表示身分。绿帻，"贱人之服也"（《汉书·东方朔传》颜注）；"苍头（徒隶）着青帻"（同上书《鲍宣传》颜注）；武士多着红帻；文士之帻通常为黑色。从文献中看，将帻纳于冠下，使之成为冠的衬垫物的作法，似已滥觞于西汉。《续汉书·舆服志》说："秦雄诸侯，乃加其武将首饰，为绛帕以表贵贱。其后，稍稍作颜题。汉兴，续其颜却摞之，施巾连题却覆之，今丧帻是其制也。名之曰帻，帻者，赜也，头首严赜也。至孝文乃高颜题续之为耳，崇其巾为屋，合后施收，上下群臣贵贱皆服之。文者长耳，武者短耳，称其冠也。"这里说的"作颜题"、"高颜题"，是指在帻的下部接额环脑处增加一圈介壁，这是帻脱离其"韬发之巾"的原始状态之关键步骤。至于提出文、武官要使帻耳与冠相称，似乎意味着这时已有加帻之冠，但在考古材料中从未见过，所以这种作法在西汉时纵使出现，也尚不普遍。

帻分介帻和平上帻两大类。《独断》卷下说："王莽无发乃施巾。故语曰：'王莽秃，帻始屋。'"屋状帻即介帻。东汉时文职人员所戴进贤冠之下衬以介帻，二者组合成为整体。由于帻是直接戴在头上的，冠附帻以为固，所以这时就将颊省去了。它的底部是一圈"颜题"，颜题在脑后突起两尖"耳"，头上是屋顶状的介帻。跨于介帻之上者，即称为"展筩"的冠体。展筩的前部装"梁"，梁是用来表示身分的。"公侯三梁。中二千石以下至博士两梁。自博士以下至小史、私学弟子皆一梁。宗室刘氏亦两梁冠，示加服也"（《续汉书·舆服志》）。有时在进贤冠的一侧还簪有"白笔"（图

58-9)。不过这并不是说至东汉时帻已经和冠不能分离了，在这时的画像石中，许多供奔走使役之人仍单戴介帻（图58-10）。

如果在进贤冠额前的颜题上装有高起的金博山，则名通天冠（图58-15）。晋·徐广《舆服杂注》说："通天冠高九寸，黑介帻，金博山。"刘宋·徐爰《释问》说："通天冠，金博山蝉为之，谓之金颜"（均见《御览》卷六八五引）。由于高高的金博山很引人注目，因而通天冠也称为高山冠。魏·董巴《舆服志》说："通天冠……前有高山，故《礼图》或谓之高山冠也"（《隋书·礼仪志》引）。《汉官仪》说："天子冠通天。"（《后汉书·明帝纪》李注引）在汉代的冠类中，它的规格是最高的。

文职人员于进贤冠下衬介帻，武职则于武冠下衬平上帻，即《晋书·舆服志》所说："介帻服文吏"，"平上服武官也"。身分低的不戴武冠的士卒，则只戴平上帻。如山东汶上孙家村画像石中的持戟者（图58-11）、甘肃武威雷台晋墓中的铜骑俑，都戴着顶部低平的平上帻。不过自东汉中期以降，有些平上帻的后部增高（图58-12）。《续汉书·五行志》说："延熹中，梁冀诛后（梁诛于158年），京师帻颜短耳长。"颜短即前低，耳长即后高。这种帻的耳部在演变过程中逐渐加高，成为日后长期沿用的平巾帻。河北望都光和五年（182年）墓出土石俑之帻，可以视为其初出时的形制（图58-13）。

在隆重的祭礼，如郊天地、祀明堂时则戴冕。《释名·释首饰》："冕犹俛也。俛，平直貌也；亦言文也。玄上缥下，前后垂珠，有文饰也。"《说文·冃部》："冕，大夫以上冠也。"段注："大夫以上有冕，则士无冕可知矣。"可见只有高级贵族才戴它。先秦冕制见于《周礼·司服》。西汉时冕或已废置不用；东汉明帝改定服制时始援古说而制冕。《后汉书·明帝纪》："（永平）二年春正月辛未，宗祀光武皇帝于明堂，帝及公卿列侯始服冠冕、衣裳、玉佩、绚履以行事。"在画像石中出现过冕，但都刻画得比较简略（图58-17）。大夫自祭于家，则戴爵弁，其状与冕相近，唯不垂珠旒。山东金乡旧称朱鲔石室之图像中有戴爵弁者（图58-14）。至于在画像石中的"周成王"和浙江绍兴出土的画像镜上的"东王公"头上屡屡出现的上饰尖角之冠，名称不详，只能暂称之为王冠（图58-16）。《汉书·王莽传》称王莽"御王冠，即真天子位"，但不知他所戴的王冠是否也是这种式样。

注释

① 王学理：《秦俑军服考》图1：1、2，载《陕西省考古学会第一届年会论文集》，1983年。

五九、服饰 II

武士的弁、冠与头饰

武士着甲时戴的胄，已见本书第三八篇。除胄以外，弁、冠及各种头饰，在本篇中略作介绍。

自先秦以来，武士主要戴弁。《周礼·司服》说："凡兵事，韦弁服。"郑注："韦弁以靺为弁。"靺韦是用茅蒐即茜草染成浅红色的皮革。《说文·韦部》："靺，茅蒐染韦也。一入曰靺。"《仪礼·士冠礼》郑注："今齐人名蒨为靺。"《晋书·舆服志》："韦弁制似皮弁，顶上尖。靺草染之，色如浅绛。"韦弁与皮弁的形状相近，所以《公羊传·宣公元年》何注谓："皮弁武冠，爵弁文冠。"爵弁之状似冕，见本书第五八篇。韦弁之状当如《释名·释首饰》所说："弁，如两手合抃时也。"《续汉书·舆服志》则谓，弁"制如覆杯，前高广，后卑锐"。可见弁的外形犹如两手相扣合，或者像一只翻转过来的耳杯。又据《隋书·礼仪志》引《礼图》，弁"有结缨而无簪导"。则弁是一种下丰上锐、略近椭圆形，且额下有结缨的帽子，有些像后世的搭耳帽。准此以求，秦陵兵马俑坑中的牵马俑，戴的就是弁。至西汉，咸阳杨家湾出土的武士俑，有的只在头上戴弁（图59-2），与上述秦俑的装束十分接近。有的则在弁下衬以平上帻（图59-1），这就是汉代的制度了。

将弁和平上帻组合在一起，与将进贤冠和介帻组合在一起的情况相似，所以它又得名为"武弁大冠"或"武冠"。虽然从根本上说，它并不是冠，但在流行过程中，它却被加以种种冠类的称谓。《晋书·舆服志》说："武冠一名武弁，一名大冠，一名繁冠，一名建冠，即古之惠文冠。或曰赵惠文王所造，因以为名。亦云：惠者，蟪也，其冠文轻细如蝉翼，故名惠文。"其实惠文冠与赵惠文王并无关系，将惠文解释为蟪（蝉）文，亦嫌迂阔。按《礼记·丧服》郑注："凡布细而疏者谓之繐。"武弁正是用细疏的繐布制作的。也有时在制弁的织物上涂漆，马王堆3号西汉墓与武威磨嘴子62号

图版59

武弁（弁下衬帻）
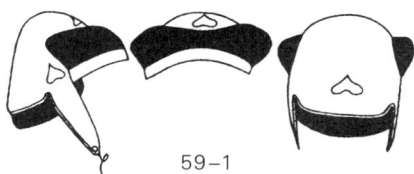
59-1

武弁（未衬帻）
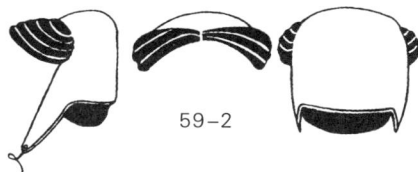
59-2

武弁大冠

59-3

漆缅纱弁
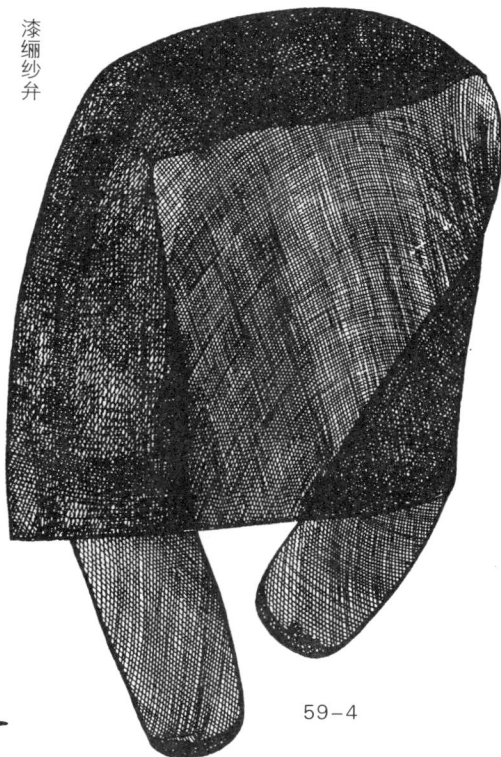
59-4

旄头

59-5

结鬘带

59-6

巾帢

59-7

鸡冠

59-8

力士冠

59-9

力士冠
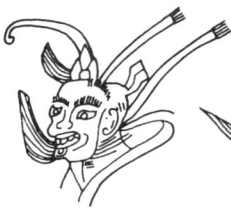
59-10

笼冠

59-11

鹖冠

59-12

加鹖尾的武冠
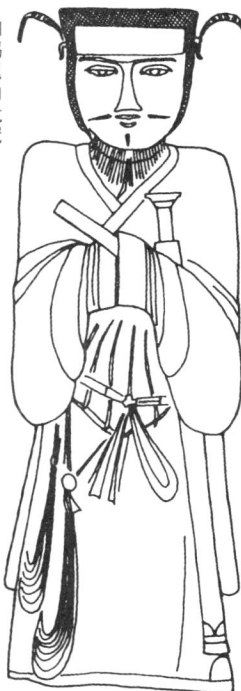
59-13

新莽墓均曾出漆缬纱弁（图59-3、4）；前者放置在一个漆匮里（图87-4），后者还戴在男尸头上。磨嘴子弁周围裹细竹筋，顶部用竹圈架支撑，内衬赤帻，清楚地反映出武弁的实际状况。这些弁的缬纱均孔眼分明。不仅实物如此，画像石中的武弁，也常特地刻画出网纹来，表示原物是带孔眼的织物。但当弁涂漆以后，变得坚硬起来，成为一顶笼状的壳体，又得名为笼冠。笼冠偶见有直接戴在头上的（图59-11），多数是将它嵌在帻上。

先秦时的韦弁是浅红色的，直到汉代，红色仍是武士冠服的基调。这时在武弁之下用红帻。上述磨嘴子62号墓中衬垫武弁的帻就是红色的。望都1号汉墓壁画之"门下游徼"所戴的武弁下也透出红帻。这和《东观汉记》所称"诏赐段颎赤帻大冠一具"正合（《御览》卷六八七引）。由于汉代的军官和士兵穿缇（黄赤色）衣或缥（暗赤色）衣，戴赤帻，所以红色成了代表军人的颜色。《汉书·尹赏传》说："探赤丸，斫武吏；探黑丸，斫文吏。"《论衡·商虫篇》说："虫食谷……夫头赤则谓武吏，头黑则谓文吏所致也。"也正是基于此种原因。

汉代的武冠除上述类型外，还有一种名为鹖冠。《续汉书·舆服志》说：这种冠"环缨无蕤，以青系为绲，加双鹖尾竖左右。"又说："鹖者，勇雉也。其斗对，一死乃止。故赵武灵王以表武士，秦施之焉。"刘注："徐广曰：'鹖似黑雉，出于上党。'荀绰《晋百官表注》曰：'冠插两鹖，鸷鸟之暴疏者也。每所攫撮，应爪摧衄，天子武骑故以冠焉。'"鹖是一种好斗的小型猛禽，或称鹖鸡。曹操《鹖鸡赋·序》说："鹖鸡猛气，其斗终无负，期于必死。今人以鹖为冠，像此也"（《大观本草》卷一九引）。鹖亦称鹖雀。《汉书·黄霸传》："时京兆尹张敞舍鹖雀，飞集丞相府。"颜注引苏林曰："今虎贲所着鹖也。"从西安汉城出土的鹖鸟陶范看来，它是一种小型猛禽，其尾羽不会太长[①]。洛阳金村战国墓出土的错金银狩猎纹镜上的骑马者戴的就是鹖冠[②]。西汉空心砖上的骑马者所戴鹖冠与之全同（图59-12）。一般东汉画像砖、石上所见之鹖冠，多在衬帻的武弁大冠两侧插鹖尾（图59-13）；《续汉书·舆服志》所称之鹖冠，当指此式而言。但武冠也有不插鹖尾而插山鸡尾的。《史记·佞幸列传》："故孝惠时，郎、侍中皆冠鵔鸃。"《续汉书·舆服志》"武冠"条刘注："又名鵔鸃冠。"则鵔鸃冠也是武冠之一种。鵔鸃是毛色鲜丽的山鸡，与黑色的鹖不同。《说文·鸟部》："鵔鸃，鷩也。"《尔雅》郭注：鷩"似山鸡而小，冠背毛黄，腹下赤，项绿，色鲜明。"《水经注·浪水》引《南越志》："鵔鸃，山鸡也。光采鲜明，五色炫耀，利距善斗。"后来由于雉尾美观，所以至南北朝时武冠遂改插雉尾。《南齐书·舆服志》说："武骑虎贲……插雉尾于武冠上。"从此以后，武冠插鹖尾之风乃绝。

汉代武士于武弁、鹖冠等较正规的冠式之外，还有其他各种头饰和冠式。其中最不加修饰的一种名旄头。《汉书·东方朔传》颜注引应劭曰：旄头"以羽林为之，发正上向"。《后汉书·光武帝纪》章怀注引《汉官仪》："旧选羽林为旄头，被发前驱。"辽宁金县营城子汉墓壁画中的门卒，头发直竖而不绾髻，可能就是旄头（图59-5）。其所以采用此种发式，据《录异传》（《史记·秦本纪》正义引）、《玄中记》（《御览》卷六八〇引）、《列异传》（《文昌杂录》卷二引）之说，系起于秦代以披发武士战胜怪牛"丰大特"的神话。据《决疑录要注》引张华说，系取义于壮士之怒发冲冠（《御览》卷六八〇引）。《宋书·礼志》谓旄头为冠皮毛之冠，则至此时已失其旧制。比旄头再讲究一点，有在髻旁系结各色饰带的。张衡《西京赋》："迺使中黄之士，育获之俦，朱鬕鬈髽，植发如竿。"《说文·髟部》："鬕带，结头饰也"（段注本）。《通俗文》："露髻曰鬕"（《文选·西京赋》李注引）。沂南画像石中有不少武士露髻系带，当即结鬕露鬈之状（图59-6）。应当说明的是，出现在汉代文献中的哨头、幧头、络头、帕头、幓头等物，其系法与结鬕带实大同小异。《仪礼·丧服》郑注谓幓头的系法是："自项而前，交于额上，却绕紒。"《释名·释首饰》也说："绡头：绡，钞也，钞发使上从也。或谓之陌头，言其从后横陌而前也。"它们都不蒙覆整个头部，只是围绕发髻系结带子。邓县长冢店汉墓画像石中的牵犬人[③]、沂南画像石中的"荆轲"，其头饰均如此，应即哨头之类。如果将头部包起来，那就是巾或帢了。《后汉书·郭泰传》李注引周迁《舆服杂事》："巾以葛为之，形如帢。"帢应得名于韬发，故当与上述哨头之类不同。又《三国志·魏志·武帝纪》裴注引《傅子》："汉末王公，多委王服，以幅巾为雅。是以袁绍、崔钧之徒，虽为将帅，皆着缣巾。魏太祖以天下凶荒，资财乏匮，裁缣帛以为帢，合于简易随时之义。"同注引《曹瞒传》，则称帢为"帢帽"。因知山东嘉祥宋山画像石之"二桃杀三士"故事中，一武士所戴者或即巾、帢之类（图59-7）。

此外，汉代还有戴鸡形冠的。《史记·仲尼弟子列传》说："子路性鄙，好勇力，志伉直，冠雄鸡。"武氏祠画像石中的子路即戴鸡形冠（图59-8）。至于先秦时，楚国取象于主触不直的一角神羊所制之獬豸冠，除了演变成汉代执法者所戴的法冠外，还演变成汉代的一种力士冠。獬豸又名觟䚦。《论衡·是应篇》："觟䚦者，一角羊也，性知有罪。"故汉代亦称此冠为觟冠。《淮南子》许慎注："觟冠，今力士冠"（《御览》卷六八四引）。根据獬豸一角的线索推求，江苏铜山洪楼画像石与沂南画像石中有些武士所戴之冠（图59-9、10），当为力士冠。

注释

① 毕初：《汉长安城遗址发现裸体陶俑》，《文物》1985年第4期。

② 梅原末治：《洛阳金村古墓聚英》（增订本）卷首彩图，京都，1937年。

③ 《南阳汉画像石》编委会：《邓县长冢店汉画像石墓》图版6：2，《中原文物》1982年第1期。

六〇、服饰 III

裈，袴，襦，褠，黻

汉代人贴身着裈。裈有两种：一种并不缝出裤管，仅以一幅布缠于腰股之间，名犊鼻裈。《史记·司马相如列传》集解引韦昭《汉书注》："犊鼻裈以三尺布作，形如犊鼻。"故此种裈亦名襣。《方言》卷四："无裥袴谓之襣。"它又名椷，见《广雅·释器》。着此种裈的动作叫缠。《三国志·魏志·裴潜传》裴注称韩宣于受罚前，"豫脱袴缠裈"，正说明此种裈只是一幅布。沂南画像石中有其例（图60-1）。另一种是合裆的裈。《释名·释衣服》："裈，贯也，贯两脚上系腰中也。"《急就篇》颜注："袴合裆谓之裈，最亲身者也。"即指这种裈。黄文弼在新疆罗布淖尔发现的汉代合裆裈，"有两脚，……上通于腰，与裆相连，左右缝之，……前后不相通也"（《罗布淖尔考古记》）。沂南画像石中也有着这种裈的形像（图60-2）。

汉代的袴也有两种：一种是不合裆的。《说文·系部》："绔，胫衣也。"《广雅·释亲》王念孙疏证："凡对文则膝以上为股，膝以下为胫。"由此可知袴仅着于腿部，甚至只着于膝以下的小腿部分。清·宋绵初《释服》卷二说：绔"即今俗名套袴是也"。《释名·释衣服》说："袴，跨也，两股各跨别也。"正是此意。这种袴的两裲（或名袧、绾，即裤管）并不缝合，所以在汉简中，袴的单位名"两"，和履、练（袜）相同，而与袍以领计、裙以腰计者不同[①]。汉画像石中所见男子之袴，多掩于上衣之下，莫能明其结构。但四川宜宾翠屏村7号东汉墓石棺上雕刻的百戏中有作倒立者，此人虽着袴，然而由于倒立以致上衣翻垂，于是下体乃外露，可以反映出这种袴的特点[②]。所以《礼记·曲礼》说："暑毋褰裳。"又说："不涉不撅。"都是因为袴的结构不完备而避免揭开长衣。《墨子·公孟篇》说："是犹裸者谓撅者不恭也。"简直将揭衣与裸身等量齐观了[③]。

因此，在汉代人的日常生活中或可不着这类袴。《后汉书·吴良传》李注引《东观记》："良时跪曰：'……盗贼未尽，人庶困乏，今良曹掾，尚无绔。'（王）望曰：'议曹惰窳，自无绔，宁足为不家给人足邪？'"《北堂书钞》卷一二九引《东观记》："（黄）香躬亲勤苦，尽心供养，冬无袴、被，而亲极滋味。"又《后汉书·廉范传》说，廉范治成都，改革积弊，"百姓为便，乃歌之曰：'廉叔度，来何暮。不禁火，民安作。平生无襦今五袴'"。成都人以着袴相夸，可见"胫衣"式之袴当时尚非衣着中绝对必备之物。

但在着短装时，则须穿另一种两裆缝合的合裆袴，即《汉书·上官皇后传》所称之"穷袴"。在西汉的空心砖上已出现着短襦与短合裆袴的武士（图60-3）。但在更多的场合中，武士皆着长袴。长袴又名大袴。《汉书·广川惠王越传》说："其殿门有成庆画，短衣，大绔，长剑。"在汉画像石上见到的大袴常与长襦相配合（图60-4）。

就社会风习而言，汉代人更重视长衣。汉代的长衣一般不开衩口，行步不甚方便，所以武士又有短后衣。《庄子·说剑篇》："吾王所见唯剑士，蓬头突鬓，冠曼胡之缨，短后之衣，瞋目而语难，王乃悦之。"营城子汉墓壁画中之门卒，其衣前襟长而后襟短，当即短后衣（图60-5）。也有不将前、后襟作出如此明显的差别，但在衣襟下部剪出若干三角形缺口，如江苏铜山安乐村画像石中的持戟者及望都2号墓所出石骑俑所着者，可名为剪襟衣。

采用短后、剪襟等措施的长衣或半长衣，虽穿着时行动可较为便利，但衣袖之胡仍颇拖沓。《礼记·深衣》："袂圜以应规。"郑注："谓胡下也。"《说文·肉部》："胡，牛颔垂也。"《诗·狼跋》集传："胡，（狼）颔下悬肉也。"引申之，凡物呈弧形下垂者皆谓胡。古人衣袖褒博，肘部有垂胡，甚至穿长袴的武士之衣也是如此（图60-4）。为了改进这一部分，东汉时乃出现褠衣。《释名·释衣服》："褠，禅衣之无胡者也。言袖夹直，形如沟也。"其状如图60-6。

至于正规军，还要在衣外增加徽识。《说文·衣部》说："卒，衣有题识者。"《诗·六月》："织文鸟章。"郑笺："织，徽织也。……将帅以下衣皆着焉。"徽的正字当作徽。《说文·巾部》："徽，徽识也，以绛徽帛着于背。……《春秋传》曰：'扬徽者公徒。'若今救火衣然也。"《战国策·齐策》记秦、齐交战，齐将章子命齐军"变其徽章，以杂秦军。"则徽章用于识别部伍。青海大通上孙家寨汉简中也有"〔将异〕其旗，卒异其徽"之语④。咸阳杨家湾西汉大墓陪葬坑出土陶士卒俑背后所系长方形标志，就是一种徽（图60-8）。除此形之徽外，这批陶俑中还有在肩上披以带尖角的幡状物者，应是另一种徽（图60-7）。《文选·东京赋》："戎士介而扬挥。"薛注："挥为肩上绛帜，如燕尾者也。"挥即徽之借字。《西京赋》："跳丸剑之挥霍。"唐写本挥字作徽，可证。此物又可称为幡。《续汉书·舆服志》说："宫殿门吏，仆射……负

图版60

犊鼻裈

60-1

合裆裈

60-2

短襦袴

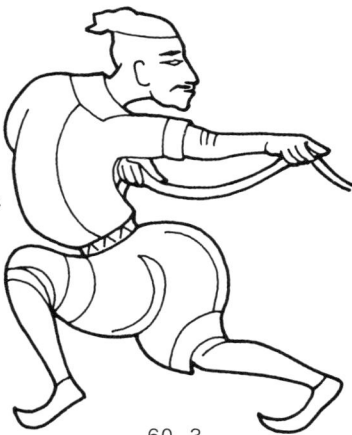

60-3

长襦大袴

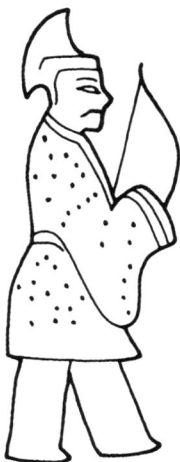

60-4

短后衣

60-5

褠衣

60-6

负幡者

60-7

佩章者

60-8

负羽者（背后仅存插羽之底座）

60-9

持弓箭的负羽者

60-10

赤幡，青翅燕尾，诸仆射幡皆如之。"上举陶俑所披之物，尖角参差，正如鸟翅燕尾之状，可见这是一种幡状徽帜。

此外，还有在背后插羽毛以充徽识的。《国语·晋语》："被羽先升。"韦注："羽，鸟羽，系于背，若今军将负毦矣。"毦即"毛饰"（《玄应音义》卷二引《通俗文》），亦即羽饰。《尉缭子·经卒令》："左军苍旗，卒戴苍羽；右军白旗，卒戴白羽；中军黄旗，卒戴黄羽。"《韩诗外传》卷九之一五："孔子喟然叹曰：'二三子各言尔志，予将览焉。由，尔何如？'对曰：'得白羽如月，赤羽如日，……使将而攻之，惟由为能。'"其所谓白羽、赤羽，即指负此二色羽毛的部伍。负羽之制亦见于汉代。扬雄《羽猎赋》："贲育之伦，蒙盾负羽……者以万计。"《汉书·王莽传》："五威将乘乾文车，驾坤六马，背负鷩鸟之毛，服饰甚伟。"可证。上述咸阳杨家湾陶俑所佩之章，有的是一薄片，也有的呈扁盒状，顶部封闭，仅留下四个小圆孔，或即插羽之基座。徐州狮子山西汉兵马俑坑中出土的戴武弁陶俑，有的也背着这类长方形盒状插座（图60-9），但略宽大些。有人以为它是箭箙，不确。河南郑州出土的汉代画像砖上，一背负此种盒状插座的武士正在射箭，盒中伸出之竖起物的高度与所射之箭的长短不成比例（图60-10），故盒中之物应是所负之羽毦。

注释

① 此"两"字即《说文·糸部》训"履两枚也"之"緉"。《网部》"两"字表示两枚黄钟律管中所容黍粒（2400粒，合24铢）的重量，指斤两之两。

② 匡远滢：《四川宜宾市翠屏村汉墓清理简报》，《考古通讯》1957年第3期。

③ 参看尚秉和：《裤子考》，《国闻周报》10卷33期，1933年。

④ 国家文物局古文献研究室大通上孙家寨汉简整理小组：《大通上孙家寨汉简释文》，《文物》1981年第2期。

六一、服饰 Ⅳ

深衣，袍，襜褕

我国西周时代，贵族的服装不外乎冠冕衣裳。所谓衣裳，指上衣下裳，是一种上下身不相连属的服制。至战国时，一种新式的、将上衣下裳连在一起的服装开始流行，称为深衣。《礼记·深衣篇》郑注："深衣，连衣裳而纯之以采者。"孔疏："以余服上衣下裳不相连，此深衣衣裳相连，被体深邃，故谓之深衣。"《深衣篇》把这种服装的形制与用途说得很详细："深衣盖有制度，以应规矩绳权衡。短毋见肤，长毋被土，续衽钩边，要缝半下。"并说这种衣服"可以为文，可以为武，可以摈相，可以治军旅，完且弗费，善衣之次也。"可是到了隋唐以后，它已经名存实亡，及至清代，考据家接触到古文献中的深衣问题时，对所谓"续衽钩边"的裁制法已难以理解。清·江永在《深衣考误》一书中，认为"续衽钩边"不过是在衣内掩一小襟而已。依江氏的图解，它简直和清代长衫中的小襟差不多，而与战国两汉之深衣的形制则相去已远。

按《深衣篇》郑注："续犹属也，衽在裳旁者也。属连之，不殊裳前后也。钩读如'鸟喙必钩'之钩，钩边若今曲裾也。"孔疏："今深衣，裳一旁则连之相着，一旁则有曲裾掩之，与相连无异，故云'属连之不殊裳前后也。'……郑以后汉时裳有曲裾，故以'续衽钩边'似汉时曲裾，……是今朝服之曲裾也。"可见对于深衣的形制说来，关键是先弄清楚何谓曲裾。

至清代中叶，任大椿在《深衣释例》中提出新说："按在旁曰衽。在旁之衽，前后属连曰续衽。右旁之衽不能属连，前后两开，必露里衣，恐近于亵。故别以一幅布裁为曲裾，而属于右后衿，反屈之向前，如鸟喙之句曲，以掩其里衣。而右前衽即交乎其上，于覆体更为完密。"任氏的说法很有见地，他指出深衣用曲裾交掩，这同实际情况是相当接近的。唯任氏说曲裾反屈向前，则不确。因为着衣时裾当在背后。《方言》卷四郭注："裾，衣后裾也。"《释名·释衣服》："裾，倨也。……亦言在后，常见踞也。"马王堆1号墓出土之深衣的曲裾，穿着时掩到左侧身后（图61-5），是其证。

深衣为什么要斜裁出曲裾来掩于身后呢？这是因为汉代的长衣一般不开衩口，而且如前所述，当时的袴多为胫衣，护体不严密；既不开衩口，又要便于举步，还要使其不甚完善的内衣不致外露，所以就采用了这种用曲裾拥掩的形式。不过从湖北云梦大坟头6号西汉墓所出男女木俑的深衣看来，男式深衣的曲裾只略向后斜掩，延伸得并不长（图61-1）；而女式深衣的曲裾却向后缠绕数层（图61-2），较男式为繁复。更讲究的深衣则采用交输裁。《汉书·江充传》说："充衣纱縠禅衣，曲裾，后垂交输。"颜注："如淳曰：'交输割正幅，使一头狭若燕尾，垂之两旁，见于后。是《礼记·深衣》续衽钩边。贾逵谓之衣圭。'苏林曰：'交输如今新妇袍上挂，全幅角割，名曰交输裁也。'"《释名·释衣服》也说："妇人上服曰挂，其下垂者，上广下狭，如刀圭也。"沂南画像石中的冕服人物与徐州米山汉墓出土陶女俑所着深衣，都在长衣之下垂有由于交输裁而形成的两个尖角（图61-3、4），即所谓燕尾或衣圭[①]。

但是，施曲裾的深衣较费缯帛。依据马王堆1号墓所出实物进行模拟剪裁的结果，制作一件曲裾的深衣所用之帛比直裾长衣多40%[②]。因此，至东汉时深衣遂逐渐为袍所取代。

先秦时所谓袍，是指内衣。《周礼·玉府》郑注："燕衣服者，巾絮、寝衣、袍襗之属。"《论语·乡党》："红紫不以为亵服。"皇侃疏引郑注："亵服，袍、襗。"《诗·无衣》之"与子同袍"，"与子同泽"，亦用此义。东汉则以袍为外衣。《释名·释衣服》："袍，丈夫着，下至跗者也。袍，苞也；苞，内衣也。妇人以绛作衣裳，上下连，四起施缘，亦曰袍，义亦然也。"《续汉书·舆服志》："袍者，或曰周公抱成王宴居，故施袍。《礼记》：'孔子衣逢掖之衣。'逢掖，其袖合而缝大之，近今袍者也。今下至贱更小史，皆通制袍。"所谓"逢掖"之衣，指大袖的禅衣（见《礼记·儒行篇》郑注）。它又被称作"缝衣"（《庄子·盗跖篇》）。《墨子·公孟篇》则称之为："绛衣博袍。"因知东汉时作为外衣之袍，应是一种宽大的长衣。在画像石中，可以见到着袍者的形像（图61-6）。

与袍相近，但更加宽大的长衣名襜褕。它也是直裾的。《说文·衣部》："直裾谓之襜褕。"《急就篇》及《汉书·外戚恩泽侯表》、《隽不疑传》颜注之说并同。《方言》卷四："襜褕，江淮南楚谓之襌襦，自关而西谓之襜褕。"襌襦在《小尔雅》中作童容。《诗·氓》郑笺："帷裳，童容也。"《后汉书·刘盆子传》李注："帷谓之襜，亦谓之童容。"则童容是根据其宽博而下垂的形状得名。《释名·释衣服》："襜褕，言其襜襜宏裕也。"用意并同。襜褕在西汉时已经出现，但当时还不被认为是正式的礼

图版61

男子的深衣

61-1

交输裁的深衣

出土的深衣

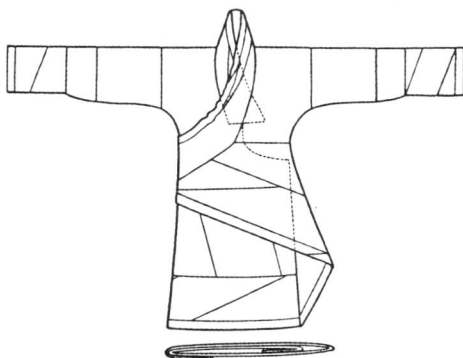

妇女的深衣

61-2

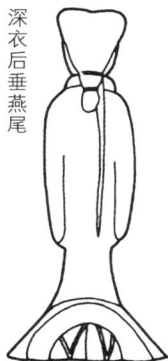

深衣后垂燕尾

61-3

61-4

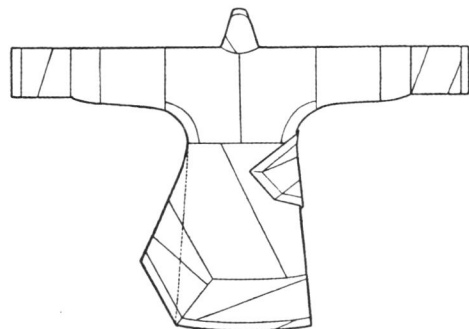

61-5

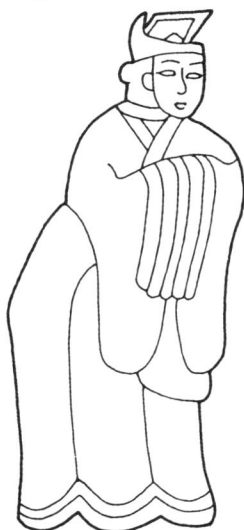

袍

61-6

男子的襜褕

61-7

妇女的襜褕

61-8

服。《史记·武安侯列传》说田恬"衣襜褕入宫，不敬。"索隐："谓非正朝衣，若妇人服也。"但到了东汉初，耿纯"与从昆弟䜣、宿、植共率宗族宾客二千余人"奉迎刘秀时，"皆衣缣襜褕、绛衣"（《后汉书·耿纯传》及李注），可见这时对襜褕的看法已不同于西汉。《东观汉记》："段颎灭羌，诏赐钱十万、七尺绛襜褕一领"（《御览》卷六九三引），更视之为一种高贵的服装。河南密县打虎亭东汉墓画像石中的人物，服装特别宽大，或即襜褕（图61-7、8）。

注释

① 孙机：《深衣与楚服》，《考古与文物》1982年第1期。
② 《长沙马王堆一号汉墓》上集，第68页，文物出版社，1973年。

六二、服饰 V

袿衣，妇女发式，首饰

《释名·释衣服》说："妇人上服曰袿。"所谓上服，并非指上衣，而当如毕沅疏证的解释："上服，上等之服也。"战国时袿衣已是妇女的盛装，宋玉《神女赋》中便有"振绣衣，被袿裳"之句。汉代则更加踵事增华。袿衣本作圭衣。《周礼·内司服》郑注："今世有圭衣者，盖三翟之遗俗。"三翟是王后的礼服，装饰自应较繁复，只是由于缺乏实例，尚不知其详。但袿衣的特点是衣上饰有裗（见《尔雅·释器》）。邢疏谓裗是"以缯为缘饰"。更具体地说，这类缘饰又分两种，即傅毅《舞赋》"华袿飞髾而杂纤罗"句中提到的髾与纤。纤又作襳。《文选·子工赋》："蜚襳垂髾。"李注："司马彪曰：'襳，袿饰也。髾，燕尾也。'善曰：'襳与燕尾，皆妇人袿衣之饰也。'"与图像材料相对照，袿衣之饰：一种是刀圭状的燕尾，另一种是长飘带即襳。画像砖、石中的舞伎常着袿衣（图62-29、30），不过襳与髾未并见于同一画面。但袿衣至南北朝时依然风行。《宋书·义恭传》："舞伎正冬着袿衣。"在这时的图像中，如宋摹顾恺之《列女传图》及大同司马金龙墓所出漆屏风上的贵妇人，袿衣的燕尾与飘带就都表现得很清楚，形制仍源自汉代。

至于妇女的发髻，图62—29、30中的两名舞伎，梳的都是高髻，但在成都扬子山2号墓出土的画像砖上还有双髻的舞伎，应是少女的发型。在画像石中，双髻有时向左右分开（图62-19）。成年妇女一般梳椎髻。《后汉书·梁鸿传》说孟光"为椎髻，着布衣，操作而前"。椎髻的式样应如《汉书·陆贾传》颜注所说："一撮之髻，其形如椎。"又《后汉书·度尚传》李注："椎，独髻也。"这种槌子状的单个的髻，在汉代的女俑中不乏其例。椎髻多垂至肩背（图62-20）。《楚辞·招魂》："长发曼鬋，艳陆离些。"王注："言美人长发工结，鬓鬋滑泽，其状艳美。"盖自战国以来，妇女的发式已以拖垂为尚。但也有将髻绾于脑后的（图62-21）。这种髻式不知其名，姑称之为圆髻。椎髻可以结扎而成，圆髻则须用簪。簪又名笄。《仪礼·士昏礼》郑注："笄，今时簪也。"笄用于结发，如《周礼·追师》郑注："笄，卷发者。"亦用于持冠，如《释名·释首饰》："笄，系也，所以系冠，使不坠也。"因知笄有两种。《仪礼·士丧礼》贾疏："凡笄有二种：一是安发之笄，男子、妇人俱有。……一是为冠笄、皮弁笄、爵弁笄，唯男子有，妇人无也。"结发的笄短，《士丧礼》："髺笄用桑，长四寸，缫中。"郑注："长四寸，不冠故也。"对于绾髻说来，四寸已经敷用，所以直到唐代，章孝标《答友人惠牙簪》诗仍说："截得半轮月，磨成四寸霜"（《全唐诗》三函三册）。这种笄之最简单的形式为一端磨出尖头的短圆棒（图62-1），复杂的则其另一端膨大且常雕出花饰（图62-2～4）。所以《仪礼·丧服》说妇女遭父母或舅姑之丧时，"恶笄有首"，要将笄首折去，以表示居丧期间不事妆饰。还有一种当中变细，即《士丧礼》所称"缫中"之笄（图62-5）。贾疏："缫，笄之中央以安发者，两头阔，中央狭，则于发安。"持冠的笄又名导。《释名·释首饰》："导，所以导枥鬓发，使入巾帻之里也。"服虔《通俗文》："帻导曰簪"（《御览》卷六八八引）。因为东汉时冠的下部为帻，导贯于帻中，故不能太短。吴均《续齐谐记》说："蒋潜得通犀虆（导），后被豫章王江夫人断以为钗"（《北户录》"通犀"条唐·崔龟图注引）。导既可截断以制钗，足证此物较长，但实例未见①。以素银丝弯成的双股钗在古乐浪和湖北宜都等地的东汉墓中均曾出土（图62-6）。沂南画像石与密县打虎亭画像石中的妇女，头上往往插有双股钗十余支（图61-8）。

此外，在出土物中还经常发现一种长擿。马王堆1号墓墓主之发髻上插有玳瑁质、角质（图62-8）和竹质长擿三支（图62-28）。角擿长24厘米，竹擿的长度与之相近；山东莱西岱墅西汉墓所出角擿长22厘米②，皆约合汉尺一尺。马王堆1号墓的玳瑁擿长19.5厘米，岱墅西汉墓的玳瑁擿长16厘米。《续汉书·舆服志》说：太皇太后、皇太后入庙服，"簪以瑇瑁为擿，长一尺"。又说："诸簪珥皆同制，其擿有等级焉。"马王堆与岱墅的玳瑁擿均短于一尺，可能是受等级和材料难得的限制。其角擿与竹擿皆长一尺，可见擿长大约以一尺为度。擿有齿，外形有些像窄而长的梳子，林巳奈夫称之为长栉，《长沙马王堆一号汉墓》中称之为笄③，均不确。此物不适于梳发，亦与簪笄类不尽相同。《抱朴子·备缺篇》说："擿齿则松槚不如一寸之筳，挑耳则栋梁不如鹪鹩之羽。"以擿齿与挑耳为对文，则擿齿即剔齿。因知此种长擿可用于搔发。擿又作搲。《诗·君子偕老》："象之搲也。"毛传："搲所以摘发也。"孔疏："以象骨搔首，因以为饰。"但擿不仅用于搔发，它同时还用于会发。《说文·骨部》："髊，骨擿之可会发者。"《广韵·去声十二霁》："搲，枝；整发钗也。"故所谓会发、整发，实际

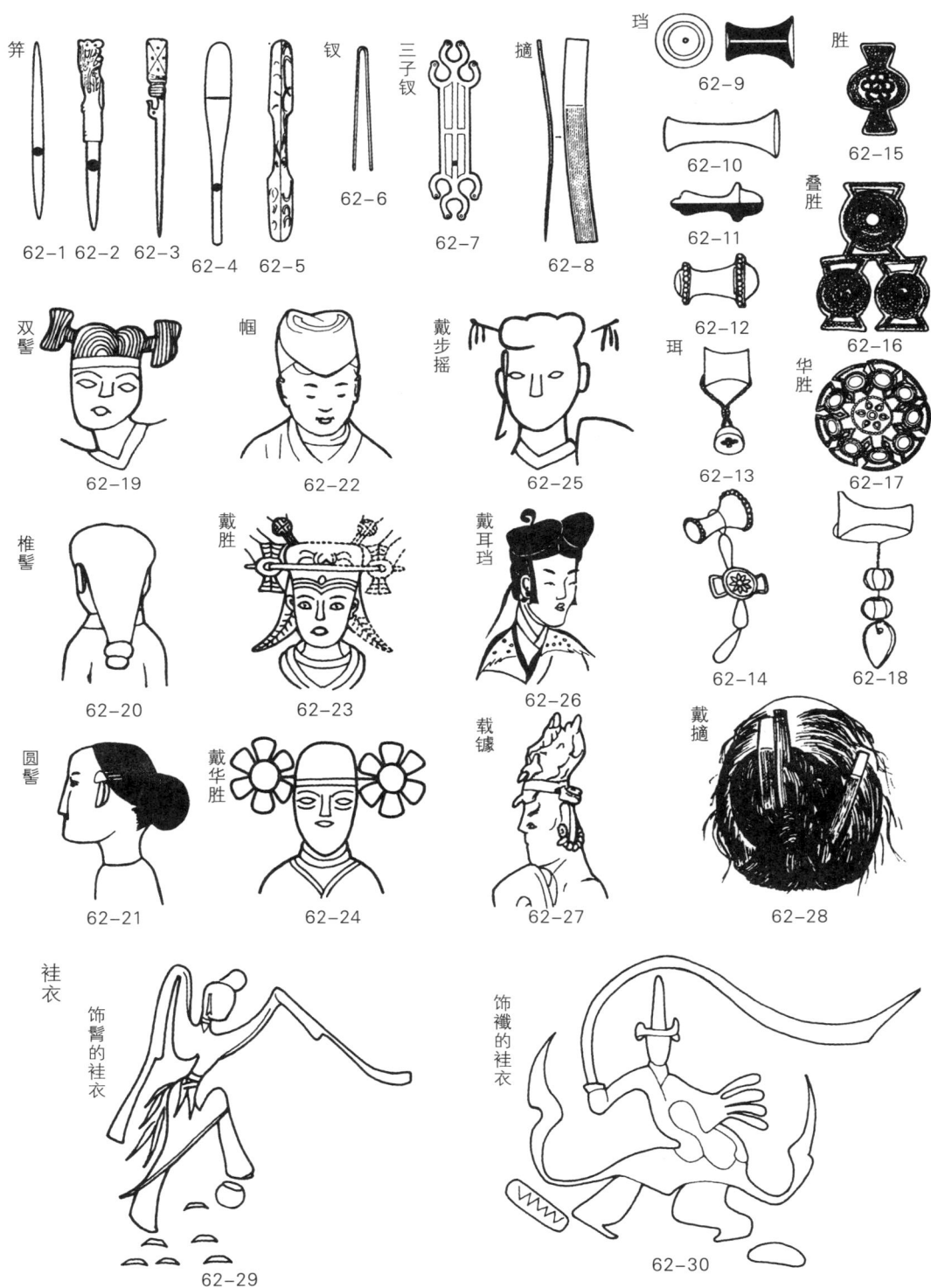

图版62

笄　　　　　　　　　钗　三子钗　摘　　　　　珰

62-1 62-2 62-3 62-4 62-5　62-6　62-7　62-8　62-9

62-10

62-11

62-12

胜

62-15

叠胜

62-16

珥　　华胜

62-13　62-17

62-14　62-18

双髻

62-19

帼

62-22

戴步摇

62-25

椎髻

62-20

戴胜

62-23

戴耳珰

62-26

圆髻

62-21

戴华胜

62-24

戴镶

62-27

戴摘

62-28

袿衣

饰髾的袿衣

62-29

饰襳的袿衣

62-30

上就是绾发、簪发。马王堆的摘正兼有上述两重功能。

在不露髻的场合中，汉代妇女多戴帼。帼又作𢄼。《释首饰》："𢄼，恢也，恢廓覆发上也。"此物即覆发的头巾。《后汉书·蔡琰传》称："赐以头巾、履、禭。"其头巾即巾帼。戴帼之状如图62—22。

汉代妇女之戴胜者（图62-23）、戴步摇者（图62-25），在形像资料中皆有实例。画像石中的西王母常戴胜，几乎成了她专用的标志。其实此物当时比较普遍。《汉书·司马相如传》颜注："胜，妇人首饰也。"则戴胜者固不限于西王母。江苏邗江汉墓曾出土金胜和金叠胜④（图62-15、16）。又《释首饰》说："华胜，华象草木华也；胜言人形容正等，一人着之则胜。蔽发前为饰也。"山东嘉祥县嘉祥村出土汉画像石上的西王母所戴之胜，像两朵六瓣花，即华胜（图62-24）。传世品中有八瓣华胜和九瓣华胜（图62-17），是将多枚胜形组合成花朵状，与《释首饰》之说正合⑤。另外还有一种三子钗，曾在烧沟1035、1037号及陕西华阴2号等东汉墓中出土（图62-7）。《金石索》将它误认为是一种货币，上世纪50年代中又以为它是砚台的附属品。但此物多出于女性头骨上部，山东临沂西张官庄出土画像石上的人首灵怪亦戴此种钗，为其确证。它的戴法与胜相似，殆即崔瑗《三子钗铭》所称之"三珠横钗"（《艺文类聚》卷七〇引）。又《江表传》说："魏文帝遣使于吴，求玳瑁三点钗"（《御览》卷七一八引）。所谓三点钗亦应指此物⑥。

汉代妇女还戴耳珰。这时的珰多作腰鼓形，唯一端较粗，且常凸起呈半球状（图62-9~12）。戴的时候以细端塞入耳轮的穿孔中（图62-26），即《释首饰》所谓："穿耳施珠曰珰。"河南信阳长台关1号楚墓出土的跪坐木俑，耳轮贯有竹棒，即代表耳珰，可见战国时已戴此式珰⑦。汉代的耳珰还有在其中心钻孔穿线系坠饰的（图62-13、18），也有将坠饰横系在珰腰之中的（图62-14）。《苍颉篇》："耳珰垂珠者曰珥"（《玄应音义》卷八引）。则系坠者又可称为珥。珥上的坠饰名玑。《史记·李斯列传》："傅玑之珥。"索隐："傅玑者，以玑傅著于珥。"汉墓中曾发现过从珥上脱下的珠玑类坠饰。还有一种环状耳饰，见于广州所出陶舞俑（图62-27）。这种耳饰与长沙树木岭1号楚墓中所出铜匕首柄上的人物所戴者相似⑧。云南古滇国墓以至越南东山文化的遗物中，都曾发现戴这类环状耳饰的人像⑨。它应是流行于西南和南方各民族中的耳玦。《山海经·中山经》："穿耳以镰。"《魏都赋》："镰耳之杰。"均提到此物。《说文·玉部》新附字："璩，环属。"解释得也很得要领。

注释

① 《历代帝王图卷》所绘古帝王，其戴冕者，多用一长簪固冕，忖其长度不下尺余，可能就是导。《抱朴子·登涉篇》说："通天犀……以其角为导，毒药为汤，以此道（与'导'通。《太平广记》卷一一引《神仙传·左慈》：'是时天寒，温酒尚热，慈拔道簪以挠酒。'可以为证）搅之，皆生白沫涌起，则了无复势也。"宋·罗愿：《尔雅翼》卷一八"犀"条袭用其说，但作"以此角为箸"，则又可证导之状与箸相近。

② 烟台地区文物管理组、莱西县文化馆：《山东莱西县岱墅西汉木椁墓》，《文物》1980年第12期。

③ 《汉代の文物》第87～88页。《长沙马王堆一号汉墓》上集，第28页。

④ 黎忠义：《甘泉二号汉墓出土的金胜》，《文博通讯》1982年第3期。

⑤ 山东省博物馆等：《山东汉画像石选集》第194图，齐鲁书社，1982年。关善明、孙机：《中国古代金饰》第111图，沐文堂，2003年。

⑥ 孙机：《三子钗与九子铃》，《文物天地》1987年第6期。

⑦ 河南省文物研究所：《信阳楚墓》第59页，文物出版社，1986年。

⑧ 见本书第五篇注⑤所揭文。

⑨ 冯汉骥：《云南晋宁石寨山出土铜器研究》，《考古》1961年第9期。黎文兰、范文耿、阮灵：《越南青铜时代的第一批遗迹》，河内，1963年。

六三、服饰 VI

绶，佩剑

汉代官服上用以区别官阶高下的标志，最显著的是绶（图63-2）。进贤冠的梁数虽然也有划分尊卑的意义，但远不如绶的等级严密。就社会观念而言，绶几乎成为权力和地位的象征。新莽末年，商人杜吴在渐台杀死王莽后，仅解去王莽之绶，而未割去王莽之头。可见在杜吴的心目中，王莽之绶似较日后高悬宛市、久藏武库之王莽头更为重要，正代表了当时一般市井居民的看法。

《汉官仪》说："绶者，有所承受也，长一丈二尺。""旧用赤韦，示不忘古也，秦汉易之为丝"（《北堂书钞》卷二三一引）。可知汉代的绶是丝织物。绶分紫、青、墨、黄四色。紫绶之上或用绿绶，亦称綟绶。东汉光武以后，以绶之长短相区别：皇帝的绶长二丈九尺九寸，诸侯王绶长二丈一尺，公、侯、将军绶长一丈七尺，以下各有等差（《续汉书·舆服志》）。它是用来系印的。马王堆1号汉墓所出"妾辛追"蜜印，印钮系有长丝带（图63-7），虽然比真正的绶细小简陋，但却是它的代表。《晋书·山涛传》："策赐司徒蜜印、紫绶。"《宋书·礼志》："进皇帝蜜玺绶。"可见连用明器蜜印时，也随以绶。汉代的官员平时将印装在腰侧的鞶囊中，而将绶垂于腹前，也有时连绶一并放在囊中。《隋书·礼仪志》："古佩印，皆贮悬之，故有囊称，或带于旁。"《晋书·舆服志》："汉世着鞶囊者，侧在腰间，或谓之旁囊，或谓之绶囊。然则以紫囊盛绶也。或盛或散，各有其时。"班固《与弟书》中称此种囊为"虎头金鞶囊"（《御览》卷六八八引）；又在《与窦宪笺》中称之为"虎头绣鞶囊"（《御览》卷四七八引）。这种绣有虎头的鞶囊见于沂南画像石，囊旁还露出一段折起的绶（图63-6）。但如果把印和绶都塞在囊里，那就难以识别佩带者的身分了。《汉书·朱买臣传》说他拜为会稽太守后，"衣故衣，怀其印绶，步归郡邸。直上计时，会稽吏方相与群饮，不视买臣。买臣入室中，守邸与共食。食且饱，少见其绶，守邸怪之，前引其绶，视其

图版63

授绶图

册临媵女鍾离春

帝王

63-1

佩绶

63-2

佩三绶者

63-3

施环之绶

63-4

63-5

鞶囊

63-6

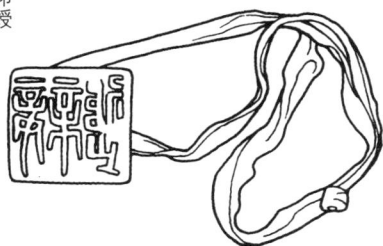

印绶

63-7

剑钩

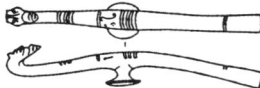

63-8　　63-9

带钩

63-10

佩剑方式

63-11

印，'会稽太守章'也。"群吏于是大惊，挤在中庭拜谒。将印绶显露出来以后，原先被视为平民的朱买臣，一下子就被认识到是一位威风凛凛的高官。

汉代所设之官必有官印，一印则随一绶。《汉书·酷吏传》记汉武帝敕责杨仆说："（将军）请乘传行塞，因用归家，怀银、黄，垂三组，夸乡里。"颜注："银，银印也；黄，金印也。仆为主爵都尉，又为楼船将军，并将梁侯；三印故三组也。组，印绶也。"同书《金日磾传》说："日磾两子：赏、建，均侍中，与昭帝略同年，共卧起。赏为奉车；建，驸马都尉。及赏嗣侯，佩两绶。上谓霍将军曰：'金氏兄弟两人，不可使俱两绶邪？'光对曰：'赏自嗣父为侯耳。'上笑曰：'侯不在我与将军乎？'光曰：'先帝之约，有功乃得封侯。'"在武氏祠画像石中，可以看到垂两绶或三绶的人物（图63-3）。由于重视印绶，所以对借用印绶和丢失印绶的处分极重。《后汉书·桓帝纪》建和元年诏："若有擅相假印绶者，与杀人同，弃市论。"《御览》卷二〇一引《东观汉记》："夕阳侯邢崇孙之为贼所盗，亡印绶，国除。"

汉绶的织法依《续汉书·舆服志》说："凡先合单纺为一系（糸），四系（糸）为一扶，五扶为一首，五首成一文，文采淳为一圭。首多者系（糸）细，少者系（糸）粗。皆广尺六寸"[①]。首指经缕而言。《说文·糸部》"绗"字下引《汉律》："绮丝数谓之绗，布谓之总（即缥、升），绶谓之首。"一首合20糸，皇帝的绶有500首，计10000糸。绶的幅宽为1.6汉尺，合36.8厘米，则每厘米有经丝271.7根。这个数字很大，因为现代普通棉布每厘米仅有经纱25.2根，所以绶的织法应为多重组织，即是包括若干层里经的提花织物。

在山东济宁武氏祠画像石的历史故事中，帝王或官员如黄帝、颛顼、帝喾、尧、舜、桀、齐桓公、管仲、吴王、秦王、韩王、蔺相如、范且等人均佩绶。禹因为戴笠执耜，作农夫打扮，故不佩绶。公孙杵臼、何馈等无官职者，虽着衣冠，亦不佩绶。特别是齐王与锺离春那一幅，故事的结局是齐王册锺离为后。画面上的齐王正将王后印绶授锺离，她则端立恭受（图63-1）。印固不易表现，绶却刻画得很清楚，其织纹与王身上所佩的绶完全一致。过去曾认为这幅画上的齐王"右袖披物如帨巾"，那是因为当时还没有把绶认出来的缘故。《隋书·礼仪志》还说有一种小双绶，"间施三玉环"。施环之绶在江苏睢宁双沟及山东曲阜窑瓦头等地出土的画像石上也能见到（图63-4、5），此类绶的出现亦不晚于东汉。

在若干隆重的场合，显贵们除佩绶外还要佩剑，即张衡《东京赋》所谓："纤皇组，腰干将。"《晋书·舆服志》说："汉制，自天子至于百官，无不佩剑。其后唯朝带剑。"西汉中期以后，虽然在战场上剑的地位已逐渐被环首刀取代，但在礼仪性的服饰构成中仍须佩剑。汉代佩剑时，由剑带穿过剑鞘正面的璏而系于腰间。剑带为革制，如《汉书·东方朔传》所说："孝文皇帝……贵为天子，富有四海。身衣弋绨，足履革舄，以韦带剑。"剑带有的与腰带合而为一，但这种佩剑法只适用于较短之剑。对于"修剑拄颐"之长剑说来（《庄子·说剑篇》），为便于拔剑，多于腰带之外另系剑带，后者可以稍稍向下拖垂，使拔剑时有活动的余地（图63-11）。尹湾《兵车器集簿》中登录的"剑带"达37616条，可见剑带是佩剑时之正式的装备。河南、安徽等地的汉墓中，贴近人架处不仅在腹部出束腰之带的带钩（图63-10），佩剑者在腰际还往往另出一种小带钩（图63-8、9），这就是剑带上所用的剑钩了。

注释

① 孙毓棠：《战国秦汉时代纺织业技术的进步》，《历史研究》1963年第3期。

六四、服饰 VII

带钩，带头，带扣，带铐

在汉代，束腰的革带起初用带钩系结，就目前所知，带钩在黄河流域最早见于山东蓬莱村里集7号西周晚期墓。到了春秋时期，各地所出铜、金、玉带钩之例已为数不少。过去曾有一种看法，认为带钩是从北方草原民族地区传入中原的，但那里发现的带钩不早于春秋末，不仅比黄河流域晚，而且数量也不多，故此说不能成为定论。特别是到了战国时代，武士多着齐膝的上衣和长袴，一般都在腰间束一条施钩的革带。始皇陵兵马俑坑所出大批陶武士的装束就是这样的。这种服式至西汉时仍无多大变化，山东诸城发现的举灯铜人的装束依然如此（图64-1）。从制作工艺上说，汉代的带钩总体而言较战国时略逊色。但由于出土的数量大，故其中亦不乏精品，而且在式样上也有所创新。

汉代带钩比较常见的式样有兽面形、曲棒形、琵琶形和各种异形钩。江苏涟水三里墩西汉墓出土的两件兽面形金带钩：一件于钩身浮雕出一大兽面，两眼嵌黑色玻璃珠（图64-5）；另一件则须倒置过来，才能看出钩身上的长耳双角兽面（图64-6）。这两件带钩的外轮廓略近琵琶形，但汉代多数琵琶形带钩之钩身还要狭长一些。江苏丹阳东汉墓出土的琵琶形银带钩，钩身有错金花纹，背面有铭文："永元十三年（101年）五月丙午日钩"（图64-3）。汉代带钩于铭文中标出"丙午"者已屡见不鲜。这是因为当时认为五月丙午为纯火精之日，利于铸带钩、镜、剑等器物。如《汉金文录》卷六著录的"永兴钩"，铭云："永兴二年（154年）五月丙午日，君一作，大吉羊。"然而正像庞朴所指出的，此年五月内并无丙午日，铭文所记，只是吉祥的套语[①]。至于永元十三年带钩，虽其年五月有丙午日，也不能排除铭文中之"五月丙午"系套用吉语。再如曲棒形带钩，汉代亦常见。河北定县中山简王墓所出曲棒形玉带钩，雕工细腻，琢磨光滑，制作颇精（图64-2）。曲棒形与琵琶形带钩战国时已广泛流行，但

图版64

用带钩系革带

64-1

蚩尤钩

64-4

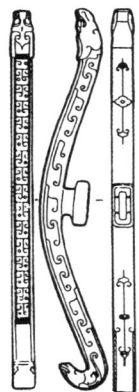

曲棒形玉带钩

64-2

琵琶形银带钩

64-3

镶玻璃珠的琵琶形金带钩

64-5

琵琶形金带钩

64-6

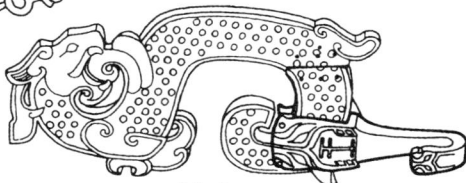

与玉饰相嵌合的金带钩

64-7

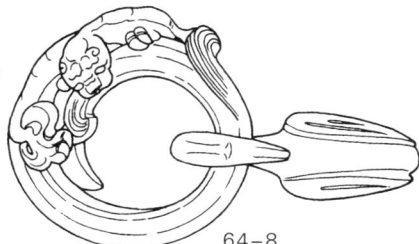

玉带钩与玉环

64-8

装带头的贝带复原图

64-9

附穿针的金带头

64-10

错金虎纹银带扣

64-13

虎纹银带扣

64-11

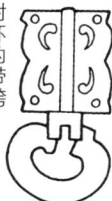

附环的带铐

64-12

其钩钮均靠近钩尾。汉代的这类带钩，钩钮上移至钩身中部或接近中部。这种变化是其断代的标志之一②。

更引人注目的是各类异形钩。四川昭化宝轮院西汉墓出土的犀形带钩③，贵州威宁中水西汉墓出土的水牛头形带钩（图111-2），造型均别开生面。广州象岗南越王墓出土的以金、玉、银、铜等多种质料制作的一批带钩，亦各擅其胜。如一件与玉饰嵌合在一起的金带钩，式样别致（图64-7）。《东观汉记》说："桓帝永兴二年（154年）光禄勋府吏舍，夜壁下忽有气，掘之得玉块，各有钩，长七寸三分，块周五寸四分，身皆有雕镂"（《御览》卷三五四引）。所记或即此类带钩，它在东汉后期已被视为珍异之物了。再如一种蚩尤形带钩，作持五兵状。美国华盛顿弗利尔美术馆所藏者，造型颇生动（图64-4）。蚩尤不仅手足均持兵器，口中亦衔利刃，一只举盾的手臂充当了钩首。河北石家庄东岗头东汉墓所出者，在蚩尤身侧还铸出四神④。我国古代有蚩尤制造兵器的传说。《世本》"蚩尤作兵"（《御览》卷二七〇引）。刘邦起兵时，"祠黄帝、祭蚩尤于沛廷"（《汉书·高帝纪》）。马严将北军、羽林，卫护南单于，"敕过武库，祭蚩尤"（《后汉书·马援传》）。可见汉代视蚩尤为主兵之神，故铸其形像于带钩，并认为服之可以辟兵。《东观汉记》："诏令赐邓遵金蚩尤辟兵钩一"（《御览》卷三五四引）。是其例。

系结时，钩首可以直接钩括在革带另一端的孔洞中，山东临沂金雀山33号汉墓出的皮腰带，带钩就是这样使用的⑤。但也可以在相当此孔洞的位置处装环，钩与环相括结。湖北江陵望山2号楚墓所出遣册之第50号简说："一玉句（钩），一睘（环）。"即指此二物。《隋书·礼仪志》说："（革带）加金镂襚、蟛蜋钩，以相拘带。"清·恽敬《说钩》："汉鞶带玉钩䩓。䩓者，钩牝也。"与带钩配套的环，正相当其所记之䩓。山西孝义张家庄14号汉墓人架腰部有铜带钩与玉环同出，广西合浦环城乡黄泥岗1号汉墓还出土了组合成套的玉带钩和玉环⑥（图64-8）。《淮南子·说林》称："满堂之坐，视钩各异，于环、带一也。"也表明钩与环本是互相配合的带具。

带钩在中原地区的流行虽然可能与北方草原民族并无直接关系，但是匈奴人的一种带具，即班固《与窦将军笺》所称"犀毗金头带"之"带头"，却在西汉初年已传入内地。这种带头为长方牌形，表面有花纹，以两枚为一组，装在革带两端，用缝在两端的两根细皮条互相打结。而与此同时或稍早，出现了在其中一件的内侧开一个孔的作法。这样，就可以从一侧只用一条细带穿过对面之带头上的孔，再绕回来拴紧。这类带头在广州象岗南越王墓、河北满城中山王墓、江苏徐州狮子山楚王墓、安徽阜阳汝阴侯墓、湖南长沙曹𡠉墓、江苏扬州"妾莫书"墓以及广西平乐银山岭汉墓等著名的大墓中多次出土[7]。南越王墓所出者，有用浅蓝色平板玻璃镶嵌在鎏金铜框中制成的带头，其带鞓上饰以浅蓝色玻璃贝和鎏金铜泡、金花泡、银泡组成的菱形图案，即所谓贝带[8]（图64-9）。经化验，带上的玻璃件均为铅钡玻璃，表明为我国自制。徐州狮子山所出者，不仅两枚金带头上所铸双熊噬马纹生动可观，且附有金穿针；将它固定在细带末端，可以更顺利地通过带头上那不大的穿孔（图64-10）。然而尽管作了上述种种改进，使用带头仍远不如用带扣方便。

带扣的出现则明显地受到匈奴带镝的影响（关于带镝的形制见本书第一〇八篇）。但带镝的舌是固定的，内地起初仿带镝制成的、用作马具的带扣，其扣针也是固定的。始皇陵2号兵马俑坑T12出土的陶鞍马腹带上的带扣，是我国已知最早的装活动扣针之带扣的形象。不过作马具用的带扣较小，满城2号西汉墓车马器中的带扣长仅2.6厘米，而满城1号墓中室出土的银带扣长4.65厘米，云南晋宁石寨山7号西汉墓出土的错金虎纹银带扣长10.1厘米（图64-13），这类大带扣就是腰带上使用的了。值得注意的是它们的外轮廓都呈前圆后方形；扣针较短，穿腰带的孔呈扁弧形，这是汉代腰带带扣所一贯保持的特点。古乐浪及新疆焉耆博格达沁古城出土的东汉龙纹金带扣（图95-7），虽极为豪华富丽，其造型却仍然遵循这一格式。洛阳东关夹马营路东汉墓所出与台北故宫博物院所藏之玉带扣也是如此。过去曾经认为石寨山银带扣上的虎纹是"古希腊的所谓'亚述式翼兽'"，甚至推测此带扣是"经波斯、大夏而输入西南夷"的物品。其实此扣上之虎的造型，与平壤贞柏洞37号古乐浪墓所出银带扣上的虎纹基本一致（图64-11），纯然是汉地的作风，与西方并无关系。

施带扣的革带至晋代发展成为鞢韅带。它的特点是在带鞓上装銙，銙附环、鞢韅。后者即用以佩带什物的窄带，系在环上。附环的带銙已知之最早的一例，出土于河北定县43号东汉墓，为银质长方形小牌，两侧各有两弧相连，有四个对称的镂孔。所悬之环略近马蹄形，环孔呈弧底的"凸"字形（图64-12）。这种銙的形制虽较特殊，然而从2世纪末直到4世纪，却几乎没有多大变化。由于它主要流行于晋代，故多称之为晋式带銙。所以，就定县43号墓的出土物而论，可以说，它的触角已经伸展到下一个时代的边缘上了[9]。

注释

① 庞朴：《 "五月丙午"与"正月丁亥" 》，《文物》1979年第6期。

② 王仁湘：《带钩概论》，《考古学报》1985年第3期。

③ 冯汉骥等：《四川古代的船棺葬》，《考古学报》1958年第2期。

④ 王海航：《石家庄市东岗头村发现汉墓》，《考古》1965年第12期。

⑤ 临沂市博物馆：《山东临沂金雀山九座汉代墓葬》，《文物》1989年第1期。

⑥ 山西省文物管理委员会、山西省考古研究所：《山西孝义张家庄汉墓发掘记》，《考古》1960年第7期。合浦所出者为广西合浦县博物馆藏品。

⑦ 见《西汉南越王墓》上册，第166、225页。《满城汉墓发掘报告》上册，第142页。《徐州狮子山西汉楚王陵发掘简报》，《文物》1998年第8期。《阜阳双古堆西汉汝阴侯墓发掘简报》，《文物》1978年第8期。《长沙咸家湖西汉曹㜗墓》，《文物》1979年第3期。《扬州西汉"妾莫书"木椁墓》，《文物》1980年第12期。《平乐银山岭汉墓》，《考古学报》1978年第4期。

⑧ 左骏：《浅谈"贝带"》，《中国历史文物》2006年第6期。

⑨ 孙机：《中国古代的带具》，载《中国古舆服论丛》（增订本），文物出版社，2001年。

六五、服饰 Ⅷ

履，舄，屦，靴，鞮，屩，行縢，袜，褰

在正式场合中，汉代士人应着履。《释名·释衣服》说："履，礼也，饰足以为礼也。"履可以制作得很讲究。《晏子春秋·内篇谏下》说："景公为履，黄金之綦，饰以银，连以珠；良玉之绚，其长尺。"《尔雅·释天》郭注："用綦组饰旒之边。"则綦是边饰。日本正仓院所藏后太上（圣武）天皇（724—738年）礼履，以赤皮为表，白皮为里，黄金押缝，饰以嵌珍珠之银花[①]，与景公之履或有某些相近之处。等级较低的履虽不用金綦，但也以有花纹的布帛缘边。《广雅·释器》说：履"其缘谓之无缲。""无缲，綵也。"无缲亦作无极。《后汉书·马援传》李注引何承天《纂文》："都致、错履、无极，皆布名。"履也可以用绦带缘边。《汉书·贾谊传》："丝履偏诸缘。"颜注引服虔云："加牙绦以作履缘也。"《说文·糸部》也说："绦，扁绪也。"马王堆1号墓所出遣册之第261号简所记"青丝履一两，扁楮（绪）掾（缘）"，可与出土实物相对照。此墓之青丝履今呈菜绿色，履面用丝缕编织而成。方口，口沿前部缘宽边，扁绪或指这一部分而言。履底则用麻线编结而成（图65-1）。这双丝履的头部翘起两尖角，其名为绚。《仪礼·士冠礼》郑注："绚之言拘也，以为行戒，状如刀衣鼻。"《汉书·王莽传》"句履"，颜注引孟康曰："今齐杞履舄头饰也，出履二寸。"刀衣鼻即刀剑鞘上的璏（图35-5），其端上卷，侧视作⌒状，正与履绚相似。马王堆1号墓的青丝履，且与江陵凤凰山168号西汉墓所出麻履的式样相同（图65-2）。后者的底部有磨损痕迹，当为墓主生前实用之物。

履的底并不太厚，厚底的则为舄。《方言》卷四："中有木者谓之复舄。"《释名·释衣服》："复下曰舄。舄，腊也。行礼久立，地或泥湿，故复其下使干腊也。"乐浪彩箧冢出土的东汉革舄，外涂黑漆，底很厚，内装木楦，楦当中有凹槽，当时应在里面填以松软之物（图65-5）。湖北云梦大坟头1号汉墓出土木屐及居延A33地湾出

土汉简（100·23）所记之"漆履"，或即漆舄。武氏祠画像石中一持节之使臣穿的
也是舄，其隆重的服饰显示出他正在从事庄严的使命（图39-2）。但舄的底子太厚，
行走时会不太便利，沂南画像石墓中室西壁刻出的舞剑者，竟将舄脱置一旁，或即基
于这种原因[2]。

　　汉代人有时将履称作屦，但大多数所谓屦除底子较薄外，式样与舄相近。《周
礼·屦人》郑注："复下曰舄，禅下曰屦。"舄如彩箧冢所出之例，前端无约；屦也没有
约。《礼记·曲礼》郑注："鞮屦，无约之菲也。"可证。屦常用多股的粗线编成。《荀
子·富国篇》说："布衣紃屦之士。"杨注："紃，绦也。谓编麻为之，粗绳之屦也。"新
疆古楼兰遗址的一座汉墓中，出土了一双用红、绿、淡黄等色毛线编的屦，圆口，无
约，口前沿的屦面上编出一条醒目的花边，其位置正与马王堆1号墓之青丝履上的扁
绪缘相当。这是一双不同于履的屦（图65-9）。

　　骑马时，最适宜穿高筒靴。《释名·释衣服》说："靴，跨也，两足各以一跨骑也。
本胡服，赵武灵王服之。"靴最先在欧亚大草原地区的游牧族中出现，它是和胡服一道
传入中原的。故《释名》之说不为无据。在汉代遗物中，长筒靴仅于咸阳杨家湾所出军官
俑上一见（图65-8）。

　　至于汉代陶俑经常穿的扁头方口鞋，应为革制的鞜。《急就篇》颜注："鞜，生革
之履也。"其实物曾在长沙楚墓出土[3]。山西阳高汉墓所出者，式样稍有变化。河北
望都1号汉墓壁画中伍佰所着者，看起来更加轻便紧凑，则应为鞮（图65-7）。《急就
篇》颜注："鞮，薄革小履也。"此图中着鞮之人的小腿上还裹有行縢。《汉官仪》说：
"鼓吏赤帻行縢。"《诗·采菽》郑笺："邪幅如今行縢，偪束其胫，自足至膝。"它的
形状在这里反映得很清楚。

　　汉代最廉价的鞋名𧤠，式样很像现代的草鞋。《说文·艸部》："𧤠，草履也。"
《释名·释衣服》：屦"荆州人曰𧤠，麻、韦、草皆同名也"（吴志忠本）。《急就篇》
颜注："𧤠者，麻枲杂履之名也。"可见它多用麻枲结成。这种鞋的别名叫不惜。《孟
子·尽心篇》："舜视弃天下犹弃敝蹝也。"赵注："蹝，草履也。敝，喻不惜。"崔寔
《四民月令》："十月作白履、不惜"（《齐民要术·杂说篇》引）。因为它制作得粗糙，
故又名搏腊。《释名·释衣服》："齐人谓草屦曰……搏腊。搏腊……粗貌也。"搏腊
音转为薄借。《周礼·弁师》郑注中将草鞋绊称为"薄借綦"。音再转则为不借。《释
衣服》把它解释成："或曰不借，言贱易有，宜各自蓄之，不假借人也。"但"不借"这
个名称已见于《急就篇》。《齐民要术·种麻篇》引谚："五月及泽，父子不相借。"则
不借本是恒语，故不惜、不借二名，可以两存。其实物曾在居延金关出土（图65-3）。

图版65

丝履

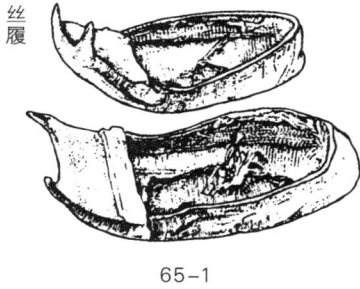

65-1

麻履

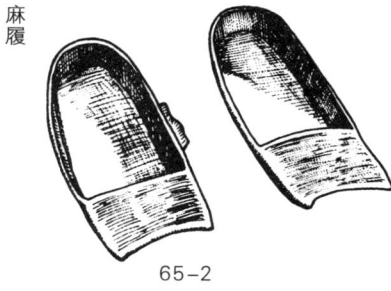

65-2

漆舄

65-5

行縢与鞮

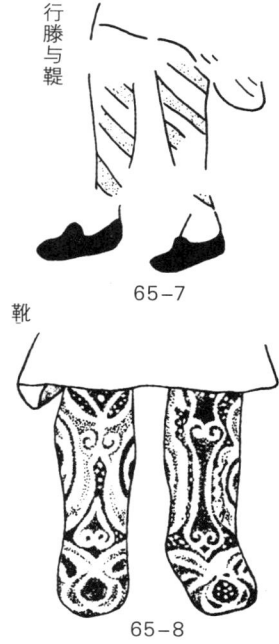

65-7

靴

65-8

鞾

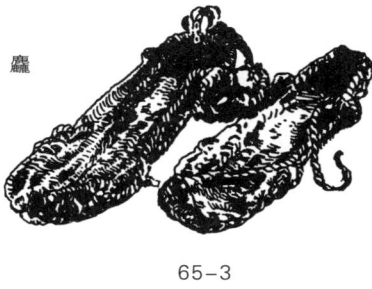

65-3

绢袜

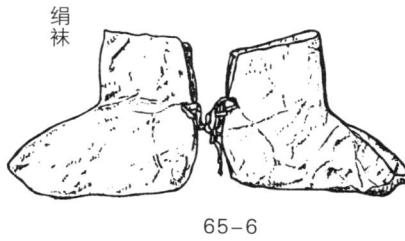

65-6

屦

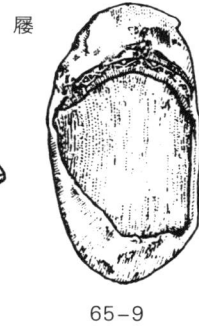

65-9

锦袜

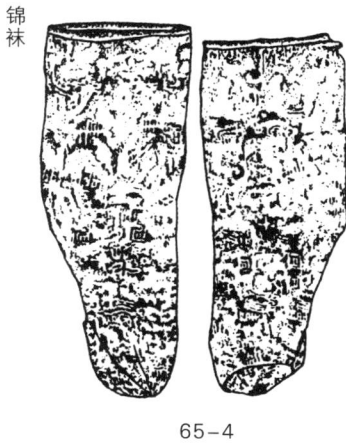

65-4

褧

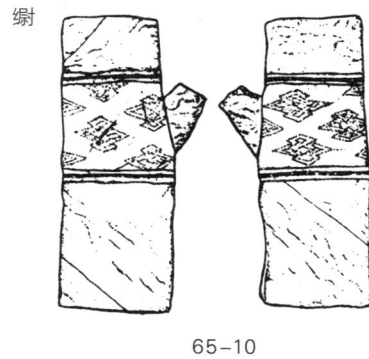

65-10

汉代于履内着袜。《释名·释衣服》："袜，末也，在脚末也。"马王堆1号墓曾出绢袜（图65-6），新疆民丰东汉墓曾出锦袜（图65-4）。汉代人入室脱履，在室内活动时一般均着袜。只有身分低微者或于极敬之所及谢罪之时，才徒跣不袜[4]。

马王堆1号墓中还出土了三副直筒露指式手套，形制大体相同。如在漆奁中发现的一副朱红色菱纹罗手套，银褐色缘，饰千金绦（图65-10）。遣册中称之为"缢（鏊）绮缲（䙝）一两，素掾（缘），千金缟（绦）飭（饬）"。则当时将这种手套称作䙝。《广雅·释器》："幠、䙝，䈽也。"《说文·巾部》："幠，载米䈽也。"《广韵·上平声十八谆》："布贮（䈽）曰幠。"则幠本是盛米的布制容器。又《说文·衣部》："䙝，衽也。"衽是衣袖。则䙝可以理解为衣袖处之布袋，故借用作手套之名。陆云《与平原书》称曹操的手套为"手衣"（《陆士龙文集》卷八）。北齐·王江妃木方所记随葬衣物中亦有"故锦手衣一具"（《陶斋藏石记》卷一三），则六朝时通称之为手衣。然而从陆云的叙述中推测，这种叫法在东汉后期应已出现了。

注释

① 审美书院编：《东瀛珠光》第6辑，第323图，东京，1926—1927年。

② 《沂南古画像石墓发掘报告》图版60。

③ 北京历史博物馆：《楚文物展览图录》第44图，北京，1954年。

④ 孙机：《洛阳金村出土银着衣人像族属考辨》，《考古》1987年第6期。

六六、盥洗器，化妆用具

先秦时代的贵族有一种特别讲究的洗手方式，称为沃盥。沃是自上浇水，盥是用水冲洗双手。自上浇水的器皿是匜，下面接水的器皿是盘。但用这种方式洗一次手，起码要两个人伺候。《礼记·内则》说："进盥，少者奉槃，长者奉水。"如果像李唐在《晋文公复国图》中所绘的沃盥者那样，则还要再加第三人奉巾，排场是相当大的。这种风习一直沿袭到汉代，汉代出土物中不仅有铜匜还有银匜（图66-1、2）。成组的铜盘匜在广州象岗、河北满城、湖北荆州高台等地区西汉墓中也曾多次出土（图66-8、9）。但同时还应注意的是，古人为什么如此重视盥手？因为这时或直接以手进食。陕西绥德出土的商代铜钺上有一个"飨"字，像二人对坐进食之形，其中一人正用手抓食物。周代也是如此，《礼记·曲礼》郑玄注中说："饭以手。"正义："古之礼，饭不用箸但用手。"安徽寿县出土的楚国铜器"盥缶（匜）鼎"，是一件可用于加温洗手水的三足匜，铭文中说它"以供藏尝"[①]。徐州狮子山楚王墓中的铜盘匜与庖厨器同出，匜流下且铸出"食官"字样[②]。传世品中还有一件铭文为"六斤二两，食官"的匜。表明匜虽然用于盥洗，但后来已被纳入广义的食器之列。再往后由于用箸的普及，至东汉时，这套器物就逐渐少见了。

但多年来，在有关汉代文物的记述中，常把一种平底、鼓腹、颈微敛、口微侈的容器称为洗，认为它就是沃盥时承水之器。可是铸造著名的朱提、堂狼"洗"的云南地区，几乎看不到匜与之伴出，说明这里当时并不用沃盥的方式洗手，因而根本不存在生产"洗"的社会需求。其实早在半个多世纪以前，徐中舒已根据安徽当涂晋墓中所出此型铜器自名为"釪"之例，认为它不是洗，而是釪即杅[③]，为盛酒浆之器，与沃盥无关。

依据铭文，这类器皿还有沐盘、沐缶和浴盆。沐盘应是洗发用的。《说文·水部》："沐，濯发也。"浴盆则应是洗澡用的。《说文》："浴，洒身也。"但满城1号汉墓所出刻铭"常浴"的铜盆，口径66厘米，高19.5厘米，铭文中记其容量为21斗；而徐州石桥西汉崖墓出土的"赵姬沐盘"，口径68.5厘米，高15.6厘米，容积与满城浴盆不相上下。长沙汤家岭西汉墓出土的"张端君沐盘"，口径64厘米，高13.5厘米，容积亦与满城浴盆接近。相反，贵州赫章8号汉墓出土的"同劳澡槃"，口径仅27厘米，显然不能用于洗澡④。可见汉代人在日常用语中对沐、浴两词的区分已不甚严格。至于像《魏武上杂物疏》中所说的"容五石铜澡盘"（《北堂书钞》卷一三五引），在出土物中还没有见过。另外，如河北定县43号东汉墓出土的铜提梁桶（图66-4），也可能在盥洗时用于供水。西安席王乡唐家寨出土的铜"元成家沐缶"（图66-5），器形与河南淅川下寺2号楚墓出土的"倗之浴缶"、1号墓出土的"孟縢姬""浴缶"器形相近。安徽寿县蔡昭侯墓与江苏徐州狮子山楚王墓出土的铜盥缶，无疑是盥洗用器，其造型乃源于楚器⑤（图66-7）。这和在凤翔秦墓出土器物组合中看到的，常与饮食器为类的秦缶的功能有别。盥洗所用糙面搓石名瓶。《说文·瓦部》："瓶，瑳垢瓦石也"⑥，其实物曾在满城1号墓出土（图66-3）。

汉代梳发时用梳和篦，它们的疏密不同。《苍颉篇》："靡者为比，粗者为梳"（《史记·匈奴列传》索隐引）。但汉墓中所出梳、篦，有时三件为一套，如山东临沂金雀山周氏墓、河北阳原三汾沟9号墓、江苏东海尹湾6号墓等西汉墓所出者⑦（图66-18~20）。其中齿数最多的一件，应即《说文》所说的篦。《竹部》："篦，取虮比也。"段注："取虮比者，比之至密者也。"《广雅·释器》："梳、枇、篦，栉也。"也依齿的疏密为序。据山东诸城杨家庄子西汉墓出土实例，其底边宽4.5-4.6厘米的梳为13齿，篦为29齿，篦为56齿。荆州高台汉墓所出之宽度皆为六厘米的梳发具，有15、52、96齿之别，显然也应分作三种。齿数极密的篦如江苏扬州东风砖瓦厂9号新莽墓所出者，底边宽6.5厘米，却有117齿⑧。然而无论三件一套或两件一套，似均可称为一具。马王堆1号墓遣册之236号简文为"疏比一具"。与出土物对照，即其五子奁中的木梳和木篦。对居延简中之"疏比一具"（41.20），亦应作这种理解。《汉书·匈奴传》之"比梳一"，则是略去具字，并非合篦、梳为一物⑨。汉代的梳子用木、角、牙、玳瑁等各种材料制作，大多作马蹄形，也有作长方形且在梳背上加雕饰的。但后一类只在山东临沂银雀山与湖北江陵凤凰山的西汉早期墓中各发现一件（图66-16）。

梳子在使用中容易垢腻，所以又用刷加以清除。汉墓中常出烟斗状的铜柄，应为梳刷之柄。古乐浪曾出土完整的梳刷（图66-11）。徐州后楼山8号西汉墓出土的鎏金铜梳刷柄末端制成挖耳勺形，一物而二用⑩。《安禄山事迹》卷上："犀角梳、篦、刷子各一。"以刷子与梳、篦连言，则唐代仍有梳刷。另一种刷的柄扁平，与梳背略相接近，这种刷似为理发时用的（图66-17）。《释名·释首饰》："刷，帅也，帅发长短皆令

图版66

铜匜

66-1

银匜

66-2

瓶
66-3

铜盥缶

66-7

梳刷
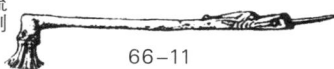
66-11

小刷　镊　　　眉笔柄

66-12　66-13　66-14　66-15

提梁桶

66-4

盘与匜

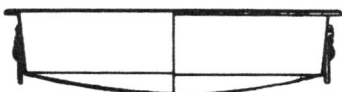
66-8、9

雕背梳
66-16

梳

66-18

比

66-19

篦

理发刷柄
66-17

66-20

沐缶

66-5

十一子方奁

66-10

九子方奁
66-21

调脂豆

66-6

九子圆奁

66-22

上从也。亦言瑟也，刷发令上瑟瑟然也。"《通俗文》也说："所以理发谓之刷"（《文选·养生论》李注引）。至于马王堆1号墓所出柄呈短棒形的小刷（图66-12），遣册中名之为茀，唐兰认为茀是䔛字的转语。《说文·艸部》："䔛，取也"（《集韵》引《字林》作刷）[11]。它的刷毛有的已被染成红色，当是施朱时所用。

我国古代妇女重视眉部的化妆，先秦文献中已屡次提到"粉白黛黑。"汉代妇女仍以黑色描眉。《淮南子·修务》："虽粉白黛黑，弗能为美者，嫫母、仳催也。"贾谊《新书·劝学篇》则称"粉白黛黑"。《说文·黑部》："黛，画眉墨也。"但在画眉之前还要拔去部分眉毛。《释名·释首饰》："黛，代也，灭眉毛去之，以此画代其处也。"拔眉的用具为镊。《释首饰》："镊，摄也，摄取发也。"汉墓中曾出土各式化妆用镊（图66-13、14）。画眉所用眉笔，广州汉墓中曾出其笔杆（图66-15）。至于研黛之砚，多为长方形薄石砚，与书写所用者没有多大区别。

以上各物平时均贮于奁中，此奁即《说文》所称"镜籢"，亦即湖北云梦大坟头西汉墓之木方中所说的"竟检"。因奁中所盛之物多属化妆品，故又可叫作妆具，即《续汉书·五行志》"灵帝建宁中，京都长者皆以苇方笥为糚具"之记事中所称者。但东汉人由于避明帝刘庄讳，从庄之字多改用严字。《后汉书·陈纪传》："纪见祸乱方作，不复办严。"李注："严读曰装也。"风气所及，连古代帝王谥号中的庄字这时也加以改易，如《后汉书·朱穆传》："楚严不忍章于绝缨。"即将楚庄王改称楚严。甚至庄姓亦被改作严姓，如《史记·司马相如列传》中的庄忌，在《汉书·邹阳传》中就被改为严忌。因此，妆具亦改称严具。《独断》记汉代陵园寝庙中事，便提到"宫人陈严具"。简单的妆奁即严具只是一枚圆盒，如新疆民丰所出东汉籐编妆奁。陆云《与平原书》记曹操遗物中有"严器方七八寸，高四寸余，中无隔（隔），如吴小人严具状"（《陆士龙文集》卷八），说明他的妆奁不分层，很朴素，可能和民丰的出土物相近。豪华的妆奁有分为双层的，其中装满小奁。如马王堆1号墓遣册中所称"九子曾（层）检（籢）"就是中含九个小奁的双层圆奁（图66-22）。除圆形者外，妆奁亦作方形或长方形。《后汉书·阴皇后纪》："视太后镜奁中物。"李注："镜匣也。"匣形方，故方奁或应称为匣。江苏邗江甘泉2号东汉墓所出方奁中也有九个小奁（图66-21）。长沙咸家湖西汉曹娛墓出土的长方奁中则有11个小奁，是已知之装小奁最多的一例（图66-10）。

小奁的形状随所盛之物而不同。长方形者盛笄或擿，马蹄形者盛梳、篦，圆形的多盛脂粉之类。粉如《急就篇》颜注所说："谓铅粉及米粉，皆以傅面。"但他尚未提到的还有一种滑石粉，曾在乐浪王旰墓的妆奁中发现过。西汉人一般用米粉。《释首饰》："粉，分也，研米使分散也。"《说文·米部》："粉，傅面者也。"它的制法大约如《齐民要术》所载，是将粱米"熟研"后，过滤、沉淀、曝晒而成。铅粉亦发现于王旰墓。此物又名胡粉，即碱式碳酸铅，最早见于《神农本草经》，名"粉锡"。东汉方士魏伯阳的《周易参同契》中说："胡粉投火中，色坏还为铅。"则东汉时似已知制造铅粉之法。《御览》卷七一九引《续汉书》说："大行在殡，（李）固独胡粉饰貌。"可见铅粉在这时已成为时尚的化妆品了。

先秦妇女化妆除用米粉外，只能佐以朱砂，故《登徒子好色赋》中有"施粉太白，施朱太赤"的话。江苏海州西汉霍贺墓女棺之妆奁中仍有一盒朱砂。可是以红花（又名红蓝）汁合米粉制成的胭脂在西汉时也已经有了。马王堆1号墓之九子奁中就有一盒胭脂。汉地使用胭脂当由匈奴人为之介。匈奴歌："失我焉支山，使我妇女无颜色"（《史记·匈奴列传》正义引《西河故事》）。所称"焉支"即胭脂的异译。其语源白鸟库吉以为来自蒙古语Önge或突厥语Öng。藤田丰八以为来自突厥语ašy。今多从藤田说⑫。不过在施胭脂、靦粉的过程中（《释首饰》："靦，赤也，染粉使赤，以着颊上也"），有时尚须加以调合。满城2号墓所出错金朱雀衔环双连铜豆，器中尚存朱色痕迹，应为调脂用具，是出土物中罕见之珍品（图66-6）。明·胡应麟《甲乙剩言》所记"合卺玉杯"："形制奇怪，以两杯对峙，中通一道，使酒相过。两杯之间承以威凤，凤立于蹲兽之上。"根据他描述的形状，此物与满城出土者颇相近似，但已被认为是婚礼中合卺时所用的酒杯了。然而从结构看，此器颇不便就饮，可能容有其他用途。

注释

① 《中国青铜器全集》卷10，图11，文物出版社，1998年。

② 中国国家博物馆、徐州博物馆：《大汉楚王》页196–197，中国社会科学出版社，2005年。

③ 徐中舒：《当涂出土晋代遗物考》，《历史语言研究所集刊》第3本3分，1932年。

④ 石桥出土者，见徐州博物馆：《徐州石桥汉墓清理报告》，《文物》1984年第11期。汤家岭出土者，见湖南省博物馆：《长沙汤家岭西汉墓清理报告》，《考古》1966年第4期。赫章出土者，见贵州省博物馆等：《赫章可乐发掘报告》，《考古学报》1986年第2期。

⑤ 河南省丹江库区文物发掘队：《河南省淅川县下寺春秋墓》，《文物》1980年第10期。河南省博物馆等：《河南淅川县下寺一号墓发掘简报》，《考古》1981年第2期。安徽省文物管理委员会等：《寿县蔡侯墓出土遗物》，科学出版社，1956年。

⑥ 参看安志敏：《古代的糙面陶具》，《考古学报》1957年第4期。

⑦　临沂市博物馆：《山东临沂金雀山周氏墓群发掘简报》，《文物》1984年第11期。河北省文物研究所等：《河北阳原三汾沟汉墓群发掘报告》，《文物》1990年第1期。连云港市博物馆：《江苏东海县尹湾汉墓群发掘简报》，《文物》1996年第8期。

⑧　诸城县博物馆：《山东诸城县西汉木椁墓》，《考古》1987年第9期。湖北省荆州博物馆：《荆州高台秦汉墓》第205－208页，科学出版社，2000年。扬州博物馆：《扬州东风砖瓦厂八、九号汉墓清理简报》，《考古》1982年第3期。

⑨　陈直：《汉书新证》第445页，天津人民出版社，1979年。

⑩　徐州博物馆：《江苏徐州市后楼山八号西汉墓》，《考古》2006年第4期。

⑪　参看本书第五六篇注④2所揭文。

⑫　江上波夫：《匈奴妇女の颜色"焉支"に就いて》，载《ユウラシヤ古代北方文化》，东京，1951年。

六七、镜 I

　　我国的铜镜始见于新石器时代晚期的齐家文化中，以后在商、西周和春秋时都有零星发现，唯数量不多①。孔子仍然教导人们应"鉴于止水"（《庄子·德充符》）。所以在青铜器生产中，它一直是一股涓涓细流。但是到了战国时，铜镜的产量激增，佳作纷陈，可说是出现了一个洪峰。及至汉代，这种势头仍在持续。当青铜礼器已趋衰替，铜容器转以简素为尚的情况下，镜上的花纹却争妍竞秀，蔚为大观。《淮南子·说林》形容这时带钩的式样众多时，说："满堂之坐，视钩各异。"而《急就篇》中则说："镜籢疏比各异工。"可见汉代铜镜制作之盛当不亚于这时的带钩。

　　可是正像西汉前期许多种工艺还未从战国的身影下走出来一样，这时的铜镜也基本上仍保持着战国风格：胎薄，面平，边窄，弦纹拱形钮，镜背图案之内、外区的分划不明显，而且常在主要花纹之下衬以地纹（图67-4）。战国晚期的山字纹镜、蟠螭纹镜一直流行到西汉时；特别是蟠螭纹镜的数量很多，长沙马王堆1号墓与满城2号墓中均曾出土。不过战国时以缠绕式蟠螭纹为主，虽然也出现过在蟠螭中间插入四叶纹之例，但和西汉时以四叶纹或规矩纹将镜背分隔成四区，蟠螭亦诡谲变幻、几与云气纹沕潏莫分者有所不同。特别是汉代已将铭文组织在镜背图案中，形成了汉镜的一大特色。在间隔式蟠螭镜上常见"脩相思，毋相忘"之铭文，"脩"字系避淮南王刘长的讳，足证此类镜铸于西汉前期。满城2号墓所出者有规矩纹，在其方形钮座四周有"大乐贵富，得所好，千秋万岁，延年益寿"铭文，已经完全是西汉式的风格了（图67-1）。

　　由于在战国镜和西汉镜之间没有一条明显的分水岭，加之西汉前期的铜镜有的在质量上比战国镜并不逊色，所以个别精品曾被认为是战国之物。如山东临淄商王庄出土的一面错金嵌银乳丁和绿松石的三环钮铜镜，就曾被视为战国齐镜的代表作。但此镜是单独埋藏的，无伴出物，出土处的地层并未给断代提供根据。而和它相似之镜又见于广州象岗南越王墓与江苏涟水三里墩石圹木椁墓，这两座墓的年代均属西汉②。相反，在战国遗物中却未见同样的镜子。所以这种镜应为西汉镜（图67-

图版67

蟠螭纹镜

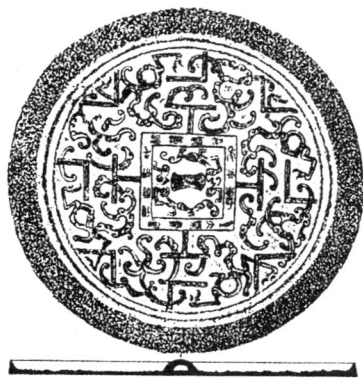

67-1

小镜

67-2

持镜者

67-3

镜背花纹中的地纹

67-4

三环钮透雕云纹镜

67-5

五钮连弧蟠螭纹大方镜

67-6

5）。西汉在铜镜的设计和制作上确有不少创新，临淄齐王墓陪葬坑出土的大方镜尤推个中翘楚。此镜长115.1厘米，宽57.5厘米，厚1.2厘米，重56.5公斤。背面有五个饰弦纹的拱形钮，钮高3.2厘米，钮座呈柿蒂形。镜缘饰连弧纹。其主纹为一条蜿蜒于云气中的长龙，虽已图案化，但仍显示出龙的威容（图67-6）。这样大的铜镜为出土物中所仅见。《西京杂记》卷三说：秦咸阳宫中"有方镜，广四尺（92厘米），高五尺九寸（135.7厘米）"，虽和它的尺寸相近，但书中已骇为奇观，并认为有"秦镜照胆"的奇迹。此镜的五个钮和上述商王庄出土镜的三环钮均应为悬挂而设，和一般镜子上供手执时系组纫之钮不同（图67-3）。除了这种特大之镜外，汉镜的直径通常为15厘米左右；超过20厘米的，即所谓"盈尺青铜镜"，就相当珍贵了。也有颇小的，如满城2号墓所出盘龙镜，直径仅4.8厘米（图67-2）。辛延年《羽林郎》中所称"贻我青铜镜，结我红罗裾"，应指供随身佩带之镜，此镜或即其俦。

注释

① 孔祥星、刘一曼：《中国古代铜镜》，文物出版社，1984年。

② 广州象岗汉墓发掘队：《西汉南越王墓发掘初步报告》，《考古》1984年第3期。南京博物院：《江苏涟水三里墩西汉墓》，《考古》1973年第2期。

六八、镜 II

　　西汉前期除上述几种镜子以外，草叶纹镜也很常见。它的图案与蟠螭纹镜之旋动变幻的风格大不相同，而且已不再用地纹作为铺衬。其镜钮外有一个很显著的大方格，围绕方格排列铭文。自方格向外放射出八枚或四枚麦穗状图纹，即所谓草叶。整个布局和谐疏朗，具有严谨的对称之美。它起初也用带弦纹的拱形钮，以后在钮的两端添出头、尾、四肢，使之变得像一只蟾蜍。再进一步，就出现了圆顶钮，同时钮座上也增益柿蒂等花纹。在钮座的衬托下，钮愈来愈引起重视，成为镜背装饰的一个重点，这是和战国镜颇不相同的地方。草叶纹镜上开始强调铭文，常见者多为简洁的韵语，易于上口，如"见日之光，长乐未央"等（图68-1）。但也有悱恻缠绵，颇具情味的，如上海博物馆所藏一镜，铭云："道路辽远，中有关梁。鉴不隐情，修毋相忘。"四川地区出土的此类镜上的铭文有时很新颖。如一例作"心思美人，毋忘大王"，不知道是不是影射项羽和虞姬的故事。这面镜子的图案在草叶纹镜中也很少见，不仅增加了规矩纹，而且四面有对称的四螭[①]。晚些时候流行的规矩禽兽纹镜的意匠，在这里已隐约可见、呼之欲出了。

　　草叶纹镜起于汉初，西汉中期的满城1号墓亦出；至新莽时，在洛阳煤土坑2号墓也出土了一面[②]，则其流行期绵亘于整个西汉。不过到了武帝、昭帝时，它的地位渐为星云纹镜和连弧纹日光镜所取代。星云纹镜的构图与草叶纹镜颇异其趣。它的钮改用连峰式，钮座均呈圆形，绝不见草叶纹镜上的那种大方格；而且不加铭文，这在汉镜中是相当特殊的。所谓星云纹乃是以带座的大乳丁布于四方，其间安排若干小乳丁，并以弧线相连接。乳丁高低错落，灿若群星，故名（图68-2）。但《宣和博古图》中称之为百乳鉴，这一名称也为许多著作所沿用。

　　与星云纹镜同时兴起的连弧纹日光镜又复不同。它的内区有一圈连弧纹，这一点和星云纹镜相仿，但其镜缘上的连弧纹则被略去，代之以稍宽的平缘。在它的外区中有一圈醒目的铭文带。铭文开头大都用"见日之光"四字，故由此而得名。这四个字也

图版68

草叶纹镜

68-1

星云纹镜

68-2

日光镜

68-3

透光现象

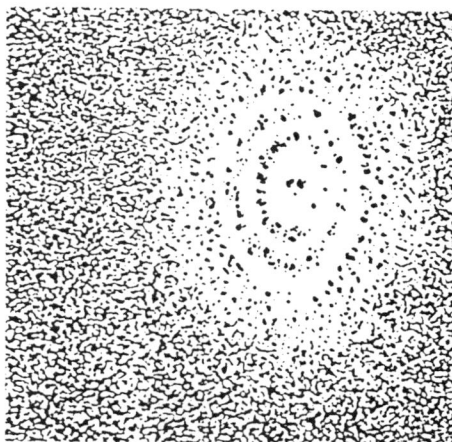

68-4

重圈昭明镜

68-5

四乳四螭镜

68-6

见于草叶纹镜，但二者之字体不同。草叶纹镜上的字凝重端庄，是很规矩的汉篆；日光镜铭之字却非隶非篆，笔道两端常膨大若匙形，结体放纵恣肆，不拘成法，字和字之间有时夹以云形或菱形符号，看上去觉得迷离恍惚，给人以独特的美感（图68-3）。在西汉镜中它的出土量最多，流行的范围也最广，其使用期的下限也可达新莽时。

日光镜还曾发现有"透光"的。所谓透光，指以镜"映日，则背花俱见"（周密《云烟过眼录》）。金·麻九畴《赋伯玉透光镜》称此种镜"透影在壁与背肖"（图68-4）。当然镜体本不透光，其所以产生这种现象，主要是由于镜体厚薄不一，镜面各部分出现了与镜背图案相对应的曲率差异（发散度差异），通过光程放大作用，遂产生了反映这一图案的投影。而镜面的曲率差异则是由铸造应力、结构应力、淬火应力以及来自刮磨等外力的作用，使镜面产生不均匀变形之所致。不过正如何堂坤所归纳的，这要有两个前提：一.镜体有一个合理的图文结构，即有一定厚度的图文凸起，镜缘最好稍宽稍厚。这一观点是1976年上海交通大学最先明确提出的。二.镜体非图文凸起处应当较薄。这一观点是1883年日本学者后藤牧太、山路一游、三桥得三等最先明确提出的[③]。西汉日光镜恰是能满足这些条件的镜型之一。它如西汉的昭明镜以及唐代的宝相花镜等，也有能透光的。不过范铸之初，制镜者并未有意识地追求这种效果；它在后世之备受重视，可谓非始料所及。

连弧纹昭明镜其实可以看作是连弧纹日光镜的繁体，因为它的图案与日光镜没有多大差别，只是铭文较繁。其完整的文例是："内清质以昭明，光辉象夫日月；心忽扬而愿忠，然雍塞而不泄。"由于镜子大小不一，有的容纳不下全部文句，故省去若干字。另一种连弧纹清白镜也属于这一类型，完整的铭文是："洁清白而事君，怨阴骢之弇明。焕玄锡之流泽，志疏远而日忘。慎糜美之穷皑，外承骢之可说。慕窔窈于灵泉，愿永思而毋绝。"这类铜镜如果将内区的连弧纹改为凸起的圆圈，则名重圈昭明镜。其铭文有一圈的（图68-5），也有两圈的。内容多半是节取或综合上述各种镜铭。这些镜子除了常配有较复杂的十二连珠纹钮座外，其他纹饰均较简单，从布局上看，设计意图主要在于突出铭文的分量。不过晚些时候还有一种方字昭明镜，一般为素平缘，铭文的字体较刻板，但内容基本相同。其铭文不知出自谁手，风格颇近楚辞，往往流露出幽怨低回的情调。这和西汉后期社会矛盾激化，方士儒生竞援图谶，宣传灾异，预言运数，统治阶级也遑遑不可终日的心理状态，确有相通之处。

西汉后期还流行一种四乳四螭镜，或称四乳四虺镜，它在外区的四枚大乳丁中间安排四组变形蟠螭纹（图68-6）。也有代之以青龙、白虎、朱雀、玄武等神灵的，而成为随即兴盛起来的规矩五灵镜之先驱。

注释

① 四川省博物馆、重庆市博物馆：《四川省出土铜镜》第22图。文物出版社，1960年。

② 洛阳市文物管理委员会：《洛阳出土古镜》第7图。文物出版社，1959年。

③ 何堂坤：《关于透光镜机理的几个问题》，《中原文物》1982年第4期。

六九、镜 III

　　规矩禽兽镜、规矩四神镜以及规矩五灵镜属于同一类型，其中的精品多为少府所属尚方官手工作坊铸造。《后汉书·百官志》章怀注：尚方令"掌上手工作御刀剑诸好器物"。这种铜镜当即其所称"诸好器物"之一。规矩禽兽镜出现于西汉末。规矩四神镜出现于新莽时，其铭文中之最早的纪年为始建国二年（公元10年）①。典型的规矩五灵镜大约迟至东汉初才形成。兹以洛阳烧沟1023号东汉早期墓所出者为例，对这种铜镜略作介绍。

　　烧沟这面镜子的编号为1023：1，钮为大圆顶形，柿蒂形钮座，座外之大方格周围排列十二辰铭文。方格四面各自中部向外伸出T形符号，与连接外区圆周之L形符号相对。位于外区圆周上的四枚V形符号则与方格四角的尖端相对。在被TL纹及V纹分划出的四方八等分中，充满了各种神禽异兽。外区外部再安排一圈铭文带。此镜之铭文为："尚方作竟真大巧，上有仙人不知老，渴饮玉泉饥食枣，寿而金石天之保兮。"其外缘由一道三角锯齿纹和一道流云纹组成（图69-1）。

　　镜上的TLV纹通称规矩纹，早在西汉前期已见于蟠螭纹镜和草叶纹镜。它也在日晷和六博局上出现（图74-2，101-3），汉代占栻上的图案实与之一脉相承。不过由于汉代盛行博戏，博局更为人所习见，故规矩纹或被称为博局纹。中国国家博物馆收藏的一张汉镜拓片在铭文中有"刻娄（镂）博局去不羊（祥）"之句，可证②。然而尽管当时曾有过这样的俗名或诨名，但规矩纹的含义却难以用六博作解释，因为博局上的规矩纹本是从别处借来的。

　　六博是一种"局戏"，在局上行棋时讲"开"、"塞"，讲"周通"，讲"恶道"，而它们所根据的象征意义并非博局本身所能产生。《方言》说博局"或谓之曲道"。《广雅·释器》则说："曲道，栻局也。"因为只有在栻局上才能推阴阳，占吉凶。所以薛孝通《博谱》说六博"则天地之运动，法阴阳之消息"（《御览》卷七五四引）。另一种与六博极相近的局戏名塞。边韶《塞赋》也说它"质象于天"（《艺文类聚》卷七四

图版69

规矩五灵镜

玄武

青龙

白虎

麒麟

朱雀

69-1

规矩五灵镜（展开图）

69-2

69-3

四乳五灵镜（展开图）

69-4

七乳五灵镜（展开图）

69-5

引）。其开塞之原理均来自占栻③。在栻局上，四角为四维，子午、卯酉两绳之四端为四仲。四维、四仲来自古代天文学家对宇宙构造的设想。在主张盖天说的古天文学家看来，天宇如盖，须加系结以使之不倾；犹如车盖须用四条络带即"四维"来拉紧。天宇恢宏，四维不敷用，遂增设四仲，成为八纮。《淮南子·墬形》高诱注："纮，维也。维络天地而为之表，故曰纮也。"可见天宇被认为是由八条绳子系住的。但在八个方向上用以维络天宇的四维、四仲之所以被抽象成 TLV 形符号，或与《史记·龟策列传》所称之"规矩为辅，副以权衡"，《鶡冠子·道端篇》所称之"钩绳相布，衔橛相制"，《汉书·律历志》所称之"准绳连体，衡权合德"诸说有关。总之，在四维、四仲的位置上以 TLV 形符号组成的是一个象征天宇的图案，占天、测天的栻盘和日晷都要加上这种标志。且《史记·日者列传》又明说，占栻图案的主旨是"法天地，象四时"，镜铭上也宣称其图案是"法象天地，如日月之光"④。可见它们的设计理念都是法天。在这里，对天宇的设想是源；TLV纹作为其图解，则是流。将TLV纹移植于博局，并利用此种纹样在栻盘上推演出相生、相克，生门、死门等说法，进而形成一套行棋规则，更只能被认为是衍生的末流了。

既然规矩纹构成了代表天宇的框架，那么于其四方铸出青龙、白虎、朱雀、玄武等四灵（或称四神）自然是顺理成章的事。但由于五行学说在汉代已成为官方之宇宙观的理论基础，而四灵与五行不能整齐地相搭配，故又出五灵之说。王莽《大诰》说："昔我高宗，崇德建武，克绥西域，以受白虎威胜之瑞。……太皇太后临政，有龟、龙、麟、凤之应。五德嘉符，相因而备"（《汉书·翟方进传》）。可见虎与龟、龙、麟、凤五者构成"五德嘉符"。《礼纬稽命征》说："古者以五灵配五方：龙，木也；凤，火也；麟，土也；白虎，金也；神龟，水也"（《御览》卷八七三引）。许慎的《五经异义》、蔡邕的《月令章句》和杜预的《春秋左传序》中也有类似的说法。在汉代，麟常被表现为独角鹿形。而在1023∶1号镜上，于规矩纹中间，除了作为陪衬的小鸟、羽人、人面鸟等以外，其主体部分正是由青龙、白虎、朱雀、玄武与麒麟组成的五灵。

进一步把五灵和镜上的十二辰铭文联系起来观察，则青龙在寅、朱雀在巳、麒麟在未、白虎在申、玄武在亥，正和汉代祭祀五帝时之坛位的布局相一致。《史记·封禅书》说，元鼎五年，武帝"幸甘泉，令祠官宽舒等具太一祠坛，祠坛放薄忌太一坛，坛三垓。五帝坛环居其下，各如其方；黄帝西南"。就是说青、赤、白、黑四帝之坛按东、南、西、北四方排列，其中央部分因为已经有了太一坛，所以代表中官的黄帝之坛就被置于西南方之未地。《汉书·郊祀志》记西汉在长安"为五部兆天地之别神"时，也说"中央帝黄灵后土畤"在"长安之未地兆"。《后汉书·祭祀志》记载东汉雒阳郊兆的情况时说得更明确："青帝位在甲寅之地，赤帝位在丙巳之地，黄帝位在丁未之地，白帝位在庚申之地，黑帝位在壬亥之地。"完全证实了1023∶1号镜之图案的主题是规矩和五灵，而且五灵是按照严格的五行学说所规定的方位安排的。这种类型的规矩镜并不罕见，其中有五灵和十二辰准确对应的，也有些虽略去十二辰铭文，但五灵的相对位置不变⑤（图69-2、3）。当然，也有些东汉的规矩镜上未铸出麒麟，仍保持原先之规矩四神镜的规格。

铜镜图案中出现代表五行学说之五灵的形象，不仅从以上的考察中得到证明，而且有些镜铭也宣称："圣人之作镜兮，取气于五行。""五行德令镜之精。"所以规矩五灵的构图可以说是谶纬学说极盛时期中，象征天宇的一种最有代表性的图案。此外，李学勤先生曾根据《尸子》佚文之"八极为局"，主张TLV纹应名"八极纹"⑥。但《淮南子·墬形》说："九州之大，纯方千里。九州之外，乃有八殥，……八殥之外，而有八纮，……八纮之外，乃有八极。"高注："八极，八方之极也。"则八极位于大地的边垠，并不从属于天，故应与象征天宇的图案无涉。

出现的时间稍晚于规矩五灵镜，但在相当长的时间里与前者并存的多乳禽兽纹镜，有的也以五灵为主题。它们虽然没有一圈可充方位标志的十二辰铭文，但从五灵排列的顺序上（穿插进去的陪衬物不计在内）可以看出它们的位置仍遵循上述规律（图69-4、5）。

注释

① 沈令昕：《上海市文物保管委员会所藏的几面古镜介绍》，《文物参考资料》1957年第8期。

② 周铮：《"规矩镜"应改成"博局镜"》，《考古》1987年第12期。

③ 尹湾6号汉墓出土的一件木牍上绘出与镜背之规矩纹亦即与栻局之曲道基本相同的图形，并附注六十干支。下面有五栏与之相配的文字，分别标以"占取（娶）妇嫁女""问行者""问系者""问病者""问亡者"。原牍无标题。《尹湾汉墓简牍》一书将其定名为《博局占》。按《唐六典·太常寺》"用式之法"注："凡阴阳杂占，吉凶悔吝，其类有九，决万民之犹豫：一曰嫁聚，二曰生产，三曰历注，四曰屋宅，五曰禄命，六曰拜官，七曰祠祭，八曰发病，九曰殡葬。"两相比较，牍上之五问与《六典》之九占大致相似；首问嫁娶，尤其一致。牍上既然画出栻局，固应名《栻局占》。论者或认为牍上之"方廉楬道张"等文字标记与《西京杂记》所载许博昌的六博口诀"方畔揭道张"云云，有可相比附之处。但许氏所唱仅为博徒取胜的诀窍，全不包含占验的用意。至于当时对曲道之不同部位的若干特殊叫法，则无论在栻局上或博局上自均可通用，但两者的性质并不因此而混淆。所以不仅规矩镜不应改

称"博局镜"，《栻局占》也不应称作《博局占》。因为博局等图形源于占栻，甚至连棋局上的棋路也可称式道。梁简文帝《弹棋论·序》："尔乃观壮士之出师，望兵棋之式道。"是其一例。

④ 孙机：《托克托日晷》，《中国历史博物馆馆刊》总3期，1981年。所引镜铭见《湖南出土铜镜图录》第12页。

⑤ 孙机：《几种汉代的图案纹饰》，《文物》1982年第3期。在清代的康熙青花瓷盘和花盆上，也有以四神居四方、麒麟居中央的图案，与汉代的五灵纹恰相一致，甚可注意。见陈润民《清顺治康熙朝青花瓷》第159页，紫禁城出版社，2005年。

⑥ 李学勤：《比较考古学随笔》第38～39页，香港中华书局，1991年。

七〇、镜 Ⅳ，镜台

　　东汉前期，规矩镜及多乳禽兽纹镜虽然流行，但自明帝时开始，一些具有新风格的东汉镜型渐次问世。首先应举出的是连弧云雷纹镜，在传世品中，这种镜上出现过永平七年（64年）的纪年铭，其流行时期的上限或与之相当[①]。从构图上说，它可以被看作是西汉连弧纹昭明镜的简化形式。其内区仍安排一圈连弧纹，但昭明镜上的铭文带却被纤细的云雷纹所代替（图70-1）。这类镜子都有很宽的素平缘，而且镜面凸起、镜背边缘上翘的作法从这时起渐成定制。同时，它开始在钮座之柿蒂纹的空隙中填入铭文，这样的布局以后为东汉镜所习用，西汉时却极罕见。此类镜中还有更加简化的一式：它将上述连弧云雷纹镜上的云雷纹略去，将原来的内区放大，占满镜背，而在已膨胀成蝠形的柿蒂纹钮座间，填以"长宜子孙"、"君宜高官"等四字铭，字体多为长脚花式篆。由于铭字的点缀，使浑朴已极的构图显得别有韵味，看上去并无沉闷之感。此式镜于东汉中、后期在黄河流域广泛流行。而在同时期中，长江流域和华南一带的墓葬里仍多出连弧云雷纹镜。

　　柿蒂钮座在东汉镜上一再被加工，好几种镜型的出现为它的演变所带动。当柿蒂变成蝠形后，接着就向外扩展到镜缘附近，这样，不但镜背又被它分成四区，而且在镜钮之外拉开的四个蒂瓣之间，出现了一个由内凹弧线组成的四边形。以不同的纹样填充镜背四区与钮座之空余部分，就形成了蝠形柿蒂兽首纹镜、蝠形柿蒂夔纹镜等。进而四个蒂瓣又在当中开光并填花，于是又出现了填花柿蒂八凤镜。在东吴地区，它进一步发展成填花柿蒂八凤佛兽镜，不过这就是汉以后的事情了。

　　蝠形柿蒂兽首纹镜于镜背四区中填充四个曳带云气的兽首，钮座四角各填一字或三字，构成一条短铭文，在镜缘之内还有一圈连弧和一圈长铭文（图70-2）。蝠形柿蒂夔纹镜则在此四区中填充夔龙或夔凤，也有时填以不可名状的涡旋形几何图案。填花柿蒂八凤镜的纹饰一般较繁复，四区中各布置一组对称的双凤；而且不仅在蒂瓣中填花，镜缘上的连弧也往往露白填花。且常错以金银[②]。兽首镜和八凤镜上都发现过元兴元年（105年）纪年铭，此外还有永寿、延熹、永康、建宁、熹平、光和、中平等纪年铭，可见应流行于东汉中、晚期。

主题花纹也是变形夔纹，与蝠形柿蒂夔纹镜中所饰者相近，但将双夔相对排列在镜钮两侧，其铭文也排在钮的上下成一直行者，是为直行铭对夔纹镜。它的布局打破了前此长期采用的"心对称"式，改为"轴对称"式，形成了新的风格。这种铜镜也流行于东汉中、晚期。

东汉晚期，在广汉、会稽、鄂等地还出现了一类新型铜镜，如半圆方枚带神兽镜、人物故事或神人车马画像镜、重列式神像镜等。它们的共同特点是花纹为浮雕式。在此之前，汉镜或以阳文凸线起花，如日光镜、重圈镜、规矩镜等；或为平面剔花，如兽首镜、八凤镜等。浮雕技法进入制镜工艺，是从这时开始的。堪称巧合的是，浮雕花纹的神兽镜铭文中之最早的纪年，竟与兽首镜和八凤镜相同，都是元兴元年。说明这些镜子出现的时间相近③。

在这类镜子中，江浙一带出土的人物故事画像镜多表现历史题材，其中常见的有伍子胥画像镜。在镜背上以乳丁隔开的四组人物为："越王、范蠡""玉女二人""吴王"和拔剑自刎的"忠臣伍子胥"（图70-4）。虽其构图富有装饰意味，却流露出一种悲剧气氛。此类镜有的在铭文中记明产地与作者："吴向里栢氏作。"作镜者为吴人，所以在镜上反映吴地之英烈。至于重列神像镜，则出现得较晚，其带有纪年铭者，最早的是湖北鄂州出土的两面建安六年（202年）镜。其中之一上下重列11尊神像、一侍者及凤、人面鸟、怪兽等，钮上下均有"君宜官"直行铭文。靠近镜缘有铭文带："建安六年五月廿四日示氏作竟，幽涑宫商，周罗容象，五帝天皇，白牙弹琴，黄帝吉羊。三公"（图70-3）。关于这种镜的图像内容林巳奈夫和管维良都曾作过研究④。看来最上一段位于中央的是南极真人。第二段居中二人为伯牙和锺子期，伯牙膝上横一物，似即琴。镜背当中坐在钮两侧的是东王公、西王母；他们两旁二人与第四段二人及第二段左侧之人或为五帝。最下一段有怪兽。这种镜子上罗列了许多神像，过去却把它叫作神兽镜，就未免名实不符了。

使用铜镜时，虽可手执系于钮上之绦带以揽镜自照，然而当梳理鬓发、涂施脂粉、簪戴首饰的场合，则须置镜于镜台。美国奈尔逊艺术博物馆所藏东汉八连弧云雷纹镜，附有配套的鎏金铜镜台。其底部为圆座，中立支柱，柱顶分杈，扩展为左右对称的半圆弧形窄槽，两端饰龙头。铜镜嵌在槽里，可装可卸⑤（图70-7）。形制相同的双龙首弧形带槽的镜台上世纪20年曾在洛阳出土两件，近年在西安地区曾征集到这类镜台的部件。私家收藏品中亦有其例⑥。另外，在沂南画像石中有一持镜台的侍女，

图版70

连弧云雷纹镜

70-1

伍子胥画像镜

70-4

柿蒂兽首纹镜

70-2

镜台座

70-5

持镜台者

70-6

重列神像镜

70-3

镜与镜台

70-7

她所持之镜台底座为圆墩状柱础形，中立支柱，柱上贯长方台面。柱顶设卷云形装置，估计其上亦应有供嵌镜用的凹槽，但未装镜子（图70-6）。不过由于它和《女史箴图》中装有镜子的镜台肖似，故可确认。并且，二者的底座均呈圆墩形。而日本大阪市立美术馆所藏木胎髹漆之圆座，直径24厘米，造型与上述底座正同，尺寸亦大致相合，所以也可能是镜台上的一个部件[7]（图70-5）。

注释

① ③　见本书第六七篇注①所揭书，第86—101页。

②　其中的错金银夔凤纹铁镜于汉末、曹魏时只在北方流行，南方未见。

④　林巳奈夫：《汉镜の图柄二·三について》，《东方学报》（京都）第44册，1973年。管维良：《汉魏六朝铜镜中神兽图像及有关铭文考释》，《江汉考古》1983年第3期。

⑤⑦　Xiaoneng Yang, A Han bronze mirror and its gilt bronze stand in the *Nelson-Atkins Museum of Art*.Oriental Art, 1996: 1.

⑥　W.C.White, Tombs of Old Lo-yang. P.86, Pl. 46, Shanghai, 1934.王长启：《西安地区发现春秋战国秦汉时期的青铜器》，《考古与文物》1992年第5期。王度：《息斋藏镜》图版79，台北历史博物馆，2001年。

七一、文具Ⅰ

笔，墨，砚，研钵，砚滴，书刀

远在新石器时代，已用笔绘制彩陶。至秦代，蒙恬对制笔技术又作了改进，"以柘木为管，鹿毛为柱，羊毛为被，所谓苍毫，非兔毫竹管也"（《古今注·问答释义》）。可见这时制笔已选用劲健之毛作柱，以软毛为被，使二者刚柔相济，"调利难秃"，便于书写。已发现的汉笔，如敦煌马圈湾、悬泉置及居延破城子所出者（图71-1、3），皆屯戍之士所用，制作较简率。甘肃武威磨嘴子2号墓所出者，杆上刻款："史虎作。"49号墓所出者，杆上刻款："白马作"[①]（图71-4）。与应劭《汉官仪》所记"尚书令、仆、丞、郎，月给赤管大笔一双，篆题曰：'北工作'"的格式一致，应是比较讲究的笔。"白马作"笔的笔头以黑紫色毛作柱，外覆以黄褐色毛。王羲之《笔经》："汉时诸郡献兔豪，惟赵国豪中用"（《御览》卷六〇五引）。我国古代之兔，皆是现代所谓野兔；家兔系19世纪自西方引入。秋冬季老野兔背上所生紫毛，称"紫霜毫"，"白马作"笔的笔头可能选用这类紫毛制作。江苏连云港市东海县尹湾6号西汉墓出土的一支兔毫笔，制作极精，历经二千年，至今仍锋齐腰强，将笔浸入水中，提起时笔头立即收拢聚合，因而能在长23厘米，宽六厘米的木牍上两面书写三千余字，每字字径仅2毫米[②]。《后汉书·循吏列传·序》说汉光武帝"以手迹赐方国者，皆一札十行，细书成文"。所用之笔应与此类笔相近。这时且选用长毫制笔头，并将笔头深栽于笔杆内，蘸漆黏接，缠线加固。连云港市海州网疃汉墓出土之笔，一支的笔头总长4.1厘米，栽入杆内部分达二厘米；另一支笔头长3.2厘米，栽入杆内1.5厘米。从而使笔头储水量多，外露部分也不致拖沓，书写时运笔流利[③]。尹湾笔通长23厘米，居延笔通长23.2厘米，"白马作"笔通长23.5厘米，悬泉置笔通长23.6厘米，均合汉尺一尺左右。与《论衡·效力篇》所谓"一尺之笔"相合。这些笔杆的末端均削尖，乃是为了便于簪带。《汉书·赵充国传》："安世本持橐簪笔。"所言即簪笔之事。"白马作"

笔出于墓主头部左侧，似下葬时本簪于头上。不随身携带的笔，或贮于竹筒制的套中，江陵凤凰山汉墓出土的笔套，两侧还镂出透孔（图71-2）。这种笔套筒即江陵张家山汉墓遣册所称"笔一有管"之管④。《荀子·赋篇·箴》："管以为母，"此管指针筒。盛针的筒名管，盛笔的套筒西汉时亦名管，东汉后期始称笔杆为管。又盛笔之容器尚有匣。《傅子》云："汉末一笔之匣，雕以黄金，饰以和璧，缀以隋珠，文以翡翠"（《御览》卷六〇五引）。但在出土物中尚未见如此华贵之实例。

毛笔一般蘸墨书写。文献中曾谓古人用漆及石墨写字，但在出土文书中未见过这种情况。安阳所出商代人写在陶片和兽骨上的黑色字迹，经检验用的是以碳素为主要成分的墨⑤。汉代则用松烟中的炭黑制墨。曹植诗："墨出青松烟。"可证。先秦时之墨有的呈粉末状。《庄子·田子方篇》称众史"舐笔和墨"，马王堆3号墓所出《五十二病方》称药物之搅拌为和；众史之墨言"和"而不言"研"，可知用的是粉末状的墨。乐浪彩箧冢所出漆砚座的抽屉中曾发现墨粉。江陵凤凰山与广州象岗所出西汉早期墨，为小颗粒、小圆片状，虽已非墨粉，但尚未制成墨锭（图71-8）。据尹湾汉墓出土的《君兄缯方缇中物疏》所记，小墨粒平日贮于袋状的"墨橐"中，应为经常使用之物。这时之所以仍使用粒状、片状的墨，是因为制墨成锭须有较成熟的和胶技术，工序较繁难。如施胶偏轻，则成品薄小，但较易制作。所以至北魏时，《齐民要术·笔墨篇》中仍说制墨"宁小不大"。不过由于各地发展上的不平衡，湖北云梦睡虎地4号秦墓已出墨锭⑥。西汉时也有墨锭。山西浑源毕村西汉墓出土的圆锥形墨锭，已属模制成型⑦。《汉官仪》说尚书令等人"月给隃糜（汉代的右扶风隃糜县，在今陕西千阳）大墨一枚，小墨一枚"。可见西汉不仅能制墨锭，还有隃糜墨这种著名产品。东汉时，如葛龚《与梁相张府君笺》所说："复惠善墨，下士所无，摧骸骨，碎肝胆，不足明报"（《初学记》卷二一引），情辞若斯，其墨必极精善。宁夏固原东汉墓所出松果纹墨锭，黑腻如漆，烟细胶清，手感轻而坚致，虽幽霾地下千八百余年，然而并未皴剥龟裂，其完整的程度几若新脱模者，信是汉墨极品（图71-10）。但如河南陕县刘家渠东汉墓所出墨锭，质地较粗，色暗，其上尚有指纹，仍应是用手捏成的（图71-9）。

西汉时的小墨块，因为体积薄小，要用研子压着才便于研出墨浆，上述张家山遣册称"研（砚）一，有子"之"子"即此物。研子又称研杵，常为圆锥状、多面锥状、半球状或扁平块状。湖北云梦睡虎地所出秦砚已附有研子，汉砚仍沿袭此制。就砚面的形状而论，汉砚可分为圆形与长方形两大类。即魏·繁钦《砚赞》所称："或薄或厚，或员或方"（《初学记》卷二一引）。圆砚之原始的形态只是一块接近圆形的河光石。《说文·石部》："砚，石滑也。"可见砚字之初义即指石之滑者，广州西汉墓所出者可

图版71

笔
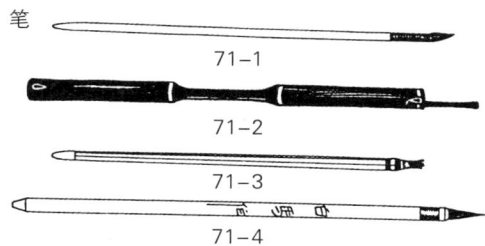
71-1

71-2

71-3

71-4

研钵
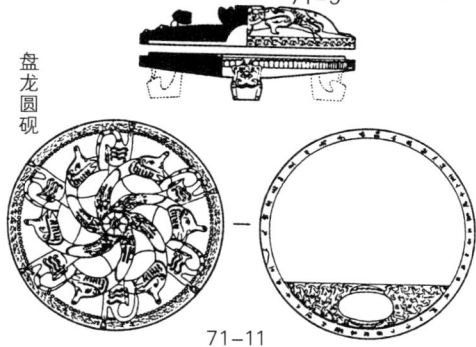
71-5

水盂
71-6

河光石砚
71-7

墨丸
71-8

墨锭
71-9

71-10

盘龙圆砚
71-11

板砚
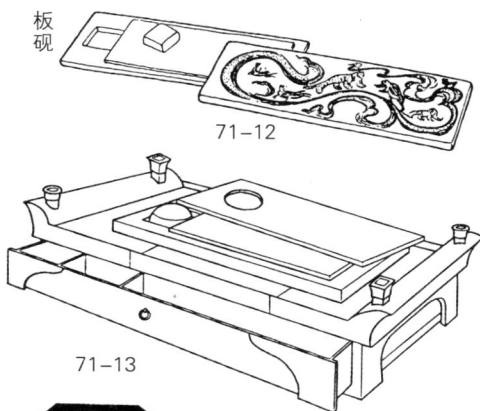
71-12

71-13

71-14

漆书砚

铜辟邪砚盒
71-15

削形书刀

带鞘书刀

金马书刀

凤纹书刀
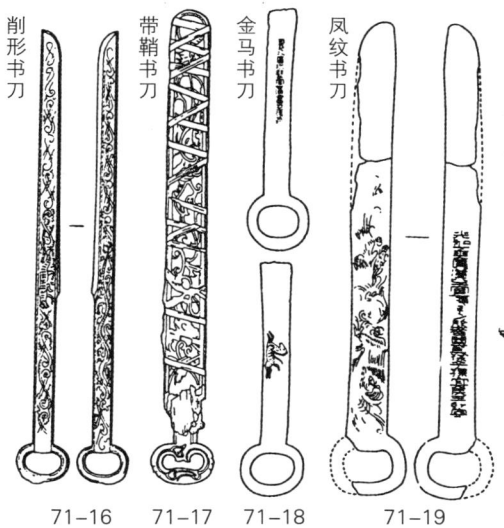
71-16　71-17　71-18　71-19

玉辟邪砚滴

71-21

佩书刀者
71-20

铜兔形砚滴
71-22

铜辟邪砚滴
71-23

以为例（图71-7）。以后加工渐细，圆砚多附3足且有盖，盖底当中留出凹窝，以备容纳研子。精致的圆砚，盖面上往往镂出盘旋的螭纹，河北望都2号、河南南乐宋耿洛1号等东汉墓均出此式石砚（图71-11）。湖北当阳刘家冢子东汉墓还出一件此式陶砚[8]。长方形砚原来只是一块石板，如洛阳烧沟632号墓所出者。这种砚常被称为黛砚，实不尽然。因为在居延金关，此式砚与屯戍遗物同出。根据出土地点的军事性质，其砚显然非画眉所需[9]。连云港市海州锦屏镇西汉西郭宝墓与上述尹湾6号墓中，长方砚均与毛笔和简牍同出，是作为文具使用的。西郭宝墓出土的《衣物疏》称其砚为"板砚"，尹湾出土的《君兄缯方缇中物疏》称其砚为"板研"，可据以定名[10]。精致的石板砚常附木砚盒。山东临沂金雀山11号西汉墓所出砚，砚盒髹漆，盖、底两面均绘有云气禽兽纹（图71-12）。平壤彩箧冢所出乐浪时代石砚，更加讲究（图71-13）。其漆砚座底部装有抽屉，顶部两端装鎏金笔插。但其研子却系木制。广州汉墓所出研子还有玛瑙的和陶质的，因知若干发掘报告中将研子统称研石，就不太全面了。在江苏邗江姚庄101号西汉墓，还出土一件罕见的漆书砚。此砚呈前方后圆的椭长马蹄形，砚池髹黑色漆，砚后部有盝顶墨汁仓，仓与砚池有孔相通，出土时孔内用羊首形木栓堵塞[11]（图71-14）。此器与一般砚台不同，其漆砚池不耐研磨，只能用以存储在他器中研好的墨汁。使用时拔开仓栓，使墨汁流入砚池，便可濡笔作书，其用途近于后世的"笔掭"[12]。邗江杨庙村西汉墓所出同型之器，漆砚池亦为光滑平面，亦不便研磨，使用方法应与姚庄所出者相同[13]。此外，汉代还有一种附铜砚盒的石砚，砚盒常作兽形，安徽肥东[14]与江苏徐州土山各出土一例。徐州的辟邪形铜砚盒通体鎏金，并满布鎏银的云气纹，杂嵌红珊瑚、绿松石和青金石，造型瑰奇，色彩绚丽，是稀见之品（图71-15）。盒内置石砚，附柱状石研子。

汉代还有石研钵，见于长沙沙湖桥汉墓（图71-5），或系供研磨绘画色料之用。同出之物有多格石水盂（图71-6），或系供洗笔之用。至于向砚内注水，汉代则制有各式铜砚滴。传世砚滴有作兽形的，河南偃师、焦作与广西昭平均曾出其实例[15]。此类砚滴即宋·高似孙《纬略》卷五所称"天禄研匜"[16]。流入美国的一件玉砚滴，作辟邪衔杯疾走状，置之几案间，足令文房增加生气（图71-21）。四川开县与大邑出土者作龟蛇合体的玄武形，河南偃师大口乡出土者作龟形[17]。傅玄《水龟铭》称："铸兹灵龟，体象自然。含源未出，有似清泉。润彼玄墨，染此弱翰"（《御览》卷六〇六引）。即指此类砚滴而言。广西梧州出土的则为兔形（图71-22）。玄武为北方之灵，北方在五行中属水。兔则为月的象征。梁简文帝《大法颂序》："阴兔两重，阳乌三足"（《广弘明集》卷二〇引）。《论衡·说日篇》："夫月者水也。"砚滴多采取此类与水有关的动物造型。砚滴侧面有时还附有笔插。有的砚滴且在出水口安装塞子，以便堵塞，如图71-22所举兔形砚滴之例。还有些砚滴在进水口装柱形圆塞，柱中心有上下贯通之孔，空气由此孔进入，则砚滴中的水可以流出。按紧此孔，阻隔空气，水流就被控制住了。河南焦作出土之例，背上的塞子尚保存完整（图71-23）。其制作之原理与本书第84篇所举之汲酒器完全相同，可见汉代人对这种方法相当熟悉。

汉代有书刀，用以修改简牍上的误笔。《史记·孔子世家》说："至于《春秋》，笔则笔，削则削。"《汉书·礼乐志》颜注："削者，谓有所删去，以刀削简牍也。笔者，谓有所增益，以笔就而书之。"《考工记》："筑氏为削。"郑注："今之书刀。"可见当未有书刀之前，曾用铜削修简。广西贵县风流岭西汉墓所出铜书刀，犹近削形（图71-16）。在江陵凤凰山168号墓的竹简中，此式铜刀与简牍笔砚同出，可知确为书刀。河北满城汉墓出土的铁书刀，或装银首，或错金，或附象牙鞘（图71-17）。尹湾6号墓出土一副双连鞘的铁书刀，较罕见。此墓还出土两支双连管的毛笔，正可与双连书刀配套，或系主人之特殊爱好。东汉尤重书刀，画像砖、石中之人物常有佩书刀者（图71-20）。《后汉书·袁绍传》李注引《九州春秋》言韩馥至厕，以书刀自杀，足证它是随身携带之物。当时以蜀产金马书刀最有名。《汉书·文翁传》颜注引晋灼曰："蜀郡工官作金马书刀者，似佩刀形，金错其柎。"1925年洛阳出土过这种书刀的残件，刀身错金作马形，"金马"之名即由此而来（图71-18）。这种刀很锋利，上述金马书刀的款识中标明系用"卅湅（漱）"的钢铁制作。李尤在《金马书刀铭》中，也用"巧冶炼刚"的句子来赞美它[18]。成都天回山所出者，刀身错有凤纹，为光和七年（184年）所制，是已发现之较完整的东汉书刀（图71-19）。

注释

①　甘肃省博物馆：《武威磨嘴子三座汉墓发掘简报》，《文物》1972年第12期。

②　连云港市博物馆等：《尹湾汉墓简牍》第164-165页，中华书局，1997年。

③　石雪万：《连云港地区出土的汉代"文房四宝"》，《书法丛刊》1997年第4期。

④　张家山汉墓竹简整理小组：《江陵张家山汉简概述》，《文物》1985年第1期。

⑤　陈梦家：《殷墟卜辞综述》第16页，科学出版社，1956年。尹润生：《中国墨创始年代的商榷》，《文物》1983年第4期。钱存训：《纸和印刷》（刘祖慰译），载李约瑟：《中国科学技术史》第5卷，第1分册，上海古籍出版社，1990年。

⑥　湖北孝感地区文物考古训练班：《湖北云梦睡虎地十一座秦墓发掘简报》，《文物》1976年第

9期。

⑦ 山西省文物工作委员会等：《山西浑源毕村西汉木椁墓》，《文物》1980年第6期。

⑧ 沈宜扬：《湖北当阳刘家冢子东汉画像石墓发掘简报》，《文物资料丛刊》第1集，1977年。

⑨ 甘肃居延考古队：《居延汉代遗址的发掘和新出土的简册文物》，《文物》1978年第1期。

⑩ 武可荣：《西汉漆盒石砚与毛笔出土简介》，《书法丛刊》1997年第4期。

⑪ 扬州博物馆：《江苏邗江姚庄101号西汉墓》；李则斌：《汉砚品类的新发现》，均载《文物》
1988年第2期。

⑫ 郑珉中：《对两汉古砚的认识兼及误区的商榷》，《故宫博物院院刊》1998年第4期。

⑬ 《中国漆器全集》第3卷，第51图，福建美术出版社，1998年。

⑭ 葛介屏：《肥东、霍邱县发现汉墓》，《文物》1959年第10期。

⑮ 偃师出土者，见《考古与文物》1997年第1期。焦作出土者，见《华夏考古》1995年第2期。昭平
出土者，见《广西出土文物》图版128，文物出版社，1978年。

⑯ 宋·高似孙：《纬略》卷五："古铜水滴色如漆，状极精，古旧物也。头有两角，口衔匜。"又引
《沈文通集·天禄研匜诗》云："张君赠我古研滴，四脚爬沙角如戟。肉翼络髀老兽姿，世不能
名眼未识。我知此为天禄儿，口衔一寸黄金匜。……"所记即此物。

⑰ 丁祖春：《四川大邑县马王坟汉墓》，《考古》1980年第3期。郭洪涛：《河南偃师商城博物馆
藏青铜器》，《考古与文物》1997年第1期。

⑱ 《御览》卷三四六引。

七二、文具 Ⅱ

简牍，帛书，玺印，封泥，泥筩

汉代的书写材料主要是简牍，纸在东汉虽渐趋普及，但简牍仍经常使用。依质地划分，简牍有竹、木两类。《论衡·量知篇》说："截竹为简，破以为牒。"牒就是通常所称竹简。《说文·竹部》："简，牒也。"木质的书写材料之制作则较费工。《量知篇》说："断木为椠，析之为板，力加刮削，乃成奏牍。"牍又名版，《说文·片部》："牍，书版也。"版又名方。《周礼·硩蔟氏》及《礼记·曲礼》郑注皆云："方，版也。"不过严格地说，方特指接近方形之版。《孔子家语·哀公问政篇》王注："方，方板。"是其证。牍、版、方都比一般竹简宽，常常是单片使用的（图72-3）。而与竹简之宽度相当的木条则名札。《汉书·司马相如传》："上令尚书给笔、札。"颜注："札，木简之薄小者也。"由于木札和竹简除质地外在用途上并无区别，所以也可将木札称为木简。无论木札或竹简，当连续书写多支时，均须编联成册（图72-2）。《仪礼·既夕礼》贾疏："编联为策，不编为简。"《春秋左传序》孔疏："单执一札谓之为简，连编诸简乃名为策。"策即册之通假字。编册之绳可用革绦，《史记·孔子世家》说孔子读《易》，"韦编三绝"，是其例。也有用丝绳的，如刘向《别录》记其所见《孙子》，"编以缥丝纶"（《御览》卷六〇六引）。多数用麻绳，它的专门名称叫"书绳"（乙258）。西北各地所获简册之犹存编绳者，皆为麻绳。

根据书写的内容之不同，简的长度亦有差别。最长的三尺简是"书法律"用的，故汉人有"三尺律令"（《汉书·朱博传》）、"三尺法"（《汉书·杜周传》）的说法。居延所出5.3、10.1、13.8、126.12等残简，可缀合成一条长67.5厘米的简，适合汉尺三尺，其内容正是诏令的目录。山东临沂银雀山出土的《元光元年历谱》，简长69厘米，亦合三汉尺。它是朝廷颁布的历朔，具有法律效力，所以也采用律令简的尺度。书写儒家经典，从理论上说要用2.4汉尺长的简。《论衡·谢短篇》说："二尺四寸，圣人文语。"《孝经钩命决》说："六经之策，皆称长二尺四寸"（《春秋左传序》孔疏引）。不过西汉前期这种作法尚未形成定制，安徽阜阳出土的《诗经》简，长24～26厘米，才合1.2汉尺。不过河北定县八角廊西汉墓出土的《论语》简，长16.2厘米，虽只相当汉尺8寸，却符合《仪礼·聘礼》贾疏引郑玄《论语·序》的说法："《易》、《诗》、《书》、《礼》、《乐》、《春秋》策皆二尺四寸，《孝经》谦半之。《论语》八寸策者，三分居一，又谦焉。"东汉时，书写经典之简的长度才遵循上述规定。甘肃武威磨嘴子6号东汉墓中出土的《仪礼》简册，长55.5～56.5厘米，正合2.4汉尺。皇帝的策书长2尺，敦煌悬泉置汉简中曾提到"二尺两行"（Ⅱ0114〔3〕·404）。它须用篆字书写（《后汉书·光武帝纪》章怀注引《汉制度》），但实例尚未见到。通用之简牍的长度则多为1汉尺。《后汉书·北海靖王传》及《蔡邕传》章怀注引《论文》均谓牍"长一尺"。故书札称"尺牍"（《汉书·陈遵传》），簿籍称"尺籍"（《汉书·冯唐传》）。传记及诸子书则称"尺书"（《论衡·书解篇》）或"短书"（同上书《谢短篇》），后一名称是和用长简书写的经典相对而言的。以158支敦煌与罗布淖尔出土简进行长度统计的结果，平均长23.22厘米，与文献所载亦相符。

为了突出皇帝的地位，策书以外的制书、诏书、诫敕等特用长1.1汉尺的简书写，称"尺一诏"（《御览》卷五九三引蔡质《汉仪》，《后汉书·周景传》）、"尺一板"（《汉旧仪》），或简称"尺一"（《后汉书·李云传》又《杨政传》，《续汉书·五行志》）。而且普通的一支简只写一行文字，尺一简较宽，写两行文字，故又称"两行"（《后汉书·光武纪》李注引《汉制度》），居延10.8、10.9号简上亦有此名称。图72-4是居延新出的两行简。

圆材如不解板制牍，只削成柱状多面体，则称为觚。《急就篇》颜注：觚"形或六面，或八面，皆可书。"《通俗文》："木四方为棱，八棱为柧也"（《玄应音义》卷七三引）。觚又名笘、篇。《广雅·释器》："篇、笘，籖也。"《说文·竹部》谓"颍川人名小儿所书写为笘。"篇则是"书僮竹笘"，可见汉代有竹觚。江陵凤凰山168号汉墓所出江陵丞告地下丞书，写在一块削出五面的弧形竹板上，即其例。竹觚制作较易，形状不太规范，故亦供儿童习字之用。规范化的木觚应为三棱形，《说文·木部》徐锴系传引《字书》："三棱为柧木。"《说文·木部》又说："柧棱，殿堂上最高之处也。"《西都赋》："设璧门之凤阙，上柧棱而栖金爵。"则柧棱是殿堂的正脊，它也是有两坡的三棱形。敦煌出土的《急就章》木觚，三个面，每面写21字，共写63字，正好写完《急就篇》的一章（图72-1）。此觚上部削出斜角，写"弟""一"两字，字间有孔，以备穿系。《说文·弟部》："弟，韦束之次弟也。"陈梦家认为第（同弟）是木札或木觚的单

图版72

觚

72-1

册
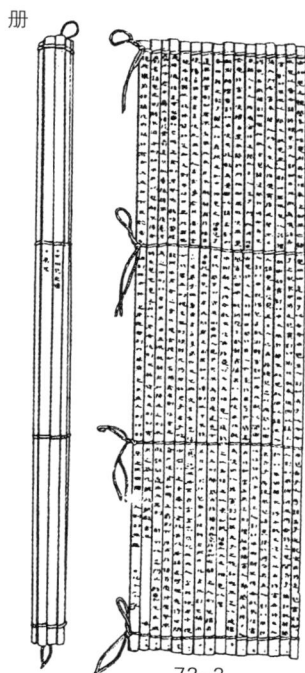
72-2

泥笭
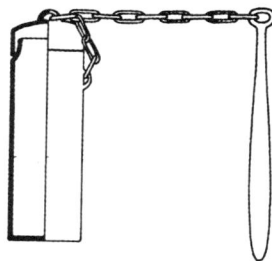
72-6

封泥

72-7

牍
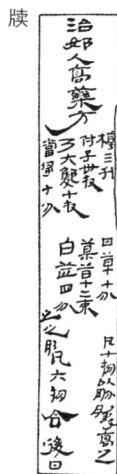
72-3

两行
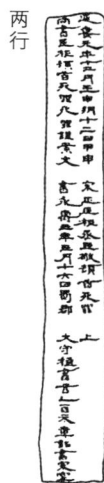
72-4

持牍者

72-5

龙钮玺

72-8

螭虎钮玺

72-9

龟钮印

72-10

鼻钮印

72-11

覆斗钮印

72-12

半通印
72-13

穿带印

72-14

子母印

72-15

位名称①，则此觚可视为一第。

牍没有穿孔，"一板书尽"，"不假连编"，所以每用于记小事②。它又可以"持之以见尊者"③，即《汉书·武五子传》所称"持牍趋谒"。汉·蔡质《汉官典职仪》谓级别不同之官员相见时，有"执板拜"、或"执板不拜"、或"执板揖"、或"执板对揖"等仪式（《续汉书·百官志》刘昭注引）。其所谓板，亦指木牍。汉画像石中常出现持牍晋谒的人物（图72-5）。专作此用的牍又名谒。《释名·释书契》："谒，诣也。诣，告也。书其姓名于上，以告所诣者也。"谒又称为刺，即《汉书·高帝纪》颜注所说："为谒者书刺。"刺上除书有姓名外，常书"再拜问起居"等字样。如南昌东晋墓出土的刺上一行直书："豫章吴应再拜问起居"④。这种刺应称为长刺或爵里刺。《释书契》说："下官刺曰长刺，长书中央，一行而下也。又曰爵里刺，书其官爵及郡县乡里也。"江苏连云港锦屏镇西汉墓出土之刺，上书文书三行："东海太守宝再拜""谒""西郭子笔"⑤。太守为一郡之最高行政长官，故其刺不采取长刺的形式。此外，牍还经常用来写信。云梦睡虎地4号秦墓出土的两封我国现存最早的信件，就是写在牍上的⑥。居延出土的〔71〕10·16号牍也是信牍。为了使书信的内容保密，还要用一块木板盖在上面，名检。《说文·木部》："检，书署也。"徐传："书函之盖，三刻其上，绳缄之，然后封以泥，题书其上而印之也。"则检相当于信的封套。将检与牍用绳捆在一起，而于缄绳的交叉处押封泥，若他人擅自开启，便有痕迹可查（图112-9）。多数封检上只押一枚封泥。书牍内容重要的，押两枚封泥，称为"重封"（《独断》卷上）。还有押三枚的，称"参封"；押四枚的，称"累封两端"；押五枚的，则称"五封"（均见《汉书·平帝纪》如淳注引《汉律》）。封缄所用之绳因在书函开拆后便成弃物，故不像编册用绳那么讲究。据云梦简《司空律》，秦代封书可用菅、蒲、蔺等草或麻枲。汉代仍沿袭此制，汉简中屡见有关"蒲封"的记事（157·13，185·11，183·15A）。王献唐《临淄封泥文字叙目》谓自封泥背面观察，封缄所用之物有双股细麻线、麻皮或葛藤等，足证古人对物力之珍惜。不过"封传诏书"时仍用"书绳"（456·5A），以示郑重⑦。如果信件是用多支简札写成的，可盛在书囊中，捆绑囊口之绳缠在窄条形的小型检内固封。《汉书·赵皇后传》："中黄门田客持诏记，盛绿绨方底，封御史中丞印。"施检之书囊的实物尚未发现，但沂南画像石之"上计图"中有它的形象⑧。马王堆1号汉墓出土的竹笥，亦施检缄封，加盖"軑侯家丞"等印章，其制当与封书囊的方式类似（图87-1）。宫廷中所用书囊常为绿囊，皇帝的玺书用青囊（《汉旧仪》卷上），边郡的紧急公文"奔命书"用赤白囊（《汉书·丙吉传》），而密奏封事则用皂囊（《后汉书·蔡邕传》章怀注引《汉官仪》，《独断》卷上）。《后汉书·公孙瓒传》说袁绍"矫刻金玉以为印玺，每有所下，辄皂囊施检"。袁绍用皂囊，不唯逾制，而且也是在故神其事。

汉代的印有两种意义：一.如《说文·印部》所说："印，执政所执信也。"用以作为凭记并表明身分，故汉官皆佩印绶。二.如《释名·释书契》所说："印，信也，所以封物以为验也。"即用于封检。有的印是专供封检用的，如江苏邗江胡场王奉世墓所出"封信愿君自发"印，满城1号墓所出"信""私信"等小玉印，皆是其例⑨。官印则有一定的制度。西汉初的官印约二厘米见方，武帝以后渐增至2.3—2.5厘米见方，即《汉书·严助传》所称"方寸之印"。咸阳出土的"皇后之玺"螭虎钮玉印，则达2.8厘米见方（图72-9）。汉代称方形官印为通官印（《汉旧仪补遗》）。一种长方形印，面积仅合方寸印之半者，则称为半通或半章。扬雄《法言·孝至篇》："五两之纶，半通之铜。"《后汉书·仲长统传》李注引阚骃《十三州志》："有秩、啬夫，得假半章印。"这种印多为乡官等低级官员所用（图72-13）。古玺用阳文者尚多，至汉代，无论玉玺或半通，率皆白文，钤押在封泥上，则显出醒目的凸起字样。文官及侯印多铸字，武官印多刻字⑩。

官印一般为铜质，御史大夫等比二千石以上之官用银印，诸侯王、丞相等用金印，皇帝之玺用玉。印钮之形制亦繁，常见的有龟钮（图72-10）、鼻钮（图72-11）、覆斗钮（图72-12）等。龟钮之印须千石以上的官员才能使用。西汉的龟钮腿短，身姿较低；新莽至东汉的龟钮身姿较高，头部昂起。广州南越王墓中曾出土龙钮金玺（图72-8）。别处的少数民族和外国君长之印，多用驼钮或蛇钮。其他各种钮的使用范围则不甚严格。但伪造官印属于重罪。张家山汉简《贼律》："伪写皇帝信玺、皇帝行玺，腰斩以徇。""伪写彻侯印，弃市；小官印，完为城旦舂。"私印中则有穿带印（图72-14）、子母印（图72-15）等式样，这种印除姓名印外，另一个多刻姓字，或为臣字印。

封检所填之泥通常用黏土。《淮南子·齐俗》："若玺之抑埴。"《荀子·性恶篇》杨注："埴，黏土也。"皇帝则用"武都紫泥"（《汉旧仪》）。此制已行于秦代，存世带田字格的"皇帝信玺"封泥，应为秦代物，用的已是紫色的泥（《封泥考略》卷一）。邓训"好青泥封书"（《御览》卷六〇六引《东观汉记》）。封泰山之玉牒则缄以"金泥银绳"（《风俗通义》）。《续汉书·百官志》谓守宫令主封泥。出土的封泥有的坚硬如陶片，所用之泥当经过淘洗，其背面多有缄封之绳的印痕。但由于缄封方式不同，遗存之封泥的式样亦有别。早期封泥多直接押于检面上，称"平检"，常作不规则的扁圆形。之后，在检面上刻出横断的凹缺，称"印齿"，用它押封后留下的封泥之上下两端与印齿平齐，左右两侧则自然外溢。再后，在检面上挖出方槽，称"玺室"，封泥填在方槽中，四边均受到约束，从而显得较方整，这也是最牢固的封检方法（图72-7）。以上几种封泥的背面皆有绳痕，有时由于绳已压入泥中，遂留下绳孔[11]。不过也有些封泥不押在缄绳上，比如"露布"文书，因属公告性质，不加封护，但其上之作为凭信的印记，背面自无绳痕[12]。再如本书图9-7所举"大司农平斗"等官颁量器所施封泥，亦不可能出现绳痕。贮泥之器有铜制之泥筩，常与石砚共存，洛阳烧沟、山西太原及朔县、河北望都等地的汉墓中均曾发现，朔县赵十八庄1号汉墓中的泥筒，出土时筩内尚贮暗红色的泥[13]。汉代的泥筩以陕西华阴东汉刘琦墓所出者最完整，并附有填泥用的铜杵，二者用铜链连接在一起（图72-6）。

至于帛书，先秦时已有。《墨子·明鬼篇》中已经提到"书之竹帛"，但帛素价昂，东汉·崔瑗《与葛元甫书》犹说"贫不及素"（《北堂书钞》卷一〇四引），故其用不广。加以帛素在地下易朽，所以历来很少出土。1973年长沙马王堆3号汉墓中发现了保存在漆奁内的大批帛书，共12万多字，大部分用朱丝栏墨书。出土时有的折叠成长方形，有的卷在扁木片上。经揭裱拼缀，遂使两千多年前的若干古佚书得以重现，堪称是旷世的奇珍了。

注释

① 陈梦家：《由实物所见汉代简册制度》，载《汉简缀述》，中华书局，1980年。

② 《仪礼·聘礼》贾疏。

③ 《急就篇》颜注。

④ 江西省博物馆：《江西南昌晋墓》，《考古》1974年第6期。

⑤ 纪达凯：《连云港出土两千年前的名片》，《文物报》1986年4月18日。

⑥ 见本书第七一篇注⑥所揭文。

⑦ 汪桂海：《汉代官文书制度》第16、130、134页，广西教育出版社，1999年。

⑧ 扬之水：《沂南画像石墓所见汉故事》，载《古诗文名物新证》，紫禁城出版社，2004年。

⑨ 邗江出土者，见《江苏邗江胡场五号汉墓》，《文物》1981年第11期。满城出土者，见《满城汉墓发掘报告》上册，第141页。

⑩ 陈直：《汉书新证》第143页，天津人民出版社，1979年。

⑪ 孙慰祖：《封泥的断代与辨伪》，《上海博物馆集刊》第8期，2000年。

⑫ 汪桂海：《汉代官文书制度》第16、130、134页，广西教育出版社，1999年。

⑬ 烧沟出土者，见《洛阳烧沟汉墓》第183页。太原出土者，见《太原东太堡出土的汉代铜器》，

《文物》1962年第4、5期。朔县出土者，见《山西朔县西汉并穴木椁墓》，《文物》1987年第6期；《山西省朔县赵十八庄一号汉墓》，《考古》1988年第5期。望都出土者，见《望都二号汉墓》第96图。

七三、文具 Ⅲ

纸，石经

纸是汉代劳动人民对世界文明作出的重大贡献。它柔韧、轻便而且价格低廉，远胜此前所曾采用过的任何一种书写材料。没有纸，则书籍的大量刊布、教育的广泛普及、文化的迅速发展，都将成为极其困难的事。

《说文·系部》："纸，絮一箈也。"段注："按造纸昉于漂絮，其初丝絮为之，以箈荐而成之。"《汉书·外戚传》中提到在包药用的赫蹏上写字的事，颜注引应劭曰："赫蹏，薄小纸也。"师古曰："赫字或作繫。"《说文·系部》："繫，繫缕也。一曰恶絮。"则漂絮确能形成赫蹏。但这样形成的薄层丝絮，与纸是完全不同的东西，把它再浸到水中，就会重新解散成丝纤维。因为丝纤维是动物蛋白，不可能像植物纤维一样，于打浆抄制后在纤维间产生氢键结合而成为纸。

不过，西汉时确已有纸。1973—1974年在居延金关西汉宣帝时的遗物中、1978年在扶风中颜西汉晚期窖藏中、1979年在敦煌马圈湾西汉烽隧遗址中均发现过纸[①]。它们皆以破旧的麻絮、麻布、绳头等为原料，已经过简单的切、舂、打浆和抄造，然而纤维交织状态差，纸面粗糙不平，尚不能代表西汉纸的水平。1986年在甘肃天水放马滩5号西汉文、景时的墓葬中出土了纸质地图残片，纸面平整，上用细墨线绘出山脉、河流、道路等图形（图73-1）。1998年在敦煌小方盘城（玉门关址）以南的废墟中出土麻纸多片，其中一片上有清楚的字迹，内容是私人信件，同出的木简中有绥和二年（前7年）纪年，表明它是西汉遗物（图73-2），则此时纸已经作为书写材料使用了[②]。

到了东汉初，纸大量进入书写领域。《风俗通》说："光武车驾徙都洛阳，载素、简、纸经凡二千两"（《御览》卷六一九引）。这里将纸与素、简并列，没有产生误解的余地。从此，书写的要求遂成为推动造纸技术改进的重要力量。至2世纪初，在蔡伦主持下，造纸技术出现了一次飞跃。这时在原料中增加了"树皮"和"鱼网"（《唐类

图版73

放马滩纸

73-1

小方盘城纸

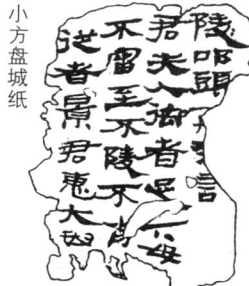

73-2

石经

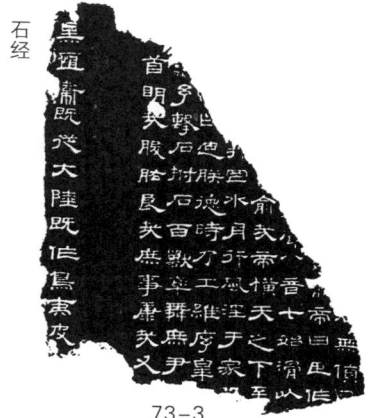

73-3

东汉造纸的十一步流程

原料浸湿　　　切碎　　　洗涤　　　浸灰水

蒸煮　　　舂捣　　　洗涤

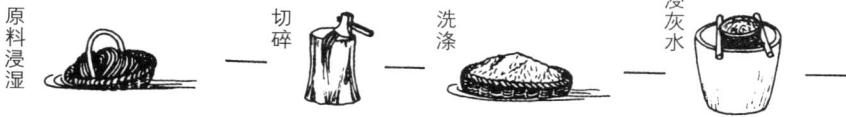

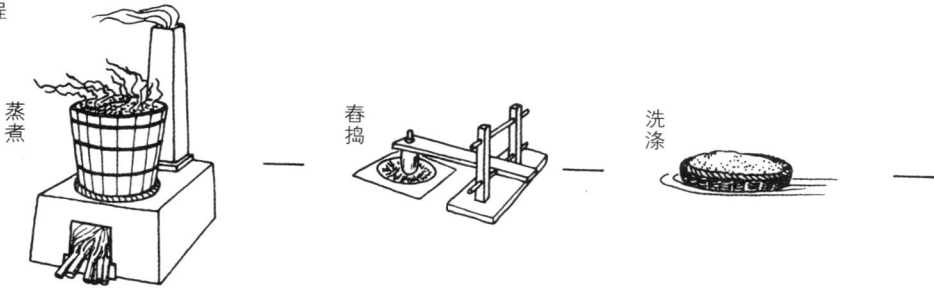

打浆　　　抄纸　　　晒干　　　揭下压平

73-4

函》卷一〇七引《东观汉记》）。用树皮造纸是一项新技术，它开辟了木浆纸的先河。可是要把树皮造成纸浆，仅用类似沤麻的石灰发酵法是不够的，还必须反复春捣、脱胶，并以强碱液蒸煮。鱼网的网结硬，也必须施以强化的机械处理和化学处理，而这一套新技术应用到麻纸生产上，又必然使后者的质量得到改进。1974年在甘肃武威旱滩坡出土的东汉晚期字纸，以麻纤维为原料，但已不是西汉时那种粗糙的麻纸，而是一种单面涂布加工纸。纸厚0.07毫米，涂层均匀，纸面平整。它的纤维帚化程度高，交结紧密，是迄今已发现的汉代制作得最精工的纸张。它至少要经过浸湿、切碎、洗涤、浸灰水、蒸煮、春捣、二次洗涤、打浆、抄纸、晒干、揭压等工序才能制成（图73-4）。这一点已为现代的摹拟实验所证实③。

出土旱滩坡纸的墓葬从葬式、葬具的情况看，墓主人生前没有很高的社会地位，这些纸原是用来衬裱一辆木牛车的，可见它还不能代表当时的高级书法用纸。据唐·张怀瓘《书断》等书记载，东汉建安时有著名的造纸家左伯。左伯是东莱人，东莱一带遂成为我国最早的优质纸产地。齐·萧子良《与王僧虔书》称其纸"妍妙辉光"，即精细、洁白、光滑。陈·徐陵《〈玉台新咏〉序》中，也仍然推崇"五色花笺，河北、胶东之纸。"于西汉时发明的造纸术，至东汉末已达到相当高的水平了。

汉代虽已发明造纸，但尚未发明使纸在文化教育事业中充分发挥作用的印刷术。然而东汉时的刊刻石经之举，对于促成印刷术的发明，却有一定的作用。东汉灵帝熹平年间，因鉴于经书辗转抄写，错误很多，所以用石材刻成定本立在太学，以便校对是正。至光和六年（183年），刻出七种今文经传，立石46块。刻石皆作长方形，每面约35行，每行约75字。当时前来瞻读摹写的人很多，每日有车乘千余辆，填塞街陌，成为学术史上的一件大事。东汉太学遗址在今河南偃师佃庄，此处自上世纪初以来，屡屡出土残石，现在还时有发现（图73-3）。

石经初刊成时，我国尚未发明传拓技术，但这种技术的发明至迟不晚于晋代。王羲之学书，得力于汉石经。石经立在北方，身居江南的王羲之何以得见？所以当时已应有拓本。《隋书·经籍志》"石经"条说："其相承传拓之本犹在秘府。"可见隋时仍存前代的石经拓本。可以认为，拓墨技术的发明与对石经经文的需求实有密切的关系。而由于这种方法的启发，最后导致刻版印刷术的发明。应是汉石经之间接的、但意义更为深远的影响。

注释

① 金关纸，见《居延汉代遗址的发掘和新出土的简册文物》，《文物》1978年第1期。中颜纸，见《陕西扶风中颜村发现西汉窖藏铜器和古纸》，《文物》1979年第9期。马圈湾纸，见《敦煌马圈湾汉代烽燧遗址发掘简报》，《文物》1981年第10期。

② 1957年在西安灞桥一座西汉墓中出土的"灞桥纸"，经当时轻工业部造纸研究所取样检查，认为不是纸。其中一项最具直观性的理由是：这片原来垫在铜镜下面的"纸"，其边缘的弧度与镜子的圆形相近，通过显微观察，大多数纤维在边缘处并不断开，而是绕过边缘又折回来。研究者并发表了此"纸"边缘处纤维折回状况之放大70倍的照片，清晰地显示出折返的纤维相当密集（王菊华、李玉华：《从几种汉纸的分析鉴定试论我国造纸术的发明》，《文物》1980年第1期）。所以此报告称："这说明纸（指灞桥纸）对铜镜的关系不是包裹而是衬垫；作为圆形衬垫物，其形状不是剪切而成，而是依靠纤维的自然折回形成的。也就是说，此纸的薄片不是抄造而成，而是纤维自然堆积而成。"后来许鸣岐对此纸又作了检验，认为灞桥纸仍是纸（许鸣岐：《考古否定了蔡伦造纸》，《光明日报》1980年12月3日）。但许文中举出的数据与以前的鉴定结果出入很大。如造纸所认为此纸之大多数纤维和纤维束都较长，有的达70毫米。许文称此纸的纤维短细均匀，平均长度1.09毫米。纸的厚度据刘仁庆测得的数据是0.139毫米（刘仁庆等：《我国古纸的初步研究》，《文物》1976年第5期），许文则称厚0.085毫米。令人无所适从。关于上述纤维在边缘处折回的问题，许文认为："这种现象的产生可能由于上一次漉造后粘附在纸模四边框架上的长纤维没有清洗掉，而待再次漉造时，纸模与浆液相遇，使粘附在框架上的纤维经浆液晃荡而脱离框架漂浮到纸边，纤维一端与纸表面交结，而另一端不是延伸在纸外，就是折回到纸面上，经过干燥就固定在纸面上。"但纸模的框架不会和镜子外缘的形状重合，此解释难以令人信服。故本书暂不将"灞桥纸"作为真正的纸看待。然而纵使"灞桥纸"不是纸，但西汉已发明纸，且这时的纸已进入书写领域的事实，并不因之而动摇。

③ 潘吉星：《从出土古纸的模拟实验看汉代造麻纸技术》，《文物》1977年第1期。

七四、算筹，圭表，漏壶，日晷，地动仪

计算是进行科技活动的基础之一，我国古代主要用筹算。从《仪礼·乡射礼》"一人执算以从之"，《老子》"善计者不用筹策"等记载看，春秋战国时期筹算已相当普遍。计算的用具多为竹质算筹，汉代名筹，唐以后多称之为算子。《说文·竹部》："筹，长六寸，计历数者。"《汉书·律历志》则说它"径一分，长六寸"。可见它们是一些短而细小的竹棒。在我国，占筮的出现可能比筹算早些，它用的是长短不同的蓍草（菊科的锯齿草）茎，"十有八变而成卦"（《易·系辞传上》）。其参伍排比的作法从表面看确与筹算有相近之处，可见古人无论占卦或计算皆习用此类小棒。所以有理由推测，算筹的使用在某种程度上曾受到蓍占的影响①。汉代的竹算筹在湖北江陵凤凰山168号西汉墓一个盛文具的竹笥中与笔、墨、砚、牍等同出，长约七汉寸。广州南越王墓出土的算筹用象牙制作，长度在五至六汉寸之间。而陕西千阳西汉墓出土的骨质算筹，长13.5厘米左右，正与六汉寸相当②（图74-2）。《盐铁论·贫富篇》说"运之六寸，转之息耗"，则汉代的算筹应以六寸为常制。南北朝以后，算筹的长度逐渐减短。算筹以271根为一个备用的单元，称为一握。运算时要先布出筹码。筹码有纵横两式，数字一至九的纵式排法为：丨、丨丨、丨丨丨、丨丨丨丨、丨丨丨丨丨、丅、丅丅、丅丅丅、丅丅丅丅，横式为：一、二、三、三、三、⊥、⊥、⊥、⊥。布筹由左到右横列，筹码纵横相间。《孙子算经》说："凡算之法，先识其位。一纵十横，百立千僵。千十相望，万百相当。"筹码列在算盘上，盘上画有方格，置于单位者是单数，置于十位者是十数，余类推③。9以上的数进一位，空位上则不放算筹。这时虽然没有表示空位的符号，但由于采用十进位值制，所以既方便又不容易出错。计算时，加减法都从左到右，逐位相加或相减。乘除则用口诀（九九表）进行运算。而这时在西方还没有如此便利的计算方法。古希腊用全部希腊字母表示一到一万的数字，不够用的时候则在字母旁增添符号。罗马用I、V、X、L、C、D、M等字母组织起来表示数字。他们均不知用位值制，运算功能逊于

图版74

漏壶

74-1

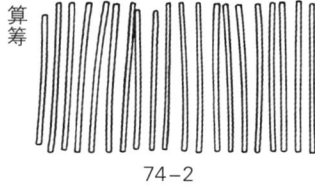

算筹

74-2

日中

使用托克托日晷的

日出

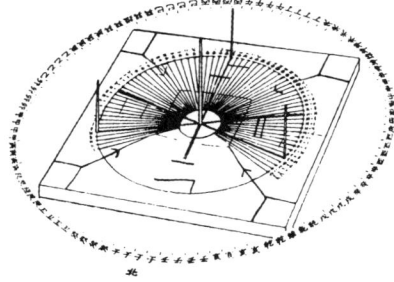

北

74-3

日入

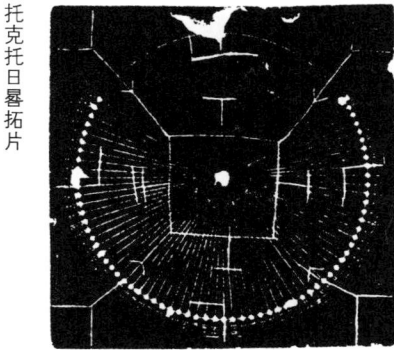

托克托日晷拓片

74-4

圭表

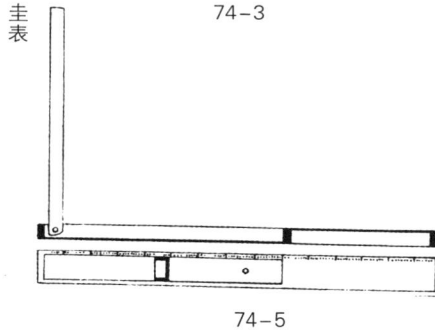

74-5

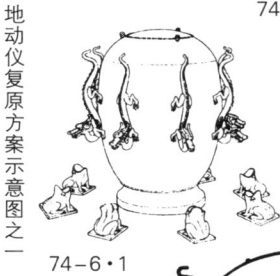

地动仪复原方案示意图之一

74-6·1

地动仪复原方案示意图之二

74-7·1

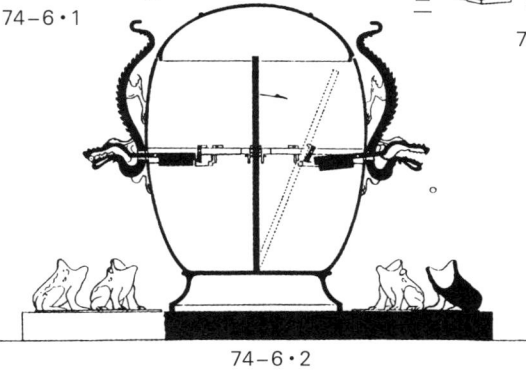

74-6·2

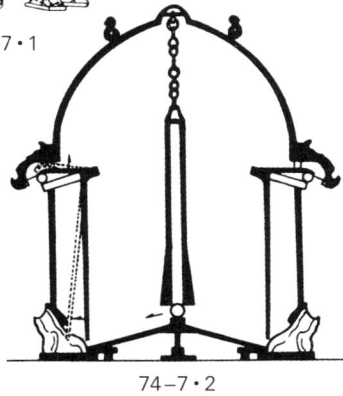

74-7·2

筹算。

　　而在农业社会中，观测天象，"敬授人时"（《尚书·尧典》），以指导安排农事，是国家的一项重要职能。我国出现得最早、沿用得也最久的测象仪器是圭表。表即垂直于地面的标杆，以备在日光照射下投影；圭即平置于地面的土圭，用于度量日影的长度。太阳虽然每天东升西落，但在不同季节中的出没方位和正午高度是不相同的，并有着周期变化的规律。用圭表测量、比较和标定日影的周日、周年变化，可以定方位、测时间、划分季节、求得周年常数，进而制定历法。从上古到清代，验证新历或改革旧历，往往都以测影的数值为据。因此，中国古天文学或被称为靠测影起家。远在西周初年，我国已有用圭表进行观测的记载。《逸周书·作雒解》说："周公将致政，乃作大邑成周于土中。"土中又称"地中"。《周礼·大司徒》："日至之景，尺有五寸，谓之地中。"先郑注："土圭之长尺有五寸，以夏至之日，立八尺之表，其景适与圭等，谓之地中。"表高八尺，约与人体高度相当，这是一个适中的数字。因为从理论上讲，用圭表测影以求二至，是能够得出较准确的结果的。但在实际观测时，表的高度却是个问题：表低了，投影也短，其长度量不精确；表高了，则影端虚淡，不易测量。我国现存最早的圭表是在江苏仪征石碑村1号东汉墓中出土的，铜质，圭中有槽，槽中容表，一端有轴，测影时可将表立起。其表高为19.2厘米，只合汉尺八寸，表明它是当时正规圭表之1/10缩尺的袖珍件（图74-5）。它虽因尺寸小，精度较差，但却把圭和表合为一体，便于携带，反映出这时圭表的使用已经相当普遍。正式观测所用之表，当如晋·郭延生《述征记》所记长安灵台之铜表，"高八尺"（《三辅黄图》卷五引），方敷应用。

　　用圭表测影，表影最短时即为这一天的日中。所以我国早期的漏壶曾与圭表配合使用。《史记·司马穰苴列传》："穰苴先驰至军，立表下漏待（庄）贾。""日中而贾不至，穰苴则仆表决漏。"索隐："按立表，谓立木为表以视日景；下漏，谓下漏水以知刻数也。"可见这时用圭表测日中以校漏，亦可知漏壶的出现当不晚于春秋时，但已发现的实物均属汉代。近年在陕西兴平东门外空心砖墓、河北满城1号墓及内蒙伊克昭盟杭锦旗的沙丘中，曾先后发现三件西汉铜漏，均为单壶泄水型沉箭漏[④]。其中以杭锦旗出土者体积最大，通高47.9厘米，壶身作圆筒形，下有三蹄足。接近器底处有一出水管，上有双层提梁。在壶盖和双层提梁的当中有上下对称的三个长方孔，用以安插并扶直浮箭（图74-1）。此壶内底铸出"千章"二字，壶身外面有刻铭："千章铜漏一，重卅二斤，河平二年（前27年）四月造。"在第二层梁上并加刻"中阳铜漏"四字。因知此漏原在干章，后归中阳。西汉时，它们同为西河郡所属之县⑤。

漏壶起漏后，壶内之水自出水管逐渐滴出，浮箭随之下沉，从而可根据箭上的刻度看出时间的变化。但当壶中盛满水时，因压力大而滴漏快；水量减少水压降低后，滴漏的速度又变慢，这对测时会产生不利的影响。为了解决这个问题，汉代曾对出水管口加以控制。兴平铜漏内壁上有圆形云母片，可能就是用于调节流量的。虽然如此，但如何使漏壶中的水位和水压保持均衡，在汉代尚未能解决。所以这时的漏壶对其校准设备如圭表和日晷存在着相当大的依赖性。

现存最早之日晷也是汉代的，可靠的实例只有两件。一件于1897年出土于内蒙古托克托，由中国国家博物馆收藏（图74-4）。此晷用方形致密泥质大理石制成，因石质细腻，过去曾称之为"玉盘日晷"。有些书还曾把它的出土地点误记为贵州紫云。其晷体边长27.4厘米，厚3.5厘米。晷面中央为一圆孔，直径1厘米，不穿透。以中央孔为心刻出两个同心圆，内圆与外圆之间刻有69条辐射线，占去圆面的大部分，而余其一面未刻。辐射线与外圆的交点上钻小孔，孔外系以1—69的数字，各辐射线间的夹角相等，补足时可等分圆周为100份，正与一日百刻之数相当。另在两圆之间刻有一正方形，其外刻有所谓TLV纹，但粗率而不规整，应非同时所刻。同类型的日晷在周进《居贞草堂汉晋石影》一书中还著录了一件，山西右玉出土，仅存一小角残石，复原后，晷面刻纹应与托克托晷相近。此外，还有据说是洛阳金村出土的一件，现为加拿大安大略皇家博物馆收藏，实系据托克托晷摹刻之赝品⑥。这类日晷与后世的赤道式日晷不同，不能据表影随时直接读出时刻，它仅仅用于校漏。桓谭《新论·杂事篇》说，漏刻"昼日参以晷景，暮夜参以星宿，则得其正"。《续汉书·律历志》也说："漏所以节时分，……当据仪度，下参晷景。……以晷景为刻，少所违失。"使用时，须将晷体放正摆平，在晷心的大孔中立"正表"，在外圆的小孔中立"游仪"。将正表与游仪照准日出、日入时的太阳位置，就可以计算出当日的白昼长度，使掌漏的人员据以调整昼夜漏刻，确定换箭日期（图74-3）。晷面之所以只刻出69条线共68刻者，是因为夏至最长的昼漏是65刻，故日晷上的刻线已足敷测影之用。并且，漏壶的流速还可据日晷测日中或用浑仪测中星求出夜半加以校准。所以昼漏和夜漏又各依此校准点分成两段，前一段称昼（或夜）漏上水或上，后一段称昼（或夜）漏未尽或下。至于晷面上刻出的TLV纹，则是象征天宇的符号，详见本书第六九篇，与测影的用途无关。

不过，有些学者对这种日晷的性能有不同的看法。一种意见认为它是赤道式日晷，并在此基础上设计出不同的正表和游仪，使之不仅能测定时刻，而且能测定节气。但在我国，赤道式日晷发明于南宋时，为汉代所不曾有。上述设计方案实际上是对汉代日晷的改装，而不是严格地予以复原。另一种意见认为这种日晷仅用于测定方向[⑦]。然而此说对晷面上何以标出代表一日百刻的刻度却无法解释。何况我国在发现磁北之前，早已能利用圭表据日出、入时的方位或照准北极星测出真北。就测定方向而言，全无制作如此复杂的日晷之必要。

　　除了观测历象之外，汉代还有用于检测地震的仪器。《后汉书·张衡传》说："阳嘉元年（132年），（张衡）复造候风地动仪。以精铜铸成。员径八尺，合盖隆起，形似酒尊，饰以篆文、山、龟、鸟、兽之形。中有都柱，傍行八道，施关发机。外有八龙，首衔铜丸；下有蟾蜍，张口承之。其牙机巧制，皆隐在尊中，复盖周密无际。如有地动，尊则振，龙机发吐丸，而蟾蜍衔之。振声激扬，伺者因此觉知。虽一龙发机，而七首不动，寻其方面，乃知震之所在。验之以事，合契若神，自书典所记，未之有也。尝一龙机发，而地不觉动，京师学者，咸怪其无征。后数日驿至，果地震陇西，于是皆服其妙。后乃令史官记地动所从方起。"此物虽久已失传，但这段记载相当明确，所以引起中外学者的注意。1875年日本学者服部一三最先对张衡的地动仪进行复原研究，其后从事这项工作的不下十余家，其中王振铎的复原方案最著名[⑧]。王氏自1936年至1963年长期关注和研究这一课题。他制作的模型外观典雅，被不少人误认为代表出土物。实际上此模型连模拟实验也未曾做过。其内部用于测震的关键部件是被认为代表都柱的直立杆；地震发生后，当地面开始垂直颤动时，直立杆便会倾倒（图74-6）。而且倾倒的方向是随机的，完全不反映"震之所在"；甚至对各种非地震所产生的地面垂直振动也没有分辨能力，与张衡的地动仪在性能上几乎没有共同点。另一派学者则认为都柱指悬垂摆。冯锐等于2004—2005年制作的模型，将"都柱"悬挂在仪器腹中[⑨]。受到地震带来的使地面水平晃动、振幅较大且持续时间较长的瑞利面波的激发，会引起都柱摆动，其方向大体与地震射线的走向平行（图74-7）。但由于后续的瑞利波的反复作用，此都柱会在入射面的±45°的范围内摇摆。因此产生的问题是：由于摆动是正负双向的。如震源来自东方，而都柱所触发的龙首吐丸，却既可在东、亦可在西，甚至不排除或东北、或东南、或西北、或西南之四道中的某道亦发生吐丸现象的可能。所以它同样无从测知"震之所在"，"记地动所从方起"。张衡的地动仪却既能检验地震的发生，还能测出其发生的方位。对此不仅《后汉书》言之凿凿，司马彪的《续汉书》也说："如有地动，樽则震，寻其方面，知震所在"（《御览》卷二三五引）。袁宏《后汉纪》（卷一九）也说它能够"知地震所起从来也"。有关东汉的史料记载较多，除当时史官奉诏撰写的《东观汉记》外，还有谢承、薛莹、华峤、谢沈、张莹、袁山松、张璠诸家之有关东汉的史作。这些书多为范晔、司马彪、袁宏所及见。因此，上述关于张衡地动仪之性能的记载应可信据。当然必须承认，2004—2005年的模型有验震的功能，胜王氏之作一筹，但仍不能测向。要做到这一点，尚须进一步理清地动仪的作用原理和传动机制。这当中，看来还有一段路要走。

由于对古文献的误解，今人还制出了所谓汉代的"司南"（磁体指南仪）模型，相当有名气，却全不足取，只不过是一种既没有根据又无法验证的设想而已⑩，兹不赘述。

注释

① 后世仍有将算筹与蓍茎互相通用的。元·陶宗仪《南村辍耕录》卷二〇："九天玄女课，其法折草一把，不计茎数多寡，苟用算筹亦可。"

② 钟志成：《江陵凤凰山一六八号汉墓出土一套文书工具》，《文物》1975年第9期。《西汉南越王墓》上册，第140页。宝鸡市博物馆等：《千阳县西汉墓中出土算筹》，《考古》1976年第2期。

③ 明·吴敬《九章详注比类算法大全》（景泰元年，1450年）讲的仍是筹算，但在介绍一种快捷计算法"河图书数歌诀"时说："免用算盘并算子，乘除加减不为难"（《李俨、钱宝琮科学史全集》卷8，第19页，辽宁教育出版社，1998年）。这里提到的算子即算筹；算盘即布筹所用之盘，而不是指珠算的算盘。当然也有作简化处理、直接布筹不用算盘的。如宋·张耒《明道杂志》说卫朴演算时，"布算满案"。宋·马永卿《懒真子》卷五说某卜者计算时，将算子"布地上长丈余"。均是其例。

④ 兴平漏，见《陕西兴平汉墓出土的铜漏壶》，《考古》1978年第1期。满城漏，见《满城汉墓发掘报告》上册，第76~77页。干章漏，见《内蒙古伊克昭盟发现西汉铜漏》，《考古》1978年第5期。

⑤ 此地名在《汉书·地理志》中作"千章"，漏壶铭文作"干章"，应以壶铭为是。

⑥ 孙机：《托克托日晷》，《中国历史博物馆馆刊》总3期，1981年。

⑦ 刘复：《西汉时代的日晷》，《国学季刊》3卷4期，1932年。李鉴澄：《晷仪——我国现存最古老的天文仪器之一》，《科技史文集》第1辑，1978年。

⑧ 王振铎：《张衡候风地动仪的复原研究》，《文物》1963年第2、4、5期。

⑨ 冯锐、武玉霞：《张衡候风地动仪的原理复原研究》，《中国地震》第19卷，第4期，2003年。冯锐等：《张衡地动仪的科学复原》，中国地震台网中心，2005年。冯锐等制作的模型，后来在外观上又作了改动，但内部结构未变。

⑩ 孙机：《简论"司南"兼及"司南佩"》，《中国历史文物》2005年第4期。同作者：《再论"司南"》，《中国国家博物馆馆刊》2018年第7期。

七五、地图，星图

　　地图在我国的起源很早。《尚书·洛诰》："周公经营洛邑，遣伻来以图及献卜。"伪孔传说，这是"遣使以所卜地图及献所卜吉兆来告成王"。可知西周初已有地图。又《周礼·大司徒》："大司徒之职，掌建邦之土地之图与其人民之数，佐王安抚邦国。以天下土地之图，周知九州之地域广轮之数，辨其山林、川泽、丘陵、坟衍、原隰之名物。"郑注认为这就是"土地之图，若今司空郡国舆地图"。所谓"司空郡国舆地图"，乃是东汉时的说法。因为汉代政府的地图本由御史大夫府掌管。《史记·武帝纪》载，元狩六年"御史大夫奏舆地图，请所立国名"。至哀帝元寿二年，立三公官，以御史大夫为司空，所以东汉建武十五年封皇子时，就由"大司空上舆地图"了。这时大范围的地图已能提供地形、土壤、水文、植被等方面的情况。

　　同时，地图在军事行动中也有重要的作用。指挥官在作战之前先要研究地图。《管子·地图篇》："凡兵主者必先审知地图，辕辕之险，滥车之水，名山、通谷、经川、陵陆、丘阜之所在，苴草、林木、蒲苇之所茂，道里之远近，城郭之大小，名邑、废邑、困殖之地，必尽知之。地形之出入相错者，尽藏之。然后可以行军袭邑，举措知先后，不失地利，此地图之常也。"所以《汉书·淮南王传》说，淮南王刘安准备起兵时，"日夜与左吴等按舆地图，部署兵所从入"。居延简中也有"徐路人等以治舆地图，帛薄毋馀素□宗钱千"（217.7，49.15）之记事。徐等绘制的当是边塞的地图。可见地图在实战中作用很大，因而必须具有相当的准确性。而这一点，业已为考古发现所证实。

　　我国古地图已知最早的实例出土于甘肃天水放马滩秦墓，是绘制在木牍上的。同地之西汉墓中还发现过西汉早期的纸质地图残片。保存状况较好的汉代地图出土于长沙马王堆3号西汉墓。同出之图有三幅：《地形图》、《驻军图》、《城邑和园寝图》，都是绘在帛上的。其中《地形图》所表现的范围最大，约包括东经111°至112°30′，北纬23°至26°之间的地区，相当于今广西全州、灌阳一线以东，湖南新

图版75

星图

75—1

彗星图

75—2

驻军图

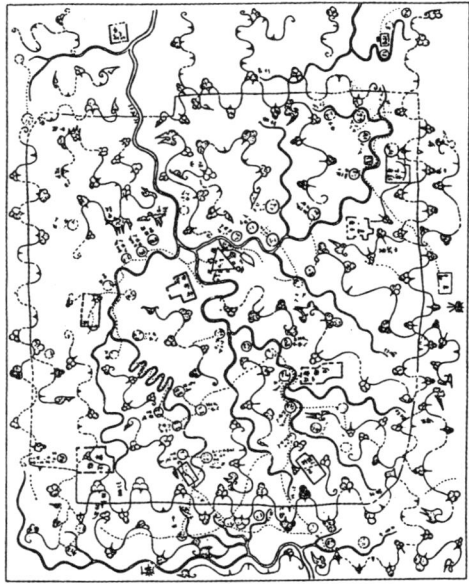

75—3

地形图

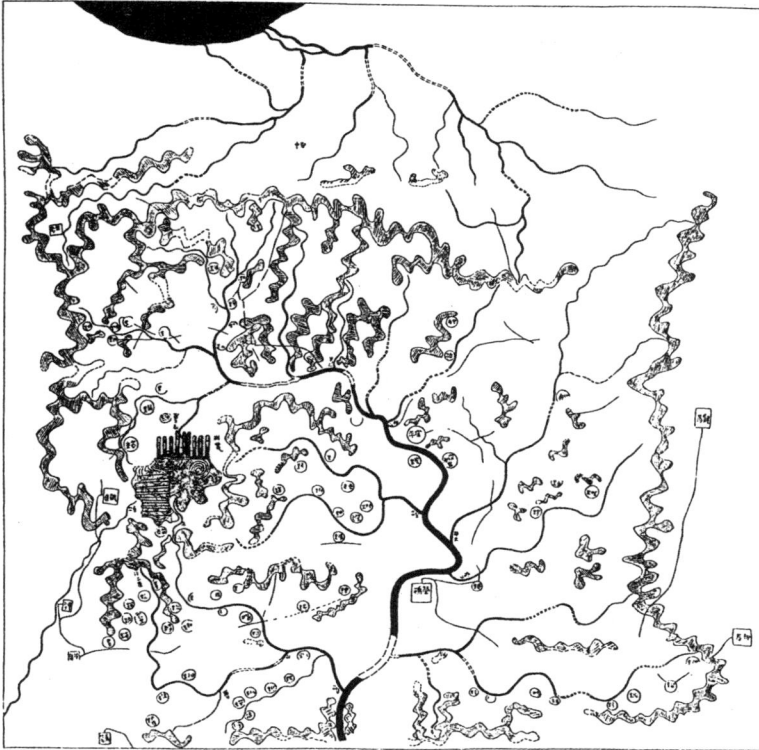

75—4

田、广东连县一线以西，北抵新田、全州以北，南到广东珠江口外的南海。图中主区位于当时长沙国南部，即今潇水流域、南岭、九嶷山及其附近。图中主区表现较详，邻区较略。主区的比例尺约为1∶18万。地貌、水系、居民点、交通网等四大要素都表示得比较清楚（图75-4）。南岭、九嶷山一带，山重水复，地形复杂，但图中所绘与实际情况大致相符，尤其是潇水及其支流的流向和弯曲轮廓已接近现代地图，应以具有一定精度的测量资料为绘制的依据①。考古工作者且以《地形图》中所标城邑位置为线索，经过实地勘查，找到了汉代营浦、泠道、舂陵、南平、观阳等古城的遗址，更足以证明《地形图》的可靠性。

但《地形图》上山岭的画法简略，与实际走向有时出入较大。图中的南越地区，南北距离过分压缩，精确性很差。从此图看来，汉代的地图大约尚未能以网格的形式将其分率表现出来，致贻裴秀"虽有粗形，皆不精审"之讥，是其不足处。

马王堆3号墓出土的《驻军图》是一幅军事地图，即《汉书·江都易王传》所称"军阵图"。它所包括的范围相当于《地形图》的东南部，即今湖南省江华瑶族自治县的沱江流域一带。主区的比例尺约为1∶8万—1∶10万，比《地形图》约放大一倍。图中不仅一般地标绘了山脉、河流等地物要素，而且用深色将驻军营垒、防区界线、军工设施、障塞、烽台等军事内容突出地表示于第一层平面，河流等地理基础则用浅色表示于第二层平面。这与现代专用地图的两层平面表示法是一致的（图75-3）。从而在图上可以反映出当时的守备态势：驻军分成两线部署兵力，并依托三条山谷扼守通向南越之通道的阵容②。此外，图中还标绘出居民点近50处，而且大部分记明户数。对居民情况的反映，大约在汉代已成为小范围地图须加以标注的要素之一。《史记·龟策列传》说："泉阳令乃使吏案籍视图，水上渔者五十五家，上流之庐，名为豫且。"可见其图之精详程度当与《驻军图》相近。至于此墓所出之《城邑和园寝图》，表示的或是临湘城和轪侯家墓地。其图幅面不大，图上无文字，绘有田园、山丘、土坑、房屋及庙宇等。出土时残损较重，兹不详述。

汉代不仅已能绘制较精确的地图，还能够绘制星图。战国时，我国已经编制星表，估计当时亦应有星图，但文献失载，实物不存，莫能详征。至汉代，如《汉书·天文志》所说："凡天文在图籍，昭昭可知者，经星常宿中外官凡百一十八名，积数七百八十三星。"则这时国家已有正式的星图，归专司观测星象的官员"典星"掌管。它大约是一种全天星图，类似《周髀算经》所说的"盖图"。但尚未发现这种星图的实例。洛阳市老城西北发掘的一座西汉墓，墓顶上绘有天象图12幅，其中一幅绘太阳，中有飞鸟。一幅绘月亮，中有蟾、兔。其余10幅在云气中绘星座图像。西安交通大学西汉墓在拱顶上绘有星图，其中有80余颗星，完整地表现出二十八宿，星宿之间且已用直线连接起来。虽然还属于形象绘画阶段，但基本位置比较准确，比洛阳星图中散乱的50余颗星，显然具有更高的科学性③（图75-1）。

除此以外，在马王堆3号墓出土的帛书《天文气象杂占》上，还绘出了29幅彗星的图像（图75-2）。图中的彗星都有彗头和彗尾两部分，彗尾有直的，也有弯曲的。有的彗尾仅一条，有的多达三四条。在宇宙中，彗尾的形状是随着彗星与太阳距离的远近而不断变化的。当一颗彗星接近太阳时，太阳辐射使其冰核受热，气体和尘埃被释出，于是形成彗尾。彗尾有两种类型：等离子体构成的气尾，微小的尘粒所构成的尘尾。前者沿着彗星的向径（太阳与彗核的连线方向）伸展得很长，常呈直线形。后者的尘粒是被太阳的光压作用从彗发中推出的，尘粒愈重，被推开的就愈少。尘尾是向着和彗星运行相反的方向倾斜，弯曲程度也各不一致。在接近太阳的时候，彗尾发展到最大，有时一颗彗星可以有属于不同类型的几条彗尾。对这些形状不同的彗星，我国古代早已有所认识。东汉时，文颖且将彗星分为光芒短的孛星、光芒长的彗星和光芒直指的长星三类（《汉书·文帝纪》颜注引）④。这表明当时对彗星的观测相当细致，而马王堆3号墓出的彗星图则为之提供了实物例证。

注释

① 马王堆汉墓帛书整理小组：《长沙马王堆三号汉墓出土地图的整理》；谭其骧：《二千一百年前的一幅地图》。均载《文物》1975年第2期。

② 马王堆汉墓帛书整理小组：《马王堆三号汉墓出土驻军图整理简报》，《文物》1976年第1期。

③ 夏鼐：《洛阳西汉壁画墓中的星象图》，《考古》1965年第2期。陕西省考古研究所、西安交通大学：《西安交通大学西汉壁画墓》，西安交通大学出版社，1991年。

④ 席泽宗：《一份关于彗星形态的珍贵资料》，《科技史文集》第1辑，1978年。

七六、医药

　　春秋、战国时期，我国医药学分秦、齐两大派。大体说来，秦派重针灸，齐派重汤药。至汉代，在大一统的局面下，各派学说交流融汇，我国医药学的体系遂逐渐形成。几种经典性的中医药著作，如《黄帝素问》、《灵枢经》、《神农本草经》、《伤寒论》等，在汉代均已基本写定。而近年新发现的汉代医药文献又大大丰富了我们对汉代医药的认识。如长沙马王堆3号西汉墓所出帛书《五十二病方》，内容涉及内、外、妇、儿、五官等科的疾病，列医方280多个，用药243种。有些方后加注"尝试"或"已验"，表明是有效的良方。《论衡·须颂篇》："今方技之书在竹帛，无主名所从生出，见者忽然，不御服也。……若言'已验'、'尝试'，人争刻写，以为珍秘。"正指此种情况而言。武威旱滩坡东汉墓出土的木简《治百病方》，收医方30多个，用药约100种，剂型有汤、丸、膏、散、醴、滴、栓等。而且每种药物在医方里面大都作为复方中的成分出现，一个方剂少则二三味药，多的可达15味，且已根据同一类疾患中症状的不同而调整用药比例。可见复方配伍和辨证施治已成为较通用的方法①。

　　但汉代医生的社会地位不高。《史记·李将军列传》："以良家子从军。"索隐引如淳曰："良家子，非医巫、商贾、百工也。"医字本作毉。正如上述《论衡》所说，医术被认为是一种"方伎"（又见《史记·扁鹊仓公列传》）。后假醫作毉。醫字之本义指"酿粥为醴"，即《周礼·天官·酒正》所称"四饮"，"一曰清，二曰醫，三曰浆，四曰酏"之醫，其物略近今日之"酒酿"。而毉在社会观念中则带有巫师或方士的色彩，甚至被排除在"良家子"之外，视为"治病工"（《说文》）、"医工"（《素问·疏五过论》）或"医匠"（《急就篇》），厕于百工之列。《汉书·燕刺王旦传》及《后汉书·第五伦传》中均提到"医工长"，这是封国中的医工之长。汉印有"琅邪医长"（《秦汉南北朝官印征存》840）、"彭城医长"（《汉印分韵·续集》四支）等医工长之印。在中央政府中，西汉时太常属官有太医令、丞，为百官治病；另在少府属官中亦有太医令、丞，为宫廷治病。东汉时只保存少府属下的太医，传世汉印有东汉的"太医丞印"

图版76

灌药器

76-6

医用盆

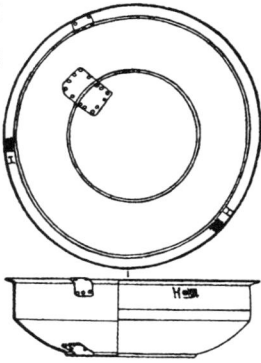

76-1

过滤器

76-8

76-7

药匙

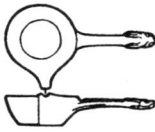

76-9

注勺

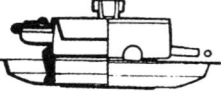

76-2

药量

76-10

金银医针

76-12

冷却皿

76-3

砭石

76-11

针刺图

76-13

药镬

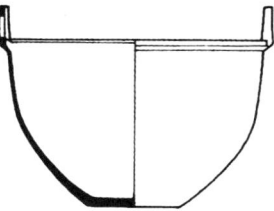

76-4

太医丞印

76-14

药壶铃记

76-15

药臼

76-16

捣药图

76-17

药函盖

76-5

导引图

76-18

导引俑

76-19

人体经脉模型

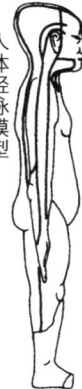

76-20

（图76-14）。太医所掌药物由药藏府管理，西汉官印有"药藏府印"（《秦汉南北朝官印征存》202）。又1954年西安白家口西汉墓曾出土"药府"半通印，为药藏府之官所用之印。1979年河南孟县韩庄岭出土的葫芦形尖嘴陶壶，壶底印"太医"二字（图76-15），当是太医药府用以盛药之器。

出土文物中发现过若干汉代的医疗器具，多为铜制品，与《治百病方》提到的药物要用铜器治合的要求相符。满城1号汉墓出土"医工"铜盆（图76-1），器身上有3处"医工"刻铭。从其外壁距口沿3厘米以下铜色较黑的现象推断，它可能是隔水蒸药用的器皿。此墓中所出铜匕，应为挑取药末用的药匙（图76-9）。此墓所出双耳铜镬，其中有的可能为药镬（图76-4）。所出两件带孔与不带孔的铜圜底皿，应是一套滤药器[②]（图76-8）。汉代药方每在煎服法下注明"去滓"，这套器物可供去滓滤药之用。

此外，满城汉墓中还出土由承盘、带浇口与流的三足器、带錾的平底皿、带流勺共4件组成的一套冷却器（图76-2、3）。使用时，将待冷却的汤液置于平底皿内，搁在三足器上，然后不断用勺盛冷水由浇口注入三足器，而由其管状流将水泄于盘内。如此，则皿中的汤液被冷水循环降温，迅速达到方剂所要求的"寒温适"的程度。这套器物在发掘报告中定为Ⅲ型灯，但其用途恐与灯无关。河南陕县后川东汉墓出土的一件小铜量（图76-10），应为药量。其容积为六毫升，汉代的通用量制中并无这个单位，但量药的"方寸匕"之容积与之相符。按《名医别录》说："刀圭者，十分方寸匕之一。"则一方寸匕=10圭（分）。本书第九篇曾举出一件二分量，容积为1.2毫升，五倍之，恰为六毫升。故后川小铜量为容一方寸匕的药量。至于捣碎药物用的铜杵臼，各地屡有出土（图76-16）。《杜预奏事》中将"药杵臼"列为民间急用之物（《御览》卷七五七引）。在画像石上也常见到羽人或玉兔用杵臼捣药的画面（图76-17）。

比铜器更高级的医疗器具则用金、银制作。满城汉墓出土一套银灌药器，包括带流的小银匜和银漏斗（图76-6、7），是对危重病人进行急救时将药"灌喉中""灌鼻中"时使用的。而在满城汉墓所出医疗器械里面，最著名的是其金、银医针（图76-12）。金针中有锋针、毫针、锃针等，银针有圆针等，与《灵枢经》所说的"九针"约略相合。

医针用于针刺疗法。在使用医针之前，我国主要用砭和灸。《说文·石部》："砭，以石刺病也。"所以针法常被认为来源于砭法。但如满城汉墓所出水晶质砭石，作斧形，有锋利的刃，显然只能用于割，而不能用于刺（图76-11）。马王堆帛书《脉法》中说："脓深胕（指割开部分）浅，谓之不遝，一害。脓浅而砭深，谓之过，二害。"又说："用砭石启脉者，必如式。"前者指割疮排脓的外科手术，后者指割血管放血。这和《管子·法法篇》"痤雎(疽)之砭石"(《御览》卷六五二引)及《鹖冠子·世贤篇》"镵血脉"等记载相合。亦与《战国策·秦策二·医扁鹊见秦武王章》高注:"石砭,所以砭弹人臃肿也。"及《素问·导法方宜论》"东方之域……其病皆为痈肿,其治宜砭石"等说相合。可见砭石是作外科手术用的,和刺腧穴的针不同③。针法其实是从灸法中发展出来的。马王堆帛书《足臂十一脉灸经》、《阴阳十一脉灸经》等古医书,论述了人体内经脉的循行、主病和灸法,它的原理和针法一致。四川绵阳双包山2号西汉墓出土的人体经脉模型,木胎,工艺精细,身体各部分比例协调,明显的体表特征大多有所表现。此模型髹黑漆,以红色线条绘出经脉。全身有19条纵向循行的主脉(经脉),还分出五条支脉(络脉)④(图76-20)。据研究,其中可以辨认出"督脉"和"手三阴脉"、"手三阳脉"及"足三阳脉"等十脉系统,与《足臂十一脉灸经》的十一脉系统、《灵枢·经脉》的十二脉系统不尽相同⑤。它是中国医学史上已知之最早的人体经脉模型,比北宋·王惟一设计监制的针灸铜人早了1100多年。它在绵阳出土不是偶然的;绵阳地濒涪江,汉代著名针灸家涪翁就在这一带行医,并著有《针经》、《诊脉法》。涪翁的再传弟子郭玉在东汉初为太医丞,为贵人治病"一针即瘥",可见针灸是当地传统的医疗方法。但在这件模型上未标出腧穴位置、名称及经脉流注的方向。东汉时成书的《灵枢经》中,则对经脉的循行、腧穴的部位及针刺之法,都叙述得较明确。可见针法在汉代已渐趋成熟。

不过,根据《史记·扁鹊列传》所载,扁鹊在春秋时已"厉铖砥石,以取外三阳五会"。这里说的铖指金属医针,石指砭石。把针与石混为一谈,是较晚的事。但史籍所记之扁鹊,颇为恍惚迷离。《汉书·艺文志》著录有《泰始黄帝、扁鹊、俞跗方》,将扁鹊与黄帝并列为太古时的传说人物。所以此人具有浓厚的神话色彩。山东微山两城山画像石中将扁鹊刻成半人半鸟状(图76-13),恐亦是缘此而来⑥。

汉代还重视医疗体育。马王堆帛书中有《导引图》,画出各种动作图形,并记有动作名称和所"引"的病名(图76-18)。江陵张家山汉墓出土竹简《引书》,则用文字详细讲述了导引的各个动作及疗病之法,与《导引图》可相辅相成。重庆巫山麦沱40号西汉墓中还出土了多件导引俑⑦(图76-19)。

边塞"地热多沙,冬大寒"(甲1865A),易染疾患,故汉代对戍边士卒的医疗保健也有一套制度,候官甚至隧长都要逐月上报"病卒名籍"(4.4AB,45.15)。居延简中曾发现"告吏:谨以文理遇士卒,病致医药,加恩仁恕,务以爱利省约为首"(E.P.F22.246)的文书。在屯戍部队中设有专职医生,如简文所见"医吏"(E.P.T52.578)、"官医"(157.28)、"府医"(49·13)等。基层屯戍点上有医药储备,如《大湾守御器簿》中记有"药咸一"、"药盛橐四"（506.1），敦煌简中有"显明隧药函"（《流沙》器物56）（图76-5）。咸、函古通，药函即药箱。居延简中有不少医方简，如"大黄十分，半夏五分，桔梗四分☒"（E. P. T9.7A）等，还有"丸药卅五"（275.8）之类记载，则药函中除草药外，还可能备有丸丹等成药。

注释

① 中医研究院医史文献研究室：《武威汉代医药简牍在医学史上的重要意义》，载《武威汉代医简》，文物出版社，1975年。

② 钟依研：《西汉刘胜墓出土的医疗器具》，《考古》1972年第3期。

③ 马继兴、周世荣：《考古发掘中所见砭石的初步探讨》，《文物》1978年第11期。

④ 四川省文物考古研究所、绵阳市博物馆：《绵阳永兴双包山二号西汉木椁墓发掘简报》，《文物》1996年第10期。

⑤ 马继兴：《双包山汉墓出土的针灸经脉漆木人形》，《文物》1996年第4期。

⑥ 刘敦愿：《汉画像石上的针灸图》，《文物》1972年第6期。

⑦ 见本书第七一篇注④所揭文。重庆市文化局等：《重庆巫山麦沱汉墓群发掘报告》，《考古学报》1999年第2期。

七七、饮食器Ⅰ

鼎，匕，匙，敦，盛，栖

在商周时代，祭祀时盛牲肉的鼎是被当作头等重要的礼器看待的。夏代铸的九鼎，甚至成为天下共主之象征。周代各级贵族还有一套用鼎制度[①]。但经过春秋、战国时期的社会大动荡，传统礼制受到猛烈冲击，及至西汉初，用鼎制度已若存若亡。周代的镬鼎这时已被无足之镬所取代；周代的正鼎和陪鼎，这时已难以分得清楚了。西汉考古材料中对随葬之鼎作出详尽记录的，首推马王堆1号墓所出遣册，其中记有醓羹九鼎、白羹七鼎、某种羹七鼎、巾羹三鼎、逢羹三鼎、苦羹三鼎等。从这份记录看来，此墓似用了九、七三牢及三套陪鼎。其九鼎中所盛的醓羹如"牛首醓羹""羊醓羹""狗醓羹"等，与礼制规定的鼎实还比较接近。而盛白羹的大牢七鼎中，却出现了如"鹿肉鲍鱼笋白羹"之类异味，与礼制规定的七羹须盛"牛、羊、豕、鱼、腊、肠胃、肤"之制不合。看来这时通过随葬品反映墓主生前的豪奢生活，从而在其本阶级中引起艳羡与景慕，较之遵循那过时的礼制，能使营葬者得到更大的满足。况且即使像马王堆1号墓这样的例子，在西汉时也日益罕见。所以可以认为，随着宗法社会结构的解体，用鼎制度已趋式微。当然，这并不是说汉代的鼎已不作为礼器使用了，如宋·薛尚功《历代钟鼎彝器款识》卷一八著录的"孝成庙鼎"，就是专门制作的祭器。京兆尹所属长安厨掌管的供张之器，也有用于祭祀的记载。《汉书·霍光传》说昌邑王"发长安厨三太牢具祠阁室中，礼已，与从官饮啖"，即是其例。但各地出土的汉鼎，除明器外，大部分和长安厨的鼎一样，原是作为食器使用的。其形制亦尚简素，与商周铜鼎之浑厚凝重的风格大不相同。以汉鼎上仅仅标出年份、使用地点、容量、重量、批量、序号及监造者、制造者等项内容的刻款，与商周时遣辞典雅，范铸精致，对扬王休，称颂祖考，并祝愿子孙保用的鼎铭相比较，就不难看出这两个时代中的鼎在性质上的显著差异。所谓"器以藏礼"的象征性含义（《左传·成公二年》），自西汉建国伊始，已处于渐次淡化的过程之中。

　　和其他许多器物一样，鼎的形制在西汉初年也仍和战国时相近。洛阳涧滨小屯村一处西汉窖藏中出土的错金银带流铜鼎，器体为椭球形，下附三蹄足，盖顶中部有鎏金铺首衔银环，器口有流及附耳。在鼎盖和鼎腹上均饰以错金银四瓣纹，在盖顶周围、口沿、流、耳及足部，则饰以错金银三角云纹。此鼎的年代有战国、西汉两说[②]。又江苏涟水三里墩西汉墓出土的一件铜鼎，其轮廓与上述洛阳之鼎类似，但无流，鼎盖不施衔环，却装有三个卧兽形钮。盖上饰以线条流畅的错银交龙纹，顶心饰以错金涡旋纹。鼎腹则饰以错银的云纹（图77-1）。此鼎出于西汉武帝时之墓，但其工艺风格亦近战国。这种现象并不是个别的，在这类器物中虽不排除有用前代传世品随葬的可能，但其中也应包含汉代的产品。当未发现明确的断代证据之前，本书姑依其所自出的墓葬或窖藏的年代，将它们暂归入西汉早期。

　　至于常见的西汉铜鼎，器身亦多呈椭球形，腹为圜底，盖为圜顶，两者以子母口相扣合。腹下多用3蹄足。器口两侧有两个稍向外撇之耳。盖顶上是三枚环状钮，钮上部有凸块，外观略呈轭形。腹上且常突起一道棱线（图77-4）。不仅铜鼎如此，漆鼎亦与之相仿（图77-2）。式样比较特殊的例子，如满城1号汉墓所出4102号铜鼎，其器身与一般汉鼎没有多大区别，只是用熊足代替蹄足。然而其鼎盖和鼎耳的构造却比较奇特：盖似覆盘形，周围有四立兽；耳中含轴，轴穿过一伏兽之臀部，使它可以绕轴翻转。合盖前，先将鼎耳上的小兽掀开；合盖后，将它翻过来扣在盖上，再旋动鼎盖，使伏兽之背正卡在立兽颔下，则鼎盖遂被紧密地闭锁起来（图77-3）。先秦时原有穿过鼎耳压住鼎盖的扃，扃可用木棍，亦可用铜棍。所用之棍较长时，穿过鼎耳后两端尚各余一段，可以用它扛鼎。《仪礼·士昏礼》郑注："扃，所以扛鼎。"所用之棍的长度仅与两耳的距离相当时，则扃只能起到封鼎盖的作用。如山东沂水刘家店子春秋墓所出铜鼎上的木扃，与安徽舒城凤凰嘴春秋墓所出铜鼎上的铜扃，均属后者[③]。亦即《礼记·曲礼》孔疏所说："礼有鼎扃，所以关鼎。"满城1号汉墓中这件铜鼎上的闭锁结构，可以被看作是铜扃的进一步发展。但像这种讲究的铜鼎，在武帝以后的墓葬中很少出现。而且满城1号汉墓于其为数众多的铜器中，也只有三件鼎。除了带扃者外，还有一件鼎的鼎足相当矮，身与足的比例颇不协调。然而洛阳烧沟西汉中、晚期墓中出土的陶鼎，却大部分都是这种矮足的。有的矮足鼎还在盖上墨书"初祭肉"三字，表明它仍然是一件祭器（图77-5）。东汉中期以降，烧沟陶鼎的造型日趋窳率。至东汉晚期，鼎遂隐没不见。

　　镬中所煮之肉，"既孰，乃脀于鼎"（《周礼·天官·亨人》郑注）。然后再用匕自

图版77

错金银铜鼎

77-1

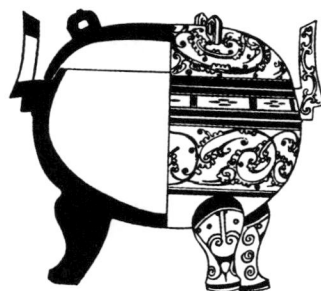

漆鼎

77-2

带肩铜鼎

77-3

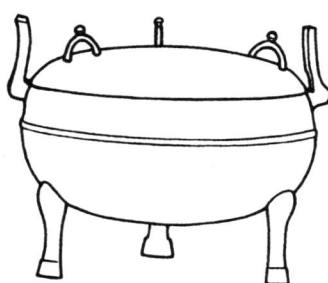

铜鼎

77-4

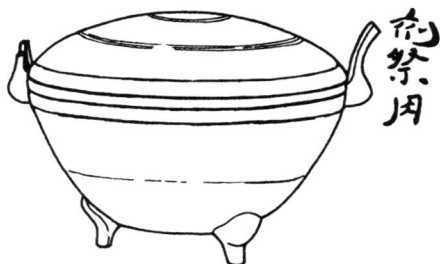

矮足陶鼎

祝祭用

77-5

匕

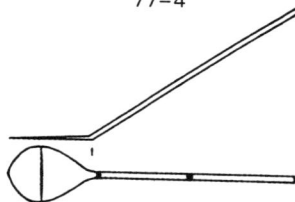

77-7

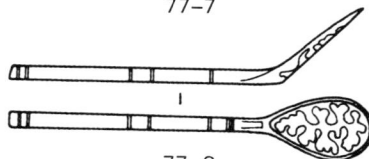

77-8

柶

77-6

77-9

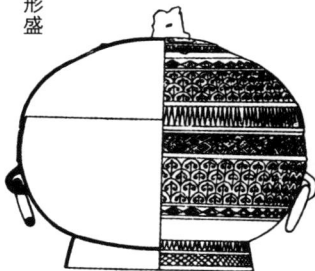

簋形盛

77-10

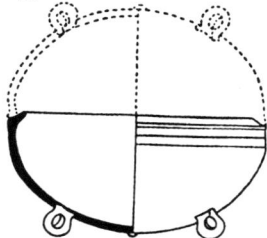

敦形盛

77-11

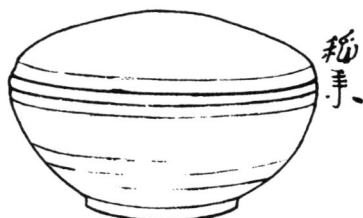

盒形盛

77-12

鼎中取出置于俎上，以备进飨，即所谓亨镬、升鼎、载俎。在这个过程中，匕是重要的用具。《诗·大东》毛传："匕，所以载鼎实。"《仪礼·士昏礼》郑注："匕，所以别出牲体也。"先秦时，郊天用"全烝"之牲，不加割切。祭宗庙用"房烝"，将牲体解为两胖（即两半体）。等而下之，则有"豚解"为七体之法，"体解"为21体之法等。牲被解体以后，则称为"肉物"，见《周礼·内饔》郑注："肉物，胾胾之属。"《说文·肉部》："胾，大脔也。"可见就正式的场合而论，鼎里的肉块相当大。因而匕的头部（即叶）也做得相当尖锐，以便挑举。如陕西永寿好畤河出土的西周"中栖父匕"，即呈此状④。而且这件匕之叶的左边薄而利，有使用痕迹，则当时还兼用它在俎上切肉。至汉代，如湖北云梦大坟头西汉早期墓所出铜匕，叶部虽已加宽，但叶端尚略尖（图77-7）。而同墓所出彩绘漆匕的叶，却已演变为椭圆形（图77-8）。安徽阜阳汉文帝时之汝阴侯墓所出玉柄漆匕亦近此形（图77-9）。但这些匕的叶仍多为扁平的薄片，有的叶面稍凹入如勺，却也相当浅。可是由于汉代常在鼎内盛羹，扁平的匕不便舀取，于是有些匕叶的凹度加深，是谓匙。《说文·匕部》："匙，匕也。"《玄应音义》卷一五："匙，《方言》从木作梶，同是支反，谓拘饭者也。"汉代的白羹是掺和稻米的肉羹，故宜用此类拘饭之匙。南昌东郊西汉中期墓所出铜鼎中之匙可以为例⑤。

鼎中盛肉食，和它相配合的盛米食之器西周时用簋，春秋时用敦，战国后期用盒。无论簋、敦或盒，均可以称为盛。《说文·皿部》："盛，黍稷在器中以祀者也。"《左传·桓公六年》："粢盛丰备。"杜注："黍稷曰粢，在器曰盛。"云梦大坟头西汉墓遣策中之"髤汩画盛二合"，即墓中出土的两件彩绘漆圆盒⑥。马王堆1号墓遣册中的"右方食盛十四合"，"髤画盛六合，盛黄白粢、稻食、麦食各二器"等条所说的盛，即指出土物中的各种漆盒和陶盒。可见汉代盛米食的盒名盛。烧沟125号西汉中期墓所出陶盒，盖上墨书"稻黍"二字，更无疑是一件盛（图77-12）。不过西汉时也出过簋形器和敦形器，它们大约也可以称为盛（图77-10、11）。如此说能够成立，则西汉之盛有簋形、敦形与盒形三种。至西汉后期，簋形盛与敦形盛已不多见。东汉中期以降，盒形盛亦减少。故郑玄在《礼记·丧大记》的注中说："盛谓今时杯、杅也。"实际上盛这个名称至此时已经不太通行了。

吃米饭所用的饭匙名柶。《说文·匕部》："匕……亦所以用匕取饭，一名柶。"《周礼·玉府》和《仪礼·士冠礼》中都提到"角柶。"《士冠礼》郑注："柶状如匕。以角为之者，欲滑也。"看来它也是从匕分化出来的。居延汉代遗址曾出土木制之柶（图77-6）。

注释

① 俞伟超：《先秦两汉考古学论集·周代用鼎制度研究》，文物出版社，1985年。

② 叶万松、赵振华：《洛阳出土西汉金银错铜鼎》，《文物》1982年第2期。贾峨：《关于东周错金镶嵌铜器的几个问题的探讨》，《江汉考古》1986年第4期。

③ 殷涤非：《铉鼏解》，《江汉考古》1983年第4期。罗勋章：《刘家店子春秋墓琐考》，《文物》1984年第9期。

④ 陕西省文物管理委员会：《陕西省永寿县、武功县出土西周铜器》，《文物》1964年第7期。吃米饭所用的饭匙名柶。《说文·匕部》："匕……亦所以用匕取饭，一名柶。"《仪礼·士冠礼》："角柶。"郑注："柶状如匕。以角为之者，欲滑也。"看来它也是从匕分化出来的。居延汉代遗址曾出土木制之柶。

⑤ 江西省博物馆：《南昌东郊西汉墓》，《考古学报》1976年第2期。

⑥ 陈振裕：《云梦西汉墓出土木方初释》，《文物》1973年第9期。

七八、饮食器 II

椸案，杯，问，杯答，染器

汉代的案有两种。一种是有足的案，即《周礼·掌次》所说"孤卿有事，则张幕设案"之案。这种案应属于家具类，已见本书第五五篇。另一种是承食器的无足或有很低的托梁之案，原名椸。《礼记·礼器》郑注："谓之椸者，无足有似于禁。"又说："禁如今方案。"《仪礼·特牲馈食礼》郑注中也说，椸之制"上有四周，下无足"。"上有四周"即案面四边起沿，汉代的无足案正是如此。为了与前一种相区别，可称之为椸案。它像大型的浅盘，可以连同放在上面的食器一道端起来。《史记·田叔列传》说刘邦过赵，赵王张敖"自持案进食"。《汉书·外戚传》说宣帝许后朝皇太后，"亲奉案上食"。《后汉书·梁鸿传》说："妻为具食，举案齐眉。"说的都是使用椸案的情况。汉代的椸案有陶、铜、漆各种质地者。重庆江北相国寺东汉墓所出陶椸案，上置杯、盘。广西梧州旺步2号东汉墓出土刻花铜椸案（图78-2）。长沙马王堆1号西汉墓之漆椸案，出土时上置杯、盘、卮和竹箸，案面并绘有精美的纹饰（图78-1），应即《盐铁论·国疾篇》所称"画案"。

椸案上常置杯。杯字又作桮、桮、盃。此字源于手掬之抔。《礼记·礼运》曾言"抔饮"，郑注："抔饮，手掬之也。"后来以杯代抔，所以杯的平面接近双手合掬所形成的椭圆形，左右拇指则相当于杯耳。杯又名羽觞。《楚辞·招魂》："瑶浆蜜勺，实羽觞些。"《汉书·外戚传》："酌羽觞兮销忧。"均应指杯而言。所谓耳杯，则由杯耳得名。西汉时杯耳常微微上翘（图78-3、4），东汉时的杯耳则多与杯口取平（图78-5）。东汉后期的杯耳虽然还是平的，但杯口两端上翘（图78-6）。杯耳有铜质的，鎏金的，也有在杯口镶一圈银钿，并与错金的银杯耳连成一体的。后一种见于兴平茂陵1号冢1号陪葬坑，正与《盐铁论·散不足篇》所称"银口黄耳"相合。

耳杯的大小不一，小耳杯的长径约在11厘米左右，中等的为14厘米左右，其标

图版78

漆梡案与杯盘匜箸

78-1

染器

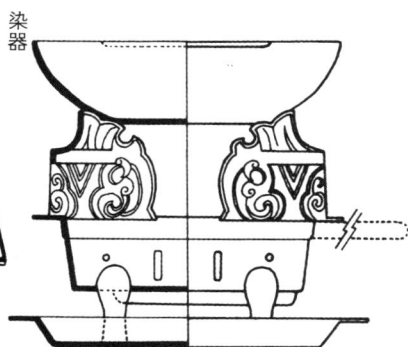

78-7

铜梡案

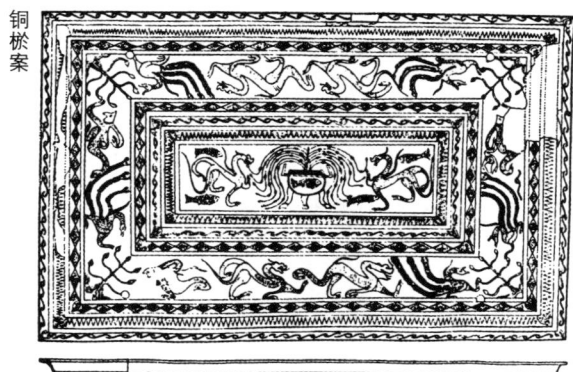

78-2

78-8

耳杯

78-3

78-4

78-5

78-6

匜

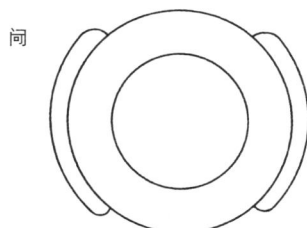

78-9

杯筶

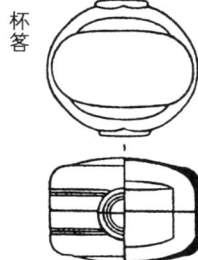

78-10

具器

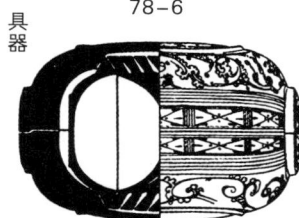

78-11

高座杯

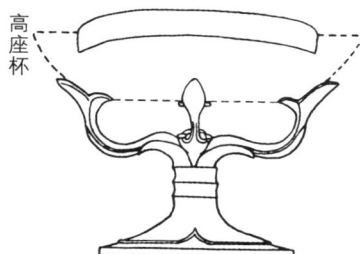

78-12

准容量为一升十六籥（约360毫升）。超过16厘米的则为大杯，其标准容量为二升二合（约440毫升）。小杯名匜。《说文·匚部》："匜，小杯也。"大杯名闿。《方言》卷五：杯"其大者谓之闿"。李尤《杯铭》："小之为杯，大之为闿"（《艺文类聚》卷七三引）。湖北江陵高台18号西汉墓出土的遣册中记有"闿一双"，经与出土器物对照，应即杯口长径为16.7及17厘米的大耳杯两件。湖北云梦大坟头1号西汉墓之记随葬品名目的木牍上记有"鬓汧画闿二"，经对照，即出土之杯口长径为23.4厘米及24.5厘米的两件大型耳杯。江苏盱眙东阳3号西汉墓出土的漆耳杯，口长32.5厘米，特别大，更无疑应是闿①。江苏扬州平山新莽墓所出口径为17厘米之圆形漆耳杯亦为闿（图78-9）。《说文·门部》："闿，大开也。"圆形杯正作器口大开之状②。

整套的耳杯常装在专用的盒中。马王堆1号墓所出漆杯盒，遣册中称为"鬓画具杯栣二合"。栣字《说文》作笿。《竹部》："笿，桮笿也。"笿亦作落。《方言》卷五："桮落。"郭注："盛桮器笼也。"《广雅·释器》："豆籢，杯落也。"籢是圆形的竹筐。《说文·竹部》："方曰筐，圜曰籢。"可见漆杯笿原是从竹器演变而来。但战国时已有此物，出土于江陵望山楚墓，汉代更为多见。一件杯笿中所容之杯数不定：云梦大坟头1号墓所出者为六杯，马王堆1号墓所出者为七杯（图78-11），江陵凤凰山168号墓所出者为10杯，洛阳金谷园新莽壁画墓所出者为20杯③。马王堆、凤凰山、金谷园等地所出杯笿中之杯皆侧置，唯大坟头杯笿中之杯平置（图78-10）。但不论杯数多少，笿的容积均与之恰相适应。耳杯又名具杯，"具，谓酒食之具也"（《汉书·何武传》颜注）。马王堆1号墓之遣册所记："鬓画小具杯廿枚。"即指此而言。一套具杯又称一具，云梦大坟头1号墓之木方记有："具器一具。"可证。

耳杯常用于饮酒。浙江宁波西南郊西汉墓所出漆耳杯，内书"宜酒"。长沙汤家岭西汉张端君墓所出铜耳杯，上有刻铭"张端君酒杯"④。临沂金雀山31号西汉墓出土的漆耳杯外壁书"莒盎"二字。盎即醠，是一种较清的酒，故此杯亦为酒杯⑤。但耳杯并不全是饮器，也用作食器。乐浪古墓出土的大型漆耳杯的刻文中自名"羹栖"，正与《史记·项羽本纪》"分我一杯羹"的说法相合⑥。云南昭通桂家院子出土的铜耳杯，一杯中有鸡骨，一杯中有鱼骨。马王堆1号墓所出漆耳杯中，除有书"君幸酒"者外，还有些书"君幸食"，皆可为证。

饮器以外的耳杯，最可注意的是一种带炉的铜杯，其炉自名为"染铲"（《秦汉金文录》卷四），其杯自名为"染栖"（《陶斋吉金录》卷六）；炉和杯配成一套，可称为染器（图78-7）。上世纪60年代中，曾推测它是染色的用具。但中国国家博物馆所藏染器上有"清河食官"铭文；器归典膳的食官掌管，其非染色用具自明。按我国古代称调味品为染。《吕氏春秋·当务篇》说："齐之好勇者，……卒然相遇于途。曰：'姑相饮乎？'觞数行，曰：'姑求肉乎？'一人曰：'子肉也，我肉也，尚胡革求肉而为？'于是具染而已（高注："染，豉、酱也"）。因抽刀相啖，至死而止。"但在这个残酷而愚蠢的故事中却可以看到，肉食须具染，因而食肉时当用染器。染犹擩（《仪礼·公食大夫礼》郑注），而郑玄在注《周礼·大祝》之"擩祭"时说是："以肝、肺、菹擩盐、醢中以祭也。"醢即酱，可见古代常以酱、盐等佐料为肉食品调味。这些佐料也放在耳杯中，上述马王堆1号墓遣册所记之"小具杯"，就注明："其二盛酱、盐。"因知染器上面的杯亦应盛此类调味品。但染器中的炉又作何用呢？这就和当时用"濡"的方法制肉食相关了。我国自先秦至汉，制肉食主要有烹煮、炮烤二法，即《楚辞，招魂》所称："腼鳖炮羔。"《盐铁论·散不足篇》所称："燔炙满案，臑鳖脍鲤。"腼又作泃（《说文·水部》）、濡（《礼记·内则》），用此法制肉食，在汉代较常见。但如《内则》所指出的："欲濡肉，则释而煎之以醢。"也就是说，濡肉时要放进酱中烹煎。染杯中盛酱，染炉则正可满足煎的需要。更具体地说，此过程包含两个步骤：先把肉煮到可食的程度；再蘸调料加味。也就是《内则》郑注所称："凡濡，谓亨（烹）之又以汁和之也。"其第一个步骤即"烹之"，这时一般"不致五味"（《亨人》先郑注），接近现代的白煮肉。第二步即"以汁和"。染杯中盛的就是调味的酱汁。与现代小有不同的是，当时习用较烫的调料，所以须以染炉加温。而肉则是在前一步骤中于鼎镬内煮好了的，这时再在热酱汁中濡染，即所谓煎，然后进食。

考古发掘中所获染器皆出西汉墓，如长沙识字岭、咸阳马泉、陕县后川、浑源毕村、隆化馒头山、太原尖草坪、西安东郊等地所出者[7]。至东汉时，染器已少见。制作精工的染器，除杯、炉外，尚附承盘，并常在炉身铸出四灵纹，如尖草坪出土之例。西安东郊国棉五厂三分厂汉墓出土者，除未见承盘外，染炉部分与尖草坪出土物基本一致。但其上之耳杯横出长柄，表明它绝不是饮器（图78-8）。此外，山东临淄齐王墓陪葬坑所出之铜杯、炉，也应是一套染器。这件铜杯中部装有带孔的算子，可避免肉食沾上调料中的渣滓，设计得更为周到。

兴平茂陵1号冢1号陪葬坑曾出土承杯的鎏金铜座，与之几乎完全相同的铜座又见于安徽涡阳稽山西汉崖墓，唯所承之杯均朽失不存。而江苏仪征龙河乡双坛村西汉木椁墓中却出土了一件铜座与漆耳杯保存得都比较完好之例。其耳杯长20厘米，宽15.5厘米，连铜座通高15厘米，共重769.5克。铜座上部出四条曲栱，尖端嵌托耳杯底部，使二者牢相固着。这种带座耳杯形体既大，从构造看又不便持举，似非饮器，而是盛某种菜肴或调味品的餐具[8]（图78-12）。

注释

① 湖北省荆州博物馆：《荆州高台秦汉墓》第223、229页，科学出版社，2000年。湖北省博物馆：《云梦大坟头一号汉墓》，《文物资料丛刊》第4集，1981年。南京博物院：《江苏盱眙东阳汉墓》，《考古》1979年第5期。

② 清·钱绎《方言笺疏》卷五："柯者，宽大之名。故木大枝谓之柯。""《说文》：'㗸，大开也。''大杯亦为㗸。''诃，大言而怒也。''阿，大陵也。'《玉篇》：'㗸，大笑也。'声并与柯相近，义亦同也。"在江苏仪征胥浦101号西汉墓出土的漆耳杯上，㗸字作"苛"（《文物》1987年第1期）。在湖北荆州萧家草场26号西汉墓出土遣册上，此字又作"柯"（《关沮秦汉墓简牍》，中华书局，2001年）。皆同音相假。

③ 望山出土者，见《湖北江陵三座楚墓出土大批重要文物》，《文物》1966年第5期。大坟头出土者，见《湖北云梦西汉墓发掘简报》，《文物》1973年第9期。马王堆出土者，见《长沙马王堆1号汉墓》上集，第83—84页。凤凰山出土者，见《湖北江陵凤凰山一六八号汉墓发掘简报》，《文物》1975年第9期。金谷园出土者，见《洛阳金谷园新莽时期壁画墓》，《文物资料丛刊》第9集，1985年。

④ 宁波出土者，见《宁波地区发掘的古墓葬和古文化遗址》，《文物参考资料》1956年第4期。长沙出土者，见《长沙汤家岭西汉墓清理报告》，《考古》1966年第4期。

⑤ 临沂市博物馆：《山东临沂金雀山九座汉代墓葬》，《文物》1989年第1期。

⑥ 平壤石岩里王盱墓出土耳杯铭文云："建武廿八年，蜀郡西工造，乘舆侠纻量二升二合羹桮。"见梅原末治：《支那汉代纪年铭漆器图说》第46页，京都，1943年。

⑦ 长沙出土者，见《长沙发掘报告》第112、114页。咸阳出土者，见《陕西咸阳马泉西汉墓》，《考古》1979年第2期。陕县出土者，见《1957年河南陕县发掘简报》，《考古通讯》1958年第11期。浑源出土者，见《山西浑源毕村西汉木椁墓》，《文物》1980年第6期。隆化出土者，见《河北隆化发现西汉墓》，《文物资料丛刊》第4集，1981年。太原出土者，见《太原市尖草坪汉墓》，《考古》1985年第6期。西安出土者，见《考古与文物》1997年第6期。

⑧ 兴平出土者，见陕西省考古研究所：《陕西兴平县出土的古代嵌金铜犀尊》，《文物》1965年第7期。涡阳出土者，见刘海超、杨玉彬：《安徽涡阳稽山汉代崖墓》，《文物》2003年第9期。仪征出土者，见《中国漆器全集》第3卷，第285图。

七九、饮食器 III

卮，食签，盌，盘，魁，角

卮是汉代常用的饮器，它原是用木片卷屈而成。《礼记·玉藻》郑玄注："圈，屈木所为，谓卮、匜之属。"出土的陶、铜、银、漆卮，大多数也都保持着圈器的形制。在上世纪50年代出版的考古报告中，它常被误称为奁或杯。奁的本字作签。但无论"镜签"（《说文·竹部》对签的解释）或"食检（签）"（马王堆1号墓遣策），都是盛物之器，与作为"酒浆器"（《内则》郑注）的卮的用途不同。至于杯，这个名称在汉代专指耳杯，器形与卮相去很远。1964年王振铎结合文献记载与出土实物，对卮作出了正确的定名[①]。1968年发现满城1号墓出土的圆筒形铜灯自名"卮锭"，1977年又发现阜阳西汉汝阴侯墓出土的圆筒形漆器自名为"卮"，从而完全证实了上述论断。故此说已为文物考古工作者所普遍接受。

原始的卮，器形应比较简单。河南陕县后川3003号西汉墓出土的骨卮，用一段动物的肢骨随其原形加工而成。山东临沂银雀山4号西汉墓所出者，亦接近现代的圆筒形杯（图79-1）。此卮高12.2厘米，底径11.8厘米，容积为汉量五升强。汝阴侯墓所出卮，器铭云"容五升"，与之相合。但《史记·高祖本纪》集解引应劭说，以为卮是"受四升"之器，还要小些。《论衡·自纪篇》说："斧钺裁箸，盆盎酌卮，大小失宜。"可见当时认为卮是小型饮器。画像砖上有持卮者（图79-15），从比例看，卮的体积也不大。出土之卮，口径多在10厘米左右，容量与应说大致相近。长沙马王堆1号墓出土的卮，据遣策及器底铭记，有"斗卮"、"七升卮"（图79-2）、"二升卮"、"小卮"等四种。最大的卮可容一斗。按《史记·项羽本纪》说，在鸿门宴上，项羽奖给闯进去的壮士樊哙"斗卮酒"。根据文中描写的气氛，斗卮应是当时的大卮。斗卮的容量约2000毫升，尚可举持。

或以为与卮相近之器还有觯。先秦礼书中虽曾提到觯，但出土的青铜器无自名为觯者。王国维认为觯、卮乃同一物（《观堂集林》卷六）。研究者或不认可王说，强调二者的形制不同，且主张觯的等级比卮高②。可是《史记·高祖本纪》载："未央宫成，高祖大朝诸侯群臣，置酒未央殿前。高祖奉玉卮，起为太上皇寿。"此场合隆重已极，可是皇帝起立敬酒时所持玉器却仍称卮而不称觯。《说文》称："卮，圜器也。"《汉书·高祖纪》颜注也说："卮，饮酒圆器也。"可见它的特点是器身主要部位接近圆筒形，而对其它细节并未提出特殊要求。现在看来，卮应是这类器物在汉代的通称，觯或是其不太常用的雅称。

在江陵凤凰山168号墓中有一圆筒形有盖的漆器，内盛三个小漆盘和一件单环耳小卮（图79-4）。这件漆器高22厘米，径20厘米，容量接近3.5汉斗。发掘简报中称之为卮，但它的体积太大，不宜作饮器。按凤凰山167号墓所出第34号遣册简记有："二斗检（签）一枚"，则签比卮大。此器亦应属签类。因为它里面装的是食器，故可称为食签。

有的卮较扁，且下腹部有收分（图79-8），器形类似现代的茶杯。但如前所述，汉代之杯概指耳杯，所以它们仍然是卮。这种器物有的下附高圈足（图79-9），有的造型较奇特（图79-10），与圆筒形卮有相当大的区别；可是同汉代的各种饮器相比较，仍宜称之为卮③。先秦文献中已提到玉卮（《韩非子·外储说右上》），不过除了整体用玉琢制者外（图94-8），还有如安徽涡阳所出在玉卮底部装错金铜足者（图79-7）。或如广州南越王墓所出，其鎏金的铜卮口与铜底座间以框架连接，当中嵌入玉片，构成卮身，腹侧附鋬，并装木盖，髹黑漆，盖周边镶有三枚弯月形玉饰（图79-6）。此墓中还出土了一件金钿牙卮，卮身是用整段象牙制成的圆筒，口部所装之钿和底部的器座均为金质。器壁锥刻动物纹，并染以朱、蓝两色。用材既贵重，装饰又极其绚烂，的非凡品④（图79-3）。

如果无耳的圆形小饮器，腹有收分，器壁有弧度，且有矮圈足，则宜称为盌（图79-13）。《说文·皿部》："盌，小盂也。"云梦大坟头1号西汉墓出土的木方上所记之"金小盂一"，实物的器形正与盌相似。但有些盌器腹稍深，与盂形已略有差别。制瓷业兴盛后，汉代的盌则成为瓷碗的祖型。

依马王堆1号墓遣策所记，盘有"平般（盘）"（图79-5）和"食般（盘）"。乐浪古墓所出漆盘，有自名为"果槃"者。马王堆1号墓遣策中的"卑匜"，也是指盘而言。《说文，木部》："㮂，槃也。"卑匜在云梦大坟头1号墓的木方中作"卑虖"，在江陵凤凰山10号墓的木方中作"卑卑"，可证这一名称为叠韵连语，后音转为"䫋匜"，见《玄应音义》卷六引《纂文》⑤。

汉代盛羹多用魁。《说文·斗部》："魁，羹斗也。"此器曾长期与勺或匜混同，

图版79

漆卮

79-1

79-2

金扣牙卮

79-3

食籢（内盛盘与卮）

79-4

平槃

79-5

铜框玉卮
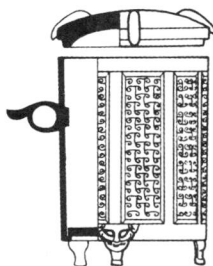
79-6

错金铜足玉卮

79-7

铜高足卮

79-9

陶异形卮

79-10

陶魁
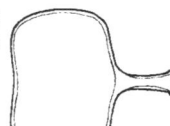
79-12

盌
79-13

角

79-14

扁卮

79-8

铜魁
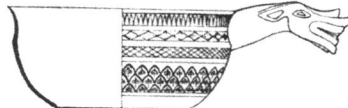
79-11

持卮

79-15

持魁

79-16

持角

79-17

王振铎辨之甚详⑥。魁的口径一般为18厘米左右，较勺为大。它在器形上的特点是：一.魁为平底或有圈足，可平置案上；而勺是圜底，不能平置。二.魁柄短，而且装柄的角度与勺不同，只宜捉取，不便挹注。三.魁无流，与匜不同（图79-11、12）。近年在云梦睡虎地9号秦墓与大坟头1号西汉墓中出土的"凤形勺"⑦，用以上三个特点衡量，其实也是魁。在武氏祠画像石中有持魁进食的图像（图79-16）。

至于角形器，虽然发现过实物和持角者的图像（图79-14、17），但在汉代尚不多见。

注释

①⑥　王振铎：《论汉代饮食器中的卮和魁》，《文物》1964年第2期。

②　廖薇：《战国秦汉觯、卮、樽辨析》，《华夏考古》2020年第2期。

③　广西壮族自治区文物工作队：《平乐银山岭汉墓》，《考古学报》1978年第4期。广西壮族自治区文物考古写作小组：《广西合浦西汉木椁墓》，《考古》1972年第5期。

④　《西汉南越王墓》上册，第139~140页，文物出版社，1991年。

⑤　参看孙机：《江陵凤凰山汉墓简文"大杯"考实》，《文物》1986年第11期。

⑦　睡虎地9号墓出土者，见《文物》1976年第9期，图版1。大坟头1号墓出土者，见《文物资料丛刊》第4集，图版1:4。

八○、饮食器 Ⅳ

尊，承旋，铚，斗，勺

尊是汉代最主要的盛酒之器，它分成盆形、筒形两大类。在河南陕县汉墓中，两类陶尊共出，被定为Ⅰ型和Ⅱ型（图80-6、7）。盆形尊有三足、圈足两种，以圈足者为多（图80-5）。筒形尊也有三足、圈足两种，而以三足者为多，圈足者仅偶一见之。各地出土的汉代陶盆形尊多为圈足器，而山西右玉出土的三足盆形尊，在口沿上有铭文："勮阳阴城胡傅铜酒樽，重百廿斤，河平三年造。"证明器名为尊。还有与这件胡傅酒尊的造型极肖似，但三足作人形的（图80-4），却被定名为洗[1]。本书第六六篇和八四篇从不同的角度分析过这个问题，认为在汉代器物中通常所说的洗，其实是杅（盂）。可是这件人形足铜尊和汉杅的造型亦有别，应确认为尊。

筒形尊在上世纪50年代曾被称为奁或斛。俞伟超首先指出此物应是饮食用器[2]，王振铎把它定名为尊[3]。河南洛阳高新技术开发区西汉墓出土的三足筒形陶尊上大书"酒尊"二字[4]。山西右玉与上述铜盆形尊同出的筒形尊上有铭文："中陵胡傅铜温酒樽，重廿四斤，河平三年造"（图80-1）。因知盆形尊与筒形尊的区别在于前者是"酒尊"，而后者是"温酒尊"。林巳奈夫认为温酒尊是在尊下加炭火温酒之器[5]。其说不确。因为尊是盛酒用的，并非温器。右玉温酒尊虽有三蹄足，然而极矮，其下难以燃火，不能用于加温。而且此型酒尊中有漆器，也有平底或接近平底的陶瓷器，显然也不能用于加温（图80-2）。在汉代，"温"可作为"醖"的借字。《诗·小宛》郑笺："温籍自持。"《礼记·礼器》郑注、《汉书·匡张孔马传·赞》皆作"醖藉"。马王堆1号墓的遣策中记有"温酒"，唐兰以为温酒即醖酒，"是反复重酿多次的酒"。其说是。由于醖酒用连续投料法重酿而成，酿造过程历时较长，淀粉的糖化和酒化较充分，故酒液清淳，酒味醲冽。这种酒又名酎酒。《礼记·月令》郑注："酎之言醇也，谓重酿之酒也。"它的酒度较高。左思《魏都赋》称："醇酎中山，沉湎千日。"为了防止酒力发挥过猛，古人或作冷饮。《楚辞·大招》："清馨冻饮。"王逸注："冻犹寒也。醇酽之酒，清而且香，宜于寒饮。"清·皮锡瑞《经学通论》谓古"酒新酿冷饮"，自是其读书有得之见。湖北随县曾侯乙墓出土的大冰鉴，鉴中有贮酒的方壶，可以作为冷饮的实证。其需加温者，或是白酒、醴酒之类。从而可推知筩形尊中盛的应是冷的醖酒。右玉尊铭中的温字，与加热并无关系。

醖酒色清，故汉乐府《陇西行》"清白各异樽"句中盛清酒之尊，或即筩形尊⑥。它常配有专用的圆形"承旋"。旋当为槫字之假。古音槫字属微部，旋字属元部，其韵部间存在着旁对转的关系。在中古音中，这两个字都是山摄仙韵合口的平声字。所以虽然其声母差得较远，但从声训上看，如《小尔雅·广言》、《广雅·释诂》都说："旋，还也。"故可知其读音有接近之处。《说文·金部》："镟，圜铲也。"圜案之名旋，亦犹圜铲之名镟。圜案即圆案即槫，承旋正作圆案形。故宫所藏鎏金筩形尊（图80-13），其承旋上的铭文称："建武廿一年，蜀郡西工造乘舆一斛承旋，雕蹲熊足，青碧闵瑰饰。"即在熊足上镶嵌绿松石和衬以朱色的水晶石，很华贵。在汉画像石上，盆形尊绝无附承旋者，而筩形尊却往往有之。盆形尊放在地上，而筩形尊多放在案上（图80-5），可见后者在汉代更受重视。不过，说筩形尊附承旋也不是绝对的，如上述右玉铜醖酒尊和广州汉墓出土的凤钮禽兽纹铜醖酒尊（图80-3），就都没有承旋。

还有一种盛酒之器亦呈筩形，但器身直而高，显得比较瘦长，体积也比筩形尊小。一件传世品自名为"铜铚"（图80-8）。同类铜器曾在广西贵县、江苏盐城、安徽天长、河北平泉、辽宁抚顺、宁夏固原、山西浑源、山东莱西、陕西咸阳等许多地点出土（图80-9）。《说文·金部》说铚的器形"圜直上"，正与此器相合⑦。两广所出盛酒用的提筒，应受到它的影响。

自尊中酌酒时用勺（图80-14）。勺有短柄（图80-11）和长柄（图80-12）两种。后一种当中如马王堆1号墓所出者，柄颇长，亦名斗（图80-15）。《史记·张仪列传》"令工人作为金斗，长其尾"者即是其类。但该墓所出遣策中称此器为"鬃画勺"，安徽阜阳汝阴侯墓与咸阳茂陵1号冢1号陪葬坑所出铜勺则自名为斗⑧。可见斗、勺二名亦可互训。《仪礼·士冠礼》郑注："勺，尊斗也，所以酌酒也。"可证。最朴素的挹酒浆之器则为瓢（图80-10）。《说文·瓠部》："瓢，蠡也。"《豆部》也说："蠤，蠡也。"《仪礼·士昏礼》郑注："合卺，破匏也。"卺即蠤之假字。因知瓢即葫芦剖而为二。葫芦瓢在湖北荆州高台28号、广西贵县罗泊湾1号等西汉墓中均曾出土⑨，陶瓢则全仿其形。

图版80

胡傅箭形尊

80-1

黄釉箭形尊

80-2

立凤钮箭形尊

80-3

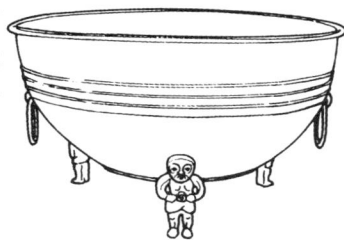

三人足盆形尊

80-4

图像中见到的两种尊

80-5

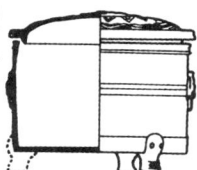

陶箭形尊

80-6

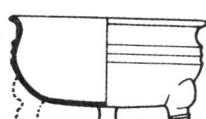

陶盆形尊

80-7

铚

80-8

80-9

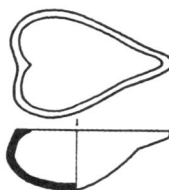

陶瓢

80-10

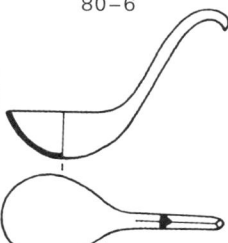

陶勺

80-11

漆勺

80-12

附承旋的箭形尊

80-13

酌酒

80-14

漆斗

80-15

注释

①　《中国青铜器全集·12·秦汉》第90图"人形足洗"，文物出版社，1998年。

②　俞伟超：《西安白鹿原墓葬发掘报告》，《考古学报》1956年第3期。

③　王振铎：《张衡候风地动仪的复原研究》，《文物》1963年第2、4、5期。

④　洛阳市第二文物工作队：《洛阳高新技术开发区西汉墓（GM646）》（《文物》2005年第9期）仍称此书有"酒尊"铭文之三足莆形尊为"陶瓮"。

⑤　《汉代の文物》第241页。

⑥　孙机：《释"清白各异樽"》，《文物天地》1987年第2期。

⑦　裘锡圭：《铨与桯桯》，《文物》1987年第9期。

⑧　汝阴侯墓出土者，见《阜阳双古堆西汉汝阴侯墓发掘简报》附表2，《文物》1978年第8期。茂陵1号冢1号陪葬坑出土者，见《陕西茂陵一号无名冢一号从葬坑的发掘》图17、18、20，《文物》1982年第9期。

⑨　湖北省荆州博物馆：《荆州高台秦汉墓》第186页，科学出版社，2000年。广西壮族自治区博物馆：《广西贵县罗泊湾汉墓》图版31·4，文物出版社，1988年。

八一、饮食器Ⅴ

壶，锺，钫，钘，罍，瓨，瓿

《诗·七月》："八月断壶。"毛传："壶，瓠也。"壶字甲文作 (《前》55.5)，金文作 (《畚匊生壶》)。《说文·壶部》："壶，昆吾圆器也，象形。从大，象其盖也。"同书《缶部》："古者昆吾作陶。"则壶本陶质，以器形似瓠（葫芦）而得名。在汉代，此器有自名为壶者。它多用以盛酒。《周礼·掌客》郑注："壶，酒器也。"马王堆1号墓的遣策中也说："鬃画壶二，皆有盖，盛米酒。"但洛阳烧沟汉墓出土的陶壶，有相当一部分用于盛粮食，满城1、2号墓出土的陶壶中则有动物骨骼，可见壶也可用于盛其他食物。我国中原地区战国早期圆壶腹径的最大之处较低，至战国晚期已上移至器体中部。西汉前期的壶型与战国晚期差别不大，满城1号墓出土的铜壶即可为例。比如其中的乳钉纹壶，壶口微侈，圆腹，有盖，盖上有三枚卷云形钮。壶口和圈足上段饰鎏金带纹，肩、腹和圈足下段饰鎏银带纹。在颈、腹部的带纹间作鎏金斜方格纹，其交叉点上嵌银乳丁，方格中镶绿琉璃。此壶造型稳重，色调华美，是西汉前期铜壶的代表作（图81-1），但在洛阳金村战国墓中已出过形制相接近之壶。西汉晚期的壶常作成假圈足（图81-2）。东汉的壶，腹部趋扁，圈足有真有假，却大都作得较高，且常呈多棱形（图81-3）。广州汉墓出土的陶壶，圈足上与器耳垂直相对处有小孔，可用绳穿孔上贯器耳以备提携（图81-5）。辛延年《羽林郎》："就我求清酒，丝绳提玉壶。"其盛酒之壶既然贯以丝绳，可见原来未装提梁，提携之法或与这种方式相近。不过在西汉前期，若干秦式壶类继续流行，如极具特色的蒜头壶、蒜头扁壶（图82-7、8）仍不难看到。湖北荆州高台西汉墓出土的蒜头壶，扁球形腹，高圈足，颈细长，近器口处膨大，呈六瓣蒜头形（图81-12）。此类器物至汉武帝以后始渐次隐没不见。

汉代盛酒还可用锺。《说文·金部》："锺，酒器也。"《后汉书·班固传》："旨酒万锺。"满城1号墓所出铜锺（图81-6），肩上刻铭："中山内府锺一，容十斗，重（缺文）。卅六年，工充国造。"它和同墓所出之壶的造型相同，大小亦相仿。此锺虽无盖，但马王堆1号墓的遣策中说："鬃画椑（锺）一，有盖，盛温（醖）酒。"则锺固可有盖。特别值得注意的是甘肃武威磨嘴子49号东汉中期墓出土的两个釉陶锺，有较高的十棱假圈足，与同时之壶一样（图81-7），但器壁上分别有墨书题识"水锺""酒锺"，可见汉代所说的壶和锺实是同型异名之器。西安枣园出土的一件大型凤钮鎏金铜锺，由于器盖密封，其中尚贮有汉酒26公斤①。也证明锺是酒器。不过锺又代表一定的容量。《孟子·告子上》赵注："锺，量器也。"它的体积或谓二缶（《小尔雅》），或谓四釜（《后汉书·郎顗传》李注），或谓10釜（《左传·昭公三年》），《考工记·桑氏》郑注），更多之处谓是六斛四斗（合128公升）（《左传·襄公二十九年》，又《昭公三年》杜注，《礼记·王制》孔疏，《庄子·人间世》成玄英疏，《管子，轻重乙》尹注，《孙子·作战篇》张预注，《汉书·食货志》颜注引孟康说）。不过在这里用它度量的应为粟而非酒水。《后汉书·郎顗传》"纳累锺之奉"，同书《郦炎传》"食此万锺禄"中之"锺"，均应是食俸的单位。但出土的锺多标明"容十斗"（合20公升），除上述"中山内府锺"外，如茂陵1号冢1号陪葬坑的"阳信家铜锺"、西安北郊的"河间食官锺"、河北行唐的"常山食官锺"、河北兴隆的"大高铜锺"、山东平度的"平望子家锺"、河北鹿泉的"常山食官锺"等皆同②。可见它本是酒器，但作为量名，在汉代的现实生活中锺和石大抵可等量齐观。

这里说的锺和壶都是圆形的，方壶虽在西周时已出现，其形制且大体上被长期沿袭，但它的腹部横断面多呈委角的椭方形。到了战国中晚期才开始流行方形的钫，其器身任何一处的横断面都呈正方形。《说文·金部》："钫，方锺也。"马王堆1、3号西汉墓中漆器的主要组合就是鼎、盒、壶、钫。满城1号墓出土之铜钫有刻铭："中山内府铜钫一，容四斗，重十五斤八两。第一。卅四年中郎柳市雒阳。"但此器无盖。湖北荆州高台西汉墓所出铜钫则有盖（图81-15）。江苏徐州九里山2号汉墓出土的陶钫，盖上墨书："酒，上尊"③。可见钫也用于盛酒。钫在西汉后期中原地区的墓葬中已较少出现，东汉中期以后趋于消亡。

钫的器形以锺为基准，钘也是如此。《说文·金部》以锺字与钘字相次，谓"钘，似锺而颈长。"《庄子·徐无鬼篇》："其求钘锺也以束缚。"释文引《字林》："钘似小锺而长颈。"成疏："钘，小锺也。"据此标准以求，则洛阳七里涧东汉墓出土的明器中就有钘的模型（图81-13）。

此外，汉代的酒器中还有罍。《后汉书·班彪传》李注："罍，酒器也。"被称为罍的器物虽然在商、西周时已出现，但到了春秋、战国时，它的器形发生变化：颈部缩

图版81

壶
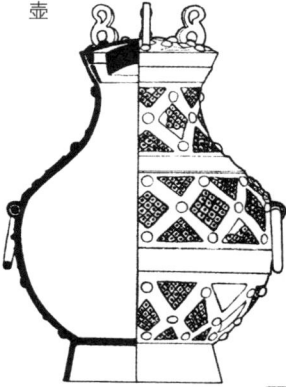
81-1

假圈足壶
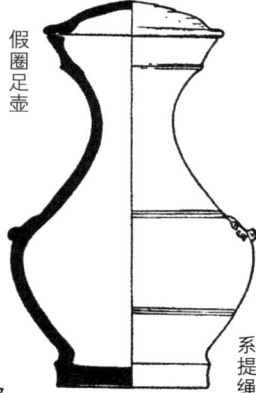
81-2

高圈足壶
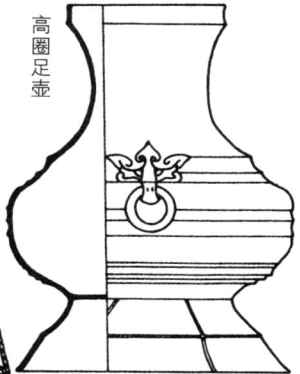
81-3

瓵
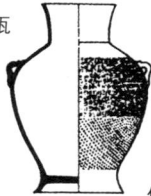
81-4

系提绳的壶

81-5

锺
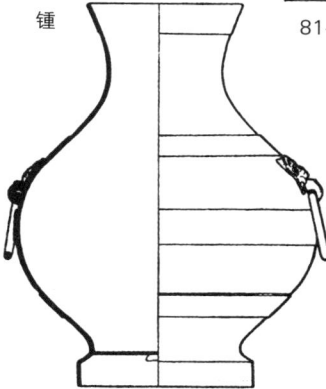
81-6

假圈足锺
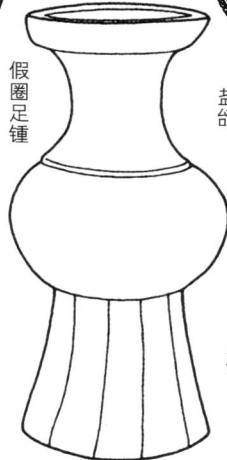
81-7

盐瓿
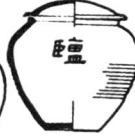
81-9

蒜头壶
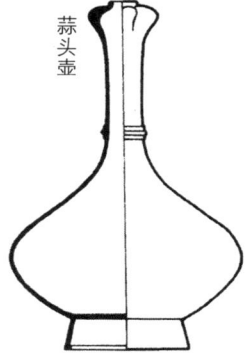
81-12

豉瓿

81-10

钘
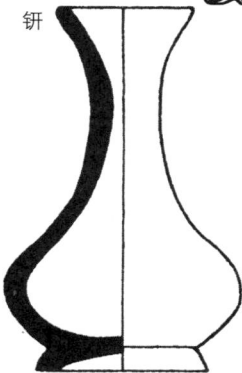
81-13

带流壶

81-8

罍
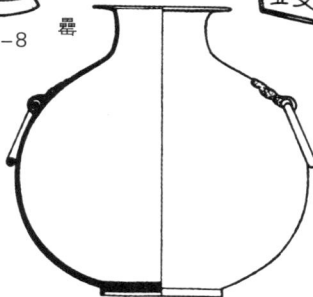
81-14

二连方瓵

81-11

钫

81-15

短、腹部鼓起，显得比较矮胖④。满城1号墓曾出土铜罍（图81-14）。

　　贮豉、酱等物之器则有瓨。《说文·瓦部》："瓨，似罂长颈。"《汉书·货殖传》中提到"醯酱千瓨"，马王堆1号墓的遣策中记有"豉（豉）一坁（瓨）。"对照出土物，瓨应指一种高颈罐（图81-4）。《史记·货殖列传》又说："蘖曲盐豉千荅。"集解引徐广曰："或作台，器名有瓵。"《尔雅·释器》郭注："瓵瓵，小罂，长沙谓之瓵。"洛阳五女冢267号新莽墓出土的大口、鼓腹、平底的小罐，器壁书"盐""豉"等字，或即瓵（图81-9、10）。西安征集的方形陶双连器，器壁分两栏刻出"齐盐""鲁豉"四字。汉诗："白盐海东来，美豉出鲁门"（《御览》卷八八五引）。可见齐盐、鲁豉是当时的名品，此器似可视为盛调料用的方形瓵（图81-11）。瓵也可泛指一般小容器，如谢承《后汉书》："羊续为南阳太守，盐豉共一角"（《北堂书钞》卷一四六引），后世如唐·司空图诗之"碾尽明昌几角茶"，明代《古今小说·张古老种瓜娶文女》之"相赠二百足钱，自买一角酒吃"，同属这类用法。谢承所记羊续事在《御览》卷八五五引作"盐豉共一壶"，在《事物纪原》卷九引作"盐豉共一器"，也从不同的角度证明所用之器的名称不专。

　　最后还应介绍一件汉代的带流壶，器出徐州东汉墓，形制较奇特。其器身较矮，侈口，鼓腹，一侧有虎形鋬，相对一侧有管状流，流上伏一鸟（图81-8）。它和《陶斋吉金录》卷五著录的有"邵宫私官"铭之器的结构相近。后者或被称为盉，但盉这一名称在汉代现实生活中已不通用，所以本书仍将东汉墓出土的这件称为带流壶。

注释

① 国家文物局主编：《2003中国重要考古发现》第96-97页，文物出版社，2004年。

② 阳信家铜锺见咸阳地区文管会、茂陵博物馆：《陕西茂陵一号无名冢一号从葬坑的发掘》，《文物》1982年第9期。河间食官锺，见王长启、孔浩群：《西安北郊发现汉代墓葬》，《考古与文物》1987年第4期。常山食官锺，见郑绍宗：《河北行唐发现的两件汉代容器》，《文物》1976年第12期。大高铜锺，见杜江：《河北隆化发现西汉墓》，《文物资料丛刊》第4集，1981年。平望子冢锺，见青岛市文物局等：《山东青岛市平度界山汉墓的发掘》，《考古》2005年第6期。常山食官锺，见《高庄汉墓》第35页，科学出版社，2006年。

③ 徐州博物馆：《江苏徐州九里山二号汉墓》，《考古》2004年第9期。

④ 刘彬徽：《罍、缶辩正》，《江汉考古》1982年第2期。

八二、饮食器 Ⅵ

榼，椑

汉代将茧形壶（图82-6）、蒜头壶（图82-7）、横筒形壶（图82-9、11）、扁壶（图82-1、2、4、5）等盛酒之器统称为榼。《说文·木部》："榼，酒器也"。《急就篇》颜注："榼，盛酒之器。"但据《说文·酉部》说："酋，榼上塞也。"段注："榼，酒器也。以草窒其上孔曰酋。"榼类器物的上孔既然能用草塞住，可知其口不大。《淮南子·氾论》说："霤水足以溢壶榼。"《集韵·入声二十八盍》收有醢字，谓榼"古从壶"，从而可知其状与壶为近。不过由于榼是上述各种器物的统称，所以西安北郊刘北村西汉墓出土的铜扁壶自名为"河间食官榼"，古乐浪出土的西汉阳朔二年漆扁壶亦自名为"鬃汧画木黄釦榼"①。而《史记·伍子胥列传》："乃取子胥尸盛以鸱夷革。"集解引应劭说又谓："鸱夷，榼形。"这种盛尸的革袋可能与长横箭形壶（图82-9）之状相近，与扁壶的形制当相去很远，但均可称为榼。

榼类器中最常见的是扁壶。扁壶的专名为椑。《广雅·释器》："扁榼谓之椑。"而且椑字本身就包含有椭圆形之意。《考工记·庐人》先郑注："椑，隋（椭）圜也。"可见用它作扁壶的名称非常切合。但江陵凤凰山167号汉墓所出漆扁壶，在遣策中称之为"大椑一枚。"椑字亦作钾，见江西九江征集的汉代"于兰家"铜扁壶铭文。又作錍，见山西太原拣选到的战国扁壶《土匀錍》铭文。其本字均应作椑。柸应为椑字之假。这是因为卑字可读作甲声。《说文·十部》说卑"从十，甲声"。"甲胄"二字在伯晨鼎铭中作⟨甲⟩⟨胄⟩（褻胄，奇觚16），而在1975年陕西扶风出土戎簋的铭文中则作⟨甲⟩⟨胄⟩（褻胄），是其确证。这一读法历汉魏相沿未替②。《说文·木部》："枈榹，椑指也。"玄应《音义》卷一二引晋·吕忱《字林》作："枈榹，椑其指也。"《艺文类聚》卷四一引魏文帝《饮马长城窟行》："武将齐贯錍。"《世说新语·捷悟篇》："魏武征袁本初，治装，馀有数十斛竹片，……谓可为竹椑楯。"余嘉锡笺疏："椑，唐本作柸。"则椑楯即甲盾，而贯锌即贯甲。又僧伽提婆于东晋时译出的《中阿含经》卷三四《商人求财经》谓："彼商人等各自乘浮海之具：殺羊皮囊、大瓠、椑栰，浮向诸方。"椑栰即簰筏。《方言》卷九："簰谓之筏。"簰亦作椑。《东观汉纪》："（张堪）选习水三百人，斩竹为椑渡水"（《御览》卷七七一引）。均可为椑、锌、椑相通之证[③]。椑是盛酒用的，河北平山战国中山王墓出土的铜椑中的液体，经化验其中含有乙醇，即是酒。江陵凤凰山10号西汉墓所出6号牍上记有"酒椑二斗一"。谢承《后汉书》则说："美酒一椑"（《御览》卷七六一引）。望都2号东汉墓出土的骑马石人像，手提椑、鱼，代表沽酒买鱼归来之状。徐州铜山白集出土的汉画像石上的宴饮图中，侍者亦手提一椑（图82-10）。

汉代有漆椑、铜椑、陶椑和瓷椑。漆椑以江陵凤凰山168号墓所出七豹大椑为最精工。器高48厘米，腹宽56.5厘米。底、口均作长方形，盖作盝顶。肩上有铜铺首衔环。器之腹、背各在变形云气纹中绘三豹，盖面绘一豹，故以七豹为名（图82-1）。在遣策中称此器为"大五斗椑一"。铜椑有素面的，也有的饰以浅刻之菱纹，或铸出凸起的龙虎纹，还有作成鱼形的（图82-3）。湖北云梦所出铜椑，器口上还留有木塞，应即酉（图82-7）。陕西汉中所出铜椑，自器底通过两肩的环系绳（图82-8），以备提携。东汉时的陶、瓷椑，常在腹壁饰以相连的两段弧纹，下附高圈足（图82-2），在形制上已开晋式瓷椑的先声。于盛酒的各类长瓶（其瓷质者即近人俗称之梅瓶）出现以前，椑实为我国常用的盛酒之器。不过由于椑与榼均为小口酒器，古文献中或将此二名连为一词。《汉书·张骞传》颜注引韦昭曰："饮器，椑榼也。"师古曰："椑榼即今之偏榼，所以盛酒耳，非用饮者也。"可见颜师古认为这里说椑榼指扁壶。而晋·郭义恭《广志》说："永昌有汉竹，围三尺余，大者一节受一斛，小者数升，可为椑榼"（《初学记》卷二八引）。用大竹筒所制者，只能是横笛形的酒榼。故椑榼连称时，所指究系何物，须视具体情况而定，不能一概而论。存世之横笛形铜榼中不乏较大之器，中国国家博物馆藏品长39.1厘米，山西省博物馆藏品长47厘米，均堪与永昌大竹筒相伯仲了[④]。

注释

① 西安北郊出土者，见《西安北郊发现汉代墓葬》，《考古与文物》1987年第4期。乐浪出土者，见梅原末治：《支那汉代纪年铭漆器图说》，京都，1943年。

② 姜亮夫《瀛涯敦煌韵辑补逸》（《敦煌学辑刊》4，1983年）所录敦煌出五代韵书残片之第五

图版82

漆椑

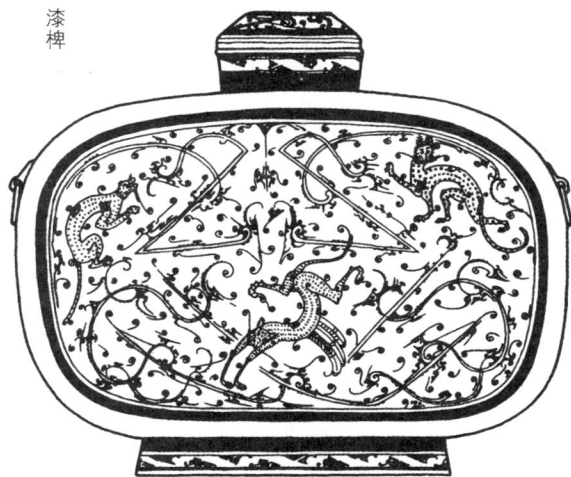

82-1

茧形陶榼

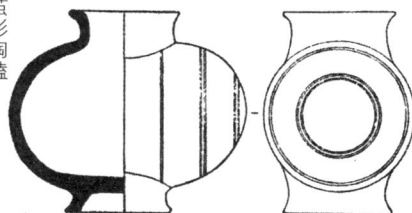

82-6

带木塞的蒜头铜椑

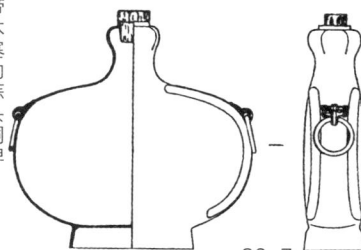

82-7

釉陶椑

82-2

鱼形椑

82-3

系提绳的蒜头铜椑

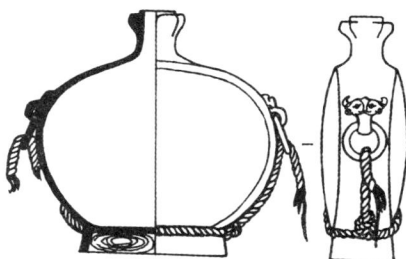

82-8

提梁椑

82-4

陶椑

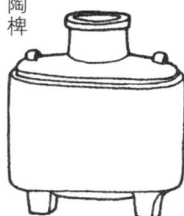

82-5

横箭形铜榼

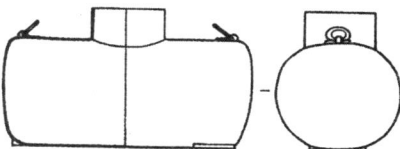

82-9

椑的使用

82-10

横箭形榼

82-11

片中的狎韵内有"碑"字。《说文·石部》说：碑"从石，卑声"。此字在《广韵》中收入支部，残片将它收入狎部；可为卑、甲古读相通之又一确证。但裘锡圭认为："'卑'跟'甲'的古音实不相近。只是由于'椑''柙'形近，古书中有二字互讹的现象"（《说钏、槛、椑槛》，《中国历史博物馆馆刊》总13/14期）。然而如果认为从西周直到唐代，诸多以"甲"为声符之字与以"卑"为声符之字互相通假的现象均属"互讹"，并无语音上的依据；恐怕是讲不通的。

③　见本书第七九篇注⑤所揭文。

④　中国历史博物馆编：《中国历史博物馆藏捐赠文物集萃》图24，长城出版社，1999年。山西省博物馆编：《山西省博物馆馆藏文物精华》图97，山西人民出版社，1999年。

八三、饮食器 Ⅶ

肖形尊

肖形尊指作成动物形的酒器或水器，这在商代铜器中已不乏其例，如牛尊、象尊、豕尊、鸮尊等均有实物传世。周代更有驹尊、貘尊、兔尊、鸭尊等，种类甚夥。在儒家经典中，牺尊和象尊最受推重。《诗·閟宫》："牺尊将将。"《礼记·明堂位》："尊用牺、象。"《左传·定公十年》："牺、象不出门"，杜注："牺、象，酒器，牺尊、象尊也。"但何谓牺尊、象尊，说法不一。《礼记·明堂位》孔疏引王肃《礼器》注："为牺牛及象之形，凿其背以为尊，故谓之牺尊。"《南史·刘杳传》："杳尝于沈约坐，语及宗庙牺尊。杳曰：'魏时，鲁郡地中得齐大夫子尾送女器，牺尊作牺牛形。晋永嘉中，贼曹嶷于青州发齐景公冢，得二尊，形亦为牛、象。二处皆古之遗器也。'约以为然。"王、刘之说在出土实物中得到证实，所以是正确的。但汉代经学家的看法多与此不同。《诗·閟宫》毛传："牺尊，有沙（凤）饰也。"《周礼·司尊彝》先郑注："牺尊饰以翡翠，象尊以象凤凰，或曰以象骨饰尊。"毛、郑之说本与古制不合，却为后世学者长期尊奉。如聂崇义《新定三礼图》卷一四中之献（牺）尊、象尊，即在钵状器外绘以牛、凤和象。近代的孙诒让甚至说："宋《宣和博古图》所载'周牺尊'二，皆为牛形，则又袭（王）肃说而伪为之者，不足深辩也"（《周礼正义》卷三八）。其说墨守故训而否认事实，殆不可取。

汉代学者对牺尊、象尊之造型的误解，从侧面反映出肖形尊至此时已不太流行，然而并不意味着当时这类器物已然绝迹。比如江苏涟水三里墩与山东临淄商王庄均曾出土一件错金银嵌松石铜兽形尊，形制几乎全同[①]。出土后一器的墓葬之时代不明，而前一器则出自西汉墓，说明西汉时肖形尊仍为人所宝爱。另一件更著名的肖形尊是陕西兴平窦马村出土的错金铜犀尊。此尊出自一窖藏之陶瓮中，背上覆以汉铜杆，腹内所装之小物件，凡能明确断代者，均为汉物，故尊的时代亦应属汉。发掘简报

图版83

犀尊

83-1

鸮尊

83-2

83-3

羊尊

83-4

鹿尊

83-5

鸡尊

83-6

兽尊

83-7

置于案上之羊尊

83-8

将其时代定为秦，然而证据不足，兹不从。此尊背上开口，带盖，嘴角衔管状流，犀目以黑石镶嵌，犀鼻与犀额上有角，与道光年间在山东寿张梁山出土的商代铜器"小臣艅尊"所表现的犀形相同，都是古代生息在我国的苏门犀的形象（图83-1）。但兴平犀尊比小臣艅尊更逼肖生物，表现手法既简劲爽利，又威严凝重。从整体上看，这头犀牛显得孔武有力，洋溢着充沛的精气，是汉代匠师的杰作[2]。

不过从数量上与商、周相比，汉代饮食器中的肖形器确实较少，如云南昭通出土的鸡尊（图83-6）、宁夏固原出土的兽尊（图83-7）以及各地出土的若干陶鸮尊等（图83-2、3），总共件数不多。但东汉后期出现的另一型伏兽形陶尊，却一直流行到南北朝时，值得注意。在这类陶尊中，河南陕县刘家渠8号东汉墓所出绿釉伏羊陶尊与伏鹿陶尊最为典型，它们的躯体都很肥硕，腹腔中空，背部开口，装筒形圆颈（图83-4、5）。伏羊尊在河南荥阳河王水库东汉墓中亦出，共六件，其中一件内贮栗子[3]。过去对这种陶尊是否为实用之器难作判断，近年在四川彭县等地发现的汉画像砖回答了这个问题。这里的一块砖印有酒肆的场景，其上有一大案，案上置一方筒与两件伏羊尊，另有一人推鹿车离去，车上亦载一伏羊尊，似乎其中盛的是酒（图83-8）。曲阜孔庙汉《礼器碑》所记"爵鹿相桓，簋柉禁壶"中之鹿，或当如赵明诚《金石录》所说："汶阳陈氏所藏古彝为伏鹿之形，近岁青州获一器，亦全为鹿形。疑所谓鹿者，亦因其形而名之耳。"则汉代似曾用鹿尊为祭器。又《梁书·刘杳传》说："古者樽彝皆刻木为鸟兽，凿顶及背，以出内酒。"他所说的情况与汉代的肖形尊颇相近，因此可推测此类尊大约主要用于盛酒，和壶、锺等器物的用途差不多。

注释

① 涟水出土者，见《江苏涟水三里墩西汉墓》图版10:1，《考古》1973年第2期。临淄出土者，见《临淄出土的几件青铜器》图版7:6，《考古》1985年第4期。

② 孙机：《古文物中所见之犀牛》，《文物》1982年第8期。

③ 河南省文化局文物工作队：《河南荥阳河王水库汉墓》，《文物》1960年第5期。

八四、饮食器 Ⅷ

镳，镳斗，刁斗，铞，杅，瓯，铦镂，卢，资，瓮，汲酒器，罂，釭，椭，樏，箸，簇

与镳相类之器出现于春秋晚期，多有提梁，江苏吴县春秋墓所出者，自名为盉。至汉代，此型器于腹侧出柄，则名镳。太原东太堡所出者，扁圆腹，有盖，三熊足，流端作鸟首形，有长柄。盖上刻铭："鲱阴主镳，第二，容参，重六斤五两。"柄上刻铭："孙氏家。"这是一件容量为三分之一斗的铜镳，本为西汉鲱侯孙单家之物[①]（图84-1）。《玄应音义》卷一五引《韵集》："镳，温器也，三足有柄。"所状与孙氏镳基本一致。镳是用于温酒的。《汉金文录》著录的富平侯镳，铭文云："元延三年（前10年），富平侯家温酒镳。"江苏盐城三羊墩1号西汉晚期墓之铜镳，出土时还放在铁炉上[②]，均可为其用途之证。本书第八〇篇曾指出"温酒尊"实为盛醞酒之尊，但这里说的"温酒镳"却确为温器。出土物中有放在炉上的镳，却未见过放在炉上的尊。孙氏镳有流，陕西临潼洪庆出土的黄氏镳没有流；此镳与宁陵侯灯同出，亦为西汉物。器颈刻铭："黄氏铜镳𫂢有□。"字划纤细，不太明显（图84-2）。它由于没有流，器形有类斟酒之大斗，或盛羹之魁斗，故应名镳斗。它和《陶斋吉金录》卷六著录的"建始二年（前31年）六月十四日中尚方造镳斗"之器形微异（图84-3）。后一种式样的镳斗在汉代常见，山东寿光吕家村所出者与图84-3正同，其容量接近一汉斗[③]。则镳斗之得名不仅由于外形稍稍像斟酒的斗，可能还包含着容量上的用意。这类镳斗再进一步简化，就成为刁斗。《史记·李将军列传》集解引孟康曰："以铜作镳器，受一斗，昼炊饭食，夜击持行，名曰刁斗。"索隐引苏林曰："形如铞，以铜作之，无缘，受一斗，故云刁斗。"根据所描写的形状，则图84-5所举之器应是刁斗，因为其器身若铞，且有柄可持而击之以行夜。《汉名臣奏》："汉兴以来，深存古义。宫殿省闼至五六重，周卫刁斗"（《御览》卷二三八引）。可见宫禁所击亦泛称刁斗，但这些刁斗大概就不会兼

图版84

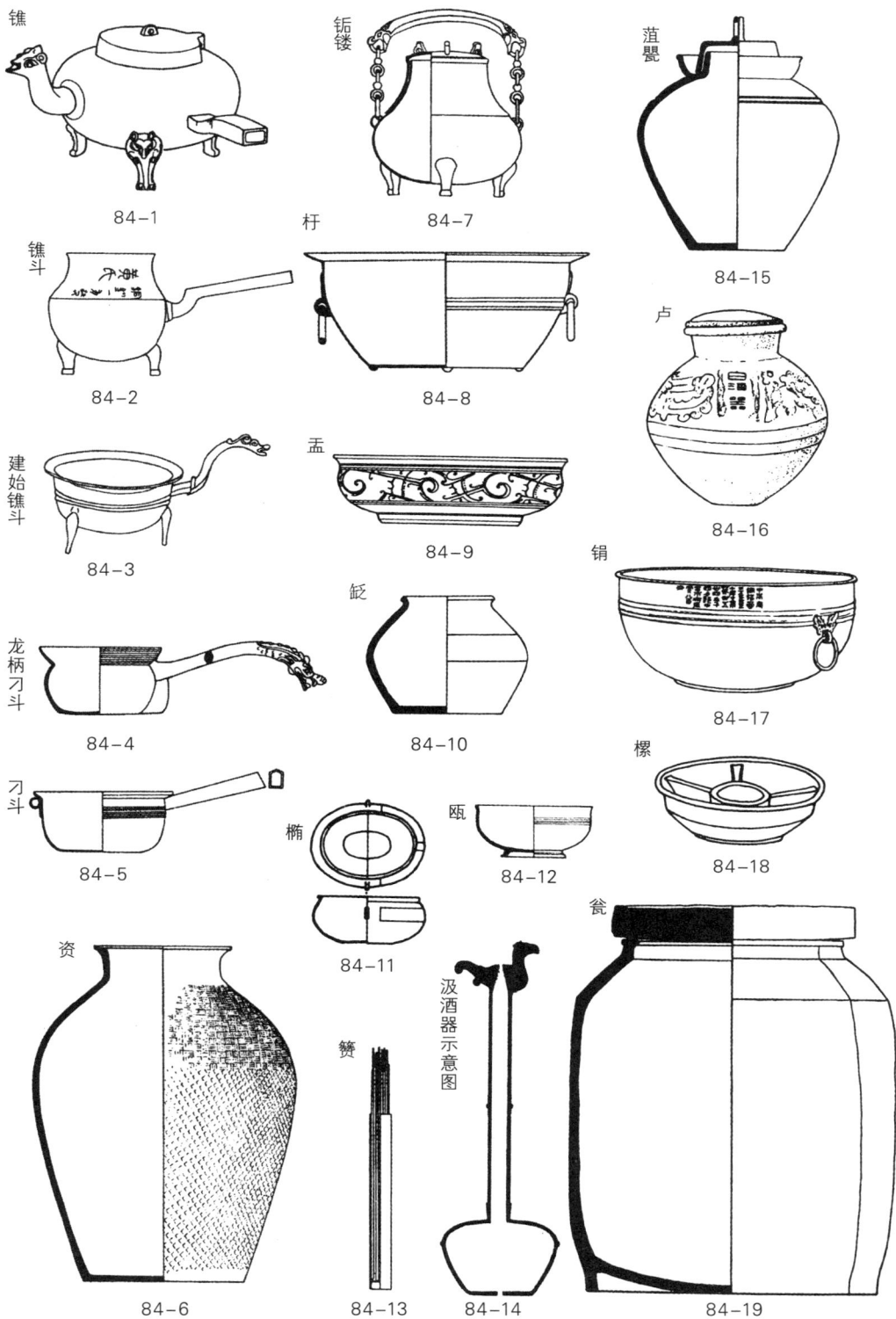

鐎
84-1

鐎斗
84-2

建始鐎斗
84-3

龙柄刁斗
84-4

刁斗
84-5

资
84-6

鋗镂
84-7

杆
84-8

盂
84-9

鈒
84-10

椭
84-11

瓯
84-12

簪
84-13

汲酒器示意图
84-14

菹罂
84-15

卢
84-16

铞
84-17

樏
84-18

瓮
84-19

作炊器了。图84-4所举之例，器身虽更像釜，不过仍可以被认为是刁斗。因为刁斗与镳不同，它已经不是酒器而是炊器。镳、镳斗与刁斗在西汉时均已出现。与图84-1相同的镳和与图84-3相同的镳斗，且在山东沂水荆山西汉墓中共存④。其中镳斗的使用期限更要长些，到南北朝时还相当盛行，至唐代始让位于铛。

铏在《说文》中释为小盆。满城2号墓所出者，铭文云："中山内府铜铏"（图84-17）。而同地1号墓所出同型之器的铭文中却自名为盆，可见铏与盆类似。陕西彬县魏兴村征集者，器形全类今之洗衣盆，铭文自名为"铜铏"⑤。铏以形圆而得名。《玄应音义》卷二〇引《通俗文》："圆曰规，规模曰铏。"所以铏的器形较少变化。一般均为圆腹，腹以上器壁较直，肩、颈不太明显。有些铏也不算小，西安三桥镇高窑村所出元康三年（前63年）铜铏，容量达一石⑥。又《急就篇》颜注："铏亦温器也。"江苏徐州狮子山西汉楚王墓出土的银铏，铭文中自名为"沐铏"，可证其器供洗沐时温水之用。但汉铏常有矮圈足，其用途似仍以作容器为主。

与铏形相近之器有杅。杅往往被称为洗。其实汉代铜器中并无所谓洗，本书第六六篇对此已加辨析。湖南长沙汤家岭西汉墓出土的一件此类铜容器，口沿上墨书："张端君铜汙一。""汙"为杅字之假。《易·豫》："盱豫，悔。"释文："盱，京作汙。"而《易·谦·六三》："盱豫，悔。"马王堆帛书本盱作杅。可见此器正是铜杅（图84-8）。咸阳马泉西汉墓中的此类器也被称作"洗"，但出土时其中还放着一把铜勺，更说明它绝非在盥洗时用于盛弃水者⑦。不过杅字和盂字可相通假。《后汉书·崔骃传》章怀注："杅亦盂也。"《文选·答客难》李善注："盂与杅同。"陈直遂认为："《说文》分盂、杅为二字，实为一物"⑧。但从功用上说，二者又有所不同。《公羊传·宣公十二年》何休注："杅，饮水器。"《仪礼·既夕礼》郑注："杅，以盛汤浆。"从一般用语中看，杅也常和水联系在一起。《后汉书·明帝纪》："杅水脯糒而已。"《后汉书·吕强传》："杅圆则水圆。"甚至在《礼记·玉藻》的郑注和孔疏中，还都说它是"浴器"。而盂则不然，它通常被认为是"饭器"（《说文·皿部》，《玉篇·皿部》），是"盌"（《方言》卷五）或"椀之大者"（《慧琳音义》卷一五引《考声》）；椀无论多么大也和"浴器"不属于同一范畴，故杅与盂实系两类器物。据实物考察，杅可用上举"张端君铜汙（杅）"为代表。盂则可用安徽阜阳西汉汝阴侯墓出土的漆盂为代表（图84-9）。其上之铭文云："女阴侯盂，容斗五升。六年。库己工延造"⑨。器形正与本书图79-13所举之盌相似，故亦可确认。

与杅相近之器还有瓯。《急就篇》颜注："甂、瓯，瓦杅也。其形大口而庳。"甂和瓯的器形相近。《淮南子·说林》说："狗彘不择甂瓯而食。"东方朔《七谏》也说：

"瓯瓯登于明堂兮，周鼎潜乎深渊。"但瓯虽比瓯大，《方言》卷五："瓯，其大者谓之瓯。"却又比盆小，《说文·瓦部》："瓯，小盆也。"它的容积大抵和椀相似（图84-12），故《方言》卷一三郭注认为：椀"亦曰瓯也"。

盂、瓯也可以盛酒。《史记·滑稽列传》："酒一盂。"《通鉴·齐纪八》胡注："瓯，小器也，所以盛酒。"但亦可用作饮器。可是汉代还有一种专用的小型盛酒器名𫓧镂（图84-7）、《陶斋吉金录》卷七著录有阳信家铜𫓧镂。河北隆化馒头山西汉墓所出者，刻铭云："大高铜枸娄一，容一升。"按《方言》卷九："车枸篓。"郭注："即车〔盖〕弓也。"王念孙《广雅疏证》卷七下："枸篓者，盖中高而四下之貌。山颠谓之岣嵝，曲脊谓之疴偻，高田谓之瓯篓，义与枸篓并相近。"器名𫓧镂，所状亦是此形。近年在辽宁旅大、山东莱西、安徽芜湖、湖北光化、江西南昌、湖南长沙及重庆市等地的汉墓中，多次发现铜𫓧镂，其中有的还通体鎏金。在洛阳烧沟11号、广州先烈路1144号、1177号等西汉墓中，发现过陶𫓧镂[⑩]。以上各例之大小相近，腹径皆在12厘米—22厘米之间，作扁圆形，有三足。然而器颈较高，盖顶隆起，颇为挺出，𫓧镂之名大约由此而来。考古报告中常有称铜𫓧镂为提梁壶，而称陶𫓧镂为三足罐者，不确。车枸篓可单称为篓。《玉篇》："篓，车弓也。"故𫓧镂似亦可单称为镂。《方言》卷五："锜或谓之镂。"锜是三足鍪，𫓧镂也有三足，故连类而及。但锜是温器，与𫓧镂的用途不同。

汉代的贮酒器在《急就篇》中提到的有卢。颜注："卢，小瓮，今之作卢酒者，取名于此。"《汉书·食货志》记王莽实行酒酤专卖之法，"率开一卢以卖"，颜注引臣瓒曰："卢，酒瓮也。"师古曰："卢者，卖酒之区也。以其一边高，形如锻家卢，故取名耳。"但颜氏此说与其《急就篇》之注相矛盾。其实《食货志》中之卢，即同书《赵广汉传》"突入其门，搜索私屠酤，椎破卢、罌"之卢，卢与罌为类，自是酒器。《广雅·释器》："鑪，缶也。"亦是此意。山东文登石羊村汉墓出土的缶状器，有盖，器形与罌相近，器肩书"白酒器"三字，或为卢（图84-16）。和卢的用途相近之器还有资。已知之以资为名之器仅见于马王堆1号墓，这里出土的遣策中记有"瓦资一""白酒二资"等，与实物相对照，资是指有釉的硬陶罐（图84-6）。从文字学的角度看，资应为盗字之假。《说文·皿部》："盗，黍稷器，所以祀者。"盗得名于其中所盛之稷。《周礼·小宗伯》"六盗"，郑注："盗读为粢。"又《甸师》："以共盗盛。"郑注："盗盛，祭祀所用谷也。粢，稷也。谷者稷为大，是以为名云。"按《说文·禾部》："齎，稷也。……粢，齎或从次"。盗中盛齎，故器亦名盗。《周礼·九嫔》："玉盗。"郑注："玉盗、玉敦，受黍稷器。"但受黍稷之器也可以叫作盛。《穀梁传·桓公十四年》

范注："黍稷曰粢，在器曰盛。"而盛却不一定非盛黍稷不可。《左传·哀公十三年》："旨酒一盛。"可证。齍与盛性质相同，故其中也可盛它物。更由于齐、次、资皆为脂部从母字，故标声时可相通假。如《尔雅·释草》："茨，蒺藜。"释文："茨，本作资。"《诗·鄘风》："墙有茨。"《说文·艸部》"薺"下引《诗》作"墙有薺"。阜阳双古堆西汉墓出土《诗》简作"墙有穧"。《诗·楚茨》："楚楚者茨。"《离骚》王注引《诗》作"楚楚者资"。《仪礼·丧服》"齐托之绖"，武威简本作"资托之绖"。《荀子·礼论篇》："资麤衰绖。"杨倞注："资与齌同，即齐衰也。"陈侯因資敦之"因資"，即《史记·田敬仲完世家》之齐威王因齐。故齍亦可作资。齍正字，作资乃假借字，其字以齐、次为声。《周礼》中，《掌皮》《外府》《典妇功》及《仪礼·聘礼》，均资、齌通用。马王堆1号墓中之资可以盛梅、盛肉肬、盛酱、盛酒，其用不专，所以这里的资与邹阳《酒赋》、潘岳《笙赋》等处所说的瓷酒瓶不同。研究者或以为资即瓷字，不确。因为遣册中的资是言其器形，"瓦资"之瓦，才是说它的质地。在我国古文献中，唐·张戬《考声切韵》："瓷，瓦类也，加以药石而色光泽也"（《慧琳音义》卷三九引），才给瓷的质地下了一个定义，这时上距马王堆1号墓已有八百多年了。所以从资的名称的出现到瓷的概念的确立，这当中还有工艺上的不断改进和认识上的不断深化的曲折过程，尚不能把瓦资和瓷器的发明直线地联系起来。

根据马王堆1号墓遣策中所记和发掘中所见，就资的器形与用途而论，它也可以被看作是瓮之属。我国古代常用瓮贮存食物，如《周礼·膳夫》中提到"酱用百有二十瓮"，《醢人》中提到"醢六十瓮"，《醯人》中提到"齐菹醯物六十瓮"等，即《急就篇》颜注所概括的："瓮谓盛酒、浆、米、粟之瓮也。"瓮的大小不尽一律。《说文·瓦部》："瓮，罌也。"段注："罌者，缶也。缶者，小口罌也。然则瓮者，罌之大口者也。"而《仪礼·既夕礼》郑注："瓮，瓦器，其容亦盖一觳。"据《考工记·陶人》先郑注，觳的容量为三斗，郑玄注则谓觳只容1.2斗。总之，这里说的是一种中等大小的瓮。满城1、2号墓出土的酒瓮，通高在66—76厘米之间，腹宽在65—55.4厘米之间，瓮上的文字称其中容酒"十五石"、"十一石"或"十石"，堪称是大瓮了（图84-19）。此类瓮在考古报告或称为缸，但内蒙古托克托东汉闵氏墓壁画中在此类酒器上榜题"酒瓮"[11]。而汉代的缸据《说文》的解释，乃是"瓨也"，为"似罂，长颈，受十升"的中小型器。后世所说的缸初名瓬。《方言》卷五晋·郭璞注："今江东通名大瓮为瓬。"音义："瓬音冈。"《集韵》，瓬"或作錒"。今通作缸。

自大型容器中取酒还可以使用汲酒器。江苏盱眙大云山西汉江都王陵1号墓中曾出土两件，皆铜质鎏金。M1:3968号汲酒器通高56.8厘米，上部呈伏鸠形，下部呈平底壶形，当中由一根空心圆管连接。鸠背部与壶底部皆有圆孔（图84-14）。将壶形器浸入酒中，注满以后，按紧鸠背之孔，由于大气压力的封托，可以将酒提起。松开上孔，酒则泻出。其构造原理与本书图71-23所举辟邪砚滴上装圆塞以控制滴水之器的原理相同，唯目前尚不明了它在汉代的通称。

至于罂，其形制在古文献中说法不一，致使王念孙有"古无定训，疑莫能明"（《广雅疏证》卷七下）之叹。如依《说文》，则罂是"缶也"；而《汉书·韩信传》颜注："罂缶谓瓶之大腹小口者也。"可是大腹小口之器种类甚多，具体形制不易遽定。不过汉代的罂可用以盛酒。《论衡·谴告篇》："酿酒于罂，烹肉于鼎。"而山东济宁师专6号西汉墓出土的圆腹、圆肩、平底陶器，有的刻铭："作饮，君罂（罂）。"也有的刻铭："任城厨酒器。"表明它们乃是酒罂，正与《论衡》之说合[12]。新疆吐鲁番晋至南北朝中期的墓葬中，出过肩上墨书"黄米一罂"之器，圆腹、平底、圆肩，外轮廓接近卵圆形，曲线颇柔和，与上述汉罂类似[13]。降至唐代，自名为"罂"之器，其造型仍然保持着这样的特点，如浙江德清秋山出土的"元和三年"罂，浙江余姚东吞出土的"大中四年"罂等，均是其例[14]。这类器物中之器口有双领者，在饮食史上的意义尤为重大（图84-15）。

双领罂也可称为菹罂，因为它主要是制作菹即泡菜用的。在它的双领间注水，加盖后能隔绝空气，从而利用乳酸菌将器内蔬菜中的可溶性糖及淀粉水解生成单糖，再在绝氧或半绝氧的条件下将其分解成乳酸。当罂内乳酸的浓度达到0.7%以上时，就能抑制大多数微生物的活动，使蔬菜不致腐败，同时还产生特殊的香气和酸味，所以成为古代重要的副食品。《诗·信南山》："疆场有瓜，是剥是菹。"则周代已有菹。但双领器其实早在原始社会中已经出现，甘肃秦安大地湾出土的仰韶早期盘口长颈彩陶壶，盘口部分做成双领，还配以圆钮覆碗状的器盖。由于实例太少，其用法莫能详究[15]。广东博罗梅花墩春秋窑址中曾出土双领陶容器残件，时代与《信南山》大致相当，有理由推测它就是早期的菹罂[16]。汉代则普遍用双领罂制菹，在河南洛阳、陕县、陕西宝鸡、江苏邗江、浙江杭州、湖南长沙、资兴、衡阳等地的汉墓中多次出土[17]，说明这时对制菹的要领已经理解得比较清楚了。《释名·释饮食》："菹，阻也。生酿之，遂使阻于寒温之间，不得烂也。"《说文·艸部》："菹，酢菜也。"酢菜就是酸菜，其名称与后世亦无大异。所以自东汉以降，这类器物在湖南衡阳东吴墓、江西瑞昌西晋墓、广西恭城南朝墓、湖北武汉测绘学院隋墓、贵州平坝唐墓、湖南衡阳五代水井、江苏扬州宋船、广西合浦明窑址中均出[18]，而且一直沿用至今。

汉代盛食品的容器种类繁多，考古报告中有些经常提到的名称，古文献中却没有给出明确的概念来。比如瓵。《尔雅·释器》："瓯、瓵谓之瓵。"《方言》卷五："缶谓之瓵瓵。"郭注："即盆也。"《说文·缶部》："䍀，小缶也。"《广雅·释器》："瓵，瓶也。"《汉书·扬雄传》颜注："瓵，小罂也。"各种说法如此不一致，令人无所适从。也有些名称在考古报告中很少出现，但古文献中却说得比较清楚。如《说文·缶部》："钲，下平缶也。"出土物中的缶，有的器身较短，底大而平，考古学者称之为"初平式陶罐"，似即是钲（图84-10）。还有些习用的器物名称，以古文献加以核对时，却发现二者大相径庭。如秦、汉墓中出土的所谓舟，与《周礼·司尊彝》先郑注"舟，尊下台，若今时承槃"之说，就对应不上。春秋战国时有一种椭圆形的鼓腹、敛口、双环耳的铜器名铫，如洛阳出土的"哀成叔铫"[19]。但汉器无名铫者，所以汉代的这种容器似即《急就篇》"椭杅槃案杯闸盌"之椭（图84-11）。《史记·货殖列传》索隐引《三苍》："椭，盛盐、豉器。"至于汉代遗物中今通名为罐者，当时大约分别称作瓮、罂、缶、瓶之类。汉代很少用罐这个名称，北魏·阳承庆《字统》才说：罐"亦取水器也。从缶，雚声"（《慧琳音义》卷六一引）。这些器物在考古学上的命名与其当时习用的称谓之间，看来有一定距离。

还有若干在汉代默默无闻、不被重视的器物，到了下一个历史时期中却广泛流行，受到普遍的注意。比如广州竹园岗1180号、广西贺县高寨8号等西汉墓中出土的扁圆形陶盒，盒中以隔梁分成若干小格，通称格盒，其无盖者则称格盘（图109-13）。它本为南越地区使用的越式食器，但直到东汉晚期，仍在广州大元岗5009号、5010号等墓葬中出现（图84-18）。至三国时，它在吴墓中的数量激增，不仅有圆形的，还有方形的。安徽马鞍山朱然墓出土的漆绘长方格盘，极其精美[20]。根据南昌永外正街晋·吴应墓出土漆格盒底部所题"吴氏槅"，此器似可定名为槅。但晋·左思《蜀都赋》中有"肴槅四陈"之句，显然是从《诗·小雅·宾之初筵》"肴核维旅"那里套来的。李善在《文选》注中说："槅与核义同。"它们实为同音假借之字。《宾之初筵》郑笺："核，桃梅之属也。"则槅并非器名，而是指果品。据《世说新语·雅量篇》又《任诞篇》、《齐书·礼志》、《杜兰香别传》（《艺文类聚》卷八二引）等处所记，其正式的名称应为樏。器中分几格，便称几子樏，如《东宫旧事》中之"漆三十五子方樏"。《广韵·上声四纸》："樏，力委切。似盘，中有隔也。"说的正是此物。所以在汉代食器中，也应该给樏以一定的地位。

先秦时，进餐或以手取而不用匕、箸，如《礼记·曲礼》郑注说："饭以手。"又说，干肉"坚宜用手"。汉代则普遍用箸，景帝赐周亚夫食，不置箸，"亚夫心不平，顾谓尚席取箸"（《汉书·周亚夫传》），可见这时以箸进餐已成固定的习俗。箸又作筯（《史记·十二诸侯年表》索隐)，即现代所称筷子。汉代用箸的情况见图79—16。广州先烈路5054号、5064号东汉墓曾出铜箸。盛箸的箸筒又名籫(《广雅·释器》)，其实物曾在湖北云梦大坟头1号西汉墓出土(图84-13)。

注释

① 其实镳的器形与《说文·鬲部》"鬵，三足鬴也，有柄、喙"的描述很相近似，鬵可能是镳的别名。唯现代考古学中已将新石器时代的一种陶器定名为鬵。为避免混淆，这里不再讨论此问题。

② 江苏省文物管理委员会、南京博物院：《江苏盐城三羊墩汉墓清理报告》，《考古》1964年第8期。

③ 寿光县博物馆：《纪国故城附近出土一批汉代铜器》，《考古》1984年第1期。

④ 沂水县文物管理站：《山东沂水县荆山西汉墓》，《文物》1985年第5期。

⑤ 杨忠敏：《汉代铜绢》，《考古与文物》1992年第3期。

⑥ 西安市文物管理委员会：《西安三桥镇高窑村出土的西汉铜器群》，《考古》1963年第2期。

⑦ 咸阳市博物馆：《陕西咸阳马泉西汉墓》，《考古》1979年第2期。

⑧ 陈直：《居延汉简研究》第217页，天津古籍出版社，1986年。

⑨ 安徽省文物工作队等：《阜阳双古堆西汉汝阴侯墓发掘简报》，《文物》1978年第8期。

⑩ 铜铫镂中旅大出土者，见《旅顺鲁家村发现一处汉代窖藏》，《文物资料丛刊》第4集，1981年。莱西出土者，见《山东莱西县岱墅西汉木椁墓》，《文物》1980年第12期。芜湖出土者，见《芜湖市贺家园西汉墓》，《考古学报》1983年第3期。光化出土者，见《光化五座坟西汉墓》；南昌出土者，见《南昌东郊西汉墓》；均载《考古学报》1976年第2期。长沙出土者，见本书第七八篇注④2所揭文。重庆出土者，见《重庆市临江支路西汉墓》，《考古》1986年第3期。陶铫镂中烧沟出土者，见《洛阳烧沟汉墓》第97—98页。广州出土者，见《广州汉墓》上册，第99页。

又《金索》卷一著录一件铜铫镂，铭文为："王长子铫尊，容十升，重十斤。"据刻本无法辨别真伪，姑录以备考。

⑪ 见本书第五五篇注⑧所揭文。

⑫ 济宁市博物馆：《山东济宁师专西汉墓群清理简报》，《文物》1992年第9期。

⑬ 新疆维吾尔自治区博物馆：《吐鲁番县阿斯塔那—哈拉和卓古墓群发掘简报》，《文物》1973年第10期。

⑭ 章海初：《浙江德清发现唐代黑釉粮罂》，《文物》1989年第2期。"大中四年"罂为中国国家博物馆藏品，见《华夏之路》第三册，第95图，朝华出版社，1997年。

⑮ 甘肃省博物馆文物工作队：《甘肃秦安大地湾遗址1978至1982年发掘的主要收获》，《文物》

1983年第11期。李仰松：《我国新石器时代的泡菜罐和封闭式陶瓶》，《史前研究辑刊》1988年。张幼萍：《细颈瓶用途试探》，《史前研究》2000年卷。

⑯ 广东省文物考古研究所等：《广东博罗县园洲梅花墩窑址的发掘》，《考古》1998年第7期。

⑰ 洛阳所出者见《一九五五年洛阳涧西区小型汉墓发掘报告》，《考古学报》1959年第2期。陕县所出者，见《河南陕县刘家渠汉墓》，《考古学报》1965年第1期。宝鸡所出者，见《斗鸡台沟东区墓葬》第195页。北平，1948年。邗江所出者见《扬州邗江县郭庄汉墓》，《文物》1980年第3期。杭州出土者，见《杭州古荡汉代朱乐昌墓清理简报》，《考古》1959年第3期。长沙出土者，见《长沙沙湖桥一带古墓发掘报告》，《考古学报》1957年第4期。资兴出土者，见《湖南资兴东汉墓》，《考古学报》1984年第1期。衡阳所出者，见《湖南衡阳杓山岰东汉至南朝墓的发掘》，《考古》1986年第12期。

⑱ 衡阳所出者，见注⑰8所揭文。瑞昌所出者，见《江西瑞昌马头西晋墓》，《考古》1974年第1期。恭城所出者，见《广西恭城新街长茶地南朝墓》，《考古》1979年第2期。武汉所出者，见《武汉测绘学院隋墓发掘简报》，《江汉考古》1984年第1期。平坝所出者，见《贵州平坝县马场唐宋墓》，《考古》1981年第2期。衡阳所出者，见《湖南衡阳南朝至元明水井的调查与清理》，《考古》1980年第1期。扬州所出者，见《扬州施桥发现了古代木船》，《文物》1961年第6期。合浦所出者，见《广西合浦上窑窑址发掘简报》，《考古》1986年第12期。

⑲ 洛阳博物馆：《洛阳哀成叔墓清理简报》，《文物》1981年第7期。

⑳ 安徽省文物考古研究所、马鞍山市文化局：《安徽马鞍山东吴朱然墓发掘简报》，《文物》1986年第3期。

八五、蒸煮器与炊具

甗，釜，甑，鬵，锜，镬，鬴，鍪，鏇，灶

　　汉代以釜、甑蒸饭，而不再用鬲、甑合体之甗，这是由于炉、灶的普及，使三足器在蒸煮用具中退居次要地位之故。虽然在汉代遗物中，偶或也发现有将鼎和甑配合使用的例子，似仍应称之为甗，但较罕见（图85-10）。不过汉代有时却将甑称为甗。如湖北云梦大坟头1号墓遣策中之"金鬲、甗"，指的就是一套铜釜、甑。咸阳茂陵1号无名冢1号陪葬坑所出铜甑，刻铭云："阳信家鏖（镬）甗。"亦自名为甗[①]。这和《说文·瓦部》："甑，甗也。"《方言》卷五"甑，自关而西谓之甗"等提法是一致的。当然，它和商、周青铜器中的甗并不相同。《孟子·滕文公》说："许子以釜、甑爨？以铁耕乎？"从这样的对话中不难看出，至战国时，釜、甑已为平民所习用了。

　　釜应是从鬲演化出来的，商鬲、西周鬲以及秦鬲的鬲足，都经历了不断缩短以至蜕失的过程。可是如果上溯到原始社会，问题则要复杂一些。渭河流域的庙底沟文化中已用陶釜，而大汶口文化中的釜形鼎，却是将釜改制而成的。在长江流域，釜也于新石器时代出现，以后一直绵延不断。总之，到了战国时代，在秦国陶器中，已大量出现圜底、圆腹、敛口、外折沿的陶釜。釜之所以作成敛口，是为了便于和甑相连接。但由于其口沿外折，故与甑相接时，只能将甑的圈足插在釜口里面；这样，一部分蒸汽便会从甑足外的隙缝中逸出。秦墓与巴蜀墓所出铜釜、甑均是如此。西汉初也还用这样的釜承甑（图85-1、2）。但与此同时，如在四川涪陵黄溪土坑墓中所出铜釜，口部已有高起的直领，铜甑的圈足套于其外[②]。经过这一改进后，不但釜、甑的接合更为紧密，而且由于釜口居于内，甑足环于外，蒸汽因而不易泄漏，效率得以提高。战国晚期还有将盆盖在甑上的，如安徽寿县五里庙及陕西大荔朝邑等地战国墓所出之例[③]。这种作法为汉代所承袭，上述茂陵陪葬坑与满城1号墓所出釜、甑上均盖有盆（图85-11）。满城之器在甑上刻铭："御铜金雍（饔）甗甑一具，盆备。"可见这时以釜、甑、盆相组合已成定制。而且，这里的釜自腹之中部分为上下两半：下半部似平沿盆，上半部似覆钵；两部分用铜钉铆合，必要时可以拆开，从而解决了以前由于釜口较小，不便清除腹内水垢的困难。还应当指出的是，满城1号墓出土的铜釜、甑、盆，在盆内壁、釜内壁、箅面均鎏金，腹外却呈黑色。因此，其鎏金显然不完全是为了装饰的目的，而似乎已认识到金的化学稳定性，将它敷于炊器内壁，可使食品避免污染。其用意之周到，作法之豪侈，令人叹为观止。此外，陕西扶风出土的一套釜甑，虽无盖甑之盆，却在釜下配有炉。此炉较小，热量不足以熟饭，或系用于保温，颇罕见（图85-12）。在传世的汉代直领铜釜中，还有一件呈怪兽头形，造型很别致（图85-3）。甘肃灵台饮马嘴汉墓出土的圆盘连三釜，结构尤为奇特（图85-19）。3釜由圆盘联成整体。盘径52厘米，三釜之口径微有差别，平均为7.1厘米。盘下及釜底均有很厚的烟炱，应为实用之器。

甑为底小口大的盆形器，其特点是底部留有透入蒸汽的孔。《考工记·陶人》说甑有"七穿"，即甑底应有七孔。但如马王堆1号西汉墓所出陶甑只有五孔，云南大关岔河东汉崖墓所出陶甑只有六孔。陕西咸阳马泉西汉墓出土陶甑则有七孔（图85-4）。广州猛狗岗4002号、七星岗4033号、麻鹰岗5041号、武汉庙山11号等东汉墓所出明器陶甑上也有七孔④，但这种例子并不普遍，所以甑底七穿之制，汉代或已不再遵循。又《说文·瓦部》说："甗，甑也，一穿。"《释名·释山》说："甗，甑一孔者。"先秦的甗中常上下直通，使用时应在相当于甑底的束腰处置箅。《急就篇》颜注："箅，蔽甑底者。"故所谓一孔之甑本应指甗上的甑而言。但汉甑也有一孔的，如湖南资兴旧市、衡阳茶山坳等地东汉墓所出者⑤，这样的甑亦应有箅。《世说新语·夙慧篇》记陈元方听客论议，"炊忘着箅，饭落釜中。"其所用之甑当只有一大孔。四川绵阳双包山2号西汉墓出土的铜甑内尚存藤箅（图85-14），新疆罗布淖尔汉代遗址中曾出木箅⑥。由于甑底本有一孔与多孔的两种传统，所以汉甑之孔也有聚合于底心及满布于底面的两种格式，有些且排列成美观的图案（图85-5~8）。但也有从实用的角度出发，更注重蒸汽之通畅，在甑底上密布穿孔的。如满城汉墓所出陶甑有75孔，河北鹿泉高庄汉墓之陶甑更多达152孔。

在一孔甑中还有一类特殊之品。如西安窦寨村西汉窖藏与江苏泗阳大青墩西汉泗水王墓所出铜甑，甑底均凸出一空心圆筒，惜其上部已缺失不存。贵州清镇12号与广西平乐银山岭165号东汉墓出土之完整的此类陶甑，底部亦凸出空心圆筒，筒顶约及器腹高度之半，器口上加隆起之盖（图85-15）⑦。审其形制，此器与殷墟妇好墓所出"汽柱甑"相似。陈志达认为妇好墓所出者类似现代的汽锅⑧，其说是。它将釜

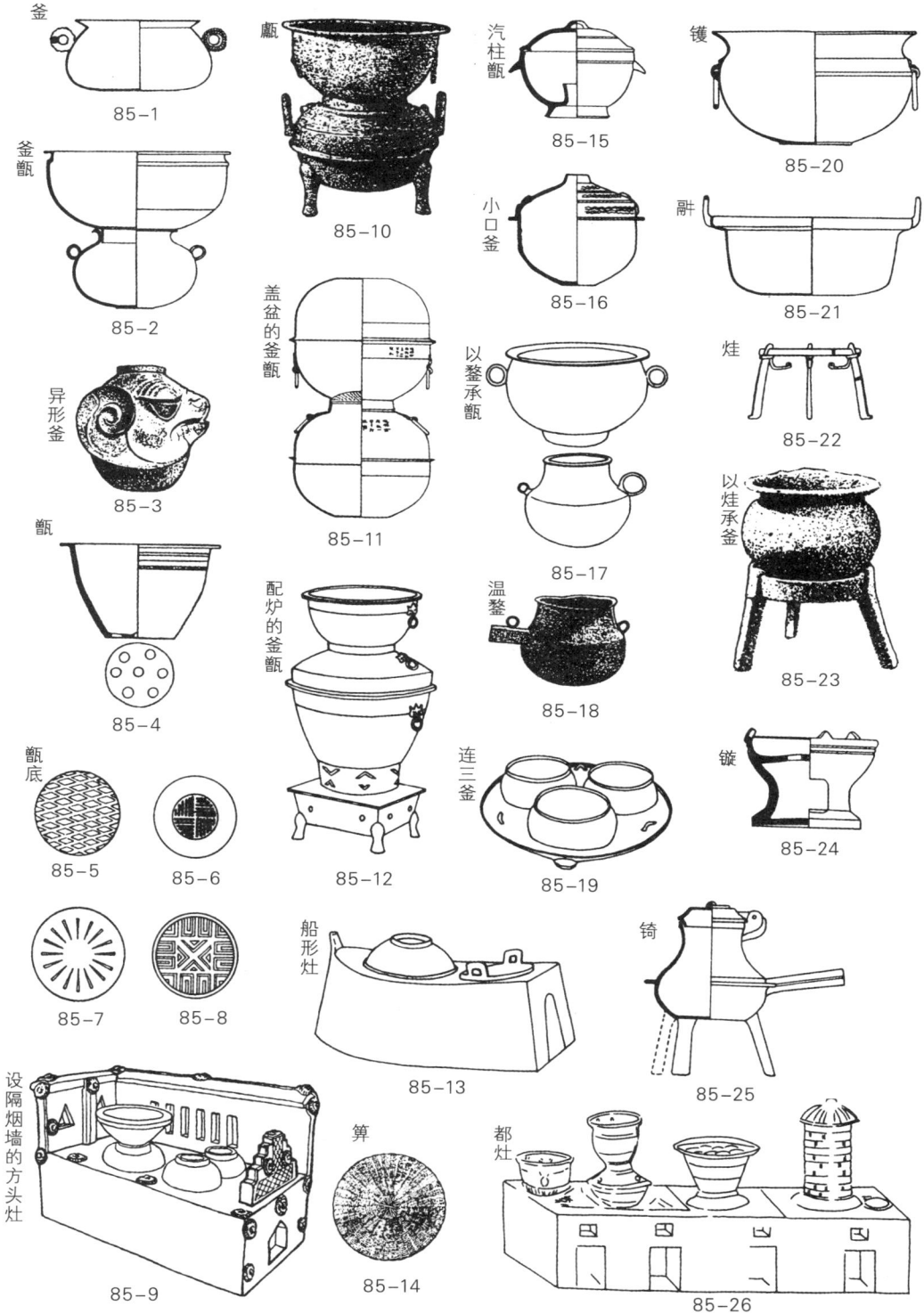

图版85

釜
85-1

釜甑
85-2

异形釜
85-3

甑
85-4

甑底
85-5

85-6

85-7

85-8

设隔烟墙的方头灶
85-9

甗
85-10

盖盆的釜甑
85-11

配炉的釜甑
85-12

船形灶
85-13

箅
85-14

汽柱甑
85-15

小口釜
85-16

以鏊承甑
85-17

温鏊
85-18

连三釜
85-19

镬
85-20

鬲
85-21

烓
85-22

以烓承釜
85-23

镟
85-24

锜
85-25

都灶
85-26

中的蒸汽经由空筒喷涌入甑，形成压力较大的蒸汽流，使食物迅速蒸熟、蒸透。湖南溆浦马田坪西汉前期墓所出陶釜，釜口特小，有矮颈，或是用以与汽柱甑配套者⑨（图85-16）。

与釜相近的炊器有鍪。《急就篇》颜注："鍪似釜而反唇。一曰：鍪者，小釜类。"自出土物观察，鍪与釜的体积相近，只是口比釜略小。其底部、腹部与釜区别不大，但肩部多装环耳，肩以上逐渐收缩成显著的颈，口沿外侈。鍪最早见于四川新都九联墩战国中期蜀墓，有单环耳、对称的双环耳两型。后一型之器曾在长沙伍家岭201号西汉墓出土，铭文中自名为"时文仲铜鍪"，故可确认。一大一小不对称的双耳鍪多出于统一后的秦墓中，西汉前期继续沿用；但旧时的单环耳和双耳等大、互相对称之鍪仍少量存在⑩。在战国时，鍪多用于承甑蒸饭，如四川昭化宝轮院船棺墓所出之例。及至汉代，鍪与甑配套者仅偶一见之（图85-17），在多数情况下鍪是单独使用的。如山东巨野红土山与广州华侨新村竹园岗1180号西汉墓各出一件与"时文仲铜鍪"造型相同的鍪，却都有盖。又广西贵县罗泊湾1号西汉墓所出鍪，腹侧有方柄，倘在其上加甑，将难以举起；同墓所出木牍《从器志》中称之为"温督（鍪）"，可见它只是一件温器（图85-18）。以后，这类器物又在腹下加三足，则名锜（图85-25）。《诗·采蘋》毛传："锜，釜属，有足曰锜。"《左传·隐公三年》杜注同。《方言》卷五郭注：锜"或曰三足釜也"。广州汉墓中出土的陶锜大都有盖，说明它也不用于承甑蒸饭。

在釜类器中，敛口的如釜及一部分鍪可用于承甑蒸饭；大口的不便承甑，只能用来煮食品。后一类里面最常见的是镬。《玄应音义》卷二引《方言》："镬或谓之鍑。郭璞曰：鍑，釜属也。"《广雅·释器》："鍑、𩰾、釜也。"似乎釜、𩰾、鍑、镬都差不多，其实它们是两类器物。𩰾即釜。《说文·鬲部》："釜，𩰾或从金，父声。"釜口相对小些，而鍑是大口的。《说文·金部》："鍑，如釜而大口者。"《汉书·匈奴传》："多赍𩰾、鍑、薪、炭。"行军时要携带𩰾和鍑，足证二者用途不同。既然𩰾指敛口釜，那么大口的鍑在出土物中只有镬可以当之。满城1号墓所出铜镬，口沿刻铭云："中山内府铜镬，容十斗，重卌一斤。"实测容量为18.57公升，口径41厘米，确为大口之器（图85-20）。它不用于蒸饭，而用于煮肉。《周礼·亨人》郑注："镬所以煮肉及鱼、腊之器。"《仪礼·少牢馈食礼》郑注："亨，煮也，煮豕、鱼、腊以镬。"云南昭通桂家院子东汉墓所出2铜镬，其中一有猪骨，一有鸡骨⑪，可证郑说。还有一种圜底或小平底、敞口、口上有两立耳的异型镬。它大约就是《说文》中之𨫼（图85-21）。《鬲部》："𨫼，秦名土𩰾曰𨫼。从鬲，午声，读若过。"即后世所称之锅⑫。

以釜烧饭，最简便的方法是用釜架将釜支起来，在架下燃火。铁三足釜架在我国长江流域，如四川成都、湖南资兴及衡阳、江西南昌等地的东汉墓中常见，此物或即《尔雅·释言》中所说的炷，郭注："今之三隅灶"（图85-22）。炷上承釜是较简便的烹煮设施（图85-23）。按《诗·大东》："跂彼织女。"毛传："跂，隅貌。"孔疏："跂然三隅之形者，彼织女也。"《墨子·杂守》："亭三隅，织女之。"织女星即天琴座α，它和附近的两颗亮星构成三角形。所谓三隅灶，应与其状相近。又《说文·火部》说："炷，行灶也。"三足釜架便于移动，也正与其解释相合。在黄河流域，则多以镟即圆炉代炷。河南陕县刘家渠东汉墓中常出土圆形矮炉，即镟，口沿上有承釜之支钉，炉身中部有炉算，炉下部开拱形火门（图85-24）。河南禹县出土的铁圆炉，上有铜釜，下有承灰之盘。

在庖厨中作饭主要用灶。汉代对灶很重视。《释名·释宫室》称："灶，造也，创造食物也。"《汉书·五行志》称："灶者，生养之本。"西汉中期以后的大墓中，以明器陶灶随葬之风很流行，所以出土物中陶灶的数量颇大，可以反映出各地之不同的形制。其中洛阳地区的陶灶之平面皆作长方形，即所谓方头灶。西汉时多为素面，一个火眼。东汉时火眼增加到三至四个，且在灶面上模印或刻划出各种厨具与食品，如刀、俎、钩、簇、瓢、帚、箅、勺、杯、盘以及鱼、鳖、牛头、羊头、猪头等物。东汉中期以前，关中地区的陶灶之平面多近马蹄形，即所谓圆头灶。但至东汉晚期，这里的灶也变成方头的了，可是多数只有两个火眼。位于洛阳与关中之间的河南陕县地区所出陶灶，则兼有方头、圆头2式。豫北地区的方头灶多设隔烟墙，武陟出土之例，灶后部且连接高大的碗柜[13]。华北地区如北京平谷东汉墓所出陶灶，不仅设隔烟墙，而且在灶门之上垒起较高的灶额，以防烟炱侵及釜甑（图85-9）。河南密县打虎亭1号东汉墓东耳室北壁画像中出现的大灶，有四个灶门和四个火眼，当即所谓都灶（图85-26）。《汉书·五行志》颜注："都灶，蒸炊之大灶也。"打虎亭之都灶的火眼上，不仅置有釜甑、大镬等炊具，还有一个由10层矮屉叠合而成的大蒸笼，其中蒸的可能是蒸饼。"蒸饼"之名见于《释名·释饮食》。《晋书·何曾传》说此人"厨膳滋味过于王者"，"蒸饼上不坼作十字不食"，可见他吃的是一种发酵面食，或略近后世的"开花馒头"。因为这种饼须在蒸笼中蒸制，故唐人又称之为"笼饼"（见宋·张师正《倦游杂录》）。东汉时，它是问世不久的主食新品种，蒸笼也是第一次在这里见到。江南各地则流行船形灶，浙江衢州东华山和江苏扬州平山西汉中、晚期墓中已出此式灶，以后在江苏丹阳及安徽定远、湖北当阳、湖南郴州、福建闽侯、广东广州等地的东汉墓中均有其例[14]（图85-13）。至东汉晚期，船形灶后部拢合上翘，遂开南北朝式陶灶造型之先声。此外，汉代北方的陶灶上多置釜甑，如果火眼多，则所置之釜有大有小。而南方的陶灶上除釜甑外，往往在前面的火眼上置双耳锅。广州的陶灶还常在灶台两侧附装汤缶，并塑出庖人及猫、狗的形象，却不在灶面上模印或刻划厨具、食品之纹饰，是这里的地方特点。

注释

① 大坟头1号墓之遣策，见《文物资料丛刊》第4集，第17页。茂陵1号冢1号陪葬坑所出铜甑，见《文物》1982年第9期。

② 四川省文物管理委员会等：《四川涪陵西汉土坑墓发掘简报》图4:4，《考古》1984年第4期。

③ 尹焕章：《南京博物院十年来的考古工作》，《文物》1959年第4期。陕西省文管会等：《朝邑战国墓葬发掘简报》，《文物资料丛刊》第2集，1978年。

④ 广州出土之例，见《广州汉墓》上册，第326，417页。武汉出土之例，见《武汉江夏区庙山东汉墓的清理》，《考古》2006年第5期。

⑤ 见本书第八四篇注⑰7、8所揭文。

⑥ 黄文弼：《罗布淖尔考古记》图版17，国立北京大学出版部，1948年。

⑦ 窦寨村出土者见《汉长安城发现西汉窖藏铜器》，《考古》1985年第5期。清镇出土者，见《贵州清镇、平坝汉墓发掘报告》，《考古学报》1959年第1期。银山岭出土者，见《平乐银山岭汉墓》，《考古学报》1978年第4期。

⑧ 陈志达：《妇好墓三种罕见的殷代青铜炊蒸器》，《文物》1981年第9期。

⑨ 湖南省博物馆、怀化地区文物工作队：《湖南溆浦马田坪战国西汉墓发掘报告》图24: 6，《湖南考古辑刊》第2辑，1984年。

⑩ "时文仲铜鍪"，见《长沙发掘报告》图版62:4。关于双耳不等大之鍪的论述，见李学勤：《谈文水出土的错银铭铜壶》，《文物》1984年第6期。单环耳鍪，见《四川绵竹县西汉木板墓发掘简报》，《考古》1983年第4期。双环耳等大之鍪，除见于《长沙发掘报告》者外，又见《四川西昌礼州发现的汉墓》，《考古》1980年第5期。

⑪ 云南省文物工作队：《云南昭通桂家院子东汉墓发掘》，《考古》1962年第8期。

⑫ 《广雅·释器》："鬵，釜也。"王念孙疏证："鬵即今锅字也。"《说文》骒、娲等字，籀文仍从鬵，作骦、嫣。

⑬ 郭灿江：《河南出土的汉代陶灶》，《中原文物》1998年第3期。

⑭ 衢州出土者见《衢州市东华山汉墓发掘简报》，《浙江省文物考古所学刊》1981年。扬州出土者见《扬州平山养殖场汉墓清理简报》，《文物》1987年第1期。丹阳出土者，见《江苏丹阳

东汉墓》，《考古》1978年第3期。定远出土者，见《安徽定远谷堆王九座汉墓的发掘》，《考古》1985年第5期。当阳出土者，见《当阳金坡东汉墓清理简报》，《江汉考古》1986年第4期。郴州出土者，见《湖南郴州市郊东汉墓发掘简报》，《考古》1982年第3期。闽侯出土者，见《论福建地区出土的汉代陶器》，《考古》1987年第1期。广州出土者，见《广州汉墓》上册，第417页。

八六、炊爨，酿造

在灶上烧火做饭谓之爨。《三苍》："爨，炊也。字从臼持甑，缶、甑也；一为灶口；升以推柴内火"（《玄应音义》卷一七引）。汉画像石中所见炊爨的场面与此略同。图86-6所举之庖厨图，灶前有庖人用栖添火。《说文·木部》："栖，炊灶木。"段注："今俗语云灶栖是也。"图中灶后之突上烟气滚滚，甑顶则蒸汽腾腾，其中大约是在蒸饭。汉代虽已能磨粉制饼，如马王堆1号墓东边箱所出漆食奁中就盛有饼，但日常仍以粟或黍做的米饭为主食。甚至连麦也做成麦饭（《后汉书·井丹传》）。《说文·食部》中曾举出好几种吃麦饭的特殊叫法："陈、楚之间相谒而食麦饭曰養。""楚人相谒食麦曰饰。""秦人谓相谒而食麦曰鰀鎧。"可见食麦饭的习俗广泛存在。不过汉代人平居时一般吃粟米饭，旅行时带的也是这种米饭。《周礼·廪人》郑注："行道曰粮，谓糒也。止居曰食，谓米也。"糒就是干饭（《说文·米部》），它常以"日光曝晒而成"（《御览》卷八五〇引谢承《后汉书》）。粟米色黄，曝干后其状如砂。《三秦记》说："河西有沙角山，其砂粒粗，有如干糒"（《御览》卷五〇引）。如果是用火炒干的，则名糗（《说文·米部》）。糒和糗统称为糇，须和水、温汤或羹而食。米在下甑之前要淘漉，漉米之器名籔（《说文·竹部》），又名匽；匽之另一义为"冠箱"（《说文·匸部》），因知籔之状当与冠箱相近。密县打虎亭画像石中一从事炊爨的妇女正用一籔一盆在漉米。炊毕清洗器皿则用箈（《说文·竹部》），即居延简所称"炊帚"（E. P. T48.18B，E. J. T4.47），其状也可以在画像石上见到（图86-13）。

庖厨图上部悬有牛腿、猪头、禽、鱼等肉食。汉代最重视食牛肉。《盐铁论·散不足篇》说富人祈望山川时"椎牛击鼓"，中者"屠羊杀狗"，贫者"鸡豕五芳"，可见在肉食中牛以下为羊、狗，再下为鸡、豕。这和《礼记·玉藻》"君无故不杀牛，大夫无故不杀羊，士无故不杀犬、豕"的提法中的顺序基本一致。《国语·越语》谓勾践奖励生育，"生丈夫（男），二壶酒一犬；生女子，二壶酒一豚。"反映出自东周至西汉前期，犬肉比猪肉更被看重。但到了西汉后期至东汉，猪价却超过犬价。《九章算术》

图版86

86－1

86－2

86－3

86－4

86－5

86－6

86－7

86－8

86－9

86－10

86－13

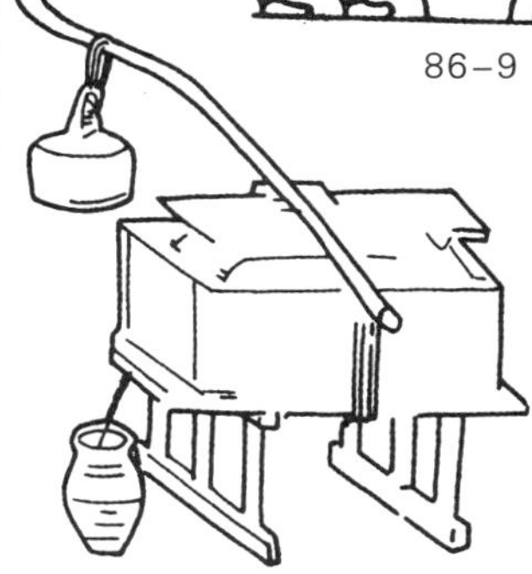

86－11

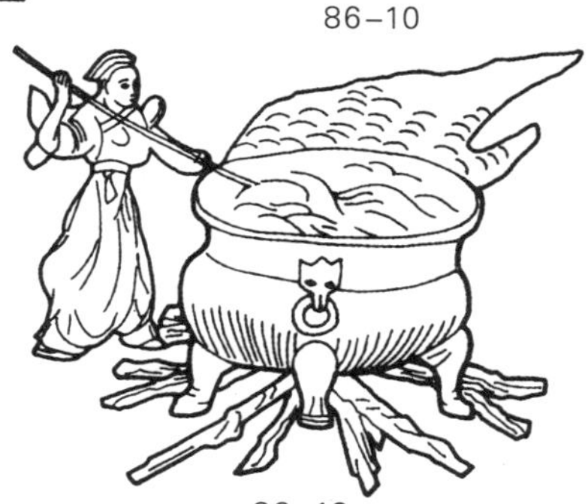

86－12

86－14

86－15

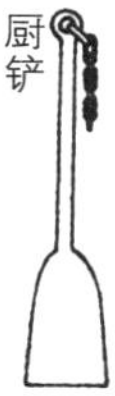

86－16

卷八谓："豕一头九百。"或云"三百"。而同书卷七说："犬一头一百。"犬价已远逊
于猪。其所谓椎牛即以椎毙牛。《史记·冯唐列传》："五日一椎牛。"画像石与壁画上
都有椎牛者，山东沂南、诸城及内蒙古和林格尔等处所见的这类场面均相近似。其
旁均置有盛血用的盆。《周礼·牛人》先郑注："盆，所以盛血"（图86-2）。山东济宁
城南张出土汉画像石之椎牛图中，虽未置盆，但一老牛跪地瞠目，其觳觫乞哀之状，
宛如目见（图86-5）。狗是用刀宰杀的。《左传·昭公六年》："杀（吠狗）而与之食。"
《史记·刺客列传》记聂政为狗屠，自称："政乃市井之人，鼓刀以屠。"画像石上常
见在井旁屠狗者（图86-7）。羊则刺死后再刲剥，名刲羊。《易·归妹》："士刲羊。"
释文引马融注："刲，刺也。"刲又训刳。《广雅·释言》："刲，刳也。"刲羊之状在沂
南画像石中也可以见到（图86-8）。猪在当时多用棒子打死，即《仪礼·少牢馈食礼》
之"司马刲羊，司士击豕"，《国语·楚语》之"刲羊击豕"。其状见于诸城前凉台画
像石（图86-3）。此外，汉代人多以鸡、黍待客（《文选·赠张徐州稷诗》李注引谢承
《后汉书》）。而鱼，则日常亦可食用。《诗·无羊》："众维鱼矣。"郑笺："鱼者，庶人
之所以养也。"画像石中也有杀鸡和切鱼的图像（图86-4、9）。不过，总的说来，肉
食这时在食物结构中所占的比重还是很小的。《论衡·讥日篇》说："海内屠肆，六畜
死者日数千头。"依《周礼·牧人》的说法，六畜指马、牛、羊、豕、犬、鸡。但马是"甲
兵之本，国之大用"（《后汉书·马援传》），不轻易宰杀，不当在食肉用畜之列。所以
《论衡》所谓六畜，大约是《周礼·医职》中举出的牛、羊、豕、犬、雁（在这里泛指禽
类）、鱼。全国每天宰杀六畜的总和才有数千头。即便认为指的都是大牲畜，但以人口
平均，每万余人亦仅杀畜一头。故劳动人民的食肉量更少，只能"食蔬粝，煮荤茹，滕
腊而后见肉"（《盐铁论·孝养篇》）。更不要说"贫民常衣牛马之衣，而食犬彘之食"
了（《汉书·食货志》）。

　　虽然如此，但达官贵人的饮馔却极丰盛，"蒭豢常珍，庶羞异馔"（傅毅《七
激》）；"嘉肴杂醢，三鬻七菹"（张衡《七辩》）。湖南沅陵虎溪山西汉沅陵侯吴阳墓
（前162年）出土的竹简中有《美食方》，其中包括"鱼饗方""为羊腾方""为豚藏
方""为牛膫方""为狗茅苴酸羔方"等。所用肉类有马、牛、羊、鹿、猪、狗、鱼、鹄、
鸡、雁、鹦等，调味品有盐、酒、美酒、白酒、肉酱汁、菽酱汁、醯、姜、木兰、茱萸等，
可见豪贵之家对烹饪技艺的讲求①。总起来说，这时的肉食已有炙、濡、烹、煎、炮等
多种做法。炙是将肉用厨刀（图86-14）在俎上切碎后（图86-1），直接在火上烤。切
肉的木俎之实物曾在江苏仪征胥浦、山东临沂金雀山等西汉墓出土，均未加髹饰。
胥浦俎因久经使用，俎面凹陷；金雀山俎之俎面亦微凹，且布满刀痕②。还有用铁签

穿着肉在圆形镟炉上烤的，见山东金乡画像石（图86-10）。也有将好些条穿着肉的铁签架在火槽上烤的，见诸城前凉台画像石。这种烤肉签名弗。《玄应音义》卷二二《瑜伽师地论》"铁弗"条引《字苑》："弗谓以签贯肉炙之也。"还可用两歧簇叉起肉来烤（见《齐民要术·炙法篇》），其实物曾在广州南越王墓出土（图86-15）。陕西绥德延家岔所出石灶面上与内蒙古巴彦淖尔盟纳林套海、包尔陶勒盖、沙金套海及甘肃定西巉口等地汉墓中所出陶灶面上均刻、印有两歧簇的形象，后者还贯满了肉块③。不过，簇除了用于烤肉外，也可以用它叉食面饼；如《广苍》曾说："胡饼家用簇"（玄应《善见律音义》引）。濡法接近现代所说的涮，须在盛调料的染器中烹煎，详见本书第七八篇。烹则是煮。煮肉多用镬。但在画像石上也出现过用大鼎烹煮食物的图像，这种鼎应即当时所称"函牛之鼎"（《淮南子·诠言》，《后汉书·刘陶传》）（图86-12）。煎是油炸或炒。《齐民要术·脏、膹、煎、消法篇》谓煎鱼时，"膏油熬之，令赤。"则其法可知。马王堆1号墓的遣册中有"煎秋（鷻，指雏鸡）一笥。"咸阳秦宫殿遗址中发现的24号新莽墓出土之陶灶面上模印有厨铲④，陕西勉县东汉墓且出土铜厨铲（图86-16），当是油煎食物时所用。至于炮，《说文·火部》说是"毛炙肉也"。《礼记·内则》郑注："炮者，以涂烧之为名也。"又《礼运》郑注："炮，裹烧之也。"则炮是将幼牲带毛裹泥烧烤，类似近代"花子鸡"的做法。洛阳金谷园1号西汉墓所出陶壶上有朱书"炮豚一锺"⑤。炮豚即《周礼·封人》中提到的"毛炮之豚。"《诗·閟宫》毛传中提到的"毛炰豚"，亦即《盐铁论·散不足篇》之"燀豚"，是当时的一道著名的菜肴。

汉代的豪贵不仅享用各种精美的饮食，而且每日进餐的次数也多。最高层的统治者一日四餐，即《白虎通·礼乐篇》所记之平旦食、昼食、晡食和暮食。帝王陵园的寝中有日祭之制。《汉书·韦贤传》说："寝，日四上食。"其饮食次数同于生前。贵族一日三餐。《汉书·淮南厉王传》记刘长获谴后，尚特许他全家"皆日三食"。一般人则每日两餐。"朝食曰饔，夕曰飧"（《孟子·滕文公篇》赵注）。《礼记·丧大记》："朝一溢米，夕一溢米。"居延简："朝三升，莫（暮）三升"（326.3）。晁错说："人情一日不再食则饥"（《汉书·晁错传》），均是就这种情况而言。倘若帝王之家也日进两餐，如和帝邓后之"朝夕一肉饭"（《后汉书·和熹邓皇后纪》），就被旧史认为是了不起的"损膳"之举了。

汉代的酒多为粮食酒。《淮南子·说林》："清醠之美，始于耒耜。"是说粮食生产为酿酒的基础。他虽不了解原始社会中已有自然发酵的果酒，但就汉代的情况而言，此说是可以成立的。粮食的主要成分是淀粉，酿酒时必须先经过能产生淀粉酶的酒曲的糖化作用，使淀粉分解为简单的糖以后，再经过酵母的作用，使糖转化为酒精，并产生适量的醛和酯，使酒带有香味。虽然汉代已有饼曲，可以将上述两个过程同时交替进行，但以粮食作原料，酿造过程完结后，酒醅中含有大量酒糟和泛滓，必须加以过滤，才好饮用。《楚辞·招魂》："挫糟冻饮。"挫糟言捉去其糟，方法比较原始。《诗·伐木》："酾酒有藇。"毛传："以筐曰酾，以薮曰湑。"释文："酾，谓以筐漉酒。"正义："筐，竹器也。薮，草也。酾酒者或用筐，或用草，于今犹然。"河南安阳郭家庄160号商墓出土的铜尊中有一件圆锥形的小竹篓，应即酾酒之筐。它和曾侯乙墓及湖北随县擂鼓墩2号墓所出铜漏斗形过滤器属同类器物[6]。唯此法仍较粗放。《齐民要术·造神曲并酒篇》中则提到用毛袋漉酒。同书《养羊篇》中又说殺羊"毛堪酒袋"。诸城前凉台画像石中有人用两根短棒撑起一只口袋沥酒，则汉代已知用此法[7]。内蒙古托克托汉闵氏墓壁画中，有用三瓮沥酒之图，上书"酒"字。甘肃嘉峪关1号曹魏墓的画砖中有类似之图[8]。这是用带孔的瓮沥酒。沥酒之具《说文》作醨，训"醨也"。《玉篇》："醨，以孔下酒也。"洛阳烧沟46号、47号、125号等西汉墓中均曾出土在腹下近底处挖一圆孔的陶瓮，可能是沥酒所用者[9]。河南密县打虎亭1号东汉墓东耳室中的一幅石刻画《酿酒备酒图》中出现了榨酒的糟床，用壶承接漉下之酒[10]（图86-11）。《周礼·天官·酒正》郑注："缇者，成而红赤，如今下酒矣。"贾疏："下酒谓曹（糟）床下酒。"孙诒让正义："下酒，盖糟床漉下之酒。"打虎亭画像中所见者，将这道工序表现得很清楚。在汉代，这大概是最进步的滤酒方式了。

注释

① 湖南省文物考古研究所等：《沅陵虎溪山一号汉墓发掘简报》，《文物》2003年第1期。

② 扬州博物馆：《江苏仪征胥浦101号西汉墓》，《文物》1987年第1期。临沂市博物馆：《山东临沂金雀山九座汉代墓葬》，《文物》1987年第1期。

③ 绥德石灶，见《陕西绥德县延家岔东汉画像石墓》，《考古》1983年第3期。巴彦淖尔盟诸陶灶，见《内蒙古中南部汉代墓葬》第28页，中国大百科全书出版社，1998年。定西陶灶，见《甘肃定西巉口两座墓葬发掘简报》，《考古与文物》1982年第2期。

④ 咸阳秦都考古工作站：《秦都咸阳汉墓清理简报》，《考古与文物》1986年第6期。

⑤ 《洛阳烧沟汉墓》第156页。

⑥ 郭家庄160号商墓出土的酾酒之筐，见《最新中国考古大发现》（山东画报社，2002年）第47~48页。曾侯乙墓出土的铜漏斗形过滤器，见《曾侯乙墓》卷上，第234页。擂鼓墩2号墓出土者见《文物》1985年第1期。

⑦ 任日新：《山东诸城汉墓画像石》，《文物》1981年第10期。

⑧ 托克托壁画，见本书第五五篇注⑧所揭文。嘉峪关画砖，见《嘉峪关汉画像砖墓》，《文物》

1972年第12期。

⑨ 见《洛阳烧沟汉墓》第110页。不过《齐民要术·酒糟醋法》中说酿醋也用"醋瓮"，"七日后，醋香熟，便下水，令相淹渍。经宿，醋孔子下之"，故其中或亦有用于酿醋者。参看许显成：《青海发现早期酿酒器具》，《中国文物报》2000年3月22日。禹明先：《酿酒与酿醋》，《文物天地》2003年第2期。

⑩ 河南省文物研究所：《密县打虎亭汉墓》第133页，文物出版社，1993年。孙机：《豆腐问题》，载《寻常的精致》，辽宁教育出版社，1996年。

八七、笥，箧，簏，匡，笈，筐，笄，箪，盒

　　笥是汉代常用的贮物之器，外形像带盖的扁箱子。笥字从竹，可见它多以竹制。长沙马王堆1号西汉墓共出土竹笥48个，是用宽0.4~0.5厘米、厚0.1厘米左右的细竹篾以人字形编法编成的。盖和底的口部及顶部周缘，又用藤条或竹篾加缠竹片以加固，有的四角也加竹片。其中保存得最好的竹笥，分别用朱红色或蓝色的荷麻縢缄结，有的在缄结之处尚保留着带有封泥的木封检，并系有木楬。楬上写有"衣笥""缯笥""牛脯笥"等字样，直接证明了器名为笥（图87-1）。笥也有用苇子制作的。《仪礼·大射仪》郑注："笥，崔苇器。"笥的用途据《说文》说，乃是"饭及衣之器也"，正与马王堆1号墓所出竹笥的使用情况相合。东汉之笥与西汉时区别不大，但有的带有漆绘，更为精美。如平壤附近著名的彩箧冢出土的所谓"彩箧"，就是一件在器口和边缘部分绘有帝王、孝子图像的竹笥（图21-13）。出土时其中盛有一些栗子，也正与其用途相符。

　　其实，箧的形状和笥原有区别。《仪礼·士冠礼》郑注："隋方曰箧。"则箧呈长而近椭之形。这种式样的竹箧虽尚未发现，但出土物中有不少长椭形的明器陶箧，如河北望都2号东汉墓与广州大元岗5009号东汉墓所出者（图87-2）。而它们之间更重要的区别是在用途方面。箧一般不盛食品。它虽然可用于盛衣，如《汉书·霍光传》之"衣五十箧"。或盛书，如《汉书·张安世传》之"书三箧"，居延简中之"书箧一"（89·13B）。但箧在更多的场合中用于存贮财物。《说文·匚部》："箧，椷藏也。"《庄子·胠箧篇》："将为胠箧、探囊、发匮之盗而为守备，则必摄缄縢，固扃鐍，此世俗之所谓知也。"成疏："箧，箱。""夫将为开箱探囊之窃，发匮取财之盗"而守备，必"不慢藏。此世俗之浅知也""藏玉于山，藏珠于川，不贵珠宝，岂有盗滥"。撇开他们的哲学观点不论，这些说法正反映出箧是用来收藏包括珠宝在内的贵重物品的。因而箧往往制作得更考究些，其盖常作成盝顶。不过箧与笥的这些区别，有时也不十分严格。《急就篇》颜注就说："箧，长笥也。"一种高箧名簏。《说文·竹部》：

图版87

笥

87-1

匲

87-4

木箪

87-8

笈
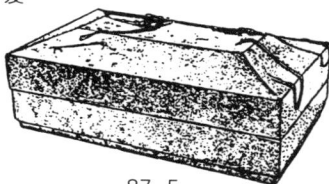

87-5

陶箪

87-9

箧

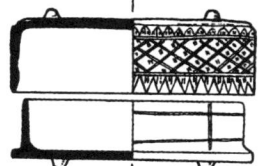
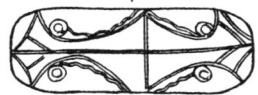

87-2

篚
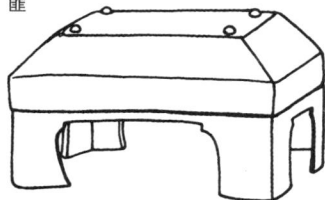

87-6

银盒
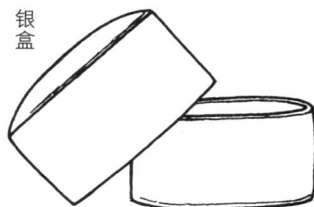

87-10

簏

87-3

筹
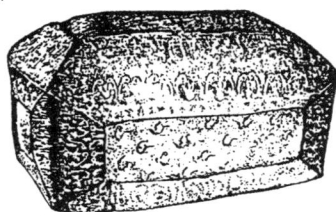

87-7

禽头漆盒

87-11

兽头漆盒

87-12

"篪，竹高箧也。"其形象见于沂南画像石（图87-3）。但《通俗文》又说："篪谓之匮
笥"（《御览》卷七〇五引）。沂南画像石中的篪也的确和匮有些相似。

与笥箧为类的贮物之器还有匮、笈、筐等。《仪礼·士冠礼》郑注："匮，竹器名，
今之冠箱也。"马王堆3号墓出土的一件彩绘漆箧，其中盛有武冠上的漆缅纱弁，应
为匮（图87-4）。比匮再扁一些的名笈。《风土记》："笈谓学士所以负书箱，如冠箱
而卑者也"（《玄应音义》卷三引）。马王堆3号墓所出盛竹简与帛书的漆箧，式样与匮
相同而微微扁些，应即笈（图87-5）。至于筐，《说文》谓其形"似竹箧"。《孟子·滕
文公篇》音义："筐，以盛贽币。"则其造型亦应与其庄重的用途相称。宋·聂崇义
《新定三礼图》卷一二说："旧图云：'筐以竹为之，长三尺，广一尺，深六寸，足高三
寸。'"则筐有足，是其特点。广州先烈路5080号东汉墓所出陶筐状物，器底出四足，
足间若壶门，看起来比较高贵，或即代表筐（图87-6）。《广州汉墓》一书中称此器
为簋，然而汉器并无名簋者，其说可商[1]。如果在筐类器外敷以织物作面，则应名筹。
《仪礼·士昏礼》："筹缁被纁里。"《礼记，昏义》郑注："筹，器名，以苇若竹为之，
其形如筐，衣之以青缯，以盛枣、栗、脯、脩之属。"可是《仪礼·聘礼》说用它盛币，
《丧礼》说用它盛贝及浴巾。可见此器的用途亦较广泛，器形或不尽一致。武威磨嘴
子东汉墓中出土的一件苇箧，四周用赭、白两色锦缝成宽边，中心缀一幅绢地刺绣，
大概就是所谓筹（图87-7）。

笥、箧等器皆接近长方形，圆形的竹容器则有箪。《礼记·曲礼》郑注："箪、
笥，盛饭者。圜曰箪，方曰笥。"但文献中常提到的竹制圆形饭器还有筥。《急就篇》
颜注："竹器盛饭者，大曰箪，小曰筥。"筥又叫籍，字亦作箵。《字林》："筥、籍也"
（《玄应音义》卷一五引）。《说文·竹部》："籍，饭筥也，受五升。"《方言》卷一三又
说："籍，南楚谓之筲，赵、魏之郊谓之筲籍。"筲籍在居延简中作"去卢"，有"斗去
卢"和"三斗去卢"（220.18）。在《说文·凵部》中作"凵卢"，并说它"以柳作之"，即
是用柳条编成的。箪却应是用大竹筒制成的。其次，筥无盖，箪有盖。《说文》箪下段
注："匡、箪皆可盛饭，而匡、筥无盖，箪、笥有盖。"准此以求，洛阳西郊7062号西汉
墓所出盖上书"梁饭"二字的筒形饭器，应为箪（图87-9）。但此陶箪装三熊足，制作
尚精。武威磨嘴子23号东汉墓所出木箪，形制朴素，与竹箪的式样应相接近（图87-
8）。箪是一种俭素的食器。《论语·雍也》："子曰：'贤哉回也，一箪食，一瓢饮，在陋
巷，人不堪其忧，回也不改其乐。'"可证。

最后讨论一下通常所说的盒。盒为后起字。汉代之有盖的容器当时常以"合"
为单位。如江陵凤凰山10号墓出土简所称："笥六合。"马王堆1号墓遣策所称："检

（㮰）二合。"《汉书·外戚传》所称："苇箧一合。"但《史记·货殖列传》之"蘖、曲、盐、豉千荅"（集解引徐广曰："或作台，器名有瓵"），在《汉书·货殖传》中却作"千合"，颜注："曲蘖以斤石称之，轻重齐则为合。盐豉则斗斛量之，多少等亦为合。合者，相配偶之言耳。今西楚、荆、沔之俗，卖盐豉者，盐豉各一升则各为裹而相随焉，此则合也。"颜氏将商品搭配的卖法称为合，其实器与盖形体相近而互配者亦可称合。《广韵·入声二十七合》："合，亦器名。"寖而衍生出"盒"字。《广韵》谓盒是"盘覆也"，圆盒正若两盘相覆。类似之物大约也可以包括在内。本书爰将河北定县43号东汉墓所出椭圆形小银器（图87-10），以及山东莱西岱野2号、安徽天长北岗6号等西汉墓所出装禽兽头形活动开关的小漆器（图87-11、12），暂定为盒。

注释

① 《广州汉墓》上册，第406页，文物出版社，1981年。

八八、日用杂品

　　汉代的日用杂品种类繁多，除已列专项收入本书以上各篇者外，这里再对若干内具、燕器、发火取暖之具及其他日用物品略作介绍。

　　《周礼·内司服》郑注："内具：纷、帨、线、纩、䙆、袅之属。"可见针黹等物被称为内具。其中如缝衣针，汉代已用钢铁制作。江陵凤凰山167号西汉墓所出者，长5.9厘米，最大径0.05厘米，针体粗细均匀，针孔细小，颇精巧（图88-9）。但这时仍有用铜针的，如江陵岳山2号及长沙侯家塘18号等西汉墓所出者。此针之针体上部作绞索形，广西贵县罗泊湾1号西汉墓所出银针亦然[①]。西汉时应有此制。贮针有针衣，凤凰山167号墓与马王堆1号墓均出，皆以篾帘为骨，外敷丝织物，将针插在里层中部，不用时可卷起收藏。此外，在陕西咸阳马泉西汉墓的漆奁里曾发现针管，出土时其中尚有锈结在一起的铁针七八个[②]。以管贮针，则与《礼记·内则》"鍼管线纩"及《荀子·赋篇·箴》"管以为母"之说相合。裁衣之剪多为簧剪，是用一根两头锻出边刃的铁条弯曲而成，借助当中弯簧的弹力操纵其开合（图88-1）。但陕西长安南里王村东汉晚期墓中，却出土了一件交股剪（图88-2）。它在当时极为新颖，因为这种剪刀要到五代时才流行开来[③]。缝衣时所用顶针，形制与近代相同，多为铜制，也有铜质鎏金的、银的和金的[④]（图88-8）。熨衣之器至西汉中期还是圜底的，如茂陵1号无名冢1号陪葬坑所出"阳信家熨铫"。西汉晚期的长沙汤家岭1号墓所出"张端君熨斗"已改成平底，更切实用。安徽寿县茶庵1号东汉晚期墓所出者，柄端且饰以龙头（图88-5）。河北邯郸张庄桥出土的铜熨斗并附有支座。依《东宫旧事》所记，其支座应名熨人（《北堂书钞》卷一三五引）（图88-6）。清·吴云《两罍轩彝器图释》卷一二著录的"魏太和熨斗"，形制与张庄桥所出者基本相同。铭文称："太和三年二月廿三日，中尚方造铜熨人、熨斗，重卅四斤十二两。第百六。"更是其定名的确证。有些石熨人制作工致，河北冀县前冢村东汉墓出土的一例，立柱周围有四螭虎拱托起顶部的小平台，其上有怪兽蹲

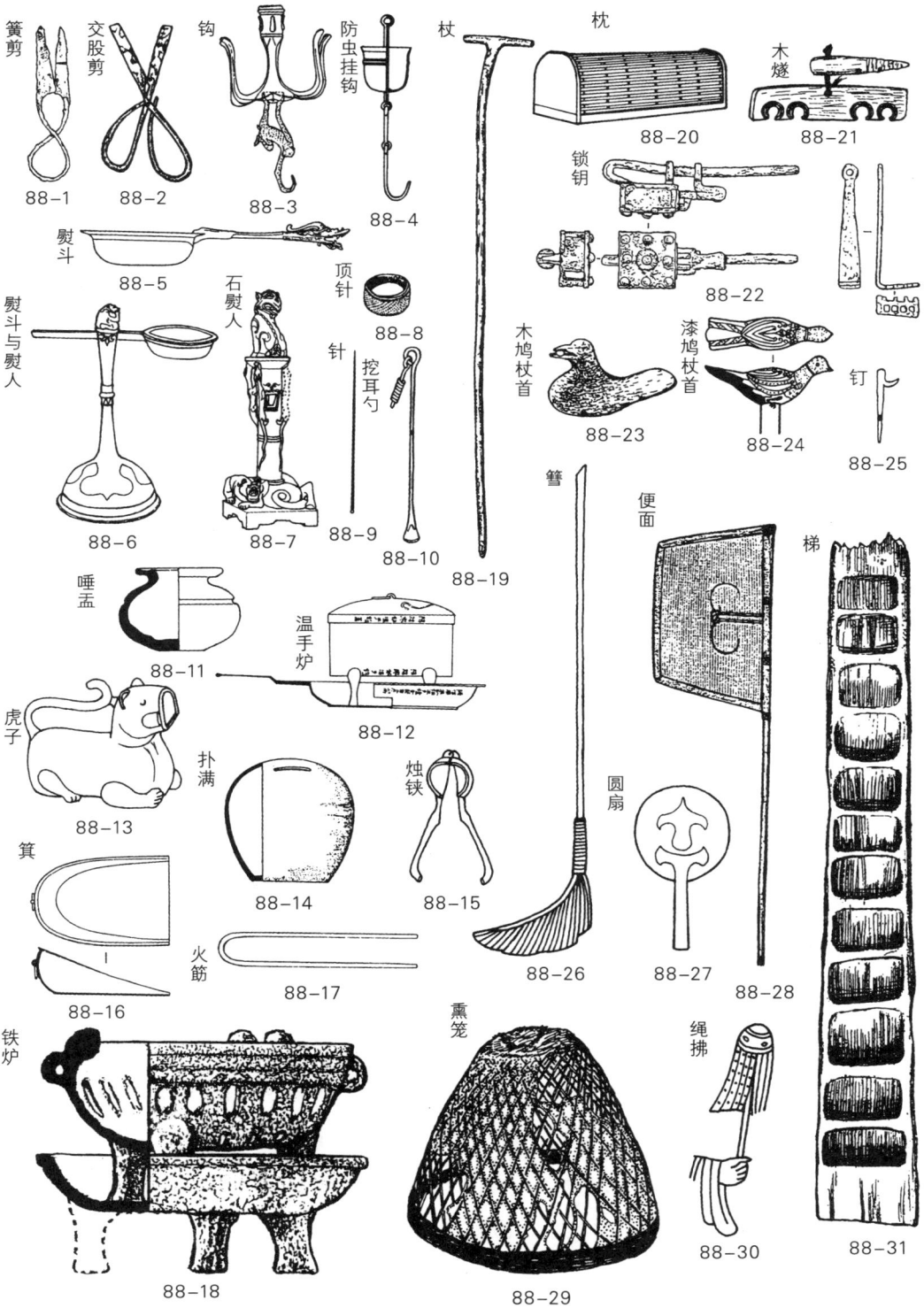

图版88

簧剪
88—1

交股剪
88—2

钩
88—3

防虫挂钩
88—4

杖

枕
88—20

木燧
88—21

熨斗
88—5

锁钥
88—22

顶针
88—8

熨斗与熨人
88—6

石熨人
88—7

针

挖耳勺
88—9

88—10

木鸠杖首
88—23

漆鸠杖首
88—24

钉
88—25

唾盂
88—11

温手炉
88—12

箒

便面

梯

虎子
88—13

扑满
88—14

烛铗
88—15

圆扇

88—19

箕
88—16

火筋
88—17

88—26

88—27

88—28

铁炉
88—18

熏笼
88—29

绳拂
88—30

88—31

踞，底座又蟠伏1虎，就连用于纳熨斗柄的插孔也做成兽口大张之形，极精雕细刻之能事⑤（图88-7）。为衣、被熏香之器有熏笼，马王堆1号墓所出者作截锥形，用竹篾编成，孔眼甚大，周围敷以细绢（图88-29）。在此墓之遣册中称之为"熏簝"，但其中尚须配置熏炉方能使用。河南密县打虎亭1号东汉墓北耳室北壁石刻画像中的熏笼，出现在家居生活的场面中，上面搭满了衣被等物。剪灯炷之余烬则用烛铗，此物在潼关吊桥杨氏墓曾经出土（图88-15），其形制与日本正仓院所藏唐代烛铗及韩国庆州雁鸭池遗址出土的新罗烛铗相近。庾信《对烛赋》所称"铁铗染浮烟"者，即指此物而言。

又《仪礼·既夕礼》说："燕器：杖、笠、翣。"扶老用杖。《礼记·王制》："五十杖于家。"杖一般在顶端有横出之扶手，如贵县罗泊湾1号墓所出者（图88-19）。虽然此杖之扶手系利用树木自然生成的枝杈，但直到唐代，杖顶仍以呈丁字形者为多，尚沿袭此风。汉代政府并发给老人王杖，"上有鸠，使百姓望见之，比于节"（武威出土《王杖诏令简》），以示尊老。简文称，这是自"高皇帝以来"的定制⑥。湖北江陵张家山247号墓相当吕后时期，墓主棺内已随葬鸠杖，可证。又据此墓所出《二年（前186年）律令简》中的《傅律》，授王杖的年龄与爵位高低有关："大夫以上年七十，不更七十一，簪袅七十二，上造七十三，公士七十四，公卒、士五（伍）七十五，皆受杖"⑦。但成帝建始二年（前31年）的诏书中只说"年七十受王杖"，可能此后授杖的年龄已统一于七十岁。《续汉书·礼仪志》也说："仲秋之月，县道皆按户比民，年始七十者，授之以玉（王）杖，铺之糜粥。"又说："玉（王）杖长九尺，端以鸠鸟为饰。鸠者，不噎之鸟也，欲老人不噎。"《风俗通义》则以为是起于《周礼·罗氏》"献鸠养老"之习俗（《御览》卷九二一引）。按罗氏献鸠，本供食用。但《吕氏春秋·仲秋纪》高注却认为："《礼》大罗氏掌献鸠杖以养。"已将献鸠与鸠杖并为一事，则应劭之说不为无据。木鸠杖除见于张家山247号墓外，在武威磨嘴子13、18号东汉墓、旱滩坡医简墓、江苏海州霍贺墓中均曾出土⑧。沂南画像石中刻有饰以沉苏的鸠杖。鸠杖首一般为素木雕成（图88-23）。湖北荆州高台6号西汉墓所出者，在木胎上髹漆彩绘，将鸠的形象表现得很具体（图88-24）。杖首之鸠也有铜制的，如广西平乐银山岭西汉墓所出者。至于西安等地发现的错金银铜鸠杖首，更加踵事增华，或缘使用者身分特殊之故⑨。至于《既夕礼》所说的翣，则是指扇，特别是指大型扇。《小尔雅·广服》："大扇谓之翣。"汉代的扇虽有矩形、圆形两类，如班固《竹扇赋》称："度量异好有圆方，来风辟暑致清凉。"（《古文苑》卷五引）；傅毅《扇赋》称："织竹廓素，或规或矩"（《北堂书钞》卷一三四引）。但圆扇很少见，只在山东苍山城前村及四川成都曾家包等地东汉墓的石刻画像中见到持圆扇者⑩。又河南灵宝张湾5号东汉墓中曾出土一柄圆形明器铜扇（图88-27）。从战国以来，传统的竹编大扇皆作矩形。由于是竹编之物，故箑亦作篓（《吕氏春秋·有度篇》）、篓（《说文·竹部》）。篓通箑，《说文·竹部》："箑，扇也。"《户部》："扇，扉也。"矩形大扇正类门扉状。《汉书·张敞传》说："敞无威仪，时罢朝会，过走马章台街，使御吏驱，自以便面拊马。"颜注："便面，所以障面，盖扇之类也。"便面既可用来赶马，则须具长柄，故应与矩形大扇相当（图88-28）。以类相从，燕器中还可以包括拂子、枕、耳勺、虎子、唾器、帚、箕等物。拂子见于沂南画像石，所表现的为绳拂（图88-30）。山东临沂银雀山2号西汉墓曾出土拂子的木柄，出土时附近有马尾，其原物应为马尾拂子⑪。汉枕在出土物中亦常见。枕字从木，我国古代之枕多为木制。临沂金雀山11号、银雀山1号、8号等西汉墓出土之枕，以整块实木制成，断面近椭圆形。《吴越备史》称，钱镠在军中"用圆木作枕，睡熟则欹，由是得寤，名曰'警枕'"。而《礼记·少仪》中提到的"颖"，郑玄注："警枕也。"可证其渊源很古老，则圆木形或应代表枕之初制。而临沂金雀山14号西汉墓出土之枕，底为长方形木板，两端为马蹄形木板，枕面则用竹条排列而成，与江陵马山1号楚墓所出者作法大致相同⑫。自战国至汉，这是木枕之通行的式样（图88-20）。河北望都2号东汉墓所出彩绘石枕，亦仿照此式。这种式样的枕中空可以储物。《汉书·刘向传》称："淮南有枕中《鸿宝》、《苑秘书》。"颜注："《鸿宝》、《苑秘书》并道术篇名。藏在枕中，言常存录之，不漏泄也。"藏书于枕，以示珍秘，于是"枕中书"在后世遂成为"秘笈"的同义语。至于定县北庄东汉墓所出玉枕、马王堆1号墓所出草芯绣枕等，则可能是随葬用品⑬。清洁耳道用挖耳勺。此物已见于商代，妇好墓出玉耳勺，山东益都苏埠屯大墓出骨耳勺。陕县刘家渠3号东汉墓所出铜耳勺，式样已与近代所用者相同（图88-10）。广西贵县罗泊湾1号墓且出土金耳勺。便溺所用虎子，已见于长沙五里牌邮3号战国墓。此物亦名械，见《史记·万石君列传》集解引贾逵《周官解》。出土的汉代虎子有陶、漆、铜、瓷等多种质地者⑭（图88-13）。《西京杂记》说："汉朝以玉为虎子。"但未见到实例。唾器在先秦时尚未见，安徽阜阳西汉汝阴侯墓中所出漆盂形器，铭文中自名为"唾器"。此器浅腹、大口、有盖，若无铭文，则不易断定其用途。江西清江武陵东汉墓所出绿釉唾壶，颈部收缩而口沿外侈，其形制已开六朝、隋唐时同类器物之先声（图88-11）。扫除用具有帚（图54-5）。大帚为篲（图88-26）。与帚、篲配套使用的则有箕（图88-16）。

　　发火与取暖的用具有木燧、火筷及各种温炉。自先秦至南北朝，我国主要用钻木法取火。《淮南子·说林》："槁竹有火，弗钻弗燔。"钻火之具，《内则》中称为"木燧"，《管子·禁藏篇》与《韩非子·五蠹篇》称为"钻燧"，居延简中称为"出火燧"（506.1），它是用硬木杆钻较软的干木片以发出火星。为了便于钻磨，常在木片上先凿出凹槽。其实物在居延、敦煌等地多次发现。新疆罗布泊所出者，钻杆与凿孔木片还用绳子系在一起（图88-21），但木燧钻出的火星必须用易燃之物及时引燃。《韩诗外传》卷七说："束缊请火。"是以麻缊作引火物。居延简文中与火燧并列者有"茹"（506.1），初师宾认为这也是一种引火物，其说是⑮。取暖之炉式样也很多。河南禹县出土的铁炉不带盖（图88-18）。满城1号墓出土的铁暖炉，带盖，盖、底、炉壁均镂孔，以供通风之用，但其中只宜盛放少量已燃之炭火。茂陵1号冢1号陪葬坑出土的温手炉，则是一种小型取暖器（图88-12）。夹炭用的火箸亦见于满城1号墓，是一根铁条弯曲而成的（图88-17）。

其他如木梯，见于广州马鹏岗1134号西汉墓，用一根扁平长木挖凿而成（图88-31）。在西汉墓中还出现了代替钉棺木的木质细腰钉的铁钉（图88-25）。悬物之钩在画像石与壁画中的庖厨图中常见。洛阳、西安等地汉墓出土的陶灶，在灶面上常模印或刻画出钩子。陕西渭南田市镇出土的各式汉代铁钩，均为实用之器⑯。广州南越王墓西耳室出土的铜钩，在铜吊杆中部固定着一小而深的水盂，盂下连接铜链和挂钩⑰（图88-4）。在钩下挂物并于盂中注水，可防虫蚁。而满城1号墓所出花形悬猿铜钩，不仅造型新奇，而且花蕊和猿可以转动，在出土的同类物品中最为精巧（图88-3），但它就不一定是厨房用具了。西安洪庆堡汉代的愍儒乡遗址与河南荥阳王湾东汉窖藏中均发现铁簧锁，有的还附有齿耙形钥匙（图88-22）。洛阳3850号东汉墓的壁画中有一持耙形钥匙的人物，似乎是一位管家⑱。唯《风俗通义》说："钥施悬鱼，鱼翳伏渊源，欲令楗闭如此"（《御览》卷一八四引），则汉代可能还有鱼形钥，不过遗物中未见。至唐代，不仅有鱼形钥，而且李贤墓壁画中还出现了一名在钥匙上系有鱼形饰件者，其作法均应滥觞于此说。

最后再介绍一下汉代的扑满。洛阳烧沟84号西汉墓中曾出土一件，器为陶制，仅顶部有装钱之孔（图88-14）。出土时，器中尚贮五铢钱20枚。广州西汉后期墓出土之扑满，其中也贮有五铢钱20枚⑲。不知是否纯属巧合。此物本名钱缿，见云梦秦简《秦律十八种·关市律》。《说文·缶部》："缿，受钱器也。"但《西京杂记》所载邹长倩《遗公孙弘书》说："扑满者，以土为器，以畜钱。且其有入窍而无出窍，满则扑之。"则扑满是根据其用法而得名的俗称了。

注释

① 岳山铜针,见《江陵岳山秦汉墓》,《考古学报》2000年第4期。侯家塘铜针,见《被盗掘过的古墓葬,是否还值得清理》,《文物参考资料》1956年第10期。罗泊湾银针,见《广西贵县罗泊湾一号墓发掘简报》,《文物》1978年第9期。

② 见本书第七八篇注⑦2所揭文。

③ 双股剪在此后的长时期中不曾发现,它的再度出土是在长沙的五代墓中,见中国历史博物馆编:《简明中国历史图册》第7册,第3页,天津人民美术出版社,1980年。

④ 鎏金铜顶针,见《东汉司徒刘崎及其家族墓的清理》,《考古与文物》1986年第5期。银顶针,见《长沙东屯渡清理了一座东汉砖室墓》,《文物》1960年第5期。金顶针,见《亳县曹操宗族墓葬》,《文物》1978年第8期。

⑤ 《汉王朝》第56页,第40图。便利堂,1999年。

⑥ 甘肃武威磨嘴子出土的王杖简有两批。第一批于1959年出土于第18号西汉墓中,共10枚,被称为"王杖十简"。见甘肃省博物馆:《甘肃武威磨嘴子汉墓发掘简报》,《考古》1960年第9期。郭沫若为此写了《武威"王杖十简"商兑》一文,载《考古学报》1965年第2期。第二批于1981年征集,据说也是在磨嘴子汉墓中出土的,共26枚。见武威县博物馆:《武威新出王杖诏令册》,载《汉简研究文集》,甘肃人民出版社,1984年。两批简上均有本篇所引文句。

⑦ 高敏:《从〈二年律令〉看西汉前期的赐爵制度》,《文物》2002年第9期。

⑧ 磨嘴子出土者,见《甘肃武威磨嘴子汉墓发掘》,《考古》1960年第9期。旱滩坡出土者,见《武威汉代医简》第22页。海州出土者,见《海州西汉霍贺墓清理简报》,《考古》1974年第3期。

⑨ 广西壮族自治区文物工作队:《平乐银山岭汉墓》,《考古学报》1978年第4期。王长启:《西安地区发现春秋战国秦汉时期的青铜器》,《考古与文物》1992年第5期。

⑩ 苍山画像石,见《山东汉画像石选集》第410图。成都画像石,见《四川成都曾家包东汉画像砖石墓》,《文物》1981年第10期。

⑪ 山东省博物馆、临沂文物组:《山东临沂西汉墓发现〈孙子兵法〉和〈孙膑兵法〉等竹简的简报》,《文物》1974年第2期。

⑫ 金雀山11号、14号汉墓之枕,见《山东临沂金雀山周氏墓群发掘简报》,《文物》1984年第11期。银雀山1号汉墓之枕,见注⑪所揭文。银雀山8号汉墓之枕,见《临沂银雀山西汉墓发掘简报》,《文物》2000年第11期。马山1号墓之枕,见《江陵马山一号楚墓》(文物出版社,1985年)第84页。

⑬ 定县玉枕,见《河北定县北庄汉墓发掘报告》,《考古学报》1964年第2期。马王堆绣枕见《长沙马王堆一号汉墓》上集,第70—71页。

⑭ 陶虎子,见《南京邱家山汉墓》,《考古》1963年第8期;《江苏新沂东汉墓》,《考古》1979年第

2期。漆虎子，见《扬州东风砖瓦厂汉代木椁墓》，《考古》1980年第5期；又江苏仪征亦出土一件，见《江苏省出土文物选集》图版117。铜虎子，见《江西南昌地区东汉墓》，《考古》1981年第5期；《北京顺义临河村东汉墓发掘简报》，《考古》1977年第6期。黑瓷虎子，见《我国黑瓷的起源及其影响》，《考古》1983年第12期。青瓷虎子，见上揭《江苏新沂东汉墓》一文。

⑮　见本书第四〇篇注⑧所揭文。

⑯　《洛阳烧沟汉墓》（科学出版社，1959年）第120页。《西安北郊图书馆汉墓发掘简报》，《考古与文物》2002年汉唐考古增刊。郭德发：《渭南市田市镇出土汉代铁器》，《考古与文物》1986年第3期。

⑰　南越王墓出土的带盂铜钩，发掘报告中定名为"铃形器"，这是由于当时将器物倒置而形成的误解（《西汉南越王墓》第83、92页）。麦英豪、王文建在《岭南之光》（浙江文艺出版社，2002年）一书中，始改定为"铜挂钩"。

⑱　洛阳市文物工作队：《河南洛阳市第3850号东汉墓》，《考古》1997年第8期。

⑲　《广州汉墓》上册，第280页，文物出版社，1981年。

八九、灯 I

　　灯是从食器中的豆转化来的。《尔雅·释器》："瓦豆谓之登。"郭璞注："即膏灯也。"它大约出现于春秋。至战国时，灯的式样就比较繁多了。但直到西汉，其基本形制还和豆差别不大，所以河北鹿泉高庄西汉常山王刘舜墓出土铜灯的铭文中仍自名为"烛豆"①。

　　这时最常见的铜灯上有盘，中有柱（校），下有底座（枎），可以称之为豆形灯（图89-3）。铜灯的款识中自名为镫或锭，《说文》中此二字互训，无须再作区分。值得注意的是，在圆形的灯盘正中，常有一枚支钉形的火主。《说文·丶部》："丵，镫中火主也。"火主即灯盘中的支钉，篆文所状甚明。此物或被称为烛钎，其上应插麻蒸。《说文，艸部》："蒸，析麻中干也。"即剥去麻皮后的麻秸。它可以缚成束，点燃照明。《仪礼·既夕礼》郑注："烛用蒸。"这里说的烛指火炬。但也可以将蒸插在烛钎上成为灯炷。对此描述得最清楚的是桓谭，他在《新论·祛蔽篇》中说："余后与刘伯师夜燃脂火坐语，灯中脂索，而炷燋秃，将灭息。……伯师曰：'灯烛尽，当益其脂，易其烛……。'余应曰：'人既禀形体而立，犹彼持灯一烛，……恶则绝伤，犹火之随脂、烛多少、长短为迟速矣。欲灯烛自尽易以不能，但促敛旁脂以染渍其头，转侧蒸干使火得安居，则皆复明焉。'"可见蒸干渍脂，灯光则明。在汉代，不仅铜灯上设支钉形的火主，陶灯上有时也有②。沂南与邓县长冢店画像石中之点燃的灯，灯火均直立在灯盘当中，就是这种装置的反映（图89-1、2）。也有的灯盏内未设支钉，则须将几根麻蒸缚结成上细下粗的锥体，以便在盏内摆放。虽不如插在支钉上稳固，但亦敷用。麻蒸不易保存，然而在云南昭通桂家院子东汉墓中出土的铜灯，灯盘内尚残存一段灯炷，是用八九根细竹条缠在一起作成的，可以作为后一种灯炷之形制的参照③。除了用能挺立在灯盘中的麻蒸外，我国古代也采用其他纤维材料制成软灯炷。战国时的"鸟柱盘"，其实就是将软灯炷搭在鸟背上点燃的灯④。北京故宫博物院所藏战国玉灯，灯盘当中突起一个花朵状的小圆台，这上面无法插麻蒸，只能搭软灯炷。长沙马王堆3

号汉墓出土的陶灯，灯盘中突起一枚侧视如鸟背形的支撑物，显然也是搭软灯炷用的（图89-4）。其外观虽与一般豆形灯相近，代表的却是另一种类型，不过这类灯在汉代尚不多见⑤。

《新论》还说："火随脂、烛多少、长短为迟速。"表明烛即灯炷要浸在脂里。脂是动物油脂，满城1号墓所出厄灯中的残存物，经化验确定为动物脂类。此外，当时还用植物油点灯。《齐民要术·种麻子篇》引崔寔曰："苴麻（即大麻的雌株）子黑，又实而重，捣治作烛，不作麻。"《拾遗录》说："董偃……列麻油灯于户外"（《御览》卷七一〇引）。即用这种油点灯。《要术·荏蓼篇》又说："荏（即白苏子）油色绿可爱，其气香美，……又可以为烛。"上面说的"作烛"、"为烛"，都是指点灯。所以王祯《农书》卷七中仍说："按麻子、苏子，……于人有灯油之用，皆不可阙也。"

火主在豆形灯中一般只有一枚，只能燃一炷灯火。有时将这类灯的柱和座制成雁足形，则名雁足灯（图89-6）。它的灯盘往往呈环状凹槽形，其中常设三枚火主，可燃三炷灯火。也有的灯将柱和座制成完整的凤鸟形，口衔灯盘（图89-5）。灯柱较高的豆形灯名"立灯"⑥。灯柱较矮的则称为短灯。江苏邗江甘泉东汉墓中出土的一件高14厘米的雁足灯，自名为"铜雁足短灯"⑦。如果没有底座和立柱，只在灯盘下设三矮足，而在灯盘一侧装扁銎，则名拈灯或行灯（图89-7）。满城刘胜墓出土的1∶4274号此型铜灯，铭文自名为"拈锭"⑧，都是说它可以在行动中持之照明。河南陕县后川3003号西汉墓出土的双连行灯，中有关捩，可以开合（图89-8）。内蒙古巴彦淖尔盟纳林套海5号、沙金套海17号等西汉墓，以及湖北蕲春枫树林东汉墓均曾出土带高座的行灯⑨。山东微山马陵山西汉墓所出带高座的行灯，座下连以承盘，上加透雕菱形网格的灯罩，看起来有些像熏炉，但其灯盘当中有支钉形的火主，故仍应确定为灯（图89-9）。灯盘上增加带透孔的罩，意在控制灯光的照度。江苏南京前新塘南朝墓出土的陶灯上也装有带栅状孔格的灯罩，作用应相同⑩。不过以上几种灯的灯盘均较浅，容油少，如果以厄形器作灯体，则油量充裕。这种灯在满城刘胜墓中出土过一件，铭文中自名为"铜厄锭"。如果将灯炷贯以铜管，直接插进盛油的厄形容器中，仍可名为厄灯（图89-11）。其实物在江苏邗江、陕西华阴等地的东汉墓中均曾出土⑪；而在密县打虎亭东汉墓的画像石中，则发现了使用这种灯的图像（图89-10）。如果将盛油的容器和兼作盖子用的灯之间连以关捩，即通称之辘轳灯。但此名是后人所加，当时仍认为它是行灯的一种。《贞松堂吉金录》所录此型的"内者灯"，铭文中就自名为行灯（图89-12）。它有作耳杯形的，和牛、羊、犀牛等动物形的。其中羊形的又名羊灯，由于羊象征吉祥，所以这种灯在汉代很受重视，出土和传世的实物也较多（图89-

图版89

点燃的灯

89-1

灯盏中设火主的豆形灯

89-2

89-3

灯盏中设支垫的豆形灯

89-4

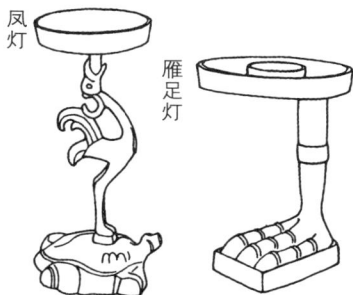

凤灯

雁足灯

89-5

89-6

行灯

89-7

双连行灯

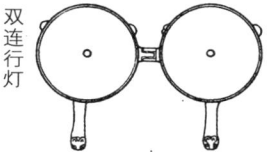

89-8

罩的行灯带高座及

89-9

持厄灯者

89-10

厄灯

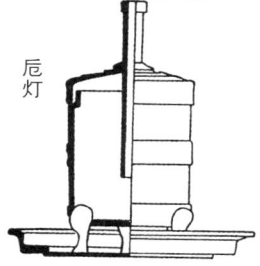

89-11

辘轳灯

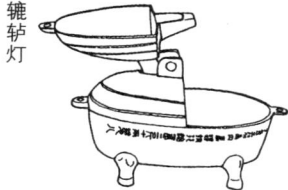

89-12

羊灯

89-13

辘轳厄灯

89-14

用行灯插接成的四枝灯

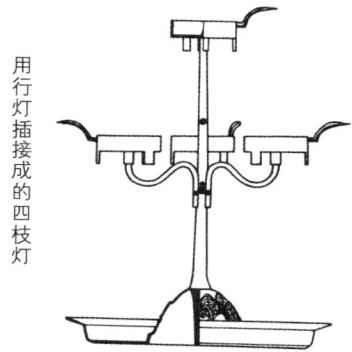

89-15

二十九枝灯

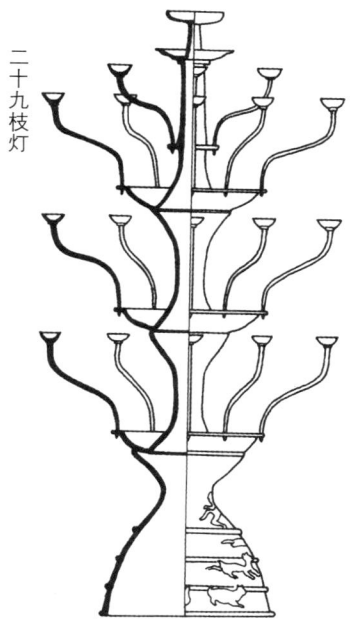

89-16

433

13）。李尤《金羊灯铭》赞之为："金羊载耀，作明以续。"还有将杯形灯和卮形灯相合并的：上面是杯形灯盏，下面却是卮。这种灯较少见，只在重庆开县出土过两件[12]（图89-14）。

此外，汉代还有装多枚灯盏的多枝灯，《西京杂记》中提到的"青玉五枝灯""七枝灯"，均属此类。有些多枝灯是用行灯组成的，如广西合浦风门岭26号西汉墓出土的铜四枝灯，其上之行灯的底部铸有空卯，在灯枝上插合而成（图89-15）。这类行灯使用时可分可合，如湖南永州汉墓出土的此类灯上只装一件行灯，应属单独使用者[13]。多数多枝灯的灯盘是固定的，分层错落安置，点燃以后，灯火交相辉映，有如花树，显示出豪华的气派。出土的多枝灯以陶制者为多，如河南洛阳七里河东汉墓所出十三枝灯，河南济源承留村东汉墓所出二十九枝灯[14]（图89-16）。铜制的比较少，广西贵县罗泊湾西汉墓曾出铜九枝灯。还有一座铜九十六枝灯，通高约140厘米，呈枝叶繁茂的神树形。此灯可能是四川地区出土的，已被盗卖至美国[15]。它和傅玄《朝会赋》"华灯若乎火树，炽百枝之煌煌"（《初学记》卷二五引）的描写十分接近。但这样贵重的灯自难进入普通人家。汉代一般居民，西汉时多用豆形灯，东汉中期以降，则多用带碗形灯盏之灯。后一种灯至魏晋以降依然沿用。

注释

① 河北省文物研究所、鹿泉市文物保管所：《高庄汉墓》第39页，科学出版社，2006年。

② 内蒙古巴彦淖尔地区诸汉墓所出陶灯可以为例，见魏坚：《内蒙古中南部汉代墓葬》第32、61页，中国大百科全书出版社，1998年。

③ 广西合浦风门岭23号西汉墓出土铜行灯的灯炷，"为三股绞缠而成，下部开叉搭在灯盘中吸油之用。灯盘内还有油料的残余"。见广西壮族自治区文物工作队、合浦县博物馆：《合浦风门岭汉墓——2003—2005年发掘报告》第25、29页，科学出版社，2006年。关于灯炷之使用方式的演变，请参看孙机：《摩羯灯》，《文物》1986年第12期。

④ 孙机：《中国圣火》，辽宁教育出版社，1996年。

⑤ 汉代在灯盏内的火主上插麻蒸的点灯方法，可以称为"盏中立炷式"。这时的灯炷大都是用这类硬纤维做的，所以能立在灯盏中。而像马王堆3号墓所出盏中设小台的陶灯，灯炷只能用软纤维做。这样的灯炷本来可以搭在盏唇上点燃，但沿用旧习，仍将它置于灯盏正中。西方的灯则一直将灯炷搭在盏唇上，称为"盏唇搭炷式"。古代地中海区域和西亚各国均用此式灯。这种灯于唐代通过新疆传入我国内地。新疆巴楚县脱库孜萨来所出唐代铜灯，即纯属西式样（《新疆出土文物》图178，文物出版社，1975年）。宋代以后普遍用这种灯，"盏中立炷式"

的灯遂隐没不见。随着灯盏结构的简化，自战国以迄两汉兴盛一时的铜灯工艺亦逐渐衰落了。

⑥ 《高庄汉墓》第40页所载此型灯的铭文为："宦者铜金大立烛豆一，容四升，重九斤。"

⑦ 南京博物院：《江苏邗江甘泉东汉墓清理简况》，《文物资料丛刊》第4集，1981年。

⑧ 《满城汉墓发掘报告》上册，第71页。

⑨ 陕县出土者，见《陕县东周秦汉墓》（科学出版社，1994年）第183页。巴彦淖尔盟出土者，见
《内蒙古中南部汉代墓葬》（中国大百科全书出版社，1998年）第39、100页。蕲春出土者，见
《湖北蕲春枫树林东汉墓》，《考古学报》1999年第2期。

⑩ 南京市博物馆：《南京前新塘南朝墓葬发掘简报》，《文物》1989年第4期。

⑪ 邗江出土者，见《江苏邗江甘泉二号汉墓》，《文物》1981年第11期。华阴出土者，见《东汉司徒
刘崎及其家族墓的清理》，《考古与文物》1986年第5期。

⑫ 见《全国基本建设工程中出土文物展览图录》图版215。陈显双、朱世鸿：《四川开县红华村
崖墓清理简报》，《考古与文物》1989年第1期。

⑬ 零陵地区文物工作队：《湖南永州市鹞子山西汉"刘疆"墓》，《考古》1990年第11期。

⑭ 洛阳出土者，见《洛阳涧西七里河东汉墓发掘简报》，《考古》1975年第2期。济源出土者，见
《河南济源出土汉代大型陶连枝灯》，《文物》1991年第4期。

⑮ 王育成：《纽约出现的东汉青铜灯树考议》，载《揖芬集》，社会科学文献出版社，2002年。

九〇、灯 II

　　多枝灯虽然华贵，但在战国时已经出现。汉代新创制的一种精巧的灯型是装烟管的灯。烟管有单管（图90-6）、双管（图90-7）两种，都能将烟气导入灯腹内。满城1号汉墓出土的单烟管灯，腹内壁有白色水碱一薄层，证明其中原曾贮水。灯烟溶在水中，可使室内减少煤炱而保持清洁。这件灯的灯盘有两层盘壁，插置两片弧形骺板作为灯罩。灯盘可以转动，骺板可以开合，从而灯光的照度和照射方向可以调节。而且其构件均能拆卸，便于清除灯内烟垢。不过装单烟管的灯如点燃时间过长，灯内烟气充盈，则气流的流通会受到影响。从这方面说，双烟管灯要更胜一筹。

　　这种灯早在宋代的《宣和博古图》中已著录一件残器，所记铭文为："王氏铜虹烛锭。"此虹字应为釭字之假。长沙柳家大山32号西汉墓所出同型之灯，有三条铭文。器肩铭："阿翁主铜釭锯一具。"灯盘铭："阿翁主釭中锯。"盖铭："阿翁主釭锯盖"[①]。晋·夏侯湛有《釭灯赋》（《艺文类聚》卷八〇引），称此种灯："取光藏烟，致巧金铜。""隐以金骺，疏以华笼。融素膏于回槃，发朱辉于绮窗。"金骺、回盘，正是这种灯上的构件；藏烟，正是其性能的特点。釭指中空的管状物。《释名·释车》："釭，空也，其中空也。"车釭和建筑物壁带上的金釭均由此得名，也正与烟管的形状相符。所以这种灯应名釭灯。唐·段成式《酉阳杂俎·寺塔记下》所记"息烟灯"，或亦属此类。

　　还有些釭灯被作成动物形或人物形，其中且不乏精品。呈牛形者在长沙桂花园、邗江甘泉、睢宁刘楼共出三件，造型各擅其胜。长沙牛形釭灯安详雍雅，睢宁牛形釭灯古拙凝重，邗江牛形釭灯通体错银，牛的造型出之以写实手法，侧首扬角，睥睨喑噁，很有神气（图90-1、2）。作鸟形者有广西合浦出土的一对凤形釭灯（图90-3）。又山西平朔、襄汾与陕西神木各出一件水禽衔鱼釭灯，其水禽之状若雁。我国古文献中雁、鹅之名相通（《说文·鸟部》："雁，鹅也"），而凫、鸭之名亦相通（《广雅·释鸟》："凫，鸭也"）。这些水禽常连类并称，如《晏子春秋·外篇第七》："菽粟食凫雁。"《楚辞·七谏》："畜凫驾鹅，满堂坛兮。"故晋《东宫旧事》中一再提到的"铜鸭头

图版90

双烟管牛形钉灯

90-1

单烟管牛形钉灯

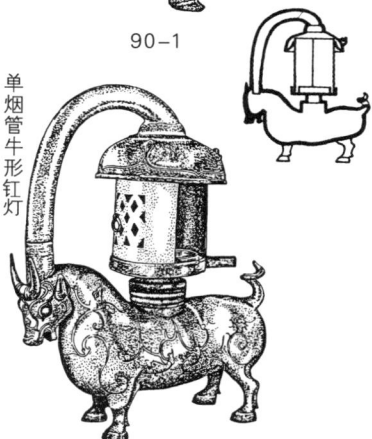

90-2

单烟管凤形钉灯

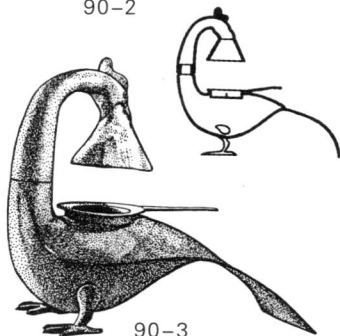

90-3

长信宫灯

90-5

单烟管钉灯

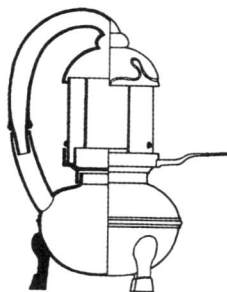

90-6

双烟管钉灯

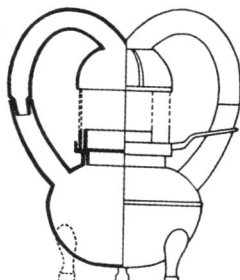

90-7

烛台

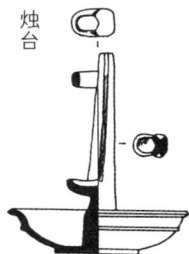

90-4

吊灯

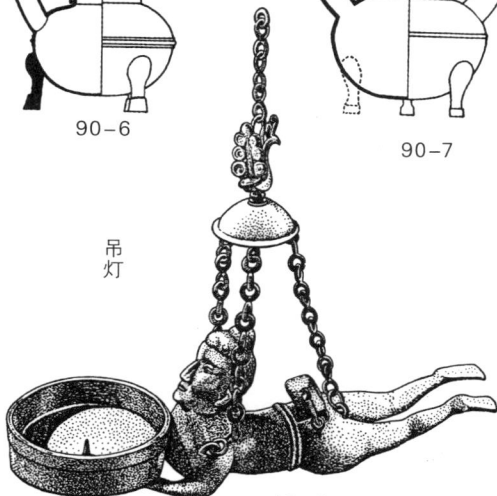

90-8

灯""金涂连盘鸭灯"（《艺文类聚》卷八〇引），应是其俦[②]。

在汉代的钉灯中，最著名的一件是满城2号汉墓所出鎏金长信宫灯（图90-5）。此灯作一宫女跪坐捧物状。宫女梳髻覆帼，头部微俯，着深衣，跣足。跣足是在君前示敬之意。整个身姿也流露出一种恭谨的神情，正符合她的身分。宫女的双臂安排得极为自然；其实上臂内是烟管，下臂还要起支承灯座的作用。此灯虽只有单烟管，但灯体底部有大孔，对气压可起调节作用。不过灯体内因此不能贮水，消烟的作用就比不上能贮水的那一种了。此灯最先属于皇太后所居长信宫，后来转由内者管理。到了景帝七年（前150年）灯归阳信长公主家，最后又转归中山王后所有[③]。

此外，还有若干种异形灯，如人形吊灯（图90-8）、当户灯（当户为匈奴官名，此灯之灯座为当户像）、西王母灯等。两广地区常将灯座作成少数民族形象，为其他地区所罕见。

上文说汉灯在盏内注油脂，这是指一般情况。此外，汉代燃灯还可用蜡。《潜夫论·遏利篇》说："知脂蜡之可明镫也。"出土的汉灯中有的尚残留灯蜡。解放前商承祚在《长沙古物闻见记》中说："汉墓偶有黄蜡饼发现，""岂以之代膏邪？"解放后，在长沙杨家大山401号、沙湖桥A45号汉墓中，均于铜灯内发现残蜡，可以作为以蜡代膏之证[④]。晋·范坚《蜡灯赋》中描写过这种燃蜡的灯："列华槃，铄凝蜡。浮炷颖其始燃，秘闻于是乃阖"（《艺文类聚》卷八〇引）。可见蜡灯内的蜡是融化后作为油膏使用的。至东汉晚期，在广州汉墓中最先出现烛台（图90-4），说明细长柱状的蜡烛这时已进入照明用品的行列之中了。

注释

① 湖南省博物馆：《长沙柳家大山古墓葬清理简报》，《文物》1960年第3期。此地点之32号西汉墓所出钉灯，见查瑞珍：《凅翁主钉锭》，《文物》1979年第7期。

② 孙机：《两件新出的水禽衔鱼钉灯》，《文物天地》1987年第5期。

③ 《满城汉墓发掘报告》（上册，第261页）认为其铭文中的"阳信家"指阳信夷侯刘揭之家。李学勤：《汉代青铜器的几个问题》（《文物研究》第2期，1986年）认为指阳信长公主家，兹从李说。但研究者当中尚有不同见解。参看秦进才：《汉"阳信家"铜器的最初所有者问题》，《考古与文物》1987年第3期；丰州：《再论汉茂陵"阳信家"铜器所有者的问题》，《考古与文物》1989年第6期。

④ 见《长沙发掘报告》第115页；《长沙沙湖桥一带古墓发掘报告》，《考古学报》1957年第4期。

九一、熏炉 I

在室内熏香的习俗最迟于战国时已出现,燃香之器名熏炉。《说文·屮部》:"熏,火烟上出也。"器铭中或作燻炉(《善斋吉金录》任器五一)。也可以称作香炉。蔡质《汉官仪》:"女侍史絜被服,执香炉烧燻"(《后汉书·钟离意传》章怀注引),是其例。所燃之香原是一种草本植物,名薰草,它就是因用于熏烧而得名。《急就篇》颜注:"薰者,烧取其烟以为香也。"古谚云:"薰以香自烧"(《汉书·龚胜传》)。可见薰草和熏香起初是密不可分的。

薰草有特殊气味。《左传·僖公四年》:"一薰一蕕,十年尚犹有臭。"杜注:"薰,香草。"但被称作香草的植物古代有好些种。如又名都梁香的古兰,就是一种著名的香草。《诗·溱洧》陆玑疏:"兰,香草也。"它甚至被尊为"国香"(《左传·宣公三年》)。再如鬯即郁金。《诗·江汉》毛传也说:"鬯,香草也。"但这些植物并不通过熏烧来散发香气。兰用于煮兰汤以沐浴。《大戴礼·夏小正》:"五月畜兰,为沐浴也。"或用于煎膏以照明。《楚辞·招魂》:"兰膏明烛,华容备些。"郁金则用于取汁以和酒,是为鬯酒。它们的用途都和对薰草的要求不同。其他类似之物还有不少,兹不具论。古代之所谓薰草,主要指蕙。《广雅·释草》:"薰草,蕙草也。"《名医别录》:"薰草,一名蕙草,生下湿地。"陶注:"俗人呼燕草,状如茅而香者为薰草,人家颇种之。"这里说的蕙即禾本科的茅香。马王堆1号墓出土的木楬上有书"蒽(蕙)一笥"者,即指出土物中的茅香一笥。又此墓出土的一件陶熏炉里也装满茅香。汉诗咏熏炉,还曾以"香风难久居,空令蕙草残"之句作结。故薰草无疑就是蕙草即茅香①。此外,也有将高良姜、辛夷等和茅香混和在一起熏烧的,马王堆1号墓出土的另一件陶熏炉中盛有这些植物。

茅香不难得,其中虽含香豆素,但香气亦不甚浓郁,所以早期的熏炉多为陶制的豆形炉,做工也不太讲究(图91-1)。这种熏炉在广州、长沙等地的西汉早期墓中已经出了不少,而中原地区则出现得相对晚一些,反映出熏香的风气乃自南向北逐步推广。高级香料最先也是从南海输入我国的。《史记·货殖列传》说："番禺（今广州）亦其一都会也。珠玑、犀、瑇瑁、果布之凑。"集解引韦昭曰："果谓龙眼、离支之属。布，葛布。"韩槐准已指出此说系误解[2]。按果布应为马来语 Kāpur 的对音，即龙脑。唐·段成式《酉阳杂俎》卷十八说龙脑香又名固布婆律。婆律是龙脑的主要产地，位于苏门答腊岛南海岸。固布则为箇布之别称，亦即果布。它是从龙脑树的木材中蒸馏出来的白色晶体，又名冰片。在古代，龙脑树只生长在自赤道至北纬5度的地区，如加里曼丹、马来半岛、苏门答腊等地近海的密林中。根据《货殖列传》的记载，此物于西汉时在广州已非罕见之物。汉通西域后，还从陆路自西方输入苏合香。班固《与弟超书》说："窦侍中令载杂彩七百匹，白素三百匹，欲以市月氏马、苏合香、毾㲪"（《艺文类聚》卷八五，《御览》卷八一四、九八二引）。苏合一词的语源不详。《后汉书·西域传》说大秦国"合会诸香，煎其汁以为苏合"。实际上它是小亚细亚、叙利亚等地所产的一种金缕梅科植物的树脂。此物也用于燃香。梁孝元帝《香炉铭》："苏合氤氲，非烟若云；时秾更薄，乍聚还分"（《艺文类聚》卷七〇引）。描写得很形象。此外，如汉乐府诗中所说："行胡从何方？列国持何来？氍毹、毾㲪、五木香，迷迭、艾蒳及都梁。"可见汉时从国外输入之物主要是毛织品和香料。再如《三国志·魏志·乌丸传》裴注引《西域旧图》中提到的狄提、迷迷、兜纳、白附子、薰陆、郁金、芸胶等西方香料，其中有的可能在东汉时已传入我国。曹操说："安息诸国为其香，因此得香烧"（《御览》卷九八一引《魏武令》）。其中大约也包括此类香料，但具体情况不详。

以薰草熏香时，由于茅香是草本植物，干燥后本身就是可燃物；而龙脑、苏合等为树脂类香料，则须置于其他燃料上熏烧。因而，随着所用香料的不同，熏炉的形状也发生变化。当然，在使用外来香料的初期，径将龙脑末之类撒在茅香上熏烟，也不是没有可能的，所以炉型的改变也经历了一个逐步演进的过程。概括地说，早期豆形熏炉的炉身较浅，炉盖较平。为了使各种香草充分熏燃，往往在炉身下部或底部镂有进气孔，而在炉盖上镂有出烟孔，空气自进气孔进入炉内，香烟则从出烟孔散出弥漫室中。西汉早期的陶熏炉之镂孔多为三角形，无论在广州或长沙出土的都是如此。而满城1号汉墓出土的鼎形铜熏炉，盖上镂圆形出烟孔，底部则镂出四边对称的长方形进气孔12个，当中还有一个小圆孔，可推知其中熏烧的也应是某种香草（图91-6）。为了容纳自进气孔落下的灰烬，此炉且附有带流的承盘。

再如若干浅盘形带长鋬的铜熏炉，其状近似行灯，可以称为行炉。行炉多附以半球形炉盖，盖顶开大圆孔，盖面也满布镂孔，有如网格（图91-10）。它们虽然未在炉

图版91

豆形熏炉

91-1

91-4

鼎形熏炉

91-6

簋形熏炉

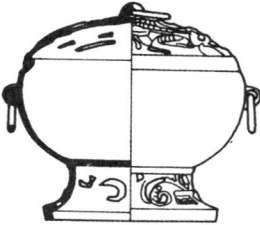

豆形鎏金熏炉

91-2

带烟管的熏炉

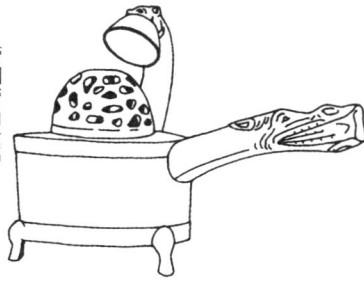

91-5

凤钮鼎形熏炉

91-7

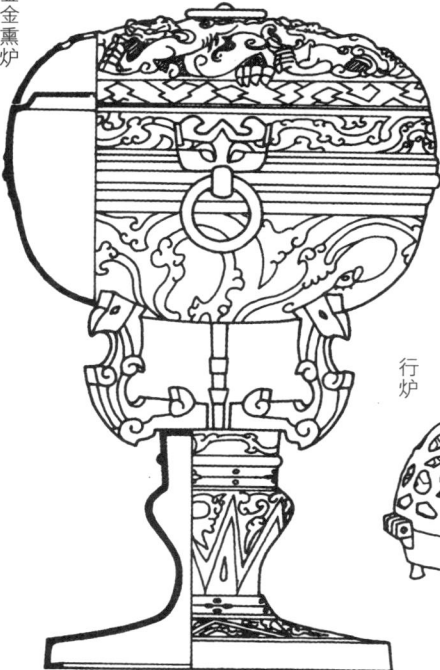

91-3

凤形熏炉

91-8

鸭形熏炉

91-9

行炉

91-10

行炉与提笼

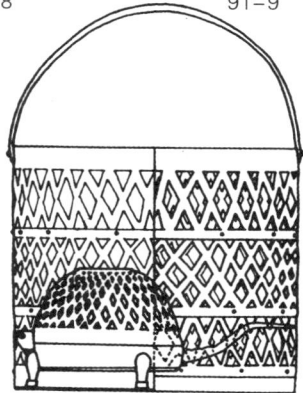

91-11

底留进气孔，但由于炉盘浅、炉盖通风好，所以也可以用来熏烧香草。满城1号墓所出行炉，还附有铜提笼（图91-11）。出土时，行炉置于提笼内，二者应为一套器物。至于陕西咸阳、山西朔县等地出土的鸟形熏炉，其熏香方式或与上述各类相近（图91-8、9）。

　　一般说，熏烧树脂类香料之熏炉的炉身要作得深些，以便在下部盛炭火，树脂类香料放在炭火顶上，使之徐徐发烟。梁·吴均《行路难》一诗，先说"博山炉中百和香，郁金、苏合及都梁"，末了又说"金炉香炭变成灰"（《玉台新咏》卷九），将炉中上置香料下燃炭火的情况反映得很清楚。在广州汉墓出土的熏炉内，曾发现未烧完的炭粒。为了防止炭火太旺，炭味太浓，后世还在炉内放置隔火的银箔或云母片。汉代虽然尚未采用这种方法，但已将炉身下部的进气孔缩成很窄的隙缝，甚至往往作成封闭的。同时将炉盖增高，在盖上镂出稀疏的小孔，透过小孔的气流挟带熏炉上层的香烟飘散；而炉腹下部的炭火层由于通风不畅，所以只保持着缓慢的阴燃状态，正适合树脂类香料发烟的需要。有些豆形、簋形和鼎形熏炉，炉身也作得较深，似乎也可以在里面燃烧树脂类香料（图91-2～4、7）。本书下一篇介绍的博山炉，炉身的构造多属此型。因此对于这些熏炉之熏香的方式，须作具体分析。至于图91-5所介绍的带烟管之熏炉，极为罕见，则只能被看作是其中的特例了。

注释

① 　此外古代还将唇形科的短糠也称作蕙，但它不用于熏香。至于南宋时将兰科的蕙兰称作蕙，更与熏香无关。

② 　韩槐准：《龙脑香考》，《南洋学报》第2卷第1辑，1941年。

九二、熏炉 II

本书上一篇曾提到，在汉代，熏香的风气南方较北方为盛。比如广州发掘的400余座汉墓中，共出土熏炉112件，自西汉晚期开始，近半数的墓葬中随葬熏炉；而在洛阳烧沟发掘的220余座汉墓中，仅出熏炉三件①。可见两地的差异之大。所以熏炉式样的变化，南方亦应处于领先地位。从广州出土物所反映的情况看，西汉中期已出现博山炉。初出时，其炉身尚接近豆形，但炉盖耸起，镂空作山云图案。在河北邢台西汉晚期墓中还有这种熏炉出土，只不过已将炉座制成蟠龙形，且附有承盘，显得更华丽一些（图92-2）。至于炉盖呈圆锥形、盖面铸出山峦的博山炉，亦于广州西汉中期墓中出现。而且这种炉型在广州长期沿用不衰，若干陶熏炉制成此形（图92-3）。值得注意的是，与博山炉在广州出现的同时或稍迟，中原地区也出现了此类熏炉，而且工艺愈益精美。这可能与中原地区的铸造技术水平较高，墓主的社会地位也更加显赫有关。满城1号墓出土的一件错金铜博山炉，圈足饰卷云纹。炉座透雕三龙，作腾波出水状。炉身和炉座系分别铸成后再铆合在一起的。炉腹较深，以容炭火。腹上部有山峰探出，与炉盖上的群山相连接。出烟孔利用山峦重叠之势，多开在隐蔽处，平视之不见孔隙，熏香时却升起袅袅烟篆。盖上的峰峦之间点缀树木、虎豹、野猪等，还有持弓弩的猎人出没其中。几只猴子或踞山巅，或骑兽背，更形成活泼的生趣（图92-6）。汉诗："请说铜炉器，崔嵬象南山。上枝似松柏，下根据铜盘。雕文各异类，离娄自相连。"齐·刘绘《咏博山香炉诗》也说："蔽野千种树，出没万重山。上镂秦王子，驾鹤乘紫烟。下刻蟠龙势，矫首半衔莲。"诗中的描述与这些熏炉的形制颇相符。可见这种炉型自出现之后，其设计随即迅速成熟，在短时期中已基本定型。但满城1号墓所出之炉未附铜盘。满城2号墓所出鎏银铜博山炉附有盘，盘中有孔，以容炉座之榫。炉盖透雕，分上下两层：上层收缩为圆锥形，铸出山峦、云气、人物、猛兽。下层盖壁较直，铸出四神纹，但却用北方草原出产的骆驼代替玄武，很少见。炉座为力士骑兽形，力士一手擎炉身，一手按兽头，造型雄武（图92-5）。东汉的炉座则常作成羽人形。

图版92

竹节薰炉

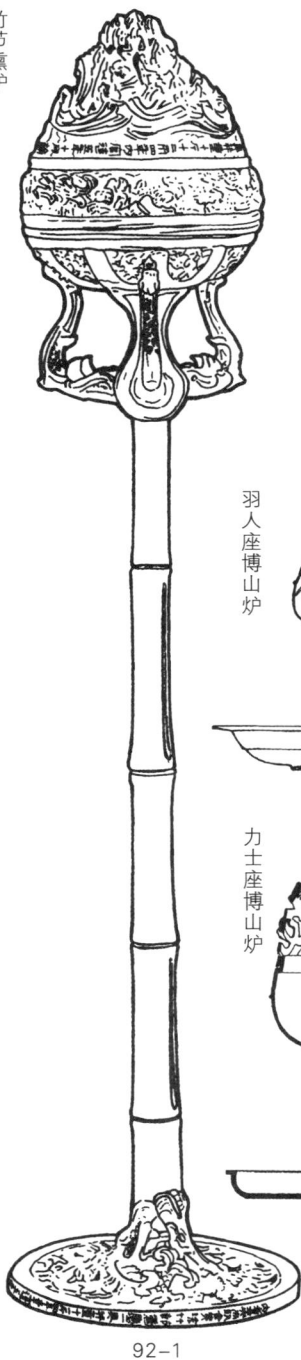

蟠龙座铜博山炉

陶博山炉

92-2

92-3

羽人座博山炉

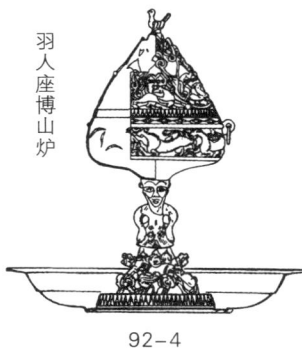

错金铜博山炉

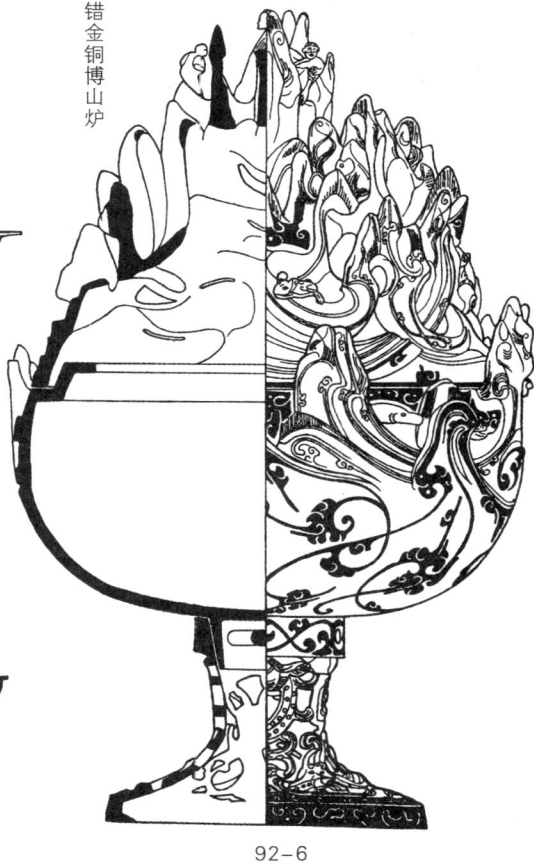

92-4

力士座博山炉

92-5

92-1

92-6

湖北蕲春枫树林东汉墓出土的一件博山炉,以头承炉身的是一羽人,其肩生羽翼,臀生羽尾,跪坐在环绕神兽的基座上,与炉盖铸出的神山、天鸡相配合,透露出浓厚的神话气息(图92-4)。同式之熏炉在湖南衡阳蒋家山、广州先烈路惠州坟场等地的东汉墓中也曾出土,河南南阳地区还曾拣选到一件[2],反映出东汉时神仙思想之泛滥。

汉代博山炉中之最特殊的一例出土于陕西兴平茂冢1号无名冢1号陪葬坑。此炉的器身、器盖和一般圜底圆锥形博山炉并无大异,但器座的构造却与众不同。其底部呈圆盘状,透雕仰头张口之蟠龙,龙口中衔长柄。柄作竹竿形,共分五节。在第五节上端向外伸出三条曲体昂首之龙,如同三组插栱,稳稳地将炉身捧起。此炉通高58厘米,应与较高的床、帐配合(图92-1)。炉上的花纹且以鎏金与鎏银相衬托,交映成趣。此炉在盖口外缘与底座上均有刻铭,但铭文中二者的编号与制作机构均不一致,或系当时误配。根据铭文得知其名为"金黄涂竹节熏卢",原来放置在未央宫,本是皇帝的御用之物。

不过,此炉之做工虽极精湛,但其造型之意匠亦有所本。汉代的铜灯已有将灯座立柱顶端分作三支托住灯盘的。又广州横枝岗2030号西汉墓所出铜灯,承灯盘的立柱只是一段内含朽木的短管,可见该灯本应装有木柄[3]。此竹节熏炉则将这类竹、木柄一并用铜铸出,且将三支柱头作成龙形。经过如此精心的加工之后,它在工艺上的成就遂使习见之品难以望其项背了。

注释

① 《广州汉墓》上册,第478页。《洛阳烧沟汉墓》,第137页。

② 《全国基本建设工程中出土文物展览图录》图版183。《广州汉墓》下册,图版167。李国灿:《东汉青铜天鸡羽人炉》,《中原文物》1983年第1期。

③ 《广州汉墓》上册,第231页。立柱顶端分三支承托灯盘的灯,见《大邑县西汉土坑墓》,《文物》1981年第12期;《重庆市南岸区的两座西汉土坑墓》,《文物》1982年第7期;《纪国故城附近出土一批汉代铜器》,《考古》1984年第1期。

九三、玉器 I

　　我国是古代世界三大玉作中心之一（另外两个是中美洲和新西兰）。当8000年前，辽宁阜新地区之兴隆洼文化的先民以巨大的毅力和超常的技巧磨制出中国、也是世界之最早的一批真玉制品时，其他地区的玉作工艺尚未起步。在很长的时期内，玉器一直是我国特有的工艺品。但由于玉材的硬度高，制作的难度大，却又不耐磕碰，用作工具，可谓得不偿失。因此尽管它们从新石器中脱颖而出之初，有的还保持着斧、刀、凿等外形，但在以后的发展过程中，大多数玉制品却都远远超越出小工具的范畴。不过在这一前提下，还存在着许多层次：玉器既可满足一般意义上的视觉美感，又可以显示身分；既可以象征权力，又可以沟通天人，是"与天合德"的灵物（傅咸《玉赋》，《艺文类聚》卷八三引）。到了商代，情况仍无多大变化。"殷人尊神，率民以事神，先鬼而后礼"（《礼记·表记》），甲骨刻辞中所反映出的意识形态正是如此。所以商墓中出土的璧、琮、圭、璋等物，均应含有基于某种神话背景而被认定的灵性。当然，和原始社会一样，商代也还有若干可供实用之物，如玉刻刀、玉容器，也有供观赏的玉制艺术品等，但它们并非商玉的主流。这时，大部分玉器的原型仍然是从巫觋的道具中演化出来的，故不妨称之为"灵玉"。

　　周代则有所不同，早在西周建国之初，周公就致力于制礼作乐，最后形成了一整套覆盖各种人际关系的礼。其内容繁琐，等级森严；名物制度，揖让周旋，都有明确规定，统治阶级中"由士以上必以礼乐节之"（《荀子·富国篇》）。在吉、凶、宾、军、嘉等典礼中，社会成员都必须沿着礼所铺设的轨道作惯性运动，不容差忒。这对于维持当时的社会稳定曾起到重要作用。而玉器正是礼的载体之一，故多数西周玉可以称之为"礼玉"。

　　与尊神事鬼的商、封建宗法的西周不同，汉代面临着的是新的形势，采取的是新的路线。这时讲外儒内法，讲杂霸政治，"灵玉"和"礼玉"的存在空间已被压缩，但旧传统之退却的步子却相当缓慢。所以汉代的玉器大致仍可分为：一. 祭玉、

图版93

璧

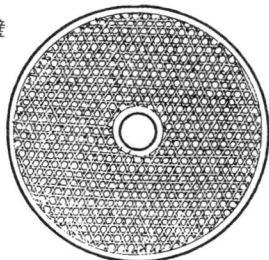

93-1

环

93-4

瑗

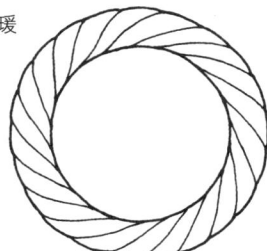

93-6

93-2

93-5

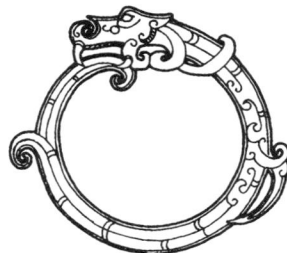

93-7

出廓璧

93-3

吉语璧

93-8

组玉佩

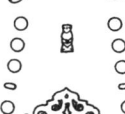

93-11

韘形佩饰

93-10

韘觿合体形佩饰

93-9

瑞玉，二．佩饰，三．用器、容器，四．浮雕和圆雕的艺术品等。当然，这只是为了叙述上的方便，并不是严格的分类。至于若干专用的器物，如这时新出现的玉柙，每具须装配玉片几千片，用玉量之大骇人听闻；但它和玉九窍塞、玉握、玉尸枕等均属葬玉，非生人习见之物，本书将它们归入殓具篇中讨论。他如剑鞘上的玉璏、束发的玉笄、系革带的玉带钩之类，也分别在兵器、服饰等篇中介绍，这里均不详述。

祭玉和瑞玉即自先秦时沿袭下来的璧、琮、圭、璋等物。它们用于祭祀时称祭玉，用于朝觐等礼仪时称瑞玉。但到了汉代，以上两种场合中用玉的品种都大为简化。除了璧和少量的圭以外，其他或充佩玉，或已不再制作。璧在西汉时仍可作为祭祀用玉，山东荣成成山头曾发现其中埋有玉璧的祭玉坑，可能是武帝"礼日成山"时所瘗（《汉书·武帝纪》）[①]。但不少汉代大墓却以玉璧随葬，河北满城1、2号汉墓中共出土玉璧69件，其中26件还是镶嵌在2号墓主棺木上的。有些汉墓中的"温明"（头罩）也镶嵌玉璧。这种做法应与祭天礼神无关，纯粹是为亡人辟除邪厉、祈求冥福用的。

汉璧依纹饰分类，有素面璧、谷纹璧、蒲纹璧和复合纹璧。素面璧平素无文。谷纹若"粟文"（《典瑞》郑注），与实物相印证，它是由排列有序的圆形颗粒组成的，这些颗粒有时拖曳小尾而呈旋涡形（图93-3）。蒲纹在古文献中没有明确的解释。吴大澂在《古玉图说》中将一种六角格子纹定为蒲纹，学者多从其说（图93-1）。但有些玉璧在六角形的格子中再填以旋涡纹，并在璧的外缘增加一圈图案化的禽兽带纹。这种构图在古文献中也找不到相应的名称，只能把它叫作复合纹（图93-2）。若依形状分类，则如《尔雅》所说："肉倍好谓之璧，好倍肉谓之瑗，肉好若一谓之环。"好指其孔，肉指其轮。由于量度方法的不同，吴大澂和那志良对此有不同的解释（根据此二说绘成的示意图，见《考古》1983年第5期，第456页）。据平山中山王墓所出自名为"玉环"之器，其形制恰与吴说相合，因知吴说可从。璧孔在三者中最小，从无异说（图93-1、2）。瑗孔则最大（图93-6、7）。《汉书·五行志》将铜门环称为"宫门铜瑗"，可证后世称为环的，汉代则称为瑗。汉代之环，其孔径介于璧、瑗之间（图93-4、5）。有些环和瑗，除了孔已扩大之外，其他方面和璧没有差别。但也有些环、瑗的造型有创新。如长沙咸家湖汉初长沙王后曹㛝墓出土的1件玉环，双面透雕龙凤纹，极为工致（图93-5）。河北定县40号西汉墓出土的龙形玉瑗，线条爽快流丽（图93-7）。广州麻鹰岗1141号西汉墓与广西贵县罗泊湾2号西瓯君夫人墓均出土绞丝纹玉瑗，造型也很美（图93-6）。这类玉瑗有时被定为玉镯，不确，因为它们一般比较小（孔径3.5—4.1厘米），胳膊不能穿入。河南信阳楚墓木俑身上绘出的玉佩中，包含有式样与之相同的瑗，证明它们原是佩饰，不是手镯。

在造型方面，汉璧也有所创新。这时出现了"出廓璧"，即在玉璧的圆形轮廓外再附益纹饰。满城1号汉墓出土的这类玉璧，边缘之外，在上部高踞2龙，龙头上再雕出卷扬的云纹（图93-3）。其下部之圆形璧的直径为13.4厘米，上部增加的云龙雕饰却达16.5厘米，完全突破了"璧圜象天"的成说（《周礼·春官·大宗伯》郑注）。东汉时，出廓璧更加流行，河北定县43号汉墓所出者，上部附以龙虎衔环纹，两侧再各附1龙为耳。使其整体呈弧底的钝三角形，显得稳定而优雅[②]。这时的出廓璧还有透雕吉语文字的，如江苏扬州老虎墩和山东青州马家冢两地的汉墓中均出土"宜子孙"璧（图93-8）。北京故宫博物院的藏品中还有"长乐"璧和"益寿"璧。它们显然更不宜祀神，在现实生活中之最具可能性的用途是充当豪华的室内装饰。《西都赋》《西京赋》描写长安宫殿之室内布置时曾提到"金釭衔璧"，"络以美玉"。《三辅黄图》也说未央宫"黄金为壁带，间以和氏珍玉，风至其声玲珑然也"。汉代在室内悬璧的情况于沂南画像石等处均有所表现（图57-8）。其中虽未具体地描绘出廓璧，然而将此物悬在这里，却正相得益彰。但用作壁饰，不仅使它们失掉了灵玉和礼玉的性质，即便称之为瑞玉，亦属勉强。再比如琮，蜕化的幅度更大。西周时，琮还是礼器中的重器。至春秋战国，此物虽渐趋式微，但在长沙浏城桥1号墓、随县曾侯乙墓等大墓中，琮仍置于墓主头边，仍具有相当崇高的地位。可是到了汉代，在江苏涟水三里墩汉墓中所出者，玉琮下面已被装上银鎏金四鹰足底座，成了一件小摆设。在满城1号墓中，可能是前代遗留的琮更被改制成玉柙上的生殖器罩，亵慢乃尔[③]。反映出看待这类玉器的观念已与前代大不相同。

在佩饰方面，先秦时最重视组玉佩。身分愈高，组玉佩愈长。行走时步子也愈小，被认为只有这样才能显示出贵族的风度；身分低则相反。当时称之为"改步改玉"（《左传·定公五年》）、"改玉改行"（《国语·周语中》），以致组玉佩的长短成为贵族地位尊卑的表征。至汉代，大贵族必须小步慢行的周礼已不再讲求，除了在可视为"后战国"式的汉初之南越王墓外，组玉佩很少发现（图93-11）。南昌东郊14号西汉墓所出牙雕舞女像上刻出的玉佩，只由1环、1菱形玉饰和1冲牙组成[④]。汉代一般人所用的佩饰，大致不过如此。

再如《礼记·内则》说，"子事父母"所用的"事佩"中有觿和玦。觿是解结锥。玦亦作决。《诗·小雅·车攻》毛传："决，钩弦也。"此物又名韘。《说文·韦部》："韘，射决也，所以拘弦。以象骨，韦系着右巨指。"因为我国古代张弓时用右手的拇指钩弦，所以护指的指套即韘，乃以细革带固定在右手的大拇指上。但西周时，它们已转化成礼仪性的佩饰。如《诗·卫风·芄兰》毛传所说："能射御则佩韘。"可见佩韘表示此人已有资格充任武士。而"觿所以解结，成人之佩也"（同上毛传），则佩觿又是成年人的标志。从出土实例看，此说并非虚语。湖北江陵杨场一座战国墓墓主所系组带上，穿结着一枚琉璃珠和一枚骨韘[⑤]。其形制与洛阳中州路所出玉韘一致，无疑属实用品[⑥]；但在这里却充当佩饰，正可与《内则》之说相印证。西汉时，这类玉韘迅速图案化。山东巨野红土山与广州三元里1137号西汉墓所出玉韘的外轮廓略近椭圆，顶部出尖，成为所谓"鸡心形"，其韘体已趋扁平，不复作管状，不堪钩弦[⑦]。徐州北洞山楚王墓出土的玉韘，周围环绕六条螭虎，最大的一条从一面穿到另一面，虎躯几乎完全将韘孔堵塞（图93-10）。可见琢制者只将它作为饰物看待，钩弦的功能已不在设计时的考虑之中。更有的甚至将韘和觿组合在一起，还附上许多装饰，使之既不能钩弦，也无法解结，从礼制上说简直不成名器。江苏扬州"妾莫书"墓与山东莱西董家庄西汉墓所出者可以为例[⑧]（图93-9）。

注释

① 　王永波：《成山玉器与日主祭》，《文物》1993年第1期。

② 　定县博物馆：《河北定县43号汉墓发掘简报》，《文物》1973年第11期。

③ 　南京博物院：《江苏涟水三里墩西汉墓》，《考古》1973年第2期。《满城汉墓发掘报告》卷上，第356页，文物出版社，1980年。

④ 　江西省博物馆：《南昌东郊西汉墓》，《考古学报》1976年第2期。

⑤ 　彭浩：《楚人的纺织与服饰》图版45，湖北教育出版社，1996年。

⑥ 　中国科学院考古研究所：《洛阳中州路（西工段）》图版72·4，科学出版社，1959年。

⑦ 　山东省菏泽地区汉墓发掘小组：《巨野红土山西汉墓》，《考古学报》1983年第4期。《广州汉墓》卷上，第167页，文物出版社，1981年。

⑧ 　扬州市博物馆：《扬州西汉"妾莫书"木椁墓》，《文物》1980年第12期。莱西县文化馆：《莱西县董家庄西汉墓》，《文物资料丛列》第9集，1985年。

九四、玉器 Ⅱ，玻璃器

与佩饰相接近的还有一类串饰。满城2号西汉墓所出者，发现于玉枛内相当胸部的位置上，系由玉舞人及蝉形、瓶形、花蕊形、联珠形玉件，及水晶、红玛瑙与乳白色石珠等串连而成（图94-9）。因串绳朽失，珠饰散乱，原来的串法和佩带的位置莫能确知。但如满城1号墓玉枛中发现的由48枚玛瑙珠组成的串饰，从它的形状和尺寸看来，或与河南陕县上村岭虢国墓所出鸡血石项饰相类，也应是挂在颈部的。在长沙和广州的汉墓内，常有串饰出土，亦多散乱。其中除玉、水晶、玛瑙珠外，还有鸡血石珠、柘榴石珠、琥珀珠、透明或不透明的各色玻璃珠、蚀花肉红石髓珠、金珠、银珠、煤精珠和陶珠。形状除球形外，还有橄榄形、扁圆形、六角长条形、圆管形、菱形等多种。另有不少用琥珀琢成的小兽，汉代人认为佩之可以辟邪，详见本书第一〇三篇。

值得注意的是，这些串饰中几乎不见蚌珠。《说文·玉部》："珠，蚌中阴精也。"但如清·俞樾《玉佩考》所说："古人所谓珠者，实皆以白玉为之。……许君隶珠篆于玉部，而其说以为蚌之阴精，疑失之矣。"按《尔雅·释地》："西方之美者，有霍山之多珠玉焉。"《荀子·赋篇》："念彼远方，何其塞矣。……琁玉瑶珠，不知佩也。"珠自山出，当指玉珠；瑶珠则是美玉之珠。可见上述串饰多数应归入《周礼·玉府》"王之服玉、佩玉、珠玉"中的"珠玉"之列。

汉代玉器中有些就外形而论，似可算作用器或容器，但由于它们极为珍罕，所以实际上还是被当作装饰品或陈设品看待的。如广西贵县罗泊湾西瓯君墓所出谷纹玉卮（图94-8），在当时是非常昂贵的稀见之物。桓谭《新论》说："雒阳季幼宾有小玉检（匣）。卫谒者史子伯素好玉器，见而奇之，使余报以三万钱，请买焉。幼宾曰：'我与好事长者传之，已雇十万，非三万钱主也'"（《御览》卷八〇五引）。像这种器物，自然不会轻易作为日用品使用。河北定县北陵43号东汉墓所出玉屏座（图94-3），透雕东王公、西王母、羽人、青鸟等纹饰，很精致，却难以断定其用途。广州象岗南越王墓出土的透雕玉饰（图94-1、6），亦属此类。满城汉墓出土的玉印，印钮雕琢得很精

图版94

玉饰

94—1

玻璃带钩

94—4

玻璃耳杯
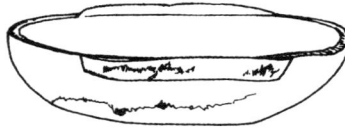

94—5

玉铺首

94—6

玉印
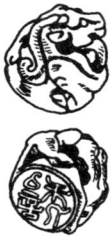

94—2

玻璃璧
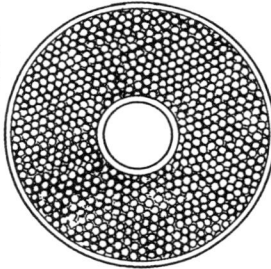

94—7

玉卮

94—8

串饰

94—9

玉屏座
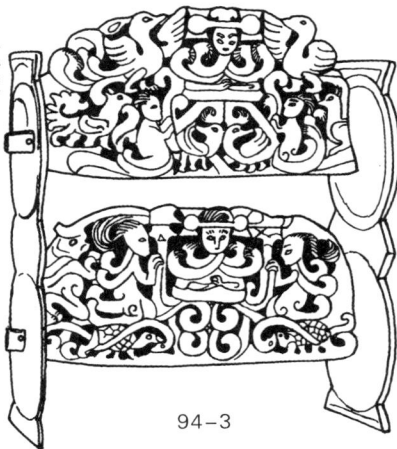

94—3

玉羽人骑马

94—10

致，但审其印面文字，却只能算是后世所说的"闲章"了（图94-2）。

汉代玉器中，只有立体圆雕似是纯以艺术品的面貌出现的。咸阳汉昭帝平陵附近发现的羽人骑马玉像[①]（图94-10）、咸阳新庄出土的辟邪、熊、鹰等小雕像，造型均活泼生动，富有写实感。这类圆雕在创作手法上突破了先秦玉器之图案化作风的樊篱，是汉代玉器工艺的新成就。虽然为本身的特性所限，上述各类玉器中，绝大多数与日常用品尚保持一定距离，但与前代相比，汉代玉器的世俗性已明显增加。

至于汉代的玻璃器，如《论衡·率性篇》所说："道人消烁五石，作五色之玉，光不殊别。"可见是把它作为玉器的代用品看待的。早在战国时，长沙地区的墓葬中已曾出土玻璃制的璧、璏等物，由于它们是我国特有的器形，故应为我国所自产。汉代继续生产玻璃璧（图94-7），有的直径达一汉尺[②]。它如玻璃耳珰、带钩（图94-4）、印章等物，在汉墓中也屡次发现。满城1号汉墓所出玻璃耳杯（图94-5）和玻璃盘，是已发现的最早的国产玻璃容器。这时的国产玻璃多呈翠绿色或湖蓝色，概属铅钡玻璃，模铸成型，有的还加以打磨、抛光。至于汉墓所出自海外输入的玻璃器，将在本书第一一三篇中介绍，此处从略。

注释

① 此玉雕上的骑者为羽人，羽人被认为是中土之得道成仙者，其肩部与股部羽毛毵毵披拂。详本书第一○三篇。然而有学者在《松漠之间》（三联书店，2007年）一书中说，这件玉雕上之"所谓'羽人'，实际上是个穿短裙的女神，与阿富汗新发现的德洛娃斯帕女神银像如出一辙"。但汉代女装的外衣中并无"短裙"一款，且羽人亦从未突出女性体态之特征。该书何以倡此说，诚令人匪夷所思。

② 王志杰、朱捷元：《汉茂陵及其陪葬冢附近新发现的重要文物》，《文物》1976年第7期。

九五、金银器

　　金的化学性质稳定，不易氧化，在自然界中以游离态存在，同时其色泽美观，且较易加工，所以很早就被采集利用。马克思说："金实际上是人类发现的第一种金属"（《马恩全集》第13卷，第145页）。在我国，至迟在商代已有金制品，如河南郑州二里岗上层墓葬中曾出土带夔龙纹的金片。再晚一些，在河北藁城台西、河南安阳殷墟及辉县琉璃阁、山东益都苏埠屯等地的商墓中均有金片出土，山西保德林遮峪商墓还曾出土金丝[①]。可见商代已能将黄金加工成薄片和细丝。到了春秋晚期，楚国开始铸造金币。战国时，在湖北随县擂鼓墩1号墓出土金盏、金杯，浙江绍兴坡塘306号墓出土玉耳金铆，则这时已有金质容器[②]。

　　及至汉代，国力强盛，统治阶级拥有大量黄金，甚至铸造金饼、马蹄金等金币投入流通领域，但金质容器却极少见，或系由于这时鎏金的作法盛行，遂以鎏金器充代之故。前一时期加工黄金时的制薄片、拔丝、铸造等法，这时仍继续使用。金薄片除裁成条状用于缠裹刃器之环首外，多剪成花样以贴饰漆器。汉墓中经常发现从漆器上脱下的人物、禽兽等形状的金薄片（图21-8、9）。用金丝绞成的耳坠曾在辽宁西丰和吉林榆树的鲜卑墓中出土（图108-5）。内地使用玉柙的大墓中，有的曾发现用于编缀玉柙的大量金丝。铸造的金带钩、金印等物在汉代不乏其例，江苏盱眙西汉墓所出兽形金权造型尤为新异（图95-1）。

　　不过就汉代金器的制作技术而论，其具有代表性的成就是使用了金粒缀焊工艺。这是将细如粟米的小金粒和金丝焊在金器表面构成装饰。如河北定县八角廊40号西汉墓出土的镶有琉璃面的马蹄金和麟趾金状金饰，在器壁上部焊有用小金粒组成的连珠纹带。再如在西安沙坡东汉墓出土的金灶，系取象于炼金丹求长生的丹灶，即《文选·别赋》"守丹灶而不顾，炼金鼎而方坚"句中所说的那类器物的模型。此灶四壁有用金粒、金丝缀成的花纹，灶上的釜中盛满金制之丹丸，灶后还有用金丝卷绕成的烟囱（图95-5）。同类器物又见于河北怀安四屹塔坡五鹿充墓和江苏邗

图版95

金权

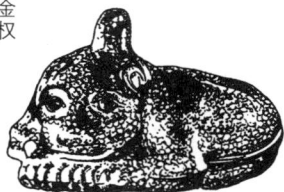

95—1

金丹灶

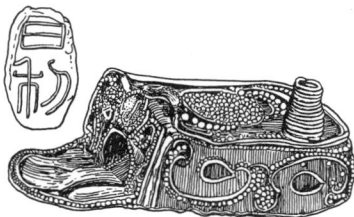

95—5

银钏

95—10

金球

95—2

金龙头

95—6

金带扣

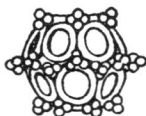

银指环

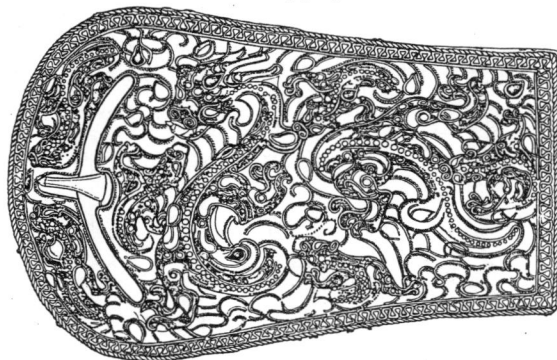

95—11

鎏金银指环

95—12

金指环

95—7

95—13

银铺首

95—4

金蝶形佩

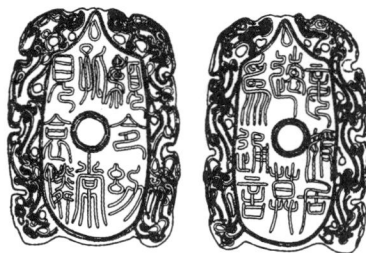

95—8

银卮

95—14

银盆

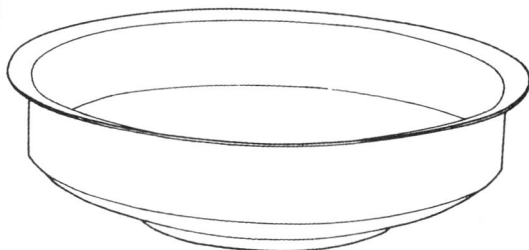

95—9

江甘泉2号东汉墓。后一墓中还出土空心小金球，是用两个较大的和12个较小的金圈拼焊成24面空心球体，再在各金圈相连接处，以四枚小金粒堆焊出24个尖角（图95-3）。这种小金球在广州先烈路龙生岗4013号东汉墓也曾出土（图95-2），其中有些是从西方传入的，但它的形状和博鬃相近，特别是临淄西汉齐王墓陪葬坑中出土的错银镂孔铜鬃也是空心的，更与之肖似（图101-4），故不排除有我国的仿制品，而且其结构之意匠中或者也包含有某些自创的成分。

　　甘泉2号墓出土的以金粒缀焊法制作的金器，有若干例的工艺水平很高。两件金胜上的重环纹是用细如苋子的小金粒焊成的。一件龙形饰物，在豆粒大小的龙头上竟能以细小的金粒、金丝构成眼、鼻、牙、角、须等器官，特征毕具，历历可辨。这里的此类金器上，有的还嵌以绿松石。河北定县北陵头村43号东汉墓所出金龙头，不仅其金粒和金丝的组织更加精巧，连龙角上都缠以纤细的金丝，而且其上除绿松石外，还嵌有红宝石（图95-6）。同墓所出金辟邪、金羊，亦用同样技法制成。一件传世的镍形金佩，两侧饰游龙，并嵌绿松石颗粒，中以金丝掐焊出铭文，一面为："妾媛居远，莫为通言。"另一面为："愿令幼孤，常见哀怜。"制作精丽，情词凄惋。忖其用意，似是女子遥奉良人，以寄托相思，倾诉衷曲之物③（图95-8）。乐浪古墓与新疆博格达沁古城址所出金质龙纹带扣，式样相仿，上面有一条大龙和六七条小龙出没于缭绕的云气之中，其工艺水平已臻汉代金器之极诣（图95-7）。有些著作称这种工艺为掐丝。按掐丝指在金属器表面焊以细条作为花纹的边框，以便使填入的颜料形成鲜明的色块。此法初见于西安何家村出土之唐代单环耳金杯，流衍为后世填珐琅彩的景泰蓝，与汉代以金粒、金丝缀焊成型之工艺全然不同。值得注意的是，汉代金器（包括鎏金器）上镶嵌的绿松石常作水滴形，而这种形状的镶嵌物已在古波斯阿契米尼王朝的金器上出现，两者之间或存在着某种联系。又广州先烈路5080号东汉晚期墓出土的金指环，正面突起一小圆台，嵌以琥珀，其形制亦非中土所习见（图95-13）。但指环这时已开始在汉地流行（图95-12），还有将指环面刻成印章的（图95-11）。河南巩义新华小区1号东汉墓之女主人，左手戴七枚金指环，右手戴六枚银指环，多为素面，少数饰以弦纹④。四川郫县东汉墓出土的簪花陶女俑双手亦戴指环，唯其所代表的质地则无由得知了⑤。此外，在金银饰物中与指环为类者还有钏。钏在西汉尚不多见，东汉时逐渐流行。《说文》未收钏字。《通俗文》始云："环臂谓之钏。"延光间，宦者孙程等拥立顺帝有功，"帝各赐金钏、指环"（《广韵·去声三十三线》引《续汉书》）。出土物中有东汉的银钏（图95-10）。

　　银在自然界中的储量比金多，但我国银器的出现却比金器晚，战国时代始有银制品。不过到了汉代，银器的使用范围已较广。考古发掘中迄今尚未获汉代的金容器，可是银容器如银匜（图66-2）、银盒（图87-10）、银碗、银卮（图95-14）等均曾发现[6]。特别是河北获鹿高庄西汉常山宪王刘舜墓出土的银盆，口径31厘米，通体素净，光可鉴人。在器面上能隐约观察到纤细的平行纹，制作时似曾经机械加工[7]（图95-9）。容器与首饰之外，如满城汉中山王墓出土的银铺首，工艺亦颇精湛（图95-4），则这时也用银制作家具等器物上的部件。

最后应当指出的是，汉代常见的鎏金器，是用金末与水银生成金汞齐，涂于其他金属器上，再加热使水银蒸发，金遂附着于器面不脱。但在制作过程中产生的水银蒸气却有剧毒。宋·唐慎微《证类本草》中说："镀金烧粉人多患风或大段。"宋·孔平仲《谈苑》也说："后苑银作镀金，为水银所熏，头手俱颤。"统治阶级使用的豪华的"金涂"或"黄涂"器上，其实正涂满了工匠们的斑斑血泪。

注释

① 二里岗出土者，见《郑州商城遗址发掘报告》，《文物资料丛刊》第1集，1977年。台西出土者，见《河北藁城台西村商代遗址发掘简报》，《文物》1979年第6期。殷墟出土者，见《一九五三年安阳大司空村发掘报告》，《考古学报》第9册，1955年。琉璃阁出土者，见《辉县发掘报告》第27页。苏埠屯出土者，见《山东益都苏埠屯第一号奴隶殉葬墓》，《文物》1972年第8期。林遮峪出土者见《保德县新发现的殷代青铜器》，《文物》1972年第4期。

② 浙江省文物管理委员会等：《绍兴306号战国墓发掘简报》，《文物》1984年第1期。

③ 关善明、孙机：《中国古代金饰》图112，香港沐文堂，2003年。

④ 郑州市文物考古研究所等：《河南巩义市新华小区汉墓发掘简报》，《华夏考古》2001年第4期。

⑤ China：5000 years. fig. 99. Guggenheim Museum,1998.

⑥ 银匜除江苏涟水三里墩西汉墓所出者外，中国国家博物馆还藏有一件"窦氏银匜"。又满城1号西汉墓出土之带流的银灌药器，亦应称为匜。银碗出土于江苏邗江甘泉2号东汉墓者，见《文物》1981年第11期；出土于湖南长沙五里牌东汉墓者，见《文物》1960年第3期。银卮出土于陕西咸阳202号西汉墓者，见《考古与文物》2006年第1期。

⑦ 石家庄市文物保管所、获鹿县文物保管所：《河北获鹿高庄出土西汉常山国文物》，《考古》1994年第4期。

九六、乐器 I

打击乐器

打击乐器的发明极为悠久。原始社会中已有磬和鼓，山西夏县东下冯与襄汾陶寺两地之新石器时代晚期的遗物中分别发现过石磬和鼍鼓[①]。商代前期出现的铜铃和商代后期出现的铜铙至西周时已演化为铜钟。到了战国时代，以编钟、编磬、建鼓等乐器组成的乐队，曾达到如曾侯乙墓出土物所显示的规模。西汉前期，山东章丘洛庄汉墓第14号陪葬坑、广州象岗南越王墓、江苏盱眙大云山江都王陵1号墓等处出土的三套完整的编钟，都是实用乐器，每套均为19件，包括甬钟五件、钮钟14件。它们仍具有先秦编钟之优越的双音性能，但造型已沿袭秦钟（如始皇陵园出土的乐府钟），腹部膨鼓而双铣内敛，其合瓦形的腔体较圆浑。这样，有利于取得较适宜的延长音。编钟可以与编磬齐奏或合奏。南越王墓出土编磬两套。洛庄汉墓出土编磬六套，均属股二鼓三、直边拱底之形，其中有四套的音域均达两个八度以上。它们与编钟一同演奏时，金声而玉振，舒徐而悠扬，清泠而寥廓。但这类音乐远离甜俗，难以引起权贵听众的共鸣（图96-3）。"自公卿大夫，观听者但闻铿锵，不晓其意"。皇家"内有掖庭材人，外有上林乐府，皆以郑声施于朝廷"（《汉书·礼乐志》）。大官僚"身居大第，后堂理丝竹管弦"（《汉书·张禹传》），更不常听这类音乐。编钟、编磬等乐器，由于其规格、体量等原因，大约只在隆重的典礼上演奏。其后为丧礼所接纳，亦用于随葬。西周时，如《礼记·檀弓》称："有钟磬而无簨虡，其曰明器，神明之也.'表明当时随葬用的钟磬还不挂在架子上。春秋以后，旧制度松弛，在墓葬中才出现钟磬架。至西汉初，这种风气仍未过时，大云山汉墓出土之例结构极为完备（图96-7、8）。钟磬架的立柱名虡，横梁名簨，簨顶部之横板名业。《诗·周颂·有瞽》："设业设虡，崇牙树羽。"郑笺："崇牙，上饰卷然，可以悬也。树羽，置羽也。"大云山钟磬架上之业上饰有卷曲缭绕的花纹，两端扬起龙首。《礼记·明堂位》曾提到"夏后氏之龙簨虡"，正

图版96

钟 鑮

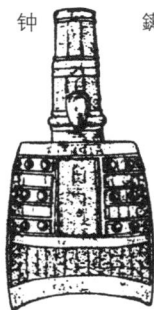

96-1

击磬

96-2

96-3

振铎

96-5

铎

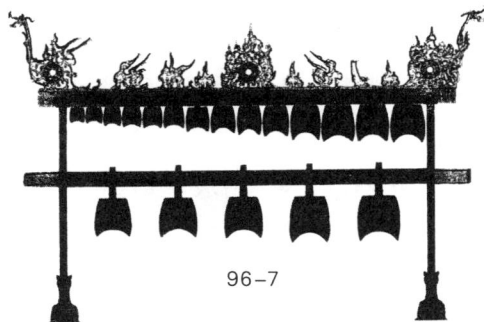

96-4

击铙

96-6

编钟

96-7

编磬

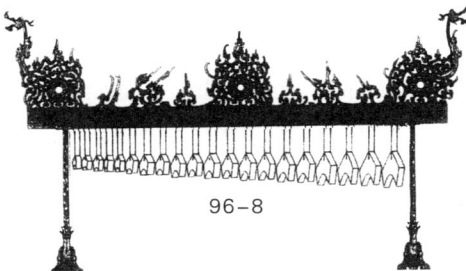

96-8

建鼓与棘

96-10

赢形钟虡

96-9

搏拊

96-11

鞞鼓

96-12

可与此处之业相比证，唯其上未插羽毛。不过本书图57-2引用的南越王墓所出屏风顶版原应插有羽毛，其位置与钟磬架之业相当，可供参考。又大云山钟磬架上立柱之底座为动物形。《考工记》说，如果此动物为赢（骡）属，嘶鸣时"大声而宏，则于钟宜，若是以为钟虡，是故击其所悬而由其虡鸣"。大云山钟架底座之兽，正近似骡（图96-9）。骡在西汉初尚是"匈奴之奇畜"，中原地区不多见。加之在这里它是以神兽的面貌出现的，故造型不尽写实，但仍能辨认出来。《考工记》又说，羽属"其声清扬而远闻"，"若是者以为磬虡，故击其所悬而虡鸣"。饰羽属的磬虡在大云山未见。然而曾侯乙墓磬架下的动物为鹤颈鸟身，并展开双翼，当是羽属。凡此均可证儒家经典上的记事大抵信而有征。

此外，西汉晚期为宗庙演奏"嘉至"乐的钟、磬尚有存世者。一件汉哀帝建平二年（前5年）的嘉至钟已流入日本，未获其测音资料[②]（图96-1）。但这件钟的形制与北京故宫博物院所藏三件西汉云纹钟相似，后者经测试，正、侧鼓能发出两个音，构成相距大三度的和谐音程，说明它们原应属于一套成编的双音钟[③]。然而上述测试结果未必完全适用于建平钟，因为此钟的铭文中标出"甲堵，中，羽"，表明它悬于"甲堵"，位置居"中"，音阶为"羽"。这和曾侯乙墓乐钟在正、侧鼓刻出两个标音铭文的情况颇不相同。退一步说，即使建平钟不是单音钟，它的侧鼓音大约也备而不用。这使我们有理由推测，双音钟至西汉末在乐坛上已步入尾声了。宗庙中演奏"嘉至""四时颂""永安颂"等乐曲的编磬，近年也曾在西安出土，已散乱而不成编[④]。东汉时，这类实例就更少见了。可是汉代却长期用一对镈入乐。《说文·金部》："镈，大钟、淳于之属，所以应钟、磬也。堵以二。金乐则鼓、镈应之。"镈字亦作鎛，但它和先秦的鎛不同。这是一种节奏乐器，即《仪礼·大射礼》郑注所称："奏乐以鼓镈为节。"《白虎通义·礼乐篇》所称："镈者，时之气声也，节度之所生也。"济南无影山11号西汉墓所出乐舞杂技俑与东汉沂南画像石中，均以二镈悬于一堵（图96-2）。虽然其外形有点像大型钮钟，但它既不是特钟，也不成为编钟，故仍应为镈。其发音低沉，除加强节奏外，并能烘托旋律。

与钟相近的乐器还有铎和铙。《说文·金部》："铎，大铃也。"《周礼·鼓人》贾疏："金铃金舌者为金铎。"《盐铁论·利议篇》："吴铎以其舌自破。"《刘子新论·崇学篇》："铎舌如指，不觉其损，累时而折。"根据这些记载，可知铎有舌，所以鸣铎的动作称为振。有一种意见认为铎似铃而无舌，不确。战国时的"□外卒铎"，铭文自名为铎，腔内正装有舌[⑤]。河北定县北庄汉墓所出之铎，虽舌已不存，但有悬舌之环，亦为铎本有舌之证（图96-4）。又据《周礼·小宰》郑注："木铎，木舌也。文事奋木铎，武事奋金铎。"《吕氏春秋·仲春纪》高注也说："金口木舌为木铎，金舌为金铎。"有些铎中无舌，或因原系木舌，今已朽失之故。马王堆1号墓之黑地彩绘漆棺上有铎舞图，一神怪两手各举一铎（图96-5）。研究者或以为是将二铎互相撞击以发声，亦不确。图中看不出二铎有相撞的动作，只是举以振摇。晋·傅玄有铎舞曲名《云门篇》，其中对振铎的动作的描写是："身不虚动，手不徒举，应节合度周其叙"（《宋书·乐志》），所状与棺画相合。佛教传入我国后，带来了在佛塔顶上挂铃的作法。《妙法莲华经·序品》称之为"宝铃和鸣"，而《洛阳伽蓝记》卷一又卷五皆称之为"宝铎和鸣"。塔上之铎无互相碰撞的可能，所以它们当类于有舌之铃。似铃而无舌的乐器其实是铙。《周礼·鼓人》郑注："铙如铃，无舌有秉，执而鸣之。"南阳画像石和沂南画像石中的铙（图96-6），都是用另一手执槌敲击的。

　　打击乐器中的另一大类是鼓。按照古代的"八音"分类法，钟、铎等属于金乐，鼓属于革乐。现代则将钟等列入体鸣乐器，鼓列入皮乐器。唯欧洲自古以来将体鸣乐器与皮乐器合称打击乐器，由于这种分类法在我国已经通行，故本篇亦一并加以叙述。汉代的大型鼓名建鼓。《后汉书·何并传》颜注："建鼓一名植鼓。建，立也，谓植木而悬鼓焉。"建鼓底部有趺，趺上立楹柱贯大鼓，鼓上又饰以旄苏、羽葆等物，顶部且往往立一鸟。沂南画像石中之建鼓的构造颇为典型。建鼓由两名鼓手各执双枹从两面鼓击，即马王堆3号墓之遣策中所说："建鼓一，……鼓者二人，操枹。"鼓上之鸟为鹭或鹄。《隋书·音乐志》说："近代相承，植而贯之谓之建鼓，盖殷所作也。又栖翔鹭于其上，不知何代所加。或曰鹄也，取其声扬而远闻。"按日本京都泉屋博古馆所藏商代铜鼓，鼓胴顶部的钮上已铸出二鸟。战国楚墓所出之鼓，常以双鹭（?）衔之。建鼓上栖鹭的形象，在宋摹顾恺之《洛神赋图》及宋·聂崇义《三礼图》中犹可见到。也有些建鼓略去这一部分，如河南方城东关画像石墓中所刻大型建鼓，顶部只装华盖而无栖鹭。可注意的是，这座建鼓之筍虡的两层横木上悬着四枚圆形物，细部不甚清晰。参照河南新野出土的东汉"鼓舞"画像砖上的建鼓，在筍虡上下悬挂四枚小鼓的情况看，其圆形物应代表鼓[⑥]（图96-10）。洛庄汉墓14号陪葬坑与章丘危山汉代兵马俑坑出土之建鼓皆附四个小鼓[⑦]。此外，沂南汉墓前室南壁画像石与《洛神赋图》中的建鼓也附有小鼓。它大概就是《尔雅·释乐》中所说的应鼓，亦即棘。《诗·有瞽》："应棘县鼓。"郑笺："棘，小鼓，在大鼓旁，应、鞞之属也。"在南阳汉画像石上看到的小型建鼓，有的在大鼓两侧各悬一圆形乐器，或亦为应鼓。但也有的在鼓座两侧各向上挑起一圆形物，其状与辉县出土的水陆交战图鉴上之建鼓下部所附之物相似，或为《周礼·鼓人》所说的"以金镯节鼓"的金镯之类，当系供"军行鼓之以为鼓节"之用。广西贵县罗泊湾1号西汉墓出土鼓胴两件，其中一件系用圆木挖成；另一件较完整，中部膨起，上下两端布满钉孔，腹侧有对称的铜铺首衔环。后者或可复原为此类小型建鼓。至于居延所出鼓胴残件，则是塞防中所用者^⑧。大湾出土的《守御器簿》中就记有"鼓一"（506·1）。塞上朝夕击鼓。敦煌简称"晨时鼓一通"（T32f：06），居延简称"燧有鼓一，……旦夕击鼓"（EPF22.331）。又《蔡谟与弟书》说："军之耳目当用烽、鼓，烽可遥见，鼓可遥闻"（《御览》卷三三五引）。可见军中之鼓既是乐器，又是发信号的用具。

　　只用手持的鼓还有鼗鼓和鼙鼓。《周礼·小师》郑注："鼗如鼓而小，持其柄摇之，旁耳还自击。"它是在一根木柄上，贯以一至三个小鼓，鼓胴两侧各系垂耳，旋动鼓柄，垂耳便回击鼓面。鼗字又作鞉。《释名·释乐》："鞉，导也，所以导乐作也。"画像石上出现的鼗鼓，常位于乐队之前，或即反映出是用于导乐（图100-2）。至于四川新都所出俳优俑用手臂挟持的小扁鼓，或为鼙鼓之一种（图96-12）。曹植诗："顾视东西厢，丝竹与鼙铎。"可见伎乐中亦用鼙鼓。还有一种外形像鼓的乐器名搏拊。《释乐》："搏拊，以韦盛糠，形如鼓，以手拍之也。"搏拊又名拊搏，见《礼记·明堂位》。沂南画像石中有其例（图96-11）。这种乐器是冯汉骥在《论盘舞》一文中首先辨认出来的，该文并指出它是抚拍用的节乐之器^⑨，其说殆不可易。

注释

①　东下冯石磬，见《山西夏县东下冯遗址东区、中区发掘简报》图版1：1，《考古》1980年第2期。陶寺鼍鼓，见《1978—1980年山西襄汾陶寺墓地发掘简报》图版6：5，《考古》1983年第1期。

②④　李学勤：《西汉晚期宗庙编磬考释》，《文物》1997年第5期。

③　李纯一：《中国上古出土乐器综论》第212页，文物出版社，1996年。袁荃猷：《中国音乐文物大系·北京卷》第38图，大象出版社，1996年。

⑤　孙作云：《马王堆一号汉墓漆棺画考释》，《考古》1973年第4期。容庚：《商周彝器通考》附图937，哈佛燕京学社，1941年。

⑥　周到、吕品、汤文兴：《河南汉代画像砖》第230图，上海人民美术出版社，1985年。

⑦　济南市考古研究所等：《山东章丘市洛庄汉墓陪葬坑的清理》，《考古》2004年第8期。

⑧　B.Sommarström, *Archaeological Researches in the Edsen-gol Region, Inner Mongolia*, fig. 128, Stock-holm, 1956—1958.

⑨　冯汉骥：《论盘舞》，《文物参考资料》1957年第8期。

九七、乐器 Ⅱ

管乐器

　　管乐器的起源也很早，浙江余姚河姆渡新石器时代早期遗址曾出土不少骨哨，但大部分当用于诱捕禽兽。比哨晚出一步的是埙和笛，特别是河南舞阳贾湖裴李岗文化遗址中出土的骨笛，性能已相当优异。而西安半坡所出橄榄形无音孔陶哨，则具有向埙过渡的趋势。甘肃玉门火烧沟、山西万泉荆村等地新石器时代晚期遗址中出土三孔陶埙。河南辉县琉璃阁殷代晚期墓所出陶埙呈规则的卵形，平底，有五个音孔，能奏出11个音，和舞阳骨笛一样，也是一件旋律乐器[①]。汉代的埙如《风俗通义·声音篇》所记，共有六孔。其中除五个音孔外，大约还包括一个吹孔，故与殷埙基本相同。但汉埙的实物迄未发现，只是根据画像石中某些奏乐人的姿势判断，他们是在吹埙（图97-3、4）。

　　上述哨和埙为骨、陶制品，在以竹管制成的管乐器中，龠是比较原始的一种。《说文·龠部》："龠，乐之竹管，三孔，以和众声也。"《尔雅·释乐》郭注："籥如笛，三孔而短小。"画像石中所见直吹之短管形乐器，或即龠（图97-7）。更多见的是笛，汉代的笛有七孔（见《说文·竹部》，《风俗通义·声音篇》）。马王堆3号墓所出者为竹质，一端封闭，近闭端处开方形吹口。管腔在前侧开六个指孔，后侧开一个背孔，共七孔，与上引之说相合（图97-15）。此墓之遣册中称之为"篴（笛）"，故可确认。广西贵县罗泊湾1号墓所出竹笛，两端开口，当中偏上端的竹节将管腔隔成长、短两段。竹节内外各有1吹孔，长段的吹孔外侧开六个指孔；短段则用于吹高音。居延甲渠候官遗址出土之残竹笛，也是以腔中的竹节隔成两段，竹节内外也各有1吹孔。与罗泊湾之笛所不同的是，长段只有五个指孔[②]。马王堆与罗泊湾所出者均经测音，其音列结构均较规整，音色亦佳[③]。

　　汉代还有一种无指孔的直吹的管乐器，名筊。《说文·竹部》："筊，吹鞭也。"

《急就篇》："筑籹起居课后先。"颜注："筑，吹鞭也。籹，吹箫也。……言督作之司吹鞭及竹箫为起居之节度。"可见它可用于课督役徒。但《宋书·乐志》引《先蚕仪注》："车驾住，吹小筑；发，吹大筑。"则筑亦用于出行卤簿中。武氏祠画像石中的伍佰有左右手各执一长短不同的管状乐器者，应即执大、小筑[④]（图97-13）。它很可能并不是旋律乐器。为了避免与它种管乐器混淆，特作说明。至于笳、角等用于鼓吹或横吹中之乐器，已收入本书第三九篇，兹不赘。

笛既可横吹亦可竖吹，故有横笛，有竖笛（图97-5、6、8）。篪则只能横吹。它和笛的区别在于管腔底端是否封闭：笛不封闭，而篪封闭，故又被称为"有底之笛"（宋·陈旸《乐书》）。《尔雅·释器》郭注："篪，以竹为之，长尺四寸，围三寸。一孔上出一寸三分，名翘，横吹之。小者尺二寸。《广雅》云八孔。"但《风俗通义》谓篪十孔，《吕氏春秋·仲夏纪》高诱注谓篪七孔。蔡邕《月令章句》谓："篪，六孔，有距，横吹之。"则篪孔有一〇、八、七、六诸说，形制或不尽一致。它的特殊装置是在吹口上装翘，翘亦名距。《御览》卷五八〇引《世本》："篪……吹孔有嘴如酸枣。"即指此物。云冈石窟中雕刻的伎乐所吹义嘴笛，吹孔上突起的翘也很明显。但汉篪在出土物中尚未能得以确认。

先秦至汉代，所谓箫皆指排箫（图97-9）。《尔雅·释乐》所记有32管的大箫和16管的小箫，它们都是将乐管编联起来，从吹低音的长管到吹高音的短管，依次顺序排列。所以《说文·竹部》说："箫，参差管乐，像凤之翼。"故箫又名参差。《楚辞·九歌》："吹参差兮谁思。"所咏即此物。排箫常用于合奏（图97-14）。其箫管要用蜡封底，不封底的名洞箫。但洞箫仍属排箫类型。王褒《洞箫赋》称制洞箫时要"带以象牙，捆其会合"，可证。

竽和笙是当时管乐器中最进步的类型。它们皆布管于匏内，而在各管端装簧，利用簧片与管中气柱的共振作用发音，与直接用口唇吹奏发音的笛类不同。装簧的管乐器在西周时已出现，《诗·鹿鸣》已云："吹笙鼓簧。"马王堆3号墓出土竽上所装之簧，是已发现的最早的实例。它用薄竹片削成，最小的长1.18厘米、宽0.4厘米，最大的长2.35厘米、宽0.75厘米，式样与现代的笙簧基本相同。簧的发明是我国古代在管乐器结构方面的重大贡献。

竽和笙的外观相似，但竽比笙大，管数也多（图97-1、2）。《周礼·笙师》先郑注："竽三十六簧，笙十三簧。"另外二者之宫管音位的安排也不同。《广雅·释乐》说竽的"宫管在中央"，笙的"宫管在左方"。但在发展过程中，竽的管数逐渐减少。郑众说竽有36簧，则为36管；而马王堆3号墓所出竽为26管；马王堆1号墓所出明器竽，仅

图版97

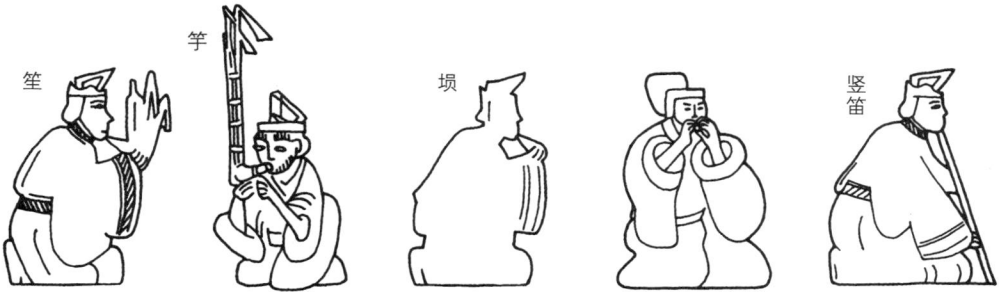

笙　竽
97-1　97-2

埙
97-3

97-4

竖笛
97-5

竖笛
97-6

篪
97-7

横笛
97-8

排箫
97-9

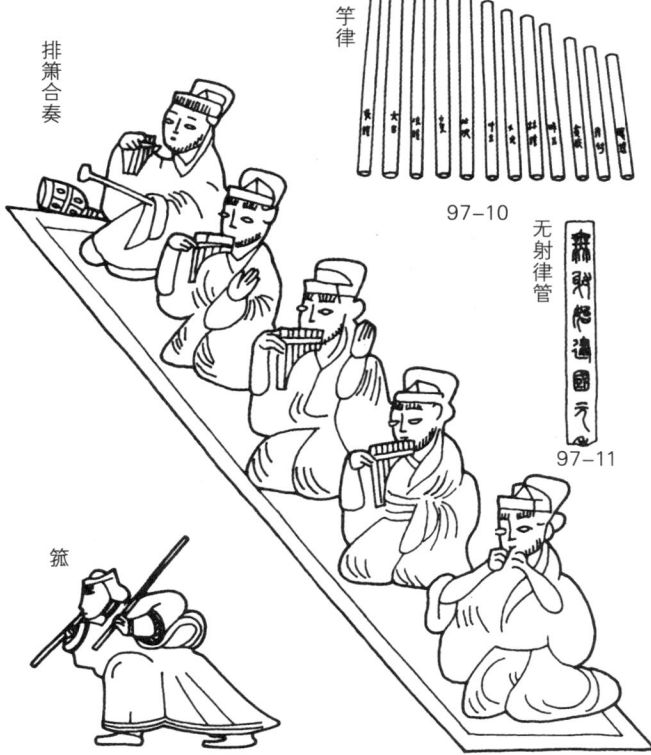

排箫合奏

竽律

97-10

无射律管

97-11

箎
97-13

97-14

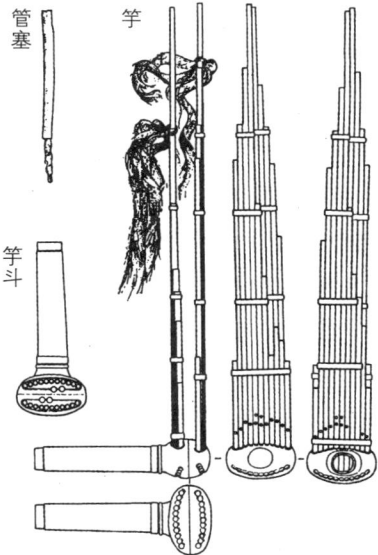

管塞

竽

竽斗

97-12

笛

97-15

有22管（图97-12）。至唐代，如《北堂书钞·乐部》引《三礼图》称"雅竽簧上下各六"，更减至12管了。相反，笙的管数在逐渐增加。长沙浏城桥1号战国早期墓所出笙斗，只装10管，汉代为13管，晋代已增至19管（《尔雅·释乐》郭注），以致竽最后为笙所取代。

然而自先秦至汉，竽在器乐合奏中既是主要的旋律乐器，又是诸乐的定音标准，居于重要的地位。《韩非子·解老篇》说："竽也者，五声之长者也，故竽先则钟瑟皆随，竽唱则诸乐皆和。"为了校正竽音，汉代有专门的竽律。马王堆1号墓所出明器竽律，竹制，共12管。管上有墨书的十二律名称（图97-10）。出土时，律管装在律衣的12个筒形袋中。由于是明器，所以各管的尺度和音高均不符合要求。实用的律管之存世者，只有上海博物馆所藏新莽无射律管一支，铜制，下半已残缺（图97-11），从而可知汉代的律管有竹制和铜制的两种。按《汉书·律历志》说："律有十二，阳六为律，阴六为吕。"《周礼·典同》先郑注："阳律以竹为管，阴律以铜为管。竹阳也，铜阴也，各顺其性。"但无射是阳声，依郑众说当用竹制律管；上海博物馆所藏实物却为铜制。可见实际情况应如《汉书·律历志》所说："凡律、度、量、衡用铜。""铜为物之至精，不为燥湿寒暑变其节，不以风雨暴露改其形。"高精度的律管皆用铜制。汉代黄钟律管长汉尺九寸，其他各管的长度可以黄钟为基准，依三分损益法求出。

注释

① 舞阳骨笛，见张居中：《考古新发现——贾湖骨笛》，《音乐研究》1988年第4期。古埙，见尹德生：《原始社会末期的旋律乐器》，《西北师院学报》1984年第3期。

② 尹德生：《汉代的"横吹"其器——居延七孔笛浅识》，载《秦汉简牍论文集》，甘肃人民出版社，1989年。

③ 李纯一：《中国上古出土乐器综论》第362-365页，文物出版社，1996年。

④ 林谦三：《东亚乐器考》（中译本）第370页，音乐出版社，1962年。

九八、乐器 Ⅲ

弦乐器

我国远古时代只有打击乐器和管乐器，弦乐器是在春秋、战国时产生的，汉代常见的瑟、琴、筝、筑等此时均已出现。其中瑟是弹散音的乐器，一弦一音，属于较原始的类型。长沙马王堆1号西汉墓所出者，是已发现之最完整的汉瑟。这件瑟为木制，长116厘米，宽39.5厘米，除首尾两端髹以黑漆外，通体光素。瑟面的头部有首岳一条，尾部有外、中、内三条尾岳。尾端又有四个系弦的木枘，枘头用银制作，饰以涡状花纹（图98-2）。战国楚墓所出楚瑟与广州龙生岗所出东汉瑟，也都装有首尾四岳和弦枘四枚，故名"四岳四枘式"。唐宋以后的瑟，首尾各只有一岳，且无弦枘，与此式不同。马王堆汉瑟在首尾两岳之间张25弦，每根弦由四股素丝左旋搓成。瑟弦被尾岳分成三组，即外九弦、中七弦和内九弦。其中央一组七弦较长、较粗，内、外两组较短、较细。从弦径递减的情况看来，中七弦和内九弦当合成一个连续的系列，外九弦另成一个单独的系列。每条弦下面，都有一枚拱形木柱。调弦时，先将隐间各空弦定出所需同度散音，然后再依照一定音阶（或调式）的调弦需要，由低而高依次施柱，从而形成阶梯形的柱列。据《续汉书·礼仪志》说："黄钟之瑟，轸间九尺，二十五弦，宫处于中，左右为商、徵，角、羽。"说明黄钟瑟是依五音调弦。至于变宫、变徵二声，则当如宋·姜夔所说："柱后抑角、羽而取之"（《宋史·乐志》）[①]。

瑟在调弦后，由双手并弹、清正相和以成乐曲。徐州驮篮山西汉楚王墓出土的鼓瑟俑跪坐于瑟前，左手勾曲，右手拨挑，作弹奏之势（图98-12）。《淮南子·齐俗》说：奏瑟时"叩宫而宫应，弹角而角动"，则其指法多为扣、弹等动作，故汉代习称奏瑟为鼓瑟。不过当奏变宫、变徵及装饰音时，也需要按弦。河南淮阳于庄汉墓出土的鼓瑟俑用一手按弦，或即表示这种奏法。

琴和瑟不同，它是利用按弦时变更振动弦分，而在一根弦上奏出不同的音，这是演奏技法的一大飞跃。战国早期的湖北随州曾侯乙墓曾出土十弦琴。但传统的说法认为琴起初只有五根弦（《礼记·乐记》），后来增为七根弦（《风俗通义》，《后汉书·仲长统传》注引《三礼图》，《隋书·音乐志》）。历代所传大量琴谱都是用于七弦琴的。古文献中所谓琴，如不另加说明，就是指七弦琴。七弦琴在战国时已经出现[2]，其形制为西汉所沿袭。长沙马王堆3号墓所出者，木制、髹黑漆，全长82.4厘米（图98-1）。琴的面板和活动底板分别用桐木、梓木制作。《诗·鄘风·定之方中》："椅桐梓漆，爰伐琴瑟。"椅，梓属，木质致密。《说文·木部》"檹"字注引贾逵说："檹即椅，木可作琴。"梓为紫葳科，楸属，今日亦通称楸木，用以制琴底板。桐则指泡桐，木质松而韧，易共鸣，用以制面板。亦正与《淮南子·脩务》"山桐之琴，涧梓之腹"之说合（图98-10）。此琴头部有岳山，岳外有七个弦孔，直透轸池。孔底含琴轸，每轸系一弦，各弦自轸中之孔向上引出琴面（图98-8），经岳山拉到琴尾，再绕过尾端的龙龈，顺底板折返向前，最后将七根弦都缠在琴底的雁足上。此琴之轸为八棱形角质短管。徐州后楼山8号西汉墓出土的琴轸系铜质，上端呈圆筒形，束腰敞口，腰际有一穿；下端为有收分的方棱柱体，上刻"司乐府"三字（图98-7）。调弦时，揭开琴底板，用轸钥卡住轸之下端将弦拧紧[3]（图98-9）。铜轸钥曾在山东临淄商王2号、洛阳西郊4号等战国墓出土，上部为弓背之蟠龙，向下延伸出长柄，底部有方銎[4]。其形制为南越王墓出土的轸钥所沿袭（图98-5）。此外，在江苏徐州东甸子、安徽涡阳稽山等地的西汉墓中亦出铜轸钥（图98-6），在河北满城中山王后墓曾出错金的铁轸钥[5]。马王堆3号墓中虽未见轸钥，但所出之琴在轸池内之弦孔周围有圆形磨损痕迹，正是用轸钥旋动琴轸调弦时留下的[6]。琴与瑟不同，瑟弦缠在四枚瑟枘上，诸弦共进退，只能大致调为同一音高，然后靠施柱作具体调整。琴不设柱，故必须逐弦调试。此琴的琴面上没有徽。关于琴徽，先秦文献中未见记载。西汉初枚乘《七发》中提到琴上有钓，据《文选》李善注，钓就是琴徽[7]。西汉末扬雄《解难》才用徽字，称："今夫弦者，高张急徽。"颜注："徽，琴徽也，所以表发抚抑之处也"（《汉书·扬雄传》引）。大约至西汉晚期，装徽的琴才比较常见。琴徽一般是13个，代表弦音的主要分割点。演奏者用左手依徽按弦，右手拨弦，如蔡邕《琴赋》所谓："左手抑扬，右手徘徊。"从而形成了较复杂的指法，即如嵇康《琴赋》描写的"飞指驰鹜"，"搂拢捺扽"，"间声错糅"，"骈驰翼驱"那样的情况。因为琴音主要是由按弦决定的，故习称奏琴为抚琴。

西汉的琴尾用实木，共鸣效果差，在形制上尚未越出楚琴的樊篱。东汉时制琴工艺有所提高。如四川三台东汉墓乐俑所奏之琴，共鸣箱已延至琴尾，音量和音色会

图版98

琴

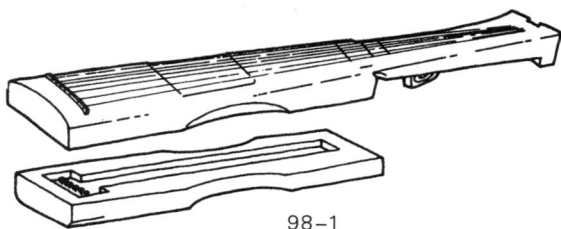

98-1

瑟

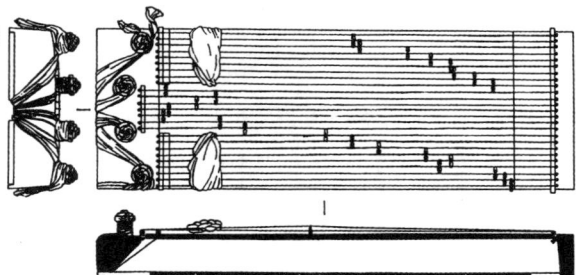

98-2

筑

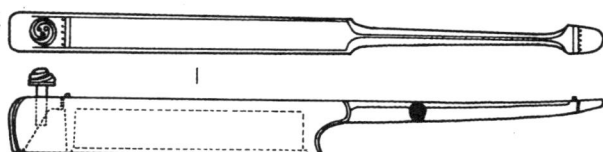

98-3

筝

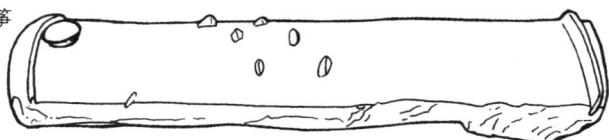

98-4

抚琴

98-11

鼓瑟

98-12

击筑

98-13

搊筝

98-14

琴轸钥

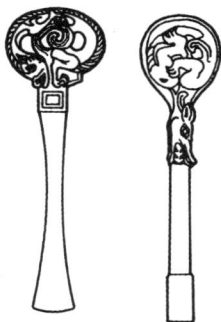

98-5

98-6

琴轸

98-7

琴轸系弦

98-8

琴轸钥卡住琴轸（用以调弦）

98-9

弹琵琶

98-15

装活动的底板的琴

98-10

得到改善（图98-11）。在此基础上，遂产生了如张道的"响泉"、蔡邕的"焦尾"等名琴。唯琴音清幽，适于独奏，而不宜偕其他大型乐器合奏。

此外，汉代的弦乐器还有筝和筑。在先秦时代，这两种乐器的外形相似，均于竹胴上张弦而成。它们和瑟一样，也是奏散音的，极少按弦。它们的弦数远较瑟少，起初各有5根弦。《御览》卷五七六引《说文》："筝，五弦筑身乐也。"《文选·吴都赋》李注：筑"似筝，五弦之乐也"。二者的区别在于奏法，筝是以手指弹弦，筑是以竹尺击弦；故称奏筝为弹筝或搯筝，称奏筑为击筑。筝和筑虽同在战国时出现，但筝主要流行于西方的秦国。李斯《谏逐客书》说："弹筝搏髀"，"真秦之声也"⑧。筑则流行于东方六国。《战国策·齐策》说临淄居民喜"击筑"，燕国的高渐离与生于楚地的刘邦亦喜击筑。河南新野樊集出土的画像砖，表现燕太子丹送别荆轲的场面，其中高渐离正在击筑。连云港侍其繇墓所出漆奁上也绘有击筑者⑨（图98-13）。湖南长沙望城坡西汉长沙王后渔阳墓出土五弦筑，整木雕成，通体髹黑漆。音箱部分挖出凹槽，底嵌薄板。后部有细柄，以便握持。筑面平直，首尾各有一条岳山。筑首立一菌状柄，装柄的部位与瑟正相反（图98-3）。每弦有一柱，大小高低不同，出土时均散落在筑旁，形状与樊集画像砖中所见者全同⑩。但早期的筝、筑由于弦少，奏出的曲子比较单调。东汉时，又对这两种乐器作了改进。《风俗通义》说："今并、凉二州，筝形如瑟。"《史记·高祖本纪》正义引应劭曰：筑"状似瑟"。可见它们的外形渐与瑟靠近。据魏·阮瑀《筝赋》的描述，当时的筝长六尺，张12弦（《艺文类聚》卷四四引）。又据晋·傅玄《筝赋》说：筝的形状，"上圆象天，下平象地，中空准六合"（《初学记》卷一六引）。成都天迴山崖墓所出陶筝及成都东汉墓所出画像砖上的筝均作此形（图98-4、14）。不过张12弦的汉筝，在考古材料中尚未发现其实例。

最后还应当介绍一下琵琶。《风俗通义》说："谨按此近世乐家所作，不知谁作也。以手批把，因以为名。"《释名·释乐器》也说："枇杷本出于胡中，马上所鼓也。推手前曰枇，引手却曰杷，象其鼓时，因以为名也。"则琵琶初作批把或枇杷，系根据其弹奏的手法而得名。此乐器起源于美索不达米亚，后广泛流行于亚洲西部、西南部各地，东汉时经西域传入我国。新疆尼雅汉代精绝国遗址中曾出琵琶残件（图112-8）。四川乐山虎头湾、辽宁辽阳棒台子屯等地东汉晚期墓的石刻和壁画中出现过弹琵琶的人像（图98-15）。所弹之琵琶，腹小，颈长而直，与西亚的原型微异，而与在嘉峪关画砖上看到的魏晋琵琶相同。我国后来的阮类乐器属于这个系统。

在琵琶传入后不久，三国、西晋间的傅玄写了一篇《琵琶赋》。于其序言中，傅玄不承认琵琶是外来的，反而提出了两种本土起源说。首先，他说"杜挚（三国时人）以为嬴秦之末，盖苦长城之役，百姓弦鼗而鼓之"，即认为琵琶是在鼗上张弦而成。但这种形状的乐器在秦汉时的遗物和文献中均无踪迹，不知道杜挚根据什么这样说？何况由鼗演变成琵琶，也不符合乐器的发展规律。另外，傅玄又说，"闻之故老云"：汉遣乌孙公主嫁昆弥，公主在马上弹琵琶。这位公主是西汉中叶的人，当时内地尚无这种乐器。傅玄还说乌孙公主的琵琶是"使工人知音者裁琴、筝、筑、箜篌之属"制成。但琵琶与琴、筝、筑、箜篌（指卧箜篌）等相较，不仅共鸣箱的形状不同，弦、轸的结构各异，而且定弦的原则、弹奏的技法也互不相侔。故傅玄的本土起源说殆不可信。

琵琶音域广阔，表现能力强，传入我国后迅速得到流行，至南北朝时，已在器乐合奏中与筚篥一道成为主要的旋律乐器。

注释

① 李纯一：《汉瑟和楚瑟调弦的探索》，《考古》1974年第1期。

② 湖北荆门郭店1号及湖南长沙五里牌等战国中、晚期楚墓均出七弦琴。见湖北省荆门市博物馆：《荆门郭店一号楚墓》，《文物》1997年第7期；长沙市文物工作队：《长沙市五里牌战国木椁墓》，《湖南考古辑刊》第1辑，1982年。

③ Jenny F.So, *Music in the Age of Confucius*. Washington,2000.

④ 淄博市博物馆：《临淄商王墓地》第41页，齐鲁书社，1997年。洛阳市文物工作队：《洛阳西郊四号墓发掘简报》，《文物资料丛刊》第9集，1985年。

⑤ 广州市文物管理委员会等：《西汉南越王墓》第92~93页。文物出版社，1991年。徐州博物馆：《徐州东甸子西汉墓》，《文物》1999年第12期。刘海超、杨玉彬：《安徽涡阳稽山汉代崖墓》，《文物》2003年第9期。中国社会科学院考古研究所等：《满城汉墓发掘报告》上册，第277页，文物出版社，1980年。

⑥ 李纯一：《中国上古出土乐器综论》第452页，文物出版社，1996年。约在东汉末期或稍前，琴体改成封闭的全箱式，调弦的方式随之产生变化，轸钥遂不再使用。

⑦ 饶宗颐：《说琴徽》，《中国音乐学》1987年第3期。同氏：《固庵文录·说弨》，辽宁教育出版社，2000年。

⑧ 魏·曹丕诗："齐倡发东舞，秦筝奏西音。""秦筝何慷慨，齐瑟和且柔。"梁·沈约诗："秦筝吐绝调，玉柱扬清曲。"皆言秦筝。

⑨ 《中国音乐文物大系·河南卷》第192~194页，大象出版社，1996年。南波：《江苏连云港市海州西汉侍其繇墓》，《考古》1975年第3期。

⑩ 黄翔鹏：《秦汉相和乐器"筑"的首次发现及其意义》，《考古》1994年第8期。项阳、宋少华：《西汉长沙王室墓出土乐器的研究》，《中国文物报》1996年7月28日。

九九、杂技 I

中国杂技有悠久的传统。在汉代，经武帝的提倡，增加了许多新内容，技巧的难度和演出的规模都有较大进展。《汉书·武帝纪》说："元封三年春，始作角抵戏，三百里内皆来观。"颜注引文颖曰："两两相当，角力、角技艺、射御，盖杂技乐也，巴俞戏、鱼龙曼延之属也。"《史记·大宛列传》也说武帝时"大觳抵出奇戏诸怪物"，"加其眩者之工，而觳抵奇戏，岁增变甚盛，益兴自此始"。结合文献与图像加以考察，可知汉代杂技既包括若干小型节目，如叠案、跳丸、冲狭、幻术等，也包括使用多人或较复杂的设备以进行表演的大型节目。这里先说小型节目。

在小型节目中，最常见的是叠案（图99-7~10）和跳丸（图99-1~4）及跳丸飞剑（图99-5、6）。叠案是在案上倒立，文献中常称之为"五案"（《魏书·乐志》）、"升五案"（《宋书·江夏文献王义恭传》）或"安息五案"（《御览》卷五六九引《邺中记》），似所叠之案一般为五张。但在图像中，用一、四、六、九以至12案的都有，并不以五张为限。跳丸在先秦时称为弄丸，它是我国杂技中的传统节目。《庄子·徐无鬼篇》已盛赞楚人宜僚的弄丸之技。汉代则称之为跳丸，如张衡《西京赋》说："跳丸剑之挥霍。"《三国志·魏志·杜夔传》也提到"跳丸掷剑"。跳丸表演一般用七丸。唐·白居易《新乐府》中仍说："舞双剑，跳七丸。"但在汉代的图像中见有跳三、六、八、九丸者不等。据现代杂技家说，跳丸是手技的基本功，抛三四个还不太难，五个以上要想再增加一个，非磨上几年功夫不可。目前能抛九个的人，世界上也不多[1]。可是汉代不仅已有能跳九丸的，而且在山东安丘汉墓的画像石中，还看到一个演员同时跳八丸、掷三剑（图99-6）。丸、剑同掷，本不易掌握，何况抛掷物共达11件之多，起落纷繁，节奏急促，使表演的难度变得极大。这个节目虽然古代南亚的天竺和西方的大秦等国也有，但技术上并不更占优势。王玄策《西国行记》说："王使显庆四年至婆栗阇国[2]，王为汉人设五女戏。其五女传弄三刀，加至十刀"（《法苑珠林》卷六引），则一女只照顾两把刀。大秦演员如《后汉书·西南夷传》所记由掸国来者，"善跳丸，数乃至十"[3]，难度仍较

图版99

跳丸

99-1　　99-2　　99-3　　99-4

跳丸飞剑

99-5　　99-6

叠案

旋盘

旋球

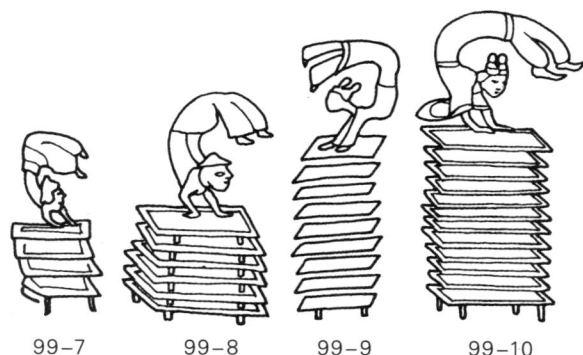

99-7　99-8　99-9　99-10　　99-11　　99-12

冲狭

吐火

幻术

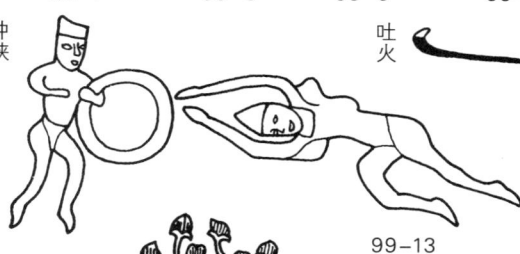

99-13　　99-14　　99-15

雀戏

弄瓶

99-16　　99-17

安丘画像石中者稍逊。仅在《后汉书·西域传》李贤注引鱼豢《魏略》"大秦国俗多奇幻，……跳十二丸，巧妙非常"的记载中，才看到有能跳12丸的西方演员，差可与安丘的八丸三剑相颉颃了。

再如旋盘（图99-11），应即《抱朴子·辩问篇》所称"擿盘"。擿有搔弄之意，用于状其动作。此种表演当是《宋书·乐志》所记"杯柈舞"的内容之一。晋《杯盘舞歌诗》："舞杯盘，何翩翩，……左回右转不相失"（《全晋诗》卷一）。即咏其旋转之状。弄球，表演者倒立于圆球上旋滚而行，其形像曾在徐州茅村画像石上出现（图99-12）。弄瓶，汉代文献中似失载。《通考》所记"蹴瓶伎（盖蹴其瓶使上于铁锋杖端，或水精丸与瓶相值，回旋而不失也）"与之相近。这种表演宋代称之为"踢瓶弄椀"。简称"踢弄"。成都出土汉画像砖上所见者，演员用左肘弄瓶，右手握剑，剑锋承1丸，动作灵活敏捷（图99-17）。冲狭亦名投狭（《抱朴子·辩问篇》）或透狭（《宋书·义恭传》），即今之钻环。四川宜宾画像石上所见者，动作交代得很清楚，但未在环上装利刃（图99-13）。《西京赋》说："冲狭燕濯，胸突铦锋。"据张铣及薛综的注，还要在环上插刀或矛，表演时就更加惊险了。

汉代的幻术受西域的影响较大。《列子·周穆王篇》说："西极之国，有化人（幻人）来，""千变万化，不可穷极。"西域幻人擅长吞刀吐火。图99-14所举河南密县打虎亭1号墓壁画中所见之例，演员正以管喷火。图99-15所绘演员手上作发出电光之状。《晋书·夏统传》说女巫表演幻术，能使"流光电发"，或与本图相类似。

化装成动物的表演，大型的如"鱼龙曼延"，是一种有复杂变化的彩扎动物幻戏。小型的如大雀戏（图99-16），见于沂南汉墓画像石。此雀高冠修尾，前衔羽葆，后系金铃，与《西京赋》所说的"大雀踆踆"者颇相似。但雀腹下却露出两只人足，表明它是由艺人装扮的。扮演动物的演员在《汉书·礼乐志》中称为"象人"，颜注引孟康曰：象人"若今戏鱼、虾、狮子也。"正可与此图相印证。

注释

① 傅起凤、傅腾龙：《中国杂技》第19页，天津科学技术出版社，1983年。

② 婆栗阁国即《大唐西域记》卷七所记之弗栗特国，为印度古代十六大国之一。

③ 《后汉书·西南夷传》原作"善跳丸，数乃至千"。按抛接1000个丸，非人力所能胜任，此"千"字当为"十"字之讹。《汉书·西域传》说乌秅城（今新疆塔什库尔干）西有悬度（在今克什米尔印度河上游），"临峥嵘不测之深，行者步骑相持，绳索相引，二千余里乃到悬度"。而《水经注》则说："行者步骑相持，绲桥相引，二十里方到悬度。"则这段奇险之路只有20里。可见古书中"十"字与"千"字有时互讹。

一〇〇、杂技 Ⅱ

　　缘橦、履索、鱼龙戏、马术、车橦等，是汉代杂技中的大型节目。

　　缘橦又名缘大橦，即高竿表演，先秦时已经出现。《国语·晋语》称为"扶卢"，《淮南子·修务》称为"木熙"。不过汉代通常称之为缘橦或都卢寻橦。如《西京赋》说："乌获扛鼎，都卢寻橦。"后者又可简称为都卢，如《汉书·西域传》说："设酒池肉林以飨四夷之客，作巴渝、都卢、海中、砀极、鱼龙、角抵之戏以观示之。"都卢是国名，即夫甘都卢国（Pakchan-Tulagu）①。都卢人以"劲捷善缘高"著称，傅玄《正都赋》中称他们为"都卢迅足"，汉代杂技演员从都卢艺人那里吸收了一些缘橦的技巧，故称此表演为"都卢寻橦"。其所攀缘之橦，起初是立在地面上的，以后又发展成为"额上缘橦"。在沂南画像石中有这样的场面：一名力士以额承橦，橦上部装横竿和圆盘，三名演员在上面作鸟飞或倒挂（图100-8）。在汉代图像中，一根橦多的可以攀上九名演员（图100-3），犹如群猿攀木，紧张热烈。宋·陈旸《乐书》记南北朝萧梁时有"猕猴橦伎"，或与此种表演相似。难度最大的橦技是车橦，这要在奔驰的马车上作表演。河南新野任营出土的画像砖上有一幅罕见的车橦图：两辆车上各树一橦，前车的橦上有一人倒挂，双手平伸，每只手各托起一名演员。后车的橦上之人与前车的车箱中之人斜牵一根绳索，其上又有一人在表演履索（图100-9）。车、橦、索三者互相牵连，演员在两辆车子的奔跑晃动和绳索的摇曳起伏中做高难度的动作，没有极其娴熟的技艺是无法胜任的。

　　至于在平地上架起高绰进行履索表演的情况，则如《续汉书·礼仪志》刘注引蔡质《汉仪》所说："以两大丝绳系两柱间，相去数丈，两倡女对舞，行于绳上，对面道逢，切肩不倾。"但在沂南画像石上看到的履索表演，不但有人在索上倒立，而且索下还竖立着刀剑，使惊险的程度更为增加（图100-1）。

　　马术在汉代的大型杂技表演中也占有重要地位。河南登封少宝石阙上刻有女艺人表演马术的图像。沂南画像石中有在马上执手戟扶鞍倒立者（图100-6），也有立于

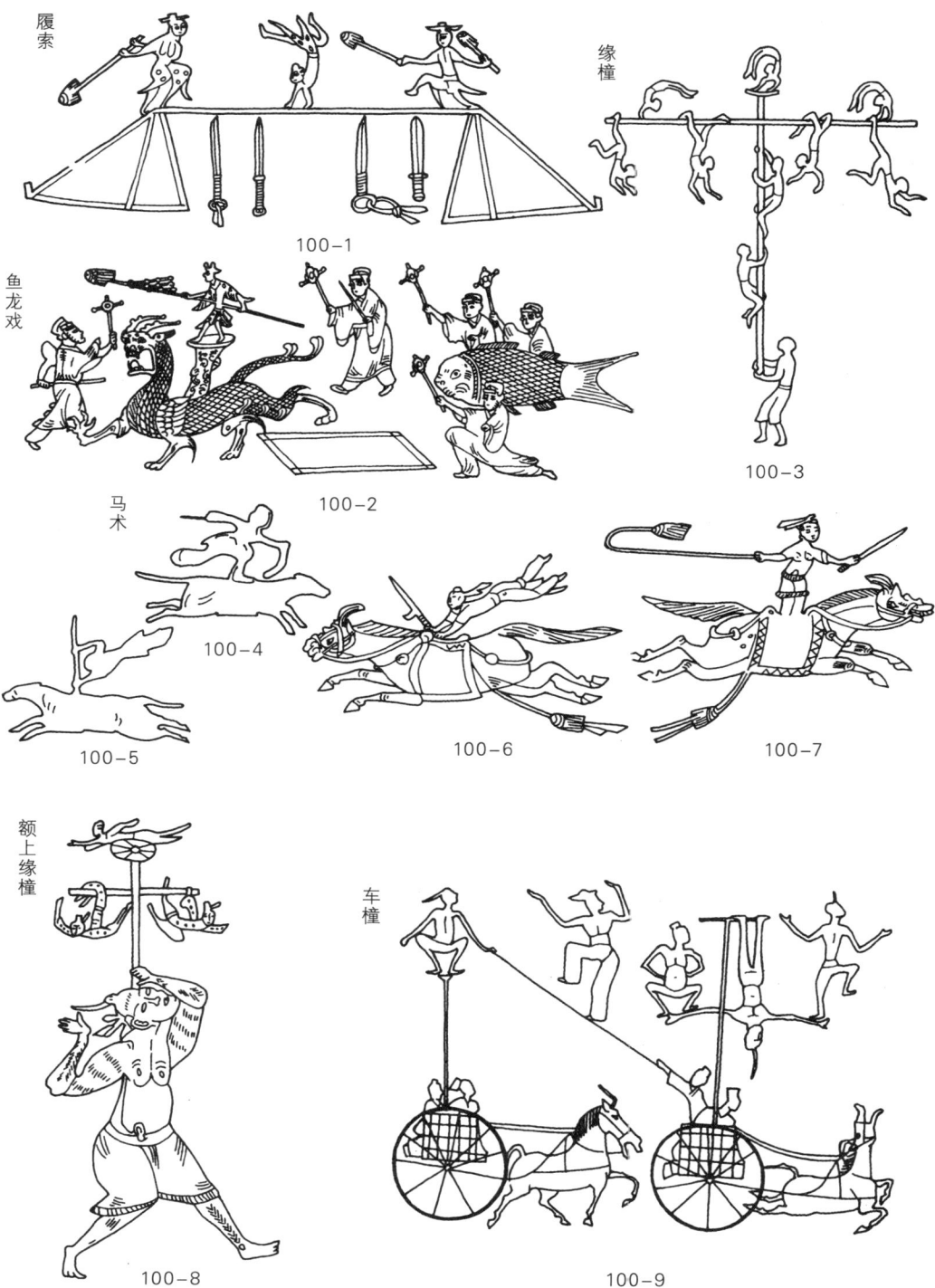

图版100

履索

100-1

缘橦

鱼龙戏

100-2

100-3

马术

100-4

100-5

100-6

100-7

额上缘橦

车橦

100-8

100-9

鞍上挥舞长刀和羽葆者（图100-7）。咸阳马泉出土的漆奁的花纹中，还有人握住固定在马背上的直杆、身体向斜上方撑起者，及单足立鞍上作舞姿者（图100-4、5）。这些形象可与稍晚些的文献中所记"戏马立骑"（《魏大飨碑》）、"弄马倒骑"（《三国志·魏志·明帝纪》），以及"卧骑"、"颠骑"（《南齐书·礼志》）等相印证。

汉代杂技表演中规模最大的节目是称作"鱼龙曼延"的鱼龙戏，有时甚至用它作为杂技的总称。如《后汉书·安帝纪》说："罢鱼龙曼延百戏。"即停止各种杂技演出之意。同《纪》章怀注引《汉官典职》对鱼龙曼延作了这样的描述："作九宾乐。舍利之兽从西方来，戏于庭。入前殿，激水化成比目鱼。嗽水作雾，化成黄龙，长八丈，出水遨戏于庭，炫耀日光。"《西京赋》也说："海鳞变而成龙，状蜿蜿以蝹蝹。"则所谓鱼龙曼延，即鱼变化成龙，形状蜿蜒之意，是一套借激水作掩护的鱼变龙的大型幻术。可惜它的图像没有在考古资料中保存下来。沂南画像石中的鱼龙戏，只是若干人手摇鼗鼓引导鱼龙嬉戏（图100-2）。它反映的可能是民间艺人演出的情况，所以没有宫廷盛会中那么大的场面了。

注释

① 夫甘都卢意为都卢人的夫甘国。其地望藤田丰八认为在伊洛瓦底江上游的蒲甘，见《东西交涉史の研究·南海篇》，东京，1932年。沈福伟认为都卢人的老家在印度的奥里萨。前3世纪移居中南半岛，公元前已散居在伊洛瓦底江三角洲到马来半岛一带。见《两汉三国时期的印度洋航业》，《文史》第26辑，1986年。

一〇一、娱乐

在文娱活动方面，战国迄汉盛行六博。《史记·滑稽列传》说："若乃州闾之会，男女杂坐，行酒稽留，六博投壶。"可见六博是当时重要的娱乐项目。它不仅在社会上通乎上下，甚至连汉画像石和汉镜纹饰中的仙人有的也在六博。因此博具和博戏的图像在考古资料中不乏其例。其中如武威磨嘴子48号西汉墓出土的两个彩绘木雕对博俑，伸臂张目，神态毕肖，使千载以后，犹可通过这对生动的艺术形象，看到汉代博戏的场面（图101-1）。

博本作簙，指博箸。《方言》卷五："簙谓之蔽。"《楚辞·招魂》王注："蔽，簙箸。"一套博具中有六根箸，故名六博。除了箸以外，对博的双方各有六枚棋子。棋子布在博局上。博局又名曲道，因为那上面有TLV形的格道。曲道是按照栻盘的格式布置的。《广雅·释器》："曲道，栻桐也。"由于曲道渊源于占栻，所以从栻盘上推出来的相生、相克，生门、死门等说，也被博局接受过来。这上面之所谓"恶道"（《说苑·君道篇》，《孔子家语·五仪解》），大约也是据此而定的。行棋之前要投箸，箸一般投在方枰上，不过也有不用枰而投在地上或席上的。根据投的结果，决定行棋的步子。投箸有点碰运气，所以班固《弈旨》说："夫博悬于投，不专在行；优者有不遇，劣者有侥幸"（《御览》卷七五三引）。但实际上行棋时仍可发挥相当的能动性。六博之行棋法久已失传，莫能言其详。《尹文子》中曾扼要地说："博尽开塞之宜，得周通之路"（《艺文类聚》卷七四引）。其所谓塞，大约与"行棋相塞"的塞戏之走法相近（《说文·竹部》簙下），故《庄子·骈拇篇》释文说："塞，博之类也。"成疏："行五道而投琼曰博，不投琼曰塞。"可见两者的区别仅在于是否投琼。所谓周通的走法，大约与边韶《塞赋》所称"行必正直，合道中也；趋隅方折，礼之容也；迭往迭来，刚柔通也；周则复始，乾行健也"相近（《艺文类聚》卷七四引）。但一方要周通，一方要塞，有时会引起对博者互相争道的情况。《史记·宋世家》："（庄公）十一年秋，潜公与南宫万猎，因博争行，……遂以局杀潜公于蒙泽。"又《史记·吴王濞列传》记吴

图版101

六博

101-1

投壶
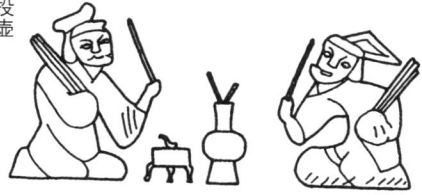
101-10

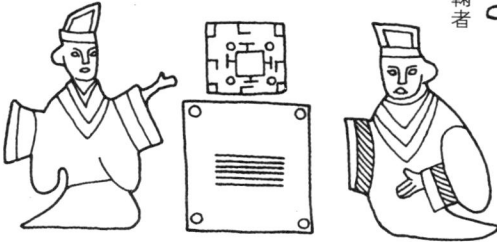
101-2

蹴鞠者

101-11

绳鞠

101-12

壶与其中的箭
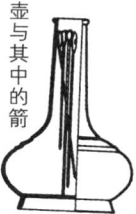
101-13

博具
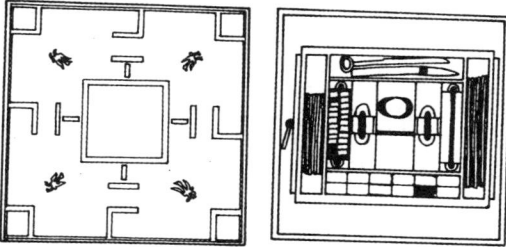
101-3

棋局
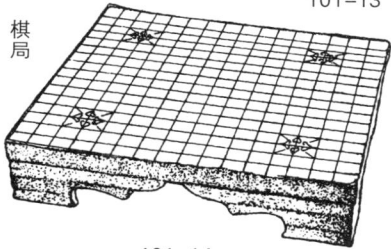
101-14

斗鸡

101-15

酒令钱

101-4   101-5

博芊
101-6   101-7   酒令芊
101-8

牵鸠车的童子

101-16

鸠车
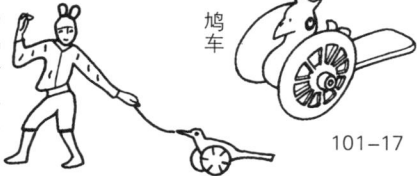
101-17

俳优人像

101-9

俳优表演

101-18

太子与皇太子"博，争道，不恭。皇太子引博局提吴太子，杀之"。政坛上的这些轩然大波，其实都是由于行棋时互相塞道、争道所触发而引起的。它如《史记·刺客列传》所记"鲁勾践与荆轲博，争道"，《魏略》所记"杜畿与卫固博而争道"（《御览》卷七五四引），均是其例。最后，一方将另一方的枭棋杀掉，于是获胜。

六博虽依簿箸得名，但也有不用箸而用茕的。马王堆3号西汉墓出土了一套迄今为止已发现之最完整的博具，装在方形漆盒里。盒内有一博局，六黑棋、六白棋共12枚，短箸30枚，长箸12枚，直食棋20枚及环刀和削。另外，盒正中有一圆窝，内置博茕（图101-3）。这套博具与《颜氏家训·杂艺篇》所称："比世所行，一茕十二棋"的六博相合。茕相当于后世的骰子，掷之则回转。《说文·丌部》："茕，回疾也。"正是此义。茕又作拚。繁钦《威仪箴》："操拚弄棋"（《御览》卷七五四引）。唐写本《切韵·下平声四十一清》："拚，博拚子，一曰投。渠营反。"所以也可以假作琼。《博经》："所掷头谓之琼"（《后汉书·梁冀传》章怀注引）。已知之最早的茕是秦代的，1976年在陕西临潼秦始皇陵园内发现，为石制14面体。汉代的茕皆为18面体，其中16面上刻1至16的数字，另在相对的两面上刻"骄""𢢀"二字。骄应指骄棋。《古博经》说："棋行到处即竖之，名为骄棋"（《楚辞·招魂》宋·洪兴祖补注引）。亦即枭棋。《春秋后语》原注："博之竖者为枭"（《御览》卷九二七引）。𢢀字李学勤释魄，为骄的反义词，应指一种不利的棋步。除马王堆3号墓外，博茕还在江陵凤凰山10号西汉墓及临淄西汉齐王墓陪葬坑中发现过（图101-6、7）。前两例都是木胎漆茕。后一处所出者为空心错银镂孔铜茕，体内且有小铜块，抛掷时铿锵作响。这里的铜茕共出两枚，大小相似，形状相同，应是一副，即《颜氏家训·杂艺篇》所称"古为大博则六箸，小博则二茕"之小博所用者①。

除马王堆3号墓所出整套博具外，江陵凤凰山8号西汉墓也出土一套，该墓遣策记为："博：箅、綦（棊）、桐、博席一具、博橐一"②。这套博具中没有枰，只有席，系直接在席上投箸。讲究的博具中既有席又有枰，席铺在枰上。如马融《樗蒲赋》说："枰则素笁紫罽，出乎西邻，缘以缋绣，铢以绮文"（《艺文类聚》卷七四引）。其枰上铺有讲究的毛织物。一般的博枰则应铺席。坐席上常用镇压住四角，博席上也用镇。《说文·金部》："镇，博压也。"所指即此物。四川新津与山东微山两城出土之画像石的六博图中，于枰之四角刻出四枚圆形物，当代表博镇即博压（图101-2）。《说文》段注释博压为"如今赌钱者之有桩也"，纯属误解。

茕不仅用于六博，还用于行酒令。这种茕的形制与博茕大体相同，唯与"骄"相对应的字为"自饮"或"酒来"（图101-8）。韩国庆州雁鸭池遗址出土的新罗14面体紫檀酒令筹,每面刻4字,如"自唱自饮""禁声作舞""饮尽大笑""任意请歌"等,与汉代的酒令筹一脉相承。新罗文物多仿效唐制,则我国唐代或仍有此物,唯尚未发现实例。满城2号西汉墓中与酒令筹同出的还有两套酒令钱,每套各20枚。一套铸有"第一"至"第二十"的序数。另一套铸有"起行酒""饮酒歌""饮其加""自饮止"等字样(图101-4、5)。不过酒令筹与酒令钱是否配合使用,具体规则如何,目前均不知其详。又饮酒时还有投壶之举。《礼记》中有《投壶篇》,似乎将它作为嘉礼或宾礼看待,实际上也是一种游戏,输家须饮罚酒。南阳画像石中有投壶图(图101-10)。图中二人各持四矢,与《投壶篇》的规定相合。所投之壶口小颈长而直,《投壶篇》中主人称之为"哨壶"。哨训不正貌,是自谦的反语,恰可证明它应以直颈为特点,亦即邯郸淳《投壶赋》所称之"盘腹修颈"(《艺文类聚》卷七四引)。湖南永州西汉刘彊墓出土的铜壶,直颈,扁腹下垂,出土时壶中尚有竹矢五支,可以确认为投壶时用的哨壶(图101-13)。此壶通高29.8厘米,与《投壶篇》"壶颈修七寸,腹修五寸"(通高一尺二寸,约合27.7厘米)之制也相当接近[3]。投壶所用之矢曾在长沙工农桥1号战国墓发现,其镞为铜质,前端圆平,铤呈圆柱形[4],比刘彊墓所出竹矢讲究,大约汉代亦应有这类带铜镞的投壶之矢。

此外,一种更有益智作用的游艺活动——对弈即下围棋,在汉代也广泛流行。陕西咸阳甲6号西汉墓出土铁足石棋局,面上用黑线画出方罫,纵横各15道[5];河北望都1号东汉墓所出石棋局,纵横各17道(图101-14)。后者与邯郸淳《艺经》"棋局纵横各十七道,合二百八十九道,白黑棋子各一百五十枚"之说合(《文选·博弈论》李注引)。棋局至隋代已发展至19道;河南安阳隋·张盛墓所出19道的瓷棋局,其格式与现代通用者基本相同[6]。

战国时苏秦说齐王,夸临淄之富实,谓其民无不"斗鸡走犬,六博蹋鞠"(《战国策·齐一》)。斗鸡、蹋鞠(即蹴鞠)至汉代仍然盛行。《汉书·食货志》所载当时"世家子弟、富人"的爱好中,就有"斗鸡"一项。宣帝在民间时,喜"斗鸡走马"(《汉书·宣帝纪》)。宗室贵戚如鲁恭王、王奉光等皆好斗鸡(《西京杂记》,《汉书·外戚传》)。登封中岳汉三阙上皆有斗鸡的图像(图101-15)。

在汉代,蹴鞠之风尤炽。霍去病在行军作战之余,仍不忘情于蹴鞠,东汉的梁冀等人也是蹴鞠的爱好者。由于它的运动量大,甚至被当成一种军事体育项目。刘向曾说"蹴鞠兵执(艺)也,所以讲武"(《后汉书·梁冀传》章怀注引)。《汉书·艺文志》所收《蹴鞠》一书,也被列入"兵技巧"类中。蹴鞠所用之鞠也叫毛鞠。《汉书·霍去病传》颜注:"鞠以皮为之,实以毛。"但也有制作得更简单的。1979年在甘肃敦煌马圈湾汉烽燧遗址中出土的一枚鞠，是用麻线和白绢条搓成绳子，捆在一团丝织物上扎成球状，直径六厘米，可能比正式比赛所用之鞠小些（图101-12）。因为这种运动相当剧烈，故《西京杂记》卷二称汉成帝由于体力不能胜任，遂以弹棋代替蹴鞠。可见蹴鞠的比赛规则当与弹棋相近。弹棋由两人对局，局方形，中部隆起，顶有凹坑，即蔡邕《弹棋赋》所称"丰腹敛边，中隐四企"（《艺文类聚》卷七四引）。蹴鞠的场地叫鞠域，亦呈方形，即李尤《鞠室铭》所称"圆鞠方墙，放象阴阳"（《文选·景福殿赋》李注引）。鞠域中也要"穿地作鞠室"（《霍去病传》颜注引服虔说），即《汉书·外戚传》颜注所谓之"窟室"。但在登封启母阙及南阳画像石中看到的蹴鞠图，都只有一人在踢球，即后世所谓"滚弄"，未能将多人比赛的盛况反映出来（图101-11）。

俳优表演，古已有之。汉代在这方面留下的实物材料不多，一部分已经发现的遗物也没有得到充分注意。譬如满城1号墓出土的两件铜俳优人像，身披错金锦纹衣，袒胸露腹。一人盘腿坐，另一人跪坐，举手欲拍，表情都很滑稽（图101-9）。具有这些特点的铜人像与陶人像，在南昌贤士湖14号、甘肃灵台傅家沟、江苏仪征烟袋山等西汉墓及河南密县后士郭2号东汉墓中均曾发现[7]。它们有时四个一组，可用以为镇。《三国志·魏志·王粲传》裴注引《魏略》云：曹植初见邯郸淳时，"不先与谈。时天暑热，植因呼常从取水自澡讫，傅粉。遂科头拍袒，胡舞五椎锻，跳丸击剑，诵俳优小说数千言讫。谓淳曰：'邯郸生何如耶？'"邯郸淳据传是《笑林》和《艺经》的作者，是当时之博学多能的艺术家，所以贵公子曹植要先声夺人，卖弄一番。但袒衣击拍而说唱，正与上述铜像的动作相符合。拍袒即《南史·王昙首传》所称"拍张"，《杜阳杂编》卷下所称"拍弹"，是自汉迄唐一直流行的一种兼含表演动作的说唱艺术形式[8]。东汉时，有些俳优被安排在陶楼的门廊下，作演出状（图101-18）。安徽涡阳大王店出土的东汉陶楼，优人被安排在第二层，面向楼外作表演[9]。这些表演场地，似具有原始舞台的意义。

晋·张华《博物志》说："小儿五岁曰鸠车之戏。"河南南阳相公庄汉墓出土的许阿瞿墓志画像中，出现了牵鸠车的情景（图101-16）。许阿瞿"年甫五岁"，与以鸠车为戏的年龄正合[10]。出土的这种玩具有陶质的也有铜质的。铜鸠车曾在河南新郑小李庄、巩义新华小区等地汉墓出土，新郑者装二轮，巩义者装三轮[11]。河南偃师寇店东汉窖藏中还出土了一件四轮的铜鸠车[12]。日本藤井有邻馆所藏汉代铜鸠车，疾曳时尾部翘起，缓拖时尾部低垂，更增加了游戏时的兴趣[13]（图101-17）。

注释

① 傅举有：《论秦汉时期的博具、博戏兼及博局纹镜》，《考古学报》1986年第1期。

② 长江流域第二期文物考古工作人员训练班：《湖北江陵凤凰山西汉墓发掘简报》，《文物》1974年第6期。

③ 零陵地区文物工作队：《湖南永州市鹞子山西汉"刘彊"墓》，《考古》1990年第11期。

④ 长沙市文物工作队：《长沙工农桥一号战国楚墓》，《文物》1983年第6期。

⑤ 见本书第八六篇注④所揭文。

⑥ 考古研究所安阳发掘队：《安阳隋张盛墓发掘记》，《考古》1959年第10期。

⑦ 满城出土者，见《满城汉墓发掘报告》下册，图版60。南昌出土者，见《南昌东郊西汉墓》，《考古学报》1976年第2期。灵台出土者，见《甘肃灵台发现的两座西汉墓》，《考古》1979年第2期。仪征出土者，见《江苏仪征烟袋山汉墓》，《考古学报》1987年第4期。密县出土者，见《密县后士郭汉画像石墓发掘报告》，《华夏考古》1987年第2期。

⑧ 孙机：《拍袒与影戏》，《文物天地》1987年第3期。

⑨ 华丽群：《东汉陶戏楼》，《安徽画报》1987年第1期。

⑩ 南阳市博物馆：《南阳发现东汉许阿瞿墓志画像石》，《文物》1974年第8期。

⑪ 王惠霞：《古朴浑厚的汉代艺术品——铜鸠车》，《中原文物》2002年第6期。郑州市文物考古研究所等：《河南巩义市新华小区汉墓发掘简报》，《华夏考古》2001年第4期。

⑫ 偃师商城博物馆：《河南偃师寇店发现东汉铜器窖藏》，《考古》1992年第9期。

⑬ 王子今：《汉代民间的玩具车》，《文物天地》1992年第2期。

一〇二、奴隶与刑徒遗物

　　从本书以上各篇中可以看到，汉代的物质文明已发展到相当高的程度，一般说来，各主要生产部门的技术水平在当时的世界上大都居于上游。但是在繁荣的背后，在社会的底层，在许多领域中从事劳动的奴隶和刑徒，即所谓徒隶的景况却是相当困苦的。

　　先说奴隶。自从云梦睡虎地秦简出土以后，秦代广泛使用奴隶劳动的事实，已经为研究者所普遍认识。汉代也存在着大量的官、私奴婢。官奴婢主要从事矿冶、铸钱以及各种土木工程，也有不少人"分诸苑养狗马禽兽"（《史记·平准书》）。虽有时由于官僚体制上的各种缺口，出现过"诸官奴婢十万余人，戏游亡事"的情况（《汉书·贡禹传》），引起了舆论的责难，但也正说明在统治阶级看来，这种现象是不正常的。私人奴婢有从事家内服役的，也有从事生产劳动的。这两部分人数的比例虽不易统计，但据江陵凤凰山西汉墓中的遣策所记奴婢之工种的情况推测，大约二者各占一半①。不过无论奴婢从事何种劳动，其身分都极其低下，如卫青说："人奴之生，得无笞骂即足矣"（《汉书·卫青传》）。经过新莽时期的社会大动荡，东汉初，光武帝曾七次发布解放奴婢的诏书，情况稍有变化。可是到了东汉晚期，如《昌言·理乱篇》所说："豪人之室，连栋数百，膏田满野，奴婢千群，徒附万计"（《后汉书·仲长统传》）。大庄园中仍使用大批奴隶进行生产。甚至"奴执耕稼，婢典炊爨"，被认为和"鸡主司晨，犬主吠盗，牛负重载，马涉远路"一样，是"家主之法也"（《三国志·蜀志·杨戏传》裴注引《襄阳记》）。除个别豪奴外，他们的生活状况当与王褒《僮约》中的描写有某种程度的接近。洛阳东关的一座东汉晚期墓，墓主敛以玉柙并有一具用磷钙土等特殊材料制成的"椁"，其身分或与皇族有关。但就在当时首都近郊的这座贵族墓上的夯土中，却发现了10具殉葬者的遗骸。这些骨架纵横交错，肢体蜷屈地叠压在一起，当系一次殉人的。发掘者经细心观察，没有发现骨架周围的夯土曾被打破过，故可断定他们是这座墓的殉人（图102-2、3）。虽然这时人殉已极罕见，但这对

图版102

刑徒墓地

102-1

殉葬者的骨骸

102-2

刑徒砖楬

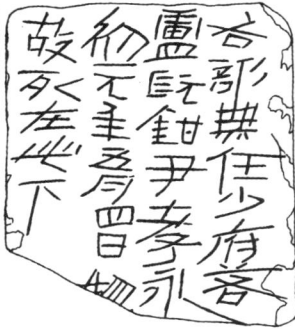

102-4

出砖楬的刑徒墓

102-5

作苦砖

102-6

掩辛砖

102-7

殉人墓纵剖面

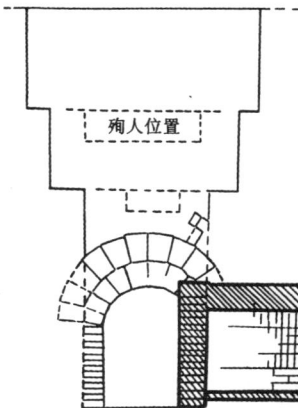

殉人位置

102-3

钳

102-8

釱

102-9

东汉时奴隶的处境，仍然是一次有力的控诉。

至于刑徒，指犯法判刑而为官府从事劳役者，他们当中既有原来的平民，也有原来的官吏。先秦时，罪犯多沦为奴隶。《左传·襄公二十三年》杜注："犯罪没为官奴。"《说文·女部》："奴，奴婢，皆古之罪人也。"据云梦秦简得知，在秦代，犯了不重的罪就可能被判处为隶臣妾，终生服劳役。罪犯如鬼薪白粲、城旦舂等，都要"衣赤衣，冒赤幨，构椟欁杜之"（《云梦秦简·司空律》）。构椟欁杜都是刑具。在出土实物中，还能见到铁制的颈钳和足钛，河北易县燕下都遗址与山西侯马乔村2号墓中均曾发现。这时戴刑具的人中既有刑徒，也有奴隶，因为直到西汉，私家的奴隶仍被髡钳。《汉书·高帝纪》："郎中田叔、孟舒等十人，自髡钳为王家奴。"又《季布传》："乃髡钳布，……之鲁朱家所卖之。"可证。私家的奴隶尚如此，国家的刑徒更不例外。1972年，在陕西泾阳县阳陵西北，发掘了一处西汉时的刑徒墓地，墓坑排列无序，葬式不一，有的墓只埋一人，也有的上下叠压五六具骨架。各墓均无棺木、随葬品及砖椁，但有好些具骨架上还戴着钳和钛。这里的钳和易县、侯马所见者不同，已在一旁加翘。钳径17—24厘米，重1150—1600克；翘长29.5—34厘米。与《晋律》所称"钳重二斤，翘长一尺五寸"者差近（《御览》卷六四四引）（图102-8）。所出之钛直径9.5厘米，重820—1100克（图102-9）。《前书音义》："钛，足钳也"（《后汉书·光武纪》李注引）。晋·张斐《汉晋律序》说，钛"状如跟衣，着左足之下，重六斤"（《史记·平准书》索隐引）。汉代刑徒之髡钳为城旦者，多加钛。但不全是钛左趾，要犯也有钛右趾的，还有的"钛左右趾"，即双足加铁镣，所判之刑就更重了。

不过随着社会的进步，残酷的刑律逐渐有所改变。汉文帝废除肉刑，并且规定了罪人的服刑期限。"髡钳城旦舂"为五岁刑；"完城旦舂"为四岁刑；"鬼薪白粲"为三岁刑；"司寇"即输作于司寇，为二岁刑；"复作"为一岁刑。对刑期的这种规定，极大地改变了服刑的性质，于豪亮称之为"中国刑法史上的重大变革"。他说："《汉书·晁错传》记载晁错在对策中称颂汉文帝说'罪人有期'，正是指此而言。在秦代，大多数罪人是无期的"[②]。同时，更由于刑徒的斗争，迫使统治者不得不采取相对让步的政策。如成帝时颍川铁官徒申屠圣、山阳铁官徒苏令等都曾领导刑徒起义。特别是西汉末的绿林、赤眉大起义中，也有一定数量的刑徒参加。在斗争浪潮的冲击下，才使东汉初出现了光武帝颁发解放奴婢诏书，明帝、章帝多次"赦天下系囚"、"郡国死罪"的作法，从而也使刑徒服刑时的待遇略有改善。尽管如此，但在安徽亳县元宝坑曹操宗族墓中的墓砖上，发现了当时被征发来"为曹侯作壁（甓）"的徒隶一类人在砖坯上信手刻写的文字，如"作壁正独苦"，"作苦心九（尤）"（图102-6）；"掩辛间，五内若伤"等③（图102-7）。他们的呼声如此凄厉，其景况不难想见。

河南偃师大郊村有一处东汉刑徒墓地，总面积约5万平方米。1964年仅挖了一个大探方和两条探沟，就发现522座刑徒墓，墓坑十分密集，排列成行（图102-1、5）。根据对遗骨的鉴定，死亡的刑徒绝大多数是青壮年男子，全部死者的脊椎骨都有明显的劳损痕迹，其中有些人且是由于暴力造成的非正常死亡。不过这里的墓中皆有木棺灰痕，且出砖刻墓碣，比西汉阳陵刑徒墓的情况稍好一点。因为刑徒死后可以归葬，故埋入砖碣以便于迁葬时识别。《汉书·尹赏传》说，当时将处死者的尸体"瘗寺门桓东，碣著其姓名。百日后，乃令死者家各自发取其尸"。尹赏所用之碣系埋于地下抑椓于地上虽不甚明确，但其用意和这里的砖碣是一样的。砖碣的刻文有繁有简，其较完备的格式则刻出死者的部属、任否、狱名或原属之狱所、刑名、姓名、死亡日期等项，应与当时登记刑徒服刑事项的簿籍的内容略同。如"右部、无任、少府若卢、髡钳、尹孝，永初元年五月四日物故，死在此下"（图102-4），"右部、无任、江夏鄂、完城旦、谢郎，永初元年七月一日物故，死在此下"等。砖碣上的部属除右部外还有左部，吴荣曾认为是指刑徒役作所属的左右作部。此左右作部应由将作大匠所属的左右校掌管④。"无任"一项有的砖上作"五任"。《周礼·大司徒》："五家为比，使之相保。"郑注："保犹任也。"《居延汉简释文》（页169）："终古隧卒东郡临邑高平里召胜字海翁，贳卖九稷布三匹，……任者同里徐广君。"此"任者"亦是保人之意。故砖碣上的"无任"即无人作保，这样的役徒服刑时要戴刑具。《隋书·刑法志》说梁武帝"锐意儒雅，疏简刑法"，是时"徒居作者具五任，其无任者，着斗械"。《通鉴》叙此事于大同十一年（卷一五九），胡三省注："任，谓其人巧力所任也。"按此注全误，视《刑法志》谓"无保者钳之"自明。"五任"即有五名保人，这样的刑徒不太敢于逃跑，故可不戴刑具⑤。则梁武之法实沿袭汉制，不足以言疏简。"少府若卢"和"江夏鄂"指该刑徒之所自来的监狱，江夏鄂指江夏郡鄂县狱，少府若卢指少府所辖若卢狱；后者是专门鞫治官吏的狱所。"髡钳"指剪去长发，颈部加钳。因为自汉文帝时已废除黥劓，所以髡钳是对重犯的处置，死刑减轻一等，有时便成为髡钳城旦。"完城旦"，据《后汉书·明帝纪》李注，是"不加髡钳而筑城也"。但即使是髡钳的刑徒，入葬时也解去其钳，在这片墓地的骨骸上未发现仍戴刑具者。"死（尸）在此下"则是刑徒砖碣上的常用语，表示暂时寄厝，以俟家属正式迁葬。起骨后的空墓坑，在这片墓地中也发现过⑥。但多数已故刑徒的家属无力迁葬，所以他们就长眠在这片寄厝的墓地中了。

汉代的刑徒一般在服刑期满之后即被释放，有些人还可以重新出任官吏。《汉书·贡禹传》说："髡钳者犹复攘臂为政于世。"即指此种情况而言。陈直认为："汉代奴婢与徒隶性质不同，奴婢遇赦，始可为庶人。徒之刑期既满，仍可为达官，如韩安国起自徒中，马融、蔡邕、王凌等人皆是也"[⑦]。其说是。

注释

① 俞伟超：《先秦两汉考古学论集·古史分期问题的考古学观察》第14页。

② 于豪亮：《于豪亮学术文存·从云梦秦简看西汉对法律的改革》，中华书局，1985年。

③ 亳县博物馆：《安徽亳县发现一批汉代字砖和石刻》，《文物资料丛刊》第2集，1978年。"作苦"与"心疚（九）"皆古时恒语。《汉书·杨恽传》："田家作苦。"九、宄都是幽部字，宄又作疚（《诗·大雅·云汉》释文），《诗·采薇》："忧心孔疚。"

④ 吴荣曾：《汉刑徒砖志杂释》，《考古》1977年第3期。

⑤ 《于豪亮学术文存·居延汉简校释》。

⑥ 《东汉洛阳城南郊的刑徒墓地》（《考古》1972年第4期）谓："刑徒被埋葬以后，他们的墓被保存的时间是很短的，过不了几年，有的就被重新挖掘出来，另葬新死的刑徒。"按此说忽视了迁葬的因素，故不全面。

⑦ 《汉书新证》第382页。

一〇三、宗教迷信物品

汉代的宗教信仰极为驳杂。这时国家立祠奉祀天地日月、名山大川等。郡县一般均立灵星祠，祀农神后稷。但若干列国时的神祇也仍被保留下来，如《史记·封禅书》说："长安置祠祝官、女巫。其梁巫，祠天、地、天社、天水、房中、堂上之属；晋巫，祠五帝、东君、云中君、司命、巫社、巫祠、族人、先炊之属；秦巫，祠社主、巫保、族累之属；荆巫，祠堂下、巫先、司命、施糜之属；九天巫（即胡巫），祠九天。皆以岁时祠宫中。"同时，社会上还有讲服食求仙的方士，讲德运图谶的儒生。另外，民间并有一套对幽冥世界的信仰，认为阴间归"泰山府君"、"丘丞墓伯"等组成的冥府统治。以上各种宗教迷信互相容纳、互相渗透，共同织成了一面对人民的正常理智起禁锢作用的大网。到了东汉末年，西方传来的佛教又逐渐发挥作用，而传统的神仙巫鬼则大部被吸收到这时开始形成的道教之中。

汉代之最高的天神为"太一"。太一本是楚国的主神，因西汉开国君臣多楚人，太一遂成为汉代最尊贵的天神。太一之佐为五帝。五帝为五德的代表，其相生相胜，在当时被认为关系到国运之隆替，自然备受重视。可是除了在规矩镜中看到关于它们的一点折射的影子外（详见本书第六九篇），未发现过正面表现五帝的实物。用于礼拜的神像，保存至今的似只有"司命"一例。这是在山东济宁的文物普查中发现的一尊石像，作伟男子状，右手持盛簿书的书囊，左手抱一幼儿[①]（图103-2）。按《庄子·至乐篇》说："使司命复生子形，为子骨肉肌肤，反子父母妻子闾里知识，子欲之乎？"则司命主人之生死。也就是《春秋佐助期》所谓司命神"通于命运期度"之意（《后汉书·张衡传》章怀注引），故手持簿籍。而于《楚辞·九歌》中，司命分为大司命与少司命。《尔雅翼》卷二说："少司命主人子孙。"大司命与少司命在汉代实际上已合二而一，视《封禅书》记晋巫与荆巫皆祠司命却不分大或少，便可证明。故司命亦怀抱幼儿如后世"送子"之神之状。先秦时，对司命的崇祀已相当普遍，它已成为"居人之间"的"小神"（《礼记·祭法》郑注）。及至东汉，更如《风俗通义》卷八所说："今民间独祀司命耳，刻木长尺二寸为人像，行者担箧中，居者别作小屋。齐地大尊重之，汝南诸郡亦多有。"此司命石像发现于济宁，适在东汉齐国与汝南郡两地中间，可印证其说。

除司命外，汉代人又信仰西王母。西王母见于《山海经》与《穆天子传》，《史记·赵世家》也说："缪王使造父御，西巡狩，见西王母，乐之忘归。"可见关于西王母的传说极为悠古。近人或以为周穆王会见西王母确有其事，其实谯周已不信此说（《史记·赵世家》索隐）。西王母的住处，古文献中或以为在叙利亚（《史记·大宛列传》"安息长老传闻条支有弱水、西王母"），或以为在今青海湟源附近（《汉书·地理志》金城郡临羌县条，《论衡·恢国篇》），或以为在今甘肃酒泉附近（《史记·秦本纪》正义引《十六国春秋》）。诸说相去太远，无法调和，反而证明它本来就是神话。但神话中的西王母在汉代却曾引起社会骚动。如《汉书·哀帝纪》说：建平四年（前3年）"关东民传行西王母筹，经历郡国，西入关至京师。民又会聚祠西王母"。《汉书·五行志》则说当时"京师郡国民聚会里巷阡陌，设祭，张博具，歌舞，祠西王母"。可以想见其状况。所以在铜镜、画像石及画像砖上都能见到西王母像。兹以成都扬子山2号东汉墓所出画像砖为例：砖为方形，西王母居中坐于龙虎座上，其周围有三足乌、九尾狐、蟾蜍及持芝草的白兔（图103-1）。据传芝草是服之长生的仙药。张衡《思玄赋》："聘王母于银台兮，羞玉芝以疗饥。"也提到此物。西王母的不死之药是很著名的。《淮南子·览冥》说："羿请不死之药于西王母"（张衡《灵宪》亦载此事，见《续汉书·天文志》刘注）。但这种药本是秦汉方士所标榜的东西。秦始皇曾使徐市等入海求不死之药，汉武帝亦遣人入海求蓬莱、安期生之属。秦皇、汉武均惑于此说，可见当时的方士、神仙家之流在社会上的影响很大。吃了不死药就成为仙人，仙人亦即羽人。《楚辞·远游》："仍羽人于丹丘兮，留不死之旧乡。"王注："《山海经》言有羽人之国，不死之民。或曰人得道，身生毛羽也。"《论衡·无形篇》也说："图仙人之形，体生毛，臂变为翼。"羽人的形象在汉代铜器与石刻中经常出现，而以西安汉城出土的铜羽人像为最具体（图103-3）。此像不仅在膊后生羽，耳朵还特别大，它不向下垂而向上耸，且高出于头顶。我国古代重视上耸的大耳。甲文圣（聖）字作𦔻（存1.1376），突出地表现人的耳朵。《风俗通义》："圣者，声也，言闻声知情。"老子名聃，聃训"耳曼也"（《说文·耳部》），段注："曼者，引也。耳曼者，耳如引之而大也。"此处所说引耳，指向上提引。《山海经·海外北经》所记"聂耳之国"，"为人两手聂（摄）其耳，县（悬）居海水中"，盖如是始得闻声知情之便，同时这也是汉代仙人面型的一项特征。汉诗《长歌行》："仙人骑白鹿，发短耳何长！"《抱朴子·论仙

图版103

西王母

103-1

司命

103-2

羽人

103-3

镇墓俑

103-4

解殃瓶

103-5

五管瓶
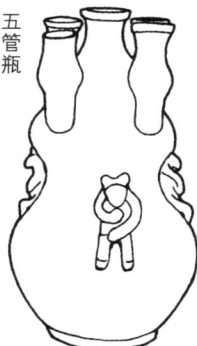
103-6

解注瓶
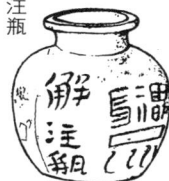
103-7

占栻
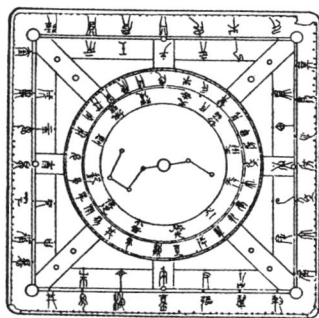
103-8

钱树
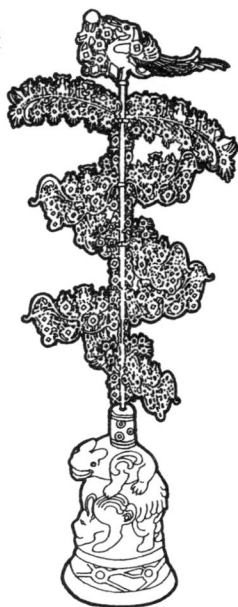
103-16

刚卯
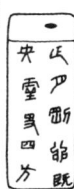
103-9

严卯

103-10

铅人

103-11

黄神印
103-12

符箓

地券

系臂辟邪

103-14

辟兵符

103-15

镇墓兽
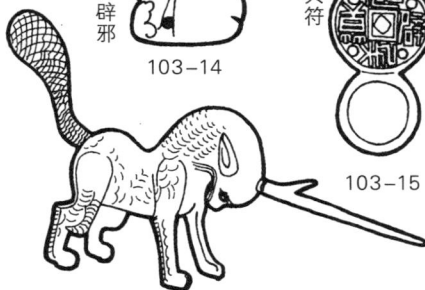
103-17

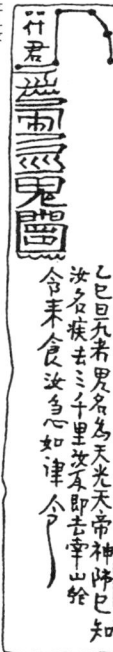
103-18

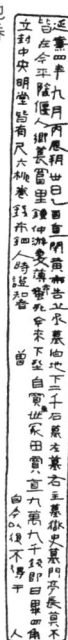
103-19

103-13

篇》："邛疏之双耳，出乎头巅。"《拾遗记》卷三："有黄发老叟五人，或乘鸿鹤，或衣羽毛，耳出于顶。"可证。

当然，饵药成仙之说本属虚诞，在帝王面前玩弄这套骗术更带有相当大的冒险性。因而至东汉时，求不死药的闹剧渐趋消匿，方士巫觋之流转而在死人的地下世界里打主意，造出各种"符劾厌胜之具"。所以东汉墓中的迷信物品明显增多，如解谪瓶、铅人、钱树、镇墓券、符箓、镇墓俑、镇墓兽等物纷纷出现。

解谪瓶是以朱、墨书解谪文的陶瓶，解谪即解除罪谪之意。其铭文中常自称可以"镇安冢墓"，"为死者解适（谪），生人除罪过"。也有的说"为葬者""镇解诸咎殃"，"欲令祸殃不行"[②]，故亦名解殃瓶（图103-5）。还有自称为"解注瓶"的。1954年洛阳西郊东汉遗址中出土的W. W. T16：01号瓶，上书"解注瓶，百解在，如律令"（图103-7）。注是一种传染病。《神农本草经》卷上："石龙刍，味苦微寒，主风湿鬼、注鬼。"《释名·释疾病》："注病，一人死，一人复得，气相灌注也。"进而，疾病互相传染也叫注。《抱朴子·仙药篇》："上党有赵瞿者，病癞历年，众治之不愈，垂死。或云：'不及活流弃之，后子孙转相注易。'"《幽明录》："三人悉见患，更相注连，凶祸不已"（《太平广记》卷三二〇引）。均是其例。这套除灾的法术本与逐疫有关。王充说："解除之法，缘古逐疫之礼也"（《论衡·解除篇》）。疾疫流行时死丧相继，故出现标明"解注"之瓶。也有的径称为"神瓶"，如西安雁塔路出土的初平四年（193年）王氏瓶[③]。这是由于法术的主持者托名"天帝神师使者"之故。这当中最受推崇的是"天帝神师黄越章"。越章主杀鬼。北周·甄鸾《笑道论》说："越章杀鬼，朱章杀人。"河南陕县刘家渠2号东汉墓出土的此类陶器上，即大书"黄神越章"字样。在传世汉印中，也有不少神师之印，印文作"天帝使者"、"黄神之印"、"黄神越章天帝神之印"等[④]（图103-12、13）。江苏高邮邵家沟东汉遗址中一绘有符箓的木牍与"天帝使者"封泥伴出，显然是巫师作法后遗留之物[⑤]（图103-18）。

解谪瓶上的文字大都用朱色书写，即所谓丹书。其用墨书者，或系遵循若干镇墓文中提出的"青黑漆书之"的要求。其出土地点多在洛阳、陕县、灵宝、潼关、西安、宝鸡一线，最远的及于甘肃敦煌。东部的洛阳多用小口、短身、平底之钲，西部的宝鸡多用小口长腹瓶，中间地带所出者器形亦随此趋势而逐渐变化。解谪瓶在其他地区较少见。但在浙江上虞凤山东汉烧原始瓷的瓷窑中已出土原始瓷的五联罐，造型较简单。以后在上虞永初三年（109年）、奉化熹平四年（175年）等东汉墓中另出土一类五管瓶，瓶上部附有四个对称的小瓶，且常在腹壁堆塑出鸟兽、人物（图103-6）。至吴末、西晋时，这种瓶上的堆塑愈益复杂。出土时其中常有粮食残迹，上海博物馆所藏江苏吴县出土的这类瓶上刻铭"造此廪"，径视之为廪。又据《颜氏家训·终制篇》说："粮罂明器，故不得营。"则此物实名粮罂。南京狮子山西晋墓出土的一件粮罂，上部四周也贴附着四个小瓶，唯当中的大瓶顶部已改易为屋顶状，其造型显然与五联罐密切相关，而其产生的渊源则可追溯至解谪瓶。但解谪瓶内放铜钱、小块汉白玉与铅人，与放粮食的粮罂不同[⑥]，可见南北巫师所施之法术小有分别。

铅人在河南灵宝张湾5号、陕县刘家渠88号、陕西长安三里村、江苏睢宁刘楼等东汉墓中均曾出土[⑦]（图103-11）。根据瓶上的解谪文中所说："谨以铅人、金玉，为死者解谪"，"铅人持代死人"，"铅人池池，能舂能炊，上车能御，把笔能书"，则铅人是代替死者本人在冥间服役的，是解谪法术中所用之物，与一般代表奴婢的俑不同。又解谪文中将"铅人"与"金玉"并列，则瓶中的铜钱和汉白玉块就代表金玉了。死者可以用它贿买地下冥官，从而"自食地下租，岁二千万"，"令后曾（增）财益口"[⑧]。营葬者的这种愿望，在西南各地东汉后期墓中出土的"钱树"上也有所反映。钱树由陶座和铜铸的树身组成。树上铸出钱形及西王母、车马、猿猴等。陶座常作山峦形，有的且塑出西王母、怪兽、持竿打树上之钱的人和把钱挑走的人。其祈福求财的心理，被表现得淋漓尽致。出土时，钱树多已残断，成形者只有云南昭通桂家院子、陕西勉县红庙、城固一中，四川彭山双江、绵阳何家山等地的东汉墓中出土的数例[⑨]。彭山出土的那一座最为完整（图103-16）。绵阳出土的通高198厘米，最为高大。

与解谪文格调相近的镇墓文，则刻或写在镇墓券上。它的前身是买地券。早期的买地券，如建初六年（81年）武孟子男靡婴买地玉券，其中没有迷信用语，看起来像是真正的土地买卖文书，但实际上仍是为了在冥间作墓地之凭证用的。再发展一步，它的迷信物品的面貌就更加清楚了。如延熹四年（161年）钟仲游妻买地铅券称："延熹四年九月丙辰朔卅日乙酉直闭，黄帝告丘丞墓伯、地下二千石、墓左墓右、主墓狱史、墓门亭长，莫不皆在。今平阴偃人乡苌富里钟仲游妻薄命蚤死，今来下葬。自买万世冢田，贾直九万九千，钱即日毕。四角立封，中央明堂，皆有尺六桃卷（券）、钱布、䤵（铅）人。时证知者先□曾王父母□□□氏知也。自今以后，不得干□生人。有天帝教如律令"（图103-19）。它虽然是已知之镇墓券中最早的一例，但就字面而论，已与实用的土地文书判然有别。买地券和镇墓券既表明墓主拥有冢地的主权，不受怨鬼侵扰。同时也告诫墓主，已入土为安，不得再干犯生人。因为汉代认为鬼能害人，如《论衡·论死篇》说："世谓死人为鬼，有知，能害人。"故特予标出。这和咸阳窑店出土的解谪瓶上所书"生人有乡，死人有墓"，"死生异路，毋复相干"的用意相同[⑩]。而且，无论镇墓券或解谪瓶，还都有附以符箓的。如《贞松堂集古遗文》卷一五所收元嘉元年（151年）铅券、西北大学藏初平元年（190年）解谪瓶，以及上文所举洛阳西郊出土的解注瓶，均在文后附符。画符出现于东汉末年。《后汉书·方术传》说："河南有麴圣卿，善为丹书符，劾厌杀鬼神而使命之。"其符当与以上诸例相近。后来葛洪在《抱朴子》中收录的符，有的仍与这些符类似。此外，东汉墓中也出现了镇墓俑（图103-4）和镇墓兽（图103-17）。

　　迷信物品除用于随葬外，有些可以在平时佩带。如各地东汉墓中经常出土带孔的琥珀小兽（图103-14），与《急就篇》"系臂琅玕虎魄龙"，"射魃辟邪除群凶"之句相对照，就会发现这些小兽实为简化了的辟邪，其材质为琥珀，又有孔可系，故应是系臂之物。颜师古又于"射魃"句下注："一曰射魃谓玉刚卯也。"刚卯也是辟邪的佩饰，此物常以两枚为一组，一枚名刚卯，另一枚名严卯，西汉时已经流行。《汉书·王莽传》颜注引服虔曰："刚卯，以正月卯日作，……或用玉，或用金，或用桃，着革带佩之。今有玉在者，铭其一面，曰'正月刚卯'"⑪。又晋灼曰："刚卯长一寸，广五分，四方。当中央从穿作孔，以彩丝茸其底，如冠缨头蕤。刻其上面，作两行书。文曰：'正月刚卯既央，灵殳四方，赤青白黄，四色是当。帝令祝融，以教夔龙，庶疫刚瘅，莫我敢当。'其一铭曰：'疾日严卯，帝令夔化，顺尔固伏，化兹灵殳。既正既直，既觚既方，庶疫刚瘅，莫我敢当。'"安徽亳县凤凰台1号东汉墓出土一对玉刚卯和玉严卯，各长2.2厘米，一厘米见方，刻文与晋灼所记大致相合（图103-9、10）。在居延出土的两枚木刚卯，其上之墨书文字相同，与晋灼所记更为接近（446.17，530.9），唯不知其材质是桃木否？又汉墓中还常出一种铸出"辟兵莫当，除凶去央"的圆形铜佩饰（图103-15）。它常被认作压胜钱，其实是当时的"辟兵符"。《三国志·魏志·董卓传》裴注引《魏书》："（牛）辅惶怯失守，不能自安。常把辟兵符，以铁锁致其旁，欲以自强。"牛辅所持以壮胆者，应即此物。

　　最后，再对汉代的占栻略作介绍。这时的占栻主要是六壬式，实物曾在安徽阜阳西汉汝阴侯墓、乐浪西汉彩箧冢、武威磨嘴子62号新莽墓、乐浪东汉王盱墓出土（图103-8）。类似太一式之栻盘只在汝阴侯墓中一见，其意义尚难完全明了。六壬式由天刚盘、地盘两部分组成。图形安排不尽一致。一般在天刚盘当中有北斗七星，周围列十二月将。天刚盘置于地盘当中的天池内，可旋转。地盘自内向外列铭文三层。一层为八天干，二层十二地支，三层二十八宿。四维为天、地、人、鬼四门。使用时，先将天地盘摆正，再旋动天盘，将求占之日所属的月将对准地盘上求占之时的辰，这样就可以算得六壬式中的四课与三传，从而推定占日的吉凶⑫。此物纯属迷信物品，或视之为天文仪器，那是没有道理的。

注释

① 孙作云：《汉代司命神像的发现》，《光明日报》1963年12月4日。

②⑧ 所引解谪文见《灵宝张湾汉墓》，《文物》1975年第11期；《宝鸡市铲车厂汉墓》，《文物》1981年第3期；《由王谢墓志的出土论到兰亭序的真伪》，《文物》1965年第6期。

③ 唐金裕：《汉初平四年王氏朱书陶瓶》，《文物》1980年第1期。

④ 《金索》卷五；《十钟山房印举》之二，《故宫博物馆藏古玺印选》319；《印章概述》第66页。

⑤ 江苏省文物管理委员会：《江苏高邮邵家沟汉代遗址的清理》，《考古》1960年第10期。

⑥ 见注②1、2所揭文。

⑦ 灵宝出土者，见注②1所揭文。陕县所出者，见《河南陕县刘家渠汉墓》，《考古学报》1965年第1期。长安出土者，见《长安县三里村东汉墓葬发掘简报》，《文物参考资料》1958年第7期。睢宁出土者，见《江苏睢宁县刘楼东汉墓清理简报》，《文物资料丛刊》第4集，1981年。

⑨ 昭通出土者，见《云南昭通桂家院子东汉墓发掘》，《考古》1962年第8期。勉县出土者，见《陕西勉县红庙东汉墓清理简报》，《考古与文物》1983年第4期。城固出土者，见《城固出土的汉代桃都》《文博》1987年第6期。彭山出土者，见《东汉铜枝陶座摇钱树》，《人民中国》1980年第12期。绵阳出土者，见《中国文物精华·1997》第82图，文物出版社，1997年。

⑩ 吴天颖：《汉代买地券考》，《考古学报》1982年第1期。刘卫鹏、李朝阳：《咸阳窑店出土的东汉朱书陶瓶》，《文物》2004年第2期。

⑪ 服虔所说铭一面之刚卯，出土物中未见。但宋·马永卿《嬾真子》说："于士人王君邲家见一物似玉，长短广狭，正如中指。上有四字，非篆非隶，上二字乃'正月'字也，下二字不可认。问之君求云，前汉刚卯字也。汉人以正月卯日作，佩之。铭其一面曰'正月刚卯'。"可证服说。参看劳幹：《居延汉简考证》，载《历史语言研究所集刊》第30本上册，1959年。

⑫ 严敦杰：《式盘综述》，《考古学报》1985年第4期。

一〇四、敛具

　　汉代统治阶级讲究养生送死、慎终追远，丧事办得很隆重。死后须将遗体入殓。《后汉书·赵咨传》李注："敛，以衣服敛尸也。"根据《仪礼·士丧礼》、《礼记·丧大记》等处之说，衣尸为小敛，以尸入棺为大敛。小敛时先要着衣、覆面、设握、结趾，然后在外面以衾包裹，以绞结扎。但在已发掘的汉墓中，纺织品多朽失无存，实例很少，故不具论。可是由于汉代人相信"金玉在九窍，则死人为之不朽"之类说法（《抱朴子·对俗篇》），所以大型汉墓常出葬玉。其种类有九窍塞、玉琀和玉握。耳、目、口、鼻为七窍，再加阴部和肛门共九窍，各置玉塞或玉盖（图104-1~3）。规模小一些的墓葬中不出九窍塞，但也在骨骸的口中出玉琀。玉琀的形状不一，而以作蝉形者为最常见（图104-4）。洛阳中州路816号西周中期墓已出蝉形琀，此制为汉代所沿袭。《汉书·杨王孙传》说："口含玉石，欲化不得，郁为枯腊。"可见用玉琀意在不朽，恐非着眼于蝉之象征变形和复活。至于死者手中的握，按照《仪礼·士丧礼》的说法，是用玄表纁里的纺织品制作的。江陵马山1号楚墓的死者手中握长条形绢团，长沙马王堆1号西汉墓的死者手中握香囊，大体上仍遵循古制。满城1、2号西汉中期墓的死者手中握璜形玉器，其作法已与前不同。东汉时则多握玉豚（图104-5）。

　　但用玉量最大的则为玉柙，又名玉匣，是汉代的皇帝和高级贵族所特用的殓具。它是将玉片用金属丝缀合而成。据《续汉书·礼仪志》说，依身分之不同，所用金属丝有金缕、银缕、铜缕三种。这三种玉柙的实例在西汉和东汉的出土物中均曾发现。已知之时代最早的应推江苏徐州北洞山楚夷王刘郢客（死于文帝前六年，公元前174年）墓中所出者。这里的玉柙片多数呈委角"凸"字形，并伴出零星金缕（图104-10）。但由于此墓经多次盗扰，玉柙已不能复原，具体形制不详。完整的玉柙最早见于满城1、2号西汉墓。以1号墓所出者为例，其玉柙共用玉片2498片，多数为长方形，也有方形、梯形、三角形和多边形的，缀成后外观和人体的形状相似（图104-8）。满城玉柙之玉片表面平素，但河北邢台西汉南曲炀侯刘迁墓和山东五莲西汉东昌侯

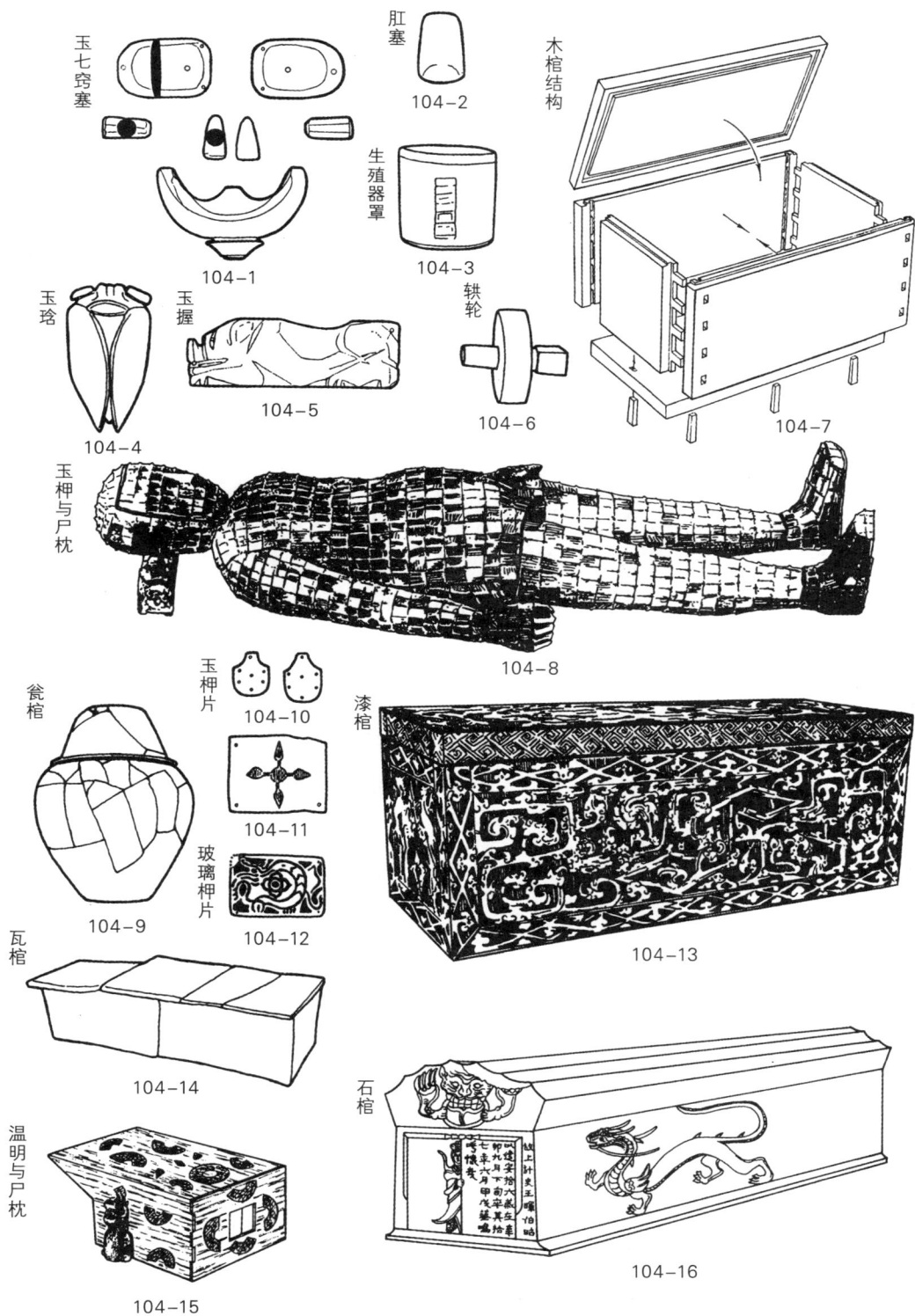

图版104

玉七窍塞

肛塞

104-2

木棺结构

生殖器罩

104-3

104-1

玉玲

玉握

104-4

104-5

辋轮

104-6

104-7

玉柙与尸枕

104-8

瓮棺

玉柙片

104-10

漆棺

104-11

玻璃柙片

104-9

104-12

104-13

瓦棺

104-14

石棺

温明与尸枕

104-16

104-15

刘祖墓出土的玉柙片中，有的雕刻柿蒂纹或云纹，并镶饰金丝或金叶（图104-11）。江苏扬州甘泉山西汉晚期墓所出代替玉片的玻璃柙片，有的还模印出龙纹（图104-12）。从而可知《西京杂记》称汉武帝的玉柙"镂为蛟龙鸾凤龟麟之象，世谓为蛟龙玉匣"者，应不尽子虚。

玉柙其实是玉柙棺即玉椑棺的缩略语。椑乃棺具。《礼记·檀弓上》："君即位而为椑，岁一漆之，藏焉。"郑玄注："椑谓杝棺（椴木做的棺），亲尸者。"椑与柙音义相同。《说文》说椑字为"卑声"，又说卑字为"甲声"，证明椑读甲。《说文》还说："栌榯，椑指也。"晋·吕忱《字林》则作"栌榯，柙其指也"（《玄应音义》卷一二引）。《世说新语·捷悟》说曹操认为竹片可做"竹椑楯"。余嘉锡笺疏："椑，唐本作柙。"均可证椑、柙相通[1]。玉柙就是椑棺的一种，只不过大贵族踵事增华，将用椴木改为用玉片。此物为内棺，在汉墓所见的葬具中也可以得到证明。以满城1号汉墓为例，发掘报告推定其玉柙（报告称为玉衣）外只有一棺一椁。但墓主人刘胜是诸侯王，以他的身分断无只用单棺单椁之理。《礼记·檀弓》《丧大记》都说诸侯用三棺。据单先进《西汉"黄肠题凑"葬制初探》（载《中国考古学会第三次年会论文集》）的统计，西汉诸侯王墓多用三层棺。河北平山中山王墓出土的《兆域图》说，夫人的"椑棺、中棺视哀后"，故椑棺之外为中棺。满城报告所称一棺一椁，实乃刘胜的中棺与外棺。玉衣则与棺无关，别是一物。《东观汉记·耿秉传》载，朝廷赐他"朱棺、玉衣"，《后汉书》所记并同。这里的"朱棺、玉衣"与《后汉书·邓骘传》之赏赐"锦衣、玉匣"、《梁竦传》之赏赐"玉柙、衣衾"的提法相类，都把衣与棺或匣分别立项。玉衣又称"珠玉之衣"（《汉书·外戚·定陶丁姬传》）或"璧珠玑玉衣"（《汉书·霍光传》），是衣上缀珠玉。故又称"珠襦"，《霍光传》就说："太后被珠襦，盛服坐武帐中。"古文献中有时将珠襦和玉匣并列。《史记·齐太公世家》正义引《括地志》说，有人掘齐桓公墓，得"珠襦、玉匣"。《三国志·魏书·文帝纪》载其终制云"无施珠襦、玉匣"。可见"衣"自衣，"匣"（柙）自匣。玉衣即珠襦，是"盛服"，玉柙则是"亲尸之棺"。后者虽粗具人形，但全然不同于衣服的剪裁式样，古代哪里有将人从头到脚整体密封起来的衣服？何况在满城汉墓刘胜与窦绾的玉柙中，虽然尸骨已朽，但仍能看出纺织品的痕迹，特别在墓主腰间均发现玉带钩[2]。施钩之革带应束于衣外，说明他们入棺前殓服已穿着齐备。故玉柙不是衣，"玉衣"这一名称似不宜再与玉柙相混淆。

皇帝和高级贵族不仅用玉柙殓尸，其外层的棺具也特别讲究。皇帝之棺是由少府下属"主作陵内器物"的东园署制作的。我国古代或称棺为器。《史记·伍子胥列传》："必树吾墓上以梓，令可以为器。"正义："器谓棺也。"称棺为器的说法至魏晋南北朝时犹然。甘肃武威旱滩坡19号晋墓出土的衣物疏中记有"故黄柏器一口"，即柏木棺一具[③]。王羲之书札中有"市器俱不合用"之语（《法书要录》卷一〇），其所谓器，即指"棺器"（见《晋书·杜预传》，《南齐书·豫章王嶷传》）。臣庶之棺除称棺器外，亦称凶器（《抱朴子·内篇·道意》）。东园署所制之棺则称秘器。《后汉书·袁逢传》章怀注："秘器，棺也。"由于它用梓木制作，故亦名梓器（《后汉书·胡广传》又《戴凭传》）、梓棺（《后汉书·蔡茂传》）或梓宫（《汉书·霍光传》）。由于是东园署所制，故又名东园秘器。有的著作认为东园署制作的器物皆称东园秘器，这样就把秘器的范围扩大了，不确[④]。东园秘器之制见《续汉书·礼仪志》，那里说皇帝死后"东园匠、考工令奏东园秘器：表里洞赤，虡文，画日、月、鸟、龟、龙、虎、连璧、偃月，牙桧梓宫如故事"。至于诸侯王、公主、贵人则用"樟棺：洞朱，云气画"，形制下皇帝一等。所谓虡文，相当于现代通称的云气禽兽纹，构图大体上应与长沙马王堆1号墓及长沙砂子塘西汉墓所出彩绘漆棺的纹饰接近[⑤]（图104-13）。东园秘器并可以赏赐亲贵，在《汉书·董贤传》、《后汉书·和熹邓皇后纪》及《冯勤传》、《刘恺传》、《杨赐传》、《盖勋传》、《单超传》等处，都记有这类事例。

和东园秘器配套的还有温明，亦称东园温明。《汉书·霍光传》颜注引服虔曰："东园处此器，形如方漆桶，开一面，漆画之，以镜置其中，以悬尸上，大敛并盖之。"温明在江苏扬州汉墓中多次发现，七里甸西汉墓及东风砖瓦厂3、5、6、9号、平山养殖场6号等新莽墓中均曾出土[⑥]。此物或称漆面罩，有素面的，也有彩绘的。山东青岛土山屯147号西汉墓所出镶琉璃片的这类面罩，同墓的衣物疏中称之为"玉温明"。证实了这才是其古代的称谓[⑦]。特别是平山养殖场1号西汉晚期墓中出土者，位于死者头部，呈方形，盝顶，前面敞开。两侧壁垂直，有马蹄形孔，后壁有长方形孔。顶部中心与两侧的孔上各粘附铜镜一面。其形制与服虔说正合。以前出土的漆面罩，其实当中也多粘附铜镜，唯多已脱落，且因面罩漂移而位置错动，发掘报告遂把它们看作是互不相关的两组器物，实际上本应组合成一整体。再如安徽天长三角圩、江苏泗阳贾家墩等西汉墓所出漆面罩上也嵌铜镜，均与服虔说相符；故面罩即温明，乃无可置疑[⑧]。镜有辟邪的作用。《抱朴子·登涉》称："明镜径九寸已上，悬于背后，则老魅不敢近人。"温明嵌镜，当亦是此意。连云港尹湾与山西阳高古城堡西汉墓所出之温明，且嵌以玉璧，琉璃饰片等物，更显得华贵[⑨]。古城堡所出者并从其左右侧之马蹄形孔中伸出温明内所置尸枕两端的兽头，样子很可怖（图104-15）。故《风俗通》称之为"魌头"（《御览》卷五五二引）。从而可知温明上的马蹄形孔原来是为容纳尸枕两端而预留的位置。

一般富民虽然用不上东园秘器等特别高贵的殓具，但制棺时也"各取方土所出，胶漆所致，钉细要，削除铲靡，不见际会。其坚足恃，其用足任"（《潜夫论·浮侈篇》）。京师贵戚之棺，甚至"重且万斤"，所以下葬时或在棺下置带轮的辁。满城1号墓棺木遗存下部出土铜辁轮四件，轮径14.6厘米，中贯圆铜轴。江苏邗江郭庄西汉墓棺下四角亦出土四件贯铜轴之辁轮，轮径6.8厘米（图104-6）。《仪礼·士丧礼》："升棺用轴。"郑注："轴，辁轴也。辁状如床，轴其轮，挽而行。"辁轮很小而且无辐，应即《说文·车部》所载名"辁"的无辐之"庳轮"。

战国时，在个别墓葬中已出铁棺钉，但直到西汉时，讲究的棺木仍不用棺钉。《释名·释丧制》："古者棺不钉也。旁际曰小要，其要约小也。又谓之衽。衽，任也；任制际会使不解也。"《江淹集·铜剑赞》："往古之事，棺皆不用钉，悉用细腰。"长沙马王堆1号墓之棺，甚至连细腰也不用，其头挡和足挡与棺侧壁是以半肩透榫接合的。棺盖板与棺体是以凹槽和凸边扣合的。棺底板则以木栓与四壁相接合（图104-7）。这样可以使棺外部尽量做到平整光洁。安徽天长西汉晚期至东汉早期墓中之棺，棺盖板与棺体扣合处之凹凸的槽口增为三道，且在棺盖、棺体接缝处楔入细腰[10]。但在《续汉书·礼仪志》中说东汉时皇帝之棺要"下钉衽"，将棺钉与细腰并举，二者似同时兼用。一般棺木则"牢以钉密"（《后汉书·张奂传》）。洛阳烧沟汉墓从东汉早期开始，已普遍使用棺钉。

除木棺外，汉代也有石棺，且往往雕刻画像。这种石棺多发现于成都平原和嘉陵江流域一带（图104-16）。贫民或用瓦棺（图104-14）。达人示俭，偶亦用之（《后汉书·王堂传》）。四川成都、双流、乐山、宜宾等地的崖墓中，除石棺外，多用瓦棺。儿童常用瓮棺（图104-9）。极寒苦之人以席卷尸委弃沟壑，此物虽然也算敛具，但与前面说的各类均莫能相提并论了。

注释

① 参看孙机《江陵凤凰山汉墓简文中的"大柙"》，《文物》1986年第11期。

② 中国社会科学院考古研究所、河北省文物管理处：《满城汉墓发掘报告》，卷上，第37、245页，文物出版社，1980年。

③ 李均明、何双全：《散见简牍合辑》第27页，文物出版社，1990年。

④ 安作璋、熊铁基：《秦汉官制史稿》上册，第193页，齐鲁书社，1984年。

⑤ 马王堆出土者，见《长沙马王堆一号汉墓》。砂子塘出土者，见《长沙砂子塘西汉墓发掘简报》，《文物》1963年第2期。《续汉书·礼仪志》中的“虡文”，在同书《舆服志》中作“欉文”。《古今注》卷上说，汉成帝顾成庙“槐树悉为扶老拘栏，画飞云、龙、角虚于其上”。按《说文》虡通虞，“虡，钟鼓之柎也，饰为猛兽”。由于钟鼓架的底座常饰以猛兽形，从而虡遂变成这种猛兽的专名。张衡《西京赋》“洪钟万钧，猛虡趪趪，负笋业而余怒，乃奋翅而腾骧”句中虡字的用法就是如此。所以颜师古在《汉书·郊祀志》的注文中便说：“虡，神兽名也。”虡与飞云相搭配，构成的图案正是现代通称之云气禽兽纹。虡文又作苣文（《旧唐书·舆服志》说玉辂“画簴文”，《新唐书·车服志》作“画苣文”），苣亦作矩。虡、欉、虚、苣、矩，皆音近而相假。《水经注·瀑水》说郧城东门石桥柱“柱侧悉镂云矩”。同书《涡水》说曹嵩冢之石阙“榱栌及柱，皆雕云矩”，都是指这种纹饰。后人或不解其意，如《水经注》赵一清校本改“云矩”为“云烟”。王先谦本则改作“云炬”。“云炬”不词，“云烟”更属臆度。

⑥ 见《江苏扬州七星甸汉代木椁墓》，《考古》1962年第8期。《扬州东风砖瓦厂汉代木椁墓群》，《考古》1980年第5期。《扬州东风砖瓦厂八、九号汉墓清理简报》，《考古》1982年第3期。《扬州市郊发现两座新莽时期墓》，《考古》1986年第11期。《扬州平山养殖场汉墓清理简报》，《文物》1987年第1期。

⑦ 青岛市文物保护考古研究所、黄岛区博物馆：《山东青岛土山屯墓群四号封土与墓葬的发掘》，《考古学报》2019年第3期。

⑧ 天长温明，见《安徽天长县三角圩战国西汉墓出土文物》，《文物》1993年第9期。泗阳温明，见淮阴市博物馆：《泗阳贾家墩一号墓清理报告》，《东南文化》1988的第1期。

⑨ 连云港市博物馆等：《尹湾汉墓简牍》第163页，中华书局，1997年。林巳奈夫：《中国古玉器总说》第454页，东京，1999年。

⑩ 安徽省文物工作队：《安徽天长县汉墓的发掘》，《考古》1979年第4期。

一〇五、墓室

　　西汉初年沿袭战国旧制，多用竖穴式土坑墓。较讲究的墓则在坑内设木椁。有的还筑有墓道，但墓道口不低于椁口的仍属井椁。习惯上棺、椁常连称，似乎椁亦属棺类。严格地说并非如此，椁应为墓室的一部分，与敛尸之棺性质不同；椁是用木板在墓圹中搭成的，棺则是预先制作的有盖之匣。西汉初木椁墓在南方较常见（图105-1），于若干边远地区一直延续到西汉后期。关中一带也发掘过不少西汉早期的大型木椁墓。小型木椁墓椁内狭小，仅足容棺。大型者则在椁内设隔墙，将椁室分割成头箱、边箱、足箱和棺室。江陵、广州一带的这类墓葬，有的且在棺室周围的隔墙上做出门窗，表明木椁本为地上居室的象征物。

　　除了用板材制的木椁，高级贵族还要在其外再增设黄肠题凑。这种设施最早见于陕西凤翔三畤原秦景公墓，则它的出现不晚于春秋中期。以后在河北平山中山王陵出土的《兆域图》铭文中说墓内用"提（题）跋（凑）"，《吕氏春秋·节丧篇》中也提到"题凑之室"，可知至战国时此制已不太罕见。"题，头也"（《诗·清人》郑笺）；"凑，向也"（《礼记·檀弓》孔疏）；"木头皆内向，故曰题凑"（《汉书·霍光传》颜注引苏林说）。垒砌时枋木皆与墓壁垂直。黄肠则指黄心柏木。"以柏木黄心致累棺外，故曰黄肠"（同上引书）。则黄肠题凑指在墓室中增加一层以顶端向内的柏木枋垒成的墓壁。汉代的这种墓葬近年已发掘出近10座，以河北石家庄小沿村西汉早期长（张？）耳墓为最早[①]。以北京大葆台1号墓中以15880根黄肠木堆垒起的题凑用料为最多（图105-2）。以江苏高邮天山1号西汉中、晚期墓之题凑的结构最复杂：各黄肠木之间以榫卯嵌合，并以立柱和压边枋约束之，使全部题凑组合成更为稳固的整体[②]；但这与黄肠题凑的原型已有所不同。也有不用黄心柏木而用杂木者，如《史记·滑稽列传》所称，以"楩枫橡樟为题凑"。但这种题凑就不能冠以黄肠之名了。有些大型题凑墓用材亦不统一，如天山1号墓之短枋用的就是楠木。

　　《汉书·霍光传》载，霍光死后汉宣帝赐以"梓宫、便房、黄肠题凑各一具，枞木

图版105

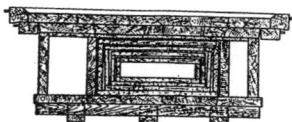

木椁墓

105-1

黄肠题凑墓

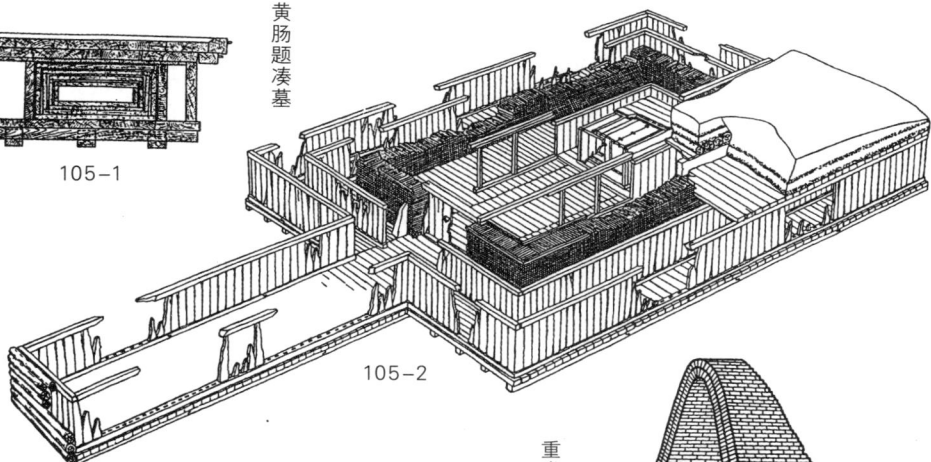

105-2

空心砖·条砖墓

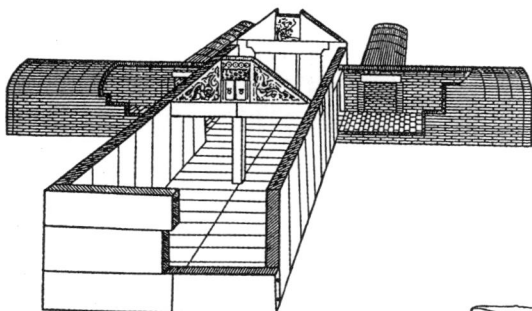

105-3

重券顶砖室墓

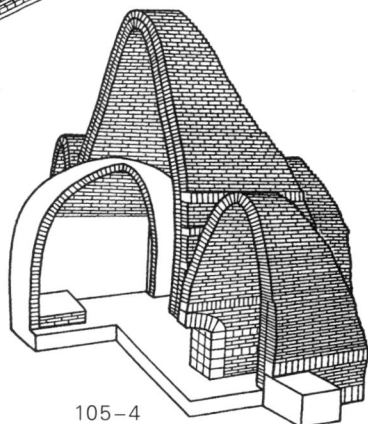

105-4

空心砖墓

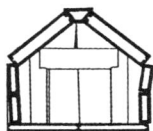

105-5

画像石墓

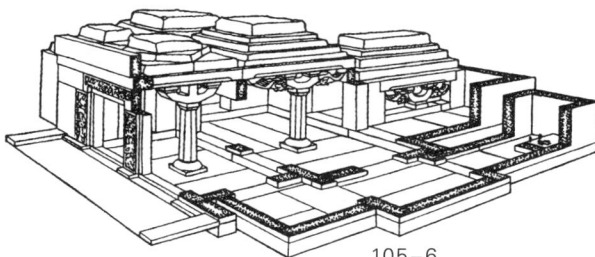

105-6

多室壁画墓

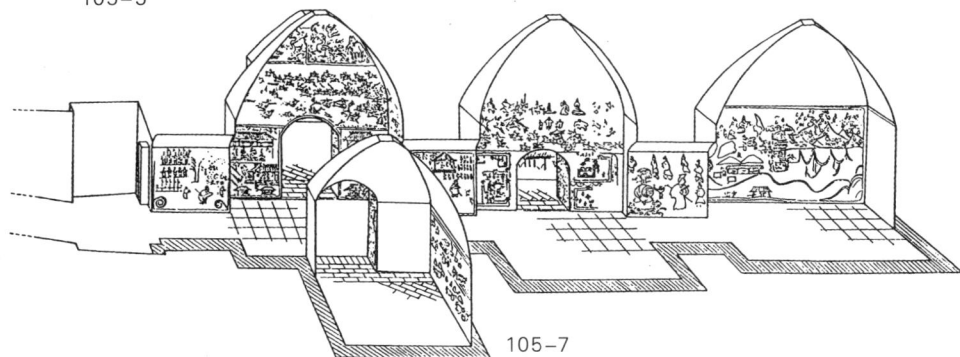

105-7

外藏椁十五具"。其中梓宫和题凑已如前文所述，便房和外藏椁之所指则须略作说明。《汉书·陈汤传》说："昌陵因卑为高，积土成山，度便房犹在平地上，客土之中不保幽冥之灵。"可知灵柩安置在便房中。又《续汉书·礼仪志》说："合葬：羡道开通，皇帝谒便房。太常导至羡道，去杖，中常侍受。至柩前，谒，伏哭止如仪。"又可知送葬者可进入便房直至柩前，故便房指包括棺室在内的内椁中之全部空间。如墓中已辟出代表堂、寝之前后墓室，则它们都是便房的一部分。刘德增和黄展岳都认为便房之便为楩字之假，刘文并以《霍光传》颜注中如淳所说的"楩椁"为证③，可从。此外《盐铁论·散不足篇》也提到"梓棺楩椁"，表明当时可将棺放在用楩木作的椁中。如其墓有内椁，那么此楩木内椁即称为便房。《汉书·董贤传》："为贤起冢茔义陵旁，内为便房、刚柏题凑。"《续汉书·礼仪志》记天子丧制时亦称："治黄肠题凑、便房如礼。"两处皆以便房作为题凑椁室内之设施的代表，可见其地位极尊，所以不能认为："'便房'在墓室的作用，为休息、宴游处所"④。外藏椁应位于题凑之外。因为藏指墓室。《后汉书·赵岐传》："先自为寿藏。"李注："寿藏，谓冢圹也。"《颜氏家训·终制篇》："棺器率薄，藏内无塼。"可证。而且《霍光传》中所记之外藏椁以具为单位，则各椁应为独立的单元。山东临淄窝托村西汉前期齐王墓在墓外有5个陪葬坑，其中都有木椁。椁底排列圆木，椁壁用木枋垒成，上部横向密排圆木，构成椁顶。这些陪葬坑中的木椁应即外藏椁⑤。其主墓虽未发掘，但西汉前期的帝王陵墓大多用黄肠题凑，临淄齐王墓应不例外。但也有些墓于墓圹之内、题凑之外，还设有一至二层外回廊，它们的题凑并不紧靠圹壁，如大葆台1号墓、天山1号墓等。对于这类墓说来，其瘞物之外回廊似亦可称为外藏椁。

至东汉时，黄肠木为黄肠石代替。河北定县北庄中山简王墓虽已易木为石，但尚沿用题凑的垒法⑥。再晚一些，如江苏徐州土山彭城王墓亦用黄肠石，却是以普通砌墙法砌筑的⑦。随着多室砖墓的流行，黄肠题凑之制此后渐成绝响。

除了木构的墓室外，汉代更为多见的是砖墓，这种墓最先在洛阳地区流行。洛阳涧西周山的西汉早期墓已使用空心砖，是从战国之制延续下来的。空心砖墓室略大于棺，显系用以代替木椁。不过战国时的空心砖墓室盖木顶，这时则盖砖顶，而且这时的墓圹不用竖穴而挖横穴，形成了与战国时不同的特点。至西汉中期，空心砖墓室的顶部搭成两面坡的屋顶状，两端的墓壁如同山墙，其上部常用三角楣砖，下部或作成门状（图105-5）。同时在陕西地区出现了券顶砖室墓。这种墓起初用并列法起券，各条砖券仅互相扶靠在一起。由于起券的砌法不成熟，所以其拱券部分有的还使用楔形砖或子母砖。至西汉晚期改用纵连券，券顶之砖亦错缝，从而使各条券在纵横两个方向上均发生联系，坚固程度大为提高。

券顶砖室墓出现以后，迅速得到推广。以前仅为土洞的耳室，这时也用砖砌，还出现了兼用条砖与空心砖砌成的墓。洛阳老城61号西汉中晚期墓，主室用空心砖砌筑，当中还以空心砖立柱和隔梁将它分为前、后两室。两耳室皆呈丁字形，以条砖砌成，起券顶，仅在门楣处用空心砖（图105-3）。但此墓虽分前、后室，两室的形制却并无区别。西汉末年出现了前室穹窿顶、后室券顶的条砖墓，如烧沟1014号墓。前室象征地上居室的堂，后室置棺，象征地上居室的寝。随葬品主要放在前室，耳室遂开始衰落。

东汉时条砖墓已在全国推广，南方的木椁墓渐趋消失，同时中原、关中的空心砖墓也隐没不见。在葬俗方面，西汉出现的夫妻同穴合葬这时已发展为一家数代同穴异室合葬，从而使墓室愈造愈大，结构日趋复杂，甚至整座墓室就像地上的一所大宅院。

东汉早期仍以前室穹窿顶、后室券顶的砖墓为主要形式。根据发掘河南陕县汉墓的情况得知，这时兴起了在墓中修侧室的作法。侧室与耳室不同，其中有时也安葬死者，而耳室却只放随葬品。至东汉中期，出现了双穹窿顶墓和前堂横列墓。后一种墓型将原先纵长方形的前室即堂改为横长方形，使之更适合于在其中进行祭奠等活动。以后，若干大墓遂以堂为中心向前后及两侧开辟墓室。这类墓往往有前、中、后三室，象征地上居室的庭、堂和寝，侧室的安排则无定规[8]。而且，这时各墓室多以甬道相连接，不像西汉时只有墓门后的一段甬道。不过由于合葬人数多寡不同，东汉多室砖墓的形制繁多。辽宁旅大营城子的一座壁画墓，甚至筑有上下两层穹窿顶，结构尤为特殊（图105-4）。

自西汉晚期以来，大墓中已绘有壁画。至东汉中、晚期，随着豪宗大族厚葬之风的发展，丧家广受赗赠，故旧远道奔丧，宾客上冢墓祀，许多人都要进入墓内，所以其中的壁画也"竞为华观"。河北安平逯家庄大墓壁画的内容以车骑出行、庄园建筑为主。河北望都所药村1号墓画出大批属吏。内蒙古和林格尔大墓则依墓主仕宦升迁的顺序，画出其生平的主要经历，情节复杂，场面很有气派（图105-7）。

在石构或砖石混合构筑的墓中，如将壁画刻于石壁，则称为画像石墓。主要分布于山东—苏北、河南南阳、陕北—晋西北、四川等地区，据不完全统计，全国已发掘汉画像石墓近百座。其中如山东沂南北寨村（图105-6）、安丘董家庄、河南南阳杨官寺、密县打虎亭等地的画像石墓，气派最大，刻工亦精。四川地区除画像石墓外，还有画像石和画像砖兼用之墓，这里的崖墓中有的也有石刻画像。四川的大型崖墓如成都天迥山3号墓等，其规模甚至可与凿山为藏的王陵，如永城保安山（图107-8）、满城陵山、曲阜九龙山、徐州北洞山等墓相伯仲。

注释

① 石家庄市图书馆文物考古小组：《河北石家庄市北郊西汉墓发掘简报》，《考古》1980年第1期。

② 《江苏高邮发掘一座大型汉墓》，《人民日报》1980年7月18日。《高邮天山汉墓又一批珍贵文物出土》，《新华日报》1980年7月3日。

③ 刘德增：《也谈汉代"黄肠题凑"葬制》，《考古》1987年第4期。黄展岳：《汉代诸侯王墓论述》，《考古学报》1998年第1期。

④ 其主张者盖援"便殿"为说。《汉书·武帝纪》六年夏四月"高园便殿火"，颜注："园者，于陵上作之。既有正寝，以象平生正殿。又立便殿，为休息闲宴之处耳。"但便殿在地上，便房在地下，二者的性质全然不同。其说误。见李如森：《汉代丧葬制度》第90页，吉林大学出版社，1995年。

⑤ 见本书第二四篇注⑤所揭文。

⑥ 见本书第八八篇注⑬1所揭文。

⑦ 《银缕玉衣、铜盒砚、刻石》，《光明日报》1973年4月7日。

⑧ 俞伟超：《先秦两汉考古学论集·汉代诸侯王与列侯墓葬的形制分析》。

一〇六、墓前立石

下葬以后,于墓上起封土。大墓且在墓前开神道。《后汉书·光武十王·中山简王焉传》:"大为修冢茔,开神道。"章怀注:"墓前开道,建石柱以为标,谓之神道。"神道口或立石阙,或立石柱,或二者兼备。石阙之制已见本书第四六篇,这里只介绍石柱。石柱除可称为标外,亦可称华表。《宋书·五行志》载:"大明七年,风吹初宁陵隧口左标折。"《建康实录》卷一三记此事时,则称之为华表,可以为证。它本为木柱,传说它的起源很古老。《史记·文帝纪》:"古之治天下,朝有进善之旌,诽谤之木。"索隐:"韦昭云:'虑政有阙失,使书于木,此尧时然也,后代因以为饰。今宫外桥梁头四植木是也。'郑玄注《礼》云:'一纵一横为午,谓以木贯表柱四出,即今之华表。'"在沂南画像石上看到过以十字交叉的横木贯柱四出的华表(图46-1)。但神道石柱只在上部有石榜,形制与交午柱不同。它的作用大约如《古今注》所说,只是"表识衢路"而已,所以石榜的刻文都标明这是某人的神道。这类石柱在《水经注》中记有不少实例,如说范式墓"石柱犹存"(《济水》),赵越墓"冢北有碑,……碑北有石柱"(《清水》)等。但遗留至今的,只有山东历城出土的一根汉琅玡相刘君石柱与北京石景山上庄出土的两根汉幽州书佐秦君石柱。刘君石柱仅余中部,石榜已残,柱身镌束竹纹。两根秦君石柱的形制相同,应为一组。同出之方石上有元兴元年(105年)纪年,知为东汉中期之物。石柱上部的方形石榜上刻"汉故幽州书佐秦君之神道"11字,阳文隶书。榜底以攀于柱上之二兽相承托。《水经注·洹水》说邺县城南桥首的石柱"螭矩跃勒甚佳",其所谓螭,或即指此处之兽。石柱下半部镌凹楞纹。柱础方形,顶面作四坡,刻盘旋之双兽。柱顶已失,形制不明(图106-4)。

就文字而言,石柱题勒往往仅及官职姓字,叙述墓主生平的内容则刻在碑上。先秦之所谓碑,一种立于建筑物的庭院中,用于"丽牲"或"识日景"(《仪礼·聘礼》郑注),与墓葬无关。另一种则用于挽棺下葬。《礼记·丧大记》郑注:"又树碑于圹之前后,以绋绕碑间之鹿卢,辁棺而下之。"陕西凤翔秦景公墓土圹之南北侧,各有一残高1.7—2米的木柱，即当时挽棺所用之碑，亦即所谓窆器，见《周礼·春官·冢人》。既葬之后，碑留在墓地，遂逐渐演变成一种仪饰品。《释名·释典艺》："碑，被也。此本葬时所设也，施鹿卢以绳被其上，引以下棺。臣子追述君父之功美，以书其上。后人因为焉，故建于道陌之头，名其文谓之碑也。"现存最早的墓碑是西汉河平三年（前26年）的麃孝禹碑，同治九年（1870年）在山东发现，石高1.45米，圭首，表面粗糙，未经磨光（图106-5）。

树立墓碑之风到东汉才广泛流行。《文心雕龙·诔碑篇》说："后汉以来，碑碣云起。"与实际情况是符合的。东汉的石碑表面大都打磨光滑，如裴岑刻石等不磨光的，反而成为绝无仅有的几件。东汉石碑碑首多为圭首或圆首，有的并在碑额上开一圆穿。周代的祖庙中立主，即木质的牌位。《公羊传·文公二年》何休注："主状正方，穿中央，达四方。"《山海经·中山经》："桑封者，桑主也。方其下，锐其上，而中穿之，加金。"早期之圭首有穿的碑，或曾受到木主之形制的影响。从功能上看，碑上之穿则与装鹿卢下棺有关。圆首碑常在额上刻出数条晕线，或偏左，如孔褒碑；或偏右，如孔谦碑（图106-6）。西汉时的碑一般不设碑座，如麃孝禹碑下部粗糙无文处占碑长的三分之一，说明当时直接将碑石植入土中。东汉始设碑座，多长方形。山东钜野出土的延熹四年（161年）渡君碑，碑座为覆斗形[①]。龟趺之碑目前仅见于山东平度侯家村出土的光和六年（183年）王舍人碑。以龟负碑，或系由《楚辞·天问》"鳌戴山抃"（王逸注引《列仙传》"有巨灵之鳌，背负蓬莱之山"）等神话传说中演嬗而来。王舍人碑且为螭首，已开六朝墓碑的形制之先声（图106-7）。永兴元年（153年）的乙瑛碑最先在碑侧刻出花纹，此制亦为后世所沿袭。

汉墓前且常立石兽。最早的例子见于陕西兴平霍去病墓。此墓尚存石雕14件，多数依天然巨石的形状适当加工而成，故造型奇兀，如野人抱熊、母牛舐犊等，似无一定的规格。若干虎、象、猪、牛的雕像，因迁就石块原形，常呈匍伏状。由于霍去病墓象征祈连山，这些石兽系代表在山间出没的各种野兽。其中马踏匈奴一像造型较严肃，可能含有铭功的意义。但其雕刻手法较板滞，不如这里的一件石跃马刻得生动。此马后肢蹲蜷，前肢作据地欲起之势，动感很强（图106-3）。但总的来说，这里的石雕种类驳杂，是一种新风气开始出现时的情况的反映。

墓前立石兽之风大约至东汉时已形成制度。《风俗通义》说："《周礼》：方相氏葬日入圹驱罔象。罔象好食亡者肝脑，人家不能常令方相立于侧，而罔象畏虎与柏，故墓前立虎与柏"（《封氏闻见记》卷六引）。《水经注》所记东汉中山简王墓（永元二年，公元90年，《易水》）、赵越墓（建宁中，168—171年，《清水》）、乔玄墓（光和

图版106

天禄辟邪

106-1

106-2

神道石柱

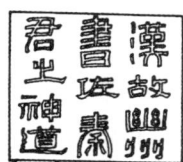

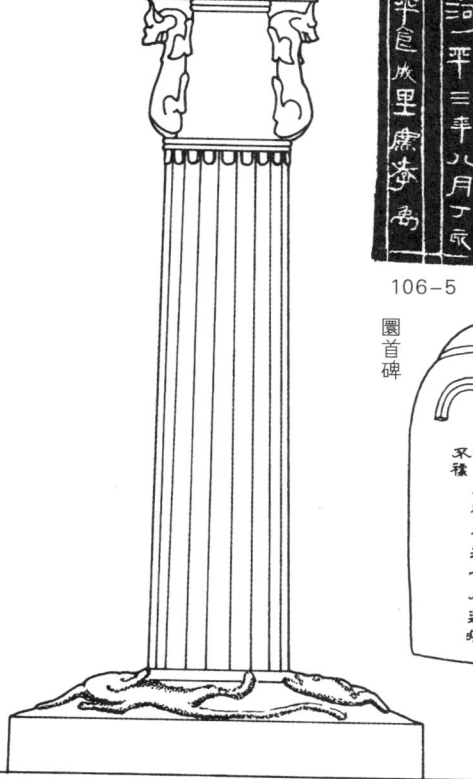

106-4

圭首碑

106-5

石马

106-3

圜首碑

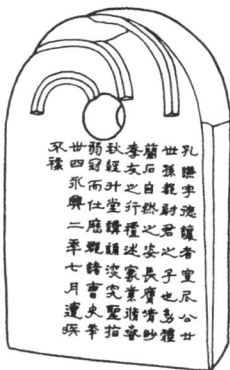

106-6

螭首龟趺碑

106-7

七年，184年，《睢水》）、诸袁旧墓（东汉中晚期，《阴沟水》）等处，均有石虎，可为上说之证。但方相氏本是岁末打鬼仪式大傩中的领队，在此仪式中，无论方相氏或其率领的侲子，都穿着奇装异服、戴着恐怖的面具、发出威吓的叫喊。墓上的石兽既为方相氏的替代物，遂日益强调其狞猛的一面，进而导致树立天禄、辟邪。《后汉书·灵帝纪》章怀注："今邓州南阳县北有宗资碑，旁有两石兽，镌其膊，一曰天禄，一曰辟邪。"宋代欧阳修于《集古录》卷三、沈括于《梦溪笔谈》卷二一亦对宗资墓石兽作出记载。二兽今藏于南阳汉画馆，刻字虽已漫漶不清，但宋代已将其摹本收入《汝帖》。又赵明诚《金石录》卷一五说："汉州辅墓石兽膊字，其一辟邪；……其一乃天禄字，差大，皆完好可喜。"宗、州皆桓帝时人，可证东汉石兽确用此名称。这类石兽在四川雅安高颐墓、芦山樊敏墓及杨君墓前者，均未刻铭文。洛阳涧河西出土的一对，分别收藏在中国国家博物馆和洛阳博物馆，颈背阴刻"缑氏蒿聚成奴作"七字。造型英武，跨步而前，是汉代雕塑中的杰作（图106-1、2）。

可是对于一对石兽说来，到底哪一个是天禄？哪一个是辟邪？在汉镜中可以找到一种答案。浙江出土的一面镜子上，与这对石兽之独角者相近的神兽身侧榜题"辟邪"二字。《绍兴古镜聚英》著录一镜，铭文云："吕氏作竟世少有，东王公、西王母，仙人子乔、赤诵子，车马、辟邪在左右，为吏高升贾万倍。"镜背图像分四区：东为东王公，西为西王母，南为车马，北面正是与上述浙江出土镜上相同的独角兽[2]。因知一对石兽中之独角者或为辟邪，双角者或为天禄[3]。至于偶尔见到的无角之石兽，则是一种简化的形式了。

注释

[1]　周建军、王冬梅：《山东钜野新出东汉〈渡君碑〉》，《书法丛刊》2004年第4期。

[2]　王土伦：《浙江出土铜镜》图24，文物出版社，1987年。梅原末治：《绍兴古镜聚英》图版19，京都，1939年。

[3]　又《汉书·西域传·乌弋山离国》颜注引孟康曰："桃拔一名符拔，似鹿长尾。一角者或为天鹿，两角者或为辟邪。"又山东临淄金岭镇1号东汉墓出土的铜牌上铸出独角兽，铭文"天禄"（《考古学报》1999年第1期）。均与本文所举之说不同。反映出对于超现实之神兽的称谓，即便在其流行的当时，也存在着一定程度的不规范性。

一○七、帝陵

汉代最高规格的墓葬是帝陵，但由于未曾对它们进行过全面发掘，所以只能作大致介绍。

西汉十一陵均位于汉长安近畿，渭北的咸阳原上有九座，文帝霸陵和宣帝杜陵在今西安市东郊凤凰嘴和东南郊三兆村。渭北九陵的归属自唐代以来在记载中产生舛乱。建国后，经过勘查、钻探等大量工作，诸陵的位置已可确认：在咸阳原上，自西而东为武帝茂陵、昭帝平陵、成帝延陵、平帝康陵、元帝渭陵、哀帝义陵、惠帝安陵、高祖长陵和景帝阳陵[①]（图107-1）。

帝陵亦称"山"，以其有高大的封土。西汉诸陵的封土多为覆斗形，夯筑。底面积以康陵为最大，占地近七万平方米；其次是茂陵，占地五万多平方米。但高度则以茂陵为第一，达46.5米；渭陵最低，24.85米。一般在30米以下。《续汉书·礼仪志》刘注引《汉旧仪》谓天子"坟高十二丈，武帝坟高二十丈"。12丈约合28米，与帝陵的平均高度接近；20丈合46.2米，与茂陵的高度更相当一致。不过也有将覆斗修出阶梯形的，秦始皇陵的封土已是此种形制，汉代仍有沿袭者，如昭帝平陵、元帝渭陵（图107-4）、平帝康陵等。

帝陵的墓圹名"方中"。《汉旧仪》说："天子即位明年，将作大匠营陵地，用地七顷。方中用地一顷，深十三丈"[②]。《汉书·张汤传》颜注引如淳曰："《汉注》：陵方中用地一顷，深十二丈。"所记深度虽有12丈、13丈之别，但方中为墓圹则无疑义。《张汤传》颜注解释"方中"时说："古谓掘地为坑曰方。"《后汉书·和熹邓皇后纪》："殇帝康陵方中秘藏，及诸工作，事事减约，十分居一。"章怀注："方中，陵中也，冢藏之中，故言秘也。"或以为"方中"指陵上封土，非是[③]。方中"设四通羡门"[④]；"方中百步，已穿筑为方城，其中开四门，四通"[⑤]。即有四条墓道。这一点已为对汉太上皇陵和杜陵的钻探所证实[⑥]。

方中之内的设施，如《汉书·霍光传》注中如淳引《汉仪注》称，天子陵中"内梓宫，次梗椁，柏黄肠题凑"。王先谦补注引刘敞曰："以次言之，先亲身者衣被，次梓宫，次便房，次题凑，次外藏。"渭北九陵与城南的杜陵大约都是这种类型的墓。关于黄肠题凑，本书第一〇五篇已作讨论。但帝陵与一般题凑墓甚至黄肠题凑墓相较，不仅规模大小悬殊，而且帝陵在黄柏木枋垒筑的题凑木墙之外，似乎还增加一层用方石砌成的题凑石墙。《周礼·夏官·方相氏》郑注："天子之椁，柏黄肠为里，而表以石焉。"《续汉书·礼仪志》记大丧云："方石治黄肠题凑、便房，如礼。"就连赵晔在《吴越春秋·阖闾内传》中也提到："文石为椁，题凑其中。"西汉诸侯王一级的题凑墓未见有包以石墙的，而东汉前期的一批诸侯王墓，如山东临淄永平十二年（69年）齐炀王刘石墓、河北定县永元二年（90年）中山简王刘焉墓、山东济宁永元十三年（101年）任城王刘尚墓等，都在砖室墓周围砌起一圈题凑石墙[7]。刘焉墓的石墙用石4000余块，大部分制成方形，长宽各1米左右，尺寸基本统一，似即《续汉书·礼仪志》所称"方石"。此类石材还有刻出"更黄肠石"铭记的，通称"黄肠石"[8]。在东汉墓中，黄肠石有可能已成为黄肠木的代替品，而当此型大墓方兴未艾的西汉时期，却无须为黄肠木设置代替品。所以题凑石墙与题凑木墙极有可能在西汉帝陵中并存，"柏黄肠为里，而表以石焉"，即指这种情况而言。当然上述推测尚有待在今后的考古工作中接受检验。

西汉十一陵除惠帝安陵和文帝霸陵外，其他各陵皆围绕封土筑起陵垣，垣内即陵园，多为方形，于四面中央辟门，名司马门，一般两旁立双阙。长陵陵区出土的"长陵东当"、"长陵西当"，应即长陵陵园东西门阙上的瓦当（图107-6）。清代毕沅亦认定此陵为长陵，且建"汉高祖长陵"碑以标识其地[9]。陵园四面的门道宽度不等，北、东二门道往往更宽些。武帝茂陵陵园之南门阙已毁，其他三面的情况是：北门道宽16米，东门道宽14米，西门道宽12米。元帝渭陵之西门阙已残，北门道宽16米，东门道亦宽16米，南门道仅14米；似反映出陵园以北门为正门。北、东二门地位重要，与未央宫的情况相似。西汉初年之长陵的陵园较大，而且高祖与吕后合用一座陵园，即所谓"并穴异葬"。其中且有建筑遗址，长陵的寝殿、便殿或均在陵园内[10]。其后，景帝阳陵、武帝茂陵在陵园之外的东南方有大片建筑遗址，可能这时寝园已与陵园分开，而且帝、后陵各有单独的陵园。就发掘宣帝杜陵陵园之所见，其寝园正位于陵园东南，分成两部分，西侧大院中有一座50.6×29.3米的大建筑物基址，即寝殿址。《汉书·武帝纪》颜注："正寝以象平生正殿路寝也。"它是陵园内的正殿，寝园即由寝殿而得名。杜陵寝园之东院的面积约为西院之半，其中的遗迹既有殿堂，又有许多房屋、庭院和窖穴，被认为是便殿的所在[11]，即所谓"休息闲晏之处"，与此院之布局亦相合（图107-2）。《汉书·韦贤传》说："园中各有寝、便殿。日祭于寝，月祭于庙，

图版107

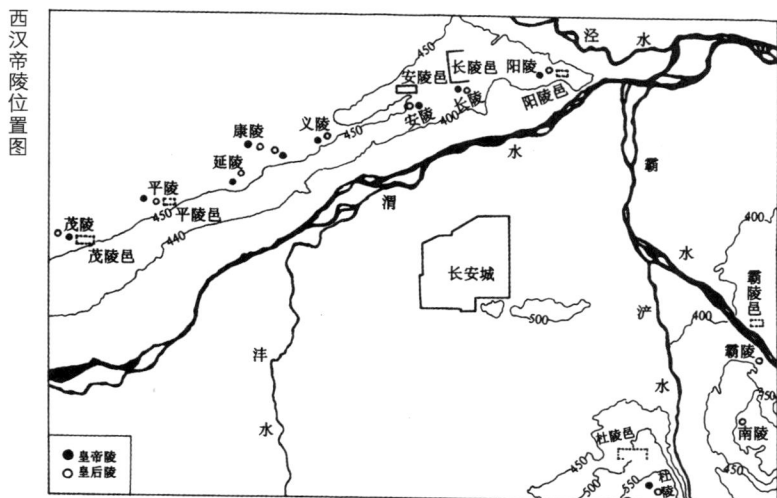

西汉帝陵位置图

107-1

宣帝杜陵

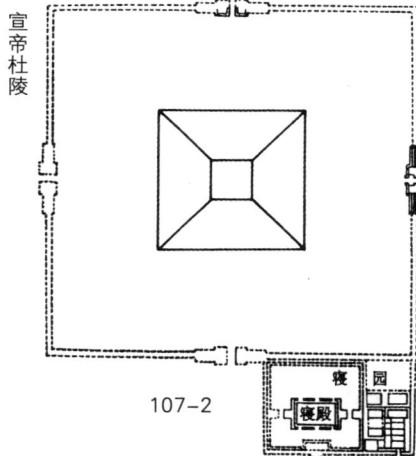

107-2

景帝阳陵

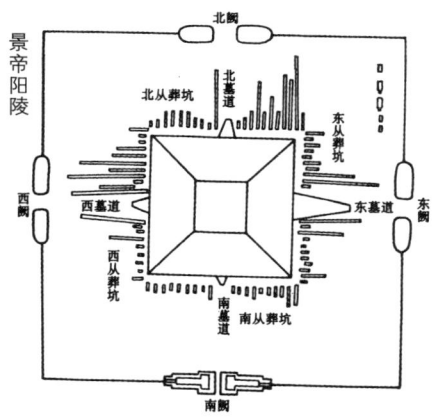

107-3

元帝渭陵的封土

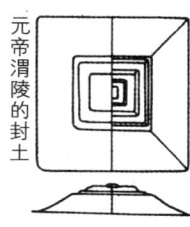

107-4

阳陵从葬坑出土的甲士俑

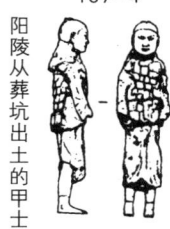

107-7

东汉大型墓园

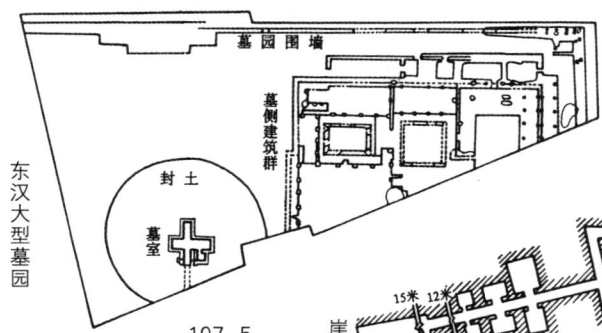

107-5

高祖长陵瓦当

107-6

崖洞墓

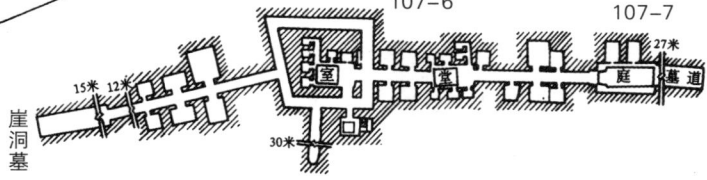

107-8

513

时祭于便殿。寝日四上食，庙岁二十五祠，便殿岁四祠，又月一游衣冠。"汉代对已故的皇帝事之如生，寝殿中置"起居衣服，象生人之具"，"宫人随鼓漏，理被枕，具盥水，陈严具"（《续汉书·祭祀志》）。后来"衣物藏于便殿"（《续汉书·礼仪志》），杜陵便殿就藏有"乘舆虎文衣"（见《汉书·王莽传》）。特别是所谓"游衣冠"（东汉多称"游冠衣"）之举，起初是在长安城中备法驾巡游，后来"陵寝衣冠，但月游原庙"（《汉书·叔孙通传》王先谦补注），成为陵区中的一项活动了。

修建原庙的作法是叔孙通首先提出的。当时惠帝居未央宫，每去长乐宫朝见吕后，应通过安门大街，往来须清辟行人，颇感不便。于是在二宫间架筑复道，有类今日之带廊屋的过街天桥。这使得负责制定宗庙仪法、官居奉常的叔孙通进谏道："陛下何自筑复道？高帝寝衣冠月出游高庙，子孙奈何乘宗庙道以（一作'上'）行哉"（《汉书·叔孙通传》）！"高庙"即汉高祖庙，位于"长安城门街（即安门大街）东"（《叔孙通传》晋灼注引《黄图》），占地"六顷三十亩四步"（《西汉会要》卷一二引《汉旧仪》），庙中有"钟十枚，各受十石，撞之声闻百里"（《三辅黄图》引《汉旧仪》）。此庙规模大，地位崇高。西汉一代，皇帝即位须先拜谒高庙，即《三辅黄图》所说："册封诸侯王，必于祖庙命之，示不敢专也。"也应是在这里进行的。此前高祖衣冠每月出游须到此庙，故庙前的安门大街又称"宗庙道"，不容在其上横越。因而叔孙通建议："愿陛下为原庙渭北，衣冠月出游之。益广宗庙，大孝之本"（《汉书·叔孙通传》）。颜师古的注中说："原，重也。先以有庙，今更立之，故云重也。"原庙靠近帝陵，而宗庙如"景帝庙号德阳，武帝庙号龙渊，昭帝庙号徘徊，宣帝庙号乐游，元帝庙号长寿，成帝庙号阳池"等庙，皆不在陵区中（《汉书·文帝纪》颜注引如淳说）。具体地点较明确之例，如文帝陵在白鹿原凤凰嘴，而文帝的顾成庙址在唐长安城休祥坊（《长安志》卷一○），即今西安市玉祥门以西，距霸陵约15.5公里。宣帝陵在三兆村，而宣帝乐游庙址在唐长安城升平坊（《御览》卷一九七引《天文要录》），即今西安市雁塔区曲江镇东南，距杜陵约六公里。陵与庙之间有较大距离，举行游衣冠等仪式时则须长途奔波。而"居陵旁立庙"（《汉书·韦贤传》），即立原庙，亦可称陵庙，就使这类问题得以解决。目前对西汉陵庙的考古发掘工作尚未展开，但有些位于陵园附近的遗址，已初步被推测为陵庙所在[⑫]。

帝后陵的从葬坑本是从外藏椁之制发展出来的。霸陵以南的薄太后南陵，在陵园的西垣外曾发掘从葬坑20座，均在土坑中放置陶棺或砌成砖圹，其中的出土物有陶俑、谷物、家畜以及珍兽如犀牛和大熊猫的遗骨等[⑬]。阳陵在帝陵的陵园之内、封土之外发现从葬坑86座（图107-3）；陵园之外发现南区从葬坑24座、北区从葬坑24

座。出土了若干与军事部门有关的印章，如"军大右仓"、"军武库丞"等，及大量武器与着衣擐甲的武士俑（图107-7）。也有些从葬坑内用木板分隔成若干单元，各单元出土之物不同，有的是生活用具，有的是陶家禽家畜⑭。杜陵的从葬坑已发现5座，分布在陵园以北和陵园西南，均为竖穴土坑，坑底置木椁。其中有陶武士俑与车，以及少量金饼、铜钱等物⑮。

从墓制上说，文帝霸陵在西汉十一陵中最为特殊。霸陵是一座崖洞墓，"因其山，不起坟"（《汉书·文帝纪》）。文帝是以节俭著名的君主，但开凿崖墓不会比建造土圹题凑墓省事，甚至反而更费工。所以文帝的着眼点恐怕不在爱惜民力上。据载，有一次他感慨"富贵无常"，"意悽怆悲怀。顾谓群臣曰：'嗟乎，以北山石为椁，用纻絮斮陈漆其间，岂可动哉！'张释之进曰：'使其中有可欲，虽锢南山犹有隙；使其中无可欲，虽无石椁，又何戚焉？'夫死者无终极，而国家有废兴，故释之之言为无穷计也"（《汉书·刘向传》）。可见使墓室中无可欲，则可以从根本上防止盗掘。《文帝纪》又说："治霸陵，皆瓦器，不得以金银铜锡为饰。"但同《纪》王先谦补注引沈钦韩曰："《晋书·索𬘡传》，三秦人盗发汉霸，杜二陵，多获珍宝。"这件事甚至使晋愍帝都感到惊讶："汉陵中物何乃多耶！"证明"瓦器"云云，都是表面文章。西汉时未发现早于霸陵的大型崖洞墓，文帝可谓开风气之先。其后，西汉诸侯王"斩山作廓，穿石为藏"渐成风气，已知的这类墓达20多座。河南永城保安山1、2号墓，墓主为文帝少子梁孝王刘武与其后李氏，都是在山岩中凿成的大墓。1号墓全长96.45米，最宽处32.4米，总面积约612平方米。2号墓全长210.5米，最宽处72.6米，总面积1600多平方米，当地称之为"天下石室第一陵"（图107-8）。文帝葬于前156年，梁孝王葬于前144年，李后葬于前125—前124年，年代相去不远，所以从保安山这两座墓的规制上，似乎可以看到霸陵玄宫的影子。保安山2号墓的墓道、甬道等处填塞的巨石制作规整，底层的石块大，体积达0.64立方米。上层因施工困难，石块较小，每块约合0.33立方米。已清理出塞石近3000块，此墓未被盗掘前应有塞石6000余块⑯。仅此一项，其工程之艰巨，已不言自明。文帝在遗诏中任"郎中令张武为复土将军，发近县卒万六千人，发内史卒万五千人，藏郭穿复土属将军武"（《汉书·文帝纪》）。当时霸陵已经开凿完毕，这位将军率领的31000人，大约就以填塞墓道为其主要的任务了。但霸陵既无坟丘，亦未发现陵园遗址，许多典礼在这里不知如何施行？阳陵以下诸陵皆复归旧制，未继续采用崖洞墓的形式，或与此有关。

帝陵东侧常有陪葬墓群，墓主多为皇亲贵戚或元老重臣。陪葬长陵的如萧何墓、曹参墓、周勃墓等；陪葬茂陵的如卫青墓、霍去病墓、金日磾墓、公孙弘墓等。长陵现存陪葬墓63座，杜陵62座，平陵23座，安陵、阳陵、茂陵、渭陵、义陵等均10多座。也有的帝陵如康陵未发现陪葬墓。

西汉时并在帝陵旁建陵邑。长陵邑在陵北，南、西、北三面城墙尚存部分残垣，西墙最宽处九米，最高处达六米。安陵邑亦在陵北，东墙亦宽九米，现存最高处3.6米。阳陵邑在陵东，遗迹较少。茂陵邑在陵东南、平陵邑在陵东，均已发现建筑遗存，如石子路和陶水管等。西汉之所以建陵邑，缘于西汉初年刘敬向汉高祖提出的建议："今陛下虽都关中，实少人。北近胡寇，东有六国之族，宗强，一旦有变，陛下亦未得高枕而卧也。臣愿陛下徙齐诸田，楚昭、屈、景，燕、赵、韩、魏后，及豪杰名家居关中。无事，可以备胡；诸侯有变，亦足率以东伐"（《史记·刘敬列传》）。其后，武帝时主父偃亦建议："茂陵初立，天下豪杰兼并之家，乱众之民，皆可徙茂陵。内实京师，外销奸猾，此所谓不诛而害除"（《汉书·主父偃传》）。这些建议都被采纳。迁入者包括旧贵族、高官富户、地方豪右等，将他们迁到陵邑，朝廷便于就近控制。但陵邑中聚集了一大批社会精英，所谓"英俊之域，绂冕所兴。冠盖如云，七相五公"（班固《西京赋》）。加以陵邑人口众多。在汉代，县的大小以万户划分，县官的身分随之不同，"万户以上为令，万户以下为长"。而"武、昭、宣三陵，皆三万户"（《史记·吕不韦列传》索隐引《汉旧仪》），茂陵邑"户六万一千八十七"（《汉书·地理志》），所以成为高规格的居民区。陵邑虽设县，但属太常，不隶于郡。其中长陵（县）令秩二千石（《汉书·高后纪》），已与郡太守同一级别。这些陵邑构筑起一串卫星城，共同拱卫京师，正是"强干弱枝"之政策的体现[17]。元帝永光四年（前40年）不再设置陵邑，且将原有的陵县分属三辅。但在人们心目中，陵邑的特殊地位长期不曾消失。元帝以前，渭北一共有长陵、安陵、阳陵、茂陵、平陵等五座陵邑，合称五陵。"五陵少年"，直到唐代依然被当成贵胄子弟的代称。

东汉十三陵除献帝禅陵在山阳（今河南焦作）外，其余都在雒阳附近。据《续汉书·礼仪志》刘注引西晋·皇甫谧《帝王世纪》所载，可推知光武帝原陵、安帝恭陵、顺帝宪陵、冲帝怀陵、灵帝文陵位于邙山；明帝显节陵、章帝敬陵、和帝慎陵、殇帝康陵、质帝静陵、桓帝宣陵位于洛河以南，即通常说的北五南六，然而其具体位置均不明。过去曾认为河南孟津铁谢村大墓为光武帝原陵，但后来研究者提出不同看法，目前尚无定论[18]。东汉自明帝显节陵开始，不设陵邑，陵园无周垣，改用行马（一种活动栅栏），坟丘前建石殿。由于缺少经过发掘的实例，莫能详说。不过在洛阳白马寺镇发掘的一座大型"皇女冢"墓园，设施齐备，等级很高，对研究东汉帝陵可以提供若干参考[19]。此墓园呈长方形，围以垣墙，内分东西二区。西区中大墓的封土呈圆形，夯筑，直径48米，其下为多室砖券墓。东区为由三进院落组成的墓侧建筑群，主体建筑为面阔7间的大殿，殿侧有带刳陷纹的神道石柱（图107-5）。但它到底和帝陵有多少共同点，目前还缺乏作出进一步判断的根据。

注释

① ⑩ 刘庆柱、李毓芳：《西汉十一陵》，陕西人民出版社，1987年。

② ④ 《续汉书·礼仪志》刘注引《汉旧仪》。

③ 《汉书·张汤传》颜注引孟康曰："方中，陵上土作方也。"

⑤ 《续汉书·礼仪志》刘注引《皇览》。

⑥ 刘庆柱：《古代都城与帝陵考古学研究》第230页，科学出版社，2000年。中国社会科学院考古研究所：《汉杜陵陵园遗址》第6页。科学出版社，1993年。

⑦ 黄展岳：《汉代诸侯王墓论述》，《考古学报》1998年第1期。

⑧ 杨树达：《汉代婚丧礼俗考》第62~63页。上海古籍出版社，2000年。

⑨ 毕沅认定此陵为长陵是正确的判断。但长陵中高祖陵在西，吕后陵在东。毕氏所立之碑，将其位置互易。

⑪ 中国社会科学院考古研究所：《汉杜陵陵园遗址》第23—45页。科学出版社，1993年。

⑫ 《古代都城与帝陵考古学研究》第250页。

⑬ 王学理：《汉南陵从葬坑的初步清理》，《文物》1981年第11期。

⑭ 陕西省考古研究所汉陵考古队：《汉景帝阳陵南区从葬坑发掘第一号简报》，《文物》1992年第4期。同作者：《汉景帝阳陵南区从葬坑第二号简报》，《文物》1994年第6期。焦南峰：《汉阳陵从葬坑初探》，《文物》2006年第7期。

⑮ 《汉杜陵陵园遗址》第77—97页。

⑯ 河南省文物考古研究所：《永城西汉梁园王陵与寝园》第144—151、219页，中州古籍出版社，1996年。

⑰ 西汉在长陵、安陵、霸陵、阳陵、茂陵、平陵、杜陵共设7个陵县，还有薄太后南陵、赵婕妤云陵所设两个陵县，和为史皇孙陵园所设奉明县，它们"密集在南北不过三十余公里，东西不过五十公里的范围内，加上陵县的特殊职能和地位以及人口的高度集中，我们完全可以把这个地域看成是由长安及十个卫星城所组成的大长安"（《周振鹤自选集·西汉县城特殊职能探讨》。广西师范大学出版社，1999年）。

⑱ 宫大中：《邙山北魏墓志初探》，《中原文物》特刊《河南省考古学会论文选集》，1981年。陈长安：《洛阳邙山东汉陵试探》，《中原文物》1982年第3期。

⑲ 中国社会科学院考古研究所洛阳汉魏城队：《汉魏洛阳城西东汉墓园遗址》，《考古学报》1993年第3期。

一〇八、少数民族文物 I

匈奴，乌桓，鲜卑

原始匈奴部落应分布于蒙古草原北部及南西伯利亚一带，以后逐渐向南迁移。至冒顿单于时，匈奴强大起来，东击东胡，西逐月氏，南并楼烦、白羊，北服浑窳、丁零，不仅统一了大漠南北，而且进占了河套以南的"河南"地，"至朝那、肤施，遂侵燕、代"（《史记·匈奴列传》）。由于匈奴这时是一个早期奴隶制国家，富于侵略性。"其俗，宽则随畜，因射猎禽兽为生业，急则人习战攻以侵伐，其天性也"，"其战，人人自为趣利"（同上《传》）。故屡屡入侵汉之边郡，"杀略人民畜产"。自汉武帝时起，经过长期的军事抗击、政治瓦解与外交斗争，至前51年，南匈奴呼韩邪单于降汉；前36年，北匈奴郅支单于战死，形势才出现较大转折。但是到了公元47年，匈奴分裂成南、北两部；北匈奴蒲奴单于据漠北，坚持与汉为敌。至公元89、90、91年，东汉与南匈奴联军连年采取强大攻势，迫使北匈奴向西方远遁，他们从此在中国古代史上消失。南匈奴则入居边郡，成为中国境内的一个少数民族。

但是，这不可一世的天之骄子，非但没有在草原上留下可资垂范后世的历史纪念物，甚至连早于汉代的匈奴墓葬也不容易找到。原始匈奴部落的人口不会太多。贾谊说匈奴之众，不过汉一大县，可能就是指其本族而言。它的力量之所以能迅速壮大，是在陆续并吞许多种落的过程中实现的，因而匈奴国家中的民族成分很不单纯，在《宋书·索虏传》中，甚至认为"匈奴有数百千种"。其中有些种落在归附匈奴后仍驻牧于故地，因而在这些地方发现的墓葬，倘无有力的证据，则难以确认为匈奴墓。比如内蒙古伊克昭盟杭锦旗的桃红巴拉墓群，因为年代早到春秋晚期，所以可能属于白狄①。杭锦旗的阿鲁柴登、准格尔旗的玉隆太与速机沟等地的战国墓或属林胡②。乌兰察布盟凉城毛庆沟战国墓则可能属于楼烦③。即使到了汉代，虽已有蒙古诺颜乌拉匈奴墓可资比较，并且根据鄂尔多斯地区长期为匈奴统治的史实，也可以把伊克昭盟准

图版108

匈奴服匜
108-1

匈奴铁鍑
108-2

鲜卑铜鍑
108-3

匈奴铁剑
108-6

鲜卑铜柄铁剑
108-7

鲜卑铜柄铁剑
108-8

匈奴铁镞
108-9

鲜卑石镞
108-10

鲜卑骨镞
108-12

鲜卑铁鸣镝
108-11

匈奴带饰
108-4

鲜卑耳饰
108-5

匈奴贵妇头饰
108-18

匈奴铜印
108-13

乌桓铜印
108-14

鲜卑铜印
108-15

鲜卑骨衔
108-16

匈奴铁衔
108-17

鲜卑带具
108-19

鲜卑铜牌
108-20

匈奴带鐍
108-21

匈奴带头
108-22

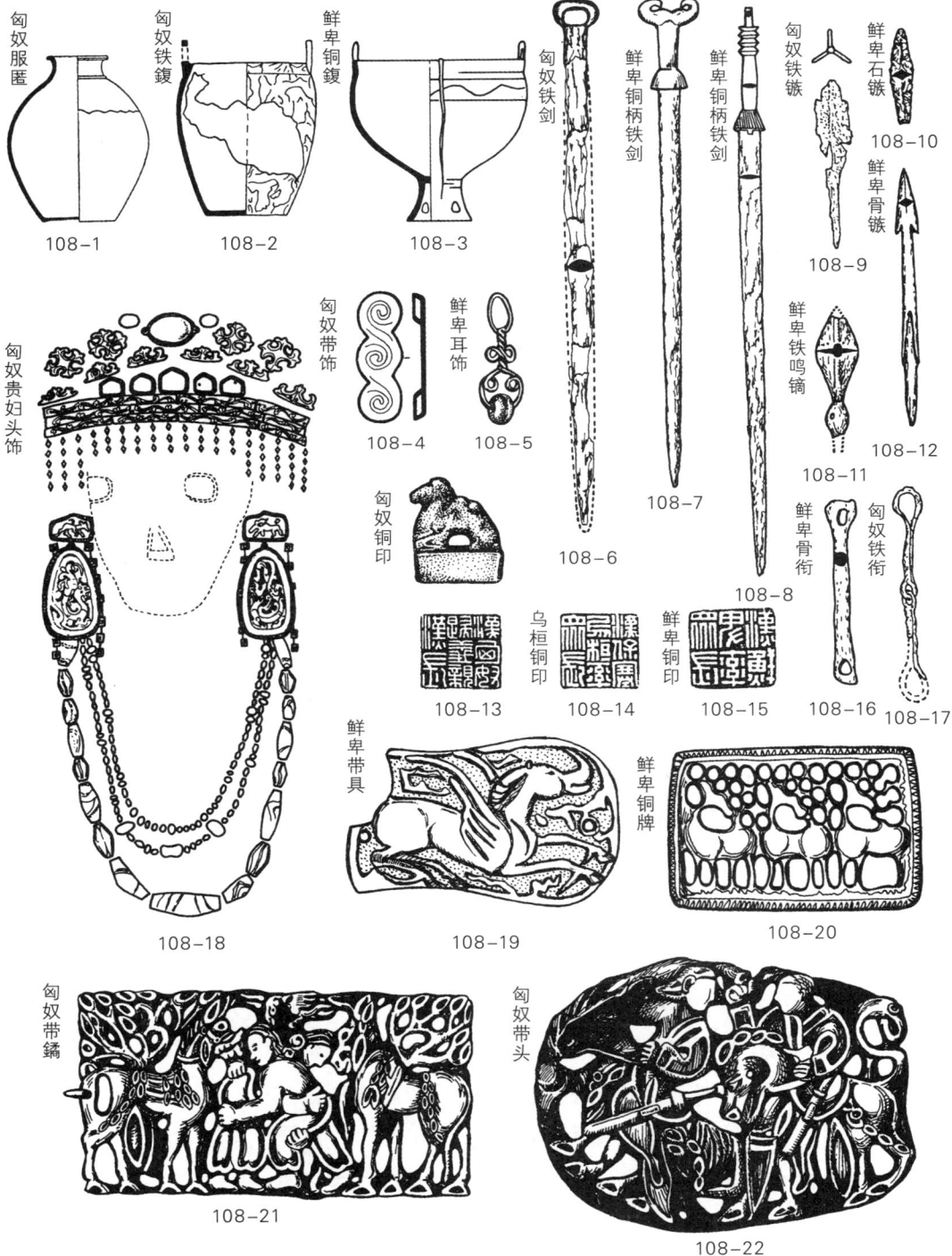

519

格尔旗布尔陶亥西沟畔4~12号、东胜县补洞沟1~9号等墓定为匈奴墓。尽管如此，已发掘的匈奴墓仍为数不多。特别是由于早期匈奴墓的材料少，所以对匈奴人种的鉴别存在一定困难。另外像青海大通上孙家寨那批汉墓，虽在一座东汉晚期墓中出土"汉匈奴归义亲汉长"铜印④（图108-13），然而准其地望，墓主人应属东汉时居于青海东部的卢水胡。而卢水胡中既包括匈奴，又包括月氏、羌等部族，故又称卢水杂胡。俞伟超指出："上孙家寨这个墓地，就是与羌人杂处的湟中义从月氏诸胡的墓地，即使主人在这个小地点主要是卢水胡，但从总体讲也应当是属于'湟中月氏诸胡'的范畴。"而且，"湟中的'月氏诸胡'和'诸羌'，汉化程度较深，受汉代朝廷的控制程度，也较它种羌、胡为重"⑤。这从其出土物与一般汉墓基本相同的情况也可以得到证明。后来，出身卢水胡的北凉沮渠氏且向南朝献书，可见他们对汉文典籍比较熟悉，因而不能根据这类墓葬的随葬品以言匈奴固有之文化。至于内蒙古、东北各地零星出土的所谓鄂尔多斯式铜器，其中虽有匈奴制品，但也应杂有东胡及其他北方民族的器物，目前尚不能完全划分清楚。

根据南西伯利亚出土的黄金饰牌上的人像⑥和蒙古呼尼河沿岸出土的头骨资料⑦，原始匈奴族很可能含有印欧人种的成分。其发式男子为椎髻，女子梳发辫。服装则以直襟衣、长袴和靴为主，与其他北方民族大致相同。但他们的金属带具却很有特点，陕西长安客省庄140号西汉墓就是因为出土两件此种带具，而被推断为匈奴使臣或降人之墓的⑧。匈奴人束的是革带，革带两端不便直接缚结，故在其上装带具。战国时，这类带具已发展成三种形式。第一种是环形带鐍，当中有供穿革带用的孔，前部有喙状突起物，尾部有钮孔。这种带鐍每条革带上只用一枚。系结时将革带末端自下而上穿过鐍环，再折回来用喙状突起勾住，而将剩余部分压在前一段带子底下。它之所以被称为鐍，是因为《说文·角部》说鐍乃"环之有舌者"之故。根据这一定义，其第二种只能称为长方形带头，它没有"舌"即喙状突起物。这种带头多以两件为一组，装于革带两端，其中一件之前部有椭圆孔，以备缝在革带另一端的窄皮条穿入后，再折回来挽结系住（图108-22）。用黄金制作的此型带头，曾于河鲁柴登及西沟畔二号战国墓出土。与其结构相同的铜、玉带头，在内地汉墓中亦曾多次出土（图64-9）。第三种可视为由第一、二种综合而成，它也是两件一组，花纹相同，只其中一件有椭圆孔与喙状突起物，系结法则与第一种基本相同。这种带鐍至汉代仍在匈奴人中流行，西安沣西客省庄140号西汉墓所出者可以为例（图108-21）。它除了长方形的以外，也有刀把形的和前椭后方形的。在带鞊上，还常常装有连珠形、S形或涡旋形铜饰件（图108-4）。

匈奴人不仅有讲究的腰带，而且妇女的盛装也很华丽。准格尔旗西沟畔4号墓的墓主为女性，她的头上饰有云形金片、四叶形金片、包金贝壳、金属珠和水晶珠。这些饰物上都有小孔，以便缝或系在头巾上。她的耳坠很大，分上下两部分：上部为凸字形金牌，嵌缀松石；下部为包金玉坠，并系垂金串珠，颈部则有用水晶珠和玛瑙珠制成的大项链。珠光宝气，交映生辉（图108-18）。不过这类整套的首饰，已发现者仅此一例。至于阿鲁柴登沙窝中出土的所谓金冠，却有点靠不住。因为那件饰以立鹰的半球状金器与环形金器无法证明是同一组器物，而且半球状金器的内部有四个钮，虽其用途不明，但应与较吃力的部件相连接，难以遽定为冠。

在饮食器方面，最主要的是铜或铁制之镤。铜镤长期流行于欧亚大陆草原地带，其常见的形制是：器腹为筒形，上粗下细，大口，口沿上常有两立耳，有时耳上附以1枚或3枚短柱状突起物，底部承以喇叭形镂孔高圈足。诺颜乌拉6号匈奴墓曾出土此式铜镤。在我国北方，铜镤约出现于西周中期，下延至北魏，其族属是多元的[9]。但补洞沟出土的匈奴平底铁镤，立耳呈扁平钮状，具有自己的特点（图108-2）。《东观汉记》说："邓遵破匈奴，得釜镤二三千枚"（《御览》卷七五七引）。匈奴野炊，难以遍用铜器，邓遵的俘获物中多数应是此种镤。此外，匈奴人也使用一定数量的陶器。战国时的匈奴陶器多为手制，呈红褐或灰褐色。汉代的匈奴陶器多为轮制的灰陶。器形以小口、圆肩、长腹的罂类为多（图108-1）。《汉书·苏武传》说苏武被拘留于北海时，于靬王曾"赐武马畜、服匿"。颜注引孟康曰："服匿如罂，小口、大腹、方底，用受酒、酪。"应即此种陶器。有些服匿且在近底处的器壁上凿小孔，当供漉酒之用。

匈奴的武器据《盐铁论·论功篇》说是"素弧骨镞"，《汉书·晁错传》则说是"革笥木荐"，似乎相当简陋，实际上并不尽然。补洞沟匈奴墓中曾出长63厘米的铁剑（图108-6）。西沟畔西汉初期的匈奴遗址中铜镞与铁镞并存。在补洞沟的西汉晚期匈奴墓中则只出铁镞，有三棱镞、三翼镞及扁平的双翼镞、与汉军所用者差近（图108-9）。其他铁器如铁刀、铁斧、铁锄、铁马衔等，亦有实例出土（图108-17）。骨器如骨镞、骨匕等虽曾发现，但数量并不很多。

在匈奴之东，分布着东胡诸部，其中最重要的是乌桓、东部鲜卑和拓跋鲜卑。西汉初，乌桓居于西拉木伦河流域。至前119年，汉武帝移乌桓南下，使居于上谷等五郡塞外，中心在今老哈河流域。乌桓人不曾建立独立的国家，他们一直受汉廷所置护乌桓校尉管理。西汉时，校尉的营府设在幽州（北京）。东汉初，乌桓由塞外移居于塞内十郡，复置校尉营府于宁城（河北万全）。内蒙古和林格尔新店子东汉大墓的墓主人曾任护乌桓校尉，墓内的壁画中绘有宁城幕府和前来晋谒的乌桓人，这是与乌桓有关的最直接的形象材料（图51—7）。图中的乌桓人髡头衣赭，与《续汉书》所说乌桓"父子男女悉髡头为轻便"相合（《史记·匈奴列传》索隐引）。但乌桓人髡头只是剃去头顶以外的头发，头顶还要留一小髻。这种服饰习俗并影响到鲜卑人，《风俗通义》说鲜卑"皆髡头而衣赭"（《御览》卷六四九引）。日本根津美术馆所藏北魏太和十三年鎏金佛像座上的男供养人像也在头顶立一小髻，犹是此风[10]。

　　说到鲜卑，似宜先介绍拓跋部，因为他们的情况比较清楚。拓跋部的原始根据地在今大兴安岭北部，即所谓大鲜卑山。据《魏书·礼志》说，这里有其"先帝旧墟石室"。经调查，此石室即呼伦贝尔盟鄂伦春自治旗阿里河镇西北的嘎仙洞。洞壁上有太平真君四年（443年）北魏太武帝派李敞前来致祭时所刻祝文，故可确认[11]。据《魏书·帝纪·序纪》载，拓跋部在大鲜卑山居留的时间很长，凡历六七十代，至"推寅"时，始"南迁大泽"，即迁移到今呼伦湖一带。陈巴尔虎旗完工和新巴尔虎右旗扎赉诺尔发现的鲜卑墓群，就是拓跋部出山后留下的。完工墓葬的年代约为战国至西汉，随葬品主要是骨器和手制陶器，铜器很少。扎赉诺尔墓葬的时代为东汉，随葬品中增加了高圈足铜鍑（图108-3）、铁刀、铁马衔等。鲜卑铜鍑虽源自匈奴，但使用得更加广泛，留下的遗物也更多。不过，拓跋鲜卑仍大量使用骨器，扎赉诺尔出土的骨器有骨衔（图108-16）、骨镞（图108-12）、骨锥等。这里出土的铁鸣镝（图108-11），其形制与鄂尔多斯地区发现的匈奴铜鸣镝相同，这里的铜带镌也与匈奴的风格相近。可见这时的拓跋部已开始与匈奴相混合。但扎赉诺尔的铜带镌上出现的神马纹，却是根据鲜卑族特有的神话设计的（图108-19）。《魏书·帝纪·序纪》说，至诘汾（圣武帝）时，又"南移，山谷高深，九难八阻"，赖"有神兽其形似马，其声类牛，先行导引，历年乃出"者，即此物。值得注意的是，式样相同的神马纹铜带镌，又见于吉林榆树老河深鲜卑墓。榆树并非拓跋部南迁所经之地，因为这次迁徙最后到达今内蒙古和林格尔的盛乐一带，榆树在大兴安岭以东，远离其向西南行进的路线。乌兰察布盟二兰虎沟与达茂联合旗等地发现的鲜卑墓，才能被认为是拓跋部南迁的遗迹。二兰虎沟出土的三鹿纹铜牌（图108-20）与扎赉诺尔出土者基本相同，即其明证。不过以二兰虎沟等地之出土物与榆树老河深所出者相较，就会发现后一处所反映出的文化发展水平远较前者为高。因此老河深墓群不应属于拓跋鲜卑，而可能属于东部鲜卑。

　　当拓跋鲜卑还处在大兴安岭的深山之中时，史籍所言鲜卑概指东部鲜卑。西汉初，"鲜卑自为冒顿所破，远窜辽东塞外，不与余国争衡，未有名通于汉，而自与乌丸相接"（《三国志·魏书·乌丸传》裴注引王沈《魏书》）。东汉早期，匈奴渐衰，东部鲜卑转盛。至2世纪中叶，鲜卑族的领袖檀石槐统一草原各部，"南抄汉边，北拒丁零，东却夫余，西击乌孙，尽据匈奴故地"（王沈《魏书》）。檀石槐的部落军事大联盟下属12大人，分东、中、西3部。《三国志·魏志·田豫传》说："自高柳以东，濊貊以西，鲜卑数十部，比能、弥加、素利等割地统御，各有分界。"这里提到的弥加和素利都是东部大人。东部大人的辖地恰位于"辽东塞外"，东部鲜卑在此经营已久。榆树地区当时应为东部鲜卑的某一东部大人所领。

老河深鲜卑墓的出土物种类颇丰，其中有大量铁器，还有东汉中期流行的七乳禽兽带纹镜。这里出土的铜柄铁剑长95.8厘米，装石镡，茎上贯扁铜环（图108-8）。还出土了不少件金丝或银丝扭结成的耳饰（图108-5）。而此种剑和扭丝耳饰又见于辽宁西丰西岔沟古墓群。它们是老河深的，也是西岔沟的极具特色的器物。

西岔沟墓地很大，出土物上万件[12]。关于其墓主之族属，或主匈奴说，或主乌桓说，或认为其内涵复杂，主要族属尚难确指。西岔沟在老河深西南，虽距辽东汉塞不远。但比乌桓"居止近塞，朝发穹庐，暮至城郭"（《后汉书·乌桓传》），还要更靠北一些。据老河深出土物提供的线索，看来这些墓也应属东部鲜卑。不过此地的匈奴色彩更浓，恐与其时代较早（西汉晚期—东汉早期）有关。这里甚至还出土打制的石镞（图108-10）。而且有些出土物或即匈奴产品，比如其所出之著名的双骑士纹铜带头上的骑士，从发式考察，既非鲜卑亦非乌桓，而应是匈奴人（图108-22）。还有些器物则带有明显的北方草原文化色彩，如"双鸟回首式"铜柄铁剑（图108-7）等。

在匈奴、乌桓、鲜卑三者之中，乌桓文化的特点最不明确，迄今为止，尚未识别出他们的典型器物。东汉建武时，乌桓人一部分入居塞内，一部分留在塞外。入塞的乌桓受东汉控制，其精锐的"乌桓胡骑"直接受长水校尉指挥。原先的大人、渠帅，这时则被封为率众王、侯、长[13]。这类官号虽不独封给乌桓，也封给其他族的首领，如鲜卑族遗物中也有"汉鲜卑率众长"铜印（图108-15）。但存世乌桓铜印上却常加"保塞"二字，而颁发给其他少数民族首领之印则未见加此二字者。传世品中有新莽的"新保塞乌桓狊犁邑率众侯"龟钮金印（《秦汉南北朝官印征存》656）。东汉的"汉保塞乌桓率众长"驼钮印（图108-14），现存者达四枚以上。《汉书·赵充国传》说："间者匈奴困于西方，闻乌桓来保塞。"《后汉书·乌桓传》也说，宣帝时乌桓"乃保塞降附"。正与印文反映的情况相合。保塞诸部应居于近塞一线。《汉书·匈奴传》颜注："保塞蛮夷，谓本来属汉，而居边塞自保守。"就说明了这种情形。东汉末，三郡（右北平、辽西、辽东）乌桓为天下名骑，袁绍、曹操等都企图控制利用。以致他们日益卷入内地的割据战争之中，原先的民族特点遂更加淡化了。

注释

①②③　田广金、郭素新：《鄂尔多斯式青铜器》，文物出版社，1986年。

④　青海省文物管理处考古队：《青海大通上孙家寨的匈奴墓》，《文物》1979年第4期。

⑤　俞伟超：《先秦两汉考古学论集·古代"西戎"和"羌"、"胡"考古学文化归属问题探讨》，文物出版社，1985年。

⑥　M. Rostovtzeff, *The Anmal Style in South Russia and China*. P1. XV1. Princeton, 1929.

⑦　见潘其风、韩康信：《内蒙桃红巴拉古墓和青海大通匈奴墓人骨的研究》，《考古》1984年第4期。

⑧　中国科学院考古研究所：《沣西发掘报告》第138—139页。文物出版社，1962年。马长寿：《北狄与匈奴》第150页，三联书店，1962年。林干：《匈奴史》第158页，内蒙古人民出版社，1976年。

⑨　刘莉：《铜鍑考》，《考古与文物》1987年第3期。冯恩学：《中国境内的北方系东区青铜釜研究》，载《青果集》，知识出版社，1993年。郭物：《第二群青铜（铁）鍑研究》，《考古学报》2007年第1期。

⑩　见《中国の美术》（淡交社）卷1，图15。

⑪　米文平：《鲜卑石室的发现与初步研究》，《文物》1981年第2期。

⑫　孙守道：《"匈奴西岔沟文化"古墓群的发现》，《文物》1960年第8、9期。

⑬　"率众"为"率众向化"之意，见《后汉书·乌桓传》。又《后汉书·鲜卑传》："阳嘉元年冬，耿晔遣乌桓亲汉都尉戎朱鹿、率众王、侯咄归等，出塞抄击鲜卑，大斩获而还。赐咄归等以下为率众王、侯、长，赐绵缯各有差。"可见其封号有王、侯、长之别。

一〇九、少数民族文物 Ⅱ

南越

　　汉代常将胡、越并称，因为这时北方主要的少数民族是胡，南方则是越。战国秦汉时期，江南和岭南各地居住着众多越人，由于他们的支系甚繁，故统称百越。又由于岭南设郡之前，越人居地在地理概念上属于扬州，故又统称扬越。越字亦作粤。《汉书·两粤传》："秦并天下，略定扬粤，置桂林、南海、象郡。"颜注："本扬州之分，故云扬粤。"具体地说：则居于今苏南、浙北的名于越，居于今浙南的名东瓯（越），居于今福建的名闽越，居于今广西东南部的名西瓯（越），居于今广西西南部及越南北部的名骆越。秦末，赵佗以南海郡的番禺（今广州）为中心，"击并桂林、象郡，自立为南越武王"（《史记·南越列传》）。按照秦郡的区划，此三郡已包括整个两广。本篇所说的南越亦指这一地区而言。不过，由于中原文化的强大影响，我国各地的越文化先后与中原文化融合为统一的中华古文化。至汉初，这一过程在于越地区已基本完成。闽越地区因汉武帝时"将其民徙处江淮之间"（《史记·东越列传》），故出土的西汉遗物相对说来要少一些，而且其特点与南越类似。所以这里只介绍南越（含西瓯）的情况。

　　南越地区进入青铜时代以后，已经出现了若干种很有特色的越式铜器，其中有些器物的特点甚至可以追溯到新石器时代。然而如同上文所说，我国的越文化与汉文化于西汉时正在急剧融合。特别由于赵佗本人是真定（今河北正定）人，所以在他统治下的南越，更容易接受中原文化。两广大墓，即便是西汉早期的、可以推定墓主为越人的，也并不单纯以越式器随葬。比如广西贵县罗泊湾1、2号西瓯君及夫人墓的随葬品中，汉式器物就占有明显的优势[①]。以后更由于一再自内地向岭南徙民，武帝时且"除边关"、"用汉法"，继而在岭南设置九郡，遂使这一地区之经济文化的发展与内地渐趋一致。至东汉时，形制特殊的越式器在这里已经不太常见了。

在饮食器中，越式鼎比较容易识别。这种鼎在先秦时已经形成，多为盘口、口沿上有两个带绚纹的立耳、三撇足。鼎足外撇的做法在石峡文化的陶器中已经出现，南越地区的越式鼎长期保持着这一特点。此外，先秦时还有敛口、带盖、装附耳的撇足鼎，显然曾受到楚器的影响，如湖南的楚墓中就出土过这样的鼎[②]。至汉代，盘口撇足鼎在广州象岗南越王墓及竹园岗1095号、广西贺县高寨4号、贵县罗泊湾1号等西汉早期墓中均出[③]（图109-1）。到了西汉中期，盘口鼎已少见。但带盖的敛口鼎继续流行，不过鼎体愈来愈和中原汉鼎的式样接近，只是鼎足仍向外撇。直到东汉后期，此式鼎还在广州先烈路惠州坟场5036号墓中出土（图109-2）。一般说来，越式鼎制作较粗糙，无纹饰，底部多有厚烟炱，皆为实用器。

再如匏壶，也是常见的越式器。它在先秦时期岭南地区的印纹硬陶中已经出现。西汉早期的匏壶器体丰肥，多为平底、小口，器形像一个截去顶端的葫芦（图109-5）。也有的带有很矮的圈足或三扁足。西汉中期至晚期是匏壶的繁荣时期。这时壶的上半部加长，圈足加高，但壶口仍然很小。广西合浦堂排2号西汉墓中的一件陶匏壶，出土时器口尚塞以木塞[④]。大约也在西汉中期前后，还出现了一种在陶匏壶之形制的基础上改进而成的铜匏壶，它的轮廓与陶匏壶相似，唯器颈缩短，颈之上部装两附耳，耳部中间有突出的鼻，为系绳固盖所用，形制独特。其器口较大，故不用木塞而用木盖或铜盖。它的圈足较高，一般都带有镂空的花纹，与中原铜壶颇不相同（图109-6）。陶匏壶可用于盛水或盛酒，铜匏壶则应是盛酒的。

另一种盛酒的越式器为提筒，有陶制的，也有铜制的。铜提筒流行于南越国存在的近百年间，此后则只见陶提筒。二者的造型基本相同，器身为直筒形，平底。陶提筒装贯耳，有盖。铜提筒装附耳，配木盖（图109-3）。广州先烈路龙生岗4013号东汉早期墓所出陶提筒盖内墨书："藏酒十石，令兴寿至三万岁。"[⑤]可见它也是盛酒用的。铜提筒和铜匏壶的纹饰往往很相近，虽并非同一地点所出者也是如此，其附耳的特点也完全相同。鉴于提筒与筒形尊无论用途或器形均相接近，所以越式器中的提筒和匏壶大约相当于中原的尊、壶，是一套可以搭配起来使用的酒器。中原的酒尊中置勺，越式器中则有匏勺。其勺体接近球形，敛口，口呈桃形或圆形，有陶、铜两类，均与尊、壶等容器相配合（图109-12）。越式器中的匏勺与湖南长沙陈家大山楚墓所出者类似[⑥]，应曾受楚器的影响，但此物至西汉后期已很少出现。

岭南果品丰富，这里的西汉早期墓中常出各种陶质联体器，如双联罐、三联罐（图109-14）、四联罐、五联罐等，其中有的尚存果核，可见是盛果品用的。和它的用途相近者有一种联体盒，不过数量较少。广州先烈路麻鹰岗1176号西汉墓出土的八联

图版109

越式鼎
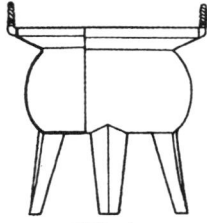
109-1

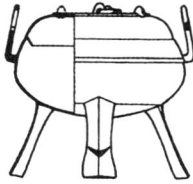
109-2

附领簋
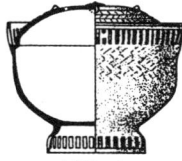
109-4

陶匏壶
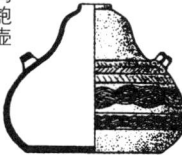
109-5

匏勺
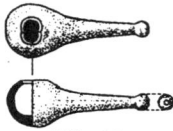
109-12

格盘

109-13

三联罐
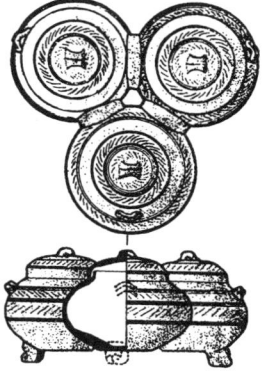

109-14

提筒
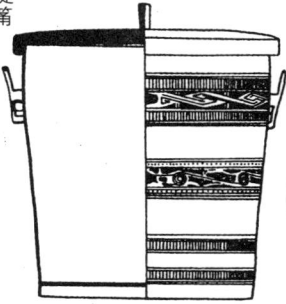
109-3

铜匏壶

109-6

八联盒
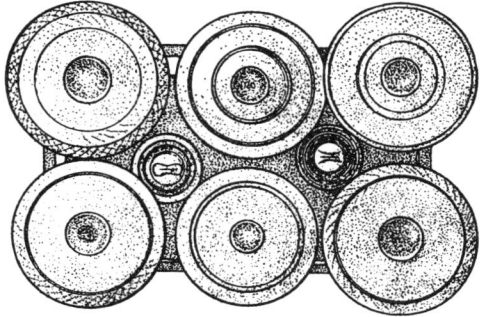

109-15

羊角钮钟
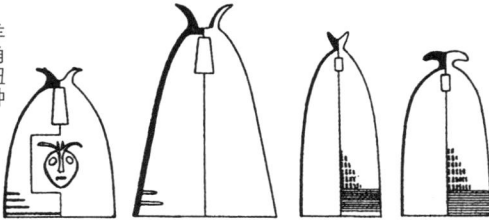
109-7　　109-8　　109-9　　109-10

石寨山型铜鼓

109-11

北流型铜鼓
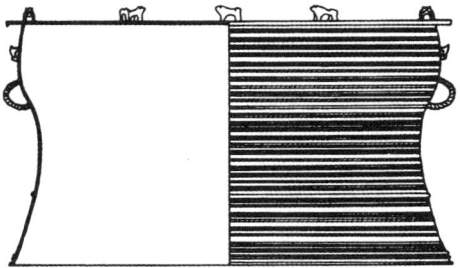
109-16

盒，将6个大盒和两个小盒粘联在长方形镂孔的器座上，结构颇精巧（图109-15），但联体陶器至西汉晚期以后已不再出现。此外，在整个两汉时期岭南墓葬中常出土格盒、格盘，器内分成若干格，可以盛果品及小食品（图84-17，109-13）。它在吴、晋时风行全国，被称为樏，而其渊源则应追溯到南越。

上述各种器物产生的时间都比较早，至少在西汉早期已经出现。可是到了西汉晚期，这里又出现了一种形制新颖的陶簋。它的特点是在器身与器盖相接处，围绕口沿附加一圈高领，领上与下面的圈足上大都排满镂孔（图109-4）。这种器形为中原所未见，是汉代新出的越式器。

饮食器之外，兵器中的越式无格扁茎铜短剑曾在广州石头岗1097号及蛇头岗1118号、广西平乐银山岭78号、108号、155号等西汉早期墓出土[7]，但数量不多，而且在较短的时期中已为汉式武器所取代，故不具论。乐器中的铜鼓和羊角钮钟等则较为重要。铜鼓固然不能算作纯粹的越式器，因为它起源于云南，但两广也是出土古铜鼓的重要地区之一，我国铜鼓中的一种主要的类型就是在这里产生的。就目前掌握的材料而论，楚雄大海波和万家坝出土者，是已知之最早的铜鼓[8]。但根据测音结果，万家坝23号墓所出四铜鼓已有统一的音高标准，四鼓之间有着有机的音程组合关系[9]，所以它们并不是最原始的铜鼓。大海波出土的那面铜鼓比万家坝的更原始，据判断其年代为西周，可惜仅为孤例，而且不是发掘出土的。不过看来在云南的考古发掘中找到更多的西周铜鼓的可能性是存在的。继万家坝型之后，在滇池地区出现了石寨山型铜鼓。此型铜鼓除了向川、黔方面传播外，还有一支沿驮娘江和右江上游传播到广南、西林、百色、田东一带，并沿江而下，最东到达贵县。其中，西林普驮句町君长墓出土者颇精美。此墓共出铜鼓四面，最大的面径78厘米，通高51厘米。鼓面中心为16芒光体，六晕，主晕中饰翔鹭20只。鼓胸膨起，腰部明显收缩。鼓胸饰羽冠人划船纹六组，鼓腰上半部饰鹿纹、下半部饰羽冠舞人，各12组。无论其形制、纹饰题材和布局，都是典型的石寨山型（图109-11）。此型铜鼓传入广西后，主要分布于其西部、西南部和西北部。而在广西东南部和广东西南部则分布着另一种在造型和纹饰上与前者颇不相同的类型：北流型铜鼓。此型铜鼓的鼓面常伸出鼓颈之外，有的且向下折，形成裙边，面上一般环列4蛙，中央的光体小而凸起，芒短而少。不过应当说明的是，鼓面中心饰以多芒光体本是中原地区通行的作法，四川彭山汉墓出土的"寺门击鼓"画像砖中的建鼓上就有这种图案。北流型铜鼓的面晕多为等距，以三弦分晕。其胸部不甚膨起，胸腰间的曲线缓和，收缩不大。鼓身上的晕窄而密，晕间布满云雷纹。足部较大，足径大致等于面径（图109-16）。北流型铜鼓的另一个特点是形体硕大。北流县水桶庵旧藏者，面径166厘米，残高67.5厘米，重300公斤，是已知之最大的铜鼓[⑩]。这种铜鼓大约是西瓯人的后裔乌浒人和骆越人创制的[⑪]。迄今为止，出土与征集的北流鼓虽已多达百面，全都得自窖藏，缺少可资断代的伴出物。但中国国家博物馆所藏广西岑溪出土的此型铜鼓，在鼓面和鼓身上都饰有五铢钱纹带，据钱文判断，捺印鼓范时用的是东汉五铢，故北流型铜鼓流行的时间大约相当东汉时。

我国南方铜鼓的历史悠久，形制繁多。但岭南地区，特别是广西，为铜鼓的两大类型即云南类型和两广类型会合之处。这里不仅有石寨山型、北流型铜鼓，还有冷水冲型和灵山型铜鼓，情况比较复杂。目前为多数人接受的看法是：灵山型是继承北流型而来，冷水冲型则是云南类型和两广类型互相交流的产物[⑫]。它的出土地点横贯广西中部，恰好位于两大类型各自之分布区的中间地带，其器形之纹饰也带有两方面的特点。不过由于年代明确的实例不足，尚须进一步深入研究才能得出结论。

铜鼓在古代南方各少数民族中均被视为象征权力的重器，但同时它也是乐器。石寨山12号墓所出贮贝器盖上的祭祀群像中，铜鼓和錞于并悬一架，由一名乐工敲击[⑬]。在罗泊湾1号西汉墓中，铜鼓与筒形钟、羊角钮钟伴出。可见铜鼓可以和这几种乐器一同演奏，但如何配合尚不清楚。已知最早的羊角钮钟出土于云南楚雄万家坝1号墓，钟体上窄下宽，正视近等腰三角形。两枚羊角形錾钮向上斜立，呈倒八字形。罗泊湾1号墓所出西汉早期羊角钮钟与之接近（图109-7）。广西西林普驮屯出土的羊角钮钟，形体更大些，但造型与罗泊湾钟亦相近（图109-8）。晚期的实例出土于广西容县龙井圯，钟身修长，两枚羊角钮有成倒人字形的，也有连接成一字形且略向下勾的（图109-9、10）。其上之云纹与岑溪五铢钱纹铜鼓所饰者接近，估计其时代应为西汉晚期到东汉初。羊角钮钟的形象也见于广西宁明花山第1处岩画中[⑭]，而同一岩画上有不少人像佩环首长刀，应为长铁刀。这种刀在广西的流行，其时代亦不能早于西汉晚期，东汉初的可能性则更大。羊角钮钟既有单独使用的特钟，也有多件成组的编钟。云南楚雄万家坝战国墓出土的羊角钮编钟，一组六件，大小依次递减。经测试，每件可奏出两个乐音，是一种旋律乐器。至汉代，仅在容县龙井圯出土过四件一组的羊角钮钟，其测音情况不详。东汉中期以后，这种乐器就逐渐少见了。

注释

① 广西壮族自治区文物工作队：《广西贵县罗泊湾一号墓发掘简报》，《文物》1978年第9期；又《广西贵县罗泊湾二号汉墓》，《考古》1982年第4期。

② 高崇文：《东周楚式鼎形态分析》，《江汉考古》1983年第1期。

③ 广州象岗汉墓发掘队：《西汉南越王墓发掘初步报告》，《考古》1984年第3期。广州市文物管理委员会、广州市博物馆：《广州汉墓》卷上，第136页，文物出版社，1981。广西壮族自治区文物工作队、贺县文化局：《广西贺县河东高寨西汉墓》，《文物资料丛刊》第4集。

④ 广西壮族自治区文物工作队：《广西合浦县堂排汉墓发掘简报》，《文物资料丛刊》第4集。

⑤ 《广州汉墓》卷上，第323页。

⑥ 北京历史博物馆：《楚文物展览图录》第11页。1954年。

⑦ 《广州汉墓》卷上，第140页。广西壮族自治区文物工作队：《平乐银山岭战国墓》，《考古学报》1978年第2期。银山岭这批墓葬原定为战国墓，黄展岳认为应改定为西汉，见《论两广出土的先秦青铜器》，《考古学报》1986年第4期。

⑧ 楚雄大海波铜鼓，见《古代铜鼓学术讨论会论文集》图版1，文物出版社，1982年。楚雄万家坝铜鼓，见云南省文物工作队：《楚雄万家坝古墓群发掘报告》，《考古学报》1983年第3期。

⑨ 吴钊等：《万家坝、石寨山铜鼓生律法倾向的初步研究》，《中国铜鼓研究会第二次学术讨论会论文集》，文物出版社，1986年。

⑩⑪ 蒋廷瑜：《粤式铜鼓的初步研究》，《古代铜鼓学术讨论会论文集》。

⑫ 中国古代铜鼓研究会秘书处：《古代铜鼓第二次学术讨论会纪要》，载《中国铜鼓研究会第二次学术讨论会论文集》。

⑬ 易学钟：《晋宁石寨山12号墓贮贝器上人物雕像考释》，《考古学报》1987年第4期。

⑭ 覃圣敏等：《广西左江流域崖壁画考察与研究》，广西民族出版社，1987年。

一一○、少数民族文物 Ⅲ

滇，昆明

据《史记·西南夷列传》说，夜郎以西即今云南地区的各族邑落很多，其中"魋结，耕田，有邑聚者"，"滇为大"；而"编发，随畜迁徙，毋常处"者，则有昆明等部。滇人由滇池得名。《汉书·西南夷传》颜注："地有滇池，因以为名也。"建国以前出土的滇人遗物极为零星，上世纪50年代以来，滇人遗物始大量出土，成为我国考古学上的重大收获之一。

滇人居地以滇池为中心，东至陆良、曲靖，南濒元江，西抵禄丰，与滇西昆明人的地区相接壤。汉代的滇人遗物主要发现于晋宁石寨山、江川李家山、安宁太极山与呈贡石碑村及小松山等地之墓葬中①。其中晋宁石寨山6号墓曾出土一枚金质蛇钮"滇王之印"，应即汉武帝于元封二年（前109年）所颁赐者（图110-7）。由于这批墓葬中还出了若干可资断代之物，如半两钱、五铢钱、星云纹镜等，故可以之为基准，对墓葬进行分期。大体说来，春秋晚期至战国中期的滇人墓仅出小件铜器。战国晚期至西汉早期铜器已常见，且有大型铜农具，但铁器甚罕。西汉中期设立益州郡以后，铁器广泛出现，中原输入品增多。东汉以后，地方特点逐渐消失，出土器物与全国的共同风格趋于一致。

《史记·西南夷列传》认为滇人系"靡莫之属"，他们是由本地居民与自江汉地区西迁的濮人融合而成的。在生活用器中，一种带有濮文化色彩的侈口、束颈、扁腹釜很引人注意。它也出现在这时同样受到濮文化影响的夜郎器物中。此类釜之陶制者本为圜底，铜铸者则改为平底。它不仅被广泛使用，还成了制作其他器型的母本。将铜侈口釜倒扣过来敲击，就成了铜鼓。云南楚雄万家坝滇墓所出铜鼓，器形与铜釜完全一致，鼓面上且有烟熏痕迹，证明它确曾兼作炊器。如果在铜釜下部增加三足，则成为铜鼎。鼎不是滇文化之固有的器型。云南呈贡天子庙41号滇墓的年代相对较早，所出铜鼎之器身亦呈釜形，三足似剖开的竹筒形，饰巫师纹。其口径近50厘米，庞大庄重，显然有模仿中原文化的用意。但伴出之物为铜箭、铜鼓等，独陈一鼎，难以根据礼制作出解释。云南昆明羊甫头113号滇墓出土的釜形鼎，三剖竹形足微微外撇，似可从中看到越式鼎的影子（图110-1）。

滇人的生产活动以农业为主，这里先介绍他们的农具。与中原地区青铜农具较为少见的情况不同，滇人墓中出土的青铜农具相当多。就镤（图110-3、4）、锄、臿、镰而论，到1977年已发现127件[②]。其中的镤过去曾被误认为犁，经王大道将它们与石寨山20号墓所出贮贝器盖上的荷镤人像相较（图110-5），始确认此物为镤[③]，是滇人之主要的起土农具。在滇人遗物中，一直不曾发现有关犁耕的材料，青铜时代的滇人所从事的是锄耕农业。至西汉中期，冶铁技术传入滇池地区，这里开始出现各种铜铁合体的农具和工具，如铜柄铁镰（图110-2）、铜骹铁斧、铜柄铁锥等。全以铁制的器物则要到其晚期墓中才出现。至于昆明人，他们的铜农具为数甚少。除了居住在洱海地区的昆明墓葬中发现过制作较粗糙的铜锄外（图110-6），居住在怒江、澜沧江河谷的昆明人仍以畜牧经济为主，他们的墓葬中未发现铜农具[④]。

滇人的武器也比较特殊。在战国及其前，他们受中原文化影响较少，有些青铜武器的式样很怪，如狼牙棒、啄、弧形偏刃细骹钺、叉等。这时滇人的剑为粗扁圆形茎，无格，其铜斧的骹也是扁圆形的。进入汉代以后，旧式的直骹铜钺之类虽亦偶见（图110-10），但一字格铜剑、方骹铜斧（图110-11）与铜矛已成为武器的基本组合。一字格铜剑在夜郎遗物中也曾发现（图111-9），反映出滇文化与夜郎文化有着密切的关系。同时期之滇西昆明地区的武器则以铜剑、铜矛为主。昆明铜剑一般长30厘米左右，剑茎中空，表面铸有凸起的螺旋纹，剑格呈三叉形，中间一叉常与剑脊并合，考古学上称之为三叉格剑。这种剑在楚雄万家坝、大理五指山等地均曾出土（图110-12）。西汉中期以后，随着冶铁术的传入，出现了铜铁合体的武器。其中铜柄铁剑较常见，在滇池地区和滇西地区均曾发现。滇池地区的铜柄铁剑有一字格的，系沿袭当地前一时期青铜剑的式样，但更多的为三叉格，应是滇人借鉴于昆明剑而制作，大理金梭岛发现的铜柄铁剑与滇池地区的后一种剑式样基本相同[⑤]。不过在滇池地区，这种剑更受重视，制作更精（图110-14）。其剑身狭长，三叉格的边缘上除锯齿外并附有小圆圈，剑格中的纹饰亦较繁缛，个别优异之品还在鞘外包以金壳（图110-13）。此外，长铜骹的铁矛和方骹斧这时也广泛使用。至西汉晚期，内地式样的长铁剑、环首铁刀、铁矛等开始占据优势，上述各类武器遂渐次隐没不见。

滇池地区的青铜器上还经常出现滇族战士的形象。在战争的场合中，他们身穿

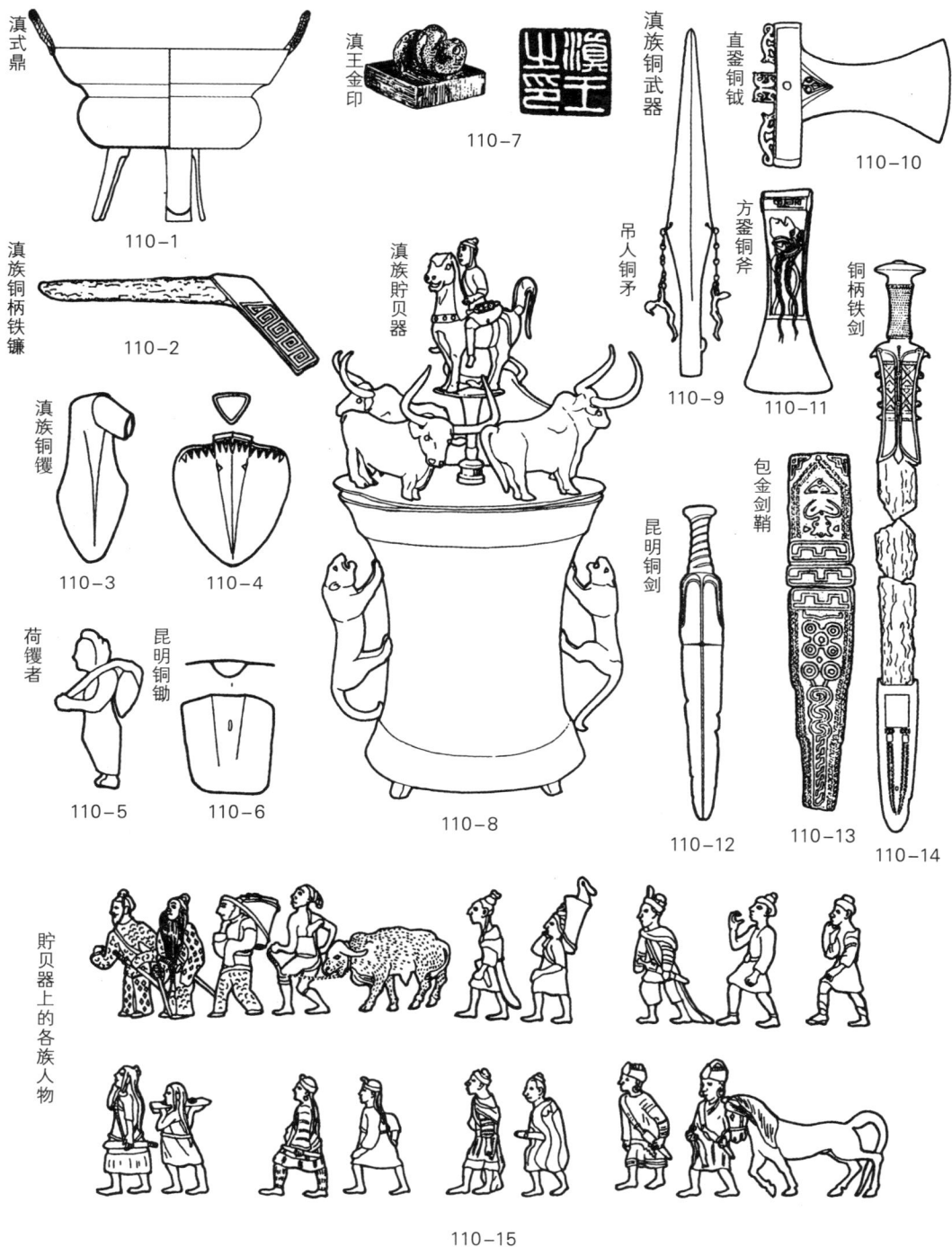

图版110

滇式鼎

110-1

滇族铜柄铁镰

110-2

滇族铜钁

110-3

110-4

荷钁者

110-5

昆明铜锄

110-6

滇王金印

110-7

滇族贮贝器

110-8

滇族铜武器

吊人铜矛

110-9

方銎铜斧

110-11

直銎铜钺

110-10

铜柄铁剑

昆明铜剑

110-12

包金剑鞘

110-13

110-14

贮贝器上的各族人物

110-15

盔甲，手持"滇盾"，挺矛挥刃；其首领则纵辔跃马，显得相当英武。在平时，他们或着盛装：披华毡，戴翎饰，耳环臂钏，扎腿跣足。在一件贮贝器上，于四头封牛当中耸立圆台，一名骑马佩剑的鎏金武士高据其上，鹰瞵虎视，睥睨傲岸，大有不可一世之概（图110-8）。所以直到元狩元年（前122年），滇王还向汉使者提出"汉孰与我大"的问题，也正是这种心理状态的反映⑥。

不过当益州郡建立之前，滇人尚处在早期奴隶制的社会阶段。武士们主要的活动就是俘获异族人作奴隶。这些异族人多数头梳发辫，大约就是"编发"的昆明人。石寨山13号墓出土的刻有图画文字的铜片上，就以带枷的昆明人代表奴隶⑦。在一块铜饰牌上，两名滇族武士得胜归来，走在前面的手提一发辫很长的人头。他们带回的战利品是牛、羊和一个被绳索缚起的、背负小孩的昆明妇女。进行反抗的昆明人则被杀戮。在铜斧上有梳发辫的人头纹（图110-11）。在铜矛上悬有裸体的俘虏像（图110-9）。这些俘虏或奴隶有时还被当作祭神时的牺牲。以人喂大蛇（蛇神？）的情况在石寨山1号与12号墓出土的贮贝器盖的群像中曾两次出现⑧。

昆明人之外，慑于滇人的武力，邻近一些部落也向滇王归顺纳贡。石寨山13号墓出土的一件贮贝器，已残，但在其中部尚保存着一圈人物，共17人，可分为七组，其服饰各不相同。每组的前导者为其头人或君长，后面的人则牵牛马负物相随（图110-15）。冯汉骥认为系表现向滇王进贡或献纳之人⑨。另外石寨山1号墓出土的贮贝器上也铸出人像，共18人，均系妇女，大都在从事纺织。这上面除滇族女奴隶主与其近侍外，其余16人依发式的不同也可以分成七组⑩。不过这两处的分组是否互相对应，以及各组属于何族，目前尚无法作出圆满的回答。然而通过这些形象却不难看出滇王在当地的权威。

同时滇人在工艺制作上也拥有优势，在出土物中显示出其惊人的艺术才能。他们不仅善于对用器和武器进行精细的装饰加工，而且善于塑造动物及人物的立体形象。出自他们手下的动物，大都非常逼真。有些表现动物搏斗题材的装饰品，线条紧张，气氛热烈，充满了运动感。但以之与北方草原民族的动物艺术相较，不仅风格不同，动物的种类亦有别。北方民族喜用的麋鹿、羚羊、野驴、骆驼及龙等，在滇人的工艺品中少见。他们这里雕塑的封牛、猕猴、水獭、狸猫、孔雀、犀鸟等，也为北方动物艺术中所无。大体上说，滇人的工艺是一种乡土艺术，外来的影响很浅淡。特别应当提到的是，滇人匠师还有驾驭大场面的能力，有些贮贝器盖上的群塑，人物多达一百数十，他们却能处理得层次分明，情节连贯。可惜其主题是在歌颂奴隶制下残酷的巫鬼信仰，不免使它在艺术史上的光彩为之减色。

提到贮贝器，还应当指出它和铜鼓的关系。石寨山出土的杀人祭鼓、纺织、纳贡等贮贝器，器体造型皆与铜鼓相同，而且在云南的楚雄、祥云、弥渡、昌宁一带，出土了东南亚已知之最早的铜鼓，所以这里应是铜鼓的起源地[11]。以后，铜鼓东传至滇池地区的晋宁、江川等地，其造型愈加成熟。进而又向川、黔、桂及中印半岛各地传播。东汉以后，云南的铜鼓制造业一度中衰，而广西的各型铜鼓却繁盛起来。关于这方面的情况，本书上一篇中已作介绍，这里就不详说了。

注释

①　云南省博物馆：《云南晋宁石寨山古遗址及墓葬》，《考古学报》1956年第1期；又《云南晋宁石寨山古墓群发掘报告》，文物出版社，1959年；又《云南晋宁石寨山第三次发掘简报》，《考古》1959年第9期；又《云南晋宁石寨山古墓第四次发掘简报》，《考古》1963年第9期；又《云南晋宁石寨山古墓群出土铜器补遗》，《文物》1964年第2期。云南省博物馆：《云南江川李家山古墓群发掘报告》，《考古学报》1975年第2期。云南省文物工作队：《云南安宁太极山古墓群清理报告》，《考古》1965年第9期。王大道：《滇池区域的青铜文化》，《云南青铜器论丛》，文物出版社，1981年。

②　同注①所揭王大道文。

③　王大道：《云南滇池区域青铜时代的金属农业生产工具》，《考古》1977年第2期。

④　张增祺：《滇西青铜文化初探》，载《云南青铜器论丛》；又《关于"昆明"与"昆明文化"的若干问题》，《考古与文物》1987年第2期。

⑤　《云南大理收集到一批汉代铜器》，《考古》1966年第4期。

⑥　《汉书·西南夷传》。

⑦　林声：《试释云南晋宁石寨山出土铜片上的图画文字》，载《云南青铜器论丛》。

⑧　易学钟：《晋宁石寨山12号墓贮贝器上人物雕像考释》，《考古学报》1987年第4期。

⑨⑩　冯汉骥：《云南晋宁石寨山出土文物的族属问题试探》，《考古》1961年第9期。

⑪　广西壮族自治区博物馆：《古代铜鼓学术讨论会纪要》，载《古代铜鼓学术讨论会论文集》。

一一一、少数民族文物 Ⅳ

夜郎，邛都，羌，巴蜀

西南夷中除滇国外，实力较强的则推夜郎。夜郎立国于今贵州西部，中心可能在安顺一带[①]。武帝时夜郎内附，其地分隶犍为郡和牂柯郡。近年在贵州赫章可乐与威宁中水发现了汉代夜郎墓群，从而对夜郎文化有所认识。同时，在贵州的盘县、普安、兴义、清镇等地又收集到一批流散的夜郎文物。另外，在赫章和清镇的汉族官吏墓中，也曾出土夜郎制作的器物[②]。

已发现的夜郎墓葬一般都是比较小的竖穴土坑墓，无封土，无墓道，多数无棺木。其中有的以铜鼓、铜釜或铁釜作葬具，但仅将墓主的头骨置内，无躯体骨骸，属于二次葬。此种葬式除广西西林普驮句町墓与之相近外，为他处所罕见[③]。夜郎墓的随葬品以夹砂素面陶罐居多，也有汉式武器、工具、饮食器、铜器、印章、钱币等，但更为人瞩目的是所出之具有西南地方特色的器物。如农具中的长方形铜锄，武器中的方内无胡二穿戈（图111-6）、靴形钺（图111-7）、镂孔牌状首实心圆柱茎铜柄铁剑（图111-8）、空心圆柱茎一字格曲刃铜剑（图111-9）、扁茎无格柳叶形铜剑（图111-10），饮食器中的鼓形铜釜（图111-1）、刻有记号的单耳陶罐、双耳陶罐、喇叭口陶杯（图111-3），服饰品中的镶松石铜钏（图111-4）、宽边铜钏、鲵鱼形及牛头形带钩（图111-2）、各种扣饰、铜发饰、长条状铜背木梳，以及铜贮贝器、石寨山型铜鼓等。从这些器物的形制上可以看出，夜郎与西南各地的文化联系非常紧密。这里的铜锄和一字格铜剑为滇池地区的常见之物。铜釜的名称见于《魏书·獠传》，谓其"铸铜为器，大口宽腹，名曰铜釜"。又说它"既薄且轻，易于熟食"，正和出土物的情况相合。但这类器物在滇西地区也常见，两地的铜釜十分肖似。赫章可乐91号墓出土一件用铜鼓改装成的铜釜，而在楚雄万家坝1号墓中也出了同样的一件[④]。更不用说可乐153号墓出土的石寨山型铜鼓的制作工艺是来自"滇文化"之中的了。此外，也有些器

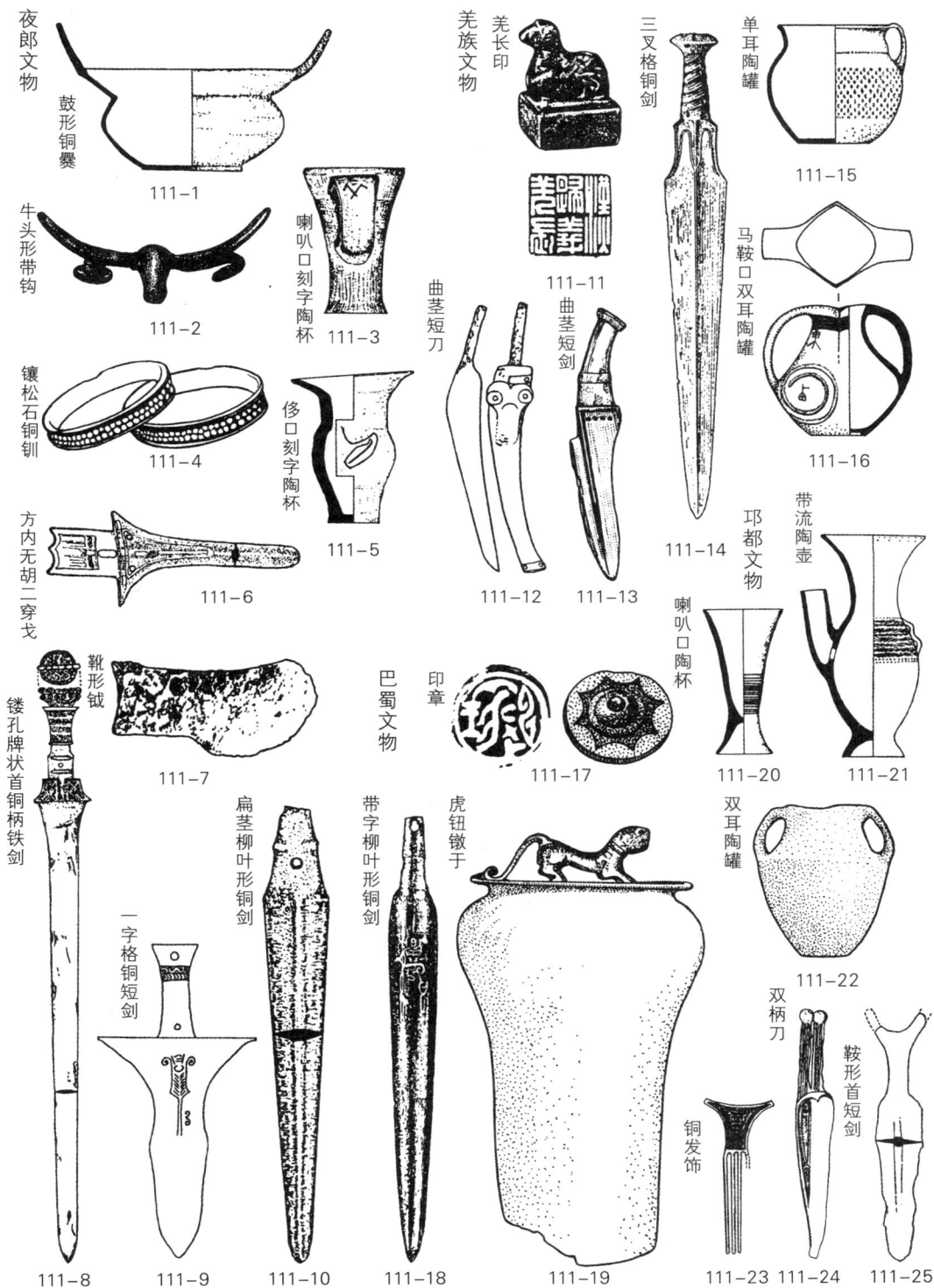

图版111

夜郎文物

鼓形铜篓
111-1

牛头形带钩
111-2

镶松石铜钏
111-4

方内无胡二穿戈
111-6

喇叭口刻字陶杯
111-3

侈口刻字陶杯
111-5

靴形钺
111-7

镂孔牌状首铜柄铁剑
111-8

一字格铜短剑
111-9

扁茎柳叶形铜剑
111-10

带字柳叶形铜剑
111-18

羌族文物

羌长印
111-11

曲茎短刀
111-12

曲茎短剑
111-13

三叉格铜剑
111-14

巴蜀文物

印章
111-17

虎钮錞于
111-19

单耳陶罐
111-15

马鞍口双耳陶罐
111-16

邛都文物

喇叭口陶杯
111-20

带流陶壶
111-21

双耳陶罐
111-22

铜发饰
111-23

双柄刀
111-24

鞍形首短剑
111-25

537

物明显地受到"巴蜀文化"的影响。如这里出土的扁茎无格柳叶形铜剑，就是巴蜀式的；但巴蜀铜剑上常有巴蜀符号，夜郎铜剑则无。赫章可乐的夜郎墓中出土的柳叶形铁剑，亦为巴蜀遗物中所未见。又威宁出土的无胡二穿铜戈也值得注意。宋世坤认为："此种铜戈虽然开始出现于战国初期，但数量甚少，且主要流行于楚雄一带。战国晚期至西汉早期，这种铜戈开始大量铸造和盛行，地区则扩大到滇池周围。也就在此时，这种戈传入了贵州古夜郎地区"⑤。这样说虽然可以成立，但此式戈亦见于巴蜀，而且出现的时间更早，约可上溯至西周。夜郎戈在援的中脊处常隆起一凸棱，与巴蜀戈相同，而滇池地区的戈援多数比较扁平。内部末端的W形缺口，虽见于江川李家山出土戈，但在四川绵竹和简阳出土的早期蜀戈上也有⑥。所以不排除夜郎戈有自巴蜀方面取得借鉴的可能。

已知之夜郎的靴形铜钺经发掘出土的只有一件，系出自清镇18号西汉墓。这类铜钺在云南滇文化遗物和两广越文化遗物中都有。而清镇这一件属于"圆踵形"，与越文化中的靴形钺较接近。唯其刃颇短，"靴尖"部分仅微向外挑，具有自己的特点⑦。虽然如此，但仍透露出夜郎文化与越文化之间也存在着某些联系。

一般说来，夜郎的铜器比较粗糙，缺少精美的大型作品。在器物的创制能力方面夜郎不及滇西地区，在技术和艺术方面又不及滇池地区，经济实力较之巴蜀差距更大。但在夜郎的陶器和铜器上，却出现了一种具有文字性质的符号。陶器上的符号有些刻在坯上，有些是烧成后再刻上去的。铜器中如在普安铜鼓山征集的一柄短剑上刻有彡字（图111-9），在普安青山采集的一件铜钺上刻有❤字⑧。这些符号有的和老彝文的字形相同。比如一件喇叭口陶杯上刻有S字，根据彝文，其发音为gǔ，义为酒器（图111-5），恰与商周时觚字的音义相近，而此器之器形亦与铜觚有些相像。特别是图111-3所举陶杯上的╳字与甲骨文𢀖（羌，《后》上28·3）字之字形相近，因此有人怀疑夜郎文化或与羌文化有关⑨。这些说法虽含有推测成分，但夜郎符号中的若干字形尚保留在老彝文里却是事实。从这一点上说，在古代西南夷各族的原始文字中，它是生命力最强、流传时间最久的一种。

自夜郎地区向西渡过金沙江，在今四川凉山彝族自治州安宁河流域一带的越西、冕宁、喜德、西昌、昭觉、德昌、普格、米易等地有不少大石墓⑩。这种墓在地面上用巨石砌成墓室，墓门前有的还有石砌的墓道；也有的在墓室周围用碎石垒成圆丘，其上再起封土。大石墓中无葬具，人骨堆积在一起，每墓葬数人乃至百余人不等，系多次入葬。随葬品以双耳陶罐为主（图111-22），斜肩陶罐、带流的陶壶（图111-21）、喇叭口陶杯等物也比较常见（图111-20）。铜器中有镂空茎无格短剑、双柄刀（图111-

24)、鞍形首实茎短剑（图111-25）以及铜发饰（图111-23）、铜笄、铜钏、铜铃等。镂
空茎无格短剑出土于米易湾丘，茎已残断，形制与云南江川李家山出土的一种滇式
剑相同⑪。双柄铜刀的轮廓接近威宁中水出土的夜郎刀，在刀身与刀柄连接处的连弧
形，应为滇西之三叉格的简化形式。鞍形首短剑则应自滇西之双圆饼首短剑演变而
来。大石墓中出土的铜发饰有的顶端近牛首形，有的作长方牌形；后者与夜郎墓出土
的铜背长条形梳的轮廓相近，此物大约可兼起梳、钗的双重作用⑫。这里出土的铜钏
也与滇西及夜郎钏的式样相同。可见修建这类大石墓的民族与滇西和夜郎地区的关
系相当密切。

　　安宁河流域在西汉时属越嶲郡，郡治在邛都，即今之西昌。《汉书·西南夷传》
说："自滇以北，君长以十数，邛都最大。"可见活动在这一带的主要是邛都人。在其
聚居之中心的西昌附近，如坝河堡子、河西、燕家山、袁家山、黄水塘等许多地点均
发现大石墓，其出土物的特点与本地区其他大石墓相同，所以它们均应为邛都人所
修筑。有的研究者认为这里的大石墓属于筰人⑬。但《汉书·西南夷传》说南越破后，
"以邛都为粤嶲郡，筰都为沈黎郡"。沈黎郡治筰都应在今汉源县以北，与西昌相距
尚遥。宋治民以《汉书·司马相如传》中"通灵山道，桥孙水以通邛、筰"为据，指出
"孙水即今日之安宁河，这是通邛置越嶲郡的道路，已为史学界所公认。关于灵山究
在何处，蒙文通先生考证，此灵山乃指今雅安西面芦山县之灵关山，这是通筰置沈
黎郡之道路。""这就十分清楚说明邛、筰是居住在两处的两个民族，……在西汉末
邛人仍是安宁河流域的主要居民"⑭。其说是。四川喜德县拉克轱辘桥大石墓中曾出
土"大泉五十"，可证邛都人直到新莽时仍在这里修筑大石墓⑮。至于云南祥云、弥
渡、姚安等地的大石墓，其墓室之结构与随葬品均与上述邛都墓不同，时代可能要早
一些。由于这里之大石墓的民族归属迄今尚未能确定，兹不详述。

　　在川西和滇北还有一种石棺墓，是用石板围成棺室，底铺卵石，上盖石板而
成。这种墓主要分布在岷江上游的茂汶、汶川、理县，青衣江上游的宝兴，大渡
河下游的汉源，雅砻江中游的甘孜、雅江，雅砻江下游的木里、盐源，以及滇西
北的德钦等地⑯。石棺墓的葬式以仰身直肢葬为主，也有二次葬和火葬，像这类
三种葬式并存的情况，除石棺墓外，亦见于甘肃临洮寺洼文化的墓葬中。石棺墓
出土的陶器以单耳罐和双耳罐为主（图111-15、16），尤以双耳罐为其典型器物，
多为细泥黑陶，火候较高，器表打磨光滑，腹部常饰有两圈旋涡纹，颈部有一道
网纹。器耳宽大，自器口连接到腹径最大处，有些像希腊陶器中的安弗拉，故亦
称安弗拉式陶罐。其器口很特别，平视近马鞍形，俯视近菱形。形制与之相近的

双耳罐在寺洼文化和卡约文化的陶器中也有。而大石墓中出土的双耳罐口沿平直，且呈圆形，完全看不到这种特点。更值得注意的是在茂汶城关石棺墓出土的陶器上也刻划有文字或符号，其中有的很接近汉字，如𢀗、𠀃等，还有一些像是符号，但令人惊异的是，它们有的竟与寺洼陶器上刻划的符号极其相似。如两地都有×、+、↑等符号，寺洼的众形符号在石棺墓陶器上则作仌形⑰。所以上述甘、青古文化与石棺墓文化之间很可能存在着渊源和流裔的关系。寺洼文化的族属一般认为是戎或羌。茂汶也是羌人聚居之地。这里在汉时属汶山郡，郡北有白马岭（在今松潘一带），东汉时于此置白马县。《后汉书·光武帝纪》说，建武十三年"广汉徼外白马羌豪率种人内属"。章怀注："广汉，今益州雒县也。……羌有百五十四种，在广汉西北者为白马羌。"茂汶正位于广汉西北，因而岷江上游的石板墓应属白马羌。宝兴一带的石棺墓许多研究者已指出应属青衣羌。宝兴城关镇且出土过汉代的"青衣瓦当"⑱。按《水经注·青衣水》谓青衣县"故有青衣羌国也"。汉之青衣县在今四川名山县北，与宝兴毗邻，故此说可以确认。《十钟山房印举》收有"汉青羌邑长"印（举2·65），此青羌疑即青衣羌之省文。汉源一带的石棺墓亦应属于羌族。《水经注·沫水》："沫水出广柔徼外，东南过旄牛县北。"沫水即大渡河下游一段，汉之旄牛县应在今汉源以南，所以这里的羌人即《后汉书·西羌传》中说的旄牛羌。大渡河下游的石棺墓当为旄牛羌人所遗。

羌族在我国历史上有着重要的地位，他们的世系悠久，人口众多，居住的地区非常之广，种属非常之繁，李贤说的154种，只是唐代某一时期的统计结果，累计历史上的多次分合，当远不止此数。先秦时，羌族主要分布在河西走廊以南、青海东部的黄河河曲（即所谓赐支河）及湟水流域一带。但远在西周时，他们已开始向中原迁徙，属于羌族的姜戎和陆浑戎的活动在《左传》中有不少记载。到了公元前4世纪时，由于受到秦国向西发展的压力，河湟地区的一部分羌人曾向南大迁徙。《后汉书·西羌传》说："至爰剑曾孙忍时，秦献公初立，欲复穆公之迹，兵临渭首，灭狄獂戎。忍季父卬畏秦之威，将其种人附落而南，出赐支河曲西数千里，与众羌绝远，不复交通。其后子孙分别，各自为种，任随所之。或为旄牛种，越嶲羌是也；或为白马种，广汉羌是也；或为参狼种，武都羌是也。"修建石棺墓的白马羌、青衣羌、旄牛羌等，应是南迁之羌的大支派，其他分散的部人尚多，《西羌传》中已有"种别名号，皆不可纪知"之叹。不过像甘孜、雅江等地的石棺墓，可能与《西羌传》中提到的"蜀郡徼外大牂夷种羌"、"蜀郡徼外羌龙桥等六种"、"蜀郡徼外羌薄申等八种"之某一部分有关，因这些地点正在当时的蜀郡徼外。盐源、木里、宁蒗以及德钦等地的石棺墓，虽然也可能属于同一系统，但其营建者的具体名号，则难以确知了。

南迁诸羌居住在西南横断山脉间的江河谷地，这些断断续续蜿蜒连接的谷地，可以被看成是一条虽然狭窄、但使南北方文化得以进行交流的走廊。诸羌在这里渐与西南本地文化相融合，所以石棺墓中的随葬品常兼有南北两方面的因素。比如这类墓里常见的三叉格铜剑（图111-14）、曲茎短剑等，都能在滇西地区找到其根源。但也有些器物为羌人所创制，如宝兴五龙西沟口西汉石棺墓中出土的两侧不等长的曲茎短剑，则为他处所未见（图111-13）。羌人之短刀、剑的刃与茎常不互相垂直，两部分间有一夹角，宝兴陇东东汉石棺墓中出土的带鞘铁短刀仍然采取这种形式（图111-12）。此类短刀、剑当时大约称为匕首。《东观汉记》谓邓遵与羌人作战，"得铠、弩、刀、矛、戟、楯、匕首二三千枚"（《御览》卷三三九引），还特地提到它。另外，石棺墓中也出了若干巴蜀式和汉式的器物。

有一种意见认为营石棺墓的民族为冉駹人，似不确。因为冉駹属西南夷。《后汉书·西南夷传》中就称之为冉駹夷。所以甘、青一带的古文化和他们并无渊源关系，其器物不应带有那里的特点。何况《后汉书》中明确说，冉駹人"死则烧其尸"，其葬式亦应与石棺墓中所见者不同。

除南迁之羌外，留在河湟地区的羌人后来也发展成一个强大的集团。但由于他们与当地各族杂居，而且受到汉文化的强烈影响，所以在青海大通等地发掘的汉墓，虽然从葬式上可以看出卡约文化的影响，说明当地居民中可能有羌人的成分，却难以确认哪些墓是羌墓。而且这时出于政治、经济、军事等原因，羌人常主动或被动内徙。徙于金城、陇西、汉阳诸郡者为西羌，徙于安定、北地、上郡、西河等郡以至三辅者为东羌，他们的行踪如此广泛，使这些地方的羌墓更难分辨。同时，羌族还向西域发展。鱼豢《魏略·西戎传》说："敦煌西域之南山中，从婼羌西至葱岭数千里，有月氏余种、葱茈羌、白马、黄牛羌，各有酋豪"（《三国志·魏志·乌丸鲜卑东夷传》裴注引）。可见这里也分布着若干羌族部落。1953年在新疆塔里木盆地北部的沙雅县出土"汉归义羌长"铜印一枚（图111-11），证实了这一点。

最后，再介绍一下巴蜀的情况。至汉代，这一地区的经济、文化已高度发达，沃野千里，号为陆海，舟车辐凑，人文荟萃，巴蜀居民早已不再被看作是少数民族。历史上曾在这里产生并得到长足发展的巴蜀文化已近尾声，它已经逐渐与全国统一的汉文化相融合。虽然在西汉早期绵竹木板墓、犍为土坑墓等有限的几个地点发现过以带有巴蜀符号的印章（图111-17）、柳叶形铜剑（图111-18）等具有巴蜀文化特点的器物作为主要随葬品的情况，其墓主似可被称为古巴蜀王国的遗民[19]。不过这种现象至西汉中期已不存在。还有一种肩部膨出，腹部为椭圆直筒形的虎钮錞于，曾被认为是战国晚期至西汉早期的巴人遗物（图111-19），但在四川的汉墓中却一直未曾发现过它。

注释

① 清·郑珍：《巢经巢全集·牂柯十六县问答》。

② 贵州省博物馆考古组、贵州省赫章县文化馆：《赫章可乐发掘报告》，《考古学报》1986年第2期。贵州省博物馆考古组、威宁县文化局：《威宁中水汉墓》，《考古学报》1981年第2期。贵州省博物馆考古组：《贵州威宁中水汉墓第二次发掘》，《文物资料丛刊》第10集，1987年。童恩正：《近年来中国西南民族地区战国秦汉时代的考古发现及其研究》，《考古学报》1980年第4期。贵州省博物馆：《贵州清镇平坝汉墓发掘报告》，《考古学报》1959年第1期。

③ 广西壮族自治区文物工作队：《广西西林县普驮铜鼓墓葬》，《文物》1978年第9期。

④ 赫章铜䥯，见注②1。楚雄铜䥯，见本书第一〇九篇注⑧2。

⑤ 宋世坤：《贵州青铜戈、剑的分类和断代》，《中国考古学会第四次年会论文集》，文物出版社，1985年。

⑥ 刘瑛：《巴蜀兵器及其纹饰符号》，《文物资料丛刊》第7集。

⑦ 汪宁生：《试论不对称形铜钺》，《考古》1985年第5期。

⑧ 宋世坤：《贵州古夜郎地区青铜文化初论》，《中国考古学会第二次年会论文集》，文物出版社，1982年。

⑨ 见注②2、3所揭文。

⑩ 四川省金沙江西昌渡口段、安宁河流域联合考古队：《西昌坝河堡子大石墓发掘简报》，《考古》1976年第5期。西昌博物馆等：《西昌坝河堡子大石墓第二次发掘简报》，《考古》1978年第2期。西昌地区博物馆：《西昌河西大石墓群》，《考古》1978年第2期；又《西昌县西郊公社一大队第一号墓清理简报》，《凉山彝族奴隶制研究》1978年第2期。凉山彝族自治州博物馆：《四川西昌市郊大石墓》，《考古》1983年第6期。凉山考古队：《四川凉山喜德拉克公社大石墓》，《考古》1978年第2期。凉山彝族自治州博物馆等：《四川喜德县清理一座大石墓》，《考古》1987年第3期。凉山彝族自治州博物馆：《米易湾丘的两座大石墓》。《考古学集刊》第1集。西昌地区博物馆等：《冕宁三块石古墓清理简报》，《凉山彝族奴隶制研究》1978第2期；又《德昌县五一公社果园大队古墓葬清理发掘简报》，《凉山彝族奴隶制研究》1978年第2期。凉山彝族自治州博物馆：《四川普格小兴场大石墓》，《考古与文物》，1982年第5期。参看注②3。凉山彝族自治州博物馆等：《四川普格小兴场大石墓群的调查与清理》，《文物资料丛刊》第10集，1987年。

⑪　见本书第一一〇篇注①6。

⑫　宋世坤：《贵州赫章可乐"西南夷"墓族属试探》图1：6，载《中国考古学会第一次年会论文集》，文物出版社，1980年。

⑬　唐嘉弘：《试论四川西南地区石墓的族属》，《考古》1979年第5期。

⑭　宋治民《四川西部石棺葬和大石墓的几个问题》，《中国考古学会第四次年会论文集》。

⑮　至东汉前期，大石墓在安宁河流域消失。

⑯　冯汉骥、童恩正：《岷江上游的石棺葬》，《考古学报》1973年第2期。茂汶羌族自治县文化馆：《四川茂汶营盘山的石棺葬》，《考古》1981年第5期。宝兴县文化馆：《四川宝兴出土的西汉铜器》，《考古》1978年第2期。又：《四川宝兴汉代石棺墓》，《考古》1982年第4期。杨文成：《四川宝兴的石棺墓》，《考古与文物》，1983年第6期。四川省文物管理委员会等：《四川宝兴陇东东汉墓群》，《文物》1987年第10期。汉源县文化馆：《四川汉源大窑石棺葬清理简报》，《考古与文物》1983年第4期。甘孜考古队：《记四川省甘孜藏族自治州的古墓葬》，四川大学历史系科学讨论会论文。又《四川巴塘、雅江的石板墓》，《考古》1981年第3期。甘孜藏族自治州文化馆等：《四川雅江呷拉石棺墓葬清理简报》，《考古与文物》1983年第4期。黄承宗：《泸沽湖畔出土文物调查记》，《考古》1983年第10期。云南博物馆文物工作队：《云南德钦永芝发现的古墓葬》，《考古》1975年第4期。又《云南德钦县纳古石棺墓》，《考古》1983年第3期。又《云南德钦县石底古墓》，《考古》1983年第3期。

⑰　胡谦盈：《试论寺洼文化》，《文物集刊》第2集，1980年。

⑱　见注⑯3、4、5、6。杨文成：《"青衣瓦当"》，《四川文物》1995年第1期。

⑲　四川省博物馆、绵竹县文化馆：《四川绵竹县西汉木板墓发掘简报》，《考古》1983年第4期。四川省博物馆：《四川犍为县巴蜀土坑墓》，《考古》1983年第9期。

一一二、少数民族文物 V

西域各族

汉代所称西域，广义上指玉门关外直至遥远的西方的广袤大陆，狭义上则指今新疆地区，本篇所称西域系用其后一义。在汉代，新疆各族建立了几十个小国。然而为出土实物资料所限，这里只对北疆的乌孙与南疆围绕着塔克拉玛干大沙漠的若干绿洲国家，如楼兰—鄯善、于阗、龟兹，以及吐鲁番地区的车师等国的情况略作介绍。

解放前，北疆的考古工作几乎是一片空白。从1961年起，在昭苏县的木扎特、波马等地陆续发掘了一批乌孙墓葬，这才初步揭示出乌孙文化的面貌[①]。乌孙于西汉前期西迁后，其活动中心移至伊犁河流域，这里有良好的高山牧地，草场开阔，山间松林密布。自然景观正如《汉书》所记，"地莽平"，"山多松槜"。而且这里气候湿润，茂草高及马腹，所以乌孙"不田作种树，随畜逐水草"（《汉书·乌孙传》）。其地多良马，中原人称之为"西极马"，即现代伊犁马的祖先。乌孙富人有马"至四五千匹"，大贵族的财力更为雄厚。在木扎特草原，乌孙巨冢排列成行，底周一般为二三百米，高七八米。墓室为竖穴，大都有木椁。大墓且在椁室内壁挂毛毡。随葬的陶器早期为手制，晚期为轮制。早期的器物组合为罐、钵、碟，晚期又增加了盆、壶、碗等。陶容器中曾发现残留的乳酪状物。墓中且出羊骨，并往往与小铁匕首共存，有些匕首还插在羊骨中，形象地反映出乌孙人"肉食酪浆"的生活习俗。此外，在一座墓的封土中还发现过一件铁铧，说明乌孙人亦少量经营农业[②]。更具特色的是大墓中所出金器，如镶宝石饰珠点纹的金指环（图112-18）和镶宝石包金铜带扣（图112-17）等，均可视为乌孙器物。可以看出，其上常带有若干中亚塞种艺术的作风，因为"乌孙民有塞种、大月氏种"的缘故（《汉书·西域传》）。

自罗布泊经塔克拉玛干大沙漠东缘向南再绕而向西，可达且末、民丰一带，是楼

图版112

楼兰—精绝文物

毡帽

112-1

骨带鐍

112-2

毡靴

112-3

雕花木板

112-6

雕花木坐具残件

112-7

弓箭

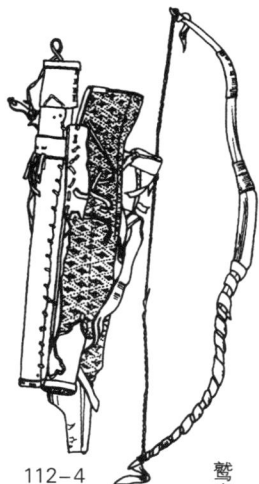

112-4

木碗内置羊胛

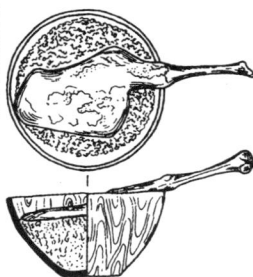

112-5

乐器残件

112-8

检上的封泥

112-9

司禾府印

112-10

鹰虎相斗金饰

112-11

龟兹文物

陶硷

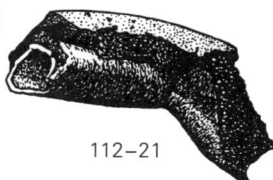

112-21

车师文物

筒形陶杯

112-12

六角形金花

112-13

带扣

112-17

指环

112-18

乌孙文物

陶杯

112-14

彩陶罐

112-15

动物形铜饰

112-16

廿四铢钱
于阗文物

112-19

六铢钱

112-20

刘平国作亭诵

112-22

兰（公元前77年改名鄯善）与其所属精绝等国之故地。楼兰遗址早在上世纪初已先后为斯文赫定、斯坦因、橘瑞超等人所盗掘。自20年代起，黄文弼多次赴新疆考察，在罗布泊一带作了不少工作，积累了一批考古资料。解放后对楼兰、尼雅等地的遗址和墓葬，又进行了较大规模的调查发掘，收获甚丰[3]。

早期楼兰墓葬分布于罗布泊北部的孔雀河两岸，是一种形式特殊的船棺葬，墓前常插桨形木柱为标志。由于这里的气候干燥，墓中发现过保存完好的干尸。他们一般头戴缀有羽毛和白鼬皮的毡帽（图112-1），身着毛织披风，足穿短靴（图112-3）。在腰部和腕部常佩戴石珠、蚌珠或玉珠。随葬品以木质器物为多，一种梳毛用的带齿的木手较为常见。

楼兰古城位于罗布泊西岸，城中保存着大片建筑遗址。房基木础粗大，在木柱上还曾发现朱漆的痕迹。出土物中有各类生活用品如陶碗、木杯、草编容器、骨带镭（图112-2）等。同时也发现了半两、五铢和新莽钱，反映出当地在经济上与内地的紧密联系。在罗布泊地区还多次发现西汉末至东汉的古墓，出土的漆器、织锦等，都是内地生产的精美的工艺品[4]。这一带出土的汉文木简，内容多与屯田事务有关。此外，也发现不少佉卢文简牍，内容涉及政治、经济、法律等许多方面[5]。

民丰县城北约150公里的尼雅遗址，位于已干涸的尼雅河沿岸，这里曾出土书有"汉精绝王"的汉文木简，故此地原为精绝国所在。东汉时，精绝为鄯善所并，遗址中出土的佉卢文简牍上的"鄯善都尉"封泥，证实了这一点（图112-9）。尼雅遗址于1901年和1906年两次被斯坦因盗掘，出土带有犍陀罗艺术风格的雕花木板和高坐具（图112-6、7）。这里还曾出土拨弦乐器残件，反映出西方音乐东渐的一个侧面（图112-8）。建国后在这里发掘的遗址和墓葬中出土木器、铜器、铁器、釉陶、红陶、毛织品、麦子、青稞、糜谷、干羊肉（图112-5）以及弓矢箭箙等[6]（图112-4）。还发现了一枚煤精石刻的"司禾府印"（图112-10）。明帝时于伊吾卢置宜禾都尉，司禾府应是其所属之管理屯田事务的机构。在精绝遗址的西北墓区，发现葬有两具干尸的木棺[7]。其中的男尸着"万世如意"锦袍，"延年益寿宜子孙"锦袜（图65-4）和锦手套。女尸着绣领、褾的丝衣，绣裙，"阳"字锦袜。男尸深目高鼻，黑发；女尸梳多条发辫，颈系珊瑚、琉璃珠串成的项链，手戴铜指环。他们穿的丝织物应自内地运来。但男尸的白棉布裤，和棺中所出蓝地白花棉布，当时尚是西域的特产（图20-7）。棺中所出人兽葡萄纹罽、龟甲四瓣纹罽（图20-2），也在纺织史上成为著名的标本。在尼雅1号墓地，出土木棺八具，分两类：一类为箱式木棺，装四短腿，平面呈矩形，葬二至四人。另一类为胡杨木掏成的船形棺，葬一至二人。不少墓主人已成为干尸。清理后，发掘者将其时代定为汉晋——前凉⑧。但出土遗物中，有些织锦却无疑是东汉产品。如3号棺所出"王侯合昏千秋万岁宜子孙"大锦被，长168厘米，宽94厘米，用两整幅锦缝合而成。幅面如此之大，保存又如此完整的汉锦是第一次在这里发现的。或据"王侯合昏（婚）"织文推测3号棺中所葬者即某代精绝王⑨。著名的"五星出东方利中国"锦，也是在此墓地之8号棺中出土的（图18-5）。

自民丰西行至于阗国，这里毗邻中亚，受贵霜及塞种诸国的影响较大，但汉文化的影响仍然非常强烈。在和田县的买力克阿瓦提遗址，曾出土一口西汉陶缸，内盛五铢钱约45公斤⑩。特别值得注意的是本地发行的汉佉二体钱⑪。这种钱为铜质，圆形无孔，分大小两种。大型钱正面为篆书汉字："重廿四铢铜钱"，当中有一类似"贝"字形的符号，周围有一圈回文。背面中央为马形或驼形，周围有一圈佉卢文（图112-19）。在佉卢文铭中标有王名，其尊号是"大王、王中之王、伟大者"。但关于王名的释读与理解，学者间分歧很大，有人说钱上的王名只代表一位国王，也有说是代表三位、五位或六位国王的，目前还没有一致的、或成为主流的看法。还曾有人认为这是大夏钱或莎车钱。但在英国不列颠博物院收藏的标本中，有的上面以汉字和符号组成"于寘大𐊧"铭，其末尾的符号是代表王室的徽记，此徽记在安息钱和贵霜钱上也出现过。所以，汉佉二体钱为于阗所发行，已无可置疑。小型钱一般正面为汉字"六铢钱"，也有的于其中增加王室徽记"𐊧"形符号，背面仍为马或驼形及一圈佉卢文铭文（图112-20）。于阗的汉佉二体钱与早期贵霜钱的关系密切，这从其佉卢文铭的字体、起讫部位，马形图案以及大型钱的重量（13.66克）与贵霜的4德拉克麦（13.05克）相当等方面，均可以看出来。而且不列颠博物院的藏品中还有在贵霜王丘就却的铜币上重叠打成的汉佉二体钱。凡此种种，都说明其发行的时期当在公元1世纪或稍后。夏鼐根据钱上之篆文的字体，也得出同样的结论。

于阗的汉佉二体钱上虽有汉字，但它既非铸造，更非镌刻，而是打压成的，这是西域古币自希腊钱那里承袭来的传统。所以，这种钱可视为东西两大货币文化相结合的产物。然而在与内地的联系日益密切的情况下，于阗也发现过汉化的特征更为鲜明的钱币。如巴黎国家图书馆收藏的一枚于阗钱，正面当中有一方框，用以象征汉钱的方孔，框外有"贝"形符号及汉字"五朱"，背面则是"贝"形符号和佉卢文。在这一时期的西域古币中比它更接近汉钱的，则只有魏晋时在龟兹发行的汉龟二体的方孔钱了⑫。

龟兹位于塔克拉玛干大沙漠以北的库车、拜城地区，这里是水草丰美的绿洲，故龟兹为西域大国。国都延城即库车县的皮郎古城。此城很大，周回约7公里。城内有不少巨大的土台，或为宫殿所在。延城距汉廷驻西域的行政中枢乌垒城仅350汉里，西汉最后一任西域都护李崇即殁于该城。沙雅县裕勒都司巴克发现的"李崇之印信"铜印，即其私章⑬。东汉和帝时任命班超为西域都护，亦驻节于延城。但由于唐代龟兹之伊逻卢城建在延城旧址上，故城内出土的汉代文物不多。不过龟兹还以"能铸冶"著称。库车县北120公里的阿艾山，曾发现冶铁遗址，出土坩埚、铁渣、铁矿石及一件冶橐上用的陶硔（图112-21）。根据同出的灰陶缶的形制判断，这些器物确为汉代遗存⑭。《水经注·河水》引《释氏西域记》说："屈茨（即龟兹）北二百里有山，夜则火光，昼日但烟。人取此山石炭冶此山铁，恒充三十六国用"⑮。准其地望，当即阿艾山一带。罗布泊地区出土的简牍中常提到西域的胡铁（《流沙·器物》62，《汉晋西陲木简》50·18），其中当有龟兹的产品。

龟兹地区还有著名的《刘平国作亭诵》刻石，位于拜城县黑英山乡博孜克日克沟口的岩壁上，隘路险要。于此处设亭可以稽查向北进入中亚、向南进入渭干绿洲的行旅。文为："龟兹左将军刘平国，以七月廿六日，发家从秦人孟伯山、狄虎贲、赵当卑、夏□、石当卑、程阿姜等六人，共来作列亭。从□谷关，八月一日始断山石作孔，至十日止。坚固万岁，人民喜，长寿亿年，宜子孙。永寿四年（158年）八月甲戌朔，十二日乙酉直建纪。此东乌累关城皆将军所作也。□披☒"（图112-22）。此刻石表明，早在东汉时天山南麓部分地区已纳入中原王朝版图⑯。

至于今新疆东部吐鲁番一带，则为车师国故地。车师地处天山南北两面。山南为车师前国，其遗物曾在吐鲁番盆地的阿拉沟及艾丁湖等地发现⑰。陶器有彩陶和素面的红陶与灰陶，器形有杯、壶、罐、钵等（图112-12、14、15）。还有动物形铜饰片（图112-16）及各种带有草原文化色彩的动物相斗形金饰（图112-11）。另有一种六角形金花饰，也曾屡次出土（图112-13）。此外，这里的墓葬中出土的云纹漆盘和菱纹罗，则应自内地运来。天山以北为车师后国，其遗物曾在奇台县石城子的西汉古城中发现，有云纹瓦当、半两钱等⑱。不过据《汉书·西域传》说，车师后国当时治务涂谷，不居城郭，故此城也可能是汉政府派员驻守的"车师后城长国"的遗址。

注释

① 中国科学院新疆分院民族研究所考古组：《昭苏县古代墓葬试掘简报》，《文物》1962年第7/8期。新疆维吾尔自治区博物馆、新疆社会科学院考古研究所：《建国以来新疆考古的主要

收获》，载《文物考古工作三十年》。

② 新疆维吾尔自治区社科院考古所：《新疆古代民族文物》图184。文物出版社，1985年。

③ 穆舜英、王明哲：《论新疆古代民族考古文化》，载《新疆古代民族文物》。

④ 吐尔逊·艾莎：《罗布淖尔地区东汉墓发掘及其初步研究》，《新疆社会科学》1983年第1期。出土之锦又见注②所揭书，图200—208。

⑤ 罗振玉、王国维：《流沙坠简》，1914年。张凤：《汉晋西陲木简汇编》，有正书局，1931年。林梅村：《楼兰尼雅出土文书》，文物出版社，1985年。

⑥ 新疆维吾尔自治区博物馆考古队：《新疆民丰大沙漠中的古代遗址》，《考古》1961年第3期。史树青：《新疆文物调查随笔》，《文物》1960年第6期。于志勇：《尼雅遗址的考古发现与研究》载，《丝路考古珍品》，上海译文出版社，1998年。

⑦ 新疆维吾尔自治区博物馆：《新疆民丰县北大沙漠中古遗址墓葬区东汉合葬墓清理简报》，《文物》1960年第6期。

⑧ 新疆文物考古研究所：《新疆民丰县尼雅遗址95MN1号墓地M8发掘简报》，《文物》2000年第1期。

⑨ 俞伟超：《两代精绝王——尼雅一号墓地主人身分考》，载《沙漠王子遗宝》，香港艺纱堂，2000年。

⑩ 李遇春：《新疆和田县买力克阿瓦提遗址的调查和试掘》，《文物》1981年第1期。

⑪ 夏鼐：《"和阗马钱"考》，《文物》1962年第7/8期。马雍：《古代鄯善、于阗地区佉卢文字资料综考》，载《中国民族古文字研究》，1983年。王琳：《旅顺博物馆藏新疆出土钱币》；克力勃：《和田汉佉二体钱》；月氏：《汉佉二体钱（和田马钱）研究概况》；以上均载《中国钱币》1987年第2期。林梅村：《佉卢文书及汉佉二体钱所记于阗大王考》，《文物》1987年第2期；又《再论汉佉二体钱》，《中国钱币》1987年第4期。

⑫ 张平：《汉龟二体钱及有关问题》；库车文管所：《汉龟二体铜钱的发现及其认识》；均载《中国钱币》1987年第1期。

⑬ 黄文弼：《略述龟兹都城问题》，《文物》1962年第7/8期。马雍：《从新疆历史文物看汉代在西域的政治措施和经济建设》，载《新疆考古三十年》，新疆人民出版社，1983年。

⑭ 见注⑥2所揭文。

⑮ 松田寿男在《古代天山の历史地理学の研究》（早稻田大学出版部，1970年）中，认为这里说的"石炭"指硇砂。其实硇砂正是煤层自燃后的产物。

⑯ 马雍：《〈汉龟兹左将军刘平国作亭诵〉集释考订》，《文物集刊》第2集，1980年。

⑰ 新疆维吾尔自治区博物馆、吐鲁番地区文管所：《新疆吐鲁番艾丁湖古墓葬》，《考古》1982年第4期。新疆社会科学院考古研究所：《新疆阿拉沟竖穴木椁墓发掘简报》，《文物》1981年第1期。

⑱ 见注⑬2所揭书。

一一三、汉代与域外的文化交流

　　汉代中国繁荣昌盛，在欧亚大陆上和罗马东西辉映。这两个同时并峙的国家虽然直接联系不多，但彼此对对方的文化成就都怀着强烈的兴趣。可是在公元前2世纪中叶张骞"凿空"以前，中国对西方的情况还比较陌生。固然，在漫长的历史进程中，总会有若干文化触角穿过高山大漠的隙缝而有所接触，但这和公元前1世纪中叶，汉武帝倾举国之力击退了匈奴的侵扰，打通了晚近称之为"丝路"的交通线之东段以后的情况相较，则不可同日而语了。尽管如此，然而直到1世纪末，派往大秦的汉使甘英，却仍未能到达目的地，原因是受到了安息人的阻止。同样，"（大秦）王常欲通使于汉，而安息欲以汉缯绮与之交市，故遮阂不得自达"（《后汉书·西域传》）。可见位于中国和罗马之间的西亚、中亚诸国，对于东西方的国际贸易以及文化交流，居有中介的关键地位，同时也在起着桥梁和枢纽的作用。

　　丝路西逾葱岭后，要经过许多国家，其中主要有月支—贵霜、大夏和上面提到的安息。月支人起初居住在中国西部的敦煌、祁连山一带，公元前2世纪初被匈奴击败，西迁至阿姆河流域。后吞并大夏，建立贵霜国。又南下印度，奄有印度河、恒河流域。至1世纪末2世纪初贵霜王伽腻色迦在位时，国势极盛，西起咸海，东至葱岭，南达德干高原，成为中亚的一大强国。由于贵霜扼丝路之要冲，所以自汉向西方输出的丝织品、漆器、钢铁制品等，大部分要经过这个国家，从而使得它拥有发达的商业。贵霜货币曾在南疆叶城、和田一带出土（图113-8），汉代的丝织品也在贵霜境内的撒马尔罕等地发现。被月支人征服的大夏，位于今阿富汗一带。公元前128年，张骞曾访问过这里。他说："臣在大夏时，见邛竹杖、蜀布"（《汉书·张骞传》）。证明大夏与汉地的交往由来已久。竹杖、蜀布之类固不易保存，但在喀布尔以北的贝格拉姆古城却曾出土汉代漆器。同时，阿富汗特产的青金石亦输入中国，江苏徐州出土的鎏金铜辟邪砚盒上就镶嵌有此种青金石（图71-15）。通过丝路西运的还有高质量的汉代铁器，即罗马学者老普林尼所啧口称道的"中国铁"（《博物志》卷34）。而且在贵霜雕刻中

图版113

罗马玻璃瓶

113—1

缂毛

113—3

蚀花珠

113—5 113—6

外文铅饼

113—7

贵霜钱

113—8

女神像

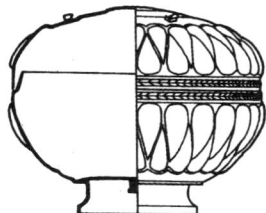

·113—9

佛像

113—10

安息银盒（已改装）

113—2

狮子

113—4

六牙白象

113—11

汉绮

113—12

连弧纹镜

113—15

汉委奴国王金印

113—17

贝札

113—18

弩机件

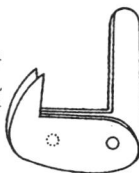

113—19

玉璲

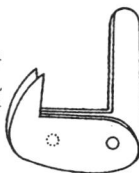

113—13

瓦当

113—16

蒇君银印

113—20

夔凤镜

113—21

釉陶壶

113—22

金叶

113—14

屡次出现以璏佩剑的人物形象，印度玛特出土的伽腻色迦王石雕立像，手中就握有一把装璏的剑①。黑海北岸的刻赤还曾出土汉代玉璏（图113-13）。贯璏佩刀剑沿用的是汉地特有的方式，这种方式在中亚乃至南俄的流行，很可能是汉代铁制品的传播所造成的影响。此外，汉代制作的劲弩是当时举世无双的射远利器，而汉弩上的铜机牙也曾在贵霜的呾叉始罗出土（图113-19）。故可知从我国甘新一带迁出的月支人，对汉地武器的性能及与其相关的技术知识已有所掌握，并曾用于武装自己的军队。贵霜之得以雄飞中亚，看来部分得力于使用汉制或汉式武器。从贵霜遗物中还可以看出，他们不仅熟悉汉地的武器，而且对于汉地的工艺造型也有一定的理解。1939年在阿拉木图附近之卡尔格里河谷出土了几片透雕金叶，上面以缭绕的云气为地，衬托出龙、马、羊、熊、羽人、鸿雁等主纹，并镶嵌有小粒松石等物（图113-14）。其构图和题材全系汉式，但缺少内地同类作品所具有的夭矫腾踔之气势，似为当地的月支或康居工匠的摹拟之作。新疆民丰尼雅1号东汉晚期墓中出土的一块蓝白印花棉布，是我国最早的棉布标本之一，在纺织史上相当有名。其花纹中最引人注意的是一位手捧丰饶角（cornucopia）的女神像（图113-9）。经与贵霜王胡毗色伽（Huvishka，约167—179年在位）金币上的丰收女神阿尔多克洒（Ardochsho）像相比较，可以判定棉布上印的正是这位女神②。贵霜国境与新疆毗邻，胡毗色伽的时代又与尼雅1号墓相当。这块棉布非当时的新疆地区所能生产，它应是贵霜制品。从而表明贵霜的棉纺织技术已于东汉时传播到我国西部。还应当提到的是，汉地的佛教最初也是从贵霜传来的。鱼豢《魏略·西戎传》说："汉哀帝元寿元年（前2年），博士弟子景卢受大月氏王使伊存口授《浮屠经》"（《三国志·魏志·东夷传》裴注引）。及至东汉，遂出现了一些佛教的图像。如四川乐山麻濠和柿子湾崖墓中所雕刻者：头带项光，结跏趺坐，手作施无畏印，是很典型的佛像（图113-10）。四川彭山崖墓所出钱树陶座下，还塑有一佛二胁侍像③。近年江苏连云港孔望山的摩崖造像引起学术界的注意，关于它的年代和内容虽曾引起争论，但看来其中也应包含有部分属于东汉晚期的佛教造像。特别是山东滕县出土的一块东汉画像石残片，上面有刻得很明确的六牙象（图113-11）。这一形象在佛教传说中称为"白象宝"或"白象王"。因而此石确如劳榦所说："它是明显地指示出了早期佛教对中国艺术的影响"④。不过由于石已残缺，整个画面的安排难知其详。但笔者在徐州市博物馆考察铜山洪楼画像石时，发现这里的象也在一侧刻出三枚长牙，只是因为它们平行地靠在一起，而且刻划的线条比较细，所以在印出的图片上容易被忽略⑤。洪楼画像石大体完好，画面上除六牙象外还有河伯、雷神等中国传统的神祇，正反映出这一时期佛教依附道教，即所谓佛道杂糅的局面，这和在孔望山摩崖造像中看到的情况是一致的。在雕塑品中，山东嘉祥武氏祠前还有一对石狮。这里的石阙上的铭文说，建和元年（147年）"孙宗作师子"，故可以确认为狮（图113-4）。我国不产狮，狮的名称是波斯语šēr的对音，古书多写作"师"。据《后汉书·章帝纪》载，章和元年（87年）月支人曾将活狮子输入我国，这是我国最早见到的狮子。武氏祠石狮作迈步之状，与南北朝时仿自佛像狮子座下的蹲踞之狮不同，却正和这时佛教的传播未臻全盛的势态相合。

安息是西亚大国。《史记·大宛列传》说安息"其属小大数百城，地方数千里，最为大国"。这里的人民娴于经商，"善贾市，争分铢"，"商贾车船行旁国"（《汉书·西域传》）。安息货币曾在南疆出土[6]。又广州象岗西汉南越王墓、山东临淄西汉齐王墓陪葬坑与山东青州东高镇西辛西汉墓各出一件罕见的银器，器壁上均打压出凸瓣纹[7]（图113-2）。这种以其光滑的水滴状尖泡错综排列，使亮影交互映射而取胜的意匠，与中国古金属制品之范铸或嵌错的装饰手法迥异。凸瓣纹的渊源虽可追溯到亚述和古波斯时，但根据形制判断，上述银器应是安息所制[8]。安息并在汉与罗马之间大力经营丝帛贸易。《魏略·西戎传》说，大秦"常利得中国丝，解以为胡绫，故数与安息诸国交市于海中"（《三国志·魏书·东夷传》裴注引）。在罗马所辖之地中海东岸城市帕尔米拉的古墓中，曾出土汉代暗花绮（图113-12）。此城已临近丝路西端的终点，这里的出土物可以视为汉代丝织品输入罗马的实物例证。罗马人很喜爱丝织品，共和国末期凯撒穿丝袍看戏而引人注目一事，在中西交通史上是屡被提起的佳话，但这时丝织品在罗马尚不多见。至帝国时期，罗马城内的多斯克斯区已出现专售中国丝绢的市场。2世纪时，穿丝质服装的风气甚至传播到极西的不列颠，反映出丝路上的贸易活动在东汉时愈加活跃。

从罗马等西方国家运往汉地的商品则以宝石、香料、玻璃器和毛织品为主。宝石类中除上述青金石外，由于在出土物中很少见，例证不多。香料的情况见本书第九〇篇，兹不赘。至于玻璃器，由于其制作技术在罗马时代得到很大的发展，成为罗马向东方输出的重要商品。而我国自先秦至汉之自制玻璃多属铅钡玻璃，化学稳定性较差，质量不如罗马产的钠钙玻璃，故后者在汉地很贵重。《汉书·地理志》中有汉武帝时使人入海市玻璃的记载，《魏略》也说大秦出产"赤、白、黑、绿、黄、青、绀、缥、红、紫十种流离"（《三国志·魏书·东夷传》裴注引）。罗马多色模压玻璃器的残片曾在江苏邗江甘泉2号西汉墓出土，外壁有印出的凸棱。复原后其器形为钵。前1世纪中，罗马又发明吹制技术。洛阳东郊东汉墓出土的长颈平底玻璃瓶，是有代表性的罗马吹制玻璃。它采用绞花技法，在深褐、橘黄、绀青、暗紫之不规则的地子上缠绕乳白色线纹；又由于表面有风化层，故浮现出闪烁的金黄色光泽，斑驳绚烂，极为美观（图113-1）。从而可知《魏略》所记，洵非虚语。再如广州横枝岗2061号西汉墓与广西贵县东汉墓出土的蓝色或绿色的透明玻璃碗，也是罗马制品⑨。邗江和两广所出罗马玻璃，不排除自海上舶来的可能。但此外在楼兰遗址也曾发现罗马玻璃器残片，应是循丝路运到新疆的。

毛织品也是西方的名产。《三国志·魏书·乌桓传》裴注中很称赞大秦生产的"织成氍毹、罽帐之属"。《扶南传》说安息有"五色罽"（《御览》卷八一六引）。班固《与弟超书》说："月支氍毹，大小相杂，但细好而已"（《北堂书钞》卷一三四引）。其中氍毹和氍毹都是毯类，前者较粗，后者较细（见《北堂书钞》卷三二引《声类》，《玄应音义》卷二引《通俗文》）。这两个词都是外来语，B.劳佛尔说氍毹是中古波斯语tāptān〔织物〕的对音）⑩。而罽则是较精美的毛织品。《说文·系部》："罽，西胡毳布也。"段注："毳者，兽细毛也，用织为布，是曰罽。亦假罽为之。"而《慧琳音义》卷六六引《古今正字》："罽，西戎毛锦也。"称之为毛锦，比称为毳布要更合适些。新疆民丰东汉遗址出土的绿地人兽葡萄纹罽，织物是平纹组织，用纬线显花，表面平整。花纹有明显的西方风格⑪。1984年在新疆洛浦县赛依瓦克西汉墓中还出土一条缂毛裤的残片，于深绿色的地子上织出一圈黄色的花朵，当中有吹奏竖笛的半人半马怪（Centaur），其图案意匠显然是在希腊神话的影响下产生的（图113-3）。它和斯坦因在楼兰遗址发现的具有希腊风之人像的缂毛片，大约在当时均属毛锦之类。

此外，在汉代的遗址和墓葬中，还出土过另外一些带有西方色彩的器物。如云南晋宁石寨山13号、广州游鱼岗3029号等两座西汉墓中，各出人工蚀花的枣核形肉红石髓珠一颗，均在橙色石质上蚀出白色的平行条纹（图113-5、6）。新疆和阗、沙雅等地也曾分别发现过六颗此类石珠，但形状、花纹与以上二例微异。在相当于汉代的时期中，蚀花珠广泛分布于中亚各地，而以贵霜呾叉始罗发现的为最多，并且，这里的蚀花珠有些与我国的出土物几乎完全相同，可见我国这八颗蚀花珠或均属外来之物⑫。再如在西安汉城、陕西扶风姜嫄、甘肃灵台枣树台等地的汉代文化层中还发现过数百枚带铭文的圆形铅饼⑬（图113-7）。其有花纹的一面所铸图形近似龙，或以为此即汉武帝时所铸"白金三品"中之龙币"白选"⑭。但据唐·司马贞《史记索隐》引梁代《顾烜钱谱》所记"龙币"之形制为"肉好皆圆"，好指代钱孔，而外文铅饼无孔，与记载不符。何况其上之铭文据考证乃是传写失真的希腊文⑮。汉代铸币何以要用当时既不受推崇又对之极度生疏的希腊文？目前尚未能作出圆满解释。但无论如何，它们肯定与西方文化有关，虽然其具体用途尚不明了。更有意思的是在西安十里铺162

号东汉墓中发现的一个小铜人，高仅3.2厘米，但颇精巧。铜人作裸体的幼童形，两肋有翼，颈带珠圈，手拿小钹合于胸前，姿势生动自然[16]。此翼童有些像西方神话中的Eros，造型与汉代艺术的风格全然不同。其所持之钹又名盘铃，4世纪时才传入我国（见《隋书·音乐志》），故此像可能也是外来之物。

至于朝鲜半岛、日本列岛、印支半岛及南西伯利亚各地，也都发现了大量汉代器物，中国传入的文化技术在这些地方发生了深远的影响。朝鲜平壤贞柏洞发现的蕨君墓，曾出土"夭租蕨君"驼钮银印，应为西汉政府授予夭租地方之蕨族首领的[17]（图113-20）。此印与传世的"坐须蕨国王右一虎符"、"古斗蕨王右一虎符"等物（《小校》14），都是汉朝与当地民族之政治联系的实物例证。至于汉所建之乐浪、带方诸郡的遗物，这里就不详述了。与我国隔海相望的日本列岛，当时尚处在金石并用的弥生时代。这时日本分成许多小国，总称为倭。据《后汉书·东夷传》记载，建武中元二年（公元57年）光武帝曾颁赐倭之奴国金印。其实物于1784年在福冈县志贺岛出土，蛇钮金质，印文为"汉委奴国王"五字（图113-17）。此印反映出中国与日本的早期关系，意义非常重大[18]。日本种子岛广田遗址出土的贝札上刻有汉文"山"字（图113-18），看来系当地制作，其时代约为公元3世纪。反映出日本在这样早的时期中，对大陆文化的吸收已达到相当的深度。这时日本对汉镜非常珍视，出土的实物也不少。汉镜由于制作精良，不仅为日本人，也为其他与汉有交往的地区的人民所喜爱。汉镜在高加索地区、阿尔泰地区、西伯利亚以及越南南部的俄厄等地均曾出土（图113-15、21）。越南北部出土的汉式容器之类，为数更多（图113-22）。此外，在西伯利亚发现汉代遗物较多的地点，还有色楞格河支流伊沃尔加河右岸的伊沃尔加古城。这里出土了多种金属器、石器和陶器，其中的一件砺石上有"岁""仇""党"三个汉字，在有的陶壶底部印有"宜"字。在阿巴甘市附近的中国式宫殿遗址中还曾出土青铜铺首与汉式瓦当（图113-16）。但这些遗址的主人究竟是匈奴人还是迁来的汉人，目前尚未得出一致的结论。

注释

① 孙机：《玉具剑与璲式佩剑法》，《考古》1985年第1期。

② 孙机：《建国以来西方古器物在我国的发现与研究》，《文物》1999年第10期。

③ 俞伟超：《东汉佛教图像考》，《文物》1980年第5期。

④ Lao Kan, Six-Tusked Elephants on a Han Bas-Relief, *Harvard Journal of Asiatic Studies*, Vol.

17, 1954.

⑤ 徐州市博物馆：《徐州汉画像石》图85，江苏美术出版社，1985年。

⑥ 宿白：《中国境内发现的中亚与西亚遗物》，《中国大百科全书·考古学卷》，中国大百科全书出版社，1986年。

⑦ 《西汉南越王墓》卷上，第209页，文物出版社，1991年。山东省淄博市博物馆：《西汉齐王墓随葬器物坑》，《考古学报》1985年第2期。《2004中国重要考古发现》第77页，文物出版社，2005年。

⑧ 孙机：《凸瓣纹银器与水波纹银器》，载《中国圣火》，辽宁教育出版社，1996年。

⑨ 安家瑶：《中国的早期玻璃器皿》，《考古学报》1984年第4期。

⑩ B.劳佛尔著、林筠因译：《中国伊朗编》，第321页，中华书局，1964年。

⑪ 见本书第一一二篇注⑦。贾应逸：《略谈尼雅遗址出土的毛织品》，《文物》1980年第3期。

⑫ 夏鼐：《我国出土的蚀花的肉红石髓珠》，《考古》1974年第6期。

⑬ 罗西章：《扶风姜塬发现汉代外国铭文铅饼》，《考古》1976年第4期。灵台县博物馆：《甘肃灵台发现外国铭文铅饼》，《考古》1977年第6期。中国社会科学院考古研究所资料室：《西安汉城故址出土一批带铭文的铅饼》，《考古》1977年第11期。

⑭ 党顺民：《外文铅饼新探》；王裕巽：《"白金三品"试析》；均载《考古与文物》1994年第5期，钱币研究专号。

⑮ 作铭：《外国字铭文的汉代（？）铜饼》，《考古》1961年第5期。安志敏：《金版与金饼——楚、汉金币及其有关问题》，《考古学报》1973年第2期。

⑯ 雒忠如：《西安十里铺东汉墓清理简报》，《考古通讯》1957年第4期。

⑰ "夭租"即《三国志·魏志·东夷传》之"沃沮"，或作"夫租"，盖误。林沄：《"夭租丞印"封泥与"夭租薉君"银印新考》（载《揖芬集》，社会科学文献出版社，2002年）对此有所辨正。夭租为乐浪郡的二十五县之一，其地在今朝鲜咸镜南道咸兴一带。

⑱ 此印现存日本福冈市美术馆，关于它的真伪曾长期争论不休。由于1956年云南晋宁石寨山"滇王之印"和1981年江苏邗江甘泉"广陵王玺"的出土，证实了"汉委奴国王"印的蛇钮及其镌刻技法均符合汉制，故为真品无疑。参看王仲殊：《说滇三之印与汉委奴国王印》，《考古》1959年第10期。纪仲庆：《广陵王玺和中日交往》，《东南文化》第1编，江苏古籍出版社，1985年。

图版目录

图版1

图版2

图版3

8—6　铁斧，广东广州华侨新村，西汉，《考古》1977：2，第98页

8—7　铁斧，河北满城陵山，西汉，《满城汉墓发掘报告》上册，第112页

8—8　木柄铁鲜，古乐浪，东汉，《朝鲜古文化综鉴》卷2，第49页

8—9　铁斤，广东广州秦汉船场，西汉，《文物》1977：4，第8页

8—10　木柄铁斤，古乐浪，东汉，出处同图8—8

8—11　砺石，河南洛阳西郊，西汉，《考古学报》1963：2，第58页后图版13

8—12　执规、矩的伏羲与女娲，画像石，山东嘉祥武氏祠，东汉，拓片

8—13　铁凿，河北定县北庄，东汉，出处同图8—3

8—14　铁凿，安徽天长三角圩，西汉，《先秦两汉铁器的考古学研究》第168页

8—15　铁錾，四川成都东北郊，西汉，《考古通讯》1958：2，第26页

8—16　铁錾，福建武夷山城村，西汉，出处同图8—14所揭书，第170页

8—17　铁剧，河北满城陵山，西汉，《满城汉墓发掘报告》上册，第114页

8—18　铁鎚，河北定县北庄，东汉，出处同图7—3

8—19　木柄铁锄，广东广州竹园岗，西汉，《广州汉墓》上册，第161页

8—20　双头铁锄，广东广州，西汉，《西汉南越王墓》上册，第111页

8—21　划线铅块，广东广州秦汉船场，西汉，出处同图8—9

8—22　铜矩尺，传世品，汉，中国国家博物馆藏品

8—23　铁锥，北京丰台大葆台，西汉，《简明中国历史图册》4，第85页

8—24　铁刀锯，湖南长沙小林子冲，东汉，《湖南省文物图录》图版95

8—25　铁钳，陕西兴平窦马村，西汉，《文物》1965：7，第15页

8—26　铁锉，河北满城陵山，西汉，《满城汉墓发掘报告》上册，第112页

8—27　铁锯，湖南衡阳道子坪，东汉，《文物》1981：12，第37页

8—28　弧形铁锯，河南长葛，东汉，《考古》1982：3，第323页

8—29　铁钻，陕西西安汉未央宫遗址，西汉，《汉长安城未央宫》上册，第73页

8—30　铁镌，四川成都洪家包，西汉，《简明中国历史图册》4，第85页

8—31　铜坠（悬垂），广东广州麻鹰岗，西汉，《广州汉墓》上册，第158页

8—32　铅坠，河南灵宝张湾，东汉，《文物》1975：11，第85页，图11：36

8—33　木坠，广东广州秦汉船场，西汉，《文物》1977：4，第8页

图版11

图版12

图版14

14—1　用陶范铸铁范再用铁范铸成品的过程，河南南阳瓦房庄，西汉中期—东汉，《文物》1965：7，第11页

14—2　制造金属范盒的过程，河南温县招贤村，东汉，《汉代叠铸》第20页

14—3　叠铸范的结构与铸件，河南温县招贤村，东汉，《汉代叠铸》第11页

14—4　叠铸用陶钱范，西安北郊，新莽，《文物》1959：11，封2

14—5　捆扎糊泥合范法，河南登封阳城，汉，《科技史文集》13，第51页

14—6　铁卡合范，上左、砖背范，上右、铜面范，下、用铁卡将面范与背范卡合，陕西澄城坡头村，西汉，《考古》1982：1，第29页，又图版7

14—7　对开式钱范之铜面范，陕西澄城坡头村，西汉，《考古》1982：1，第27页

图版15

15—1　鎏金铜蚕，陕西石泉前池河，西汉，《秦汉文化》第216页

15—2　鎏金铜蚕，传世品，汉，《养蚕の起源と古代绢》第354页

15—3　纩絮，湖北江陵凤凰山，西汉，《考古学报》1993：4，图版9

15—4　桑圃，画像砖，四川德阳，东汉，《重庆市博物馆藏四川汉画像砖选集》第13页

15—5　纺锭，甘肃武威磨嘴子，东汉，《考古》1960：9，图版4

15—6　铁轴陶纺专，湖南资兴旧市，东汉，《考古学报》1984：1，第85页

15—7　莩车，画像石，江苏泗洪曹庄，东汉，《文物》1975：3，第76页

15—8　杼，画像石，江苏泗洪曹庄，东汉，出处同图15—7

15—9　杼，复原图，《满城汉墓发掘报告》上册，第157页

15—10　调丝，画像石，山东滕县龙阳店，东汉，《山东汉画像石选集》图258

15—11　络纬，画像石，山东滕县龙阳店，东汉，出处同图15—10

15—12　络纬，画像石，江苏铜山洪楼，东汉，《江苏徐州汉画像石》图51

15—13　整经，画像石，江苏邳县故子村，东汉，《文物》1986：5，第24页

15—14　单综织机，复原图，《考古》1972：2，第23页

15—15　织机，画像石，山东滕县宏道院，东汉，《文物》1962：3，第29页

15—16　织机，画像石，山东滕县龙阳店，东汉，出处同图15—10

15—17　织机，画像石，江苏铜山青山泉，东汉，《文物》1980：2，第94页

图版21

图版22

22—12　赤仄五铢,河北满城陵山,西汉,河北省博物馆藏品

22—13　三官五铢,河南洛阳烧沟,西汉,《洛阳烧沟汉墓》第218页

22—14　错刀,河南洛阳西郊,新莽,《考古学报》1963:2,58页后图版14

22—15　契刀,河南洛阳西郊,新莽,《考古学报》1963:2,第41页

22—16~21　大泉五十,河南洛阳西郊,新莽,《考古学报》1963:2,第40页

22—22　铁大泉五十,河南洛阳西郊,新莽,出处同图22—14

22—23　壮泉四十,传世品,新莽,中国国家博物馆藏品

22—24　中泉三十,传世品,新莽,出处同图22—23

22—25　幼泉二十,传世品,新莽,出处同图22—23

22—26　幺泉一十,传世品,新莽,出处同图22—23

22—27　小泉直一,传世品,新莽,出处同图22—23

图版23

23—1　国宝金匮,传世品,新莽,《中国历史博物馆》图版112

23—2~11　十布,传世品,新莽,中国国家博物馆藏品

23—12　货布,河南洛阳西郊,新莽,《考古学报》1963:2,第41页

23—13　布泉,河南洛阳西郊,新莽,《考古学报》1963:2,第42页

23—14~24　货泉,河南洛阳西郊,新莽,出处同图23—12

23—25　四出五铢(上、正面,下、背面),河南洛阳烧沟,东汉,《洛阳烧沟汉墓》第220页

23—26　建武五铢,河南洛阳西郊,东汉,《考古学报》1963:2,第39页

23—27　已凿之钱(尚未分开),山西侯马,东汉,《古钱新探》第294页

23—28　磨廓钱,湖北长阳贺家坪,东汉,《文物》1977:3,第77页

23—29　铤环线,河南洛阳烧沟,东汉,《洛阳烧沟汉墓》第220页

23—30　剪轮五铢铜范母,传世品,东汉,《文物与考古论集》第295页

23—31　钱串,湖南资兴旧市,东汉,《考古学报》1984:1,第101页

图版24

24—1　木轺车,甘肃武威磨嘴子,东汉,《文物》1972:12,图版4

27—12　兽面形笠毂，河北满城陵山，西汉，《满城汉墓发掘报告》第197页

27—13　平板形笠毂，山东淄博窝托村，西汉，《考古学报》1985：2，第246页

图版28

28—1　木盖斗，湖北光化五座坟，西汉，《考古学报》1976：2，170页后图版6

28—2　盖弓，示意图

28—3　铜盖弓帽，河北满城陵山，西汉，《满城汉墓发掘报告》上册，第195页

28—4　铜盖弓帽，河北定县陵头村，东汉，《文物》1973：11，第15页

28—5　铜盖弓帽，河北满城陵山，西汉，出处同图28—3

28—6　铜盖弓帽，广东广州麻鹰岗，西汉，《广州汉墓》上册，第146页

28—7　铜盖弓帽（华蚤），山东曲阜九龙山，西汉，山东省博物馆藏品

28—8　铜盖弓帽（曲茎华蚤），河南洛阳西郊，西汉，《考古学报》1963：2，第30页

28—9　错金银铜杠箍，古乐浪，西汉，《周汉遗宝》图版50

28—10　乐浪杠箍纹饰展开图

28—11　错金银嵌松石铜杠箍，河北定县三盘山，西汉，《文物》1973：6，图版6

28—12　定县杠箍纹饰展开图

28—13　铜杠箍与其中残存的木盖杠（分上下两段），河北满城陵山，西汉，出处同图
　　　　28—3

28—14　铜杠箍（不分段），广东广州麻鹰岗，西汉，出处同图28—6

28—15　盖弓帽顶端，蒙古诺颜乌拉，西汉，《蒙古ノイン·ウラ発現の遺物》图版77

28—16　盖弓帽顶端，山东曲阜九龙山，西汉，山东省博物馆陈列品

28—17　盖弓帽顶端，河北定县陵头村，东汉，出处同图28—4

28—18　盖弓帽顶端，河南洛阳烧沟，东汉，《洛阳烧沟汉墓》第202页

28—19　盖弓帽顶端，湖南长沙杨家大山，西汉，《长沙发掘报告》第118页

28—20　盖弓帽顶端，河南洛阳烧沟，西汉，出处同图28—18

28—21　盖弓帽顶端，湖南长沙杨家大山，西汉，出处同图28—19

28—22　盖弓帽顶端，湖南长沙杨家大山，西汉，出处同图28—19

图版29

图版30

汉代马车各部位之名称,示意图

图版31

图版34

34—3　执长斧与盾者，画像石，北京丰台，东汉，《文物》1966：4，第53页

34—4　执钺斧者，画像石，山东沂南，东汉，《沂南古画像石墓发掘报告》图版24

34—5　悬人头的钺簜，画像石，山东长清孝堂山，东汉，《文物》1961：4/5，第54页

34—6　铁钺戟，河南浚县，西汉，《文物》1965：2，第48页

34—7　方首铁棓，河北满城陵山，西汉，《满城汉墓发掘报告》上册，第110页

34—8　执殳与便面者，画像石，山东沂南，东汉，《沂南古画像石墓发掘报告》图版50

34—9　执殳与便面者，壁画，河南偃师，东汉，《考古》1985：1，图版3

34—10　铁钩镶，河南鹤壁，西汉，《文物》1965：2，第47页

34—11　执刀、钩镶与便面者，画像石，山东泰安，东汉，《汉代画像全集》二编，图4

34—12　执刀、钩镶者，画像石，山东临沂白庄，东汉，《山东汉画像石选集》图363

34—13　格斗图，画像石，江苏铜山周庄，东汉，《江苏徐州汉画像石》图34

图版35

35—1　剑与剑具，示意图

35—2　玉剑首，河北满城陵山，西汉，《满城汉墓发掘报告》上册，第104页

35—3　玉镡，河北满城陵山，西汉，出处同图35—2

35—4　玉璏，青海大通上孙家寨，东汉，《文物》1979：4，第53页

35—5　玉璏，湖南长沙伍家岭，西汉，《长沙发掘报告》第128页

35—6　玉璏，河北满城陵山，西汉，出处同图35—2

35—7　玉剑摽，河北满城陵山，西汉，《满城汉墓发掘报告》上册，第83页

35—8　异形首剑，山东巨野红土山，西汉，《考古学报》1983：4，第487页

35—9　巨野剑之剑首，出处同图35—8

35—10　异形玉剑首，江苏徐州，西汉，《大汉楚王》第166页

35—11　环首剑，河南南阳杨官寺，东汉，《考古学报》1963：1，第135页

35—12　杖式剑，河北满城陵山，西汉，出处同图35—2

35—13　铜匕首，河北满城陵山，西汉，《满城汉墓发掘报告》上册，第82页

35—14　拍髀，内蒙古额济纳旗，汉，《汉代の文物》图2—164

35—15　环首刀，古乐浪，东汉，《汉代の文物》图10—3

35—16　铜刀，河南洛阳烧沟，东汉，《洛阳烧沟汉墓》图版47

35—17　铜刀与其镡、璏，浙江绍兴漓渚，东汉，《考古通讯》1957：2，图版3

图版37

37—1　弩的发射，示意图

37—2　"强弩将军"封泥，传世品，西汉，《（图说）中国の历史》卷2，第166页

37—3　"蹶张司马"印，陕西宝鸡，西汉，《考古与文物》1982：6，第33页

37—4　弩臂，江苏盱眙，西汉，《中国古兵器论丛（增订本）》第222页

37—5　有刻度的铜望山，浙江长兴杨湾，东汉，《考古》1983：1，第76页

37—6　弩柙饰，河北满城陵山，西汉，《满城汉墓发掘报告》上册，第198页

37—7　承弩器，河北满城陵山，西汉，出处同图37—6

37—8　弩机件，河南洛阳西郊，西汉后期—新莽，《考古学报》1963：2，第28页

37—9　弩机作用原理，示意图，《中国古兵器论丛》第137页

37—10　擘张弩，陶俑，河南陕县刘家渠，东汉，《考古学报》1965：1，第139页

37—11　蹶张弩，画像石，山东沂南，东汉，《沂南古画像石墓发掘报告》图版27

37—12　腰引弩，画像石（右侧），山东嘉祥武氏祠，东汉，拓片

37—13　弩柙，古乐浪，东汉，《朝鲜古文化综鉴》卷2，第58页

37—14　弩柙，湖北光化五座坟，西汉，《考古学报》1976：2，第161页

37—15　弩柙，广东广州龙生岗，东汉，《广州汉墓》下册，图版112

37—16　弩柙，江苏盱眙东阳，西汉后期—新莽，《考古》1979：5，图版6

37—17　礮（抛石机），示意图

图版38

38—1　着札甲者，陶俑，陕西咸阳杨家湾，西汉，《考古学报》1976：1，第38页

38—2　着札甲者，陶俑，陕西咸阳杨家湾，西汉，《文物》1966：3，彩页

38—3　着鱼鳞甲者，陶俑，陕西咸阳杨家湾，西汉，《中华人民共和国シルクロード文物展》图1

38—4　贴金银的鱼鳞铁甲，山东淄博窝托村，西汉，《考古》1987：11，图版8

38—5　铁胄，山东淄博窝托村，西汉，《考古》1987：11，第1043页

38—6　胄顶铜饰，四川成都东北郊，西汉，《考古通讯》1958：2，第24页

38—7　戴胄者，壁画，辽宁辽阳北园，东汉，《中国古镜の研究》图版25

38—8　戴胄者，壁画，内蒙古和林格尔新店子，东汉，《文物》1974：1，第16页

41—18　凹楞纹石柱,江苏徐州青山泉,东汉,出处同图41—16

图版42

42—1　悬山屋顶,陶屋,广东广州三育路,东汉,《广州出土汉代陶屋》图54

42—2　单侧歇山屋顶,陶屋,广东广州龙生岗,东汉,《广州出土汉代陶屋》图30

42—3　囤顶,陶屋,旅大营城子,东汉,《营城子》图版26

42—4　庑殿顶,陶屋,传世品,东汉,《中国古代建筑史》第72页

42—5　两段型庑殿顶,石阙,四川雅安,东汉,出处同图41—4

42—6　盝顶,陶屋,河南郑州二里岗,东汉,《考古》1964:4,第177页

42—7　攒尖顶,陶囷,湖北宜昌前坪,西汉,《考古学报》1976:2,第148页后图版6

42—8　攒尖顶,陶井亭,广东广州龙生岗,东汉,《广州汉墓》上册,第330页

42—9　平叠栱(一斗二升),画像石,山东日照两城镇,东汉,《文物资料丛刊》2,第224页

42—10　平叠栱(一斗三升),陶仓,河南荥阳,东汉,出处同图42—9

42—11　平叠栱,(重叠两层),陶仓,河南陕县刘家渠,东汉,《考古学报》1965:1,第141页

42—12　栾式栱(一斗二升),石阙,四川渠县,东汉,出处同图42—4

42—13　栾式栱(一斗二升,当中加蜀柱),石阙,四川渠县,东汉,出处同图42—4

42—14　栾式栱(一斗三升),陶屋,四川重庆相国寺,东汉,《文物参考资料》1955:3,40页后图9

42—15　栾式栱(重叠两层),画像石,传世品,东汉,《汉代の文物》图4—36

42—16　交手栱,石阙,四川渠县,东汉,出处同图42—9

42—17　挑栱,画像石,山东济宁两城山,东汉,出处同图42—9

42—18　柱上的插栱,陶屋,河北望都,东汉,《中国古代建筑史》第73页

42—19　多层重栱,画像石,江苏徐州檀山,东汉,《文物》1960:8/9,第93页

42—20　山墙上的插栱,陶屋,陕西勉县老道寺,东汉,《考古》1985:5,第434页

42—21　藻井,墓室,江苏徐州青山泉,东汉,《考古》1981:2,第139页

42—22　藻井,墓室,山东沂南,东汉,《沂南古画像石墓发掘报告》第8页

42—23　藻井的位置,墓室,山东沂南,东汉,出处同图42—22

42—24　人字栱,壁画,辽宁辽阳北园,东汉,《汉代の文物》图4—54

45—6　两色花墙，甘肃武威管家坡，东汉，《中国古代建筑史》第58页

45—7　空斗砖墙，河南洛阳烧沟，西汉，《洛阳烧沟汉墓》第86页

45—8　双砖墙内层砌法，河南密县打虎亭，东汉，《中国古代建筑技术史》图6—1—9

45—9　灌铁之墙，河北满城陵山，西汉，《满城汉墓发掘报告》上册，第220页

45—10　格子窗棂，陶屋，江苏徐州十里铺，东汉，《考古》1966：2，第79页

45—11　直棂窗，崖墓，四川内江，东汉，《中国古代建筑史》第73页

45—12　百叶窗，陶屋，湖北云梦痲痢墩，东汉，《考古》1984：7，第610页

45—13　斜十字窗棂，陶屋，广东广州红花岗，东汉，《文物参考资料》1956：5，第25页

45—14　绮寮窗棂，陶屋，北京顺义临河村，东汉，《考古》1977：6，第379页

45—15　琐文窗棂，画像石，江苏铜山小李村，东汉，《江苏徐州汉画像石》图36

45—16　铜门臼、门轴，河北满城陵山，西汉，《满城汉墓发掘报告》上册，第94页

45—17　单扇门，陶屋，内蒙古包头公庙子，东汉，《内蒙古出土文物选集》图70

45—18　带轮拉门，广东广州马鹏岗，西汉，《广州汉墓》上册，第63页

45—19　砖铺地面（横排通缝），河南洛阳烧沟，西汉，《洛阳烧沟汉墓》第85页

45—20　砖铺地面（横直双行通缝），湖南大庸，东汉，《考古》1994：12，第1079页

45—21　砖铺地面（人字纹），河南洛阳烧沟，新莽，出处同图45—19

45—22　砖铺地面（横排错缝），河南洛阳烧沟，西汉，出处同图45—19

45—23　砖铺地面（大人字纹），河南洛阳烧沟，东汉，出处同图45—19

45—24　砖铺地面（扇形），河北望都所药村，东汉，《中国古代建筑技术史》图6—3—2

45—25　砖铺地面（横直相间），河南洛阳烧沟，东汉，出处同图45—19

45—26　砖铺地面（横竖通缝），陕西西安汉椒房殿遗址，西汉，《汉长安城未央宫》上册，第196页

图版46

46—1　树交午柱之阙，画像石，山东沂南，东汉，《沂南古画像石墓发掘报告》图版105

46—2　沈府君东阙，四川渠县，东汉，《四川文物》1987：3，第71页

46—3　无铭阙，四川忠县，东汉，《文物资料丛刊》4，第198页

46—4　多层阙，画像砖，河南禹县，西汉后期—东汉前期，《河南汉代画像砖》图103

46—5　高颐西阙，二出阙，四川雅安，东汉，《中国古代建筑史》第56页

图版55

图版56

图版59

图版60

图版61

图版62

62—3 　骨笄，湖北江陵凤凰山，西汉，《文物》1974：6，第59页

62—4 　玉笄，河南洛阳西郊，西汉，《考古学报》1963：2，第37页

62—5 　缋中之笄，古乐浪，东汉，《汉代の文物》图2—137

62—6 　银钗，湖北宜都，东汉，《考古》1988：10，第914页

62—7 　铜三子钗，河南洛阳烧沟，东汉，《洛阳烧沟汉墓》第183页

62—8 　玳瑁擿，湖南长沙马王堆，西汉，《长沙马王堆一号汉墓》上集，第28页

62—9 　琉璃耳珰，河南陕县刘家渠，东汉，《考古学报》1965：1，第152页

62—10 　琉璃耳珰，湖南长沙沙湖桥，东汉，《考古学报》1957：4，第68页后图版12

62—11 　琉璃耳珰，河南洛阳烧沟，新莽，《洛阳烧沟汉墓》第212页

62—12 　金耳珰，湖南长沙五里牌，东汉，《文物》1960：3，第24页

62—13 　琉璃珥，古乐浪，东汉，《东亚古文化论考》第197页

62—14 　金珥，湖南常德南坪，东汉，《考古学集刊》1，第167页

62—15 　金胜，湖南长沙五里牌，东汉，出处同图62—12

62—16 　金叠胜，江苏邗江甘泉，东汉，《文物》1981：11，图版3

62—17 　金华胜，传世品，东汉，《中国古代金饰》第255页

62—18 　琉璃珥，古乐浪，东汉，《朝鲜古文化综鉴》卷3，图版66

62—19 　梳双髻者，画像石，江苏徐州睢宁，东汉，《徐州汉画像石》图版252

62—20 　梳椎髻者，陶俑，山东菏泽豆堌堆，西汉，《山东文物选集》图168

62—21 　梳圆髻者，陶俑，山西孝义张家庄，西汉，《考古》1960：7，彩版

62—22 　戴帼者，陶俑，四川新都马家山，东汉，《中国美术全集·雕塑编2》图113

62—23 　戴胜者，铜钱树饰片，四川西昌高草，东汉，《考古》1987：3，第279页

62—24 　戴华胜者，画像石，山东嘉祥，东汉，《山东汉画像石选集》图版85

62—25 　戴步摇者，画像砖，四川德阳，东汉，《四川汉代画像砖艺术》图版22

62—26 　戴耳珰者，壁画，河南洛阳面粉厂，西汉，《文物》1977：6，图版1

62—27 　戴镰者，陶俑，广东广州十九路军坟场，东汉，《广州汉墓》下册，图版160

62—28 　擿之簪戴，湖南长沙马王堆，西汉，《长沙马王堆一号汉墓》上集，第28页

62—29 　着饰髻的袿衣者，画像砖，河南新野张楼村，东汉，《河南汉代画像砖》图234

62—30 　着饰襈的袿衣者，画像石，河南南阳石桥，东汉，《南阳汉代画像石》图126

图版63

63—1　绶之颁授，画像石，山东嘉祥武氏祠，东汉，《中国古代服饰研究》第105页
63—2　佩绶者，画像石，山东汶上孙家村，东汉，《汉代画像全集》二编，图87
63—3　佩三绶者，画像石，山东嘉祥武氏祠，东汉，《中国画像石全集》卷1，图58
63—4　佩施环之绶者，画像石，江苏睢宁双沟，东汉，《江苏徐州汉画像石》图79
63—5　佩施环之绶者，画像石，山东曲阜窑瓦头，东汉，《汉代画像全集》初编，图71
63—6　佩鞶囊者，画像石，山东沂南，东汉，《沂南古画像石墓发掘报告》图版56
63—7　蜜印与绶，明器，湖南长沙马王堆，西汉，《长沙马王堆一号汉墓》下集，图版179
63—8、9　剑钩，河南洛阳烧沟，西汉—新莽，《洛阳烧沟汉墓》第177页
63—10　带钩，安徽寿县马家古堆，东汉，《考古》1966：3，第144页
63—11　佩剑方式，画像砖，西汉，《汉代の文物》图10—6

图版64

64—1　革带上系带钩的铜人，山东诸城葛埠口，西汉，《中国历史博物馆》图版75
64—2　玉带钩，河北定县北庄，东汉，《考古学报》1964：2，第148页
64—3　“永元十三年五月丙午日”铜带钩，江苏丹阳宗头山，东汉，《考古》1978：3，第156页
64—4　鎏金嵌石铜蚩尤带钩，传世品，汉，《欧米蒐储支那古铜精华》卷6，图74
64—5　金带钩，江苏涟水三里墩，西汉，《考古》1973：2，第83页
64—6　金带钩，江苏涟水三里墩，西汉，出处同图64—5
64—7　嵌玉金带钩，广东广州象岗，西汉，《考古》1984：3，图版4
64—8　玉带钩与玉环，广西合浦，新莽，广西合浦县博物馆藏品
64—9　装铜框嵌玻璃带头的贝带，复原图，广东广州，西汉，《西汉南越王墓》上册，第212、216页
64—10　附穿针的金带头，江苏徐州狮子山，西汉，《大汉楚王》第246页
64—11　虎纹银带扣，古乐浪，东汉，《中国古舆服论丛》第267页
64—12　附环的银带锛，河北定县北陵头，东汉，《文物》1973：11，第10页
64—13　错金虎纹银带扣，云南晋宁石寨山，西汉，《云南晋宁石寨山古墓群发掘报

告》图版107

图版65

65—1　丝履，湖南长沙马王堆，西汉，《长沙马王堆一号汉墓》下集，图版108

65—2　麻履，湖北江陵凤凰山，西汉，《文物》1975：9，第8页

65—3　麻纚，甘肃金塔金关，西汉后期—新莽，《文物》1978：1，第17页

65—4　锦袜，新疆民丰，东汉，《中国历史博物馆》图版97

65—5　鬃漆革舄，古乐浪，东汉，《朝鲜古文化综鉴》卷2，图版50

65—6　绢袜，湖南长沙马王堆，西汉，《长沙马王堆一号汉墓》下集，图版107

65—7　行滕与鞬，壁画，河北望都所药村，东汉，《望都汉墓壁画》图版9

65—8　靴，陶俑，陕西咸阳杨家湾，西汉，《文物》1966：3，图版2

65—9　屦，新疆楼兰，东汉，Serindia，P1.37

65—10　罗绮手衣（縎），湖南长沙马王堆，西汉，《长沙马王堆一号汉墓》下集，图版105

图版66

66—1　铜匜，广西合浦望牛岭，西汉，《考古》1972：5，第23页

66—2　银匜，江苏涟水三里墩，西汉，《考古》1973：2，第83页

66—3　瓶（搓石），河北满城陵山，西汉，《满城汉墓发掘报告》下册，图版106

66—4　铜提梁桶，河北定县北陵头，东汉，《文物》1973：11，第16页

66—5　"元成家"铜沐缶，陕西西安唐家寨，西汉，《寻觅散落的瑰宝》第27页

66—6　错金朱雀衔环铜调脂豆，河北满城陵山，西汉，《满城汉墓发掘报告》上册，第267页

66—7　铜盥缶，江苏徐州狮子山，西汉，《大汉楚王》第235页

66—8、9　盘与匜，湖北荆州，西汉，《湖北高台秦汉墓》，第97、98页

66—10　十一子方奁，湖南长沙咸家湖，西汉，《文物》1979：3，第14页

66—11　梳刷，古乐浪，东汉，《世界考古学大系》卷7，图114

66—12　施脂粉刷，湖南长沙马王堆，西汉，《长沙马王堆一号汉墓》上集，第129页

66—13　铁镊，广东广州玉子岗，西汉，《考古》1977：2，第102页

图版69

69—1　规矩五灵镜，河南洛阳烧沟，东汉，《洛阳烧沟汉墓》第166页
69—2　规矩五灵镜，部分纹饰展开图，传世品，东汉，《簠斋藏镜》卷上，叶19
69—3　规矩五灵镜，部分纹饰展开图，浙江绍兴，东汉，《浙江出土铜镜选集》图2
69—4　四乳五灵镜，部分纹饰展开图，陕西城固，《考古与文物》1988：4，封2
69—5　七乳五灵镜，部分纹饰展开图，传世品，东汉，《岩窟藏镜》二集中，图95

图版70

70—1　连弧云雷纹镜，河南洛阳烧沟，东汉，《洛阳烧沟汉墓》第170页
70—2　延熹七年柿蒂兽首纹镜，古乐浪，东汉，《朝鲜古文化综鉴》卷3，图137
70—3　建安六年重列神像镜，湖北鄂州英山，东汉，《鄂城汉三国六朝铜镜》图50
70—4　伍子胥画像镜，浙江绍兴，东汉，《浙江出土铜镜》图34
70—5　漆镜台座，传世品，东汉，Oriental Art，1996：1，第18页。
70—6　持镜台者，画像石，山东沂南，东汉，《沂南古画像石墓发掘报告》图版77
70—7　镜与镜台，传世品，东汉，Oriental Art，1996：1，第15页。

图版71

71—1　笔，甘肃敦煌马圈湾，汉，《文物》1981：　10，第4页
71—2　带管套之笔，湖北江陵，西汉，荆州地区博物馆藏品
71—3　笔，内蒙古额济纳旗破城子，东汉，《汉代の文物》图11—3
71—4　“白马作”笔，甘肃武威磨嘴子，东汉，《文物》1975：9，第21页
71—5　石研钵，湖南长沙沙湖桥，西汉，《考古学报》1957：4，68页后图版9
71—6　石水盂，湖南长沙沙湖桥，西汉，出处同图71—5
71—7　河光石圆砚，广东广州玉子岗，西汉，《广州汉墓》下册，图版44
71—8　小墨丸，广东广州象岗，西汉，《全国出土文物珍品选》图423
71—9　墨锭，河南陕县刘家渠，东汉，《考古学报》1965：1，168页后图版26
71—10　松果形墨锭，宁夏固原西郊，东汉，《文物考古工作三十年》第157页
71—11　延熹三年蟠螭盖三足石圆砚，河南南乐宋耿洛，东汉，《中原文物》1981：

图版76

图版77

图版80

5·青铜器下》图236

80—14　酌酒者，画像石，河南密县打虎亭，东汉，《文物》1972：10，第62页

80—15　漆斗，湖南长沙马王堆，西汉，《长沙马王堆一号汉墓》上集，第82页

图版81

81—1　鎏金银镶琉璃铜壶，河北满城陵山，西汉，《满城汉墓发掘报告》上册，第39页

81—2　陶壶，河南洛阳烧沟，西汉，《洛阳烧沟汉墓》第104页

81—3　铜壶，云南大关岔河，东汉，《考古》1965：3，第121页

81—4　陶瓨，湖南长沙马王堆，西汉，《长沙马王堆一号汉墓》上集，第124页

81—5　陶壶，广东广州龙生岗，东汉，《广州汉墓》上册，第321页

81—6　铜锺，河北满城陵山，西汉，《满城汉墓发掘报告》上册，第50页

81—7　釉陶锺，甘肃武威磨嘴子，东汉，《文物》1972：12，第23页

81—8　带流铜壶，江苏徐州土山，东汉，《中国美术全集·工艺美术编5·青铜器下》图245

81—9　盐瓴，河南洛阳五女冢，新莽，《文物》1996：7，第45页

81—10　豉瓴，河南洛阳五女冢，新莽，出处同图81—9

81—11　二连方瓴，传世品，西汉，《寻觅散落的瑰宝》第37页

81—12　蒜头壶，湖北荆州高台，西汉，《荆州高台秦汉墓》第101页

81—13　陶钘，河南洛阳七里涧，东汉，《考古》1975：2，第119页

81—14　铜罍，河北满城陵山，西汉，出处同图81—6

81—15　铜钫，湖北荆州高台，西汉，《荆州高台秦汉墓》图版22

图版82

82—1　七豹漆榫，湖北江陵凤凰山，西汉，《文物》1975：9，图版5

82—2　釉陶椑，甘肃定西峁口，东汉，《考古与文物》1982：2，图版9

82—3　鱼形铜椑，传世品，西汉，《中国古青铜器选》图85

82—4　提梁椑，画像石，山东沂南，东汉，《沂南古画像石墓发掘报告》图版80

82—5　陶椑，河北望都所药村，东汉，《望都二号汉墓》图59

84—9 　漆盂，安徽阜阳双古堆，西汉，《文物》1978：8，第16页

84—10 　陶釭，湖南资兴旧市，东汉，《考古学报》1984：1，第74页

84—11 　铜椭，山东沂水荆山，西汉，《文物》1985：5，第48页

84—12 　陶瓯，湖南资兴旧市，东汉，《考古学报》1984：1，第77页

84—13 　簪（内装箸），湖北云梦大坟头，西汉，《文物资料丛刊》4，第5页

84—14 　汲酒器示意图，江苏盱眙大云山，西汉，《考古》2013：10，第30页

84—15 　陶菹罂，湖南资兴旧市，东汉，《考古学报》1984：1，第76页

84—16 　陶卢，山东文登，西汉，《考古学报》1957：1，第132页后图版1

84—17 　铜销，河北满城陵山，西汉，《满城汉墓发掘报告》上册，第252页

84—18 　陶㯑，广东广州大元岗，东汉，《广州汉墓》下册，图版135

84—19 　陶瓷，河北满城陵山，西汉，《满城汉墓发掘报告》上册，第288页

图版85

85—1 　铜釜，四川涪陵黄溪，西汉，《考古》1984：4，第341页

85—2 　铜釜、甑，湖北宜昌前坪，西汉，《考古学报》1976：2，第125页

85—3 　异形铜釜，传世品，西汉，《世界美术全集》卷13，图版114

85—4 　七孔陶甑，陕西咸阳马泉，西汉，《考古》1979：2，第127页

85—5 　甑底，云南大关岔河，东汉，《考古》1965：3，第121页

85—6 　甑底，四川西昌礼州，西汉，《考古》1980：5，第412页

85—7 　甑底，湖北云梦睡虎地，西汉，《考古学报》1986：4，第500页

85—8 　甑底，广东广州马湟水岗，西汉，《广州汉墓》上册，第133页

85—9 　陶方头灶，北京平谷，东汉，《考古》1962：5，第242页

85—10 　铜瓺，江苏睢宁刘楼，东汉，《文物资料丛刊》4，第115页

85—11 　铜釜、甑、盆，河北满城陵山，西汉，《满城汉墓发掘报告》上册，第54页

85—12 　铜炉、釜、甑，陕西扶风，西汉，陕西省博物馆藏品

85—13 　铜船形灶，江苏丹阳，东汉，《考古》1978：3，图版3

85—14 　算，四川绵阳双包山，西汉，《文物》1996：10，第25页

85—15 　汽柱甑，广西平乐银山岭，东汉，《考古学报》1978：4，第475页

85—16 　小口釜，湖南溆浦马田坪，西汉，《湖南考古辑刊》2，第53页

85—17 　铜鍪、甑，湖北云梦大坟头，西汉，《文物》1973：9，第33页

图版86

图版87

87—1　竹笥，湖南长沙马王堆，西汉，《长沙马王堆一号汉墓》上集，第112页

87—2　陶篋，广东广州大元岗，东汉，《广州汉墓》上册，第414页

87—3　簏，画像石，山东沂南，东汉，《沂南古画像石墓发掘报告》图版51

87—4　彩绘漆匲，湖南长沙马王堆，西汉，《文物》1974：7，图版17

87—5　漆笈，湖南长沙马王堆，西汉，《文物》1974：7，图版7

87—6　陶筐，广东广州十九路军坟场，东汉，《广州汉墓》下册，图版134

87—7　苇笥，甘肃武威磨嘴子，东汉，《丝绸之路——汉唐织物》图1

87—8　木筲，甘肃武威磨嘴子，东汉《考古》1960：9，图版4

87—9　陶筥，河南洛阳西郊，西汉，《考古学报》1963：2，58页后图版4

87—10　银盒，河北定县北陵头，东汉，《文物》1973：11，第16页

87—11　禽头漆盒，安徽天长北岗，西汉，《考古》1979：4，第325页

87—12　兽头漆盒，山东莱西黛墅，西汉，《文物》1980：12，图版2

图版88

88—1　铁簧剪，河南陕县刘家渠，东汉，《考古学报》1965：1，168页后图版26

88—2　铁交股剪，陕西长安南李王村，东汉，《考古与文物》1990：4，第70页

88—3　铜悬猿形钩，河北满城陵山，西汉，《满城汉墓发掘报告》上册，第79页

88—4　铜防虫挂钩，广东广州，西汉，《西汉南越王墓》上册，第83页

88—5　铜熨斗，安徽寿县马家古堆，东汉，《考古》1966：3，第144页

88—6　铜熨斗与熨人，河北邯郸张庄桥，东汉，《河北省出土文物选集》图271

88—7　石熨人，河北冀县前冢村，东汉，《汉王朝》第56页

88—8　顶针，古乐浪，东汉，《汉代の文物》图1—46

88—9　铜针，湖南长沙侯家塘，西汉，《文物参考资料》1956：10，第41页

88—10　铜挖耳勺，河南陕县刘家渠，东汉，《考古学报》1965：1，第152页

88—11　釉陶唾盂，江西清江武陵，东汉，《考古》1976：5，第333页

88—12　铜温手炉，陕西兴平窦马村，西汉，《文物》1982：9，第15页

88—13　铜虎子，北京顺义临河村，东汉，《考古》1977：6，第379页

88—14　陶扑满，河南洛阳烧沟，西汉，《洛阳烧沟汉墓》第140页

图版89

图版94

图版95

图版96

96—1 "四时嘉至"钟，传世品，东汉，《汉代の文物》图9—4

96—2 击镈，画像石，山东沂南，东汉，《沂南古画像石墓发掘报告》图版89

96—3 击编磬，画像石，山东嘉祥武氏祠，东汉，《汉代画像全集》二编，图149

96—4 铜铎，河北定县北庄，东汉，《考古学报》1964：2，第142页

96—5 振铎，漆画，湖南长沙马王堆，西汉，《考古》1973：4，第253页

96—6 击铙，画像石，河南南阳，东汉，《文物》1973：6，第23页

96—7 编钟，江苏盱眙，西汉，《考古》2013：10，第19页

96—8 编磬，江苏盱眙，西汉，《考古》2013：10，第23页

96—9 赢形钟虡，江苏盱眙，西汉，《考古》2013：10，第20页

96—10 建鼓与棘，画像石，河南方城东关，东汉，《文物》1980：3，第71页

96—11 搏拊，画像石，山东沂南，东汉，《沂南古画像石墓发掘报告》图版85

96—12 击鼛鼓俑，四川新都，东汉，中国国家博物馆图片资料

图版97

97—1 吹笙者，画像石，山东苍山卞庄，东汉，《考古》1975：2，第128页

97—2 吹竽者，画像石，山东沂南，东汉，《沂南古画像石墓发掘报告》图版87

97—3 吹埙者，画像石，山东嘉祥关庙，东汉，《汉代の文物》图9—38

97—4 吹埙者，画像石，山东苍山城前村，东汉，《山东汉画像石选集》图409

97—5 吹笛者，画像石，山东嘉祥武氏祠，东汉，《中国古代音乐史稿》上册，图42

97—6 吹笛俑，传世品，东汉，《中国古代音乐史稿》上册，图53

97—7 吹籥者，画像石，传世品，东汉，《中国古代音乐史稿》上册，图40

97—8 吹横笛者，画像石，江苏铜山小李村，东汉，《江苏徐州汉画像石》图33

97—9 吹排箫者，画像砖，四川成都扬子山，东汉，《重庆市博物馆藏四川汉画像砖选集》图16

97—10 竹竽律管，湖南长沙马王堆，西汉，《长沙马王堆一号汉墓》下集，图版204

97—11 铜无射律管，传世品，新莽，《上海博物馆馆刊》1，第8页

97—12 竽，湖南长沙马王堆，西汉，《长沙马王堆一号汉墓》上集，第108页

97—13 吹筑者，画像石，山东嘉祥武氏祠，东汉，拓片

图版102

图版103

图版104

108—14　"汉保塞乌桓率众长"铜印，传世品，东汉，《故宫博物院藏古玺印选》图384

108—15　"汉鲜卑率众长"铜印，传世品，汉，《秦汉南北朝官印征存》1220

108—16　鲜卑骨衔，内蒙古扎赉诺尔，东汉，《考古》1961：12，第678页

108—17　匈奴铁衔，内蒙古东胜补洞沟，西汉后期—东汉前期，《鄂尔多斯式青铜器》第399页

108—18　匈奴贵妇头饰，内蒙古准格尔旗西沟畔，西汉，《鄂尔多斯式青铜器》第380页

108—19　鲜卑神马纹铜带具，内蒙古扎赉诺尔，东汉，《中国美术全集·雕塑编2》图140

108—20　鲜卑三鹿纹铜牌，内蒙古察右后旗二兰虎沟，东汉，《内蒙古文物资料选辑》图107

108—21　匈奴角抵纹铜带镐，陕西西安客省庄，西汉，《文物》1959：10，第527页

108—22　匈奴双骑士纹铜带头，辽宁西丰西岔沟，西汉，《中国美术全集·雕塑编2》图76

图版109

109—1　越式铜鼎，广东广州竹园岗，西汉，《广州汉墓》上册，第136页

109—2　越式铜鼎，广东广州惠州坟场，东汉，《广州汉墓》上册，第436页

109—3　木盖铜提筒，广西贵县罗泊湾，西汉，《文物》1978：9，第36页

109—4　附领陶簋，广东广州大元岗，西汉，《广州汉墓》上册，第276页

109—5　陶匏壶，广东广州玉子岗，西汉，《广州汉墓》上册，第117页

109—6　铜匏壶，广东广州增埗，西汉，《广州汉墓》上册，第229页

109—7　铜羊角钮钟，广西贵县罗泊湾，西汉，《文物》1934：5，第67页

109—8　铜羊角钮钟，广西西林普驮屯，西汉，出处同图109—7

109—9、10　铜羊角钮钟，广西容县龙井坺，西汉后期—东汉前期，出处同图109—7

109—11　石寨山型铜鼓，广西西林普驮屯，西汉，《考古学报》1974：1，第60页后图12

109—12　陶匏勺，广东广州龙生岗，西汉，《广州汉墓》上册，第222页

109—13　陶格盘，广西贺县高寨，西汉，《文物资料丛刊》4，第34页

109—14　陶三联罐，广东广州瑶台，西汉，《广州汉墓》上册，第100页

111—6　方内无胡二穿铜戈，贵州威宁中水，西汉后期—东汉前期，《考古学报》1981：2，第228页

111—7　靴形铜钺，贵州清镇平坝，西汉后期—东汉，《考古学报》1959：1，104页后图版5

111—8　镂孔牌状首实心圆柱茎铜柄铁剑，贵州赫章可乐，西汉，《考古学报》1986：2，第235页

111—9　空心圆柱茎一字格曲刃铜剑，贵州普安铜鼓山，西汉，《中国考古学会四次年会论文集》第239页

111—10　柳叶形扁茎无格铜剑，贵州威宁独立树，西汉后期—东汉前期，《考古学报》1981：2，第228页

111—11　"汉归义羌长"铜印，新疆沙雅于什格提，汉，《文物》1975：7，图版8

111—12　带鞘曲茎铁短刀，四川宝兴陇东，东汉，《文物》1987：10，第47页

111—13　曲茎铜短剑，四川宝兴西沟口，西汉，《考古》1982：4，图版10

111—14　三叉格铜剑，四川宝兴新江，西汉，《考古》1978：2，第139页

111—15　单耳陶罐，四川甘孜吉里龙，战国后期—西汉前期，《考古》1986：1，第32页

111—16　马鞍口双耳陶罐，四川茂汶，秦—西汉中期，《文物资料丛刊》7，第41页

111—17　巴蜀铜印章，四川犍为五联，西汉，《考古》1983：9，第783页

111—18　柳叶形铜剑，四川绵竹清道，西汉，《考古》1983：4，第300页

111—19　虎钮铜錞于，湖南泸溪松柏潭，西汉《湖南文物图录》图版62

111—20　喇叭口陶杯，四川西昌坝河堡子，战国后期—西汉前期，《考古》1978：2，第88页

111—21　带流陶壶，四川喜德拉克，西汉，《考古》1978：2，第101页

111—22　双耳陶罐，四川喜德拉克，西汉，《考古》1978：2，图版7

111—23　铜发饰，四川喜德拉克，西汉，《考古》1978：2，第100页

111—24　双柄铜刀，四川西昌河西，战国后期—西汉前期，《考古》1978：2，第93页

111—25　鞍形首实茎铜短剑，四川西昌河西，战国后期—西汉前期，《考古》1978：2，第95页

图版112

图版113

113—2 安息银盒（已改装），广东广州，西汉，《西汉南越王墓》上册，第209页

113—3 缂毛，新疆洛浦赛依瓦克，汉，《中国美术全集·工艺美术编6·印染织绣上》图版96

113—4 石狮，山东嘉祥武氏祠，东汉，《中国美术全集·雕塑编2》图91

113—5 蚀花珠，广东广州游鱼岗，西汉，《广州汉墓》下册，图版4

113—6 蚀花珠，云南晋宁石寨山，西汉，《考古》1974：6，图版12

113—7 外文铅饼，陕西西安西查寨，汉，《考古学报》1973：2，第82页

113—8 贵霜钱，新疆若羌，东汉，《新疆古代民族文物》图188

113—9 女神像，印花棉布，新疆民丰尼雅，东汉，《天山古道东西风》第133页

113—10 佛像，崖墓雕刻，四川乐山麻濠，东汉，《文物》1980：5，第75页

113—11 六牙白象，画像石，山东滕县，东汉，《汉代画像全集》初编，图113

113—12 汉绮，叙利亚帕尔米拉，1—3世纪，《考古学报》1963：1，第53页

113—13 玉璏，黑海刻赤半岛，前1—1世纪，The Long Sword and Scabbard Slide in Asia, P1. 19

113—14 透雕金叶，哈萨克阿拉木图，前1—1世纪，《シルクロードの遗宝》图55

113—15 连弧纹镜，阿尔泰巴泽雷克，前3—前2世纪，《世界考古学大系》卷9，图166

113—16 文字瓦当，西伯利亚阿巴甘，前1世纪，《文物参考资料》1957：11，第8页

113—17 "汉委奴国王"金印，日本福岗，1世纪，《世界文化史大系》卷15，第35页

113—18 "山"字贝札，日本种子岛，3世纪，《日本考古学论集》卷10，第81页

113—19 弩机件，印度呾叉始罗，1世纪，《考古》1965：7，第358页

113—20 "夭租藏君"银印，朝鲜平壤，前2—1世纪，《中国大百科全书·考古卷》第129页

113—21 夔凤镜残片，越南俄厄，2世纪，《史学》37卷3期，第7页

113—22 釉陶壶，越南清化，1—3世纪，《世界考古学大系》卷8，图108

索　引

H

Y

后记

上世纪70年代中期，笔者在大兴县（今北京市大兴区）天堂河由原北京大学五七干校改成的"北大农村分校"当仓库保管员。库存从农具、水泵到显微镜、棉大衣，为数上万，办事的却只我一人。碰上搬运清点、入库上架，往往累得头昏脑胀。领导又发话：不论钟点，急用的东西都得能领出来。也就是说，必须廿四小时都有人值守。但这里毕竟是学校，平素领东西的不多。墙上标出"仓库"俩字的这排房，经常显得满恬静。领导的话听起来仿佛是要我昼夜盯班，实际上连大白天也往往无公可办，如若不想对着锁得严严实实的柜子发愣，大可再找点事做。于是，久蕴于胸且已积累下不少卡片之关于编写本书的一套想法，乃提上日程，并随即形诸笔端。

按照对整体框架的设想，本书拟先从农业写起。可是没干多久，驻校工宣队的师傅忽然找到我，问：有人反映你这些天净熬夜，在鼓捣什么？我大吃一惊，连忙将刚完成的几篇写农具的小文拿出来，称这是结合自己搞考古出身的专业知识在学农，并照着图，连比划带解释。没想到师傅听了挺感兴趣，不仅没有劈头盖脸地批评一通，反而教育我要注意劳逸结合。堪称有惊无险，或曰化险为夷。这使我由衷地想把这位师傅尊为本书的第一读者，只可惜到如今连他的姓名也忘记了。

70年代末我调到中国历史博物馆。大环境已变样，东风劲吹，一个新的历史时期开始了。馆里条件优越，这项工作得到领导的支持，再加上有馆藏之众多的文物、大量的图书可资参考，使工作得心应手。到1985年末终于完成初稿，之后又补充了一些插图，于1991年出了第一版。

起先在几乎完全不合时宜的情势下，为什么全力以赴地去写这么一本书？自己也无法作出明确的回答。现在的年轻朋友也许会以为其中包含着比如评职称之类动机吧，则纯属误解。因为把这种想法摆到当时的背景中，也未免太对不上号了。自己只是感觉这件事做起来兴味无穷，其他均在所不计。至于上面说的"久蕴于胸"云云，久到何时，倒有必要略作说明。

上世纪50年代在北大上学时，我最爱听宿白老师的课，爱读他写的《白沙宋墓》。中华人民共和国建立之初，为了治理淮河，在河南禹县（今禹州市）修建白沙水库。施工区域内发现了300多座古墓葬，宿先生主持发掘的三座北宋壁画墓最受关注。其中所绘墓主人饮食起居的若干场面，看来相当写实。宿先生更结合古文献，对壁画的内容一一剖析指证，使画中出现的事物，无论巨细，都变得既明朗又鲜活，知根知底，有声有色。此书被出版界认为是"中国历史考古学田野报告的经典之作"（文物出版社《〈白沙宋墓〉再版说明》），这一评价是中肯的。而所称"中国历史考古学田野报告"，措辞也很有分寸。考古学研究的是古代的物质资料，年代跨度从上古直到近代之前。但史前时期和历史时期大不相同。在有些考古工作者眼里，史前时期更被看重，因为文明的产生、国家的诞生，都发轫于此时，研究这些大课题有可能出大成果，所以有一种说法叫"古不考三代以下"。可是史前没有文字，研究工作只能依靠层位学和类型学在分析排比中探索。而历史时期已积累下大量文献，有当时的人对当时之各种情况的记述。因此，历史考古学必须与文献史学互相渗透，才有可能将历史时期中社会生活的方方面面说得深透。不过《白沙宋墓》囿于考古报告的体例，许多重要见解不得不分散地放在注释里，须来回翻检，前后比照。当时我就想，如果能遵循先生的规范，在这方面写出一部有系统的专书，将片段结合成整体，该多好。

专书怎么写？开始只打算研究单一的某类文物，认为涉及的面窄，容易掌握。然而这时手头已经整理出眉目来的小成果不止一类，又舍不得把它们完全放弃；最后，只好扩大范围。时代呢？开始也想从宋代入手。但这里的好些问题宿先生的书中已经解决，而且宋代文献极庞杂，又恐顾此失彼。后来觉得汉代比较合适，花上点功夫，可以将现存之汉代文献通读，汉代文物又层出不穷，二者相互印证、互为表里，随着认识的逐步深入，有可能走进一条历览汉代之众生相的大画廊。

就这样下了决心。对于会遇到的困难也作了思想准备，特别是要求自己一定得恪守文献与文物相结合、真结合的原则。不结合文献，经常会连某些器物本来的名称都叫不准，张口就是"这形器"、"那形器"，势必无从阐释其用途，又如何拿来作为历史的证据？而所谓"真结合"，就是要把文献真读懂。举几个小例子：汉墓中所出用玉片编缀成的装遗体的"玉柙"，也叫"玉匣"，即文献记载中的"椑棺"。椑与柙均读甲声，是同一个字之繁简不同的写法。有的研究者却置椑棺于不顾，径指之为"玉衣"。其实古文献中说的玉衣是缀玉的衣服，与玉柙即"亲尸之棺"无涉。再比如，有的研究者称汉墓中墓主人头部覆盖的面罩为"秘器"，也错了。秘器是棺。棺在古代也叫"器",或"棺器"、"凶器"、"秘器";而面罩的正式名称是"温明"。为国家发掘古墓葬是考古学家的本分,玉柙和温明又都是葬具中的珍稀之品;这些不靠谱的叫法似不应在他们的文章中出现。不止这类"重器",一些看似寻常的物件如不知其本名,认识上也会出偏差。比如一种和铜炉配套的铜耳杯,常被视为温酒器。其实它的本名是"染器"。因为古人吃熟肉时要蘸热酱。"染,豉酱也"(《吕氏春秋·当务篇》高注)。染器即加热这类佐料的用具。又比如一种在中柱上带插孔的圆台,常被指为灯座。其实此物本名"熨人",乃是支承熨斗用的,与灯了不相关。

研究古器物,考古学家先分型、分式,固然完全符合程序。但不能用型、式将器物的本名遮盖起来。比如圆片状、当中带圆孔的玉器:边径比孔径大一倍的叫"璧",二者相等的叫"环",孔径比边径大一倍的叫"瑗"。其中璧可用于祭祀,《周礼·大宗伯》:"以苍璧礼天。"地位崇高。环和瑗一般只用作佩饰,用它们礼天可就大不敬了。然而有的考古学家在研究玉璧的专论中,竟将典型的玉环(大葆台M1:95)称作A型Ⅸ式玉璧。璧、环不分,玉礼器的等级就乱套了。本书强调文献与文物真结合,虽然保不住自己不出错,但至少在这方面投入了较多的注意力。

尽管强调引用文献,但从整个工作流程看,它还要向后放一放。编写这样一部书,第一步还应当是尽可能全面地搜集已有的汉代文物资料,筛选出有代表性的标本,组成系列。构建起本书的基础是物,特别是那些能够与文献相印证的物。比如行船,古埃及人早就使用帆,而我国古代长期以桨划水而行。虽然汉代人写的《舟檝铭》中也有"相风视波,穷究川野"等似与用帆相关的说法,问题却定不下来。直到2001年,研究者举出帆船纹汉镜的实例,大家才形成一致的看法。再比如,汉锦是当时世界上最精美的织物,但织汉锦是否已经使用多综提花织机,过去也没有明确的答案。尽管文献中曾说马钧将"旧绫机五十综者五十蹑,六十综者六十蹑",皆改为"十二蹑",已言及多综;却仍未能完全取信于研究者。直到2013年在成都老官山汉墓中出土了这种织机的模型,而且装着更便于操控的旋动蹑,在当时全球的纺织机具中大幅遥遥领先,其精巧的程度此前几乎无从想象,争议才变成了一致的称赞。这些情况都表明,有了确凿的实物,文献中的记载会随之被激活,问题也一下子可以拍板定音了。

秉持上述理念,笔者在本书中将汉代生产、生活等方面的器物,分成了100多个小题目,逐一进行考查。希望将它们的名称、来历和功用尽量梳理清楚,使之能成为史学工作者可以采信的资料。田野考古一线上的同行,由于常年在工地操劳,查找文献的时间不够充裕,本书也可以给他们提供方便。再比如创作历史题材的影视或美术作品的艺术家们，因为专业不同，或对古代社会的具体情况不尽了了，参考本书，至少可以在设计汉代场景时少出错；不至于让卫青和岳飞之骑兵的装备表现得如出一辙，凭空将上千年的时光从历史中挤掉。对于一般读者夹说，则可以通过它了解汉代物质文化之大致的面貌。有的评论认为，透过这本书中"一个个具体的文物资料的考述，可以对汉代物质文化的各方面情况获得完整而清晰的了解"。过誉了，愧不敢当。不过平心而论，这也正是笔者所追求的目标；虽未能至，心向往之。

同时通过这项工作，更可以看到汉代在物质文化方面有许多技术走在世界前头。造纸、针灸、丝、漆、瓷等人所共知的长项自不必说，还有一些不被经常提起、但确是汉代人的创造。比如耕田，要将耕起的土垡翻转，得在犁铧上加犁壁，此物是汉代人发明的。比如纺线，起先全世界多用纺坠捻线，汉代发明了纺车。织锦，有上文说过的多综提花织机。驾车，有先进的胸带式系驾法。行船，其上所装转向时起重大作用的舵，出现于东汉。冶铁，汉代更是一个大发展时期，不仅广泛使用铸铁，甚至还曾冶炼出球墨铸铁。这方面的例子很多。它们都是勤劳智慧之先民的功绩，且多已先后走出国门，普惠全球。其中发出的是爱国主义的强音，使我们今天更有文化自信，更加斗志昂扬地投入社会主义文化建设的伟业之中。

但是本书在这个大问题上说得不够，没有对中外的文化成就较全面地进行比较，这是本书的不足之处。不仅如此，即便在自己看重的定名问题上，也留下了一些缺憾。汉代滇人马具中用绳套制成的脚扣就不知其名。按住气孔可以汲酒的用具，也只能皮相地称之为汲酒器。更有甚者，由于本书中的器物皆摹绘自考古报告或文物图录，一大半未经目验，过手的更少，这就留下了出纰漏的余地。考古报告一般问题不大，而图录就难说了。曾经收入本书第二版的"奇华宫铜燋炉"就是一例。此器选自大型图录《中华五千年文化系列》之《秦汉文化》卷，书中称此器为："1967年西安市三桥镇西出土，西安市文物库房藏。""外口沿下有铭文二十九字：'奇华宫铜燋炉，容一斗二升，重十斤四两。天汉二年工赵博造，护守亚贤省。'"有出土地点，有收藏单位，有纪年铭文，且被选入由当地文物专家参加编选的图录，似堪称无懈可击。然而2017年6月《考古与文物》上发表的文章中，研究者指出此器的许多问题。读后认为其说有道理，遂将它从本书中删去。之所以发生这种情况，主要是因为未尽通过目验实物这一关。目验而后信，这一点清儒已屡屡指出。如王念孙说："得之目验，为可据也"（《广雅疏证·释草》）。梁履绳说："未经目验，莫能定也"（《左传补释》卷三一）。今天考证古代文物更应如此，自己显然做得不够。而砚友扬之水则比较谨慎，其近著之附图全是在博物馆或展览会上拍的照片。她的先生李书记娴于摄影，且已退休，对她的工作既理解又支持。两人曾一同造访过国内外数百家博物馆，在馆方许可的范围内，一位指向哪里，另一位就照到哪里，从而积累下无数高清晰、多角度的文物照片，为写作提供了极大方便。在这个过程中，她可以仔细观察所研究的对象，遂使其著作的可信度更加提高。

尽管称赏艳羡，然而个人的耄耋之躯已不胜奔波之劳，只能就目前的条件，做点力所能及之事。可是这个题目从立意到连写带改，前后已经历了四五十年，总得有个限度吧。这次有幸蒙中华书局为它出新版，于是又从头改了一遍，将有些意见表达得加明朗些，将新出土的重要文物也作了若干补充，算是又添上了几块铺路的砖石；乃称之为"修定本"。因为对笔者而言，此项工作就定格在这里了。以后研究这门学问的资料会愈来愈丰富，条件会愈来愈齐备，更精辟详赡的学术成果的问世，则有待同志们不断通过推陈出新、开拓创新来完成了。

孙机

2020年3月于北京